SEULE

LAUREN BACALL

SEULE

Traduit de l'anglais (États-Unis)
par Janine Hérisson, Henri Robillot et Édith Ochs

Michel LAFON

Titre original :
By Myself and Then Some
Publié aux éditions Alfred A. Knopf, New York.

7-13, boulevard Paul-Émile-Victor - Île de la Jatte
92521 Neuilly-sur-Seine Cedex

Avant tout, et comme toujours,
je dédie ce livre à mes enfants Stephen, Leslie, Sam,
et aussi à mes petits-enfants.
En mémoire de ma mère.

Tout ce que je connaissais du cinéma, c'étaient les films de Bette Davis et de Leslie Howard. (J'étais amoureuse de lui, mais hélas, ne devais jamais le rencontrer.) J'avais quinze ans, et Bette Davis incarnait pour moi la perfection – talent, sens du tragique, courage indomptable, humour sardonique –, elle représentait tout ce que devait être une comédienne et, lorsque je séchais l'école, je passais ma journée dans un cinéma à sangloter durant toute la projection d'*Amère Victoire*, de *Jezebel* ou de *La Vieille Fille*, en fumant cigarette sur cigarette au balcon. Interdit à la maison, bien entendu – je me rendais donc malade à sucer du Sen-Sen Gum pour ne pas éveiller les soupçons de maman et d'oncle Charlie. Un matin, mon oncle, venu m'embrasser avant de partir travailler, me demanda : « Tu as fumé ? – Certainement pas », répondis-je en tremblant. Là-dessus, il alla trouver ma mère dans la pièce voisine pour lui dire qu'il était sûr que je fumais. Et les voilà tous les deux au pied de mon lit où je n'en menais pas large. « Nous savons que tu as fumé, ton haleine sent le tabac. » Que s'était-il passé avec le Sen-Sen ? Il me trahissait pour la première fois. Fondant en larmes, j'avouai. J'avais fumé, mais jamais je ne recommencerais ! « Je t'en supplie, pardonne-moi, je te le promets ! » Maman : « Tu ferais bien ! Une enfant de ton âge... C'est honteux... À quoi veux-tu ressembler plus tard ? Une fille comme il faut ne fume pas, surtout à quinze ans ! » Seigneur ! Allais-je survivre à cette humiliation ?

Je restai mortifiée durant des jours après cet incident – Charlie et maman reniflaient mon haleine à tout bout de champ pour essayer de détecter l'odeur de l'herbe maudite. Ma première confrontation avec le syndrome de Sam Spade. Grandirais-je donc jamais ? Serais-je jamais indépendante, libre de faire ce que bon me semblait ? Vivrais-je jamais seule ? L'éducation juive est si rigide, avec tous ces interdits qui régissent votre existence entière quand vous êtes une « jeune fille juive comme il faut ». Vous vous entendez ressasser depuis votre enfance par votre mère, votre grand-mère, vos oncles, qu'une jeune fille juive comme il faut ne fume pas, ne flirte pas, a du caractère : « Ne cours jamais après un garçon, jamais... S'il a envie de te voir, il t'appellera ; sinon, n'y pense plus. » Mais que faire quand on a la tête remplie de rêves de beauté, de séduction, de romantisme, de réussite et qu'on a la malchance d'être trop grande, très gauche (un critique me révéla que je ressemblais à un « jeune poulain »), avec des grands pieds et une poitrine plate ?

Quand vos rêves sont votre seule richesse, vous ne pouvez penser à rien d'autre, il n'y a qu'eux qui comptent, plus qu'eux qui peuvent vous arracher à la morne réalité quotidienne – une mère qui travaille trop et profite si peu de la vie, une grand-mère débordante d'affection mais qui vous supplie de trouver un travail correct pour aider votre mère, le manque d'argent pour s'offrir la moindre babiole, pas même un malheureux manteau de dix-sept dollars quatre-vingt-quinze. Les rêves étaient plus enrichissants. Je mettais en eux tous mes espoirs, je m'y cramponnais éperdument. Ils m'appartenaient.

Non que je fusse privée de quoi que ce soit – nous avions simplement un budget très serré. Et pourtant, ma mère me donnait tout ce qu'elle pouvait, et plus encore. C'était une femme respectable, pleine de fierté et de droiture, qui, malgré les difficultés auxquelles elle se heurtait, ne perdait jamais son sens de l'humour. Elle n'était ni fière ni amère de devoir tenir des comptes serrés mais se montrait très discrète là-dessus comme sur tout ce qui concernait la famille. Il y a des sujets qu'on n'aborde jamais avec personne ; on protège les siens, on laisse tous les squelettes dans le placard. Son sens de la famille était plus aigu que celui de ses frères et sœurs. Elle voulait que tout le monde se serre les coudes, persuadée que les membres de la famille, en fin de compte, seraient toujours solidaires les uns des autres, ce qui n'était pas forcément le cas d'un étranger. Elle approuvait la théorie « vivre et laisser vivre », sauf pour ses proches.

Bien qu'elle ne fût pas démonstrative, je n'ai jamais douté un instant de son amour et de son dévouement sans bornes à mon égard. Nous vivions souvent des moments heureux : ma grand-mère faisait la cuisine, me chantait des chansons allemandes, lisait en français, en allemand, en russe, en roumain et en anglais. Elle et ma mère parlaient entre elles roumain ou allemand quand elles ne voulaient pas être comprises de moi : les problèmes de la famille devaient m'être épargnés. Rien n'était facile, tout s'obtenait par le travail, mais les rires fusaient souvent dans la maison. Sur ce point, Charlie et ma mère tenaient la vedette.

Charlie avait la passion de la rime. Pour chaque occasion plus ou moins importante, il écrivait un poème de circonstance. Personne ne manquait d'humour dans la famille, ni d'instruction. Les uns et les autres exerçaient des professions diverses. Il y avait deux avocats, une secrétaire de direction, un homme d'affaires, une femme d'intérieur (à son propre service). Mon père était polonais, avec des ascendances françaises, je crois. Mais c'était dans la famille de ma mère que se faisait mon éducation.

Maman avait quitté la Roumanie par bateau – elle avait un an à peine – avec sa mère, son père, sa sœur aînée, son frère encore au berceau. Son père, dans le commerce du blé, avait fait faillite et remis à une sœur ce qui lui restait d'argenterie et de bijoux en échange d'une somme d'argent suffisante pour les transporter, lui et sa famille, jusqu'à la terre promise, le Nouveau Monde : l'Amérique. Ils avaient débarqué à Ellis Island et donné leur nom, Weinstein-Bacal (ce qui signifie « verre à vin » en allemand et en russe). L'employé n'écrivit sans doute que la première moitié du nom – trop de gens arrivant de trop de pays différents, trop de noms étrangers. Mes grands-parents devinrent donc Max et Sophie Weinstein, avec leurs filles Renée et Natalie, et leur fils Albert. Grand-père Max emprunta suffisamment d'argent aux United Hebrew Charities pour louer un misérable appartement au centre de New York et acheter une voiture à bras dans laquelle il vendait des ustensiles ménagers. « N'en parle jamais à personne, Betty. » Voilà un aspect du folklore familial que maman a toujours détesté : la charrette à bras. Un mot que l'on chuchotait. (Je trouvais ça merveilleux, spectaculaire.) Nous avions des cousins qui habitaient un endroit appelé le Bronx où nous serions mieux. La famille alla s'y installer, acheta une confiserie, dénicha un petit appartement. Grand-père Max faisait de son mieux. Deux autres enfants – Charlie et Jack – étaient nés en Amérique. Grand-mère travaillait dans la confiserie, Renée, l'aînée, lui donnait un coup de main en sortant de l'école. Natalie – ma mère – était encore trop petite. Grand-père était affligé d'un goitre depuis des années et se bourrait de médicaments, des médicaments qui affaiblissaient le cœur. Un après-midi, il alla au cinéma, rentra à la maison, s'étendit un moment et mourut. Il avait cinquante-cinq ans.

Avec la petite assurance qu'il lui laissait, grand-mère procéda à quelques améliorations dans la confiserie et déménagea dans un plus bel appartement. C'était une femme énergique. Tous les enfants se mirent à travailler très tôt. Charlie et Jack suivaient des cours du soir au City College pour préparer leur licence en droit. Ma mère avait trouvé un poste de secrétaire. Elle fit la connaissance de mon père, William Perske, qui, tombé éperdument amoureux d'elle, l'entourait de mille attentions. Elle avait dépassé vingt ans ; les jeunes filles comme il faut étaient mariées à cet âge-là, disait grand-mère. Aussi, mue par la double appréhension que lui inspiraient à la fois son prétendant et le souci de respecter les conventions, elle consentit à l'épouser. Bientôt elle se trouva enceinte. Alors qu'elle approchait de son terme, par une étouffante soirée de septembre, maman alla voir un film, sentit l'anxieuse créature qui vivait en elle commencer à s'agiter pour faire irruption dans le monde, et quitta le cinéma. Je naquis à 2 heures du matin au Grand Concourse Sanitarium.

Dès le début, maman avait su que son mariage était une erreur. En réalité, mon père ne lui plaisait pas du tout, elle avait peur de lui, il était d'une jalousie démente ; alors, plus question d'autres enfants. Elle était bien décidée à lutter pour que sa fille puisse saisir toutes les chances qu'elle n'avait jamais eues à sa portée. Elle arriverait à ses fins, ne fût-ce que pour permettre à sa fille, d'arriver aux siennes. Je ne devais être privée de rien. Et je ne le fus pas.

Comme elle travaillait, elle m'envoyait souvent chez une chaleureuse et joviale cousine de mon oncle Bill qui avait une maison à Chichester, New York. Il y avait à proximité un bassin où les enfants pouvaient barboter – la cousine avait deux filles de mon âge – et je respirais là-bas le bon air de la campagne. Ma mère vint me voir chez la cousine par une belle journée d'été. J'avais alors six ans. Je me souviendrai toujours de cette scène. Elle s'agenouilla à côté de moi et me prit dans ses bras, le visage ruisselant de larmes, pour me dire qu'elle avait quitté mon père. Ils allaient divorcer ; je vivrais avec elle, mais bien sûr je le verrais régulièrement. C'est sur moi qu'elle pleurait – jamais sur elle-même. C'est une des rares images nettes que j'ai gardées de ma petite enfance.

Pas une fois, elle ne tenta de me dresser contre mon père. Elle était bien trop occupée à travailler pour vivre, payer le loyer, me nourrir et m'habiller. Mais jamais elle ne se considéra comme une martyre, ce n'était pas du tout son genre. Elle m'emmenait en visite chez mes cousins de Brooklyn, mes cousins du Connecticut. Je passais beaucoup de temps avec Vera, la ravissante épouse russe de Jack, et leurs bébés. La famille devait rester unie, se serrer les coudes. « Ta famille ne te laisse jamais tomber, rappelle-toi bien ça. Quand tout le reste est perdu, on peut toujours compter sur la famille. »

Mon père interrompit ses visites du dimanche alors que j'avais huit ans. Je l'aimais, bien sûr, enfin, je suppose. Il me donna une montre un jour – pas très belle. Je la portai pendant quelque temps, puis je la confiai à maman pour qu'elle me la garde. À la prochaine visite de mon père, il me demanda où était la montre. « Je l'ai donnée à maman pour qu'elle me la garde. – Va la chercher », dit-il. J'obéis, il me la prit ; je ne la revis jamais.

Après le divorce, maman décida d'utiliser la deuxième moitié de son nom, comme l'avait fait son frère Jack. Ainsi, alors que j'avais huit ans, elle devint Natalie Bacal et moi Betty Bacal.

Maman avait plusieurs soupirants, et des amies avec qui elle jouait au bridge une fois par semaine, des amies intimes, toutes des femmes intelligentes, qui travaillaient dur et dont deux au moins, avec leur mère à leur charge, étaient condamnées à vivre sans homme. Ma mère n'était pas dans ce cas, mais pour elle, il n'était plus question de concessions, de compromission en amour. Ou un preux chevalier en étincelante armure ou personne. Elle ne se lassait pas de m'enseigner le respect des valeurs morales. On ne mentait pas, on ne volait pas, on ne trichait pas. On travaillait pour vivre et l'on travaillait dur. On apprenait la valeur d'un dollar – l'argent ne devait pas être gaspillé, il était trop difficile à gagner, et l'on ne savait jamais quand on pourrait en avoir besoin. Économiser en vue des jours difficiles (une leçon que je n'ai pas encore apprise).

Tout ce qui était nouveau suscitait sa curiosité et son enthousiasme. Et elle était toujours prête à me soutenir sans réserve. Si je voulais devenir danseuse, actrice, elle ferait tout son possible pour m'aider. Elle persistait à me prodiguer ses encouragements, alors que tout le reste de la famille la jugeait folle. Qui avait jamais entendu parler d'une actrice dans la famille ? Pourquoi ne gagnais-je pas ma vie honnêtement en exerçant une activité qu'elle pouvait comprendre ?

Ma mère ne voulait pas entendre raison. J'étais sa fille. J'étais un être à part. J'avais du talent. Ses yeux brillaient quand elle me regardait. Elle m'insufflait la conviction que toutes mes ambitions se réaliseraient. Elle m'avait inscrite à un cours de danse alors que j'avais trois ans. Pourtant, elle ne me poussait pas, elle n'avait rien d'une « faiseuse de vedette », loin de là. Elle n'aurait même pas su par où commencer. Néanmoins, elle m'emmena à l'agence de mannequins de John Robert Powers quand j'eus douze ans. Il lui recommanda un photographe qui devait me constituer un dossier de photos destinées à être envoyées à diverses agences. Elle ne se rendait pas compte que, pour mon âge, j'étais trop grande, trop plate et affligée de pieds démesurés.

Les heurts ne manquèrent pas entre nous. J'étais égoïste, enfant gâtée. Et quand elle estimait que j'avais tort, elle ne se privait pas pour me le dire ! Aucun doute n'était permis. « Tu vas trop loin, mon petit. Ressaisis-toi. Rappelle-toi qui tu es, ce que tu te dois à toi-même. » Je la respectais et je l'aimais. Il lui suffisait de me tenir la main pour que je me sente en sécurité.

Je me rappelle avoir eu des cauchemars récurrents à une période de ma toute petite enfance ; je me réveillais en larmes au milieu de la nuit. Si j'avais des cauchemars, c'était parce que mes parents se disputaient. Je me rappelle mon père m'infligeant un jour une correction à coups de lanière sur le derrière, frappant ma mère ; c'était un homme qui s'inventait des raisons d'être jaloux. Quand maman vint m'annoncer qu'elle quittait mon père, je ne me rappelle pas avoir eu la moindre réaction. Je suppose simplement que c'était à elle que j'étais attachée, pas à lui.

Je me souviens en revanche clairement de ma dernière rencontre avec mon père. C'était un dimanche et il était venu me chercher pour m'emmener chez ses parents, qui ne sont que des ombres dans mon esprit. Le soir, il me ramena à la maison et, par la fenêtre, je le regardai partir dans sa voiture qui l'emmenait hors de ma vie. Mon oncle Jack essaya de retrouver sa trace pour qu'il contribue à mon entretien : sans succès. Il s'était volatilisé.

Maman se mit à travailler et prit une bonne pour que je ne trouve pas la maison vide en rentrant de l'école. La fille qu'elle avait engagée se révéla être un peu dérangée. Elle me boucla un après-midi dans un placard. Cette expérience convainquit ma mère que la seule solution pour moi, c'était la pension. J'y serais à l'abri de la folie des bonnes, en compagnie de filles de mon âge, pas trop loin de la maison. Idéal. Mais onéreux. L'oncle Jack offrit de lui prêter l'argent. Il fut donc décidé que je serais inscrite à l'école de filles Highland Manor, à Tarrytown, New York. À environ une heure en train de New York. Le campus était magnifique, nous vivions dans des petites maisons, je partageais une chambre avec une certaine Gloria, qui devint ma meilleure amie.

Maman venait me voir tous les dimanches et m'emmenait déjeuner dans un joli petit restaurant du coin où je prenais invariablement mon dessert préféré : une glace au chocolat arrosée de sirop d'érable, de marshmallows et saupoudrée de paillettes de chocolat. J'attendais ces visites avec une impatience fébrile. Après tout, je n'avais que huit ans, c'est bien jeune pour être pensionnaire. Les autres élèves étaient de tous âges et de tout genre, mais je m'intéressais surtout à ce que faisaient les plus grandes. Pour je ne sais quelle raison, je réussis à sauter une classe, j'avais fait une bonne année scolaire vers le milieu de mon séjour dans cette école et je pus passer en secondaire à l'âge de onze ans.

J'adorais le sport, le volley, le basket, le base-ball, et j'adorais nager. Une règle formelle interdisait d'aller du ponton jusqu'à un radeau sans avoir passé un test. Je me rappelle encore le matin de l'épreuve. Un groupe de petites filles attendaient leur tour. Je ne savais pas comment j'allais m'y prendre pour réussir, mais, après avoir passé deux ans à nager le long du ponton, j'étais prête à aller plus loin. La fille qui me précédait était en train de passer le test. Elle nageait un crawl impeccable ; de toute évidence, elle allait réussir. Je l'observai avec soin pour voir quand elle respirait, comment elle tournait la tête, réglait son battement de pieds. Mon tour vint. Je descendis l'échelle et m'efforçai de faire exactement comme elle. Miraculeusement, je réussis. Un pas de plus hors de l'enfance.

Par ailleurs, des cours d'art dramatique y étaient dispensés : soit des pièces de théâtre, soit des récitals de musique, parfois de la danse. Je me souviens clairement d'une certaine danse de l'écharpe au cours de ma dernière année. J'avais vraiment l'impression de donner une représentation, avec la scène pour moi toute seule. C'était merveilleux, la musique était romantique et j'étais passionnée de danse. Je participais aussi à des pièces. Dans l'une d'elles, j'avais enroulé mes longs cheveux en un chignon pour ressembler à Ann Harding. Il y avait également des feux de camp où l'on faisait rôtir des marshmallows, des promenades en canoë la nuit ; on dormait à la belle étoile, on se baignait nues avant le petit déjeuner dans le lac froid et limpide. Ces années furent sans doute les plus insouciantes que j'aie jamais connues ou que je connaîtrai jamais.

Il fut décidé qu'après avoir passé mes examens à Highland Manor, je poursuivrais mes études secondaires à New York. Maman et moi irions habiter avec grand-mère et oncle Charlie, et partagerions le loyer. J'irais à la Julia Richman High School située au coin de la 67ᵉ Rue et de la Seconde Avenue. Ils trouvèrent un appartement à l'angle de la 84ᵉ Rue et de West End Avenue. Mon oncle avait sa chambre, maman et grand-mère en partageaient une autre. À côté de la leur, séparée par une porte vitrée, il y avait une pièce minuscule : elle m'était réservée. Jamais je n'avais eu de chambre pour moi toute seule.

Maman m'acheta un canari que je baptisai Petie. C'était mon premier animal domestique. Je lui parlais, il me répondait en gazouillant. Les fenêtres fermées, je le laissais voler dans la pièce. C'était une vraie comédie pour le rattraper, mais j'estimais qu'il avait droit à une certaine liberté. Par une horrible journée, je commis l'imprudence de laisser la fenêtre entrouverte et il s'envola. Je ne le revis jamais. Je pleurai toutes les larmes de mon corps. Maman essaya de le remplacer par un autre canari, mais je restai inconsolable.

Je me rappelle avec plaisir ces années avec ma grand-mère. C'était une merveilleuse cuisinière. J'étais sa favorite parmi ses petits-enfants et elle me faisait des gâteaux secs comme je n'en ai jamais goûté depuis, et du chou farci et des kreplach (sortes de raviolis), ces plats-là, nulle part ailleurs je n'en ai mangé d'aussi savoureux. Quand j'étais petite, elle me faisait sauter à califourchon sur sa jambe et me chantait une vieille comptine allemande :

Bettelein ging allein
In die weite Welt hinein
Stock und Hut
Steht ihr gut
Ist gant wohl gemut
Aber Muter weinet sehr
Hat ja nun kein Betty mehr
Wünsch' ihr Gluck
Sagt ihr Blick
Kehr nur bald zurück

La petite Betty est partie
Dans le vaste monde
Avec son bâton et son capuchon.

Mais sa pauvre mère pleure comme une fontaine
Où est sa Betty qui lui manque tant ?
Et dans ses yeux se lit un vœu :
Que la chance te protège
Et reviens vers ta maman.

Je l'observais, assise sur son fauteuil, lisant livre après livre, et dans toutes les langues. Je la vois encore me disant que je devais toujours aider ma mère, ma mère qui travaillait si dur. Grand-mère était très croyante. Tous les vendredis soir, elle allumait deux bougies à la mémoire de mon grand-père. Elle coiffait ses longs cheveux, les tordait en un chignon (sans jamais se regarder dans une glace), mettait son manteau et son chapeau, et se rendait à la synagogue. Pour les grandes fêtes religieuses, elle sortait la vaisselle spéciale. Elle avait un caractère violent et, quand il lui arrivait de se mettre en colère (c'était rare), elle se déchaînait. Après tant d'années de frustrations, de travail acharné, de soucis permanents, il lui fallait bien de temps à autre un exutoire. Et nous vivions tellement à l'étroit qu'il était impossible de s'isoler.

Le jour où le roi Édouard renonça à la couronne pour Wallis Simpson, je me ruai à la maison. Grand-mère était assise devant notre antique radio Atwater Kent. Je m'installai à côté d'elle – le roi prenait la parole – et nous demeurâmes côte à côte durant toute l'émission, cette jeune fille et cette vieille dame, à sangloter comme tant d'autres à travers le monde entier. Avait-on jamais entendu d'histoire aussi romantique ? Renoncer à un trône par amour ! Durant des semaines, ce prodige me trotta par la tête.

Et puis il y avait l'oncle Charlie, l'homme qui a certainement eu le plus d'influence sur moi durant mon adolescence. Il était avocat, conseiller à la municipalité de New York sous le mandat du maire La Guardia. C'était un homme séduisant, blond, avec des yeux bleus pétillants, de taille moyenne, extrêmement intelligent et d'une grande drôlerie. Plein d'esprit et de fantaisie. Il avait le don de me faire rire. Il me recommandait de lire le *New York Times* tous les jours ; j'étais maintenant au lycée, je devais savoir ce qui se passait dans le monde. Comment aurais-je pu lui dire que seul comptait pour moi mon propre univers – la femme que j'allais devenir ? Je n'avais guère d'autres préoccupations. Cependant Franklin Delano Roosevelt était mon dieu – mon père, mon grand-père, mon héros. J'avais grandi avec lui. Une année, au moment des élections, Roosevelt parut en public à Madison Square Garden – ce devait être en 1940 – et Charlie obtint des billets. Nous étions assis très loin de l'estrade, mais je me trouvais sous le même toit que Roosevelt ! Il marchait avec une canne, aidé par l'un de ses fils, mais il était là, je pouvais le voir et l'entendre et jamais je n'oublierai l'émotion qui me souleva ce jour-là.

Charlie sortait avec une jeune fille. Rosalie était italienne, catholique, et ma grand-mère ne pouvait se faire à cette idée. La mère de Rosalie n'appréciait guère cette union non plus. Mais tous deux étaient sûrs de leur amour. Leur mariage fut le premier auquel j'assistai. Rosalie était belle, éclatante, et je l'adorais. On me donna une place de choix à la cérémonie civile. Ma grand-mère s'assit d'un côté de l'allée, la mère de Rosalie de l'autre – elles n'échangèrent pas un regard – et voilà Rosalie et Charlie mariés ! L'amour triomphait de tous les obstacles. Après leur lune de miel, Rosalie vint s'installer avec nous jusqu'à ce qu'ils puissent trouver un appartement. D'ailleurs, nous allions être obligés de déménager.

Nous nous étions installés dans la 84e Rue parce que l'appartement précédent n'était pas tellement sûr. Pas pour les petites filles. J'allais escalader les palissades avec les petits garçons, j'étais un vrai garçon manqué. En outre, le gardien de l'immeuble se montrait extrêmement aimable. Un après-midi, il m'invita à descendre avec lui au sous-sol. Très excitant, me dis-je, je n'étais encore jamais descendue dans les entrailles de l'immeuble.

Il alluma une cigarette, m'assit sur ses genoux, me demanda si je voulais tirer une bouffée. Quelle aventure ! Naturellement, j'acceptai. Je ne trouvais rien d'anormal à être assise sur ses genoux, mais quand il replia un bras autour de moi et que sa main atterrit sur ma jambe, je pris peur. Je ne devais pas avoir plus de huit ans, mais je savais que ce n'était pas bien. Finalement, je réussis à m'esquiver et racontai tout à ma mère et à Charlie. On ne peut imaginer la fureur qui s'empara d'eux. Cet incident précipita notre premier déménagement. Comme je me rendais toujours au lycée en autobus et en métro, j'étais exposée aux hommes qui se tripotent derrière leur journal, ou vous proposent un cornet de glace. En un mot, le quotidien. J'avais été dûment chapitrée à ce sujet, mais chaque fois j'étais terrifiée. Quand je rentrais en métro, je devais aller à pied de Broadway à West End Avenue. Une fois la nuit tombée, il fallait vraiment être sur ses gardes. Des hommes surgissaient des sous-sols, sortaient des impasses. Un soir, alors que je remontais cet interminable pâté de maisons, un homme entreprit de me suivre en voiture. Il roulait au pas à ma hauteur en m'appelant doucement d'une voix suggestive par sa vitre. Je crus que je n'arriverais jamais saine et sauve à la porte de notre immeuble. Quelques expériences de cet ordre et il devint évident qu'il fallait déménager. Maman se faisait un sang d'encre.

Elle trouva un appartement dans la 86e Rue, juste sous le métro aérien de la Sixième Avenue. Il était exigu – un living-room, deux petites chambres à coucher (une pour maman et moi, une pour grand-mère), une cuisine. Mais il était plaisant, bien que le bruit du métro fût indescriptible. Ma mère avait le don de rendre vivants les endroits les plus mornes : elle jonchait le divan de coussins, disposait des cendriers décoratifs et des boîtes à cigarettes sur les tables, ornait les murs de photos personnelles, n'importe quelles babioles bon marché susceptibles d'égayer l'atmosphère. Je passai mes deux dernières années d'études dans cet appartement.

Au lycée, j'avais deux très grandes amies. L'une était Sylvia Berne, dont la grand-mère russe servait du thé bouillant dans des verres, à la mode de son pays, chaque fois que j'allais chez elle. Sylvia et moi passions tout notre temps libre ensemble, telles des sœurs. Un jour nous étions allées faire des courses chez Macy. Maman m'avait dit que je pouvais m'acheter une jupe et un sweater si le prix était raisonnable. Je me sentais très adulte. Sylvia et moi prîmes le métro, bavardant durant tout le trajet de façon aussi sophistiquée que possible. Nous voulions êtres sûres, en arrivant chez Macy, de nous exprimer en femmes d'expérience, n'ignorant rien de la vie. Ce n'est pas si facile quand on a quatorze ans. Tout se passa bien, néanmoins : dans la cohue du magasin, nous trouvâmes exactement ce que nous cherchions. Comme nous rêvions d'être sœurs et faisions semblant de l'être, nous achetâmes la même jupe plissée – la sienne couleur prune, la mienne vert olive – et le même shetland ras du cou – le sien bleu pâle, le mien jaune. Ces tenues eurent un succès fou, nous les portâmes jusqu'à ce qu'elles soient râpées par l'usure.

Il y avait aussi Betty Kalb, qui avait deux frères aînés et dont la famille était plus riche que la nôtre : ils habitaient un appartement plus grand ; ses vêtements étaient de meilleure qualité, mais nous partagions le même rêve : devenir actrices. Elle voulait faire du cinéma, moi du théâtre. Nous étions toutes deux folles de Bette Davis, nous avions vu tous ses films, nous l'imitions, nous pouvions jouer certaines scènes mot pour mot, expression pour expression, geste pour geste.

Je n'avais jamais eu de véritable flirt. Les occasions de rencontrer des garçons sont rares quand on fréquente une école de cinq mille filles et qu'on rentre ensuite chez soi faire ses devoirs. Si, par hasard, je faisais la connaissance d'un garçon, c'était toujours par l'intermédiaire d'une amie. Je sortis ainsi une ou deux fois sans savoir à qui j'avais affaire et ça ne se termina jamais bien. Je ne savais pas quoi dire, mes compagnons non plus, apparemment. En outre, j'avais deux ans de moins que mes amies.

Je passai ma dernière année au lycée assaillie d'angoisses et de frustrations. Si le soleil brillait, je rêvais d'être dehors. S'il pleuvait, je rêvais de voir un film de Bette Davis. J'étais une bonne élève, sans pour autant mériter les félicitations du jury, certes, mais je réussissais sans trop d'effort. Une seule chose comptait vraiment pour moi : les cours de la New York School of Theatre, le samedi matin. Cette perspective me permettait de supporter le reste de la semaine. Ce fut là que je m'essayai pour la première fois à des improvisations, que j'appris des scènes par cœur, que j'incarnai des personnages de tous les âges. C'était tellement amusant, mais trop court aussi.

Et je continuais mes leçons de danse. Durant ma dernière année d'école, j'eus comme professeur de danse classique un vieux danseur russe extraordinaire, Mikhaïl Mordkin, qui avait été le partenaire de la Pavlova sur nombre de ses tournées. Nous mettions nos collants et nos chaussons, nous nous installions à la barre en face d'un miroir et la leçon commençait. C'était un personnage assez excentrique. Un jour, alors que nous répétions, il empoigna une chaise en bois, arracha un des pieds qui branlait, s'assit sur la chaise, munie maintenant de trois pieds et, se servant du quatrième comme d'un archet, se mit à jouer d'un violon invisible, totalement envoûté par la musique qu'il fredonnait. Pourtant, il se montrait extrêmement sévère. J'avais l'habitude de bourrer le bout de mes chaussons de laine, car j'avais les doigts de pied trop longs et chaque fois que je faisais des pointes, je me retrouvais juchée sur la première phalange de mon deuxième orteil au lieu de reposer sur la pointe des cinq. Je souffrais le martyre. Et je n'ai jamais réussi à pivoter sur place. À la fin de chaque série de pirouettes, la tête me tournait, un vrai désastre ! Vers la fin de mon année d'études, maman vint me chercher à la fin du cours et demanda à M. Mordkin ce qu'il pensait de mes talents de danseuse « Madame Bacal, lui déclara-t-il, Betty a perpétuellement mal aux pieds ; la forme de ses orteils lui interdit la danse classique. Vous devriez y renoncer. » Je savais déjà depuis un certain temps que je n'étais pas bâtie pour la danse classique, mais c'était terrible de l'entendre dire à haute voix. Enfin, il fallait s'incliner. Je ne *pouvais* pas tout réussir. Dorénavant, je devrais me contenter de ces rêves presque quotidiens, où je dansais dans des palais de marbre avec Fred Astaire. Je portais toujours une longue robe fluide en crêpe de Chine, il y avait de vastes rotondes dont les voûtes étaient soutenues par des piliers, et Fred Astaire exécutait avec moi la danse la plus compliquée, la plus romantique, me projetait dans les airs, me faisait tournoyer inlassablement sur la meilleure musique de Gershwin jamais écrite.

Je consacrai donc toute mon énergie à la scène. À la fin de l'année, les étudiants de la New York School of Theatre donnaient une audition devant les parents. J'avais appris la scène du poison de *Roméo et Juliette*. Je l'étudiai pendant des semaines – au cours d'art dramatique, à l'école, dans la rue (comment je n'ai pas été renversée par un camion demeurera toujours un mystère pour moi), à la maison. Le jour vint, et mon tour aussi. Tremblante, j'attaquai la scène ; maman, grand-mère, Charlie et Rosalie, Vera et Jack étaient dans la salle. Sans doute fus-je désastreuse, mais j'étais allée jusqu'au bout, et cela signifiait que je continuerais. Plus rien ne m'arrêterait maintenant.

Si je supportais mal le lycée, c'est que j'avais hâte de me lancer dans la vie réelle – ou d'échapper à la réalité pour me réfugier dans l'imaginaire. Une semaine, je séchai la classe à trois reprises – une fois pour aller au zoo, les deux autres pour un film de Bette Davis – et écrivis un mot, signé du nom de ma mère, expliquant que j'avais été malade. C'était toujours moi qui allais chercher le courrier le matin, mais cette fois, ce fut ma mère. Il y avait une lettre du directeur. Ah ! Ce drame ! Et mes larmes ! « Oh, maman, pardonne-moi, jamais je ne recommencerai ! » Ma mère me demanda comment je m'y étais prise. J'avouai avoir signé un mot à sa place. Elle s'exclama : « Tu ne sais donc pas que c'est interdit par la loi ? Que tu pourrais aller en prison pour ça ? »

Cela me rappela un incident survenu alors que j'avais onze ans. Mes amies et moi allions parfois nous balader dans un bazar où l'on pouvait acheter à peu près n'importe quoi pour cinq ou dix cents. Sans argent, je me contentais de regarder les objets qui me tentaient sur les rayons et d'imaginer ce que je pourrais acheter. Il y avait entre autres des plumiers – des petits plumiers très bon marché – mais, n'en ayant jamais possédé, j'en avais terriblement envie. Au point que j'en pris un. Je suppose que la plupart des gosses ont fait ça au moins une fois dans leur vie, il y a tellement à voir, tellement à acheter. Et quand on n'a pas d'argent, tout demeure inaccessible, même un méchant petit plumier. Je rentrai à la maison comme d'habitude et maman repéra le plumier. Elle me prit par les deux bras, me dévisagea et demanda :

— Où as-tu pris ce plumier ?

— Je l'ai trouvé, répondis-je, évitant son regard.

— Où l'as-tu trouvé ?

Mon menton se mit à trembler. Je ne pouvais me maîtriser, j'étais démasquée, et terrifiée par ce que j'avais fait.

— Je l'ai pris au bazar, répondis-je d'une toute petite voix, une voix que seuls les oiseaux pouvaient entendre.

— Eh bien, tu vas y retourner immédiatement et le rendre. Et quand tu le rendras, tu le donneras à la vendeuse au comptoir, tu lui diras que tu l'as pris et tu t'excuseras.

— Comment veux-tu que je fasse ça ? Je serai punie. Je ne peux pas simplement le remettre sur le rayon et partir ?

— Non, tu vas faire ce que je te dis. Et que ce soit une leçon pour toi. Prendre ce qui ne t'appartient pas, c'est du vol. Et c'est interdit par la loi. Si tu le rends tout de suite, ils ne te feront rien.

Elle m'accompagna au magasin, entra avec moi et se tint silencieusement à mon côté pendant que j'avouais mon larcin. La vendeuse reprit le plumier et ce fut une expérience que je n'oubliai jamais, et que je ne renouvelai jamais non plus.

Ayant rêvé à un moment de devenir reporter, j'étudiai le journalisme. Cette vocation avait dû naître de la lecture d'une bande dessinée, et aussi du film *La Dame du vendredi*. Des années auparavant, assistant à une projection de *La Parade blanche* avec Loretta Young, je l'avais trouvée si belle, si courageuse, si dévouée que je résolus de me faire infirmière. Du moins jusqu'au jour où, voyant du sang pour la première fois, je fus prise de nausée. Du coup, voilà mes rêves de devenir infirmière relégués au magasin des accessoires.

Tout cela venait de mon désir profond de découvrir ma propre identité, la place qui m'incombait dans l'existence. Ce qu'il y a de merveilleux dans les rêves, c'est la façon dont la jeunesse s'y cramponne. J'étais sûre que les miens se réaliseraient – l'un d'entre eux, en tout cas. Mes fantasmes, de toute évidence, puisaient leur source dans le cinéma et dans mes tentatives d'identification avec certaines stars. Comme le jour où j'avais vu Margaret Sullavan. Je voulais lui ressembler. Depuis des années, j'avais les cheveux longs. Il était temps de changer.

Après quelques jours de réflexions et d'hésitations, je décidai de passer à l'action. Maman me donna l'argent. Je partis pour la boutique. J'étais très excitée : je quittais la 86e Rue ne ressemblant qu'à moi-même, j'allais y revenir métamorphosée en Margaret Sullavan. Enivrant. Je m'assis dans un fauteuil et expliquai au coiffeur ce que je désirais. Je m'étais munie d'une petite photo de Margaret Sullavan. Il me dévisagea et demanda :

— C'est ça que vous voulez ? Vous en êtes bien sûre ?

— Absolument. Coupez tout.

Il prit ses ciseaux et se mit au travail. Tout un pan de ma chevelure tomba et je me trouvai un petit air de guingois. C'était affreux, mais lorsque les deux côtés seraient symétriques, cela deviendrait ravissant. L'opération terminée, je me contemplai dans le miroir. La coiffure était bien celle de Margaret Sullavan – cheveux coupés très courts, juste en dessous des oreilles, avec une frange –, mais mon visage était toujours le même et les deux n'allaient absolument pas ensemble ! Je n'avais plus qu'à rentrer chez moi affronter l'orage. Je passai la porte et ma grand-mère, en me voyant, poussa un cri horrifié, ainsi que ma mère.

— Tu es folle... Couper tes beaux cheveux ! Qu'est-ce qui t'a pris ?

— Je voulais tout simplement ressembler à Margaret Sullavan. Je ne suis plus un bébé.

Mais c'était affreux, j'étais hideuse et détestais cette coupe. Mes cheveux repoussèrent, fort heureusement, avant que j'aie terminé mes études secondaires. J'avais déjà une drôle d'allure, et ma nouvelle coiffure ne faisait qu'aggraver le tableau.

Mes sorties au théâtre étaient rarissimes, car je ne pouvais pas me payer l'entrée. J'eus cependant l'extraordinaire chance d'applaudir John Gielgud, en 1939, dans le rôle de Hamlet. John Gielgud, Shakespeare et Broadway tout à la fois, c'était presque trop pour moi. Entrer dans un véritable théâtre, admirer les baignoires, les balcons, les sièges capitonnés et le rideau avec, derrière, la scène magique. Une foule qui me semblait composée de milliers de gens se pressait à l'intérieur. Voilà donc à quoi ressemblait un vrai théâtre ! J'arrivai à ma place, les doigts crispés sur mon programme. Les lumières s'obscurcirent dans la salle, les bavardages cessèrent, l'attention du public tout entier se concentra sur la scène... Ah ! Ce silence, ces instants d'attente, ce pouvoir que détiennent les acteurs de transformer la vie des spectateurs assis dans la salle !

Ce soir-là, je vécus une expérience inoubliable. Pendant deux heures et demie, perchée en haut du balcon, je fus transportée dans un autre monde. Même les applaudissements qui déferlaient à la fin de chaque acte ne pouvaient me ramener à la réalité. Aurais-je jamais autant de talent ? Pouvais-je espérer approcher une telle perfection ? Le jeu de Gielgud était si bouleversant que, malgré ma jeunesse et mon incapacité à comprendre pleinement le langage de Shakespeare, je partis du théâtre dans un état somnambulique, me cognant dans les gens, me faisant bousculer, ne sachant même pas où je me trouvais. Depuis lors, bien entendu, je me suis rendu compte que Gielgud a été l'un des plus grands Hamlet de tous les temps. La noblesse de ses traits, son jeu si prenant sont restés présents à mon esprit. Il me fallut un certain temps pour retomber dans ma réalité. Leslie Howard jouait également Hamlet dans un théâtre voisin. Il est bien étrange que je ne sois pas allée le voir – sauf que le bruit courait qu'il n'était pas tellement bon dans ce rôle. Peut-être n'aurais-je pas supporté l'imperfection chez mon héros.

Je passai enfin mes derniers examens. J'allais pouvoir me lancer à la poursuite de mon destin. On nous photographia pour le bulletin du lycée, *Spotlight.* En dessous de chaque photo figurait un petit texte destiné à exprimer l'essence de notre personnalité. Le mien disait : « De ses amis le délice, elle veut devenir actrice, que tous ses vœux s'accomplissent. »

J'avais envisagé brièvement de poursuivre mes études au collège – un autre de mes fantasmes : la vie sur le campus (toute faite d'aventures amoureuses, jamais de travail), mais inutile de me jouer la comédie, je n'étais pas faite pour les matches de football et les clubs d'étudiantes. Maman fut d'accord pour que je suive les cours de l'Académie d'art dramatique, avec l'aide une fois de plus de Jack et de Charlie. Je devais bien me mettre dans la tête que je n'aurais que le strict minimum ; pas question de m'offrir des fantaisies. Mais je serais une étudiante à temps plein et pourrais enfin me consacrer entièrement au théâtre, tous les jours de la semaine, toute la journée, apprendre le métier de comédienne. Et j'avais grand besoin d'apprendre. Les quatre années passées à suivre les cours du samedi à la New York School of Theatre m'avaient déjà dérouillée, mais le programme de l'Académie serait tout à fait différent. En attendant, j'infligeais perpétuellement mes imitations de Katharine Hepburn et Bette Davis à tous ceux qui consentaient à les subir. Inutile de préciser que Charlie et ma mère étaient mon meilleur public.

Au cours du printemps de notre dernière année de lycée, Betty Kalb et moi avions lu dans le journal que Bette Davis allait venir à New York. Elle descendait toujours au Gotham Hotel. Avec elle voyageait son amie Robin Byron, que mon oncle Jack connaissait. Je lui téléphonai et lui demandai – le suppliai – de passer un coup de fil à Robin pour qu'elle essaie de me faire rencontrer mon idole. En attendant la réponse, Betty Kalb et moi faisions le siège du Gotham Hotel. Un après-midi où nous nous étions dissimulées dans le hall, Bette Davis entra, se dirigea droit vers l'ascenseur. Nous nous y engouffrâmes à sa suite et tremblantes montâmes avec elle jusqu'au dixième étage. Elle portait un petit chapeau noir, ses cheveux étaient attachés sur la nuque par un ruban noir ; elle était plus petite que je l'imaginais, mais ce visage était bien celui que j'avais vu si souvent, agrandi sur l'écran d'un cinéma, si loin de moi. Nous la dévorions des yeux. Lorsque le liftier arrêta la cabine au dixième, elle descendit. Nous demandâmes à nous arrêter au onzième, nous ruâmes vers l'escalier pour dévaler un étage et la voir, de dos, pénétrer dans son appartement. Nous nous mîmes à rire, un peu confuses, et attendîmes d'être calmées pour affronter le regard interrogateur du liftier. Mais Bette Davis était merveilleuse, telle que nous l'avions imaginée. Faire sa connaissance ou périr ! Il n'y avait pas d'alternative.

Enfin, oncle Jack téléphona. Il avait parlé à Robin et, bien que Miss Davis eût un programme très chargé, Betty et moi pouvions passer la voir à son hôtel à 16 heures samedi. Nous étions au bord de l'hystérie. Nous passâmes des heures au téléphone, comment nous habiller, comment nous coiffer, qu'allions-nous dire ? Nous nous livrâmes à nos imitations de sa démarche, de sa façon de parler – pour nous défouler, en quelque sorte. C'était si excitant ! Je vivais le moment le plus intense de mon existence... Un de mes rêves allait se réaliser.

Je fus dûment chapitrée par l'oncle Jack ; je devais faire vite, ne pas m'attarder, me conduire correctement, pour l'amour du ciel ! « Tâche de ne pas te ridiculiser. Robin a été vraiment chic d'arranger ça. Sois à la hauteur, et dis à Betty Kalb de se calmer ! » Se calmer ! Ah ! Enfin, nous n'aurions qu'à jouer la comédie. Oh ! Si seulement j'avais eu l'air moins jeune ! Betty avait une silhouette harmonieusement développée – assez semblable, en fait, à celle de Bette Davis – alors qu'à quinze ans j'étais une grande bringue dégingandée.

Samedi arriva enfin. Maman et grand-mère, qui depuis des jours et des jours n'entendaient parler que de Bette Davis, avaient hâte que tout soit terminé. Betty vint me chercher. Je m'efforçais de prendre des airs sophistiqués, mais hélas n'avais dans ma garde-robe rien de très chic, et je me contentai donc de mettre mon tailleur neuf. Mon amie me parut bien mieux que moi – elle avait beaucoup moins l'air d'une chasseuse d'autographes.

Nous nous rendîmes à l'hôtel et je demandai au réceptionniste d'appeler Mme Bette Davis et de lui annoncer que Mlle Bacal était dans le hall en compagnie d'une amie ; nous avions rendez-vous. Comment me retiendrais-je de trembler ? Comment Betty se retiendrait-elle de tourner de l'œil ? On nous pria de monter directement. Cette fois, nous regardâmes le liftier droit dans les yeux pour demander « Au dixième, s'il vous plaît. » Comment nous présenter, comment faire bonne figure ? Nous en restions muettes d'anxiété. L'ascenseur atteignit bien trop vite le dixième. Sorties de la cabine, nous nous engageâmes, les jambes molles, dans le couloir en direction de l'appartement 1 009-1 010. Nous tenant par la main, nous prîmes une profonde inspiration, vérifiâmes nos coiffures et, finalement, je pressai le timbre de la sonnette. Je me sentais frémir de la tête aux pieds. La porte s'ouvrit – c'était Robin. Elle me sourit, je lui présentai Betty et elle nous fit entrer dans le living-room. Il y avait un divan avec deux fauteuils lui faisant vis-à-vis.

Je m'assis tout au bord de l'un des fauteuils, Betty sur l'autre. La porte de la chambre s'ouvrit enfin et Bette Davis apparut, avec cette démarche à la Bette Davis – la Reine de l'Écran, la meilleure actrice du monde. Oh ! Seigneur !

Nous nous levâmes aussitôt, elle nous serra la main et se dirigea vers le divan. Je me rassis dans le même fauteuil, terrifiée, incapable de faire un pas, mais Betty alla carrément s'installer à côté de la Reine. Bette Davis était ouverte, directe, simple, compréhensive. Elle nous interrogea sur nous-mêmes ; elle avait appris par Robin, me dit-elle, que je voulais être actrice. D'une voix à peine audible, je répondis que j'avais en effet suivi des cours d'art dramatique le samedi jusqu'à la fin de mes années de lycée. Betty était beaucoup plus bavarde que moi, semblait avoir davantage à dire. J'avais littéralement perdu ma langue. J'étais si nerveuse que mes mains tremblaient. Elle nous offrit le thé, mais je n'osai pas prendre une tasse et une soucoupe de peur de les laisser tomber ou de renverser le thé sur moi. Elle me fit signe de venir m'asseoir auprès d'elle, de l'autre côté, sur le divan. Je ne sais trop comment je parvins à franchir cette énorme distance. Nous lui racontâmes, bien entendu, que nous avions vu tous ses films plusieurs fois. Les silences semblaient interminables, pourquoi avais-je le cerveau tellement vide ? Je ne trouvais même pas mes mots.

Bette Davis se montra d'une extraordinaire patience.

— Écoutez, dit-elle, si vous avez vraiment envie de devenir comédienne, vous devriez essayer de commencer par des tournées en province. C'est la meilleure façon d'apprendre le métier.

— Oh oui, oui, j'ai vraiment envie... Je ferai d'abord du théâtre, et ensuite du cinéma, exactement comme vous.

— En tout cas, il faut que vous soyez bien sûres de votre vocation... C'est un dur travail et l'on est très seul.

Je me souvins alors d'une réponse qu'elle avait donnée lors d'une interview : « J'ai deux oscars sur ma cheminée, mais ils ne me tiennent pas chaud par les froides soirées d'hiver. »

Le silence retomba. Robin me jeta un coup d'œil. Je compris qu'il était temps de partir. « Je vous remercie infiniment, Mlle Davis, d'avoir accepté de nous recevoir. Je vous suis si reconnaissante... » Betty eut à peu près la même formule. Bette Davis nous serra la main, nous souhaita bonne chance. Robin ouvrit la porte et nous sortîmes de la chambre.

Betty s'était engagée dans le couloir et, arrivée presque au bout, terrassée par l'émotion, elle s'affaissa, au bord de la crise de nerfs. Je me sentis prise de panique. Il ne fallait pas que Bette Davis nous entende, sache ce qui se passait. J'aidai Betty à se relever, nous nous dirigeâmes, chancelantes, vers l'ascenseur et, une fois dans la rue, nous ruâmes au drugstore le plus proche pour pouvoir nous asseoir. Quel soulagement ! L'épreuve était terminée. Nous nous mîmes à parler toutes les deux en même temps.

— Jamais plus je ne me laverai la main !

— Moi non plus !

— Elle a été merveilleuse, non ? Tu as remarqué sa démarche quand elle est entrée dans la pièce ?

— Qu'est-ce qu'elle a bien pu penser de nous ? Pourquoi je ne lui ai pas demandé quel était son film préféré ?

— Pourquoi je ne lui ai pas demandé comment c'était vraiment, de faire du cinéma ?

— Pourquoi est-ce que j'étais si nerveuse ? Elle a dû me prendre pour une idiote !

— Je veux être exactement comme elle !

Bette Davis avait fait preuve d'une grande générosité en acceptant de nous recevoir. Cette rencontre prenait une telle importance pour nous ! Rêver de monter sur les planches et de devenir une star, c'est nourrir une passion exclusive. Seuls les enfants qui ont visé avec ardeur un but précis, aspiré à s'identifier à telle héroïne, connaissent ce sentiment. C'est plus que de l'ambition. Cela vous prend quand on est encore écolier et que votre vie active d'adulte ne se profile que sur un horizon lointain, mais l'on sent déjà que l'on se rapproche de l'anneau d'or et que peut-être, un jour, non seulement on décrochera cet anneau mais qu'on le gardera. Tout paraît possible, mais on vit dans un climat de frustration constant parce qu'on est encore incapable d'infléchir son destin.

Je déclarai à Jack, instrument de cette rencontre, que je serais à jamais sa débitrice. Je racontai tout, ou presque, à maman et à grand-mère, passant néanmoins sous silence la crise nerveuse de Betty. J'écrivis ensuite à Bette Davis une lettre que je modifiai au moins vingt fois, la remerciant et m'efforçant de lui dire tout ce que, dans ma timidité et ma nervosité, je n'avais pu exprimer devant elle. Betty lui écrivit également. Nous envoyâmes nos lettres dans le Maine, où elle possédait une maison et où elle passait beaucoup de temps, comme nous le savions par les revues de cinéma. Une semaine plus tard environ, le courrier du matin apporta une enveloppe bleue dont l'adresse était rédigée dans une écriture inconnue. Elle contenait une lettre de Bette Davis me remerciant de mes compliments, disant qu'elle avait été très contente de faire notre connaissance, nous souhaitant bonne chance et concluant : « J'espère que nous aurons l'occasion de nous revoir un jour. » Je n'en revenais pas ! Une lettre *de sa propre main !* Je la conservai précieusement, la lus et la relus des centaines de fois. Betty Kalb en reçut une également.

La deuxième pièce de théâtre à laquelle j'assistai après *Hamlet*, quelques années plus tard, ce fut *The Philadelphia Story*, avec en vedette mon autre actrice préférée, Katharine Hepburn. De nouveau, j'étais au perchoir. Mais cette fois, tout en haut de la salle, l'atmosphère était bien différente. Le public était tout excité à l'idée de voir une star de cinéma en chair et en os, vivante, sur la scène. Katharine Hepburn était un être mystérieux, merveilleux, et sa présence, son incroyable personnalité s'imposaient et étaient perceptibles même du deuxième balcon. Elle était d'une telle beauté, et si drôle, si touchante ! Hepburn portait des robes vaporeuses, légères.

Ses cheveux brillants effleuraient ses épaules, elle était glorieuse, le théâtre résonnait de rires. Être capable de donner tant de joie !

Y parviendrai-je jamais ? me demandai-je. Faire rire des gens dans un salon, en particulier des membres de la famille, c'était relativement facile. Mais atteindre le même résultat devant des inconnus, c'était bien différent. Katharine Hepburn, cet après-midi-là, m'emplit de joie, et me confirma dans l'idée que ma vie n'avait qu'un but : devenir comédienne.

Un an plus tard, Laurence Olivier et Vivien Leigh jouaient *Roméo et Juliette à* Broadway. Julia Richman avait pris des places pour les élèves de terminale. Voir deux acteurs anglais prestigieux jouer Shakespeare... Je réussis à convaincre maman que c'était essentiel pour mon éducation. Déjà, je sentais la différence entre les comédiens américains et anglais dans leur interprétation de Shakespeare. La langue paraissait si naturelle dans leur bouche ! Et ils étaient d'une telle beauté en plus de tout le reste ! Des êtres bénis des dieux. La critique ne fut pas très bonne, mais la salle était comble et j'estimai avoir beaucoup de chance de me trouver dans le public.

Ce fut en automne 1940 que je commençai à travailler sérieusement le métier de comédienne. L'étape scolaire était enfin franchie. L'esprit libre et clair, je pouvais m'engager sur cette longue et sinueuse route à sens unique. Et mon entrée à l'Académie américaine allait me permettre de me consacrer totalement au théâtre. Je ne pouvais pas échouer, ma certitude était totale.

L'Académie américaine d'art dramatique était située dans la 57e Rue, juste à côté de Carnegie Hall. Elle se composait de salles pleines de chaises rangées en demi-cercle, avec un bureau au centre, pour les leçons de diction et d'improvisation. Des salles plus grandes étaient réservées à l'escrime, à l'expression corporelle comme la danse, l'art de se laisser tomber ; il y avait des salles de répétition avec des petites scènes où jouer la comédie ; une salle avec des coiffeuses, des miroirs et des projecteurs pour s'initier au maquillage.

Ce fut une année de rêve. Une amie que j'avais connue dans un camp d'été, Marcella Markham, était également inscrite à l'Académie, et nous déjeunions ensemble tous les jours, suivions les mêmes cours. J'avais aussi dans ma classe Nina Foch et Terese Hayden. J'avais choisi les cours du matin. Cela me donnait l'après-midi pour étudier les rôles qui m'étaient attribués, et me laissait libre d'assister aux pièces montées par les étudiants de deuxième année à l'Empire Théâtre, le mardi après-midi. L'Empire restait pour moi le théâtre de John Gielgud et de son *Hamlet.* Situé à Broadway dans la 40e Rue, il gardait la tradition des théâtres d'autrefois, grandiose et rutilant.

Le programme d'études de l'Académie était très strict et totalement axé sur le théâtre : interdiction, par exemple, de prendre un emploi quelconque sans autorisation spéciale de la direction. L'accent était mis sur la découverte de soi-même, l'étude de la vie, puisque l'essence même de l'art du comédien était de la restituer sur scène. Nous apprenions à articuler, à respirer, à nous servir de notre corps pour exprimer les émotions, à analyser les pièces et les personnages. C'était la meilleure introduction possible au métier. Cette année-là, j'étudiai très sérieusement et chaque cours m'enseigna quelque chose que j'ai pu d'une façon ou d'une autre mettre en pratique. Depuis, je me suis constamment surprise à observer les gens, les animaux. L'Académie m'enseigna à prendre conscience de l'humanité d'une nouvelle façon, élément essentiel de la formation d'un comédien. Au cours de pantomime, j'appris à utiliser chaque partie de mon corps pour exprimer une émotion. On m'enseigna à contrôler mon corps, à en développer et à en utiliser séparément chaque élément. Jamais je n'aurais imaginé la complexité de cet apprentissage. Je n'avais envisagé de métier qu'en termes d'expression vocale : se tenir sur une scène, réciter un texte. Mais il y avait tant de notions à acquérir avant de pouvoir monter sur les planches. Avant d'avoir le *droit* d'y monter. Je ne les assimilai pas toutes, mais je commençais déjà à prendre conscience de tout ce qu'il me faudrait savoir un jour.

Ce furent des journées bien remplies cette année-là. Tous autant que nous étions, garçons et filles, nous avions en commun notre soif d'apprendre. Certains étaient plus anxieux que d'autres, mais nous étions prêts à essayer nos ailes. Nous voulions tous donner l'impression d'avoir parfaitement confiance en nous-mêmes, mais, pour la plupart, nous surmontions mal notre timidité. J'adorais prendre des leçons d'escrime. C'était si théâtral : cette pose, immobile, cambrée, fleuret et masque en main, la série des mouvements préliminaires avec le fameux « En garde ! ». Je ne voyais absolument pas à quoi pourrait bien me servir cette discipline, mais je m'amusais beaucoup. Au cours de diction, nous commencions à apprendre à respirer, à placer notre voix, à la projeter. Tous alignés devant une fenêtre ouverte, aspirant profondément un air, non pollué à l'époque, les mains sur la cage thoracique, utilisant notre diaphragme, émettant des sons incroyables accompagnés de grimaces plus incroyables encore. C'était comique et je me trouvais parfaitement ridicule.

Le plus difficile, au début, c'était de jouer des scènes. Il fallait apprendre le texte, puis se tenir au milieu de la salle de classe en compagnie d'un autre acteur, avec comme public tous les camarades. J'étais mal à l'aise, nerveuse, mais le métier commençait peu à peu à entrer.

Le cours de danse était très distrayant. Notre professeur, M. Riley, était un grand amateur de sous-entendus. Pour la rumba, par exemple, nous étions alignés sur cinq rangs et il circulait parmi nous en disant : « Vous ne pourrez pas danser correctement la rumba avant d'avoir vécu... Vous voyez ce que je veux dire ! » Non, je ne savais pas du tout ce qu'il voulait dire et je n'ai jamais osé poser la question... Dans le cours d'expression corporelle, pour apprendre le maintien, pour apprendre à circuler sur une scène, nous nous exercions à nous asseoir sur une chaise avec un livre sur la tête, puis à nous lever et à faire le tour de la pièce. Dans le même cours, j'appris à m'évanouir – dans un escalier ou en terrain plat. Avancer de quelques pas, ralentir légèrement, vaciller lentement sur soi-même, puis se laisser tomber sur le côté, d'abord les genoux, puis la hanche et enfin le buste. Je ne m'en suis pas tellement servie, mais chaque fois que je vois un acteur s'évanouir ou tomber, je reconnais mon entraînement.

Nous apprenions à nous grimer pour incarner toutes sortes de personnages – vieilles gens, prostituées, âge moyen, simple maquillage de tous les jours. C'était très amusant et cet enseignement avait une raison d'être. Au théâtre, on se maquille soi-même. Résultat de cette formation : même dans les films, j'ai toujours eu du mal à rester tranquillement étendue pendant qu'un maquilleur se penchait sur mon visage. Je dois en passer par là, bien entendu, c'est la règle, mais je me farde moi-même les yeux et les lèvres.

C'est du cours de Mme Alice Parke, le cours d'improvisation, que j'ai gardé le plus vif souvenir. Évidemment, j'avais déjà appris à la New York School of Theatre à me laver les mains et le visage devant un lavabo imaginaire. Se lever, se diriger vers le lavabo, ouvrir le robinet d'eau chaude puis celui d'eau froide, prendre le morceau de savon invisible, se mouiller les mains, les savonner, reposer le savon sur le bord du lavabo, se laver les mains, les rincer, les secouer, fermer les robinets, prendre une serviette et les sécher : cette seule idée fait bien rire les gens, mais cet exercice développe le sens de l'observation. Pendant le cours, Mme Parke nous disait par exemple : « Devenez une théière. » Il faut alors réfléchir intensément, tout en se trouvant parfaitement ridicule, puis devenir une théière. (Imaginez ce que ça devait être pour elle, debout devant sa classe, en train de contempler vingt théières. Hilarant !)

Un jour, nous étions groupés dans la classe à parler de façon très générale de choses que nous avions vues. Mme Parke nous demanda si nous avions jamais remarqué un animal en particulier.

— Oh oui ! répondis-je. À Central Park, je regarde toujours les écureuils sautiller d'un endroit à un autre, chercher des glands par terre pour les emporter au sommet d'un arbre dans une de leurs cachettes.

— Eh bien, Betty, vous me semblez les avoir bien observés. Bon, soyez un écureuil maintenant.

Et me voilà accroupie par terre, à sautiller autour de la pièce, à grignoter des glands imaginaires.

Au cours de l'année, Mme Parke nous demanda d'écrire deux monologues, l'un dramatique, l'autre comique, sous forme de conversations téléphoniques. Je me torturai la cervelle. Marcella et moi discutâmes pendant des heures des sujets que nous allions choisir ; ma conversation dramatique allait relater la disparition de mon canari. Je brodai sur ce thème, dramatisai l'histoire, déclarai que je n'avais que ce petit oiseau auquel confier tous mes espoirs, tous mes rêves ; chaque soir, quand je rentrais du travail, pauvre femme mélancolique et esseulée, je lui parlais, et le jour où il s'envolait par la fenêtre, j'avais l'impression que ma vie était terminée. Le monologue plut beaucoup à Mme Parke.

Mon idée pour le deuxième monologue me semblait si hilarante que je me trémoussais sur ma chaise en l'écrivant. Cette fois, j'étais une fille affligée d'un bec-de-lièvre qui, venant de terminer ses études au collège, téléphonait à une amie et lui expliquait qu'elle avait décidé de devenir professeur de diction. Le cerveau d'une jeune personne de seize ans fonctionne parfois d'étrange façon. L'idée d'avoir un défaut de prononciation que j'exagérai, bien entendu, dans mon numéro – et de vouloir donner des cours de diction me paraissait tordante : j'étais sûre d'être la vedette du jour. Mais mon monologue n'amusa pas Mme Parke. Lorsque j'eus fini, elle déclara : « Mlle Bacal, ce n'est pas faire preuve d'humour que de se moquer des infirmités des gens. Ils n'en sont pas responsables ; ce n'est jamais drôle. Vous auriez dû choisir comme monologue comique votre première conversation. Celle-là était pleine d'humour, de tendresse. Et c'est la deuxième qui est tragique. » J'étais ravagée, mais j'avais appris quelque chose.

Ce que je préférais à l'Académie américaine, c'était assister chaque semaine aux spectacles montés par les élèves de fin d'études. Au rez-de-chaussée de l'immeuble était aménagée une salle de théâtre où se jouaient les pièces tous les vendredis soir. Je trouvais merveilleux l'un des acteurs, si séduisant et si doué. Je le vis d'abord dans un rôle classique, puis dans celui d'un petit-maître d'une comédie de la Restauration anglaise. Un vendredi soir, durant l'entracte, je me tenais sur le palier en train de bavarder avec des amis lorsque, regardant au bas de l'escalier, je le vis, les yeux posés sur moi – mon héros, ce merveilleux acteur. Blond, les yeux bleus, le menton fendu. Nom : Kirk Douglas. Bien entendu, je fus prise de tremblements. Toute ma vie, à la moindre émotion, je me suis mise à trembler. Comme l'atmosphère de ces soirées théâtrales était des plus décontractées, il n'était pas difficile de faire connaissance et, lorsque je le revis deux semaines plus tard, nous échangeâmes quelques phrases banales. Peu après, nous bavardions librement. Je me sentais très éprise de lui. Il m'invita finalement à dîner dans un restaurant chinois de Greenwich Village. Il suivait les cours de l'Académie grâce à une bourse. Il n'avait pas d'argent du tout. Il avait passé une fois une nuit en prison parce qu'il n'avait pas d'endroit où dormir. Quelle situation dramatique ! Et quel effet elle produisit sur un être aussi impressionnable que moi ! Oh, comme il avait souffert !

J'étais si enfantine ! Je n'avais jamais eu de flirt, encore moins d'aventure amoureuse. Une jeune fille juive comme il faut reste vierge jusqu'au mariage ; je me hasardais tout au plus à quelques baisers dans les coins sombres, l'idée de m'aventurer au-delà me terrifiait. Ma grand-mère adorait Kirk. Un garçon juif comme il faut, que pouvait-on espérer de mieux ? Je le présentai même à Charlie. Ce pauvre Kirk devait être paniqué. Je me rappelle qu'il n'avait qu'un manteau, réversible, très mince, tweed d'un côté, imperméable de l'autre. Je me disais qu'il devait geler en hiver. Je savais que Charlie possédait un vieux pardessus confortable qu'il ne portait jamais et, adorable comme il l'était, il s'en sépara volontiers pour me permettre de le donner à Kirk. Kirk et moi avions rendez-vous un samedi – je lui avais annoncé que j'avais une surprise pour lui. Oncle Charlie me conduisit au Village avec le pardessus, et je montai les marches quatre à quatre jusqu'à l'appartement de Kirk. Il fut ravi, éperdu de reconnaissance. Un bouton tenait mal et je me vois encore, assise dans l'appartement, en train de le recoudre. Je caressais, bien entendu, des rêves de vie à deux – Kirk et moi ensemble sur la scène, en dehors de la scène, faisant tout l'un pour l'autre. J'ai toujours laissé s'emballer mon imagination. Il m'a fallu plus de vingt ans pour corriger ce trait de mon caractère. De toute façon, Kirk ne me poursuivait pas vraiment de ses assiduités. Il était agréable, charmant, se plaisait en ma compagnie, mais, manifestement, j'étais trop jeune pour lui.

J'étais devenue plus ou moins amie d'une fille, Diana Dil, qui était en terminale à l'Académie. Un soir, je couchai chez elle. Comme nous passions nos vies en revue, le nom de Kirk vint dans la conversation. « Oh, évite d'avoir une histoire avec un garçon comme lui. Tu risques trop d'en souffrir. Il est amusant, comme ça, pour sortir, d'accord, mais surtout ne t'engage pas à fond. » Dieu merci, je ne lui avais pas révélé les sentiments que m'inspirait Kirk, car il y avait eu entre eux une idylle assez sérieuse. Puis ils avaient rompu et c'était à ce moment-là que j'étais apparue dans le tableau. (Rétrospectivement, je me rends compte qu'à partir de ce moment presque tous les hommes qui m'ont attirée aimaient ailleurs ou souhaitaient aimer ailleurs.)

Diana et Kirk finirent par se marier quelques années plus tard. Kirk se montrait toujours d'une grande gentillesse à mon égard. Pour ma part, créature désespérément romantique, je rentrais chez moi le soir, écoutais de la musique classique à la radio et écrivais des poèmes. Toujours tragiques, le plus souvent sur l'amour non payé de retour. (Je n'en connaissais pas d'autre.) Un échantillon :

J'ai connu la beauté
Dans un moment parfait
Rêve déjà fané...

En sortant de l'Académie, Kirk s'engagea dans la marine. Il m'écrivait de temps à autre le genre de lettres que j'avais envie de recevoir. Il écrivait parce qu'il était la proie de la solitude, je ne l'ignorais pas, mais j'étais néanmoins aux anges. Je me rappelle que son rêve était d'emmener sa famille à New York pour le voir sur scène. Il trouva un emploi de garçon de salle chez Schrafft, à Broadway, à l'angle de la 86e Rue, puis de serveur. Bien entendu, j'y traînais parfois une amie ou ma mère, et nous commandions un seul plat, n'ayant pas les moyens de nous offrir plus. Il était fantastique – le garçon de salle et le serveur idéal, jouant son rôle à la perfection en attendant son heure.

Le moment de nos examens à l'Académie approchait. Je devais jouer dans une scène dramatique du *Cordon d'argent*, incarner une petite bonne dans une scène comique d'une pièce que j'ai oubliée, et tenir un rôle de composition dans une autre pièce, également oubliée. Je me souviens du *Cordon d'argent* pour deux raisons : le climat de cette scène était très passionnel – je n'ai jamais été très douée pour ce genre de rôle – et, au lever du rideau, j'étais en train de servir le thé. Le dialogue se déroulait entre quatre personnages sur la scène et le tintement de la tasse contre la soucoupe entre les mains tremblantes de votre servante interférait de temps à autre. C'était ma première apparition sur la scène du Carnegie Lyceum. Dans le public se trouvaient des élèves de terminale, quelques invités de la direction et tous les professeurs, crayon et calepin à la main, en train de prendre des notes. À eux de décider si nous avions suffisamment de talent pour suivre une deuxième année de cours à l'Académie.

Une fois les examens terminés, il ne restait plus qu'à attendre le jugement définitif. Des listes de noms figuraient au tableau d'affichage, indiquant la date à laquelle les élèves allaient être reçus par le directeur, M. Diestel, qui donnerait son verdict. Lorsque mon jour arriva, je savais que nos moyens financiers ne me permettraient pas de retourner à l'Académie une deuxième année.

Je pouvais seulement espérer que l'Académie m'accorde une bourse. M. Diestel, un homme corpulent qui trônait majestueusement derrière son bureau, m'invita à m'asseoir et entreprit de me lire les commentaires de mes divers professeurs. Certains étaient très bons, d'autres beaucoup moins. Mais ils étaient unanimes pour que je revienne, tous m'accordaient des dons de comédienne. Partagée entre la joie et le désespoir, je dus avouer, les larmes aux yeux, que je ne pouvais pas revenir. M. Diestel s'en tint fermement à la politique en vigueur : « Pas de bourse d'études pour les femmes », et je répétai fermement que je n'avais pas d'argent pour une deuxième année de cours. Si j'étais suffisamment douée pour qu'on me demande de revenir, ne pouvait-on faire une exception en ma faveur ? Mais c'était sans espoir. Je sortis du bureau. Marcella et moi allâmes boire un café dans un drugstore – je pleurais, elle pleurait – nous essayions de nous soutenir le moral mutuellement.

Ma mère était navrée pour moi ; même ma grand-mère était désolée, tout en se réjouissant de me voir contrainte de trouver un véritable emploi. Je savais d'ailleurs que c'était indispensable. Mais où m'adresser ? Je me rendis à l'agence de mannequins de Harry Conover – c'était la plus importante à l'époque, véritable pépinière de jeunes et nouveaux visages. Il m'examina, estima que je n'étais guère différente des filles qu'il faisait travailler, sauf qu'elles étaient déjà du métier et que j'avais la poitrine bien plate.

Comme j'attendais dans le bureau de réception, regardant défiler toutes ces filles ravissantes qui, leur boîte à chapeau à la main, venaient chercher leur programme de la journée, cette profession me parut fascinante. Que n'aurais-je pas donné pour être l'une d'entre elles ! Elles paraissaient si adultes, si sûres d'elles-mêmes. « Non, je regrette », telle fut la réponse que j'obtins. Il ne me restait plus qu'à essayer le prêt-à-porter.

Dans le bureau de réception de Harry Conover, je demandai à deux autres filles comment il fallait s'y prendre pour présenter des vêtements dans la Septième Avenue. Elles me conseillèrent certains immeubles de la Septième Avenue – ne pas descendre en tout cas beaucoup plus bas que le 500. Les meilleures maisons étaient au 550 ou au 530 ; on pouvait à la rigueur essayer le 495, mais c'était la limite. Tout ce qui existait en dessous était vraiment minable. Je me rendis donc au 530 et choisis un nom au hasard parmi les plaques apposées sur le mur. L'ascenseur me mena à l'étage voulu et je me dirigeai vers la firme choisie, les genoux flageolants, bien entendu. Je demandai à la réceptionniste s'ils cherchaient des nouveaux mannequins pour présenter leurs collections. Elle appela une secrétaire quelconque pour me renseigner. Je déclarai que je cherchais du travail ; avait-elle quelque chose pour moi ? Elle me répondit par la négative, mais me suggéra de m'adresser à David Crystal, au 498. Il engageait toujours des mannequins pour la saison. Me voilà donc en route. La Septième Avenue ne ressemble à aucune autre artère de New York ; elle a son caractère bien particulier. On y voit des jeunes gens pousser des chariots couverts de vêtements de toutes sortes ; les uns chargent des camions, les autres déchargent d'énormes rouleaux de tissu. Couleurs, formes, tailles, styles, il y en a pour tous les goûts. Les rues fourmillent en permanence de gens débordant d'activité depuis le petit jour jusqu'à 18 heures. À l'intérieur d'au moins huit immeubles se déroulent toutes les phases ou presque par lesquelles doit passer le vêtement en Amérique. C'est fascinant, bruyant, sale, créatif, vivant.

Je trouvai David Crystal après avoir été bousculée et poussée dans tous les sens au milieu du maelström humain qui encombrait la rue.

M'inspirant de la brève expérience que j'avais connue une demi-heure plus tôt, j'entrai d'un pas ferme. J'affectai l'attitude d'une fille pleine d'assurance. Après m'avoir fait attendre un moment, on m'indiqua une pièce (je découvris par la suite que c'était le salon de présentation), vaste salle peinte en gris avec des boxes ouverts séparés par des demi-cloisons, une table et deux ou trois chaises autour. Il y régnait un grand silence. Une femme apparut, m'examina, me demanda ce que j'avais comme expérience. Je lui laissai entendre que j'avais posé pour des photographes pendant plusieurs années (mensonge pieux), que j'étais actrice, que le maintien n'avait pas de secrets pour moi et que je ferais certainement un bon mannequin.

Un homme à lunettes entra dans le salon et alla s'asseoir dans le box du fond. Franchissant une porte masquée d'un rideau, une fille avança dans sa direction, pivota sur elle-même, les hanches projetées en avant, puis lui fit face de nouveau et s'immobilisa tandis qu'il lui marmonnait quelque chose. Manifestement, elle présentait un modèle à la dernière mode. Je l'observai avec soin pour me faire une idée de la façon dont je devrais m'y prendre si jamais on me demandait de présenter. La femme s'approcha de l'homme et ils échangèrent quelques propos à voix basse ; elle lui annonçait manifestement : « Cette fille cherche du travail comme mannequin ; vous voulez la voir ? » Je m'efforçai de prendre un air dégagé. La femme me fit signe d'approcher et me présenta à l'homme, qui, en fait, était David Crystal. « Mon Dieu, c'est sa maison de couture, pensai-je. Il me parla un instant, me demanda de marcher devant lui. Je ne cessais de me répéter : « C'est un rôle, tu *joues* un rôle ! Rappelle-toi quand tu as nagé jusqu'au radeau. » Finalement la femme me proposa de passer une des robes de la collection. Elle m'emmena, derrière les rideaux, dans une pièce où deux mannequins étaient assis. Je passai la robe qu'elle avait choisie. Elle était un peu grande et j'essayai de mieux l'ajuster en boutonnant le col, en serrant la ceinture et ainsi de suite. David Crystal se spécialisait dans la mode sport, ce qui était une chance pour moi. J'ai toujours été plus à l'aise dans les vêtements simples, de style décontracté. La robe était précisément toute simple, en tweed marron et blanc, boutonnée devant, à manches courtes, avec une ceinture en cuir marron... Jamais je ne l'oublierai.

Je franchis les rideaux dans l'autre sens. M. Crystal me demanda de tourner devant lui, ce que je fis sans vaciller ni perdre l'équilibre. Il m'examina avec soin sur toutes les coutures, puis déclara :

— Très bien, vous pouvez aller remettre vos vêtements. Nous aurons un emploi pour vous dans une semaine. Le salaire est de trente dollars. N'oubliez pas votre carte de Sécurité sociale et donnez tous les renseignements nécessaires à Miss...

Après coup seulement, je pris conscience de la peur qui m'avait tenaillée. Mais j'avais du travail ! Et trente dollars par semaine... Une fortune ! Maman et grand-mère seraient folles de joie ! C'était mon jour de chance, il fallait que je me rappelle la date... Un mercredi. (Dorénavant, tous les événements heureux ou malheureux de mon existence se produiraient un mercredi.) Je rentrai précipitamment à la maison avec l'impression que je venais d'accomplir un exploit. Trente dollars, je n'aurais plus à demander d'argent à ma mère, je pourrais enfin lui en donner un peu, l'aider, et peut-être même économiser ! C'était le début de mon indépendance financière.

Je consacrai le reste de la semaine à passer en revue ma maigre garde-robe pour m'assurer que j'avais de quoi m'habiller pour aller travailler. Je fis ensuite un saut chez Lœhmann à Brooklyn. Loehmann était un grand magasin qui vendait des vêtements provenant des maisons de la Septième Avenue – les modèles bon marché de stylistes inconnus tout comme les modèles les plus chers de Traina-Norell à Hattie Carnegie. Maman s'habillait là depuis des années et m'y avait emmenée déjà à l'âge de quatorze ans. Il n'y avait pas de cabines d'essayage dans le magasin. Les clientes couraient partout en combinaison, gaine, soutien-gorge – de toutes les tailles, de tous les gabarits – arrachant les vêtements aux vendeuses à mesure qu'elles les apportaient. Une vraie maison de fous. Entre les deux étages, sur le palier, on faisait attendre les malheureux époux que leurs femmes avaient contraints à les accompagner. Une atmosphère démente, mais le paradis des soldes !

Je commençai ma carrière de mannequin professionnel dans la Septième Avenue en mai 1941. Je n'avais que seize ans et j'étais extrêmement immature. Mais j'étais pleine de culot et, bien qu'en réalité je n'eusse rien en commun avec les autres mannequins, je m'adaptai très vite. En arrivant chez Crystal, on se déshabillait et on attendait, en combinaison ou en blouse de coton. Il y avait une longue table à maquillage avec une chaise pour chacune d'entre nous. Les deux filles dont je me souviens étaient une blonde pulpeuse du nom de Cynthia et la grande brune ravissante, nommée Audrey, que j'avais vue à ma première interview. Je les regardais appliquer leur maquillage : une base, puis les yeux, avec soin. Efficace, sans rien de tapageur. Je faisais de mon mieux avec le visage que j'avais en face de moi dans le miroir. Pas de base, seulement un peu de mascara, le crayon à sourcils, le rouge à lèvres. Je n'ai jamais eu l'impression que le maquillage m'embellissait beaucoup. Non que je n'aie pas eu besoin d'être embellie, bien au contraire, mais, une fois maquillée, j'avais l'impression de n'être plus moi-même.

Cet été-là se déroula assez plaisamment. Chaque mannequin présentait dix ou douze modèles fabriqués sur elle. Quelques-uns furent élaborés sur moi, mais pas beaucoup : j'étais trop mince, trop peu développée. Quand je passais une robe et qu'un acheteur désirait la voir de plus près, on me faisait signe d'avancer. L'acheteur, homme ou femme, tâtait le tissu, en discutait. Je demeurai immobile jusqu'à ce qu'on me renvoie. De temps à autre, un acheteur palpait la marchandise un peu plus qu'il n'était nécessaire et je restais pétrifiée, encore qu'aucun ne soit jamais allé jusqu'à l'inconvenance. Ce n'était que des gestes suffisamment équivoques pour m'inciter à me tenir sans cesse sur mes gardes, à me protéger. Je suppose que mon expérience dans le prêt-à-porter m'a aidé à construire une sorte de petit mur autour de moi. Elle m'a aussi décidé à opter pour la drôlerie dans mes propos, dans mon attitude, histoire d'inciter les hommes à rire plutôt qu'à me peloter. C'était tout ce que j'avais trouvé comme méthode. Je n'étais pas assez sophistiquée pour proférer des remarques percutantes. Je me sentais plus en sûreté en créant une diversion par le rire.

À la fin de l'été, Audrey prit ses deux semaines de vacances et partit pour la Californie qui me paraissait aussi éloignée que la Mongolie extérieure. Elle en revint chantant les louanges de ce paradis, dans une forme resplendissante, raconta qu'elle avait dormi merveilleusement, s'était réveillée chaque matin pour avaler un grand verre de jus d'orange *frais*, avait pris des bains de soleil et fait la connaissance d'Erroll Flynn ! J'étais suspendue à ses lèvres. Flynn avait une réputation de tombeur bien établie et il était superbe. Jamais je n'ai imaginé ce genre de vie pour moi en Californie – à mes yeux, un pays de conte de fées, ce qui était, je suppose, le cas en 1941. Je limitais mes ambitions à Broadway, New York.

Audrey et moi nous retrouvâmes à parler de nos familles – elle était plus prolixe que moi – et c'est à ce moment-là qu'elle demanda : « Et toi, qu'est-ce que tu es ? » Ne sachant pas qu'elle parlait de mes ascendants, et non de ma religion, je répondis : « Je suis juive ! » Et elle répliqua alors : « Non, mais tu n'en as pas l'air du tout ! »

J'aimerais bien rencontrer celui qui a décidé qu'on avait l'air juif ou pas. Audrey voulait dire, je suppose, que je n'avais pas un grand nez et que je n'étais pas laide, selon la conception très répandue à l'époque du physique juif. Elle ne se montrait pas agressive, déplaisante, ni même raciste – elle était simplement fort surprise.

Nous retournâmes à notre cabine d'essayage et la conversation se poursuivit avec une autre des filles. « Tu te rends compte, Betty est juive ! – Eh bien, vrai, on ne le dirait pas ! » Cette discussion m'excédait ; je me sentais irritée à l'idée d'être juive, de me singulariser de ce fait, d'être une sorte de monstre parce que je n'en avais pas l'air. Qu'est-ce que cela pouvait bien faire ? Quelle est la différence entre chrétiens et juifs ? Mais elle existe, cette différence et j'ai passé la première moitié de mon existence à me tourmenter à ce sujet. Et même davantage.

Lorsque j'avais toute une heure pour déjeuner, je retrouvais Betty Kalb. Nous allions manger un morceau au Walgreen's Drugstore à l'angle de la 44e Rue et de Broadway, que fréquentaient assidûment tous les acteurs au chômage, et, bien que nous n'y connaissions personne, l'ambiance était pour moi si stimulante qu'elle me permettait de tenir durant les heures que je passais, sept blocs plus au sud, dans ce qui me paraissait être un autre pays. Un territoire ennemi, puisqu'il m'éloignait du théâtre ; tout ce qui me détournait de la scène était contre moi. Je supportai donc ces mois tant bien que mal, n'appréciant guère que mon chèque hebdomadaire. Bientôt vint le temps de préparer la collection de « toilettes de croisière ». Les croquis étaient faits, les vêtements devaient êtres prêts pour octobre. On commença à élaborer un ou deux ensembles sur moi, mais il y avait quelque chose dans l'air.

Quelques jours plus tard, David Crystal me convoqua dans son bureau, pour m'annoncer, en gros : « Betty, tu es un bon mannequin, et je suis désolé de devoir prendre cette décision, mais nous n'avons plus besoin de tes services. Nous t'avions engagée à l'essai seulement, et tu es un peu trop menue... pour nos vêtements. (Plate comme une limande, tu veux dire !) Nous avons été très contents de t'avoir parmi nous et nous te souhaitons bonne chance. »

Ô Seigneur, songeai-je, empêchez-moi de fondre en larmes. Je savais, bien entendu, que je ne serais pas mannequin toute ma vie et je ne m'étais jamais sentie à l'aise dans ce métier – mais ça n'est vraiment pas plaisant d'être mise à la porte. Et j'avais déjà si peu confiance en moi ! Très digne, je regagnai le salon d'essayage, ne dis pas grand-chose, retournai aux toilettes, pleurai un bon coup, puis revins au salon d'essayage. Les filles devaient savoir déjà depuis un certain temps ce qui m'attendait. Je crânai de mon mieux, plaisantai, déclarant que le théâtre pourrait maintenant m'avoir à plein temps... Comment s'était-il débrouillé si longtemps sans moi ?... Je terminai ma semaine chez David Crystal et pris congé de tout le monde, espérant ne pas trébucher en sortant de la pièce pour la dernière fois. Je ne trébuchai pas.

J'avais entendu dire qu'on cherchait des mannequins chez Sam Friedlander au 495 de la Septième Avenue. Friedlander faisait des robes du soir. J'allai le voir et, miracle des miracles, je fus engagée. C'était un homme bienveillant, aimable, que mes rêves de devenir actrice amusaient. Je continuais, à l'heure du déjeuner, à me ruer au Walgreen's pour me jeter sur l'*Actor's Cue* et chercher un emploi dans le théâtre. *Actor's Cue* était publié par un certain Leo Shull. Il se composait d'environ quatre pages où étaient répertoriés des bureaux de producteurs, les pièces en train de se monter, les tournées de province, tout ce qui concernait le théâtre. Leo disposait d'une table au sous-sol du Walgreen's où étaient empilés les numéros d'*Actor's Cue* qu'il vendait dix cents. Je le harcelais pour qu'il m'en confie quelques numéros. Il finit par accepter, pour se débarrasser de moi, sans doute. Je me contentais de parcourir deux cents mètres, jusqu'au restaurant Sardi, et je me postais devant, arrêtant tout le monde au passage pour placer mes petits journaux. Je guettais l'apparition d'un visage connu, producteur, acteur, n'importe qui susceptible de m'aider à trouver du boulot. J'étais vraiment un peu folle, maintenant que j'y repense, et je ne manquais pas de toupet. Mais comme c'était distrayant ! Toucher de si près au monde du théâtre me montait à la tête, à tel point qu'un jour, me jetant à l'eau, je me ruai sur Max Gordon, un des plus célèbres et des plus respectés producteurs de Broadway, pour lui proposer un numéro d'*Actor's Cue* et aussi lui demander quand il pensait engager des comédiens pour son prochain spectacle. Je suppose qu'il me trouva amusante car il bavardait un instant avec moi chaque fois que je le voyais dans cette bienheureuse rue. C'était un homme d'une grande bonté, toujours généreux envers les acteurs qui se débattaient pour arriver, toujours accessible. Mon visage devint également familier à John Golden, Brock Pemberton, et d'autres producteurs importants, ce qui était un atout car, lorsque je me rendais à leurs bureaux lors de la distribution d'une pièce, ils me reconnaissaient même quand ils disaient non.

Au cours de l'année 1941, eut lieu la distribution de *Best Foot Forward*, une comédie musicale qui devait être dirigée par George Abbott. J'avais travaillé mon chant, et particulièrement une chanson intitulée *Take and Take and Take*, extraite d'un show Rodgers-and-Hart. J'avais bien répété les gestes et pensais faire un malheur à l'audition. Je portais une combinaison-pantalon bleu turquoise – ma seule et unique, d'ailleurs – et des chaussures plates. Nous étions toutes prêtes à nous lancer dans une démonstration de pas de danse au premier claquement de doigts de M. Abbott.

J'arrivai, prête à faire des étincelles et me retrouvai au milieu de filles superbes, épanouies, en talons hauts, collants, maillots de bain – des filles qui avaient du métier en plus ! Aussitôt je compris que chez moi, tout clochait ; j'avais l'air d'avoir douze ans, je ne pouvais faire l'affaire. Nous étions alignées sur la scène, sur quatre ou cinq rangs, huit de front, et l'on nous demanda d'avancer à tour de rôle, en marquant la mesure. N'étant pas seule, je pris plaisir à cet exercice. Pour finir, on nous appela l'une après l'autre – M. Abbott était installé au premier rang de la salle obscure, en compagnie d'autres personnes –, on poussa un piano au bord de la scène à gauche et l'audition proprement dite commença. Un projecteur impitoyable était braqué sur la scène. Sous sa lumière, mes pieds et mes mains me paraissaient deux fois plus grands que la normale. Je me sentais complètement nue. Épouvantable. Mon tour vint enfin. Je donnai mon nom – aucune expérience sauf l'Académie américaine d'art dramatique. Je remis ma partition musicale à l'accompagnateur, un jeune homme sans visage. J'étais tellement terrifiée que je ne voyais rigoureusement rien.

M. Abbott me pria d'avancer au centre de la scène. Il me demanda pour commencer de marcher en mesure, ce que je réussis à faire, Dieu merci, mais mes genoux tremblaient si fort que ce simple exercice fut néanmoins une épreuve. Vint ensuite ce que je redoutais le plus : la chanson. J'aurais voulu me cramponner au piano, mais il n'en était pas question. Je chantai donc, ou plutôt je récitai et chantai cette chanson, enfin, je fis quelque chose. J'en vins à bout, pétrifiée par le trac, à peu près sans voix. On me demanda ensuite de laisser mon nom au régisseur, merci d'être venue, la suivante, je vous prie. Je savais que jamais ils ne me feraient signe. Quelle expérience ! C'était comme d'aller à la chaise électrique.

Les auditions, quel cauchemar ! Je ne vois franchement pas comment on peut se fonder là-dessus pour engager un acteur qui se présente dans les pires conditions, sous la lumière crue d'un projecteur, environné d'inconnus, jouant sa vie à pile ou face. Mon audition avait été mauvaise, j'avais tout fait de travers. Mais du moins avais-je tenté ma chance. Je n'ai pas oublié cette épreuve. Mais jamais je n'ai recommencé – pour une comédie musicale, en tout cas.

Après six mois passés à présenter des vêtements toute la journée, à arpenter la rue à l'heure du déjeuner (sans manger, bien entendu), je me sentais plutôt délabrée, encore que ce soit en travaillant pour Friedlander que j'ai survécu à l'hiver 1941. Maman allait avoir droit à ses deux semaines de congé annuel et elle était très fatiguée elle aussi. Aussi ma merveilleuse grand-mère, qui avait une petite police d'assurances, décida de la monnayer et de nous donner l'argent, à maman et à moi, pour que nous puissions nous reposer au soleil en Floride et profiter de l'air vivifiant de la mer. La somme obtenue s'éleva à 1 500 dollars, une petite fortune pour nous.

Maman et moi prîmes le train pour la Floride. Elle avait réservé des chambres dans un hôtel qui se révéla confortable et donnait sur la mer, mais trop cher pour nous. Nous nous mîmes à la recherche d'un établissement plus modeste et découvrîmes une vieille maison charmante proposant des chambres à louer. Maman me demanda d'entrer me renseigner, ce que je fis, et là-dessus le directeur me demanda : « Religion ? – Juive », répondis-je, sur quoi il répliqua : « Désolé, pas de chambres. » Maman était furieuse et moi aussi ! Nous restâmes où nous étions ; ça coûtait cher, mais au moins nous n'avions pas à nous faire pardonner nos origines.

Je ne m'étais encore jamais trouvé sous un climat tropical et j'étais aux anges. L'air embaumé, la plage si belle, si blanche, la mer chaude et azurée... Nous fîmes la connaissance de quelques personnes à l'hôtel ; je me liai même avec un assez séduisant jeune homme qui jouait dans l'orchestre de l'établissement et sortis avec lui un soir, pour aller faire une promenade romantique, toujours romantique, le long de la plage. Aventure parfaitement inoffensive et plaisante. Le climat chaud eut sur maman et moi l'effet espéré et nous rentrâmes à New York prêtes à affronter les problèmes que pourrait nous apporter l'année. Et les problèmes ne manqueraient pas, y compris, bien entendu, l'entrée en guerre de l'Amérique après Pearl Harbor.

J'avais décidé de consacrer mes journées à la recherche d'un travail dans le théâtre. Deux filles que je connaissais étaient ouvreuses le soir. Le salaire était ridicule – huit dollars par semaine – mais, au moins, j'aurais mes journées libres. Les huit dollars me permettraient de payer mes transports et mon déjeuner et peut-être me resterait-il quelques cents. Autrement dit, je ne pourrais plus aider maman pendant un certain temps – jusqu'à ce que j'aie décroché la timbale (Seigneur, exaucez-moi !). J'avais mis de côté une petite somme pendant que j'étais mannequin – cent dollars peut-être, ce qui était beaucoup pour moi. Je déjeunais au Chock Full O'Nuts, tartines de crème de fromage sur pain aux dattes et aux noix, dix cents ; orangeade ou café, cinq cents. Pas très substantiel, mais ça me calait et me permettait d'attendre le soir. J'avais fait suffisamment d'économies pour m'acheter un manteau de skunks chez un grossiste, qui me tienne chaud durant les hivers new-yorkais. L'ennui, je le constatai par la suite, c'était que par temps de pluie ou simplement humide, les gens dans les ascenseurs ou dans les bureaux se mettaient à renifler, l'air intrigué, et semblaient chercher du coin de l'œil le cadavre du pauvre animal.

J'allai me présenter aux bureaux des Shubert, Lee and J.J., qui possédaient presque tous les théâtres de Broadway, et demandai un emploi d'ouvreuse. Pourquoi payaient-ils huit dollars par semaine alors que les théâtres indépendants offraient l'extravagante somme de onze dollars, je l'ignore, sauf, comme je le découvris plus tard, qu'ils n'avaient pas la réputation de se montrer généreux envers leurs employés. Au point où j'en étais, je souhaitais simplement être engagée, travailler dans un théâtre, sentir que j'en faisais partie. Au diable le salaire ! Depuis que j'avais quitté l'Académie, pas la moindre perspective d'emploi dans le théâtre ne s'était présentée. Il fallait que tous mes efforts tendent dorénavant vers ce but. J'avais décidé que je me donnais dix ans pour réussir. Si je n'avais pas percé d'ici-là, je ne percerais jamais. Mais il me fallait l'ambiance d'un théâtre vivant ; si je ne pouvais pas apprendre en exerçant véritablement mon métier, peut-être pouvais-je apprendre en observant les autres. Des professionnels ! Je fus donc engagée par les Shubert.

Avant d'être attachée de façon permanente à une salle je fus envoyée en apprentissage pendant une semaine ou deux dans divers théâtres, pour apprendre exactement ce qu'on attendait de moi : les règlements, etc. Vêtue d'une jupe et d'un pull-over noirs, j'allai me présenter à l'ouvreuse en chef du Morosco Theatre dans la 45e Rue, où se jouait *Le Cordon d'argent* de Noel Coward. Les vedettes en étaient Clifton Webb, Leonora Corbett, Peggy Wood et Mildred

Natwick. Le rideau devait se lever à 20 h 30. J'étais là à 19 h 45, largement en avance, mais je ne pouvais plus attendre.

L'ouvreuse en chef arriva avant 20 heures et me donna un col blanc et des manchettes blanches pour orner mon sweater noir : l'uniforme des ouvreuses. Elle me montra comment empiler soigneusement les programmes à l'entrée de la salle. Les portes du théâtre s'ouvrirent et j'observai avec soin la procédure à suivre. Pour commencer : « Vos billets, je vous prie », aux spectateurs, avant de les diriger sur l'allée correcte ou de les conduire à leur place dans l'allée dont vous aviez la responsabilité, leur remettant un programme à chacun. Puis retour vers l'entrée pour attendre les prochains arrivants. Ce premier soir, je me contentai de regarder. Autre rôle à jouer pour moi, et dans un théâtre ! Les lumières s'éteignirent, le rideau se leva et le spectacle commença. Transportée de joie, je gardais les yeux rivés sur la scène. La pièce était merveilleuse de drôlerie, admirablement jouée, et l'apprentie ouvreuse que j'étais avait presque l'impression d'y participer. Mais, même dans mes rêves les plus délirants, je n'aurai jamais osé imaginer que douze ans plus tard, je jouerais dans cette même pièce le rôle de Leonora Corbett, avec Noel Coward lui-même dans le rôle de Clifton Webb, et que Clifton serait mon ami.

C'était très excitant de se trouver dans le théâtre avant et après la représentation. Le mystère en était encore augmenté. Je suivis la pièce avec attention pendant quatre jours, fascinée par ce don qu'avaient les acteurs de pouvoir faire rire les spectateurs tous les soirs. L'ouvreuse en chef m'annonça alors que je devais passer le reste de la semaine à l'Impérial Theatre, où se jouait *Let's Face It*, avec Danny Kaye en vedette.

Être ouvreuse dans un théâtre où se donnait une comédie musicale me grisait littéralement. Une fois les spectateurs assis, l'orchestre attaqua l'ouverture. De la musique ! J'avais des fourmis dans les pieds ! Je dus faire un effort pour ne pas me mettre à danser dans l'allée. Les Shubert auraient adoré ça ! (Je les vois d'ici...) Danny Kaye était désopilant ! J'aurais tant voulu le connaître ! Aussi un soir après le spectacle je me rendis dans les coulisses et allai frapper à la porte de sa loge. Il vint ouvrir. Il était en train de se démaquiller. Avec nervosité, je lui déclarai que j'étais une future actrice, que je travaillais comme ouvreuse dans son théâtre, que je le trouvais extraordinaire et je lui demandai un autographe. Il me posa quelques questions polies sur ma carrière inexistante, accéda à mon vœu, ce dont je le remerciai avec effusion avant de prendre congé.

Je continuai à passer mes journées à battre le pavé, me rendant de bureau en bureau, essayant de poser le pied sur le premier barreau de l'échelle. Par ailleurs, je continuais à vendre *Actor's Cue* à l'heure du déjeuner. Je touchais également mon allocation hebdomadaire de chômage, à laquelle j'avais droit depuis que j'avais travaillé dans la couture. Les ouvreuses n'étaient pas syndiquées à l'époque et personne – pas même le gouvernement – ne pensait que quelqu'un pût vivre avec huit dollars par semaine. C'est assez humiliant, comme expérience, de faire la queue dans ces bureaux minables, mais à l'époque, j'étais fichtrement contente de recevoir cet argent.

On m'envoya au Golden Theatre comme ouvreuse pour plusieurs représentations de *Gaslight*. J'adorai le spectacle ; Vincent Price et Judith Evelyn étaient si talentueux, si mystérieux ! J'appliquai ma méthode Danny Kaye avec Vincent Price, qui était également en train de se démaquiller quand je frappai à sa loge. Il se montra accueillant, même chaleureux. « Seigneur, que les acteurs sont gentils, me disais-je. Je ne sais pas ce qu'*eux* pensaient ; rien, sans doute. Après l'équivalent de deux semaines d'apprentissage, j'étais prête pour le Saint-James Theatre, où la Boston Comic Opera Company, qui jouait Gilbert and Sullivan, devait se partager la saison avec les Ballets Jooss. J'avais dorénavant ma propre place dans ma propre salle et je me sentais remplie d'importance, avec l'impression que le théâtre m'appartenait un peu.

Les spectacles de la Boston Comic Opera Company étaient très divertissants. Le soir de la première, j'étais très excitée et, comme il y avait une première pour toutes les comédies musicales de Gilbert and Sullivan, mon excitation était quasi permanente. J'appris à reconnaître les critiques. Prenant une voix grave, je disais : « Vos billets, je vous prie. » Pendant les entractes, je me tenais dans le foyer, répétant « Défense de fumer ; éteignez vos cigarettes, je vous prie, avant d'entrer dans la salle, le rideau va se lever », de mon ton le plus Académie américaine. Espérant être remarquée, bien sûr, découverte. Les Jooss étaient des danseurs de grand talent. Quand j'arrivais au théâtre, ils se livraient à leurs exercices de mise en train dans l'allée du fond. Je finis par en connaître certains suffisamment bien pour échanger avec eux quelques phrases. Ils étaient tous étrangers et ne parlaient pas bien l'anglais. Ils dansaient *La Table verte* et c'était la première fois que j'assistais à des ballets d'aussi haute qualité. Le premier danseur, Hans Zullig, était remarquable. Cette troupe, je l'appris par la suite, était célèbre, et les balletomanes du monde entier admiraient Zullig. J'avais un léger béguin pour lui, aussi je m'arrangeais pour bavarder avec lui chaque fois que je pouvais. Il était tout petit et timide, d'une extrême gentillesse. Lorsqu'il me proposa de dîner avec lui un dimanche soir, je fus aux anges. Il vint me chercher au Village ; en dehors du théâtre, en vêtements ordinaires ; il paraissait encore plus petit. Nous allâmes dîner dans un petit bistrot, échangeâmes des confidences ; il avait le mal du pays, mais il adorait danser. Alors seulement, il se sentait vivre. La soirée se termina plaisamment, mais pas trace de lueur romantique dans mes yeux ou dans les siens. Encore un rêve descendu en flammes.

Je continuais à battre le pavé toute la journée à la recherche d'un travail. Une pléiade de vedettes animait alors à Broadway des spectacles exceptionnels – Gertrude Lawrence dans *Les Nuits ensorcelées*, où Danny Kaye s'était fait remarquer pour la première fois, Paul Lukas dans *Quand le jour viendra*, Dorothy McGuire dans *Claudia*, Boris Karloff dans *Arsenic et vieilles dentelles*. Je persistais à aller me poster devant chez Sardi à l'heure du déjeuner dans l'espoir de rencontrer l'homme providentiel. Un jour, je vis Paul Lukas émerger du restaurant et, pleine d'audace, je l'abordai. Il me demanda si j'étais actrice. J'acquiesçai et il me demanda si j'aimerais voir sa pièce. « Oh oui, j'adorerais », répondis-je. Il m'invita donc à venir dans les coulisses quand je pourrais, et il m'obtiendrait une place.

Un jour où mon théâtre faisait relâche, je me précipitai au Martin Beck Theatre, trouvai la loge de Paul Lukas ; il se souvint de moi, me procura une place et me suggéra de venir le voir après le spectacle. Il ne bougeait pas jusqu'à la soirée. *Quand le jour viendra*, de Lilian Hellman, fut pour moi une nouvelle expérience extraordinaire. C'était une pièce belle et puissante, admirablement jouée. Le public était en larmes à la chute du rideau et Paul Lukas recueillit des ovations. Une fois de plus, je ne touchais plus terre et me sentais privilégiée à l'idée d'être reçue dans sa loge. Il se montra simple et amical, me fit asseoir, me demanda ce que j'avais fait, ce que je voulais faire. Ce fut mon premier ami important dans le théâtre ; je n'étais encore qu'une petite fille, mais je lui demandais conseil et il m'écoutait sérieusement. Je ne sais trop pourquoi, il était avec moi d'une parfaite gentillesse. Il me laissait assister à la pièce chaque fois que je pouvais, m'écoutait quand je lui parlais de mes démarches auprès de tel ou tel producteur, de mes divers soucis et frustrations. La sympathie qu'il me témoignait m'était précieuse, et, bien entendu, je le respectais et l'admirais.

La cantine de l'Entrée des artistes devait ouvrir à New York et avait besoin d'hôtesses. Seuls étaient engagés les gens de théâtre. Je m'inscrivis pour le lundi soir. Je devais danser avec les soldats, les marins ou les marines qui m'invitaient, écouter leurs histoires. Nombre d'entre eux avaient une petite amie quelque part, souffraient du mal du pays et, ravagés de solitude, transféraient leur affection sur l'une d'entre nous. Certains revenaient tous les lundis soir pour voir la même fille. C'était attendrissant, à la fois drôle et triste, l'atmosphère idéale pour une rêveuse de mon acabit. Il y avait toujours de la musique, et des vedettes venaient tous les soirs distraire les gars ou leur parler depuis la petite scène. Le premier soir où j'y allai, je n'en crus pas mes yeux ; Alfred Hunt et Lynn Fontanne étaient en train de faire la vaisselle et de servir du café. Helen Hayes également. Betty Kalb et moi nous étions inscrites ensemble. Nous étions toutes les deux si occupées à regarder arriver les célébrités que nous n'avions le temps de comparer nos impressions qu'à la fin de la soirée. Le lundi soir, les danseurs de jitterbug se déchaînaient. Souvent, je me retrouvais au milieu d'un cercle – tout le monde frappant dans ses mains en cadence – avec un soldat qui me faisait tournoyer et virevolter, avant de me passer à un autre, et ainsi de suite, jusqu'à ce que je sois sur le point de m'écrouler. Judy Garland et Johnny Mercer vinrent un soir et chantèrent quelques chansons de Mercer. John Carradine vint également, ainsi que de nombreux autres artistes. C'était une bien mince contribution à l'effort de guerre, mais c'était mieux que rien. Les gars au moins avaient un endroit où aller se détendre, s'amuser, se changer les idées.

Un jeune marin s'enticha de moi – je crois que je lui rappelais sa petite amie. Pendant des semaines, il vint tous les lundis soir, puis un soir il m'annonça qu'il partait en mer, sans savoir pour quelle destination, bien entendu. Il était charmant et me demanda s'il pouvait m'écrire. « Mais oui, bien sûr, répondis-je, je vous raconterai tout ce qui se passe par ici. » Je ne savais pas quoi lui dire. La guerre restait pour moi du domaine de la fiction.

Je continuais à courir les rues, à faire la tournée des agences. On procédait à la distribution d'un spectacle intitulé *Johnny 2 X 4*, d'un certain Rowland Brown. Il le produisait lui-même et en avait confié la mise en scène à son frère, Anthony Brown. Il y avait un plateau important m'avait-on dit, aussi mis-je le cap sur l'agence des Brown. Je fis la connaissance des deux frères ; ils recevaient dans un petit bureau rempli d'acteurs et étaient d'accès facile. Rowland Brown m'annonça que tous les rôles parlants étaient déjà distribués, mais qu'ils avaient besoin de nombreux figurants. La pièce se passait dans un speakeasy et ils voulaient de l'atmosphère. Si je voulais bien laisser mon nom et mon adresse, ils me feraient signe. Une fois de plus ! J'avais déjà laissé mon nom et mon adresse dans tellement de bureaux que c'était devenu une routine. J'espérais et priais toujours avec la même ferveur, mais il ne s'était jamais rien passé.

Le lundi suivant, pourtant, je fus convoquée. Je n'arrivais pas à y croire. Rowland Brown m'annonça qu'il avait une place de figurante à me proposer. Le salaire n'était que de quinze dollars par semaine, je n'avais pas la moindre réplique à prononcer, mais j'étais sur la scène ! À Broadway ! Je voguais en plein ciel. Enfin je devenais une actrice professionnelle, un membre à part entière de ce syndicat sacré, l'*Actor's Equity*. Ce n'était pas un véritable rôle, mais c'était un commencement. Peut-être la chance allait-elle tourner, me sourire enfin.

Maman était aux anges de me voir si heureuse. Rien n'est aussi enivrant que de voir se réaliser ne serait-ce qu'une partie d'un rêve. J'attendis avec impatience le moment de me rendre à la cantine ce soir-là pour mettre Betty Kalb au courant. Que m'importait de ne gagner que quinze dollars par semaine ? C'était Broadway et je serais derrière les feux de la rampe, d'autres filles conduiraient les spectateurs à leur place et ils viendraient *me* voir, pour changer ! Si j'avais su le choc qui m'attendait ! Betty fut aussi heureuse que moi, et j'annonçai la nouvelle à tous ceux qui voulaient bien m'écouter. Ce soir-là, je nageais dans le bonheur.

Je me rendis à l'agence Brown quelques jours plus tard pour signer mon contrat. J'avais déjà à ce moment ajouté un *l* à mon nom de famille. On le prononçait de façon trop fantaisiste ; « Backle », disaient certains, « Bacahl » disaient d'autres. Avec un *l* en plus, la dernière syllabe, *call*, ne pouvait se prononcer que d'une façon, « côle ». Je signai le contrat type pour les figurants. La cotisation d'inscription au syndicat était de cinquante dollars. Les répétitions débuteraient dans une semaine. Ainsi donc, un beau jour de février 1942, je franchis l'entrée des artistes du Longacre Theatre pour commencer ma carrière de comédienne. Je me dirigeai vers les coulisses où le régisseur attendait pour cocher les arrivées : la troupe était si nombreuse – en plus des rôles principaux, il y avait environ dix rôles secondaires et dix de figuration. Des chaises furent disposées sur la scène, quelques tables, un piano droit. Je ne connaissais personne, mais c'était le bonheur.

Vint la première répétition : ceux d'entre nous qui n'avions aucun rôle restèrent assis au fond de la salle. Ceux qui devaient exécuter des numéros musicaux les avaient déjà étudiés et les esquissèrent. Je trouvais la pièce merveilleuse, j'en aimais chaque détail ; j'étais dénuée de tout sens critique. Johnny, incarné par Jack Arthur, était propriétaire d'un speakeasy où chantait Monica Lewis, il y avait des gardes du corps, des entraîneuses, des clients (dont je faisais partie). Au premier acte, j'étais sur la scène au milieu d'un groupe assis à une table. À mesure que progressaient les répétitions, on me donna davantage à faire. Au deuxième acte, je faisais mon entrée au bas d'un escalier au centre de la scène en bavardant avec deux hommes – pas de dialogue audible, inutile de préciser – et allai m'asseoir à une table à l'avant de la scène en compagnie de deux des entraîneuses. L'une d'elles, Carolyn Cromwell, devint aussitôt mon amie et l'est toujours restée. Au troisième acte, je devais danser le jitterbug au lever du rideau et, lorsque la musique s'arrêtait, mon cavalier et moi allions nous asseoir à une table côté cour. J'avais l'impression d'avoir émergé du troupeau. Je ne faisais plus de la simple figuration, j'avais un numéro spécial pour chaque acte, j'étais donc une figurante « exceptionnelle » (à mes propres yeux, bien entendu).

La première eut lieu le 16 mars 1942. Je me sentais aussi nerveuse que si j'avais eu un rôle important à jouer. Lorsque le rideau se leva sur le troisième acte, mon cavalier et moi étions en train de danser et je tremblais de la tête aux pieds. Quelle angoisse d'entrevoir tous ces visages levés vers vous ! Et pourtant, je n'avais même pas à ouvrir la bouche. En coulisses, dans les loges, régnait une incroyable fébrilité ; chaque acteur, chaque figurant s'assurait qu'il était prêt à entrer en scène. Pour ma part, appréhension plutôt que vanité, j'avais l'impression que tous les regards étaient fixés sur moi.

Ma mère, Charlie et Rosalie assistèrent à la première ; les autres membres de la famille échelonnèrent leurs venues, Jack et Vera amenant grand-mère pour qu'elle assiste aux débuts de sa petite-fille préférée. Précisément, le soir de cette première, je m'en souviens nettement, en regardant Barry Sullivan et Evelyn Wyckoff qui attendaient en coulisses pour entrer sur la scène, je sus que je ne m'étais pas trompée, que le métier de comédienne était le seul concevable pour moi.

Bien entendu, une fois les critiques parues, tout le monde comprit que la pièce ne tiendrait pas longtemps. C'était ma première déception dans le métier – mais pas la dernière. La pièce tint l'affiche durant huit semaines. Elle devait ensuite faire Brooklyn, le Bronx, Queens. Cela impliquait encore trois semaines de travail, une par quartier.

Je me remis une fois de plus à battre le pavé. Je passai une audition pour *Ma sœur Eileen*, lus le rôle d'Eileen, puis on me demanda de revenir le lendemain. L'espoir renaissait. Je vis la pièce, adorai le rôle (j'aurais adoré n'importe quel rôle), repassai une audition et ne fus pas engagée. John Golden cherchait une actrice pour jouer Claudia en tournée. Dorothy McGuire avait eu un énorme succès en jouant à New York. Je coinçai Golden devant le Sardi pour lui demander si je pouvais passer une audition. Il accepta et me demanda de venir à son bureau le lendemain matin.

Nouveau sursaut d'espérance. Je me rendis à son bureau. Il me demanda si j'avais vu la pièce. Non, bien sûr, j'étais fauchée. Il fit le nécessaire pour que je puisse assister à une matinée avant de passer mon audition. Un de ses collaborateurs était un certain Fred Spooner, un homme chaleureux, bienveillant, qui travaillait dans le spectacle depuis des années. Il se trouverait au théâtre durant cette représentation et m'emmènerait ensuite dans les coulisses passer mon audition. Ce fut le début d'une autre amitié. J'avais le don de faire rire Fred ; en outre, mon innocence et ma foi aveugle, inconditionnelle, devaient le toucher. Sans d'autre raison que celle-là, il m'aida tant qu'il put – et non pas tant sur le plan pratique qu'affectif. Claudia était une jeune femme mariée qui, tout au long de la pièce, dans ses relations avec son mari et avec sa mère affligée d'une maladie incurable, accédait peu à peu à une mentalité d'adulte. Un rôle en or. Seigneur, comme j'avais envie de le décrocher !

Je passai mon audition après la matinée. Ils me trouvèrent assez acceptable pour me demander de relire le rôle. Peu à peu, avec ces auditions successives, ces bureaux qui me devenaient familiers, ces producteurs qui finissaient par me reconnaître, il me semblait que je m'intégrais chaque fois un peu plus dans le monde du théâtre, que j'émergeais de l'ombre. C'était une sensation qui me réchauffait le cœur.

Après la représentation, je remontai en compagnie de Fred la 44e Rue. Nous nous arrêtâmes un instant devant le fronton du théâtre, plongé maintenant dans l'obscurité, et je me hasardai à exprimer le rêve que je caressais : voir un jour mon nom y briller en lettres de feu. Le lendemain, nouvelle audition. Le bureau de Golden me remit un scénario, me demanda d'étudier deux scènes en particulier. Ce que je fis, avant de les relire dans l'après-midi. Il y eut quelques chuchotements aux premiers rangs de l'orchestre, puis on me remercia avant de me dire qu'on me ferait signe. Je rentrai à la maison, très déprimée. Ma mère tenta de me rassurer. « Ils t'ont demandé trois fois de revenir, ça prouve que tu leur as plu. » Mais, tout au fond de mon esprit, rôdait l'image de l'actrice inconnue qui avait également passé des auditions, qui avait plus d'expérience que moi, qui jouait mieux. Même alors, en dépit de ma hardiesse et tout en me fiant à mes dons, je ne m'étais jamais vraiment crue meilleure qu'une autre. Je n'ai d'ailleurs pas changé d'avis. Mais quant à renoncer, jamais. Sur les dix ans que je m'étais accordés pour percer, il m'en restait encore neuf.

Quelques jours plus tard, le bureau de Golden m'appela. M'étant préparée au pire, je pris un bus pour la 44e Rue. M. Golden m'annonça que lui-même et ses assistants avaient apprécié mes auditions. Le rôle de Claudia était déjà distribué pour la tournée – je frémis à cette nouvelle –, mais celui de doublure était libre et ils me le proposaient. Autrement dit, je serais en voyage pendant un an et jouerais le rôle de la vedette féminine si elle tombait malade. Je me sentis renaître à cette proposition, le remerciai avec effusion, lui déclarai que je devais d'abord en discuter avec ma mère – je n'avais encore que dix-sept ans – et que je lui donnerais ma réponse le lundi. Cela me laissait quelques jours de sursis et la possibilité de demander à Paul Lukas son avis : de tous les gens que je connaissais, il était le plus compétent en matière de théâtre et c'était à lui de toute évidence qu'il fallait demander conseil.

En dehors de *Claudia*, je n'avais alors rien d'autre en vue en dépit d'un contrat signé avec l'agence de mannequins Walter Thornton. C'était le moins important des trois grands – Powers, Conover –, mais je n'étais pas en position de choisir. J'avais de temps à autre posé pour les catalogues de Montgomery Ward ; ça n'avait rien d'excitant et mon avenir comme mannequin était loin de s'annoncer brillant. Lorsque j'allai raconter à Paul Lukas ce qui s'était passé, je me sentais vraiment dans une impasse. Je ne savais pas ce que pouvait entraîner un départ en tournée. « Écoute, me dit Paul, si tu acceptes ce boulot, tu resteras éloignée de New York pendant un an. Partir, c'est pratiquement renoncer à exercer ton métier pendant un an. À ta place, je refuserais. »

J'étais effondrée, mais je savais que Paul avait raison, aussi allai-je voir M. Golden pour lui faire part de ma résolution. Ce n'était pas facile. Mais il n'aurait pu se montrer plus conciliant et compréhensif, cet important producteur que tout le monde décrivait comme bougon et inapprochable. Il me souhaita bonne chance, me dit qu'il espérait me voir bientôt décrocher un rôle, peut-être même dans un de ses spectacles. Ainsi donc, le sort en était jeté ! Mais, cette décision prise, qu'allais-je faire maintenant ? Mon Dieu, pourvu que je n'aie pas commis une erreur !

Le lundi soir, pendant toute la période où se jouait *Johnny 2 X 4*, je me rendis à la cantine de l'Entrée des artistes et, une fois la pièce terminée, je continuai à y aller, car c'était là que j'avais l'impression d'appartenir encore au monde du théâtre. M'identifier aux autres acteurs était pour moi d'une importance vitale. Tous savaient ce qu'était le bonheur de jouer et la désolation de se retrouver sur le pavé.

Je ne sais à la suite de quelles circonstances je fus, le 29 mai 1942, couronnée Miss Greenwich Village. Mon élection avait sans doute un rapport avec le fait que j'étais mannequin chez Walter Thornton, étant donné qu'il présidait le jury. Je ne pense pas que quelqu'un d'autre ait sérieusement convoité ce titre douteux créé pour promouvoir Greenwich Village. Le concours était ouvert à toutes celles qui voulaient bien y participer et la gagnante devait être envoyée à Atlantic City concourir pour le titre de Miss Amérique, tous frais payés. Je n'avais pas à me présenter en maillot de bain, Dieu merci ; le spectacle aurait été pathétique. Je me rappelle m'être avancée sur une estrade surélevée, un sourire nerveux aux lèvres, perchée sur des talons hauts et vêtue de ma jolie robe imprimée. Le journal avait fait allusion à la présence de trois autres concurrentes, mais j'étais bien trop nerveuse pour remarquer qui que ce fût. Ce « couronnement » me valut ma photo dans quelques obscurs journaux. J'avais menti sur mon âge, car il fallait avoir dix-huit ans, ce qui n'était pas encore mon cas. À une autre occasion, je vendis des baisers pour le Smoke Screen Fund – je ne sais trop ce que c'était – patronné par le Kiwanis Club local. Une autre promotion dénuée de signification, une autre photo dans un journal que personne ne vit jamais. Inutile de dire que je ne me rendis jamais à Atlantic City et que ce titre ou mon emploi à l'agence de mannequin de Walter Thornton ne m'apportèrent aucun avantage.

Chaque année, Jean Nathan consacrait une page dans *Esquire* à la saison théâtrale qui venait de s'écouler, établissant la liste des mérites ou des défauts de tous les spectacles. Dans la colonne réservée aux louanges du numéro de juillet 1942, on lisait : « La plus jolie ouvreuse de théâtre : la grande blonde élancée du Saint-James Theatre, allée de droite, durant les spectacles Gilbert and

Sullivan ; c'est l'avis général et enthousiaste des critiques, mais ces zèbres-là sont bien trop empesés pour en convenir. » Voilà qui me fit vraiment plaisir. Être remarqué par un personnage réputé dans le milieu théâtral – c'était *quelque chose.* Je n'en décrocherais pas un rôle pour autant, mais ça ne pouvait pas me nuire et c'était toujours mieux que de sombrer dans l'anonymat.

Au mois d'août, lors d'une collecte pour les soldats, je fis la connaissance du critique George Jean Nathan, en compagnie d'une ravissante blonde et d'une ravissante brune. La blonde, Carol, était la future épouse de Saroyan. Quant à la brune, c'était Oona O'Neill. Nathan m'invita à m'asseoir un instant à leur table. Quel coup au cœur ! C'était la première fois, bien sûr, que je me trouvais à la table d'un auteur dramatique aussi célèbre et respecté que Saroyan. Là-dessus, Nathan me demanda si je voulais déjeuner avec lui le lendemain au Club 21 dans la 52e Rue Ouest. Je n'avais jamais entendu parler de cet endroit, mais acceptai, pensant que j'y verrais ou y rencontrerais des gens du spectacle. Je choisis ma plus belle robe. Je n'avais jamais mis les pieds dans un aussi grand restaurant. Il était 13 h 30 et la salle commençait à se vider. Je jetai un coup d'œil alentour sur les clients, hommes et femmes, tous élégamment vêtus, tous habitués de l'endroit visiblement, et très à leur aise. Un monde dont je ne savais à peu près rien. George me demanda où j'en étais de ma carrière ; je lui racontai tout, y compris le rôle de doublure qu'on m'avait proposé dans *Claudia* et la décision que j'avais prise. À aucun moment, il ne risqua envers moi un mot ou un geste déplacé. Levant la tête, j'aperçus de l'autre côté de la salle les traits familiers de Burgess Meredith. Il était en train de me regarder. George fit les présentations, puis Meredith retourna à sa table. M'adressant un clin d'œil, George déclara : « Il est terriblement coureur... Faites attention. » Tout ce que je voyais, moi, c'était qu'il était attirant, que c'était un grand acteur et que j'avais envie de sortir avec lui. Il me fit porter un petit mot, me demandant mon numéro de téléphone. J'écrivis en retour : « Je suis dans l'annuaire sous le nom de ma mère, Natalie Bacal. » Et ce fut tout. Je rentrai à la maison, la tête à l'envers, priant que le téléphone se mette à sonner, imaginai dans ma tête de nombreuses scènes où Buzz Meredith était le prince charmant et moi-même Cendrillon. Quelques jours plus tard, le téléphone sonna. C'était M. Meredith. « Bonsoir, dit-il. Il y a une grande soirée au Madison Square Garden dimanche soir. Une Nuit des Étoiles. Voulez-vous venir avec moi ? » Je manquais tellement de subtilité... Je n'avais aucune idée de la façon de jouer à ce petit jeu-là. « Oh, avec joie » répondis-je, enthousiaste. Ma mère était un peu horrifiée. « Mais tu ne le connais même pas, cet homme, dit-elle. Tu te laisses pratiquement lever par lui... Il n'aura aucun respect pour toi. » Je me contentai de rire, et de répliquer que c'était la Nuit des Étoiles, que toutes les célébrités y seraient. Qu'allais-je porter ? Je ne possédais pas de robe longue. Le lendemain, nous nous précipitâmes chez Lœhmann où je trouvai une robe en mousseline bleu marine à manches longues, avec un jabot de dentelle. Très jolie – pas très audacieuse – et durant des années, j'allais la porter à chaque grande occasion. Le fatidique soir arriva enfin. Naturellement, ma mère m'avait bien recommandé de rentrer à minuit au plus tard, d'être sur mes gardes... On ne pouvait pas savoir quel genre d'homme c'était, ce Burgess Meredith (sa célébrité la laissait de glace) je n'étais même pas majeure et elle ne se coucherait pas avant que je sois rentrée. Mais j'étais entêtée comme une mule, persuadée que je savais ce que je faisais, et bien décidée à rentrer quand bon me semblerait.

Buzz passa me prendre et me voilà partie pour ma première soirée parmi les vedettes en compagnie d'une vedette. Mon Dieu, qu'allait-il se passer cette nuit-là ? Eh bien, il ne se passa rien, justement. Buzz se montra adorable avec moi. Paulette Goddard était là, ravissante, irrésistible. Je n'ignorais pas qu'il y avait eu une idylle entre eux, mais je ne savais pas qu'ils s'aimaient encore.

En 1942, je remontai sur les planches, mais dix-sept ans allaient s'écouler avant que je réapparaisse sur la scène d'un théâtre. Max Gordman procédait à la distribution d'une nouvelle comédie intitulée *Franklin Street*, d'Arthur Sheekman et Ruth et Augustus Gœtz. George S. Kaufman devait la mettre en scène et Sam Jaffe tiendrait le rôle principal. La pièce se passait en 1900 ; décor : un pensionnat à Philadelphie, dans lequel un ancien acteur dirige une école d'art dramatique et s'efforce de protéger ses pensionnaires des coureurs de jupons. Max Gordon, je l'ai déjà dit, m'avait toujours accueillie volontiers dans son bureau du Lyceum Theatre, et cette fois peut-être aurait-il un rôle à me proposer. Lorsque j'allai le trouver, il me déclara que je pouvais faire une lecture et que George Kaufman devait probablement en ce moment même se trouver dans le foyer. Aussi téméraire qu'obstinée, je me précipitai illico au foyer.

Une fois qu'on avait vu Georges Kaufman, on ne pouvait plus jamais l'oublier. Il était de haute taille, d'une extrême minceur, avec un long visage, des lunettes à monture métallique, des cheveux noirs qui semblaient plantés droits sur sa tête. Courbant légèrement le dos pour paraître plus petite, plus jeune, je me dirigeai vers lui, me présentai, lui expliquai que j'avais parlé à M. Goldman et espérais qu'il y avait un rôle pour moi dans sa nouvelle pièce. Il me présenta à son compagnon. C'était l'un des auteurs, Arthur Sheekman. Celui-ci me demanda ce que j'avais déjà fait, je le lui dis (il dut se retenir pour ne pas rire) et j'ajoutai : « J'ai des dons, je vous assure... Je sais jouer, je serai très bien dans votre pièce. Je peux avoir l'air plus jeune, plus petite, tout ce que vous voulez... Je vous en prie, laissez-moi faire une lecture. » Le tout débité d'un seul trait. Cette façon de l'attaquer bille en tête le prit légèrement au dépourvu. D'un ton patient, il me répondit : « Eh bien, il pourrait y avoir quelque chose. Venez donc la semaine prochaine à la lecture et nous verrons... – Oh, merci, monsieur Kaufman, je serai là sans faute. Vous ne regretterez pas. Merci, monsieur Kaufman. »

Dieu sait ce que j'ai bien pu dire ou de quoi j'avais l'air ; je n'étais sans doute pas différente des centaines de filles qui tentaient également leur chance. Ces hommes devaient être assaillis de créatures comme moi, chantant leurs propres louanges, cherchant à percer, attendant que la chance tourne, priant le ciel qu'on les découvre...

La semaine suivante, je me présentai au Lyceum Theatre. Tout ce que je savais, c'est que la pièce était une comédie et qu'il y avait trois ou quatre rôles d'ingénue. Lorsque j'arrivai à l'entrée des artistes, un jeune homme sans visage m'envoya au régisseur. Comme d'habitude, celui-ci était assis à une petite table installée derrière la scène et jonchée de bout de papiers, indiquant l'identité des acteurs, je suppose. Nous étions une foule de filles à attendre dans les coulisses, toutes pour la même raison et, une fois de plus, il y aurait beaucoup d'appelées et peu d'élues. Mon tour venu, le régisseur me tendit une liasse de fiches. Les « fiches » sont des feuilles d'environ quinze centimètres sur vingt où sont dactylographiés tous les rôles individuels, avec la fin de la réplique précédente. Plus simples, moins compliquées pour les auditions, elles tiennent lieu de brochure pour tous les Pierre, Paul et Jeanne qui viennent faire une lecture pour un rôle. Les régisseurs remettent des « fiches » aux acteurs qui doivent passer des auditions afin qu'ils puissent se familiariser avec le texte, l'atmosphère de la pièce, etc., avant d'être appelés sur le gril.

Après avoir brièvement étudié le rôle, je m'avançai donc sur la scène. Je m'efforçais d'être calme et de me conduire en vraie professionnelle, parfaitement maîtresse d'elle-même. Ce n'était vraiment pas le cas, mais j'étais cependant moins angoissée cette fois parce que je savais que Max Gordon m'aiderait à décrocher un rôle s'il le pouvait. Et j'espérais avoir fait bonne impression sur George Kaufman. Mais je me sentais à nouveau plus morte que vive. Seigneur Dieu, fallait-il éternellement passer des auditions, s'évertuer à faire ses preuves, être rejetée faute d'avoir plu à un gros ponte ? Tout dans la vie dépendait-il de ce moment-là ? Fallait-il toujours subir des tests, se retrouver sous cette ampoule nue dans cette terrible solitude, cette nudité impitoyable, face à cette salle obscure où allait se décider votre destin ? Allais-je encore avoir des ennuis avec ma vessie (chaque fois qu'on appelait mon nom, j'avais brusquement envie de faire pipi) ? Comment pourrais-je jamais m'en tirer sur une scène ?

Seigneur, mon tour est venu et me voilà dans un état lamentable. J'avançai au centre de la scène, commençai à lire le rôle. Je ne pouvais contrôler le tremblement de mes mains, ma bouche était agitée d'un tic nerveux. . Pourquoi les autres ne paraissaient-elles pas avoir le trac ?

Après la lecture – j'étais si pétrifiée d'angoisse que je ne me souviens même pas quel texte j'eus à lire –, George Kaufman me fit signe d'avancer, me sourit, me déclara qu'il était content de me voir, me dit quelques mots du personnage que je devais incarner, me suggéra de l'interpréter un peu différemment et me conseilla pour finir : « Surtout restez calme. » Il m'avait parlé avec beaucoup de douceur, de gentillesse. Là-dessus, je reculai de quelques pas et recommençai. Je me sentais probablement plus nerveuse encore, persuadée que ma première lecture avait été un désastre. Il en avait conscience, j'en suis sûre. À combien d'auditions de ce genre avait-il assisté ? Combien avait-il vu d'acteurs, paralysés de terreur, jouer ainsi leur va-tout ?

Je parvins au bout de mon texte, lançai une quelconque plaisanterie, essayant de paraître à mon aise, de montrer à George S. Kaufman, le metteur en scène le plus célèbre, le plus recherché de l'époque, que je n'étais pas une nullité. Il appela le régisseur et lui demanda de me donner un autre jeu de fiches. Il voulait m'entendre lire un autre rôle. Je pouvais y jeter un coup d'œil pendant qu'une autre fille passait son audition.

Je gagnai les coulisses, m'assis dans un coin et essayai de me concentrer sur cet autre personnage de la pièce. Encore une inconnue. S'il me demandait une seconde lecture, il devait me trouver à peu près correcte. Je devais lui plaire, me disais-je. Je trouvais mille raisons d'être choisie pour un rôle ou pour un autre.

Difficile d'étudier un texte quand on a l'esprit qui divague, qu'on cherche à deviner ce que les autres pensent. « Fais donc attention, idiote. Donne ton maximum dans ce rôle. Réfléchis ! Tu tiens peut-être là une occasion en or. Ne la sabote pas ! »

Le régisseur me demanda si j'étais prête à lire. Bien sûr, répondis-je. L'idée ne me vint même pas de répondre : « J'aimerais avoir quelques minutes de plus, s'il vous plaît. » Et je lus le rôle. Le personnage s'appelait Maud. C'était une créature rêveuse, toujours en train de réciter de la poésie, toujours dans un autre monde (où j'aurais voulu être en ce moment même). La scène se termina. Les deux hommes discutaient à voix basse devant la scène. « Très bien, Betty, me lança George Kaufman. Je vous remercie. Pouvez-vous revenir demain pour une autre audition ? Prenez les fiches des deux rôles avec vous, étudiez-les de près, et nous recommencerons demain. »

Quel soulagement ! Il n'avait pas dit oui, mais il n'avait pas dit non. Ma liasse de feuillets à la main, je m'esquivai. Il fallait que j'obtienne un rôle. Il le fallait à tout prix.

Je mis le cap sur le Walgreen's. Fred Spooner s'y trouvait peut-être. Il était devenu pour moi un excellent ami depuis mes lectures pour *Claudia*. Je pouvais tout lui dire, rêver devant lui à haute voix sans qu'il se moque de moi. Il croyait en moi, disait toujours qu'il était à la recherche de pièces pour moi. Justement il était là. Nous commandâmes des cafés – cinq cents la tasse – excellents. Je lui racontai tout en détail, comment s'était comporté George Kaufman avec moi, ce qu'il avait dit, comment il avait réagi à mes lectures, ce que je pensais qu'il pensait.

Je montrai à Fred les fiches des deux rôles. « Je parie que ça va marcher, m'assura Fred. Voilà peut-être la chance que tu attendais. Ce n'est pas le rôle principal (ça viendra), mais c'est un vrai rôle, à Broadway, et qui se présente sous les meilleurs auspices dans ce métier-là. Rentre chez toi, familiarise-toi avec tes personnages, retourne là-bas demain et mets le paquet. Je suis sûre que tu as l'étoffe nécessaire. Tu me tiendras au courant. Je serai au bureau toute la journée. » Il m'accompagna jusqu'à l'arrêt de l'autobus dans la Huitième Avenue, me regarda monter dedans et, un grand sourire aux lèvres, me salua de la main.

Les doigts crispés sur la liasse de feuillets je rentrai à la maison. Je ne pouvais pas lire dans l'autobus, ça me donnait invariablement la nausée. Il me fallait me contenter de penser à l'audition que je venais de passer, de la revivre en détail. Qui d'autre s'était trouvé là ! Il n'y avait que cinq rôles d'ingénues, après tout, et plus de trois douzaines de candidates. Mais enfin Kaufman m'avait demandé plusieurs lectures, et il avait paru m'apprécier... Arrivée à la maison, je serrai sur mon cœur Droopy, mon cocker bien-aimé, lui racontai tout en détail. Il m'écouta avec patience. Je pouvais lui tenir les propos les plus extravagants, les plus sublimes, donner avec lui libre cours à mon imagination la plus débridée, il se montrait toujours plein de compréhension. On se demande ce que les chiens peuvent bien penser ! En tout cas, enfant unique d'une mère qui travaillait, j'étais heureuse de pouvoir me confier à lui, il me réconfortait par sa présence, c'était un ami... Et jamais il ne me contredisait !

J'étudiai mes deux personnages, m'efforçant, d'après les rôles, de comprendre le reste de la pièce. Maman rentra et, toute joyeuse, je lui racontai ce qui s'était passé. Elle était toujours aussi excitée que moi, participait pleinement à mes émotions, se rongeait d'inquiétude, mais demeurait pour moi la voix de la sagesse avec ses encouragements et ses mises en garde. Bien entendu, elle ne connaissait rien au théâtre, mais en savais-je beaucoup plus qu'elle ?

À 10 heures le lendemain, j'étais à l'entrée des artistes du Lyceum Theatre. Même concierge, même régisseur, même sourire des mêmes filles. Leur nombre avait diminué, mais il était encore très supérieur à celui des rôles disponibles. Les visages étaient familiers, néanmoins, et c'était réconfortant. Une certaine Jacqueline Gately lut les rôles de Maud Bainbridge et d'Adele Stanley. Joyce Gates lut un autre rôle. Le même groupe se tenait dans la salle – nous lisions, ils chuchotaient, nous attendions sur la scène, luttant pour ne pas nous évanouir ou pleurer. À un certain moment, on demanda à sept d'entre nous de se tenir simultanément sur la scène, non comme des chorus girls, mais pour donner un effet d'ensemble, juger, de la façon dont nous nous complétions. Et quand saurions-nous si nous avions obtenu un rôle ? Après le déjeuner. Lorsque je revins au théâtre, il était à peu près vide. Le régisseur et son assistant, assis à leur table, étaient en train de mastiquer des sandwiches et d'examiner des papiers. Kaufman, Sheekman, Gordon et compagnie n'étaient pas encore revenus. Les autres filles non plus. J'allai donc m'asseoir dans les coulisses et repris l'étude des rôles, essayant de découvrir un nouvel aspect des personnages pour tâcher de l'exprimer à ma prochaine lecture. Je pris petit à petit conscience de l'arrivée des autres. Joyce et Jackie réapparurent et demandèrent s'il y avait du nouveau. Non, répondis-je, mais je pensais que ça n'allait plus tarder : un certain remue-ménage semblait commencer à l'avant de la salle. Nous attendions, humant l'atmosphère du théâtre. L'enchantement, le mystère n'existaient vraiment que dans ma tête, mais certes pas dans les coulisses à ce moment-là. La scène était nue, les coulisses sombres imprégnées d'une odeur de renfermé.

Enfin, le régisseur s'avança sur la scène et Sam Jaffe, la vedette du spectacle, vint se joindre à nous. Un merveilleux acteur, un visage bienveillant, mais je ne voyais en lui que Gunga Din, son grand rôle au cinéma. On nous présenta l'une après l'autre et on nous demanda, l'une après l'autre, de lire une scène avec lui. Kaufman pria Jackie de lire Maud, moi, Adèle, et Joyce, Agatha. C'était ma première lecture avec un acteur de métier, toutes les autres avaient eu lieu avec le régisseur. Jaffe montrait autant d'aisance que d'autorité. J'étais pour ma part comme hypnotisée et bien trop tendue pour juger du jeu des autres candidates, je sentais seulement qu'il se passait quelque chose de spécial. Kaufman nous demanda de nous avancer seules, puis en compagnie de Sam Jaffe. Mais jusqu'à quand allait-on nous faire languir ? J'étais à bout de nerfs. Une fois de plus, nous nous retirâmes toutes les trois dans les coulisses, pendant qu'un autre conciliabule se déroulait. Cramponnées à l'idée de décrocher un rôle, nous étions incapables d'échanger un mot. Décidément, la vie du comédien n'était qu'une longue attente.

Enfin, on fit signe à Jackie Gately de venir sur la scène. Joyce et moi continuâmes à nous morfondre. Finalement Jackie revint, en train de parler avec le régisseur, visiblement heureuse. Elle avait dû obtenir un rôle. Vint ensuite le tour de Joyce. Je n'en pouvais plus, c'était au-delà de mes forces. Nouvelle attente interminable. Puis Joyce réapparut tout comme Jackie. Souriante ; elle aussi avait dû obtenir un rôle. Mais pourquoi m'avait-on gardée en dernier ? Enfin, George Kaufman leva la tête vers moi et avec un sourire, déclara : « Félicitations, vous avez le rôle ». Et Max Gordon, descendant vers l'avant-scène, me dit : « Vous voyez, je vous avais bien dit que je vous trouverais quelque chose dans une de mes pièces. » Je n'en revenais pas ! Mon premier rôle parlant dans un spectacle de Broadway, produit par Max Gordon, mis en scène par George S. Kaufman. Je ne m'en tirais pas si mal pour une petite Juive, après tout ! En fait, il n'y avait pas de mots pour décrire mon bonheur. Après m'être confondue en remerciements, je donnai à nouveau au régisseur mon nom et mon numéro de téléphone ; on me contacterait, me dit-il, pour les répétitions, ma garde-robe, et ainsi de suite, il me demanda alors si j'avais un imprésario. Un imprésario... C'était quoi ?

À peine arrivée à la maison, je me précipitai sur le téléphone pour prévenir Betty Kalb. Je lui racontai tout en détail, lui répétant, intonations comprises, ce qu'avaient dit George Kaufman et Max Gordon. C'était un récit que j'allais faire maintes fois, ne me lassant jamais du moment magique où ils m'avaient annoncé : « Vous avez le rôle. » Ah oui, la vie pouvait être formidable... Dans mon euphorie, il me semblait comprendre la justesse de l'expression « avoir la tête dans les étoiles ».

Maman rentra enfin du travail. Je me précipitai sur elle, la pris dans mes bras, la fis asseoir et repris le récit enthousiaste que j'avais déjà fait à Betty. Maman n'était pas le genre à bondir de joie de but en blanc ; elle avait la tête sur les épaules et des années de déceptions et de dur travail lui avaient enseigné la réserve plutôt que l'exubérance. Mais elle était heureuse pour moi, tenait à me voir réussir et m'en croyait capable. Pour moi, j'avais à cœur de lui prouver qu'elle ne s'était pas en vain imposé tant de privations, qu'elle avait eu raison de me faire confiance, elle qui en dehors de moi avait si peu connu de joies.

J'appelai grand-mère chez Charlie et Rosalie où elle habitait. Elle fut ravie, surtout, comme je l'avais prévu, à la pensée du travail stable, du salaire hebdomadaire qui m'étaient offerts. Elle ignorait, bien sûr, que les répétitions étaient moins payées, mais à quoi bon le lui dire ?

Je m'endormis ce soir-là dans la peau d'une actrice, inventant déjà l'avenir qui m'attendait.

Le lendemain, je me rendis au bureau de Max Gordon au Lyceum Theatre. Une grande effervescence régnait dans le bureau avec cette nouvelle production en vue. De nouveau, je remerciai Gordon. Il m'annonça que les contrats seraient prêts la semaine suivante, que les répétitions commenceraient dans quinze jours, que le régisseur me ferait signe pour que la couturière prenne mes mesures, et ainsi de suite.

Il fallait, bien sûr, que je mette Paul Lukas au courant. « Vous voyez, dit-il, j'ai bien fait de vous conseiller de ne pas partir en tournée avec *Claudia*. Sinon, vous auriez loupé cette occasion. Maintenant, vous allez pouvoir travailler avec un grand metteur en scène, un grand producteur et vraiment apprendre le métier. »

Pendant les deux semaines suivantes, je passai mon temps à lire et à relire la pièce, apprenant mon rôle devant un miroir en m'examinant sous tous les angles, rêvant des heures entières que j'étais Adèle Stanley. Je continuai à jouer les hôtesses le lundi soir à la cantine de l'Entrée des artistes, à aller prendre mon café au sous-sol du Walgreen's, avec Fred Spooner ou Betty Kalb, mais mon attitude avait changé. Elle ne sous-entendait plus : « Aurai-je donc un rôle ? Que faire si je ne trouve rien ? Qui est en train de monter quoi ? » Mais plutôt : « J'ai un rôle, moi, dans une pièce produite par Max Gordon, mise en scène par George Kaufman. » Tout le monde me félicitait, mes amis acteurs ou ouvreuses. Buzz Meredith m'avait passé un coup de fil et je lui avais annoncé la nouvelle ; il devait venir à New York dans une quinzaine de jours. J'écrivis à Kirk pour le prévenir. Leo Shull était du même avis que moi ; cela n'avait pas été si bête d'aller vendre *Actor's Cue* devant chez Sardi. J'avais l'impression que le temps ne passerait jamais jusqu'au début des répétitions, mais il passa. Le temps passe toujours.

On me téléphona pour me dire de venir signer mon contrat au bureau de Max Gordon la semaine du 8 août. Les répétitions devaient commencer le 15 août. Mon contrat était rédigé en termes incompréhensibles pour moi à l'époque, et qui le sont d'ailleurs restés. Je faisais confiance à Max Gordon ; je ne l'ai pas regretté. Il me garantissait le salaire de base durant la période de répétitions, cinquante dollars par semaine en tournée, plus une indemnité journalière.

Nous devions débuter à Wilmington, dans le Delaware, le 18 septembre, donner une générale et quatre représentations ; viendraient ensuite le Colonial Theatre à Washington D.C., pour deux semaines, le Wilbur à Boston pour deux semaines également, et enfin la voie royale, Broadway !

Le premier jour des répétitions, j'étais une loque. Bon sang, puisque j'avais le rôle, à quoi rimait cette nervosité ? Kaufman, après nous avoir salués, nous annonça que nous allions simplement lire la pièce ce jour-là, nous familiariser les uns avec les autres et avec nos personnages ; demain seulement, nous évoluerions sur la scène.

La lecture commença donc. Je ne cessais de respirer profondément, m'adjurais de rester calme, le nez enfoui dans mon manuscrit, hantée par la perspective de chevroter quand mon tour serait venu. Les « pros » semblaient très à leur aise, commençaient à annoter leur texte, donnaient l'impression d'avoir déjà une idée nette de leur rôle. Vint le moment de ma première réplique. Les sons qui franchirent mes lèvres me parurent sans timbre, sans relief, à peine audibles. Je tremblais si fort que j'en avais la nausée. Tête baissée, je n'osais regarder en direction de Kaufman, des auteurs ou même des autres acteurs. Le premier acte terminé, nous fîmes la première d'une longue série de pauses-café, avec le gobelet de carton brûlant à la main. Alors s'institua pour moi une habitude que je devais conserver toute ma vie : parler à chacun de mon trac dans l'espoir de l'exorciser. Grave erreur de tactique. À l'évoquer, il ne fait qu'empirer. Et puis, peu à peu, l'on découvre que tout le monde a le trac.

La deuxième lecture fut plus facile, heureusement pour moi. À la fin de la journée, George nous remercia, nous demanda de revenir le lendemain. Je le priai de m'excuser de ma nervosité. « Ne vous en faites pas, dit-il, nous avons trois semaines de répétitions ; personne ne peut espérer être parfait le premier jour », pourtant, j'avais appris que les cinq premiers jours de répétition constituent une période d'essai pour les acteurs. À n'importe quel moment de cette période, producteur ou metteur en scène peuvent décider de vous remplacer sans aucune obligation de leur part. Épuisée par mes appréhensions, mon angoisse, je rentrai à la maison et entrepris d'annoter mon texte. Demain, il faudrait se tenir debout, évoluer, sans la protection d'une table devant soi, sans l'encadrement des camarades. Le deuxième jour, j'arrivai au théâtre avant 10 heures. Le régisseur était sur la scène en train de coller des bouts de ruban adhésif par terre pour indiquer les limites du décor, l'emplacement des murs, et de disposer des chaises représentant soit des portes, soit un divan, soit une fenêtre... Cette fois, dans un cadre dont les détails étaient autant de points de repère pour l'imagination, nous allions vraiment jouer la comédie.

Les répétitions se déroulèrent sans heurt durant les trois jours qui suivirent. Je me sentais maintenant un peu plus à l'aise. De temps à autre, j'observais à la dérobée Kaufman, Sheekman, les Gœtz. Chaque fois qu'ils chuchotaient ou jetaient un coup d'œil dans ma direction, je m'attendais au pire. George faisait les cent pas dans l'allée centrale, les bras croisés, les mains enfouies sous les aisselles, l'air concentré, la mine très rébarbative. En fait, il s'adressait toujours avec douceur aux comédiens quand il donnait des indications. S'il avait une remarque à faire en particulier, il montait sur la scène, prenait l'acteur par les épaules, l'entraînait à l'écart et lui expliquait ce qu'il voulait. Je n'ai jamais vu un metteur en scène diriger ses comédiens avec autant de courtoisie et de compréhension. Et de temps à autre, pour détendre l'atmosphère, il savait lancer une plaisanterie.

Un jour avançant dans l'allée centrale jusqu'au bord de la scène, il chuchota : « Il y a un espion japonais dans la maison. » Lee Shubert, un des célèbres propriétaires de théâtre – se trouvait au fond de la salle. Shubert arborait toujours une expression énigmatique et ne cessait de fouiner de tous côtés. Visiblement, il n'était pas très populaire. Tout le contraire de Kaufman qui avait le don d'éveiller la sympathie des acteurs, encore que Sam Jaffe semblât avoir quelques difficultés avec lui. Pas au niveau de son jeu, d'ailleurs, mais visiblement quelque chose clochait. Chacune des ingénues devait lui faire la révérence dans la pièce, une formalité dont nous devions nous acquitter chaque jour avant le début des cours. Je me rappelle comment Jaffe m'empoigna la main et me contraignit d'exécuter un plongeon prolongé devant lui avant de me relever. J'avais bien trop peur de lui pour résister.

Au cinquième jour des répétitions, alors que nous revenions par petits groupes après la pause du déjeuner, George Kaufman, installé dans un fauteuil d'orchestre, m'invita du geste à m'approcher. « Oh mon Dieu, pensai-je, ça y est. Je ne fais pas l'affaire. Oh, je sens que je vais mourir sur place ! » en transe, je me dirigeai vers le bord de la scène. Il me fit signe de me pencher pour pouvoir me parler. « Betty... Nous avons réfléchi... Nous en avons discuté, Arthur, Ruth et Gus, et moi-même – et nous aimerions que vous lisiez le texte de Maud au lieu de celui d'Adèle. Vous et Jackie allez permuter vos rôles pour le reste de la journée. »

— Ce n'est pas bon, ce que je fais, monsieur Kaufman ?

Il dut prendre conscience de mon affolement.

— N'allez surtout pas croire ça. Nous pensons simplement que l'autre rôle vous convient mieux... et valorise la pièce.

— D'accord, dis-je, brusquement soulagée.

Sans doute avait-il raison de me faire incarner Maud, car je me souviens de certains détails sur elle et de rien sur Adèle. À la fin de la journée, George s'approcha de moi pour m'annoncer.

— L'expérience est concluante ; vous gardez le rôle de Maud.

Et naturellement, il avait raison.

La deuxième semaine de répétitions se passa très bien. J'étais heureuse de jouer le rôle de Maud, mais il semblait y avoir du tirage entre Sam Jaffe et Kaufman. Nous autres, les rôles secondaires, sans en connaître les motifs, étions conscients de ce malaise. Quelques jours avant la date prévue de notre départ pour Wilmington, l'affaire éclata au grand jour. Nous étions arrivés pour répéter un matin et Kaufman nous annonça que d'un commun accord avec lui, Sam Jaffe avait décidé de se retirer. Après avoir longuement hésité à remanier la distribution, ils avaient résolu de confier le rôle ce jour-là à Reynolds Evans, la doublure. George fit preuve avec Reynolds de sa gentillesse et de son efficacité habituelles.

À la fin de la deuxième journée avec Reynolds, on nous pria de nous réunir sur la scène. Puis George prit la parole : Reynolds s'en tirait très bien et la pièce serait un succès. Reynolds, un large sourire aux lèvres, recueillit une salve d'applaudissements. Le spectacle continuait donc et notre équipe avait retrouvé toute son homogénéité. Voilà ce qui rend le milieu du théâtre unique au monde. Nulle part ailleurs dans le domaine du spectacle, on ne sent cet effort de chacun pour assurer le succès général.

Vint enfin le jour du départ à Penn Station. Oh cette grisante atmosphère d'excitation ! Je ne possédais, bien entendu, pas la moindre valise et j'empruntai donc une de celles de maman. Ma garde-robe était plutôt modeste : une robe un peu élégante, des pantalons, des pull-overs, une jupe. En dehors des camps d'été et de l'école, je n'étais jamais allée nulle part sans ma mère. Et voilà que j'allais partir toute seule, encore mineure, quelques jours avant mon dix-huitième anniversaire, le 16 septembre. C'était vraiment un événement. En outre, Buzz Meredith m'avait téléphoné. Il était toujours dans l'armée et n'avait pu venir à New York durant les répétitions, mais me souhaitait bonne chance, me demandait dans quel théâtre avait lieu la première, quel jour et où à Washington. Il me disait qu'il fallait que je voie le Lincoln Memorial au clair de lune et que, s'il se trouvait là-bas en même temps que moi, il m'y emmènerait. Tout cela était plus que je n'osais espérer.

Maman, bien sûr, se faisait de la bile à la pensée que sa petite fille risquait de devenir la proie des grands méchants loups croqueurs de jeunes actrices. « Rappelle-toi... n'accorde jamais rien. Les hommes n'aiment pas ça, dans le fond. Ce qu'ils veulent, c'est que leur épouse arrive vierge au mariage. Garde toujours tes distances, ma chérie. »

Arrivés à Wilmington, nous gagnâmes l'hôtel situé à côté du Playhouse Theatre. Nous devions nous présenter au théâtre ce soir-là, mais je m'y rendis sur-le-champ, je ne voulais pas perdre une minute. Les machinistes étaient déjà en train de monter le décor. Rien n'est aussi captivant que l'ambiance d'un théâtre où s'assemblent tous les éléments qui composeront une pièce. La scène est illuminée, le décorateur, l'éclairagiste et leurs assistants, débordés, lancent des directives de toutes sortes. C'est le travail qui précède l'accouchement. La troupe fut invitée à descendre dans le foyer au rez-de-chaussée, où nous allions simplement réciter notre texte. Nous ne monterions sur la scène que le lendemain, pour la répétition technique. Des clichés de la compagnie devaient être affichés le lendemain ; nous avions été photographiés en costumes et maquillés lors de la couturière à New York. Il se passait tant de choses et il allait s'en passer tant d'autres... Le lendemain, 15 septembre, serait la veille de mon anniversaire. George et Sheekman me souhaitèrent de beaux rêves pour ma dernière nuit avant mes dix-huit ans. Je rougis, souris, lançai une remarque drôle et impertinente, je suppose. J'avais toujours l'air beaucoup plus à la page que je ne l'étais. Je ne savais en fait rien de la vie et des relations entre hommes et femmes, qui restaient pour moi un mystère total. De toute mon enfance, il ne m'avait guère été donné d'être témoin de ce genre de rapports et ce que je croyais savoir relevait de la pure imagination.

Le lendemain matin, j'avais dix-huit ans ! Je m'examinai dans le miroir – même visage, même poitrine plate. Mais je savais que c'était un jalon dans ma vie ; à dix-huit ans, j'avais l'âge légal pour qu'on puisse me servir à boire. J'avais le droit d'à peu près tout faire, sauf voter. Habillée en un clin d'œil, je me ruai en bas prendre mon petit déjeuner ; il y avait des télégrammes de maman et de grand-mère, de Charlie et de Rosalie, de Jack et de Vera, me souhaitant un bon anniversaire. Tous les membres de la compagnie me présentèrent leurs vœux. Dorothy et Florence Sundstrom (deuxième rôle féminin, très drôle) me racontèrent qu'Arthur avait taquiné George en lui disant : « On ne risque plus d'être arrêté pour incitation de mineure à la débauche. Si on l'invitait à boire un verre ? » Je ne fus jamais invitée, Dieu merci – je ne buvais pas et en aucun cas n'aurais su me montrer à la hauteur des circonstances.

Le lendemain soir, c'était la première représentation devant un public d'invités. Nous étions dans nos loges dès 19 h 30 pour nous préparer, assis devant nos coiffeuses, vérifiant notre maquillage. Une voix annonça par haut-parleur : « Une demi-heure encore, une demi-heure. » Mon cœur se mit à battre la chamade c'était le premier appel du régisseur avant le lever du rideau. Ce fut ensuite : « Encore quinze minutes... Quinze minutes ! » J'étais habillée et amorçais déjà ma première crise de tremblote. « Cinq minutes... Cinq minutes... » Je m'assurai que j'avais bien tout ce qu'il me fallait, me précipitai une dernière fois aux toilettes (la cinquième en une demi-heure), me dirigeai vers les coulisses, côté jardin, pour y prendre mes accessoires. Je devais faire mon entrée, portant quelques livres à la main. « À vos places, je vous prie, à vos places. » Un silence total, maintenant – le rideau se lève – la pièce commence.

Échos d'un dialogue échangé sur la scène, réactions du public que l'on entend pour la première fois, applaudissements pour Dorothy Peterson, connue grâce au cinéma plutôt qu'au théâtre. Écartant légèrement le rideau pour jeter un coup d'œil, j'aperçus les silhouettes sans visage des spectateurs. On commence toujours par une salle pleine, surtout en tournée, m'avait-on dit. Mon tour arrivait. Maud apparaissait sur la scène en train de rêvasser, récitant de la poésie. Ma première réplique, je crois bien, était la suivante : « Le volé qui sourit vole à sa façon le voleur. » Prenant une profonde aspiration, les doigts crispés sur les livres, je me mis en marche. Les genoux flageolants, j'avançai sur la scène et lançai ma réplique. Le public se mit à rire. Je faillis mourir sur place. Avais-je commis une erreur ? Ma combinaison dépassait-elle ? Seigneur, que pouvait bien penser Kaufman ? C'était une comédie, le public était censé rire, mais pas à mon entrée.

Enfin, j'enchaînai. Il le fallait bien. Le premier acte s'acheva sans incident particulier. Durant l'entracte, je ne pus obtenir de réponses aux questions que je me posais. Tous les comédiens étaient si occupés à changer de costume, à se précipiter aux toilettes, à retoucher leur maquillage.

« À vos places, je vous prie. » Et le deuxième acte commença ; il était plus amusant et exposait tous les problèmes des principaux personnages. Dans cet acte, nous autres jeunes filles recevions les instructions du professeur et, à un certain moment, alors qu'il nous montrait comment entrer dans une pièce et faire la révérence, Maud (moi) s'exclamait : « Oh, n'est-il pas l'incarnation même de la grâce ? » *(Soupir.)* Le public rit également à cette réplique, un rire discret, oui, mais un rire tout de même...

La pièce se termina, mais l'angoisse qui m'étreignait ne se dissipa pas. Quel soulagement d'enlever nos costumes et de remettre en vitesse nos propres vêtements avant de nous précipiter de nouveau sur la scène pour l'analyse de la représentation ! George se montra d'une grande gentillesse, comme toujours, nous assura que nous nous en étions tous très bien tirés, nous indiqua quelques changements pour la première le lendemain et conclut en nous demandant si nous avions des questions à lui poser. J'étais bien trop timide pour l'interroger sur ce rire devant toute la troupe et décidai d'attendre jusqu'à la fin. Mais les vedettes restèrent avec George, et je n'eus donc pas l'occasion de lui poser la question. Comme il n'y avait fait aucune allusion, ce ne devait pas être désastreux, mais je voulais quand même être fixée.

Le lendemain matin, je me rendis au théâtre – le seul endroit où j'avais envie d'être –, trouvai George Kaufman et l'abordai. « Monsieur Kaufman, puis-je vous poser une question ? Je me suis beaucoup demandé pourquoi les spectateurs se sont mis à rire à mon entrée en scène ? » Il sourit. « Eh bien, répondit-il, comme tu le sais, Maud est un être rêvasseur et tu avances sur la scène, très grande, le regard perdu dans l'espace, tu donnes ta réplique et ce personnage plaît aux spectateurs. Leurs rires étaient amicaux, chaleureux. Ne t'inquiète pas pour ça. » « Évidemment, songeai-je, c'est assez logique. La plupart des gens qui se déplacent comme dans un rêve sont plutôt drôles à voir. » Je ne sus que plus tard que mon apparition – cette grande perche dégingandée, avec sa jupe arrivant au-dessus des chevilles, ses bottines à boutons, ses longs cheveux blonds et son chapeau plat comme une galette – était des plus comiques. Ainsi s'expliquait l'hilarité des spectateurs.

Kaufman, Sheekman et les Gœtz étaient presque constamment ensemble, en train de discuter d'un problème concernant la pièce. Lequel, je n'en avais pas la moindre idée. La journée se passa encore à répéter – pas le temps de rester dans son coin à ruminer. J'avais tant de sujets de réflexion que la tremblote ne me prit qu'au moment de me maquiller. Je jetai un coup d'œil dans la boîte aux lettres en arrivant au théâtre et trouvai quelques télégrammes. De la famille, bien entendu, et un autre, parfaitement inattendu, qui disait : « Fais-toi donc à l'idée de devenir une vedette à Wilmington. Alors, sois brillante ce soir. Buzz Meredith. » Ah, quel instant d'extase m'apporta ce message !

Je fus prise de la même panique que la veille au soir, avec une différence toutefois : il y avait cette fois des critiques aux premiers rangs. Autrement dit, il y aurait des comptes rendus le lendemain dans les journaux. Il y en eut, ils étaient mitigés. Les acteurs chevronnés savaient depuis quelque temps déjà que certains détails seraient modifiés au cours de la tournée. C'est là le but des répétitions générales. Mais tous croyaient à la pièce. Il était pourtant évident, même pour une innocente dans mon genre, qu'il y avait des problèmes. Des problèmes qui seraient résolus, bien sûr, mais quelque chose clochait. Kaufman semblait soucieux et multipliait les réunions avec les auteurs et les producteurs. Chaque jour on procédait à des modifications – une nouvelle scène, de nouveaux dialogues, une mise en scène différente –, mais rien de radical jusqu'à Washington, où nous resterions un jour ou deux sans jouer en public pendant qu'on montait le décor et fixait les éclairages.

Washington m'apparut comme un monde nouveau. Tout d'abord, c'était une grande ville, très, belle – les hôtels y étaient nombreux ; nous n'habiterions sans doute pas tous ensemble. Et puis il y avait la Maison-Blanche où résidait un homme que je vénérais : Franklin Roosevelt.

Les répétitions ne commençant que le lendemain matin, nous disposions de quelques heures de liberté. Je ne laisserais bien entendu pas la journée s'achever sans avoir vu le Colonial Theatre – la scène, les coulisses, les loges. Cependant je prévins Florence et Joyce que j'allais m'absenter un moment. Je partis à pied, marchai un peu, arrêtai un taxi et expliquai au chauffeur que je voulais aller à la Maison-Blanche ! Je me rappellerai toujours le choc que me causa sa découverte. Elle est en fait bâtie très en retrait et d'une architecture assez banale, mais peu importait, il y habitait et c'était un lieu sacré. Je me dirigeai vers les grilles, contemplant l'édifice comme s'il se fût agi d'une église, surveillant les alentours, espérant apercevoir peut-être Mme Roosevelt, sinon le président. Ou peut-être même Fala, son scotch-terrier. Chaque fois qu'une voiture franchissait les grilles dans un sens ou dans l'autre, mon cœur se mettait à battre, mais ce n'était jamais FDR, Eleanor ou quiconque de reconnaissable. Je n'en étais pas moins enivrée de pouvoir déambuler à proximité, dans la mesure du moins où l'on m'y autorisait. Des gardes étaient postés à toutes les portes et les curieux n'étaient pas censés s'attarder, mais je n'en étais pas moins émue par la proximité de ce sanctuaire. Je reconnus au loin le dôme du Capitole et le Washington Monument, mais je réservais le Lincoln Memorial pour Buzz.

Les jours s'écoulaient. On nous distribua de nouvelles scènes. George nous annonça qu'après une lecture nous les travaillerions rapidement et passerions ensuite sur la scène à une répétition technique. Sans conteste, les dialogues remaniés étaient supérieurs aux anciens et, nous le constatâmes dès les premières répliques, nettement plus drôles. Tel était donc le fruit de toutes ces réunions. La réaction à Washington fut différente de celle de Wilmington. Nous avions affaire à un public beaucoup plus sophistiqué. Les spectateurs riaient, mais pas aux mêmes passages et trop rarement. En tout cas, mon apparition continuait à susciter l'hilarité. Sans doute aurais-je paru comique à n'importe quel spectateur n'importe où.

L'attente du verdict, quel moment d'inquiétude ! D'autant que l'accueil réservé par Washington à la pièce pèserait lourd sur la réaction des New-Yorkais. Enfin les articles parurent. Ils manquaient pour le moins de chaleur. Certains passages avaient plu, mais la pièce dans son ensemble était décevante : quelques personnages étaient intéressants, et toutes les étudiantes excellentes, avec une mention spéciale pour « Jackie Gately et Betty Bacall ». Mon nom dans un journal ! Le lendemain soir, au théâtre, je reçus un coup de fil de Buzz Meredith. Avais-je déjà vu le Lincoln Memorial ? Non. « Très bien. Je t'y emmène ce soir après le spectacle. » Je raccrochai et me mis à sauter de joie comme une gosse. Personne d'autre ne sautait de joie au théâtre. Aucune nouvelle précise ne circulait, mais les vieux acteurs savaient tous qu'il y avait quelque chose dans l'air. Peut-être allait-on remanier la distribution ? L'impression générale était que la pièce battait de l'aile.

Buzz vint me chercher après la représentation et que vis-je, arrêté devant le théâtre ? Un buggy attelé d'un cheval ! Pouvait-on imaginer cocktail aux ingrédients plus grisants que Lincoln, Buzz Meredith et une voiture à cheval ?

Le lendemain soir, au théâtre, pas trace de George Kaufman. Il n'y avait pas eu de répétition et je ne savais toujours pas ce qui se passait. Il y eut des réunions ce soir-là. De quoi pouvaient-ils bien parler à toutes ces réunions ? Florence me l'apprit le lendemain. George lui avait annoncé l'arrêt de la pièce après la tournée à Washington. Je fondis en larmes. L'idée ne m'était jamais venue que ça pouvait arriver. Jamais je n'avais imaginé que nous pourrions ne pas jouer à New York. Florence et Dorothy essayèrent de me consoler, me demandèrent de ne rien dire avant que la nouvelle ait été annoncée officiellement.

Allais-je voir George ce soir-là ? Quand préviendrait-on tout le monde ? Il faudrait que j'appelle maman pour lui annoncer la mauvaise nouvelle. Tous mes rêves brisés une fois de plus. En arrivant au théâtre, je trouvai une lettre dans ma boîte à l'entrée des artistes. Elle était adressée à « Peggy Bacall », sur papier à en-tête de l'hôtel Canton. Elle disait :

Chère Peggy,

Sans doute savez-vous que nous arrêtons la pièce jusqu'à ce qu'elle ait été remaniée. J'espère qu'il y en aura une autre, à moins que nous ne reprenions celle-ci.

George.

Il ne connaissait pas mon prénom, mais c'était gentil et délicat de sa part de m'envoyer ce mot. Personne d'autre n'en reçut.

Il nous restait dix représentations à assurer. Voilà bien le sens de la formule « Le spectacle continue ». J'étais frappée par le courage des comédiens qui, devant un public ne se doutant de rien, travaillaient toujours aussi dur et s'efforçaient de se donner à fond. Ainsi se manifestait la noblesse du métier, à travers la conscience professionnelle de ceux qui le servaient. Pour une imagination comme la mienne, quelle situation dramatique ! Sourire à travers les larmes : le drame à l'intérieur du drame. Fait sur mesure pour quelqu'un dans mon genre.

Était-ce vraiment terminé pour moi ? Il m'avait fallu si longtemps, songeai-je, pour obtenir ce rôle. Attendrais-je le suivant six mois, un an, ou plus ?

Nous allâmes tous manger un morceau après le spectacle, essayant de nous remonter mutuellement le moral, nous dépeignant l'avenir sous les couleurs les moins sombres possible. Nous n'étions qu'au début d'octobre, peut-être engageait-on encore des comédiens pour les pièces qui devaient débuter en janvier. Tout pouvait arriver ! Nous nous séparâmes tristement, nous ne nous étions sans doute pas encore sentis si proches les uns des autres. Rien de tel qu'un désastre pour inciter les gens à se serrer les coudes. Seule dans ma chambre, je passai un coup de fil à maman, lui expliquai que les représentations étaient provisoirement suspendues, que les responsables avaient jugé nécessaire une refonte de la pièce. Le théâtre étant pour elle un domaine totalement inconnu, elle me crut : j'étais si convaincante ! Je me persuadais presque moi-même.

La dixième et dernière représentation s'acheva. Nous regagnions New York après notre échec. Adieu Washington, adieu Roosevelt, adieu Lincoln... Adieu espoir. Bonjour détresse. Enfin, mon nom avait été cité dans une critique ; George m'avait écrit personnellement – autant d'atouts éventuels pour un prochain engagement... À dix-huit ans, on peut s'effondrer mais pas longtemps.

Et ce fut le retour au Walgreen's, aux listes de distribution dans *Actor's Cue.* Évidemment, je racontai à Betty Kalb et à d'autres amies que la pièce allait être reprise. J'atténuai l'aspect critique de la situation, insistai en revanche sur ma rencontre avec Buzz et mes conversations avec Kaufman. C'était dur, décidément, de se retrouver sur la touche. Quelle erreur de s'imaginer que les rôles vont se suivre les uns après les autres tout naturellement ! Mais cette erreur-là, je persisterais à la commettre pendant trente ans.

Là-dessus, j'apprends que George Kaufman prépare une nouvelle pièce... Il doit y avoir un rôle pour moi ! Je monte en trombe au bureau de Max Gordon pour demander où je peux trouver George... Serait-il possible de lire la pièce ? Mais George n'était jamais là et je devais me contenter de lui laisser message sur message, de harceler tout le monde, bref, de me rendre insupportable.

Puis je trouvai un jour dans le courrier une lettre avec un en-tête rouge au milieu de la page.

George Kaufman. 410 Park Avenue. New York City.

Mercredi 28 octobre

Chère Betty Bacall,

Je ne suis pas si difficile à joindre – au Lyceum Theatre ou en laissant un mot ici (adresse ci-dessus). Il n'y a aucun personnage de votre âge dans la pièce, je n'y peux vraiment rien. Mais il en viendra sûrement une autre et je ferai tout mon possible.

Courage, tous mes vœux vous accompagnent. Ça peut arriver d'un jour à l'autre.

George Kaufman.

Cette réponse, quoique négative, me mit du baume au cœur. Kaufman au moins me jugeait assez douée pour prendre la peine de m'écrire qu'il serait toujours prêt à me donner ma chance.

Un samedi soir, en 1942, maman et Rosalie m'emmenèrent au Capitol voir un film appelé *Casablanca.* Il nous enchanta toutes les trois. Rosalie trouvait Humphrey Bogart irrésistible. Bon comédien, d'accord, mais irrésistible ? Il me paraissait plutôt cinglé. La réaction de Rosalie me dépassait. Bogart ne ressemblait vraiment pas, même de loin, à Leslie Howard.

Au cours du mois de novembre, cette année-là, je fis la connaissance d'un écrivain anglais, Timothy Brooke. Je ne me sentais pas attirée par lui, mais j'aimais énormément sa compagnie, je n'avais jamais rencontré personne comme lui. Il vivait en Amérique depuis des années, connaissait toutes sortes de gens, comme Evelyn Walsh McLean, propriétaire du fameux diamant « Hope », Mabel Mercer, Nicolas de Gunzburg, un des directeurs de *Harper's Bazaar.* Ce dernier détail et son penchant marqué pour moi allaient déterminer l'enchaînement de circonstances qui devaient transformer ma vie.

Timothy, sans être riche, était assez à l'aise pour m'emmener chez Tony, un petit club des East Fifties où chantait Mabel Mercer. C'était un club très à la mode et tous les clients, Européens, Américains, les familiers de Paris, tous les romantiques, les musiciens, ne juraient que par Mabel. Elle s'asseyait sur un tabouret de bois, avec le piano derrière elle, dans le faisceau d'un projecteur, au milieu des tables fleuries. Je fis dans ce décor la découverte d'un sentiment qui m'était resté pratiquement étranger : la nostalgie.

Un soir chez Tony, Timothy m'annonça qu'il avait parlé de moi à Nicky de Gunzburg. Peut-être pouvait-il me faire poser comme mannequin. Tim pensait que Nicky serait sans doute là ce soir, aussi me prévenait-il. Perspective inespérée ! Pas un travail à plein temps, mais assez d'argent et de liberté pour poursuivre ma quête d'un rôle, de bureau en bureau. Comme prévu, Nicky de Gunzburg se manifesta en effet – élégant, amical, charmant, et par surcroît baron ! Autre expérience sans précédent pour moi.

Il vint à notre table et Timothy fit les présentations. « C'est la fille dont je t'ai parlée. » « Si vous voulez bien passer à mon bureau, demain, je vous enverrai à une de nos rédactrices de mode pour voir si elle peut faire appel à vous », me dit Nicky (qui ne devait devenir « Nicky » pour moi que beaucoup plus tard). Je le remerciai avec ferveur (je faisais tout avec ferveur) et répondis que je passerais dès le lendemain.

Le lendemain donc j'étais aussi nerveuse qu'avant une audition. Nicky me précisa que la rédactrice de mode s'appelait Diana Vreeland. Derrière un bureau couvert de papiers, de photographies, de boîtes remplies d'un bric-à-brac de bijoux, d'écharpes, était assise une femme au physique extraordinaire. Elle était d'une extrême minceur, avec des cheveux noirs tirés en arrière, roulés en dedans sur la nuque et maintenus par un filet noir garni d'un bandeau plat sur le dessus. Elle portait une jupe noire, un sweater noir, et des bottillons noirs. Très blanche de peau, elle avait les yeux marron, une bouche rouge, un long nez, des joues roses, de belles dents, de longs ongles laqués de carmin. Une originale, sans nul doute. Très directe dans son attitude, sa façon de parler. Elle se leva, me serra la main ; examina mon visage, me prenant par le menton pour me tourner la tête à gauche, puis à droite. « J'aimerais que Louise Dahl-Wolfe vous voie, dit-elle. Nous avons une séance de photos demain. Pouvez-vous passer au studio ? Il n'y en aura pas pour longtemps. » J'étais morte de peur. La précision, l'efficacité qui présidaient au fonctionnement de ce magazine, et en particulier celles de

Mme Vreeland, m'intimidaient. Je n'avais jamais mis les pieds dans les bureaux d'une grande revue de mode aussi puissante que *Harper's Bazaar*. L'opinion de Mme Vreeland restait un mystère total. Je me savais l'air godiche, ne m'étais jamais prise pour une beauté, aussi ne m'attendais-je pas trop à un miracle. J'espérais simplement.

Le lendemain, je me rendis au studio indiqué à l'heure prévue. Il y avait une sorte de cabine d'habillage, un peu comme au théâtre, des miroirs bordés de lampes à maquillage, des fauteuils en toile, des vêtements sur des cintres et des boîtes pleine d'accessoires ; le tout, devais-je apprendre par la suite, faisait partie du décor permanent chez les photographes de mode. Le studio était une vaste pièce avec des projecteurs, des toiles de fond – et Dahl-Wolfe avec son appareil photo. C'était une femme de petite taille, assez trapue dont les cheveux blond roux étaient rassemblés sur la tête en un chignon serré ou en tresse. Réputée comme la meilleure de sa profession, elle était chaleureuse, ouverte. Diana Vreeland, qui se trouvait déjà là, me conduisit jusqu'à elle. « Commençons par quelques clichés », dit Dahl-Wolfe. Elle voulait voir ce que pouvait enregistrer son appareil photo. Je n'étais pas maquillée, mais elle déclara qu'il ne s'agissait pas de poser réellement, elle voulait simplement avoir quelques instantanés pour elle-même. Sur sa demande, j'allai me planter au milieu du studio. Je n'en menais pas large. Elle avait son Rolleiflex autour du cou – son appareil photo préféré – et un autre sur un trépied. Elle alluma quelques projecteurs à sa convenance et, insoucieuse de ma nervosité, lança : « Regardez à gauche... Regardez à droite... Tournez vers la droite et regardez par-dessus votre épaule... Profil gauche... » Sans cesser de me mitrailler à un rythme accéléré, elle me posait des questions sur moi-même. Ce n'était pas une véritable séance de pose, elle voulait simplement saisir mon image au vol. Présenter des robes comme je l'avais fait était autrement angoissant. Je n'en étais pas moins agitée de tremblements. Arriverais-je jamais à guérir de ce travers ? Je ne connaissais qu'un remède : parler, plaisanter, ne pas rester immobile trop longtemps. Mais ici, en pays inconnu, je n'osais pas me risquer à aller trop loin. Il n'en était pas moins dans ma nature d'essayer de faire rire ou au moins sourire les autres ; ainsi parvenais-je à contrôler les tressaillements de mes lèvres et à me glisser plus aisément dans le personnage d'une actrice, non d'un mannequin.

Au bout d'une demi-heure environ, Mme Vreeland me remercia : « Nous vous passerons un coup de fil dès que nous aurons vu vos photos. » Je lançai quelque remarque inoubliable, du genre : « J'espère que l'appareil ne se sera pas détraqué à force d'être braqué sur moi ! » Telle était ma façon de me faire des crocs-en-jambe avant qu'on me les fasse. Deux jours plus tard, Diana Vreeland me téléphona pour me convoquer le mardi suivant. J'avais tout le week-end devant moi, et en profitai pour me détendre et ressasser l'événement au point d'exaspérer tout le monde. Mais le mardi arriva enfin. Mme Wolfe était là – ainsi que Mme Vreeland. Elle me fit endosser un tailleur, m'indiqua le maquillage à utiliser, mais avec discrétion. « Betty, je ne veux pas modifier votre style. » (À quel style faisait-elle allusion ?) Quand j'eus terminé, elle me noua une écharpe autour du cou, savamment, un peu de côté. J'étais prête pour ma première séance de pose pour *Harper's Bazaar.*

Je disais à peu près tout ce qui me passait par la tête, à propos du métier de comédien, du théâtre, de mon expérience d'ouvreuse. Souvent, je les faisais rire, encore que Dahl-Wolfe, totalement absorbée par sa tâche, ne levait pas les yeux de son appareil photo. Une authentique professionnelle. Je demandai dans quel numéro les photos sortiraient ; probablement en janvier, pensaient-elles. Près de deux mois plus tard – ainsi fonctionnaient ces magazines.

Alors le temps s'accéléra. Je posai dans des appartements somptueux – celui d'Helena Rubinstein entre autres ; assise au bord d'une baignoire en combinaison-culotte indémaillable regardant pardessus mon épaule ; sur un divan en salopette (une salopette en 1942 !) ; en train de coudre ; debout devant une fenêtre en combinaison ; coiffée de chapeaux dans une boutique d'antiquités ; dans une imprimerie. J'aimais beaucoup la compagnie de Louise et de Diana ; avec elles, je me sentais bien dans ma peau... Et je touchais dix dollars de l'heure !

Un jour, on m'a envoyée chez Hoyningen-Huené, l'un des plus grands photographes de mode de l'époque. Ses méthodes de travail étaient radicalement opposées à celles de Dahl-Wolfe. Il voulait me faire poser comme une statue, toute droite dans un tailleur d'allure stricte. « Avancez un peu le pied gauche... Pivotez vers l'extérieur – les épaules bien droites, de face – la tête baissée, tournée légèrement vers la droite... Ne bougez plus ! » Une vraie torture, je sentais toutes les diverses parties de mon corps prêtes à filer de tous les côtés ! Chaque fois qu'il me disait « Ne bougez plus », je me mettais à trembler. Je fus désastreuse. Il n'était pas content. Moi non plus. Surtout, je souffrais le martyre. Je le haïssais. Plus je me crispais, plus mon visage était tendu. « Jamais plus je ne travaillerai... Je ne peux pas faire ce métier-là, pas comme ça en tout cas. » Je n'étais pas un mannequin de vitrine. La séance se termina enfin. Pas une des photos prises par Huené ne devait être utilisable. En tout cas, j'étais bien décidée à ne plus jamais travailler pour lui. Dieu sait ce qu'il allait raconter à Diana Vreeland !

Diana me demanda si je voulais aller passer deux semaines à Saint Augustine (Floride), poser pour le numéro de mai. Elle devait emmener une autre fille. Eileen McLory, très gentille, un mannequin vedette que je connaissais un peu et Dahl-Wolfe. Pouvais-je en parler à ma mère ? Diana se ferait un plaisir de lui expliquer ce dont il s'agissait.

J'étais tout excitée, je n'étais jamais allée à Saint Augustine, la plus ancienne et l'une des plus pittoresques villes d'Amérique. Je m'empressai d'aller prévenir maman qui fut ravie pour moi, mais qui, bien entendu, tenait à s'assurer que Mme Vreeland veillerait sur moi. On était en pleine guerre, Saint Augustine était situé au bord de la mer et il y aurait beaucoup de soldats dans les parages. Ma chère mère d'une autre époque ! Elle eut un entretien avec Mme Vreeland et, une fois ses craintes et ses appréhensions calmées, m'autorisa à quitter le toit familial.

Je partis donc pour mon premier travail en extérieur. C'était la première semaine de décembre et nous devions rentrer à New York le 20 ou le 21. Nous montâmes à bord du train, Diana Vreeland, Louise Dahl-Wolfe et son mari Mike, Eileen McLory et moi-même, plus des monceaux de pellicule, des réflecteurs, les appareils photos de Louise. Le tout soigneusement emballé pour le voyage. Toutes les photos devaient être prises à l'extérieur en lumière naturelle, aussi nous faudrait-il commencer tôt le matin.

En Floride, l'air embaumait, partout se balançaient des palmiers, le climat avait quelque chose de tropical, quel contraste avec New York ! La ville était pleine de charme, parcourue de voitures à cheval conduites par des cochers noirs robustes, corpulents, souriants sous leur gibus. Elle n'avait pas encore été gâchée par ce que l'on appelle le progrès, qui consiste à démolir tout ce qui est vieux pour le remplacer par du neuf, du clinquant, du laid.

Je me rappelle être entrée dans la chambre de Diana Vreeland un soir où elle était assise devant sa coiffeuse, en combinaison-culotte, non pas une gaine, mais une sorte de maillot souple, léger, en coton ou laine fine tricotée, semblait-il. Elle était en train de se faire une mise en pli à l'eau de Cologne qui, trouvait-elle, séchait vite, donnait de bons résultats. Nous parlâmes du travail. J'évoquais une fois de plus mes ambitions, mes rêves. Nous parlâmes aussi de l'hôtel. Elle me dit de ne pas faire attention au jeune portier constellé de taches de rousseur qui se saoulait au xérès. Eileen et moi ne devions pas nous balader toutes seules, surtout le soir venu.

Le travail se termina. Nous devions prendre le train pour New York le lendemain soir. Diana m'annonça qu'on allait me faire passer pour sa fille enceinte – c'était le seul moyen d'obtenir des places, réservées en priorité aux soldats. Et le lendemain, elle avait raconté sa triste histoire : sa petite fille chérie allait avoir un bébé ; elle se rendait compte, bien sûr que, les Forces armées avaient la priorité – c'était la guerre, et nous étions cinq en plus... Quel numéro, cette Diana, et quelle actrice !

Le train était bondé de soldats qui allaient passer Noël chez eux et il n'y avait pratiquement pas de civils en vue. Notre groupe monta à bord du train, moi appuyée sur Diana pour donner le change aux porteurs, aux contrôleurs, à Dieu sait qui – jouant la mort de *Camille*, m'efforçant d'être courageuse, au bord de l'évanouissement. Où avais-je pu me faire une pareille idée de la grossesse ? « Voilà, voilà, ma chérie », disait Diana. « Va doucement, il ne faut pas te fatiguer. » Notre jeu n'était pas des plus subtils. Nous parvînmes enfin à nos places. Les couchettes devaient être préparées avant le dîner ou pendant. Le dîner ne fut pas brillant. Le train étant archicomble, nous n'osions pas abandonner nos places, je restai donc pendant que Diana et Eileen se mettaient en quête de nourriture. Là comme ailleurs Diana était un modèle d'efficacité. Elles revinrent apportant de quoi se sustenter. Le bruit circulait dans le train que Martha Raye se trouvait dans le wagon-salon en train de distraire les soldats. Elle rentrait d'une tournée à l'étranger où elle avait également joué pour le théâtre aux armées. Je tenais absolument à la voir. Diana était tout aussi décidée à m'en empêcher : nous risquions d'être expulsées du train si notre imposture était découverte. « N'oublie pas que tu ne te sens pas bien, Betty... Pense au bébé. » « Il faut absolument que je me change un peu les idées, maman. » J'arrivai donc au wagon-salon. Assise sur un tabouret, un verre à la main. Martha Raye parlait avec tout le monde, lançait des plaisanteries, chantait des chansons. Je me fis toute petite dans un coin, la dévorant des yeux, puis au bout d'un moment, pour ne pas tenter la chance, je consentis à regagner notre compartiment avec Diana. Il devait bien être 2 heures du matin lorsque je me glissai dans ma couchette, où ma « mère » me borda avec une bruyante sollicitude, toujours au bénéfice des employés du train.

Le numéro de janvier du *Harper's Bazaar* parut aux éventaires vers la fin décembre et fut acheté par tous les Bacall et les Weinstein du monde. Une seule photo de moi, mais c'était la première dans un magazine d'une telle importance et tout le monde était content. Il y en aurait davantage dans le numéro de février. Diana m'avait dit que celles-là me plairaient beaucoup. J'avais posé avec des corsages blancs. Je devais paraître en double page. Les autres mannequins étaient Martha Scott, qui avait eu beaucoup de succès dans *Une petite ville sans histoire*, et Margaret Hayes, une jeune comédienne d'avenir.

En janvier, je posai en tailleur bleu, coiffée d'une sorte de béguin, debout devant une fenêtre où était écrit : « Service du don du sang de la Croix-Rouge américaine ». C'était une photo couleur destinée à être publiée pleine page.

Vers la mi-janvier, Diana me montra la maquette du numéro de février de *Harper's Bazaar*. Sur la double page où figuraient les deux actrices et moi-même en corsage, une petite légende imprimée le long d'une de mes photos déclarait : « Portée par la jeune actrice, Betty Bacall. »

J'en défaillais presque de bonheur. Je serrai sur mon cœur Diana et tous ceux qui se trouvaient à ma portée ! À croire que mon nom brillait à la façade d'un théâtre. Le voir simplement imprimé dans un journal, même écorché, me suffisait pour le moment.

Vers la mi-février, Diana appela ma mère pour lui dire qu'elle avait une pile de lettres sur son bureau, demandant qui j'étais et où l'on pouvait me joindre. « Écoutez, Mme Bacall, enchaîna-t-elle, je crois que Betty est trop jeune pour prendre ce genre de décisions, alors, je vous envoie le tout. » Diana était toujours parfaite avec moi. Son flair, sa sagesse n'étaient jamais en défaut. Là-dessus, j'appris que ma photo du « don du sang » allait paraître en couverture pour le numéro de mars. La couverture ! J'osais à peine y croire.

Maman montra toutes les lettres qui lui paraissaient importantes à l'oncle Jack. Il représentait en effet le magazine *Look*, et était l'avocat le plus avisé de la famille pour les affaires et le monde du spectacle. Charlie était plutôt spécialisé en droit municipal.

Il y avait une demande de renseignements émanant du bureau de David O. Selznick. Quelqu'un de son équipe lui avait parlé de cette fille qui ressemblait un peu à K.T. Stevens, qu'il avait découverte. Peut-être serait-il bon qu'il la voie et lui fasse faire éventuellement un bout d'essai. De son côté, Howard Hughes voulait en savoir plus long sur moi. Jack estimait qu'il fallait se montrer extrêmement prudent. Manifestement, après la couverture de *Harper's Bazaar*, il y aurait d'autres propositions, et mieux valait voir venir sans se presser. Il en avait discuté d'abord avec maman avant que je sois mise au courant ; il tenait à ce qu'elle comprenne clairement la situation. Il se doutait aussi que, dans ma surexcitation, je risquais d'accepter la première proposition venue, sans rien savoir du monde du cinéma.

Rendez-vous fut pris avec le bras droit de Selznick. Je me rendis à son bureau, parlai avec lui un moment, lui fis l'historique de ma carrière minime. L'entretien ne dura pas longtemps – une demi-heure au plus. Tous les renseignements seraient transmis à M. Selznick en même temps que mes photos et l'on me ferait signe.

La Columbia tournait un film avec Rita Hayworth comme vedette. Titre : *La Reine de Broadway.* Nous reçûmes donc une autre demande de renseignements de cette firme. Dans le film devaient apparaître huit ou dix véritables cover-girls. Pouvais-je être celle de *Harper's Bazaar ?* Le hic – n'y a-t-il pas toujours un hic ? – c'était que la Columbia insistait pour me faire signer un contrat d'un an avec options au cas où ils voudraient m'utiliser dans un autre film.

Ce fut à peu près au même moment qu'Howard Hawks demanda à son tour des renseignements sur moi. Un jour, dans un bureau de *Look*, Jack et moi discutâmes de la situation. Je n'avais jamais entendu parler de Howard Hawks. Jack si, bien entendu, et il m'énuméra ses films. Il en avait mis en scène de prestigieux, dont *Vingtième siècle, Seuls les anges ont des ailes, Air Force, L'Impossible Monsieur Bébé.* Charles K. Feldman, son agent et associé, voulait savoir si j'étais disposée à venir en Californie faire un bout d'essai – autrement dit à passer six ou huit semaines là-bas. Si ce bout d'essai était concluant, Hawks me signerait un contrat personnel.

Toutes ces propositions émanaient d'inconnus – inconnus de moi –, qui vivaient dans des lieux inconnus. Tel se précisait pour la première fois le climat dans lequel j'allais travailler ma vie entière. Il fallait répondre « oui » à l'un, « non » à tous les autres. Je ne pouvais pas savoir, ni Jack, et encore moins maman, quel choix serait le plus judicieux.

Après que nous en eûmes de nouveau discuté, Jack me dit : « Écoute, si tu acceptes l'offre de la Columbia, tu joueras dans un film. Mais dans ce film il y aura un tas d'autres filles. Et si la Columbia décide d'utiliser ton option, ils pourront te garder un an ou même sept. C'est la durée normale d'un contrat à Hollywood. D'un autre côté, si tu acceptes la proposition Feldman-Hawks, tu feras un bout d'essai sous la direction de Hawks. Et si tu lui plais, il te signera un contrat particulier. Étant donné la réputation et le palmarès de Hawks, ce serait plus intéressant pour toi de travailler avec lui. Il s'occuperait personnellement de toi et tu saurais assez rapidement s'il t'apprécie suffisamment pour te garder là-bas ou non. » Je réfléchis un moment, me rappelai la qualité de *L'Impossible Monsieur Bébé* et de *Seuls les anges ont des ailes*, et tombai d'accord avec Jack. Mieux valait être prise en main par un metteur en scène que de se fondre dans un groupe de dix cover-girls, avec peut-être une ou deux répliques à dire. Jamais personne ne me remarquerait dans un film avec Rita Hayworth.

Jack prévint Feldman que j'acceptais la proposition de Hawks. « Je vous confie Betty, déclara-t-il. Elle n'a que 18 ans et ne connaît personne en Californie. Et sa mère ne peut pas quitter son emploi pour l'accompagner. » Feldman répondit qu'il comprenait très bien, que ma mère ne devait pas s'inquiéter, que sa femme et lui veilleraient sur moi.

Les dés étaient donc jetés.

Brusquement, j'étais débordée. Il fallait que je voie Betty Kalb, Fred Spooner, que je prépare ma garde-robe, que je consacre, bien sûr, le plus de temps possible à maman et à la famille, que je réfléchisse aussi à ma première rencontre avec Feldman et Howard Hawks, que j'essaie de tirer des plans sur l'avenir. L'idée de partir pour la Californie me plongeait dans un état d'excitation extraordinaire. Je n'avais jamais songé à faire carrière dans le cinéma, il avait toujours été convenu que Betty Kalb serait vedette de l'écran, alors que je deviendrais une grande comédienne de théâtre. Mais le destin, une série de coïncidences, qu'on leur donne le nom qu'on voudra, se chargent parfois de vous faire changer d'avis.

Je devais quitter New York par le train et la date approchait. La maison Bacall bourdonnait d'une activité fébrile ; coups de fil innombrables, visites à la teinturerie, à la blanchisserie, bagages faits et refaits, adieux émus à tous les proches.

Le 3 avril, je bouclai ma valise. Le patron de maman lui avait donné sa journée afin qu'elle puisse m'accompagner à la gare, faveur exceptionnelle car on ne lui accordait jamais de congé. Rosalie et Charlie vinrent nous chercher. J'eus une longue conversation avec Droopy, lui expliquai que je ne pouvais pas l'emmener avec moi, mais qu'il allait me manquer et que je lui écrirais. Mon départ était bel et bien devenu une réalité. Je ne reviendrais pas à la maison pendant un certain temps en tout cas. Je ne verrais ni maman, ni grand-mère, ni mon chien. Je me sentais terrifiée – excitée mais terrifiée. Grand-mère avait passé la nuit chez nous pour être avec moi et épauler sa fille – elle savait à quel point maman souffrirait de l'absence de sa petite fille.

Nous allâmes déjeuner chez Lindy, un restaurant de Broadway où l'on servait des spécialités juives. Jack et Vera viendraient nous y retrouver. Personne ne travaillait cet après-midi-là.

Le déjeuner fut gai, émaillé de plaisanteries. Charlie promit de s'occuper de maman. Grand-mère me recommanda d'être sage. Jack me conseilla de rester simplement moi-même. Ils m'avaient apporté un petit bouquet de gardénias, mes fleurs préférées. Une période de ma vie s'achevait. Nous nous rendîmes ensemble à Grand Central Station. Je tenais mon billet à la main, un billet très impressionnant. J'avais le wagon-lit A. Un wagon-lit, pas une simple couchette ! Incroyable !

Vint le moment de la séparation. Étreintes, embrassades. Je me sentais tout à fait adulte, mais en serrant grand-mère je sentis monter mes larmes aux yeux et lorsque je me tournai vers maman, ma vue se troubla. Elle était aussi émue que moi. « Ne t'inquiète pas pour moi, maman chérie. Tout ira bien. Ça va très bien marcher. Et nous allons nous retrouver bientôt. Je t'aime. » « Fais bien attention à toi », dit-elle en me prenant le menton et en le serrant, comme chaque fois qu'elle me manifestait sa tendresse. « Tu es une bonne petite, va, une merveille. » Nous contrôlions d'instinct nos épanchements de peur de sombrer dans l'attendrissement, mais les liens n'en étaient peut-être que plus forts.

Je courus à mon wagon-lit, me mis à la fenêtre, agitai la main, souris, versai quelques larmes... Et le train s'ébranla. Assise sur la vaste banquette, je me regardai dans le miroir en face de moi. « Alors, Betty Bacall, me dis-je, les dés sont jetés, tu pars vers l'aventure, l'inconnu. Respire un bon coup. Prends ton souffle. »

Ce n'était pas la fin, après tout. C'était le commencement.

Le train sortit lentement de New York. Regardant par la fenêtre, je laissai mon esprit s'éloigner petit à petit de ma famille pour s'orienter vers l'avenir. L'heure du dîner approchait, ce qui me posait un problème. Je me sentais incapable – je le suis restée – d'entrer seule dans un restaurant et d'y manger sous le regard de voisins inconnus. Le garçon m'avait dit qu'il m'apporterait tout ce que je voudrais une fois le train sorti de la gare. Comme je ne buvais pas, je ne pouvais pas demander un cocktail. Il m'était arrivé, rarement, de siroter un Orange Blossom (gin et jus d'orange) pour me donner l'illusion d'être une grande personne, mais je n'avais guère aimé ça. Je sonnai néanmoins le contrôleur et lui commandai un ginger ale.

Installée sur la banquette longue comme un divan, je me mis à jouer devant le miroir. Ridicule, mais rassurant. Dix minutes plus tard, on sonna à la porte : je l'ouvris. Le garçon était là avec un verre rempli de glace, une petite bouteille de ginger ale, une longue cuillère et une serviette sur un petit plateau rond. Il souleva la table et posa le plateau dessus. Je me sentais nager dans le faste. Il m'annonça que le dîner serait servi à partir de 19 heures ; si je désirais une table, je devais me rendre au wagon-restaurant un peu en avance et, à partir de ce soir, je pourrais réserver une table tous les jours. Je me renseignai au sujet du petit déjeuner, et il me répondit qu'il me l'apporterait sur un plateau à l'heure de mon choix. Quel luxe ! La seule personne qui m'avait jamais servi mon petit déjeuner, c'était maman, et pas sur un plateau. Lorsque je fus seule de nouveau, je me rassis, tenant mon verre de ginger ale à la main comme un cocktail. Je me sentais très sophistiquée dans mon wagon-lit en cette troisième journée du mois d'avril 1943.

Le voyage en train fut agréable, confortable, un total dépaysement. Puis, vers midi le troisième jour, Los Angeles. À l'instant même où je descendais du train, je me sentis dans un autre pays. Lorsque je franchis le portillon, un homme s'approcha de moi et se présenta comme un associé de Feldman. Dès que nous eûmes quitté la gare, je fus frappée par la blancheur des rues bordées de palmiers, par leur propreté. Je n'imaginais même pas l'existence de villes aussi immaculées, aussi belles. Des voitures en quantité, taxis discrets, pas de trams, quelques autobus. Peu de gens dans les rues – ce que je trouvais fort étrange – et pas de gratte-ciel. Nous arrivâmes finalement à notre destination, le California Bank Building, à l'angle de Wilshire Boulevard et de Beverly Drive, un haut immeuble comparé à ses voisins, mais qui serait passé inaperçu à New York. Puis un homme très séduisant – cheveux bruns, grisonnant aux tempes, moustache, très bronzé, en complet de flanelle grise – se dirigea vers moi et dit :

— Vous êtes Betty Bacall. Entrez donc.

Grâce à lui, tout parut très facile. Souriant, il m'interrogea sur mon voyage, m'annonça qu'il m'avait provisoirement réservé une chambre dans un hôtel de Westwood Village et me demanda si je savais conduire.

— Conduire, répondis-je. L'idée ne m'était même jamais venue !

— Ne vous en faites pas, dit-il, il y aura bien toujours quelqu'un pour vous amener ici ou ailleurs. Je vais organiser un déjeuner avec Howard pour demain. Et ce soir, voulez-vous dîner avec moi ?

— Avec grand plaisir.

— Parfait. En attendant, si vous alliez vous installer dans votre hôtel ? Je passerai vous prendre à 19 heures.

Le Claremont était un hôtel blanc à proximité de Wilshire Boulevard, dans Westwood Village. C'était la première fois que j'avais une chambre dans un hôtel pour moi seule, la première fois que je n'avais pas à partager un placard ou la salle de bains. Par la fenêtre, je voyais des piétons (peu nombreux) se promener sous des arcades de l'autre côté de la rue. Des buissons et des fleurs partout. Cette Californie était incroyable. On se serait cru en vacances. Est-ce qu'il y avait des gens qui travaillaient ici ?

Charlie Feldman m'emmena dans un restaurant de Beverly Hills. La soirée se passa sans doute très bien car, dans une lettre à ma mère datée du 7 avril, j'écrivais :

Ma petite maman chérie,

Je commence ma deuxième journée en Californie, et je vais aller déjeuner avec Howard Hawks et Charlie. Tu te rends compte ! Ce sera ma première rencontre avec Hawks.

Et maman... Charlie est un ange, vraiment. Il voulait me donner davantage d'argent hier, mais je lui ai dit que ce n'était pas la peine et que si jamais j'en avais besoin, je le lui dirais. Après tout, j'ai conclu un marché et j'aimerais m'y tenir le plus possible.

Je tournerai mon bout d'essai la semaine prochaine seulement parce que Charlie trouve que je devrais me faire arranger les dents. Mais on va voir d'abord ce qu'en pense Hawks. Et surtout, ne le dis à personne, mais Charlie m'adore. Il me trouve merveilleuse, vivante, rafraîchissante, pleine de feu, intelligente et j'en passe !

Il est sûr que je vais être extraordinaire et il m'a dit qu'il ferait tout ce qu'il pourrait pour moi. Alors tu vas peut-être venir ici après tout. J'espère en tout cas ! Je te préviendrai dès qu'il se sera passé quelque chose de précis dans un sens ou dans l'autre...

La lettre se poursuivait, débordante d'excitation. Elle montrait mon extrême jeunesse. Comment Charlie Feldman avait-il pu se faire cette opinion sur moi et tenir ce genre de propos alors qu'il me connaissait depuis un jour seulement, mystère ! Il était en partie sincère, mais c'était un séducteur et il brûlait les étapes.

Le 7 avril, nous devions retrouver Howard Hawks. J'étais très nerveuse et Charlie ne l'ignorait pas. Au Brown Derby, on nous conduisit à notre table. Quelques minutes plus tard entra dans le restaurant un homme de très haute taille avec des cheveux gris coupés en brosse et de larges épaules.

— Voilà Howard, dit Charlie.

Hawks était très imposant. D'un ton net, il me posa quelques questions ; me dit qu'il avait beaucoup aimé mes photos dans *Harper's Bazaar*, me demanda si j'avais déjà joué la comédie. Je lui fis part de mes modestes expériences. Charlie parla de mes dents, qu'il fallait, selon lui, redresser légèrement mais Hawks estima cette intervention inutile.

Il m'expliqua ce qu'il avait en vue : un bout d'essai très simple. Il choisirait les scènes. Il n'aurait pu se montrer plus gentil. Et pourtant, il me terrifiait. Le déjeuner terminé, nous regagnâmes le bureau de Charlie. Je n'oublierai jamais ce retour, moi marchant derrière Charlie et Howard, si absorbés par leur discussion qu'il leur fallut un temps fou pour franchir ce court trajet. « Seigneur, me disais-je, ils ne pourraient pas se presser un peu ? Est-ce qu'ils marchent toujours aussi lentement ? » J'étais habituée au rythme de New York, où l'on est toujours en train de courir comme si on avait vraiment une destination précise à atteindre. Enfin, mieux valait s'habituer. Mon avenir reposait entre les mains de ces deux hommes.

De retour dans le bureau de Charlie, Hawks me demanda s'il y avait des rôles dans lesquels je me sentirais plus à l'aise pour tourner mon bout d'essai. Je n'en voyais aucun en particulier et le lui dis. Je préférais lui laisser le choix. On me ramena ensuite au Westwood, j'avais quartier libre pour le reste de la journée. Le soleil brillait. On ne pouvait pas rêver climat plus parfait. Un air embaumé, un ciel bleu d'une incroyable limpidité. Tout le monde ici semblait motorisé. D'ailleurs, je commençais à m'en rendre compte, la vie sans voiture, en Californie, était impossible.

Charlie m'emmena chez lui le dimanche. Il habitait Coldwater Canyon, un quartier de Beverly Hills situé sur les hauteurs. La maison était invisible depuis la rue. Il me conduisit auprès de la piscine, à côté de laquelle sa femme, Jean, était assise. Elle était très belle – blonde, vêtue d'un pantalon lamé or, d'une chemise de soie blanche, avec trois rangs de perles au cou. La maison était merveilleuse. De style espagnol, de plain-pied, admirablement et confortablement meublée. Devant, au sommet de quelques marches, se trouvaient la piscine et la cabine de bain. Il existait donc des gens qui vivaient comme ça...

Nous déjeunâmes dehors. Prendre ses repas sur une terrasse ensoleillée, quel pays béni !

Jean avait été une Ziegfield Girl dans sa jeunesse et, je l'appris plus tard, avait eu de nombreux hommes à ses pieds. Bien compréhensible. Je lui parlai de mes espoirs et de mes rêves, lui dis combien j'avais hâte de tourner ce bout d'essai, la patience n'étant pas mon fort. Elle se montra rassurante ; elle savait comme c'était dur d'arriver en Californie sans connaître personne...

Les dix jours suivants me parurent interminables. J'appelais Charlie au téléphone au moins une fois par jour, je me sentais tellement frustrée, le bout d'essai était sans cesse remis à plus tard.

Howard m'invita à déjeuner et me parla de ses expériences de metteur en scène avec diverses actrices. Dans ses propos, il avait toujours le beau rôle, c'était toujours lui qui gagnait la partie. Il me fascinait et je croyais tout ce qu'il me racontait. À un moment, il fit une remarque au sujet d'un Juif et je me sentis soudain glacée. « Oh non, pourvu qu'il ne soit pas antisémite ! » Avoir fait tout ce chemin pour en arriver là ! Non, Seigneur, ça n'est pas possible !

J'en parlai à Charlie.

— Qu'est-ce que je vais faire, quand il saura ?

Charlie se mit à rire.

— Ce sont des paroles en l'air, sans plus. Ne vous inquiétez pas. Howard et moi sommes très amis, et depuis des années.

Néanmoins, j'étais paniquée.

La veille du bout d'essai, je fus conduite au studio de la Warner Bros. pour un essai maquillage. Après toute cette attente, enfin il se passait quelque chose. Je découvris la Warner Bros., le domaine de Bette Davis, Paul Muni, Errol Flynn, Ann Sheridan, James Cagney, Humphrey Bogart, Sydney Greenstreet, Peter Lorre – la liste était longue. Il y avait de nombreux bâtiments séparés qui avaient l'air de maisons et étaient en fait des bureaux de direction, des salons d'habillage ou de maquillage, des salles de montage, des entrepôts de costumes. La voiture s'arrêta devant un petit pavillon avec une plaque de cuivre, comme celle d'un médecin, portant le nom de HOWARD HAWKS. Une porte s'ouvrit et Howard apparut, souriant. « Vous allez tourner votre bout d'essai avec un jeune homme qui s'appelle Charles Drake, m'annonça-t-il en me passant un bras sur les épaules. Vous le verrez après le déjeuner et nous étudierons la scène. » Howard avait décidé que *Claudia* était un bon rôle pour moi, et nous allions donc en travailler un extrait. Il m'accompagna à la section maquillage pour permettre à Perc Westmore d'étudier mon visage. « Nous tournons le bout d'essai demain, Perc, dit-il, voyez donc quels coloris conviennent à Betty, et ce sera tout. » Westmore m'emmena dans son atelier, me fit asseoir devant son miroir à maquillage et examina mon visage. « Hummm. Nous pouvons vous épiler les sourcils, vous raser légèrement le front à la racine des cheveux, vous rectifier les dents. » J'étais à la fois affolée et scandalisée. Je répliquai que je voulais passer un coup de fil à Howard, ce que je fis, pratiquement en larmes, pour le mettre au courant. « Ce n'est pas ce que vous désirez, n'est-ce pas ? » « Absolument pas, répondit-il et il demanda à parler à Westmore. Je la veux exactement comme elle est, sans rien de changé, un maquillage léger et naturel pour demain. » Howard m'avait choisie pour mes épais sourcils et mes dents irrégulières et il n'était pas question d'y toucher.

Howard m'expliqua que les maquilleurs avaient tendance à remodeler les visages. Perc travaillait de façon remarquable, me précisa-t-il, mais il fallait lui donner des instructions précises. « Il a sans doute cru que je voulais vous voir ressembler à Marlène. S'ils essaient demain de modifier votre coiffure ou quoi que ce soit d'autre, ne les laissez pas faire. Dites-leur que je veux que vous soyez exactement comme vous êtes maintenant. » Heureusement que je n'avais pas hésité à l'appeler !

Nous retournâmes au bureau d'Howard où Charles Drake, un grand et séduisant jeune homme blond, attendait. C'était un poulain des Warner que Howard avait fait tourner dans *Air Force*. Bien entendu j'avais le trac. Durant la lecture, Howard me donna quelques indications, parla de l'interprétation du rôle. « Très bien, dit-il enfin, maintenant vous allez rentrer chez vous, étudier votre texte et avoir une bonne nuit de sommeil. La journée sera longue demain. »

Je ne pouvais penser à rien d'autre qu'à l'épreuve du lendemain matin. C'était d'une telle importance pour moi. Serais-je assez bonne, mon jeu plairait-il à Howard ? Au dîner, en compagnie de Jean et de Charlie, j'étais incapable d'avaler quoi que ce soit. Tous deux n'arrêtaient pas de me répéter : « Vous êtes entre les meilleures mains possibles, avec Howard. Il tient à ce que ça marche, il sera très attentif. Ne vous inquiétez donc pas ! Tout va très bien se passer ! » Seigneur, j'ai dû les ennuyer à périr.

De retour dans mon lit, j'avais la cervelle en ébullition. Le visage d'Howard ne cessait de surgir devant mes yeux. Que pensait-il, réellement ? Et le fait que j'étais juive ? Si on me posait la question, il me faudrait dire la vérité. Lâche ! C'est horrible d'être la proie de peurs pareilles ! Je finis par m'endormir. Un coup frappé à la porte... 7 h 15 déjà ! Je me levai d'un bond, m'aspergeai le visage d'eau froide, m'habillai en vitesse, empoignai mon scénario. J'étais prête. Jean avait glissé un mot sous ma porte : elle et Charlie me souhaitaient bonne chance. Je franchis la porte d'entrée pour émerger dans un monde encore endormi. Tout était si paisible – la rosée matinale, le soleil, le chant des oiseaux. La journée s'annonçait belle...

La voiture du studio attendait. On me conduisit de nouveau à la section maquillage où l'on me fit un shampooing et une mise en plis avant de m'installer sous un séchoir. Quelqu'un m'apporta une tasse de café. Une grande activité régnait dans la section maquillage entre 7 heures et 9 heures. Tous les acteurs sur des films en tournage étaient là. Toutes les vedettes : on me présenta à Dennis Morgan, Gary Cooper, Ann Sheridan. De quoi vous tourner la tête !

On me sortit de sous le séchoir pour m'envoyer chez Perc Westmore afin d'y être maquillée. Il était en train de s'occuper d'Ann Sheridan et je dus attendre un peu. Les bouts d'essai passaient après les tournages. Perc se montra charmant, mais il devait regretter de ne pas être autorisé à remodeler mon visage. « Vous ne voulez pas des sourcils un peu plus minces et plus arrondis ? demanda-t-il. À mon avis, ce serait beaucoup plus seyant. Personne dans le cinéma n'a de sourcils aussi épais et aussi anguleux que les vôtres. » « Non, Howard les préfère tels qu'ils sont. Il voudra peut-être quelques changements plus tard. » Il me colla quand même des faux cils, ce qui m'horrifia. Il m'affirma que cela m'avantageait...

Il fallut ensuite me coiffer. Tout prenait beaucoup plus longtemps que prévu, surtout le premier jour. J'avais peur d'être trop frisée. Jamais personne ne m'avait fait de mise en plis, je m'en chargeais toujours moi-même, j'avais l'habitude. Et je voulais mon cran au bon endroit, à droite, s'amorçant au coin du sourcil pour finir, en mourant vers le bas, à hauteur de la pommette. Naturellement, je me retrouvais trop frisée ; mes cheveux avaient toujours des réactions imprévisibles. Ma nervosité ne faisait qu'empirer.

Pénétrant sur le plateau faiblement éclairé, j'aperçus Howard. Il s'approcha de moi, m'embrassa sur la joue et déclara : « Vous êtes ravissante, comment vous sentez-vous ? » « Mal, répondis-je, j'ai un trac fou ! » La caméra ne rappelait en rien les Rolleiflex dont j'avais pris l'habitude. C'était un énorme appareil muni d'un siège mobile. Un cameraman et plusieurs machinistes s'affairaient sur le plateau. Ils venaient de régler les éclairages sur une autre fille – « Est-ce que j'ai déjà été remplacée ? Pas de panique surtout ! » Il s'agissait en fait de ma doublure. Tant d'inconnus autour de moi, tant de nouveaux visages, un tel déploiement de technique pour cette unique scène entre deux personnages. Finalement, Howard déclara : « Bon, allons-y pour une prise. » Il se montra avec moi doux, compréhensif, sécurisant, un directeur d'acteurs idéal...

Lettre à ma mère datée du 3 mai :

Je me suis bien amusée à tourner mon bout d'essai. Suis arrivée au studio à 8 heures pour être coiffée et maquillée. Flirté avec Dennis Morgan (le tombeur), dit bonjour à Gary Cooper, bavardé avec Sheridan et entrée sur le plateau à 11 h 30. Répété plusieurs fois la scène avec Howard. Ensuite la première « prise ». « Tourné » jusqu'à 13 h 30 – une pause pour le déjeuner – vu Errol Flynn à la cafétéria et ai plongé sous la table. De nouveau sur le plateau à 14 heures, « tourné » jusqu'à 16. J'avais une loge et une doublure, une coiffeuse et un maquilleur, le meilleur photographe de la Warner, une scène de onze pages et Howard comme metteur en scène. J'ai eu tout ce qu'a une vedette. Une scène pour un bout d'essai n'a jamais plus de deux ou trois pages, et pas question de doublure, de loge, etc. Tu te rends compte !

Vu le bout d'essai mercredi. Ça fait un drôle d'effet de se voir parler, circuler. Je ne me suis pas trouvée particulièrement bonne. En tout cas, pas bien belle. Mais, d'après Howard et Charlie, c'était excellent.

J'envoyai d'interminables instructions à ma mère, et de l'argent pour qu'elle puisse acheter son billet. Brusquement, les rôles étaient inversés. Je dénichais un appartement à Beverly Hills, 275 South Reeves Drive, à trois cents mètres du bureau de Charlie. Quatre pièces meublées avec une entrée privée. En attendant d'acheter une voiture – indispensable –, ici je pouvais facilement aller à pied jusqu'au bureau et me promener dans Beverly Hills. Jamais maman et moi n'avions disposé d'autant d'espace.

Howard comptait attendre un rôle sur mesure pour me lancer dans le cinéma. Il voulait que je travaille ma voix. Et il me racontait de nouveau comment il s'y prenait avec ses comédiennes, avec Carole Lombard, par exemple, dans *Vingtième siècle*. Elle ne savait quel comportement adopter vis-à-vis de John Barrymore dans une scène ; Howard lui demanda quelle aurait été sa réaction personnelle ; elle répondit qu'elle n'aurait pas eu du tout l'attitude indiquée dans le scénario ; elle lui aurait lancé des coups de pied, l'aurait couvert d'injures. « D'accord, faites-le », lui dit Howard et le résultat fut excellent. À l'en croire, Howard savait toujours comment s'y prendre avec les actrices. Il avait sans doute raison – les résultats l'ont prouvé. À mesure que le temps passait, je me rendais compte que lui aussi vivait dans un monde de fantasmes. Plus ou moins consciemment, il jouait les Pygmalion. Il avait décidé que je ne devais accorder aucune interview. Pas un mot dans la presse à mon sujet jusqu'à nouvel ordre, et je devais en outre éviter de me montrer à des journalistes. Par ailleurs, il faudrait, d'après lui, changer mon prénom.

Je passais mon temps à me précipiter auprès de Charlie pour lui répéter les propos d'Howard. Jamais je n'avais rencontré d'homme aussi gentil, aussi généreux. Il me fit prendre des leçons de conduite, me promit de m'aider à trouver une voiture quand j'aurais mon permis. C'est lui qui envoya à maman son billet de train. Il ne voulait pas prendre de commission sur moi jusqu'à ce que je me mette à gagner beaucoup d'argent, aussi n'ai-je jamais signé de contrat d'agent avec lui. Mais il touchait néanmoins cinquante pour cent sur le contrat qui me liait à Howard.

Quelques jours avant l'arrivée de maman, j'allai m'installer à Reeves Drive. Je voulais que tout soit prêt pour l'accueillir. Maman aurait peine à croire qu'on pouvait vivre sous un pareil climat d'un bout de l'année à l'autre.

Maman, Droopy et moi, agréablement installés dans notre nouvel appartement, étions parfaitement heureux. Nous devînmes du jour au lendemain de vrais Californiens, la lenteur du rythme de vie mise à part (je ne pus jamais m'y habituer). Après une série de leçons de conduite, et malgré ma nervosité, j'obtins mon permis. Il ne me manquait plus maintenant qu'une voiture.

Dans un stand de voitures d'occasion près du bureau de Charlie, je trouvai, pour 900 dollars, une Plymouth grise de 1940. Elle me parut somptueuse. Le prix était inespéré, en tout cas. J'en parlai à Charlie, qui me prêta immédiatement l'argent. Le bureau s'occupa de toutes les démarches ; j'étais propriétaire d'une voiture : pas mal pour une gamine de dix-huit ans qui venait d'arriver.

Je déjeunais souvent avec Howard et passais beaucoup de temps en sa compagnie. Il voulait que je prenne ma voiture pour aller m'isoler dans les collines et trouver un coin tranquille où lire à haute voix. Il jugeait absolument essentiel qu'une voix se maintienne sur un registre bas. La mienne était assez basse, mais, comme me l'expliquait Howard, et c'est ce qu'il n'aimait pas : « Quand une femme s'énerve ou se laisse emporter par son émotion, Betty, je ne sais pas si vous avez remarqué, elle a tendance à parler sur un ton suraigu. Or, il n'y a rien de moins séduisant qu'une femme qui glapit. Il faut vous entraîner à garder une voix grave même si vous avez une scène de ce genre à jouer. » Je trouvai un endroit écarté dans Mullholland Drive et entrepris de lire *La Tunique* à voix haute, adoptant un timbre plus grave et plus sonore que d'habitude. Quiconque serait passé par là m'aurait jugée mûre pour l'asile. Qui aurait eu l'idée d'aller s'installer, assis dans une voiture, au sommet d'une montagne pour déclamer face aux canyons ?

Howard connaissait un photographe, nommé John Engstead, et fixa un jour pour la séance de pose. Les clichés seraient pris dans la maison de Howard, que je n'avais jamais vue. Peut-être même ferais-je la connaissance de sa femme, « Slim », dont il parlait si souvent et qui, la première, avait attiré son attention sur mes photos de *Harper's Bazaar.* On m'indiqua comment me rendre là-bas et je finis par trouver la maison. Dépourvue de tout sens de l'orientation, j'ai toutes les peines du monde à me diriger ; sud, est, nord, ouest me restent des mystères.

Il habitait Bel Air à Monaga Drive dans la plus belle maison que j'avais jamais vue. Du style ranch, sans étage, avec des poutres apparentes, des parquets superbes, des meubles rustiques anciens ; une atmosphère luxueuse, confortable, de très bon goût. La propriété était vaste. Il y avait des écuries – lui et Slim montaient tous deux à cheval. Il y avait également une piscine. Et je fis la connaissance de Slim, une femme exceptionnelle, grande, mince, d'une incroyable beauté, de sept ou huit ans mon aînée, à peine. Elle avait décidé des tenues que je devais porter, certaines à elle, une ou deux à moi. Une des robes était en lamé argent. John Engstead arriva avec ses appareils et je posai pour mon premier portrait ; avec, comme toile de fond, une énorme cheminée, un fauteuil, un décor très simple. C'était merveilleusement facile de travailler avec John Engstead, un peu comme avec Dahl-Wolfe. Les portraits furent, et sont restés, les meilleurs qu'on ait jamais faits de moi.

Au bout de quelques mois, maman, qui s'ennuyait un peu, trouva tout près de Reeves Drive un travail plaisant et pas trop fatigant. À son tour, elle apprit à conduire et se montrât d'une prudence de Sioux, rasant les trottoirs à quarante à l'heure. Elle était toujours nerveuse au volant, à la suite d'un accident dont elle avait été victime dans sa jeunesse ; des poulets – des poulets ? – s'étaient engouffrés par la vitre d'une voiture dans laquelle elle circulait, une glace s'était brisée et il lui restait de cette mésaventure une cicatrice au bras.

Des semaines passèrent, puis des mois. Tous les jours, je harcelais Charlie : « Quand est-ce que je vais travailler ? Je deviens enragée à ne rien faire ! » Charlie devait assurer avec Howard la coproduction d'un film basé sur l'amalgame de divers épisodes de la guerre. L'un de ces épisodes racontait la rencontre d'une jeune Russe parachutée dans un champ avec un soldat. La scène était courte, mais ils songeaient à me confier le rôle. Quelle perspective !

D'ici là, Howard voulait que je travaille avec le professeur de musique, Dudley Chambers. Howard pensait que je pouvais peut-être chanter. Il m'emmena sur un plateau où Lewis Milestone, le fameux metteur en scène, tournait avec Anne Baxter et Farley Granger. Il me présenta à Milestone et nous assistâmes aux prises d'une scène. Et j'eus droit à d'autres confidences cinématographiques : ce que Howard avait dit à Katharine Hepburn pour *L'Impossible Monsieur Bébé* ; comment lui et Cary avaient eu une idée merveilleuse pour une certaine séquence, le dialogue entre Howard et Rita Hayworth pendant *Seuls les anges ont des ailes* ; comment il avait donné sa première chance à Hayworth, qui ne l'avait pas suffisamment écoutée et qu'il avait alors laissé tomber. Elle n'en crevait pas moins l'écran.

Le palmarès de Howard parlait pour lui-même. J'appris beaucoup plus tard qu'il avait toujours voulu trouver une inconnue, la façonner en une créature de rêve, en faire une super-star – sa création.

Il songeait, disait-il, à me faire tourner avec Cary Grant ou Humphrey Bogart. Et je me disais : « Cary Grant, formidable ! Humphrey

Bogart, beuh... » Howard avait toujours envie de voir une femme jouer une scène avec tout l'aplomb, toute l'insolence d'un homme. Parfait exemple de cette théorie de Howard : *La Dame du vendredi* ; c'était un remake de *The Front Page*, mais il avait fait du reporter vedette une femme, Rosalind Russell. Et le résultat n'aurait pu être meilleur.

Jean Feldman était très lié avec Cole Porter, qu'elle connaissait depuis longtemps. Elle me raconta que le dimanche soir (ou était-ce le jeudi ?), il invitait toujours à dîner quelques soldats esseulés ou trop loin de chez eux, ainsi que quelques jeunes actrices pour leur tenir compagnie. Nous y allâmes un soir d'été en 1943. Cole Porter habitait à Brentwood, une maison dans Rockingham Avenue, sans prétention mais très belle. D'assez petite taille, très soigné, très élégant, c'était un homme courtois qui parlait d'une voix douce et me mit instantanément à l'aise. Je devins une habituée de ces soirées en général très gaies. Un jour après un déjeuner au bord de sa piscine, je fus la dernière à partir. Comme il m'accompagnait à la porte, celle-ci s'ouvrit au même instant. Sur le seuil, en chemisier blanc et pantalon beige – avec un teint de pêche, des cheveux châtain clair et cet incroyable visage – se tenait Greta Garbo. Je retins de justesse un cri d'admiration. Pas de maquillage, une beauté sans égal. Ce fut la seule fois où je la vis d'aussi près.

Au cours de l'année 1943, Howard et Slim donnèrent une très grande soirée – avec Bing Crosby, Bob Hope, Charlie et Jean (Charlie étant le seul Juif qui semblait être admis dans la vie privée de Howard). Je restai à proximité du piano, écoutant Johnny Mercer chanter ses chansons et quelques autres, accompagné par Hoagy Carmichael. Lee Bowman était un prodigieux danseur et je passai le plus clair de la soirée à danser avec lui, et à flirter. J'allai un peu trop loin ce soir-là et Helene Bowman n'était pas particulièrement aux anges.

Lee me ramena chez moi. Je m'aperçus soudain que le jour se levait ; je me rappelle également m'être retrouvée assise sur un plongeoir en robe du soir et avoir ensuite dansé avec Lee. Tout cela était bien inoffensif, au fond, mais j'y pris le plus vif plaisir. D'ailleurs les choses en restèrent là. Howard et Slim jugèrent que la soirée et la présentation de leur protégée avaient été très réussies. Ils étaient contents. C'était tout ce qui m'importait.

Elsa Maxwell donna une grande fête chez Evelyn Walsh McLean, et Jean et Charlie m'y emmenèrent. Mme McLean portait le diamant « Hope », qui me faisait l'effet d'un énorme morceau de verre. Les femmes étaient toutes en robes longues, parées de leurs plus beaux bijoux ; je portais une robe chemisier courte et j'étais assise sur les marches d'un escalier dans un coin, regardant avec admiration toutes ces gloires du cinéma – et il fallait que je prenne l'air blasé. J'y parvins jusqu'à ce qu'un de mes héros, Robert Montgomery, s'approche. Il s'assit sur les marches pour bavarder, et même aller un peu plus loin. Je le trouvais terriblement séduisant. Comme il était temps pour moi de partir, il m'accompagna à ma voiture, me demanda mon numéro de téléphone. Je le lui donnai. « Trop facile », murmura-t-il. L'idée ne l'effleura même pas que j'étais peut-être une vierge innocente n'ayant aucune idée de ses intentions. Ce fut une de mes premières expériences à ce petit jeu censé se dérouler entre les sexes. Je ne savais rien, absolument rien, sinon qu'il y avait des limites à ne pas franchir. Je voulais vivre une histoire d'amour, authentique, intense, sincère – aussi n'étais-je pas une bonne recrue pour cet aspect de la scène hollywoodienne.

En septembre 1943, Elsa Maxwell, pour mon dix-neuvième anniversaire, donna un déjeuner. Elle m'avait commandé un gâteau et Hedda Hopper écrivit un petit entrefilet dans sa chronique à ce sujet. C'était la première fois qu'on mentionnait mon nom dans une importante rubrique de Hollywood !

Howard, lui, travaillait. Il m'avait parlé de son amitié avec Ernest Hemingway, de leurs jeux virils, la chasse, le tir. Et la pêche, bien entendu. Il avait acheté les droits d'un livre de Hemingway dont je n'avais jamais entendu parler, *En avoir ou pas* et il songeait à en tirer un film. Avec, comme vedette masculine, Humphrey Bogart. Bogart tournait à l'époque *Passage pour Marseille.* « Allons voir un peu sur le plateau ce qui se passe », me déclara Howard. Pas un mot sur un éventuel rôle pour moi. Le studio d'enregistrement où se tournait *Passage pour Marseille* était gigantesque et nu. Howard m'entraîna vers le plateau où le cameraman et son équipe étaient en train de régler les éclairages pour la scène suivante. Michèle Morgan était assise sur un banc. Howard me présenta Bogart. Il n'y eut pas de roulement de tonnerre, pas d'éclairs fulgurants, mais un simple échange de poignées de main. Bogart était plus petit que je l'avais imaginé – un mètre soixante-dix-neuf – portant son habituel pantalon informe, une chemise en coton, une écharpe autour du cou.

Mon premier Noël californien ne fut remarquable qu'en ceci : le soleil brillait et il faisait assez chaud pour nager, singulier contraste avec tous les Noëls enneigés que j'avais connus. Maman et moi passâmes une journée paisible et confortable. C'était la première fois que nous nous trouvions seules pour les fêtes, mais il faut dire que la Californie compensait l'éloignement.

Juste après Noël, je fus convoquée au studio par Howard et il me fit le seul cadeau que j'attendais. Une scène dans *Le Port de l'angoisse*. Le tournage était décidé, il avait obtenu Bogart, le premier tour de manivelle serait donné en février 1944 et il voulait que je fasse un bout d'essai dès le début de la nouvelle année. Je lus la scène ; c'était celle où je lui suggérais de me siffler. Je devais la tourner avec John Ridgely, un des acteurs de la Warner que Howard avait déjà fait travailler et qu'il aimait bien. Humphrey Bogart était d'accord pour tourner avec moi. On lui avait montré mon premier bout d'essai, bien entendu, et on lui montrerait le second. Bogart était à Casablanca en train de jouer pour les soldats et il ne rentrerait pas avant la mi-janvier. Howard m'annonça qu'il me ferait répéter avec Ridgely tous les jours, mais la décision dépendrait de la qualité du bout d'essai, qui serait soumis à l'approbation de Jack Warner.

À dater de ce moment-là, je me consacrai uniquement à l'étude de mon personnage. Il portait le nom de Marie, et l'homme, Harry, l'appelait Slim. C'était une bonne scène, très fouillée psychologiquement, assez érotique, beaucoup plus intéressante que tout ce que j'avais pu espérer, avec la fameuse allusion au coup de sifflet. Nous répétions tous les jours dans le bureau de Howard, dimanche, soir du réveillon, jour du premier de l'An compris. John Ridgely s'installait dans un fauteuil en face du bureau de Howard, et je devais m'asseoir sur ses genoux et l'embrasser. J'étais mal à l'aise, très nerveuse. Howard multipliait les explications, s'efforçait de bien m'enfoncer dans le crâne que je devais me montrer insolente avec cet homme, être la meneuse de jeu, mais avec humour. Suspendue à ses lèvres, je me creusais la tête pour savoir comment une fille dénuée de toute expérience sexuelle pouvait donner l'impression d'une femme avertie connaissant à fond les hommes.

Le jour du tournage, j'étais une loque. Levée à 6 heures du matin, arrivée au maquillage avant 7 heures. John Ridgely était prêt et nous nous mîmes au travail sur le plateau. Nous parlions à mi-voix, sous l'œil vigilant de Howard, avec les techniciens très en retrait.

À la fin de la journée, j'étais assez contente. Howard aussi. Il ne restait plus qu'à visionner la scène et à attendre le verdict.

Le reste de la semaine se traîna péniblement. Enfin Howard se fit projeter le bout d'essai le lundi et Charlie y assista. Ils me téléphonèrent l'un et l'autre pour m'annoncer qu'il était bon. Howard me le montrerait mercredi. Encore un mercredi qui ferait date dans ma vie ! Howard m'emmena dans la salle de projection et je me tassai au fond de mon fauteuil. J'étais alors incapable, et le suis d'ailleurs toujours restée, de me juger moi-même sur l'écran. Chaque faute – et il n'en manquait pas – était accentuée, chaque mouvement, chaque expression, la façon dont j'attaquais les répliques... Tout me donnait envie de me cacher sous terre. Mais quand la lumière se ralluma, Howard se tourna vers moi, souriant. « Vous devriez être contente, dit-il. Jack Warner a vu ce bout d'essai hier et l'a trouvé très bon, alors la situation se présente plutôt bien. »

Après quelques jours sur des charbons ardents, le téléphone sonna. Pouvais-je venir avec Howard ? Et ce fut au cours du repas qu'il m'annonça la nouvelle : je tenais le rôle. Lui et Charlie seraient obligés de céder la moitié de mon contrat aux frères Warner. C'était une chance inouïe et je n'aurais pu espérer mieux que travailler avec Bogart, à la fois grande vedette et excellent acteur. Les comédiens de son envergure n'étaient en général pas chauds pour jouer avec une parfaite inconnue.

Maman était si heureuse pour moi, elle estimait que j'étais entre de bonnes mains. Elle avait envie de retourner à New York et comme j'allais dorénavant travailler constamment, le moment semblait bien choisi. Elle partit donc, me laissant à ma nouvelle vie, qui allait m'absorber totalement.

Je devais cependant continuer à observer la plus grande discrétion sur ce rôle et sur le film en général. Howard avait des projets. Ils voulaient me trouver un prénom assorti à mon nom de famille. N'y en avait-il pas un, parmi mes proches, qui sonne bien... Comment s'appelait ma grand-mère ? Sophie ? Non. Il tenait aussi à ce que je continue à travailler mon chant, ma voix, à conserver en toutes circonstances un timbre grave. Le tournage, pensait-il, serait pour début janvier.

Howard m'annonça un jour qu'il m'avait trouvé un prénom. Lauren. Il voulait que je raconte à tout le monde, une fois les interviews commencées, que ce prénom avait été celui de mon arrière-grand-mère. Quelle invention ! Il voulait que je parle très peu, que je me montre mystérieuse. C'était vraiment un comble ! J'étais tout sauf mystérieuse, quant à rester silencieuse, ce n'était guère mon genre. J'avais donc du pain sur la planche.

Il y avait un autre rôle féminin dans le film et les Warner insistaient, si on me confiait le rôle principal, pour que Howard fasse tourner une fille qu'ils avaient sous contrat et sur laquelle ils fondaient de grands espoirs : Dolores Moran. Howard accepta. Il allait également engager Hoagy Carmichael. Hoagy n'avait jamais joué de sa vie, mais Howard avait un rôle parfait pour lui – Cricket, le pianiste du night-club de l'hôtel à Cuba où se déroulait presque toute l'action. Il m'accompagnerait pendant que je chanterais. (Pendant que je ferais *quoi ?)* Ils étaient très amis et l'idée enchanta Hoagy. Howard avait vraiment élaboré son plan avec soin. Tout était calculé pour mettre en valeur ce personnage qu'il voulait faire de moi, son invention personnelle.

Quinze jours environ avant le début du tournage, comme j'allais entrer dans le bureau de Howard, Humphrey Bogart en sortit. « Je viens de voir votre bout d'essai. On va bien s'amuser ensemble. »

J'avais fait des essais de garde-robe, de coiffure, de maquillage. Sid Hickox prit des photos, en présence de Howard, improvisant au fur et à mesure pour obtenir de moi l'image que désirait Howard. Je me rendis sur le plateau le premier jour de tournage pour voir Howard et Bogart (je ne devais commencer que le lendemain). La femme de Bogart, Mayo Methot était là, il me la présenta. Je parlai un instant avec Howard, assistai à une partie des prises et rentrai à la maison me préparer pour *mon* premier jour...

Howard avait projeté de tourner une seule scène ce jour-là – ma première dans le film. Je me dirigeais vers la porte de la chambre de Bogart, disais : « Quelqu'un a du feu ? », m'appuyais au chambranle de la porte, et Bogart me lançait une pochette d'allumettes. J'allumais ma cigarette, en le regardant, disais « Merci », lui relançais les allumettes et m'en allais. Nous répétâmes. Ma main tremblait, ma tête tremblait, la cigarette tremblait. Quelle mortification. Impossible de me contrôler ! Que devait penser Howard ? Et Bogart ? Et les techniciens ? J'étais au supplice !

Bogart avait parfaitement conscience de mon inexpérience, de ma nervosité. Finalement, Howard estima qu'on pouvait essayer une prise. Silence sur le plateau. La sonnerie retentit. « Silence, on tourne », déclara l'ingénieur du son. « Action », dit Howard. Cette fois, c'est pour la postérité, songeai-je, pour de vraies salles de cinéma, pour de vrais spectateurs. Je passai le seuil, dis ma première réplique, et Howard lança : « Coupez ». Il avait fractionné la scène, la première prise se terminait à la fin de la première réplique. Le deuxième plan comprenait la fin de la réplique ; ensuite viendraient les gros plans. Après la troisième ou quatrième prise, je m'aperçus que la seule façon d'empêcher ma tête de trembler, c'était de la garder baissée, le menton presque sur la poitrine, les yeux levés vers Bogart. La méthode était efficace et ce fut là l'origine du surnom dont on me gratifia : « Le Regard ».

L'ambiance générale était à la gaieté. Howard me déclara un jour qu'il était très satisfait de mon travail, mais souligna que je devais garder mes distances avec les techniciens. « Ils ne vous en aiment pas plus pour autant. Quand vous avez fini une scène, retournez dans votre loge. Ne traînez pas sur le plateau ; ne vous dispersez pas comme ça ; concentrez-vous sur votre personnage. » Il voulait me garder dans un cocon, dont je n'émergerais que pour tourner. Bogart, lui, pouvait plaisanter à volonté – c'était une vedette et un homme – « Mais vous remarquerez qu'il n'en abuse pas. »

Un jour, durant le déjeuner, alors que, fascinée, j'écoutais Howard parler de lui-même et des plans qu'il échafaudait pour moi, il déclara : « Vous avez remarqué le bruit qu'il y a ici brusquement ? C'est parce que Leo Forbstein vient d'entrer. Les Juifs font toujours plus de raffut que tout le monde. » Je me sentis blêmir, mais m'abstins de tout commentaire. Je n'osais pas. C'était là un de mes traits de caractère que j'ai toujours mal supporté et dont je n'ai pu me débarrasser. Howard ne s'attardait jamais sur le problème, mais, tout en traitant des affaires avec eux, il avait des idées bien définies sur les Juifs, généralement défavorables. Il faudrait bien qu'un jour je lui dise que j'étais juive moi aussi, sinon il l'apprendrait par quelqu'un d'autre.

Howard organisa des interviews spéciales pour moi. Aucun article important ne paraîtrait avant la sortie du film, et tout serait choisi avec le plus grand soin. *Life, Look*, Kyle Crichton pour *Collier's, Pic, Saturday Evening Post.* Seulement les « fans magazines » très spécialisés. Les journaux. Aucune starlette débutante n'a eu droit à un dosage aussi concentré de publicité.

Hoagy Carmichael avait écrit une chanson intitulée *Le Loriot de Baltimore.* Howard voulait en faire mon thème musical dans le film – à chacune de mes apparitions sur l'écran s'élèveraient quelques mesures de cette chanson. Il espérait qu'à la longue j'y serais toujours identifiée, si, par exemple, je participais à une émission radio de Bing Crosby ou de Bob Hope, un orchestre attaquerait la mélodie, je me mettrais à chanter et pour finir, je deviendrais le *Loriot de Baltimore.*

En entrant un après-midi dans le bungalow de Howard, j'y trouvai un homme de petite taille, séduisant, aux cheveux gris, avec une moustache, étendu sur un divan, un livre à la main, la pipe entre les lèvres. C'était William Faulkner : Howard le faisait travailler sur ses films chaque fois qu'il pouvait. Très timide, il venait rarement sur le plateau, se sentait plus à l'aise dans le bureau de Howard.

La méthode de travail de Howard était inventive, efficace. Tous les matins lorsque nous arrivions sur le plateau, lui, Bogie et moi-même, plus le script et les participants éventuels à la scène qui devait se tourner, nous nous installions en cercle, assis dans des fauteuils en toile portant notre nom, et nous lisions nos répliques. Presque à coup sûr, Howard rajoutait des bribes de dialogue pour les scènes érotiques ou chargées de sous-entendus entre Bogie et moi. Après avoir relu le texte plusieurs fois et procédé aux changements que Bogie ou Howard jugeaient nécessaires, Howard demandait à un électricien d'allumer un spot et nous jouions la scène sur le plateau pour en cerner l'atmosphère. « Déplacez-vous un peu, disait Howard, voyez à quel endroit vous vous sentez le plus à l'aise. » Ensuite seulement il appelait Sid Hickox pour discuter avec lui des angles de prises de vue. C'est une méthode de travail parfaite pour les comédiens, mais qui, évidemment, prend du temps.

Après deux semaines de tournage, j'écrivis à ma mère. Elle avait lu dans un ou deux articles de journaux que je n'étais pas la partenaire en titre de Bogart.

Je t'en prie, ne t'inquiète donc pas de ce que racontent les journaux à propos des premiers et seconds rôles. Et quelle importance après tout ? L'essentiel, c'est qu'à la sortie du film le public constate que je suis bien la partenaire attitrée de Bogart. Nous nous amusons formidablement ensemble. Je suis folle de lui. Nous chahutons beaucoup, il passe son temps à inventer des gags, à essayer de me donner le fou rire, je crois qu'il m'aime bien. Alors si j'étais toi, je remercierais ma bonne étoile, comme je la remercie moi-même et je ne m'inquiéterais pas de détails secondaires. La seule chose qui importe, c'est que je sois bonne dans le film et que je plaise aux spectateurs.

À mesure que nous nous connaissions mieux, Bogie et moi plaisantions de plus en plus, notre complicité se faisait plus étroite ; les scènes elles aussi avaient évolué petit à petit, nos relations sur l'écran avaient pris plus d'intensité et nous nous retrouvions attirés l'un par l'autre ! Je suis certaine que Howard s'était rendu compte assez vite qu'il se passait quelque chose entre nous et s'en servait pour le film.

Je ne sais pas trop comment c'est arrivé ; c'était presque imperceptible. Le tournage durait depuis trois semaines, c'était la fin de la journée, j'avais encore un plan à tourner, et j'étais assise à ma coiffeuse en train de me brosser les cheveux. Bogie est entré pour me dire bonsoir. Il se tenait derrière moi – nous plaisantions comme d'habitude lorsque brusquement il s'est penché sur moi, m'a glissé la main sous le menton et m'a embrassée. C'était un geste impulsif – il était assez timide – et pas du tout l'attaque surprise d'un séducteur de choc. Il a sorti de sa poche une vieille pochette d'allumettes et m'a demandé d'inscrire mon numéro de téléphone au dos. Ce que j'ai fait. Pourquoi, je ne sais pas.

Bogie veillait toujours à ne pas se montrer trop familier et avait la réputation de ne jamais tourner autour des femmes durant le travail ou ailleurs. Ce n'était pas son genre, et en plus, il était marié à une virago notoirement querelleuse et plutôt soûlographe. C'était le genre de créature qui, le cas échéant, n'aurait pas hésité à vous assommer avec une lampe, un cendrier ou tout autre objet contondant.

À la fin de la journée, je rentrai chez moi comme d'habitude pour manger légèrement, examiner mon texte pour le lendemain et me mettre au lit. Vers 23 heures, le téléphone sonna. C'était Bogie. Il avait un peu bu, n'était pas chez lui, voulait savoir simplement comment j'allais. Il m'appelait Slim, je l'appelais Steve, comme dans le film. Nous échangeâmes quelques plaisanteries puis, il me souhaita bonne nuit, me dit : « À demain sur le plateau. » Ce fut tout, mais, à dater de ce soir-là, nos relations changèrent. Nous éprouvions de plus en plus le besoin d'être près l'un de l'autre. Mais nous continuions à plaisanter.

Hedda Hopper vint un jour sur le plateau. « Méfiez-vous, me dit-elle, vous allez recevoir une lampe sur la tête un de ces jours. » Un écho humoristique parut dans le *Hollywood Reporter :* « Avis aux amateurs, vous pouvez déguster votre B & B chaque jour au Lakeside. »

Bogie me téléphonait de plus en plus souvent. D'autres nuits, il venait chez moi. C'était un rôle inhabituel pour Bogie. Par nature et par habitude, il n'aimait ni duper ni mentir. Il avait déjà été marié deux fois avant Mayo. Vers vingt-cinq ans, il avait épousé une célèbre actrice de Broadway, Helen Mencken.

À Helen avait succédé Mary Philips. Ils étaient mariés depuis sept ou huit ans quand on lui proposa de venir en Californie. Il accepta et demanda à sa femme de le suivre. Il ne croyait ni aux couples séparés ni aux hommes vivant dans le sillage des femmes. Mais elle insista pour poursuivre sa carrière de comédienne. « D'accord, lui dit-il, mais ne me laisse pas seul trop longtemps. » C'est pourtant ce qu'elle fit, sur quoi il rencontra Mayo, eut une histoire avec elle (l'alcool et le lit, je suppose), prévint Mary qu'elle ferait mieux de le rejoindre, puis se rendit à Chicago où elle jouait une pièce avec Roland Young. Une fois là-bas, il s'aperçut qu'ils avaient une aventure, et ce fut la fin de ce mariage-là. Il estima alors de son devoir d'épouser Mayo. On les avait baptisés les Bogart-Bagarre ; presque tous les soirs, elle finissait par lui jeter un objet à la tête, essayait de le frapper et réussissait la plupart du temps. Elle lui donna un jour un coup de couteau dans le dos, il en avait gardé la cicatrice. Il s'était mis à boire, disait-il, parce que c'était le seul moyen de la supporter. Elle était d'une jalousie féroce, l'accusait en permanence d'avoir des aventures avec toutes ses partenaires, le démolissait en tant qu'acteur, l'appelant ironiquement la « grande vedette ». Elle avait chanté *More Than You Know* dans une comédie musicale de Vincent Youmans, avait eu du succès – mais elle buvait trop.

Je n'avais dit à personne que je voyais Bogie en dehors du studio. Mais il aurait fallu être aveugle pour ne pas s'apercevoir que nos relations ne se bornaient pas au tournage du film. Nos plaisanteries étaient affligeantes. « Qu'est-ce que le fou dit au peintre ?... Tiens bien le pinceau, j'enlève l'échelle. » « Vos yeux vous ne gênent pas ? – Non. – Eh bien, moi, oui. » Et je faisais alors ma tête de gorille, qui consistait à glisser ma langue sous ma lèvre supérieure et à laisser tomber ma mâchoire. Complètement idiot, mais merveilleux. Et il avait toujours quelque chose à m'apprendre au cours de nos séquences. Dans l'une d'elles, où je l'aguichais, il devait me faire sortir de la pièce parce qu'il voulait prendre un bain, s'arrêter juste à la porte et m'embrasser. Il expliqua à Howard qu'il avait vu un jour les Lunt dans une pièce se livrer à une mimique qui, d'après lui, s'accorderait très bien avec nos personnages. Après le baiser, je devais passer le dos de ma main sur sa joue, mal rasée, puis lui donner une petite gifle rapide. C'était un geste extrêmement suggestif, intime. Plus efficace que si nous nous étions roulés l'un sur l'autre par terre. Et quand nous répétions d'autres scènes, il ajoutait parfois un mot ou un geste qui me désarçonnait. « Pour être bien sûr que tu écoutes », disait-il. Il m'apprenait à rester toujours sur le qui-vive.

Howard, bien entendu, n'était pas content du tout. Comme la fin du film approchait, il me convoqua chez lui un soir. Je n'en menais pas large. Il n'y avait que lui et sa femme, Slim. Il me fit asseoir et attaqua bille en tête : « Quand vous avez commencé à travailler, vous étiez excellente... Attentive, appliquée. Je me suis dit : “Cette fille est vraiment extraordinaire.” Là-dessus, vous vous êtes mise à flirtailler avec Bogart. D'abord, dites-vous bien que pour lui, c'est sans importance ; c'est classique chez lui, et sans lendemain. Quand le film sera terminé, il ne se souviendra même plus de vous, vous ne le reverrez jamais. Vous gâchez une chance pour laquelle n'importe qui donnerait son bras droit. Et je ne le tolérerai pas. Je vous préviens, je vous enverrai tout simplement à Monogram (le studio qui faisait les films les plus médiocres à l'époque). Je ne m'occuperai plus de vous, je m'en laverai les mains ! » Je fondis en larmes, évidemment.

Bogie s'était-il vraiment moqué de moi ? Était-ce seulement pour le film, uniquement des propos en l'air ? Je ne représentais donc rien pour lui ? Howard m'avait presque convaincue. Bogie me salua comme d'habitude puis s'aperçut tout de suite de mon changement d'attitude. « Qu'est-ce qui se passe ? » « Rien », répondis-je. « Allons donc... Howard t'a fait des réflexions ? » J'acquiesçai d'un signe de tête. « Je t'expliquerai plus tard. »

À un moment de la journée où je risquais moins d'attirer l'attention, j'allai retrouver Bogie dans sa loge et lui racontai la scène que m'avait faite Howard. Il se mit à me caresser le visage et les cheveux. « Non, Baby, dit-il, il ne t'enverra pas à Monogram, ne t'inquiète pas, tu es bien trop précieuse pour lui... Il faudrait que tu ne voies que lui, il est jaloux, voilà tout. Et je ne me moque pas de toi crois-moi. Simplement, il faut que nous soyons très prudents, je ne veux pas que tu y laisses des plumes. Et si Madame (comme il appelait Mayo) savait, elle pourrait te faire des ennuis et je ne le supporterais pas. Mais ne t'en fais pas à cause de Howard ; il perd un peu les pédales, voilà tout. » Et il avait raison, bien sûr.

Quelques jours après, nous devions tourner une scène où je chantai : *How Little We Know*. J'allais passer toute la journée sur le plateau avec Hoagy, des tas de figurants, et sans Bogie. J'avais déjà enregistré la chanson et devais chanter en play-back, ce qui n'est pas facile, surtout pour une débutante. À la fin de cette longue journée, Howard me prit par l'épaule et me déclara : « Vous avez vraiment fait du bon travail, Betty, aujourd'hui. Je suis fier de vous. » C'est le seul véritable compliment que j'aie reçu de lui.

Comment savoir si l'on est amoureux ? J'étais presque sûre d'aimer Bogie et, qui plus est, d'être aimée de lui. Nous avions tant à partager, nous nous comprenions si bien l'un l'autre.

Nous avions pris l'habitude de quitter ensemble le studio, au volant de nos voitures respectives, Bogie roulant en tête. Nous nous garions sur le bas-côté et il venait me rejoindre dans ma voiture. Et nous restions assis là, les mains enlacées, à nous regarder dans les yeux, à nous dire tout ce que nous ne pouvions nous dire au studio. Nous nous attardions dans notre rue, quinze, vingt minutes, redoutant le moment de nous séparer, puis il remontait dans sa voiture et nous redémarrions jusqu'à Horn Avenue, où habitait Bogie. En amorçant son virage, il me saluait de la main par la portière, j'en faisais autant et poursuivais ma route vers Beverly Hills. C'était un jeu romantique, émouvant, un univers clos qui n'appartenait qu'à nous.

Jamais je n'avais rencontré personne qui, de près ou de loin, ressemblât à Bogie. Je me rendais compte que sa vie, à mesure qu'il me parlait davantage de lui, avait été dure et compliquée. Bien qu'il n'ait jamais eu d'enfants, il avait toujours été accablé de responsabilités. Son père était mort dans ses bras en lui laissant dix mille dollars de dettes et une bague – un anneau d'or rehaussé de deux rubis et un diamant – que Bogie portait en permanence. Maud Humphrey, sa mère, graphiste de métier, avait souvent pris Bogie comme modèle pour des dessins publicitaires d'aliments pour enfants ou des illustrations de livres. On appelait alors Bogie le « Bébé de Maud Humphrey ». C'était une femme énergique, de toute évidence une suffragette. Bien qu'elle ne lui témoignât guère d'affection, il avait de l'admiration pour elle. Elle mourut d'un cancer à l'âge de soixante-dix ans. Il avait par ailleurs deux sœurs, Kay et Pat. Kay avait mené joyeuse vie à l'époque des speakeasys – s'amusant, buvant, brûlant la chandelle par les deux bouts, si bien qu'elle était morte avant même d'avoir atteint quarante ans. Pat était restée l'enfant sage, très éprise d'un mari qui l'aimait et mère d'une fille ravissante. Tragiquement diminuée, alors qu'elle était toute jeune, par une maladie qui allait l'handicaper toute sa vie, divorcée, elle n'avait plus que Bogie pour s'occuper d'elle, aussi bien sur le plan matériel qu'affectif. Bogie avait toujours veillé sur sa sœur. Il l'aimait profondément, ne cessait de s'affliger du guignon qui l'avait poursuivie. Elle représentait pour lui la bonté incarnée. Ainsi donc, outre ses trois mariages qui s'étaient soldés par des échecs, il avait de lourds fardeaux à porter.

C'était un homme d'une grande douceur – absolument l'opposé des rôles qu'on lui faisait jouer. Il détestait le mensonge sous toutes ses formes. Jamais il n'avait eu de relations clandestines comme les nôtres. Nos retours en voiture, nos plaisanteries idiotes, notre façon de chahuter sur le plateau... Tout cela était nouveau pour lui. Comme pour moi. Je me sentais soudain assaillie d'impressions, d'émotions que je n'avais jamais éprouvées. Sa position de « vedette de l'écran » m'en imposait. Je me rendais compte que j'avais dix-neuf ans et lui quarante-quatre, mais, quand nous étions ensemble, cet écart s'effaçait. J'étais à bien des égards plus âgée que mes dix-neuf ans et il débordait d'une telle énergie, d'une telle vitalité qu'il ne semblait pas avoir d'âge particulier. J'étais totalement innocente sexuellement. Bogie éveillait en moi un trouble inconnu. Il suffisait qu'il me regarde pour que je me mette à frémir. Le seul contact de sa main, ferme et rassurante, prenant la mienne, me donnait chaud au cœur.

Quand il me voyait au début de la journée ou quand il m'appelait au téléphone, son accueil était toujours le même. « Salut, Baby. » Aussitôt mon cœur cognait dans ma poitrine. Je sentais bien la mutation qui s'opérait en moi. Le mot le plus simple, un regard, un geste de lui, me prenaient aux tripes. Il occupait toutes mes pensées.

Qu'allait penser ma mère de cette histoire ? Elle ne savait rien de ce qui se passait entre Bogie et moi. Je n'y avais même pas fait la moindre allusion ; elle serait sans aucun doute revenue en toute hâte en Californie. En son absence, j'étais libre de ne penser qu'à lui, à cet homme dont la seule présence illuminait chacune de mes journées. Souvent, une angoisse m'étreignait : qu'allais-je devenir quand je ne pourrais plus le voir tous les jours, une fois le film terminé ? Mais nous nous arrangerions bien pour nous rencontrer. Il y tenait autant que moi, j'en étais sûre.

Les jours passaient et les semaines. Puis maman revint de New York. J'étais heureuse de la voir, mais je savais que les ennuis commenceraient dès qu'elle serait au courant pour Bogie. Je ne lui dis rien, parlai simplement du film, de l'ambiance du tournage, des interviews que j'avais données, de l'apparition de Paul Lukas un jour sur le plateau, amené par Howard, qui voulait me faire la surprise. Une nuit, alors que nous dormions, le téléphone sonna. Bogie, bien entendu. Il était parti de chez lui après une violente querelle d'ivrognes avec Mayo – pouvais-je venir le retrouver au coin de la rue ? Je n'hésitais jamais une seconde, chaque fois qu'il m'appelait, je me précipitais. J'enfilai en vitesse un pantalon et un pull-over. Maman leva la tête de son oreiller. « Mais qu'est-ce qui t'arrive ? Où vas-tu ? » « Je vais voir Bogie. Je t'expliquerai plus tard. » Et me voilà partie.

Je rentrai environ une heure plus tard. Maman, éveillée bien entendu, me déclara :

— Dors, tu as à travailler demain.

Le lendemain, en rentrant du studio, j'eus pas mal d'explications à lui fournir.

— Mais il est marié ! s'exclama-t-elle. Il l'a déjà été trois fois. Qu'est-ce que c'est que ce type, qui a une femme, et qui fréquente une fille qui a vingt-cinq ans de moins que lui ?

— Je sais tout ça, maman. Tu ne peux pas comprendre. Il est malheureux, son ménage ne marche pas du tout, sa femme est invivable et, en plus, c'est une pocharde. Il m'aime.

— Évidemment, rétorqua maman. Jeune et belle comme tu es ! Qui ne t'aimerait pas ?

Il ne lui inspirait pas la moindre confiance. Il avait eu trois femmes, il buvait beaucoup. Maman rêvait pour moi du compagnon idéal : Bogie ne correspondait pas du tout au personnage.

Le Port de l'angoisse était presque terminé. Howard était content, les Warner étaient contents, Charlie de même. Bogie et moi étions également satisfaits du film, mais désolés à l'idée de nous quitter. La séparation était inévitable. Bogie allait retrouver son bateau à Newport Beach. C'était ce qu'il aimait par-dessus tout – la mer. Elle lui apportait l'équilibre physique et la paix. Et il lui fallait calmer Mayo. Fidèle à sa méthode de harcèlement, elle avait trop souvent fait allusion à moi et il ne voulait prendre aucun risque.

Depuis que j'étais tombée amoureuse, l'événement le plus capital, le plus excitant de ma vie professionnelle passait au second plan. Je ne me rendais pas vraiment compte de l'importance que pouvait prendre la sortie de ce film dont je n'avais vu aucune séquence montée.

La voix de Howard, disant « Coupez ! », mit un terme aux onze semaines les plus mémorables de mon existence. Bogie fit ses adieux à tout le monde. Je devais dîner avec Howard et Slim ce soir-là, histoire de fêter la fin du film en quelque sorte. Je sortis du studio en compagnie de Bogie, m'immobilisai auprès de ma voiture et, souriante, levai la main très haut tandis qu'il démarrait. C'était affreux.

Quand nous reverrions-nous ? Comment pouvait-il supporter cette femme, comment pouvait-il se passer de moi ?

Howard était enchanté du film. À l'origine le scénario prévoyait une idylle entre Bogie et le personnage joué par Dolores Mann. Mais à peu près à la moitié du tournage, Howard se fit projeter quelques-unes de nos séquences, les montra à Bogie et, soutenu par celui-ci, estima qu'aux yeux de n'importe quel public, Slim et Steve devaient rester un couple indissoluble. Les scènes furent donc modifiées en conséquence et mon rôle enrichi d'autant. L'alchimie de l'amour était imbattable !

Une semaine environ après la fin du tournage, je reçus ma première lettre de Bogie. Il me disait à quel point il souffrait de notre séparation.

... Si seulement les choses étaient différentes ; enfin, il n'y en a plus pour longtemps. Je sais maintenant ce que veut dire : « Partir, c'est mourir un peu », car la dernière fois que nous nous sommes vus, ma chérie, quand je t'ai quittée, je me suis senti mourir un peu tout au fond de mon cœur.

Steve.

Je passai de longues journées à me languir. Évidemment, je ne pouvais pas lui écrire. Je me contentais d'espérer que je réussirais à le voir. Je guettais la sonnerie du téléphone. Enfin, j'eus Bogie au bout du fil. Mobilisé dans la garde côtière durant la guerre, il était de garde une fois par semaine et patrouillait le long de la côte. Au cours de la nuit, il disposerait d'une heure de liberté, aussi fut-il décidé que j'irais le rejoindre en voiture, passerais cette heure avec lui et rentrerais ensuite. C'était le seul moment que nous pouvions passer ensemble et si ça n'était pas idéal, c'était quand même mieux que rien. Chaque semaine donc, je faisais le trajet. Il fallait plus de deux heures pour gagner Balboa. Je me présentais à la grille ; on allait prévenir Bogie et nous restions assis dans la voiture à nous tenir les mains, à parler, à nous regarder, à nous embrasser. Nous échangions des lettres ; je lui en apportais une qu'il lirait après mon départ et il m'en donnait une que je lirais en rentrant et relirais à satiété. C'était une aventure exaltante et frustrante à la fois ; nous nous conduisions comme deux adolescents fous amoureux l'un de l'autre.

Et il me mettait sans cesse en garde contre la faune de Hollywood, contre tous les gens qui se repaissaient de potins et des ennuis des autres. Ma carrière s'annonçait prometteuse et plus j'aurais de succès, plus je serais en butte aux attaques d'autrui. Ne jamais rien faire de méprisable. Ne jamais fréquenter les gens qui s'abaissent à des actes méprisables.

Le 5 juillet, le communiqué suivant fut envoyé aux agences de la Warner des deux côtes par leur directeur de publicité, Charlie Enfield.

> *Affûtez vos bêches, astiquez vos pioches, récurez vos tamis, Howard Hawks vient de vous ouvrir une mine d'or avec le film,* Le Port de l'angoisse, *tiré du roman d'Ernest Hemingway,* En avoir ou pas. *Il est au niveau de* Casablanca *et même trois fois mieux que* Casablanca. *C'est une aventure palpitante, baignée d'un brûlant sex-appeal, comme nous n'en avons pas vu depuis* Cœurs brûlés *et* Casbah. *Bogart, prodigieux, y surpasse tous ses autres rôles. En face de lui, Lauren Bacall, fulgurante découverte, à l'extraordinaire personnalité, va se retrouver du jour au lendemain au firmament des étoiles. Depuis Garbo et Dietrich, nous n'avons pas connu pareille révélation. Voici donc l'un des films les plus prenants, les plus forts que nous ait donné le cinéma. Je délire ? Eh bien, oui, je délire.*

Je ne me doutais pas des résultats que pouvaient obtenir un studio et son service publicité, plus un réalisateur de l'envergure de Howard. Être une star, pour moi, c'était avoir son nom en lettres de feu. Je n'avais aucune idée du processus publicitaire.

Une projection eut lieu dix jours plus tard, Howard et Charlie m'y emmenèrent. C'est étrange de voir un film qu'on a tourné scène par scène entièrement monté. Avec le générique et la musique. J'étais partagée entre l'inquiétude et l'excitation. Je me sentais mal à l'aise à me regarder évoluer, à m'entendre parler, mais durant les séquences avec Bogie, je revivais tous les moments que nous avions partagés sur le plateau. J'aurais pu voir et revoir ce film sans me lasser durant des semaines parce que je me retrouvais grâce à lui avec Bogie. Mais la réaction du public me sidéra ; je ne m'étais pas attendue à voir tant d'inconnus rires de si bon cœur, prendre un tel plaisir à ce spectacle.

La sortie du film était prévue pour octobre. D'ici là, je devrais continuer à suivre les directives de Howard. Et il voulait que je continue à rester discrète.

Une nuit, le téléphone sonna à 4 heures du matin. C'était Bogie, légèrement éméché. « Je rentre en ville à pied. Viens me chercher. Je suis sur la nationale 101. » Ma mère pensa que j'avais complètement perdu la raison en me voyant m'habiller. Elle était furieuse. « Tu ne peux pas te précipiter comme ça chaque fois qu'il t'appelle ! Tu n'es pas à ses ordres ! Comment veux-tu qu'il te respecte ? Fais-lui comprendre que tu ne peux pas aller le retrouver à n'importe quelle heure du jour ou de la nuit. Il abuse de toi, c'est ridicule ! » Je l'entendais à peine ; j'étais amoureuse, j'allais retrouver mon homme, rien d'autre ne comptait. Il pleuvait, mais qu'importe ! Sautant dans ma voiture, je me mis en route. Il faisait nuit noire, je n'étais guère douée pour la conduite et manquais de sens de l'orientation. Je réussis néanmoins à retrouver la nationale 101, je l'avais empruntée suffisamment de fois quand j'allais rejoindre mon garde-côte la nuit. Ma Plymouth était si légère que sous les rafales de vent, de pluie, elle faisait des embardées d'un bord à l'autre de la route. Qu'est-ce que Bogie pouvait bien fabriquer sur une nationale par un temps pareil ? Je roulais depuis plus d'une heure – le jour commençait à poindre. Finalement la pluie se calma. Serrant ma droite de mon mieux, je cherchais frénétiquement à repérer Bogie. Et puis comme le soleil se levait, je l'aperçus – le menton hirsute, chaussé d'espadrilles, avec un énorme tournesol à la boutonnière. Je freinai brutalement, sautai à bas de la voiture – la route était déserte – et nous tombâmes dans les bras l'un de l'autre.

Épuisé, il m'indiqua le chemin pour rejoindre la caravane des O'Moore. Il leur avait passé un coup de fil et nous étions attendus. J'adorais la compagnie de ces amis de Bogie. Aucune contrainte dans l'atmosphère ; avec eux, nous n'étions pas obligés de jouer la comédie. Je commençais à bien connaître Pat et Zelma ; ils étaient le seul lien entre Bogie et moi. Je pouvais leur demander comment il allait, ce qu'il faisait, ce qui se passait, ce qui, d'après eux, allait se passer, comment était Mayo, quels étaient leurs rapports. C'étaient les amis de Bogie, pas ceux de sa femme. Zelma avait fait du café et nous prîmes un solide petit déjeuner sans nous presser. Un ami habitant une caravane voisine de la leur était absent et comme il la leur prêtait volontiers, Bogie raconta qu'il s'était une fois de plus querellé avec Mayo et que, n'en pouvant plus, il était parti. Au bout d'un moment, il devint évident que nous avions envie d'être seuls. Nous ne pouvions plus attendre. Depuis si longtemps, nous n'avions pu nous voir qu'à la sauvette, en cachette, dans nos loges au studio ou dans nos voitures. Nous nous retirâmes dans la caravane à côté. C'était la première fois que nous nous retrouvions enfin dans une totale intimité, sans avoir à craindre un coup de fil ou de sonnette. Nous pouvions faire ou dire ce qui nous plaisait, c'était notre nid – quoi de plus naturel au monde – nous étions si heureux, si amoureux, c'était le bonheur. Jamais je n'oublierai cette journée.

Maman était horrifiée à l'idée qu'un homme marié me courait après, et un homme déjà marié trois fois, de surcroît. Elle connaissait mon obstination, mais ne m'en chapitrait pas moins, me parlait du sens moral – le sien, en admettant qu'un homme qui trompait sa femme en eut la moindre trace – et le mien, qui ne valait guère mieux puisque je m'étais laissé entraîner dans cette aventure. « Il aurait dû attendre d'être libre s'il t'aime tant. » Elle ne pouvait absolument pas comprendre ; elle ne savait rien de lui et de ses problèmes, et pourtant, avec sa méfiance, elle arrivait à réveiller en moi certains doutes, certaines craintes.

Nous étions allées toutes les deux à une autre projection du *Port de l'angoisse*, en compagnie de Charlie et de Howard, et elle était absolument stupéfaite. Ça devait être un choc pour une mère de voir sa fille pure et innocente se conduire en dévergondée revenue de tout. Nous écrivîmes, bien entendu, l'une et l'autre aux divers membres de la famille pour leur parler du film. Ils attendaient avec impatience de le voir. Aucun d'entre eux n'avait la moindre idée de ce qui se passait entre Bogie et moi. Grand-mère, qui était vraiment de la vieille école, ne s'en serait pas remise. Non seulement Bogie était bien trop vieux pour moi, trois fois marié, buveur, acteur, mais pardessus le marché, il était goy. Que pourrait-elle bien penser en apprenant mon idylle ? Je n'avais pas dit à Bogie que j'étais juive ; la question ne s'était jamais posée et la religion en tant que telle n'avait aucune importance pour lui.

Il était convenu que durant la première semaine d'août, je me rendrais à Newport et passerais deux jours sur le bateau de Pat et Zelma. Bogie tenait à ce que je voie Newport, à ce que je me pénètre de l'atmosphère qu'il m'avait décrite si souvent et qu'il aimait tant. L'idée m'enchantait.

Je n'étais encore jamais montée sur un vrai bateau – mon expérience en mer s'étant limitée à des sorties en barque ou en canoë. Celui des O'Moore était un cabin-cruiser équipé de couchettes, avec une cuisine et un W.-C. Il avait onze mètres de long, ce qui, à mes yeux de citadine, lui permettait presque de traverser l'océan. À bord, on se serait cru dans une maison de poupée. Peu d'espace, mais très bien aménagé. Le bassin des yachts abritait des embarcations de toutes dimensions séparées par d'étroits pontons en bois au niveau de l'eau ou juste au-dessus. Je n'avais jamais vu autant de bateaux. Seigneur, y avait-il donc tellement de gens qui vivaient sur l'eau ?

Le lendemain Bogie vint à bord pour le déjeuner. Il faisait un temps superbe, clair et ensoleillé. Bogie m'avait dit qu'il allait peut-être retravailler avec Howard. Howard lui avait parlé d'un roman de Raymond Chandler ; il voulait nous faire tourner à nouveau tous les deux sans attendre. Bogie avait des problèmes de contrat avec la Warner et se demandait avec inquiétude comment se termineraient leurs discussions. Il voulait certaines garanties, et après *Casablanca* et *Le Port de l'angoisse*, il était en position de force pour négocier. Il ne pouvait rien décider concernant le projet de Howard avant que cette question ait été réglée. Quelle joie à l'idée que nous pourrions peut-être retravailler ensemble !

Ce soir-là, Zelma prépara le dîner à bord du bateau, mais Bogie annonça qu'il voulait m'emmener boire un verre au yacht-club.

Je passai donc une chemise en flanelle de Bogie par-dessus mon sweater et mon pantalon, pris une profonde inspiration, glissai ma main dans la sienne et le suivis. Pour traverser le port, nous prîmes son petit canot à moteur. Il me fit entrer dans une salle faiblement éclairée avec un bar d'un côté et une plate-forme extérieure au-dessus de l'eau. La soirée était calme au club, il ne connaissait que deux personnes parmi les rares consommateurs. Sans cérémonie, il me présenta à ses deux copains de navigation. Charlie, Chuck, Junior, tels étaient certains des surnoms d'amitié dont il m'avait gratifiée.

Visiblement, ils étaient un peu déconcertés, mais après tout, je n'étais à leurs yeux qu'une fille comme les autres et ils n'attachaient aucune importance à ma présence au club. Cependant, je me sentais mal à l'aise et n'avais qu'une envie, m'en aller. Au bout d'une heure, qui me parut interminable, nous repartîmes. Pendant le trajet de retour – il faisait sombre et froid – assise en face de Bogie dans le canot, je ne pus m'empêcher de lui poser la question qui me préoccupait depuis si longtemps. Il fallait que je sache. Est-ce que ça le dérangeait que je sois juive ? Bon Dieu non, ce qui importait pour lui, c'était *moi* et non ma religion. Juive ou pas, il s'en fichait ; comment pouvais-je même poser la question ?

Enfin, j'étais soulagée d'un grand poids. Libérée d'un problème qui m'avait si longtemps taraudée.

Bogie resta sur le bateau des O'Moore cette nuit-là. Il regagnerait le sien le lendemain, Mayo devant rentrer dans la journée. Quant à moi, je repartirais le soir. À l'heure du déjeuner, il monta à bord me dire au revoir – nous passions notre temps à nous faire des adieux – et brusquement Pat lança en direction de la cabine : « Nom d'un chien, voilà Mayo qui rapplique ! » Je crus que j'allais m'évanouir de terreur. Où aller ? Bogie me poussa dans les toilettes où je m'assis, me tenant à la poignée de la porte, le cœur battant. Je les entendais parler à travers le panneau. « Et si on buvait un verre », proposa Mayo. Aïe ! Il ne manquait plus que cela. Et puis les O'Moore expliquèrent qu'ils devaient descendre à terre pour faire des courses, Bogie ajouta qu'il voulait s'en aller lui aussi. Finalement, ils partirent. Pat s'éloigna le long du quai en compagnie de Mayo et de Bogie ; Zelma descendit dans le cockpit m'annoncer que la voie était libre. Je remontai sur le pont. Jamais l'air marin ne m'avait paru aussi salubre ! Mais j'avais hâte de filer. Newport n'était pas un endroit pour moi. J'avais horreur de me cacher. Je ne reviendrais que lorsque la voie serait définitivement libre.

Bogie réussit à m'appeler le lendemain. « Dis donc, on l'a échappé belle ! » Il déclara que Mayo avait des soupçons ; rien de précis, d'ailleurs. Son service dans la garde côtière se terminait dans quinze jours et il allait faire la navette entre Los Angeles et Balboa pour régler ses affaires. J'allai le retrouver là-bas une dernière fois. Il était sombre. Il m'expliqua que Mayo allait cesser de boire, ou du moins essayer, et qu'il devait lui donner cette chance de s'en tirer. C'était la seule attitude civilisée à adopter. Il m'aimait toujours autant, mais pensait qu'il valait mieux se tenir à carreau pendant quelques semaines. Il me téléphonerait.

Entre-temps, Howard avait commencé à préparer *Le Grand Sommeil.* J'étais très prise par mes leçons de chant. Howard voulait que je chante *Le Loriot de Baltimore* de nouveau, c'était une idée fixe chez lui. Bill Faulkner travaillait au scénario. Je voyais beaucoup Howard au studio, et le retrouvais souvent le soir avec Slim. Mais je n'avais pas vu Bogie depuis plusieurs semaines. Tous mes doutes se réveillaient une fois de plus et toutes mes angoisses... Comment serais-je capable de retravailler avec lui si jamais il ne m'aimait plus ?

Le 16, on me livrait un superbe bouquet de fleurs. Une carte à l'intérieur disait : « Qui a vingt ans aujourd'hui ? Steve. » Il s'en était souvenu. J'avais la larme à l'œil – mes premières roses rouges.

Mon oncle Jack écrivit à maman que lui et Vera avaient vu *Le Port de l'angoisse*. Ils étaient très fiers de moi, avaient beaucoup aimé le film. D'autant que mon personnage, loin d'être purement érotique comme le laissait entendre la publicité, ne manquait pas d'humour. Tout comme Charlie, l'oncle Jack me croyait faite avant tout pour jouer la comédie. À la fin de sa lettre, il disait également : « Maman ne va encore pas très bien et je me demande si elle en a encore pour longtemps. Je m'arrangerais bien, à n'importe quel prix, pour qu'elle assiste à une projection, si je n'étais pas convaincu qu'elle n'y survivrait pas ; le choc émotif serait trop grand. »

Après avoir reçu la lettre de Jack, maman et moi l'appelâmes. Sa voix semblait si faible que j'en fus atterrée. Elle m'avait envoyé une carte d'anniversaire – « À ma Bettelein chérie. » –, chargée de tendresse. Je lui déclarai qu'il fallait absolument qu'elle voie le film, que j'allais m'arranger pour qu'on lui fasse une projection à New York. Maman lui annonça qu'elle allait revenir avec moi à New York et que nous serions bientôt tous de nouveau réunis.

Le mercredi 20 septembre dans l'après-midi, le téléphone sonna. J'étais seule dans l'appartement, maman était sortie avec une amie. C'était Charlie, qui m'annonça la mort de grand-mère. Tout était arrivé très vite. Il fallait dire à maman qu'il était inutile qu'elle se précipite à New York, le service religieux aurait lieu le lendemain.

Au désespoir, je raccrochai. Comment annonce-t-on à sa mère que sa propre mère est morte ? Dès que je lui ouvris la porte, elle pressentit le drame. Je la pris dans mes bras et lui appris avec tous les ménagements possibles la triste nouvelle.

Pourquoi le désastre frappe-t-il toujours à la veille d'un grand succès ? Grand-mère savait que tout allait bien pour moi, que j'étais sur le chemin de la réussite, mais elle n'avait pu vivre assez longtemps pour partager ma joie.

Dans une de ses lettres, Jack nous parla longuement du service religieux célébré en l'honneur de grand-mère. Il indiquait aussi qu'il était passé au cinéma de Broadway, où *Le Port de l'angoisse* devait sortir dans trois semaines, pour vérifier l'affichage publicitaire du film. Walter Brennan et moi étions les seuls nommés, avec Bogart en vedette. Il voulait aussi contrôler la campagne de lancement ouverte par la Warner. Selon un communiqué de presse rédigé en grande partie par Howard, j'étais d'une vieille famille américaine appartenant à la meilleure société. Jack savait qu'on ne pouvait rien y faire, mais lui et Charlie n'appréciaient guère ces inventions. Ils ne pouvaient pas savoir que la vérité allait bientôt être rétablie – non pas intentionnellement, mais parce que j'étais trop peu douée pour le mensonge.

Le film était terminé depuis six mois, mais je ne pensais qu'au *Port de l'angoisse*, à sa sortie prochaine à New York. Après tout, c'était le premier et le seul élément positif de ma carrière. Je n'avais pas vu Bogie, ne lui avais pas parlé depuis des semaines. Je savais seulement qu'il avait accepté de jouer dans *Le Grand Sommeil*, dont le tournage devait commencer début octobre.

J'étais au studio un après-midi, assise devant le bungalow de Howard en train de me dorer un peu au soleil en l'attendant lorsque j'entendis une voiture s'arrêter et une portière claquer. C'était Bogie. « Salut, Slim, dit-il en s'approchant de moi. Je ne m'attendais pas à te voir ici aujourd'hui. » Il semblait nerveux. J'étais comme frappée de mutisme. Nous étions si perturbés par cette rencontre imprévue que nous ne trouvions rien à nous dire. « J'ai une nouvelle auto, m'annonça enfin Bogie. Tu veux la voir ? » J'allai admirer la voiture – une Cadillac bleue, sa première – et fis un commentaire brillant du genre « Jolie couleur », puis j'ajoutai : « Il faut que je passe chez les costumiers. » Il venait voir Howard une minute au sujet du film. Lorsqu'il fut entré dans le bureau, j'allai m'enfermer aux toilettes les plus proches, prise une fois de plus de tremblements irrépressibles. Les mêmes questions angoissantes m'assaillaient. Qu'allait faire Bogie ? Resterait-il avec Mayo ? Combien de temps devrais-je attendre ?

Au bout d'un quart d'heure, je retournai vers le bungalow de Howard. La Cadillac bleue avait disparu, Bogie était parti. J'entrai dans le bureau de Howard. Il était en train d'examiner des croquis de costumes pour moi, me montra ceux qu'il préférait – il avait un goût très sûr et, de toute façon, je ne me serais pas avisée de le contredire. Il voulait également faire un essai avec mes cheveux relevés pour une scène. Avais-je vu Bogie au fait ?

« Oui, répondis-je.

— Il a une mine superbe. Cet été à Newport lui a fait du bien. »

« Si seulement tu savais, Howard », pensai-je.

Le Port de l'angoisse était sorti à New York et ma famille au grand complet était allée à la première séance. Ils avaient déjà assisté, bien entendu, à une projection privée, mais voulaient revoir le film dans une vraie salle de cinéma et juger des réactions du public.

Le même jour, Charlie m'écrivait également pour me féliciter et me mettre en garde contre l'inexpérience de mes vingt ans et les décisions trop rapides.

Ta voix, avec son timbre, son registre bas, sa qualité unique convient de façon idéale aux rôles avec Bogart. Mais le fossé qui existe entre vingt et quarante-cinq ans n'en est que plus accentué. Vois-tu, je ne peux dissocier ta vie professionnelle de ta vie privée, car rien au monde ne m'importe autant que de les voir se confondre harmonieusement pour t'apporter le bonheur... J'ai acheté le News *après le dîner – ta première critique dans un journal ; excellente. Je suis fier de toi, c'est vrai. Tu es ma fille. Tu es si pure, si belle. Veille à ne pas ternir ces qualités...*

Ainsi donc, il savait.

Le Port de l'angoisse fit de l'inconnue que j'étais une combinaison de Garbo, Dietrich, Mae West et Katharine Hepburn. J'étais la plus grande découverte depuis... J'avais sidéré Bogart lui-même... J'étais un nouveau visage qui allait compter sur les écrans... J'étais la réponse... Hourra ! Ainsi délirait la presse. J'étais tout ce que Howard Hawks avait toujours voulu. Mon nom serait sur toutes les lèvres dans le pays entier, mes paroles passeraient à la postérité. Fort heureusement, tant que je travaillerais et ne sortirais guère, je continuerais à ne me rendre compte de rien.

Le tournage du *Grand Sommeil* commença le lundi 10 octobre 1944. Ma première scène, où j'avais les cheveux relevés, était la première du film et fut tournée le premier jour. Je m'efforçais de prendre l'air parfaitement détaché, ce qui n'était pas facile, car tout le monde pouvait voir ma main trembler chaque fois que je prenais un verre ou allumais une cigarette. Dès ma première séquence, je devais servir à boire ; c'était bien ma chance, naturellement. Le verre et la bouteille s'entrechoquèrent, je ne savais plus où me mettre. Bogie, compréhensif, lança quelques plaisanteries pour me détendre. Nous avions la même équipe de techniciens, heureusement et, durant cette première semaine, je demeurai le plus possible dans le sillage de Howard ; c'était ma seule chance, me semblait-il, de m'en tirer.

Comme nous quittions le studio, Bogie me demanda de m'arrêter dans notre rue en rentrant pour pouvoir me parler.

Tout en roulant vers Selma Avenue, j'imaginais la scène à venir.

J'y étais parfaite ; c'est tellement plus facile quand on joue les deux rôles. La Cadillac bleue attendait. Je me garai juste derrière. Il vint me rejoindre dans ma voiture. Je me pelotonnai contre la portière, du côté du volant ; il ne fallait pas que je me rapproche trop de lui. Il m'expliqua que les dernières semaines avaient été les plus difficiles de sa vie. Combien de fois il avait eu envie de m'appeler, combien il avait pensé à moi, combien il m'aimait. Il fallait que j'essaie de comprendre. Mayo avait dit qu'elle cesserait de boire ; elle avait fait un effort, mais déjà rechuté plusieurs fois. Il devait pourtant lui donner cette chance.

Après cette conversation, il devint plus facile de travailler.

Un soir, il m'appela depuis chez lui pour entendre ma voix (dit-il) ; il avait bu comme un trou et était vraiment dans un état épouvantable. Déprimé, désorienté, rongé d'inquiétude. Il paraissait hanté par notre différence d'âge. Il aurait pu être mon père, jamais je ne resterais avec lui, ça ne pouvait pas durer...

Peter Lorre, grand ami de Bogie, qui était venu sur le plateau pendant le tournage du *Port de l'angoisse*, était marié à une jeune actrice allemande très belle, Kaaren Verne. Peter n'avait aucun rapport avec les personnages qu'il incarnait à l'écran. D'une brillante intelligence, très ferré en médecine, c'était, en outre, un excellent cavalier. Lui aussi buvait beaucoup, mais s'arrêtait toujours à temps. Son ranch devint l'un de nos refuges. Burl Ives était très lié avec Peter, et Bogie et moi le rencontrâmes chez lui à plus d'une occasion, en train de chanter, de jouer de la guitare, de picoler. Jamais encore, je ne m'étais trouvée en compagnie de buveurs. Je n'avais jamais appris à boire et je me demandais si j'apprendrais jamais. Être soudain plongée dans cette atmosphère à vingt ans est vraiment traumatisant. Je m'efforçais de leur parler comme s'ils étaient à jeun, et du coup je n'arrivais pas à communiquer avec eux.

Tous les amis et connaissances de Bogie étaient ses contemporains. Je me faisais un peu l'effet d'une éponge. Capable d'absorber rapidement tout ce qu'il fallait assimiler sur le plan du travail, je le devenais aussi sur le plan des relations sociales. Heureusement, d'ailleurs, car je n'aurais pu en aucun cas partager l'existence de Bogie si je ne m'étais pas adaptée à ses amis et à sa façon de vivre, si différente de la mienne. C'est une chose d'aimer un homme et de se plier à son mode de vie, c'en est une autre d'adopter cette même attitude avec des inconnus.

Après trois semaines de tournage, Bogie s'installa au Beverly Hills Hotel. La presse réagit instantanément. Il fit une déclaration officielle : tentative de vie séparée. Non, c'était sans rapport avec moi ou avec quelqu'un d'autre. Mayo déclara qu'elle aimait Bogie et ne renonçait pas à l'idée de le voir revenir.

Ma mère aussitôt s'alarma : « Fais attention, n'oublie pas qu'il est toujours marié. » Bogie et moi nous arrangeâmes pour nous retrouver dans sa chambre d'hôtel. Je devais arriver tard et passer par-derrière, en essayant de ne pas me faire voir. À vingt ans, l'amour clandestin ne manque pas de charme. Je garai ma voiture loin de l'hôtel. L'aventure aurait pu être amusante si je n'avais pas été obligée de me cacher dans un placard chaque fois qu'on frappait à la porte, que ce fût le garçon d'étage ou la femme de chambre.

Cette période était bien éprouvante. Howard ne savait pas au juste ce qui se passait, mais, en tout cas, il n'était pas content. Il me fit téléphoner par Slim un jour, soi-disant à son insu. Il fallait absolument que je revienne sur terre, me dit-elle, Howard était vraiment furieux contre moi et j'étais idiote de me le mettre à dos. Je devais expliquer à Bogie que cette histoire risquait de mettre fin à ma carrière et y mettrait certainement fin en ce qui concernait Howard. Slim était persuadée, conclut-elle, que j'allais trouver une solution et éviter de bouleverser toute mon existence. Je savais que Howard était juste à côté d'elle pendant qu'elle me parlait. Mais comment éviter que l'amour ne bouleverse toute votre existence ? Bien sûr, je ne voulais pas irriter Howard, mais renoncer à Bogie était pour moi hors de question.

Une semaine environ après que Bogie se fut installé à l'hôtel, il entra dans la salle de maquillage alors que je me préparais à tourner. Les techniciens du service, au courant de notre histoire, quittèrent discrètement la pièce. Il me dévisagea et dit simplement : « Je suis revenu chez moi. » Aussitôt, les larmes me montèrent aux yeux.

« Mais pourquoi ?

— Impossible de faire autrement, le docteur a dit que Mayo était malade, alcoolique et en très piteux état physique. Il faut qu'elle entre à l'hôpital. »

Les larmes continuaient à couler de mes yeux rougis, le maquillage était fichu. Et le tournage ? Pas question d'aller sur le plateau avec une tête pareille. Le maquilleur et la coiffeuse, sans faire le moindre commentaire, se contentèrent de m'apporter d'autres glaçons dans des serviettes.

J'arrivai au bout de cette journée, je ne sais trop comment. Howard ne dit rien, mais il savait que Bogie était rentré chez lui. Dieu merci, je ne travaillais pas tous les jours.

Malgré mes angoisses personnelles, le tournage fut très amusant. La distribution était parfaite et nous nous entendions tous très bien. Un jour, Bogie arriva sur le plateau et demanda à Howard : « Qui a poussé Taylor du haut de la jetée ? » Tout s'arrêta. Ni Howard ni personne d'autre ne savait. Taylor était le mystérieux chauffeur dans le film. C'était sa disparition à l'origine qui avait amené Marlowe (Bogie) sur l'affaire. Howard envoya un télégramme à Raymond Chandler pour lui poser la question. Il ne savait pas non plus. *Le Grand Sommeil* était le *whodunit* des *whodunits.* Complexe, plein de personnages énigmatiques et colorés, dont la plupart n'apparaissaient que dans une seule scène. Une histoire chargée d'atmosphère. Et personne ne se souciait de démêler l'intrigue. C'était un excellent film policier, très divertissant, et qui l'est resté.

Howard était un personnage surprenant, et doué d'une extraordinaire assurance. Si jamais Jack Warner ou Harry Warner ou n'importe lequel des autres directeurs entraient sur le plateau pour voir comment progressait le film, Howard arrêtait tout, sans commentaire. Il savait qu'on venait vérifier son travail et ne l'admettait pas. S'étant rendu compte qu'ils retardaient le tournage d'autant, ils espacèrent leurs visites. Howard me raconta que, chaque fois qu'un producteur s'aventurait sur un plateau où tournait John Ford, Ford se retirait dans sa loge jusqu'à ce qu'il soit reparti. Une note de Jack Warner arriva un jour au bureau de Howard. « On me dit que vous vous amusez beaucoup sur le plateau. Veuillez cesser immédiatement. » Howard nous confia un jour, à Bogie et moi, que Warner était un véritable monstre et que les rapports avec lui étaient impossibles. Pour moi, c'était le genre d'homme que je ne réussirais jamais à comprendre. Bogie avait été mis sur la touche plusieurs fois pour avoir refusé de jouer dans des mauvais films. La qualité du spectacle, le respect du talent restaient lettre morte pour Jack. Tout ce qu'il savait, c'était qu'il payait les acteurs, qui devaient donc travailler. Si la réputation de l'un d'entre eux souffrait de la médiocrité d'un film, il en trouverait toujours un autre pour le remplacer. Pendant le tournage du *Port de l'angoisse*, Bogie m'avait présentée à James Cagney. « Si vous arrivez à survivre ne serait-ce que sept ans à la Warner, me dit Cagney, vous pourrez conquérir le monde. » Je dus attendre quelque temps pour comprendre ce qu'il entendait par là.

Mayo sortit de l'hôpital au bout d'une semaine. À peine rentrée, depuis trois jours, elle s'était remise à boire. Et ce fut le drame.

Le téléphone sonna chez moi vers trois heures du matin. Je dormais comme une souche – maman aussi –, je devais travailler le lendemain. Bogie appelait de chez lui, sérieusement éméché.

« Salut, Baby. Je suis à la maison. Tu me manques, Baby. »

Là-dessus, une autre voix lança dans l'appareil : « Alors petite garce juive, qui est-ce qui va lui laver ses chaussettes ? Toi ? Tu vas t'occuper de lui ? » Horrifiée, je restai plantée là, bouche bée, tenant le combiné écarté de mon oreille.

Ma mère était blême.

« Comment peut-il t'infliger ça ?

— Maman, il avait bu, il est si malheureux. »

Elle écumait de fureur. Il n'avait aucune excuse, absolument aucune, cette histoire ne pouvait m'attirer que des ennuis. « Pourquoi devrais-tu commencer ta vie ainsi ? S'il était correct et éprouvait un véritable sentiment pour toi, jamais il ne t'aurait mise dans une telle situation. »

Le lendemain sur le plateau, pas trace de Bogie. Je décidai de me changer avant de poser des questions. Finalement, vers neuf heures et demie, je me dirigeai vers Howard. « Bonjour, ma chérie », dit-il. Lorsque je m'approchais de lui, il se montrait toujours réceptif et affectueux, à sa façon. « Bogie a téléphoné, ajouta-t-il. Il va être en retard. » Très bien. Pour passer le temps, Howard tourna quelques prises où ne figurait pas Bogie. Bogie se faisait toujours une règle absolue d'être à l'heure – une habitude de professionnel –, manifestant ainsi son respect pour l'équipe avec laquelle il travaillait. Mais ce jour-là, il ne vint pas... Saoul perdu, purement et simplement. Un ami téléphona un peu plus tard à Howard pour dire que Bogie qui ne s'était pas couché de la nuit, était incapable, physiquement ou mentalement, de travailler. « Bon, peu importe, dit Howard, il y a d'autres plans à tourner. » Nous fîmes ce que nous pûmes, mais la journée de travail fut courte. Je ne savais plus où j'en étais. Comment Bogie supportait-il cette succession de cuites, de gueules de bois et de prises de bec ? Et comment pourrais-je vivre avec un homme dans un tel climat ? Notre conception si romanesque de la vie à deux y résisterait-elle ?

Howard et Slim firent tout pour me distraire. Slim me téléphona un jour pour m'inviter à dîner. « J'attends comme quatrième l'homme le plus éblouissant que tu aies jamais rencontré. Quand tu l'auras vu, tu oublieras complètement Bogart. » L'homme en question, c'était Clark Gable, en uniforme. Faire la connaissance de Clark Gable – un de ces personnages plus grands que nature, rendez-vous compte ! Nous qui aurions dépensé jusqu'à notre dernier sou pour aller le voir sur l'écran ! Il était en effet éblouissant à voir, mais il me laissa de glace. Je me forçai à flirter un peu avec lui, je jouai à tomber sous le charme. Peine perdue. Il était superbe, sympathique, sans grand humour, avec des joues creusées d'incroyables fossettes, et voilà tout. Aucune étincelle ne crépita ce soir-là. Il me ramena même à la maison – Clark Gable en uniforme au pied de l'escalier menant à mon appartement dans Reeves Drive, au clair de lune. Il m'embrassa, sourit et s'éloigna. Rien, mais alors rien du tout...

Bogie revint travailler et me raconta qu'il avait eu une explication avec Mayo. Il était cette fois résolu à s'en aller, mais il devait agir avec circonspection. D'après le médecin de Mayo, elle était non seulement alcoolique, mais aussi légèrement paranoïaque. Une complication de plus. Il discuterait avec son avocat-conseil, Morgan Maree, du règlement financier. Auparavant, il lui faudrait aborder la question de front avec elle, obtenir qu'elle accepte d'aller à Reno. Ensuite nous pourrions enfin penser à nous.

Le film s'acheva. Bogie me fit un cadeau, mon premier bracelet en or, avec mon nom d'un côté, le « siffleur » de l'autre. Slim l'avait aidé à le choisir. Entre Howard et moi, les relations étaient un peu tendues. Il sentait qu'il avait perdu. La fille qu'il avait inventée ne lui appartenait plus. Après avoir investi son temps, son argent et son talent dans une inconnue, sur le point de réaliser le rêve de création qu'il avait caressé toute sa vie – et par la même occasion de gagner beaucoup d'argent –, pourquoi diable se serait-il réjoui de cet échec ? D'autant qu'il avait un faible prononcé pour moi. Je me rappelle la suggestion de l'un des techniciens du film un jour au studio :

« Tu sais, tu devrais appeler Howard... Lui demander un rendez-vous.

— Pourquoi, demanda l'idiote que j'étais.

— Parce qu'il aimerait bien ça. Tu lui plais beaucoup, tu sais. Tu pourrais le retrouver à son bureau privé. Personne ne le saurait. »

Il me fallut un certain temps pour comprendre l'allusion. En tout cas, Bogart lui avait soufflé sa découverte, et son ego en souffrait.

Durant le tournage du *Grand Sommeil*, j'avais fait la connaissance d'autres amis de Bogie, entre autres Mark Hellinger. Hellinger avait été journaliste à New York à l'époque des speakeasys. Devenu producteur de cinéma, il était célèbre pour sa capacité d'absorption d'alcool et son art d'enivrer ses invités. Il pouvait siffler dans la journée une bouteille de cognac et une bouteille de bourbon sans qu il y paraisse. Il conduisait une énorme Cadillac noire immatriculée MH1. Il portait des complets gris, des chemises grises et des cravates blanches. Et il était toujours coiffé d'un feutre gris à bord roulé Il connaissait de nombreux truands, dont certains le fascinaient par leur pouvoir, le mystère de leur existence. Il jouait aux courses. Il était connu pour ses pourboires extravagants – dix dollars au préposé d'un parking, vingt à un garçon –, portait toujours sur lui des liasses de billets qu'il commençait à distribuer dès qu'il arrivait où que ce soit. Il ne laissait jamais personne régler une addition. C'était son grand truc. Il était prêt à tout – allant jusqu'à téléphoner d'avance, acheter le maître d'hôtel, n'importe quoi – pour être sûr que personne d'autre ne paierait l'addition. Un homme délicieux, vulnérable, un excellent ami que tout le monde aimait. Il invitait toujours des esseulés chez lui pour les dîners de Thanksgiving et de Noël. Mike Romanoff, Bugsy Siegel, Al Smiley, un ami de Siegel, leurs femmes ou leurs petites amies. C'est chez lui que Bogie et moi passâmes notre premier réveillon de Noël ensemble. Je me rappelle que je trouvais Bugsy Siegel et Al Smiley charmants – si polis, si réservés. Lorsque Bogie m'apprit qu'ils avaient des liens avec le milieu, je tombai des nues.

Mark et Gladys vivaient dans une énorme maison en haut des collines sur LaBrea Avenue – portail électrique, piscine, tennis, salle de projection, le grand luxe... Mais la maison était toujours plongée dans l'obscurité. On entrait dans un gigantesque living-room à peu près dénué d'éclairage, avec des housses sur les meubles, et on passait de là dans un petit salon où se trouvait le bar, qui, *lui*, était toujours éclairé, mais ça n'était pas un endroit confortable. Gladys apparaissait au bar en général fort tard, après l'arrivée des invités, soigneusement maquillée et portant des lunettes fumées. De haute taille, elle était d'une grande beauté, très gentille, toujours légèrement sous l'influence de l'alcool ou des tranquillisants, me semblait-il, et je crois que ses deux enfants, encore petits, avaient un peu peur d'elle. Elle parlait d'une voix très douce – au dîner, on voyait toujours ses voisins de table penchés vers elle, d'après Bogie, parce qu'elle était inaudible. Son sujet de conversation favori était les conserves en général et en particulier le stock de boîtes de soupe Campbell entreposées à la cave.

Selon Howard, il manquait une séquence entre Bogie et moi dans *Le Grand Sommeil* – une de ces scènes à double sens, si suggestives – mais il attendrait pour la tourner que le film soit monté. D'ici là, la Warner voulait que je fasse ma première tournée à New York depuis la sortie du *Port de l'angoisse.* La perspective de revoir New York que j'avais quitté depuis un an et demi me ravissait. Charlie Einfeld s'occuperait de tout et, avec lui, la publicité ne manquerait pas. Il voulait que je m'arrête au passage à Chicago, au National Press Club de Washington, que je fasse une visite au Collège Julia Richman, que j'accorde des tonnes d'interviews.

Je devais partir le 2 février sur le *Super Chief*, avec maman, Droopy et Jack Diamond, notre attaché de presse pour *Le Grand Sommeil*, qui était devenu un ami.

Jack était un grand copain de Walter Winchell, journaliste de réputation mondiale, commentateur de radio au débit de mitrailleuse. Venu passer une quinzaine de jours en Californie, il déclara à Jack qu'il m'avait trouvée extraordinaire dans *Le Port de l'angoisse* et qu'il voulait faire ma connaissance. Rencontrer Walter Winchell... Quel événement ! « Attention, disait Mark, Winchell adore les filles jeunes, adore aller danser ; il va peut-être vous faire oublier Bogie. Il en a tourné des têtes de son temps ! » L'idée n'enchantait guère Bogie, mais cette rencontre servait ma publicité et il ne voulait pas me priver d'un pareil atout. Alors que j'écoutais, assise dans la cabine en verre, Winchell en arriva à sa rubrique intitulée « Des orchidées pour vous » : deux minutes consacrées aux louanges de quelqu'un. Entendant mon nom, je rougis jusqu'aux oreilles. Il me complimentait pour mon jeu et concluait sur cette formule : « Surtout ne manquez pas Bacall, attachez vos ceintures, elle est unique ! » Il parla de nouveau de moi dans son émission et par la suite, fait sans précédent, me consacra toute une colonne intitulée *Bacall of the Wild*[1]. Je fus flattée, et l'article, aliment idéal pour le service publicité de la Warner, fut très bénéfique pour moi.

Bogie resta absent de chez lui pendant dix jours encore, puis fit une dernière tentative avec Mayo pour Noël. Il m'avait offert ma première montre en or, avec un bracelet tressé d'or qu'il me mit lui-même au poignet. Après les fêtes, il quitta Mayo définitivement.

Bogie était retourné au Beverly Hills Hotel. Nous dînions en cachette aux Players, sur le Sunset Strip, juste en face du Garden of Allah. Le propriétaire en était Preston Sturges. Nous y étions un soir en compagnie de Jack Diamond et de Walter Winchell. Je portais

1. Jeu de mots sur *Call of the Wild (L'Appel de la forêt)* de Jack London *(N.d.T.)*.

un pantalon gris et une marinière de Bogie, c'était un dîner improvisé. Je me sentais très nerveuse à me montrer ainsi en public avec Bogie, mais il estimait que c'était sans importance si nous étions avec d'autres personnes et ne restions pas trop longtemps. Tassée sur la banquette dans le box, j'espérais ne pas être vue. Et puis Winchell me demanda soudain : « Ça vous plairait d'aller à New York jouer dans une pièce ? » « Oui », répondis-je machinalement avant de rectifier vivement « Non ! » Mais déjà Bogie frappait du poing sur la table, furieux, après tout le mal qu'il se donnait pour régler nos problèmes, que je puisse songer à m'en aller. « Ah ces actrices, bon Dieu ! Eh bien, c'est ça, vas-y, laisse-moi tomber. » Il n'admit pas volontiers que je plaisantais.

Il faut reconnaître que pour Bogie, c'était un cap difficile à franchir. La différence d'âge mise à part, il ne voulait pas s'engager sans avoir la certitude que je ferais passer notre couple avant ma carrière. Il y avait également des questions financières à régler. Bogie ne possédait pas grand-chose, et la moitié irait automatiquement à Mayo. Je n'avais jamais rien eu à partager avec quelqu'un et l'importance de ces tractations m'échappait. Pour moi, une seule chose comptait vraiment : devenir Mme Humphrey Bogart.

Peu à peu, la vie s'organisait. Louis Bromfield, un des plus anciens et des meilleurs amis de Bogie, et le secrétaire de Louis, George Hawkins, un petit homme rond et moustachu, d'une drôlerie irrésistible, devaient faire un court séjour à Los Angeles. Bogie m'avait parlé de la Malabar Farm de Louis, avec ses cinq cents hectares de terre fertile en Ohio. Louis avait débuté sa carrière littéraire brillamment avec sa tétralogie composée de *La Colline aux cyprès, Emprise, Précoce automne* et *Une femme de bien*. Il avait ensuite écrit *La Mousson*, devenu cultivateur et tombé amoureux de la terre au point de reléguer à l'arrière-plan son métier d'écrivain.

Bogie et Louis étaient politiquement de bords diamétralement opposés, mais leur amitié n'en souffrait pas. Pour Bogie, Louis, qui travaillait dur à son domaine, s'occupait bien de ses fermiers, savait les comprendre, et ses opinions fondées sur une réflexion intelligente méritaient le respect. Louis était un homme de très grande taille, doué d'un charme extraordinaire et d'une indéfectible bonne humeur. Nous nous entendîmes très bien dès le début. C'était étrange de voir Bogie en compagnie d'un tel homme ; leurs relations me permettaient de mieux comprendre son passé. Je voyais maintenant, en partie du moins, pourquoi Bogie parlait toujours des années 1920, comme du « bon vieux temps » une époque beaucoup plus amusante que celle que nous vivions.

Divers projets avaient maintenant pris corps. Bogie allait passer une quinzaine à Malabar avec Louis et George, puis gagnerait New York où il m'attendrait et où il me présenterait ses amis journalistes et ceux du « 21 ». J'irais me reposer quelque temps au Racquet Club de Palm Springs avec maman avant de faire ma propre tournée publicitaire. Bogie avait commandé une bague pour moi à son ami John Gershgorn, le bijoutier de Beverly Hills. Elle serait prête avant mon départ.

La séparation fut pénible mais supportable parce que nous savions que nous allions être réunis dans quinze jours. En lisant les lettres de Bogie, longues et nombreuses, je me rendais compte à quel point il avait changé le cours de son existence. Maintenant qu'il avait quitté sa troisième femme, il était libre enfin de se tourner vers l'avenir. Il n'avait jamais cru que la vie pût lui apporter de nouveau du bonheur, lui inspirer l'ardent désir de revivre avec une autre femme, d'avoir d'elle des enfants. Il écrivit à son avocat-conseil, Morgan Maree, au sujet du règlement financier avec Mayo, et m'envoya un double de la lettre. Il tenait à ce que je sois au courant de chaque nouvelle démarche, à me faire comprendre que je pouvais m'adresser à Morgan à n'importe quel moment si j'avais besoin d'aide. Je voyais qu'il s'exposait sans réserve sur le plan affectif, qu'il était vulnérable comme un enfant, aussi enclin à la jalousie et à l'angoisse qu'un gamin amoureux pour la première fois.

Quant à moi, j'étais vraiment une gamine amoureuse pour la première fois. Amoureuse sans réserve d'un homme que j'étais farouchement décidée à rendre heureux.

Au cours de ces deux semaines parurent des échos dans la presse, selon lesquels Mayo voulait le reprendre et n'avait aucune intention de divorcer. Très perturbée, je découpais les articles et les envoyais à Bogie. Il me rassurait ; ce n'était là que commérages, âneries de toutes ces sangsues hollywoodiennes à l'affût de bobards plus ou moins calomnieux.

La chanson de Cole Porter, *Don't Fence Me In* [1] était au hit-parade et Bogie m'envoya son premier télégramme, disant : « Je t'en prie, Baby, mets-moi sous clé ; par ici le monde est trop vaste et sans toi je crève d'ennui. » Nous vivions le plus beau des romans d'amour.

1. *Ne me mets pas sous clé.*

Lorsque je parus en couverture de *Life*, je fus tout excitée, mais tout ce qui n'était pas Bogie s'estompait à l'arrière-plan. Il semblait de son côté presque aussi obsédé que moi. Il en oubliait les vingt-cinq ans qui nous séparaient. Quant à moi, je ne m'en suis jamais souciée.

Ainsi, à vingt ans, sans avoir jamais durement lutté, sans m'être jamais privée, tout m'était donné, presque sans effort, je n'avais jamais souffert pour mon art. Cette expérience-là, je ne la vivrais que beaucoup plus tard. Pour l'instant je n'en revenais pas de ma chance.

Le 2 février 1945, maman, Droopy et moi prenions le train. Je portais la bague de Bogie, que John Gershgorn m'avait apportée la veille. À notre arrivée à New York, c'était le drame. Bogie, qui s'était saoulé la veille, avait parlé à Earl Wilson de son Baby – « Je l'aime, mon Baby, je m'ennuie de mon Baby. » La photo du Baby en question s'étalait dans tous les journaux de New York et du pays entier.

À Grand Central Station, me voilà environnée par une nuée de journalistes, photographes et policiers. « Par ici... Le Regard filtrant, Baby ! » « Alors, ce mariage avec Bogart ? » « Allez-vous voir Bogie ? » « Quel effet ça fait d'être de retour à New York ? » Moi : « Je viens d'arriver... J'ignore tout de M. Bogart... Je ne l'ai pas vu depuis trois semaines. Je n'ai pas l'intention d'épouser qui que ce soit. » Je ne savais plus ce que je disais. Assise sur des valises, la tête montée sur pivot pour regarder d'un photographe à l'autre, j'étais mitraillée de questions. Nous devions jouer si serré, ne pas faire parler de nous. Belle réussite ! La foule avait grossi dans le hall de Grand Central, se bousculait dans les escaliers, vociférante, gesticulante. C'était incroyable. Un cordon de police m'entourait... Quelqu'un emmenait maman et Droopy vers une limousine qui attendait. C'était l'horreur... L'œuvre d'Einfeld !

On me conduisit à ma « suite » à moi – la première que j'ai jamais eue – dans un palace de New York. Le Gotham, celui de Bette Davis ! Il y avait des fleurs partout, je n'avais jamais rien vu de pareil.

Et ce fut la nouvelle offensive des reporters. Je démentis formellement toute rumeur concernant un mariage éventuel. « Ne réponds pas aux questions personnelles, disait toujours Bogie. Envoie-les se faire foutre, si ça ne leur plaît pas. » C'était bien joli en théorie, mais impossible à mettre en pratique. Et les femmes journalistes... « Quelle ravissante bague... C'est pour vos fiançailles ? » « Vous avez parlé à Bogie ? Quand allez-vous le voir ? Quel effet cela fait-il de devenir star du jour au lendemain ? » Cela n'en finissait pas. Bogie m'appela de sa chambre. Il voulait que je monte le rejoindre immédiatement... Je ne pouvais pas, la pièce était pleine de journalistes... « Je t'en prie, sois patient. » « Ces connards de la Warner te tiennent en laisse, en somme ! » On se serait cru dans une comédie des Marx Brothers, avec les agents de presse cavalant dans tous les sens.

Moi qui m'attendais à recevoir les journalistes un à un ! J'ignorais à l'époque les méthodes de Charlie Einfeld. Pas étonnant qu'il ait été considéré comme le spécialiste du genre.

Au bout d'une heure environ, je réussis à m'échapper, sous prétexte de prendre un bain. Laissant maman défaire les bagages et appeler la famille – ils devaient tous venir prendre un verre à l'hôtel plus tard –, je me ruai à l'appartement de Bogie. Nous nous jetâmes dans les bras l'un de l'autre. Il enleva ma bague et, d'un geste lent, assuré, la reglissa à mon doigt. Bogie allait m'emmener dîner au « 21 » – notre premier dîner à New York, en tête-à-tête, au vu et au su de tout le monde. Et il accepta de faire la connaissance de ma famille, encore que sans enthousiasme, car il en voulait à tous ceux qui m'enlevaient à lui, ne fût-ce que cinq minutes.

Charlie et Rosalie, Jack et Vera, Bill et Renée, même Albert venu du Connecticut... Mais pas de grand-mère. Je les serrai sur mon cœur, j'étais si heureuse de les revoir. Je les aimais tant. Ils avaient hâte de voir Bogie ; bien sûr, ils étaient impressionnés et Rosalie avait toujours eu un grand faible pour lui.

Il entra enfin dans la pièce et les présentations eurent lieu. Bogie était sur la défensive. Il était plus vieux que Charlie et Jack, il était plus vieux que tous à l'exception de Bill. Bill aurait du être rabbin, disait souvent Bogie par la suite. Rosalie et Charlie voulaient que nous venions passer une soirée chez eux et nous acceptâmes. Nous y serions à l'abri de la foule, au moins. « Bon Dieu, me dit ensuite Bogie, comme famille nombreuse, elle se pose un peu là ! »

La tournée new-yorkaise était donc commencée. Au 21, je fis la connaissance de John O'Hara, de Quentin Reynolds et de sa femme, Ginny, qui me plut d'emblée. C'est également au 21 que je fus présentée à Moss Hart. « Toutes mes félicitations pour votre succès, me dit-il. Vous vous rendez compte, bien entendu, qu'arrivée si haut vous ne pouvez plus que redescendre. » Paroles qui se révélèrent prophétiques.

Bogie m'emmena au Bleeck's, le club des artistes et des écrivains, juste sous le *Herald Tribune*, et qui était un repaire de journalistes. C'était là que se réunissait le Saturday Club – un déjeuner de trois heures, largement arrosé –, et j'y fus initiée au jeu des allumettes. Tout le monde y jouait le plus sérieusement du monde et je fus seulement autorisée à regarder au début. Le jeu était fondé sur l'anticipation et la duplicité. Chaque joueur disposait de trois allumettes, pouvait en garder à la main le nombre qu'il voulait, de zéro à trois, et le suivant devait deviner le total. Ceux qui se trompaient étaient éliminés les uns après les autres, les perdants payaient une tournée générale. Je fus finalement autorisée à jouer – la seule femme à bénéficier de ce privilège –, et heureusement pour moi, m'en tirai honorablement. J'adorais cet endroit dont l'atmosphère évoquait à la fois un bar et une maison de campagne ; tous ces habitués si brillants se connaissaient entre eux, et m'adoptèrent bientôt. Je pénétrais dans un monde nouveau, le monde de Bogie.

Bien entendu, je passai un coup de fil à George Kaufman. Il finit par se rappeler mon prénom. Un peu mortifié de son impair, il eut néanmoins l'humour d'en plaisanter. Après ça, nous ne revînmes jamais à New York sans voir George. Je gardais toujours la même admiration pour lui.

Nous allâmes au théâtre. Jour et nuit, devant l'hôtel, des fans attendaient – des amateurs d'autographes, des photographes, des journalistes. Un harcèlement perpétuel auquel, je l'avoue, dans un sens, je prenais plaisir. Et pourquoi pas ? Avoir quitté New York, inconnue, deux ans auparavant et y revenir pour être suivie à la trace partout où j'allais, c'était quand même relativement grisant. Je me rendais bien compte que ma popularité découlait en grande partie de celle de Bogie, mais je ne la savourais pas moins pour autant.

Il voulait me présenter à tous ses vieux amis, à tous ceux qu'il avait cessé de voir à cause de Mayo.

Un après-midi, il m'emmena chez Clifton Webb. Beatrice Lillie était là, ainsi que Maybelle, la mère de Clifton. On racontait sur elle d'innombrables histoires. On disait que lorsque Clifton était bébé, elle le promenait partout avec un voile de dentelle sur le visage pour lui éviter d'être exposé aux microbes. Qu'elle était inflexible pour ses contrats et venait se poster devant le théâtre le soir de ses premières pour s'assurer que les ampoules formant son nom étaient bien placées... Le jour où je fis sa connaissance, Clifton me dit à quel point il se réjouissait de voir Bogie enfin heureux. Depuis cet après-midi-là, l'amitié qui se créa entre Clifton et moi ne se démentit jamais et dura jusqu'à sa mort.

La première femme de Bogie, Helen Menken, offrait un cocktail pour un groupe de marins blessés de guerre et elle nous y invita tous les deux. Bogie m'assura qu'ils étaient restés bons amis, qu'elle se réjouissait de faire ma connaissance. Je n'aurais pu, pour ma part, en dire autant. Mais nous nous rendîmes à son invitation et je la trouvai charmante et fort séduisante. Je me rappelais l'avoir souvent entendue durant mon enfance, dans des feuilletons à la radio. Elle m'expliqua que c'était elle la responsable de l'échec de leur mariage. Elle s'était conduite comme une idiote, mais était très contente qu'il ait enfin rencontré une femme capable de le rendre heureux. Des années plus tard, sa seconde femme, Mary Philips, me fit la même confidence. Ainsi donc, aux yeux de toutes ses épouses sauf la troisième, Bogie était un type bien.

La Warner avait prévu que j'assisterais à un lunch offert par le National Press Club à Washington. Comme je voulais rester avec Bogie, je déclinai l'invitation. Mon refus me valut un télégramme de Jack Warner :

> *Chère Lauren, très surpris d'apprendre que vous ne voulez pas aller à Washington. Selon les accords passés avec notre bureau de publicité à New York, j'estime que vous devriez jouer le jeu. Persuadé que vous vous raviserez après avoir reçu ce message. Espère que tout va bien pour vous. Bien cordialement. J.W.*

C'était le premier d'innombrables télégrammes que je devais recevoir de la Warner durant les sept années à venir, me priant tous de « jouer le jeu ». Charles Einfeld se trouvait à New York, il m'accompagnerait et me ramènerait avant le soir. Comme Bogie, j'avais de la sympathie pour lui et, tout au fond de moi, je sentais que je devrais y aller, aussi me décidai-je à accepter. C'était plaisant de se retrouver à Washington – cette fois comme vedette. Le club était bourré ce jour-là, on attendait la visite du vice-président Truman. Une fois présenté aux invités – après moi ! –, il s'assit au piano qui avait été placé sur la scène. Charlie, qui se tenait au bord des coulisses, me chuchota : « Asseyez-vous sur le piano. » Je me sentais un peu ridicule, mais je m'exécutai. Les flashes crépitèrent. Le vice-président échangea quelques mots avec moi et la photo qui en résulta fit la une des journaux du monde entier dans les quelques jours qui suivirent. Truman, une fois président, n'avait pas une passion pour cette photo, mais moi je la trouvais formidable.

Pendant qu'on faisait tout ce battage autour de Baby, à la suite des malencontreuses confidences de Bogie, Alex Evelove, du service publicité de la Warner, envoya un télégramme à Bogie pour lui dire qu'il déplorait profondément toute cette affaire, etc. Bogie câbla aussitôt sa réponse : « Voulez-vous que je rentre pour résoudre vos problèmes avec Errol Flynn ? » Errol, en effet, était poursuivi pour viol, par deux mineures qu'il avait invitées sur son bateau. Fâcheuse publicité. Mais Flynn étant une grande vedette et son « problème » servant sa réputation de séducteur et d'amant intrépide, la Warner n'avait pas fait jouer cette clause.

Il neigea une nuit à New York et lorsque tout le monde nous crut retirés dans nos appartements, Bogie et moi quittâmes l'hôtel. Après avoir remonté la Cinquième Avenue, nous nous offrîmes ce dont je rêvais depuis mon enfance : une promenade en cab dans Central Park. Ce fut le seul moment au cours de ces deux semaines où personne ne nous suivit.

Mon retour à New York était donc triomphal, beaucoup plus encore que je n'aurais pu l'imaginer. Je revis tous mes vieux amis – Fred Spooner, Betty Kalb, Joanne Tree, avec qui j'étais devenue très liée quand je battais le pavé à la recherche d'un travail. Je bus un verre avec Max Gordon, si content pour moi qu'on l'aurait cru l'artisan de ma réussite. Betty K. vint me voir à l'hôtel un après-midi. Entre les interviews, Bogie et ma famille, je n'avais guère de temps à lui consacrer. Elle avait épousé un acteur, Gene Barry, dont elle était éperdument amoureuse. Ils n'avaient pas d'argent, mais elle croyait en lui, savait qu'il percerait un jour, et elle était heureuse.

Un des grands événements de ce séjour fut ma visite chez Lœhmann. Ma vieille vendeuse, Ruth Rothman, avait parlé à Mme Lœhmann, qui était allée chercher des modèles pour moi chez Norell et quelques autres. Me voilà partie, avec maman, pour Brooklyn à 7 heures du matin. Bogie était horrifié, mais c'était la seule solution, le magasin ouvrait à 9 heures et c'était alors l'apocalypse. Trois présentoirs furent disposés autour de moi, en face d'un miroir, et maman s'assit sur une chaise dans cette cabine improvisée. Ruth avait tout préparé et je me mis à m'habiller et à me déshabiller – comme du temps de la 7e Rue. Les soldes étaient fantastiques et pour une fois, je pouvais m'offrir certains des vêtements qui me tentaient. Je ne roulais pas sur l'or, mais en comparaison de ma situation financière deux ans plus tôt, j'étais richissime. Cette visite devint un de mes passe-temps favoris chaque fois que je venais à New York. J'avais l'impression de retrouver de vieux amis. Je replongeais dans une atmosphère chaleureuse, amicale, un peu folle, pas du tout « haute couture » et qui me ramenait à mes origines.

Dès que parut ma photo en couverture de *Life* et que les journaux publièrent de grands articles sur moi, mon père commença à accorder des interviews. Il vivait en Caroline du Sud – ce que j'ignorais jusqu'alors et appris par la presse. Durant le tournage du *Grand Sommeil*, il me télégraphia de ne pas épouser un homme tellement plus âgé que moi, et toutes ses interviews exprimaient la désapprobation que lui inspirait mon aventure avec Bogie. Très perturbée naturellement, je sentis renaître en moi les chagrins et les rancœurs de mon enfance ; il fallait donc que je devienne célèbre pour entendre parler de lui. Ma mère était dans tous ses états chaque fois qu'elle voyait son nom mentionné dans un article, mais nous ne pouvions rien faire. Il voulait attirer l'attention sur lui et il réussissait.

Nous nous rendîmes à Malabar Farm. La maison était pleine de beaux meubles rustiques anciens, et de chiens, sept boxers et un cocker ; et puis il y avait Louis, plus grand que nature, sa femme Mary, leurs trois filles et sa mère, une femme imposante aux cheveux blancs. Maman et moi fûmes installées dans une chambre, Bogie dans une autre, et je partageai mon temps entre les deux. Malabar était beaucoup plus beau encore que Bogie ne l'avait décrit dans ses lettres. J'étais émerveillée. La nourriture était admirable, l'atmosphère vraiment campagnarde. Il y avait des restrictions à cause de la guerre, mais on ne s'en serait pas douté devant les œufs frais et les mottes de beurre par lesquels commençait la journée. Louis avait, paraît-il, innové dans le domaine de la culture. Il avait perfectionné divers procédés de labourage et de protection des terres arables, et il était très estimé dans les milieux de l'agriculture. Des feux ronflaient dans la cheminée, des parties de cartes endiablées se déroulaient, Bogie et Louis se chamaillaient affectueusement au sujet de Hoover et de Roosevelt. Les chiens se battaient sous la table pendant le dîner et les boxers lâchaient des vents en permanence.

Louis me fit visiter le domaine et, dans une étable, pour la première et unique fois de ma vie, j'assistai à la naissance d'un petit veau. Une vie saine, paisible, harmonieuse, que je leur enviais.

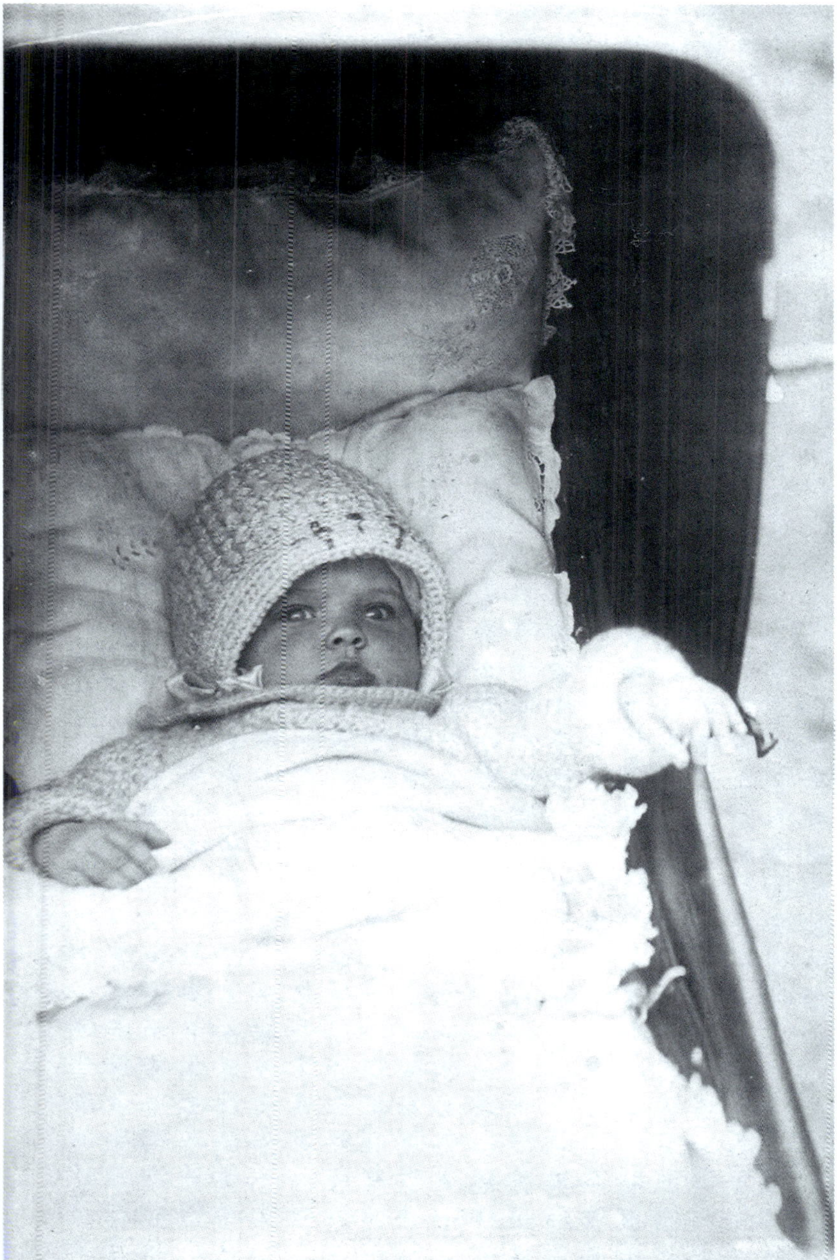

Dans mon landau, en 1925.

Pause balançoire avec ma mère.

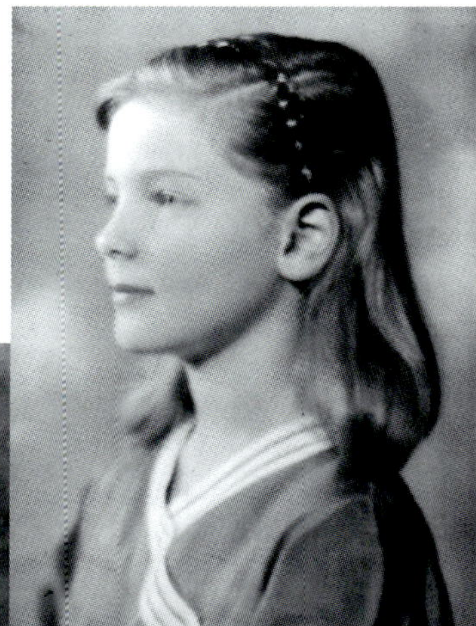

À 10 ans, dans le magnifique parc entourant mon pensionnat.

Diana Vreeland rajuste mes vêtements.

Séance de pose pour *Harper's Bazaar.*

La couverture d'*Harper's Bazaar* qui me propulsa au cinéma.

Tests de maquillage et de coiffure avant mon bout d'essai pour *Le Port de l'angoisse*.

En 1944, on m'a surnommée « Le Regard ».

La scène d'ouverture du *Port de l'angoisse*.

Photo promotionnelle, toujours pour le *Port de l'angoisse*.

Avec mon premier chien, Droopy.

Sur le piano d'Harry Truman, en 1945.

Durant cette période bénie, une des plus parfaites que j'aie jamais connues, libre de tout souci, de toute contrainte, je connus vraiment le bonheur. George et Louis insistèrent pour que notre mariage, le moment venu, ait lieu chez eux. Quelle merveilleuse idée !

Maman et moi avions retrouvé le calme et le silence de Beverly Hills. Quel changement, après les trois semaines démentes que nous venions de passer. Bogie était confortablement installé dans sa nouvelle demeure du Garden of Allah. Il passait beaucoup de temps en compagnie de Morgan Maree et de son avocat. Il se préparait au tournage en avril de *La Seconde Mme Carrolls* avec Barbara Stanwyck, et consacrait son temps libre à me présenter ses amis. Comme je partageais le mien entre le Garden of Allah et Reeves Drive, il m'était facile de faire leur connaissance. Je passais le plus de nuits possible avec Bogie, mais nous devions toujours nous montrer prudents. Si jamais il devenait de notoriété publique que Bogie avait une liaison adultère, pas de divorce pendant sept ans. C'était la loi en Californie à l'époque.

Quand tous les New-Yorkais émigrés se réunissaient, j'étais fascinée – Dorothy Parker (qui me désarma par sa douceur et sa gentillesse), Johnny McClain, Benchley, Butterworth, Thornton... Ils s'entendaient tous très bien et avaient beaucoup en commun ; ils écrivaient, avaient de l'esprit, buvaient, étaient tous solitaires et un peu tristes. Aucun esprit de compétition entre eux ; ce qui me frappa, je me rappelle, c'était leur camaraderie, le plaisir qu'ils prenaient à se retrouver. Ils riaient beaucoup et leurs mains ne tenaient jamais un verre vide. Il y avait des nuits où j'aurais eu envie d'aller dormir – mais non, Bogie voulait veiller. Ils riaient, riaient – je riais aussi – j'avais sommeil, mais pour rien au monde je n'aurais manqué la vivacité, l'originalité, l'esprit de leurs conversations...

La première fois que Bogie m'emmena chez Sam et Mildred Jaffe (Sam était à la fois son impresario et son ami), Mildred faillit s'évanouir : Bogie avec une femme qui ne buvait pas ! Les Jaffe eurent immédiatement un rôle primordial dans mon existence. Très férus d'art – peinture et sculpture –, ils furent les premiers à éveiller mon intérêt dans ce domaine.

Bogie avait dû pendant si longtemps renoncer à recevoir des amis chez lui qu'il voulait maintenant se rattraper. Pas de véritables soirées, simplement des gens qui se réunissaient tranquillement pour boire et bavarder, sans que les cendriers volent à travers la pièce.

Mayo devait partir pour Reno à la fin mars, autrement dit, avec un peu de chance, le divorce serait prononcé début mai. Hourra ! Morgan Maree, que Bogie adorait parce qu'il était scrupuleusement honnête et digne de confiance (phénomène rare à L.A.), avait réglé équitablement les problèmes financiers. Ce divorce allait coûter cher à Bogie, mais il estimait que ça en valait la peine. Le bateau était son seul luxe, onéreux mais indispensable à sa santé et à sa tranquillité d'esprit.

Jack Warner décida de me faire jouer dans un film intitulé *L'Agent secret*, avec Charles Boyer. Le réalisateur, Herman Shumlin, avait comme unique mise en scène à son palmarès *Quand le jeu viendra*, à l'écran et sur la scène. Je n'étais guère emballée par le scénario ni par mon rôle. Bogie, en dépit de son estime pour Boyer, était réticent. Vouloir me faire incarner une jeune aristocrate anglaise relevait à son avis de la pure démence. Broadway et le prêt-à-porter new-yorkais ne vous préparent guère à entrer dans la « gentry ». Enfin, c'était à Jack Warner de prendre la décision, mais Shumlin ne devait jamais me donner les moindres indications utiles et je restai donc telle que j'étais, gauche, inexpérimentée, mal dans ma peau.

Bogie, qui allait commencer le tournage de *La Seconde Mme Carrolls* m'amena un week-end sur son bateau. J'avais tant à apprendre – la manœuvre, la cuisine, par exemple, dont je n'avais pas la moindre notion. Les gens des bateaux, ou plutôt je devrais dire les membres du yacht-club, étaient pour la plupart plaisants et cordiaux – tous républicains convaincus et de longue date –, des « huiles » comme les appelait Bogie. Tous riches, et en grande majorité persuadés que les acteurs étaient des anormaux. Je représentais une curiosité et certaines des femmes me considéraient d'un assez mauvais œil ; contrairement aux maris, toujours contents de voir une nouvelle fille dans la bande.

La première soirée là-bas se passa surtout à parler bateau. Je me sentais vraiment en pays étranger. La soirée avançait, tout le monde continuait à siroter, les conversations s'enlisaient ; finalement nous montâmes dans le canot pour regagner le bateau, mouillé devant le yacht-club. Je me sentais toujours pleine d'appréhension quand Bogie buvait beaucoup. Je continuais à lui parler comme s'il était à jeun, me montrant raisonnable et en attendant autant de lui. Je ne sais pas ce qui se passa ce soir-là – quand et comment un déclic se fit dans son cerveau –, mais brusquement il s'en prit violemment à moi. J'étais de plus en plus terrifiée. Il commença par taper du poing sur la table en criant : « Ah les actrices, vous êtes bien toutes les mêmes, nom de Dieu ! » Plus j'essayais de le cajoler et de l'apaiser, plus il s'emportait. Je me mis à pleurer. « Arrête tes conneries, vociféra-t-il. Tu m'emmerdes... Je fous le camp ! » Et il quitta le bateau.

En entendant s'éloigner le canot, je me mis à pleurer de plus belle. Je n'avais jamais vu une fureur comme la sienne, déchaînée, gratuite.. Je ne pouvais supporter de vivre ainsi, mais je ne savais pas quoi faire. Comment expliquer l'effet de l'alcool sur les gens ?

Bogie revint très tôt le lendemain matin, bourrelé de remords. Dans son ivresse, il m'avait confondue avec Mayo et avait réagi en conséquence. Je restai sur le qui-vive durant les quelques mois qui suivirent, guettant un signe précurseur les soirs de beuverie. C'était un problème ardu à résoudre pour une fille de vingt ans. Je ne sais pas comment je m'en suis tirée, sinon qu'à vingt ans, l'idée ne vous vient même pas que vous pourriez échouer.

L'instinct de Howard ne l'avait pas trompé. Une fois *Le Grand Sommeil* monté, il constata qu'il manquait une séquence entre Bogie et moi. Ce serait une de ces scènes à l'érotisme suggéré, se déroulant dans un bar enfumé. Il pouvait l'insérer facilement dans le montage et elle ne prendrait que quelques jours à tourner. Je n'avais pas vu Howard depuis deux mois ; mes relations avec lui, et avec Slim, s'étaient dégradées. Il se montra aimable, néanmoins, et la scène, écrite avec Jules Furthman, était efficace. Tout le monde se conduisait en professionnel sur le plateau – souriant, chaleureux, mais impersonnel. Le tournage se passa bien, me fit souhaiter que nous puissions tous les trois travailler ensemble dans un autre film, ce qui n'arriva jamais.

Je participai à une émission radio destinée aux GI avec Bob Hope et Bing Crosby, et tremblai tout autant que le premier jour de tournage dans mon premier film. Le public était nombreux et je me rappelle Bing debout à côté de moi, me tenant légèrement par la taille ; il savait que j'avais le trac et me faisait comprendre qu'il était là pour m'aider. Pendant ce temps-là, Bob Hope faisait le poirier devant nous.

Mayo était à Reno depuis deux semaines lorsque Bogie apprit qu'elle était venue à Los Angeles. Coups de fils précipités à Morgan et à l'avocat. « Vous ne pouvez pas la forcer à rester là-bas, bon Dieu ? Ça n'en finira jamais ! » Bogie broyait du noir. Et lorsqu'il buvait dans cet état, les résultats n'étaient pas fameux. Il redoutait qu'un obstacle imprévu vînt se mettre en travers de notre route, il avait peur que nous ne puissions jamais être heureux ensemble, alors il s'en prenait violemment à moi, qui restais sur la défensive. Ces crises ne duraient jamais, mais en tout cas me gardaient sur le qui-vive.

Si tout allait bien, Bogie serait libre le 10 mai. Il commença à échafauder des plans. Coups de fil à Louis Bromfield et à George. Nous n'aurions guère de temps. Il ne voulait pas attendre d'avoir fini son film. Quant à moi, après avoir proclamé qu'ayant été marié toute sa vie, il avait besoin de sa liberté, je ne voulais pas attendre non plus. La décision fut donc prise. Nous quitterions la Californie un samedi pour arriver dans l'Ohio un lundi. Notre mariage serait célébré le mardi 21 mai et, le mercredi, nous reprendrions le chemin de la Californie. Ainsi, il n'y aurait que cinq jours de tournage sans Bogie ; quant à moi, je pourrais commencer *L'Agent secret* le lundi suivant.

Nous marchions sur les nuages. Bogie et moi allâmes chez Gershgorn choisir nos alliances, tressées d'or. Jack Warner me donna en prime une Buick décapotable noire de 1941, et je me trouvais dedans du dernier chic, surtout avec la capote baissée. Pour le mariage, je choisis un tailleur en laine très simple, rose pâle, et maman une robe en soie marron. Charlie Einfeld m'annonça que *Life* voulait envoyer son meilleur photographe pour nous accompagner dans le train. « Parfait ! dit Bogie. Il a peut-être envie de nous photographier en train de baiser. » Ce qui régla la question. La presse s'en donnait à cœur joie. Tous les jours, je montrais à Bogie cinq doigts, puis, quatre, puis trois, et ainsi de suite, symbolisant les jours qui lui restaient avant d'être pris au piège. Enfin, nous n'avions plus à nous cacher. Nous trouvâmes une maison dans King's Road à trois niveaux, très moderne et complètement meublée. Elle me séduisit d'emblée, avec une vue magnifique, un patio avec pelouse au premier étage, au-dessus de la chambre à coucher, et un vaste cabinet de travail au second. Pas de terrain, mais c'était alors le cadet de mes soucis.

Nous montâmes à bord du *Super Chief* le 18 mai, mitraillés par les photographes à la gare de Pasadena. George et Louis, au bout du fil, nous avaient prévenus que Mansfield et Lucas, dans l'Ohio, n'avaient jamais vu une telle meute de journalistes. Les Bromfield furent obligés de faire appel à la police pour maintenir la foule à l'écart ; entre l'une et l'autre, George pratiquait l'art d'arrondir les angles. Louis était très occupé à se laisser photographier en pantalon de velours côtelé, l'air d'un vrai paysan. Toute cette agitation l'enchantait. La famille ne s'était jamais autant amusée.

George et Louis vinrent nous chercher à la gare, et nous prîmes le chemin de la ferme. Un docteur passerait dans la soirée pour nos examens du sang et nous devions nous présenter le lendemain au palais de justice pour obtenir notre licence de mariage. Que d'excitation ! Une activité débordante régnait dans la cuisine des Bromfield et presque tous les employés du domaine s'étaient vus confier une mission. Le « Dragon », comme Louis appelait sa mère, supervisait le tout avec une autorité féroce. Hope, la deuxième fille des Bromfield, jouerait au piano la marche nuptiale quand je descendrais le grand escalier incurvé, au bras de George, qui me tiendrait lieu de père. Louis était mon garçon d'honneur, maman, ma demoiselle d'honneur.

Le juge Shettler arriva. Il se déclara très honoré de nous marier et nous expliqua que la cérémonie serait brève et toute simple. Je le trouvais charmant. Comment aurait-il pu en être autrement, puisqu'il allait m'unir à l'homme qui était tout pour moi. J'étais émerveillée par ma chance. Je connaissais la douceur et la gentillesse de Bogie mieux que quiconque. C'était un homme d'un autre temps, il se qualifiait lui-même en riant de personnage du siècle dernier, étant né le jour de Noël de 1899.

Mon tailleur, repassé de frais, attendait sur un cintre dans ma chambre. Après avoir pris un bain, je disposai sur mon lit, selon la tradition, du « bleu » (une combinaison avec mon nom brodé dessus), du « vieux » (« moi », avait déclaré Bogie aux journalistes, mais il s'agissait en fait du bracelet qu'il m'avait offert), de l'« emprunté » (un mouchoir de ma mère) et du « neuf » (tout le reste de ma tenue). Le mariage devait être célébré à midi. Bogie, vêtu de flanelle grise – superstitieuse, je refusais de le voir avant le mariage –, faisait les cent pas en bas. Succombant à la tentation, il avait bu un Martini avant la cérémonie.

Je fus enfin habillée, maquillée, coiffée. Le temps se traînait, puis soudain, George frappa à ma porte. « Tu es prête, Baby ? » J'étais devenue Baby pour de nombreux amis, mais personne ne le disait tout à fait comme Bogie. J'ouvris la porte, le serrai contre mon cœur, lui remis l'anneau. Dans ma nervosité, je me mis à trembler une fois de plus. « Hope est au piano, prête à attaquer. Bogie ne tient plus en place, Louis non plus. Je donne le signal ? » D'accord, dis-je. Je me précipitai une dernière fois au petit coin et, de la salle de bains, entendis les premières mesures de la marche nuptiale. Seigneur, pourquoi n'avait-elle pas attendu ? Plus tard, George me raconta que Bogie avait levé la tête et demandé : « Où est-elle ? » Et George, romantique, avait répondu : « Une seconde ! Elle est aux toilettes ! »

Mes genoux flageolaient au point que j'avais peur de tomber dans l'escalier. Bogie, au bas des marches, était si vulnérable, si beau. Il avait l'air d'un jeune homme. Maman, aussi chavirée que moi, retenait ses larmes, un grand sourire sur son cher visage. Ellen et Ann Bromfield, la petite et la grande, Mary, Hope, la cuisinière... Tous ces visages. Prince, le boxer favori de Louis, avait été le seul chien autorisé à rester dans la maison. L'émotion me coupait les jambes, un tic nerveux me déformait la joue, allais-je réussir à émettre un son lorsqu'il me faudrait dire « Oui » ? Lorsque j'arrivai à hauteur de Bogie, il me prit la main. Le beau bouquet d'énormes orchidées blanches que je tenais vibrait à en perdre ses pétales. Le juge avait pris la parole, c'était à moi qu'il s'adressait et j'entendis une voix inconnue, la mienne, prononcer ce mot fatidique par lequel on engage totalement son existence. Bogie glissa, non sans peine, l'alliance à mon doigt tremblant. Une larme roula sur sa joue, mais ce fut d'une voix forte et assurée qu'il prononça son « Oui ». Comme le juge Shettler annonçait : « Je vous déclare unis par les liens du mariage », nous nous tournâmes l'un vers l'autre, Bogie se pencha en avant pour m'embrasser ; timide, je lui offris ma joue, gênée par tous ces regards fixés sur nous. « Salut, Baby », me chuchota-t-il. Je le serrai contre moi, en déclarant, paraît-il : « C'est trop beau ! » Tous les assistants s'étreignaient, s'embrassaient, beaucoup avaient la larme à l'œil.

La presse ensuite se déchaîna : on apporta le gâteau, une pièce montée de trois étages avec le marié et la mariée au sommet debout sous une tonnelle. Nous fûmes mitraillés sous tous les angles, par les photographes. Un reporter me demanda si j'allais poursuivre ma carrière ou rester à la maison et élever des enfants.

« Beaucoup de gens aimeraient le savoir, répliqua Bogie, la Warner pour commencer.

— Et, vous, qu'en pensez-vous, madame Bogart ?

— Oh, je vous adore, répondis-je. Vous êtes le premier à m'appeler madame Bogart. »

De retour à Los Angeles, je dus pleinement admettre pour la première fois que, définitivement j'étais sortie de l'adolescence.

C'était amusant de se retrouver à la Warner en tant que mari et femme. Tous ceux que nous croisions nous félicitaient. Howard excepté, bien entendu, qui ne donna pas signe de vie. J'allais retrouver Bogie sur son plateau quand je ne travaillais pas. Passer toute une journée sans le voir était au-dessus de mes forces.

Le tournage de *L'Agent secret* commença. Charles Boyer était un être merveilleux, un acteur de tout premier ordre, mais affligé de terribles insomnies. S'il arrivait à dormir quatre heures, il pavoisait. Il menait une vie tranquille et retirée, mais aimait jouer aux échecs et, lorsque Bogie venait sur le plateau, ils faisaient une partie. Herman Shumlin n'acceptait de conseil de personne. Il essaya même d'expliquer à Charles, pourtant expert en la matière, comment jouer une scène d'amour. Il refusa de me laisser voir les rushes et ne fit rien pour m'aider, alors que j'en avais tant besoin. Pas la moindre suggestion sur le ton, les attitudes à prendre, la façon d'incarner mon personnage. Une grande actrice comme Lynn Fontanne aurait sans doute pu passer facilement de la vamp qui sifflote un petit air à une jeune fille de la bonne société anglaise, mais pas moi. À vingt ans, j'étais bien différente de l'un ou l'autre personnage, mais la fille à la fois caustique et instinctive du *Port de l'angoisse* ne manquait pas d'humour, élément essentiel dans l'existence à mes yeux, alors que l'Anglaise était totalement terne et guindée. Je ne savais pas par quel bout la prendre. Je savais que le résultat serait lamentable. Et j'étais furieuse que Jack Warner ait pu si mal protéger mes intérêts.

Pat, la sœur de Bogie, était sur le point de sortir de l'hôpital et j'allais enfin faire sa connaissance. Toujours emportée par mon imagination, je supposais qu'un être émergeant d'une dépression nerveuse devait être un peu bizarre. Pat devait venir passer la journée avec nous au Garden of Allah. Elle était timide, d'une extrême gentillesse, et d'un comportement parfaitement normal. Bogie était plein de tendresse avec elle, et elle l'adorait.

Il fallait préparer la maison où nous avions hâte de nous installer. La cuisinière de Bogie, May Smith, qui avait travaillé pour lui à Horn Avenue, ne voulait pas le quitter. Aurelio Salazar, le jardinier, de même, ainsi qu'un maître d'hôtel jamaïcain, Fred Clark, qui était plus anglais que Peter Sellers dans le rôle du Lord Chancelier. Quelle équipe, brusquement, à diriger ! Mais je m'adaptai d'emblée à ma nouvelle situation. Je n'ai jamais su comment me comporter avec les domestiques en tant que tels, n'ai jamais eu le sentiment de valoir mieux qu'eux, mais j'estimais néanmoins qu'ils devaient accomplir la tâche pour laquelle ils étaient payés. Dans ce sens, j'étais assez exigeante et j'ai dû leur casser les pieds plus d'une fois.

Nous emménageâmes donc dans notre maison de jeunes mariés de King Road. Pour moi, c'était le paradis. May était un cordon-bleu et elle m'apprit à composer des menus. Un camélia rose toujours piqué derrière l'oreille gauche, un large sourire aux lèvres en permanence, cette femme de haute taille avait élevé deux fils – l'un d'entre eux était musicien, l'autre travaillait dans la police. Elle aimait sincèrement Bogie, connaissait ses goûts culinaires, assez limités, et ne pensait qu'à les satisfaire. Fred insistait pour nous appeler Milord et Milady, avec un demi-sourire aux lèvres. Fasciné par le cinéma, il était intelligent, drôle, parfois insolent ; de toute façon, il ne resterait pas longtemps maître d'hôtel et se contentait d'attendre son heure. Tous les matins, il allait chercher Kathy Sloan, la secrétaire de Bogie, sur le Sunset, pour l'amener à la maison où elle s'occupait du courrier, du téléphone et autres. Kathy était une femme agréable qui travaillait dur et était toute dévouée à Bogie. Sa seule particularité : jamais elle ne pénétrait dans la cuisine et elle insistait pour que son déjeuner lui soit servi sur un plateau.

La vie s'organisait donc à la maison. Nous finîmes nos films respectifs et Bogie se prépara pour son grand moment : me montrer Catalina. J'attendais avec impatience. J'étais si désireuse de m'enthousiasmer. Nous partîmes donc par un beau week-end d'été. Nous fîmes des courses – j'allais préparer un dîner de rêve, grâce aux précieux conseils de May qui m'avait expliqué, entre autres, comment faire cuire les haricots verts... Je nous imaginais déjà tous les deux en mer, au clair de lune, dans le grand silence nocturne... C'était si romantique. Nous quittâmes Newport, la traversée devait durer deux heures. Bogie me montra comment piloter le bateau. J'allai préparer le déjeuner en bas, et tout se passa bien, pendant les cinq premières minutes, puis la houle de l'océan et les vibrations du bateau aidant, je me sentis un peu barbouillée. Je mangeai, ce qui fut ma première erreur. Des vagues de nausée me submergèrent. La crainte que Bogie ne s'aperçût de mon malaise ne faisait que l'aggraver. Pour finir, j'allai m'asseoir en plein air à l'arrière, dans les remous des gaz d'échappement, de plus en plus verdâtre, tandis que Bogie à la barre me montrait Catalina la glorieuse. Osant à peine bouger ou parler de crainte de vomir, je restai assise où j'étais, un sourire crispé aux lèvres, jusqu'à notre arrivée à l'abri de l'île où les rouleaux de la houle s'apaisèrent. Ma nausée se calma du même coup. Pat et Zelma vinrent nous rejoindre avec leur bateau – il y avait deux autres voiliers au mouillage –, et je maniai la gaffe pendant que Bogie manœuvrait le bateau. Que de termes de navigation à apprendre ! (Cette année-là, j'appris tout à la fois : à être une épouse, tenir une maison, barrer un voilier, faire la cuisine, et me méfier de Jack Warner.) Aussitôt l'ancre jetée, Bogie but son premier verre, selon la coutume. Nous étions assis confortablement au soleil, le bateau oscillait doucement – si seulement il avait pu rester immobile ! – et Bogie m'affirmait qu'une fois habituée je trouverais ça formidable. Je l'espérais, en tout cas.

J'effilai les haricots, mis l'eau à chauffer et, quand elle commença à bouillir, j'éteignis sous la casserole ; vingt minutes plus tard, j'annonçai que le dîner était prêt. Quel fiasco ! Ce fut un sujet de plaisanterie pendant des années. Bogie finit par admettre que j'avais effectivement le mal de mer, mais persista à croire que je m'habituerais à naviguer avec le temps. Une fois sur place, j'étais toujours émerveillée, mais la traversée était ma hantise. Bogie m'apprit à garder l'œil rivé sur l'horizon. La nausée passe, si on fixe son regard sur un point immobile. Dieu sait que j'ai essayé, en tout cas, et je reconnais qu'au bout d'un certain temps, j'avais fait quelques progrès. De toute façon, la seule chose qui m'intéressait, c'était d'être avec Bogie et j'étais bien décidée à aimer tout ce qu'il aimait.

L'Agent secret fut un désastre. Les critiques déclarèrent qu'ils s'étaient trompés – je n'étais pas un mélange de Garbo, Dietrich, Hepburn, Mae West, comme ils l'avaient cru, j'étais tout bonnement épouvantable et devrais être réexpédiée d'où je venais. Si j'avais été excitante, brillante, glorieuse quelques mois auparavant, j'étais maintenant terne, ennuyeuse et mon jeu sentait l'amateurisme. À la même époque, George Kaufman avait mis en scène à New York une pièce appelée *La Prochaine Demi-Heure* et s'était fait éreinter par la critique.

« Je devrais lui envoyer un télégramme, déclarai-je à Bogie, pour l'assurer que nous ferions un tandem inoubliable.

— Vas-y donc », me dit Bogie en souriant.

En tout cas, Moss Hart ne s'était pas trompé ; j'étais tombée du sommet de l'échelle avec un bruit fracassant. Et c'était la dernière fois que je laissais Jack Warner choisir à ma place.

Je me demande si les critiques se rendent compte des ravages qu'ils peuvent causer. Si je n'avais pas nagé dans le bonheur, soutenue et guidée par un mari plein d'expérience, je n'aurais pas survécu. Enfin, n'ayant pas atteint de sommet véritable, ma chute ne fut pas vertigineuse. Et je me rendis compte assez vite que les critiques connaissaient mal le métier d'acteur, qu'ils distinguaient mal ses responsabilités dans le succès ou l'insuccès d'un film. Je me rappelle qu'à la sortie du *Grand Sommeil*, un an plus tard, ils déclarèrent : « Ah, voilà qui ressemble davantage à la première Bacall que nous aimions (ils détestent s'êtres trompés), elle est excellente dans ce film, elle nous plaît de nouveau – ne soyons pas trop prompts à juger – attendons la suite. » Ils ignoraient, bien entendu, que *Le Grand Sommeil* avait été tourné avant *L'Agent secret.* Après *L'Agent secret*, il me fallut des années pour prouver que j'étais capable d'une interprétation valable. Je n'atteindrais jamais plus le pinacle où m'avait hissé *Le Port de l'angoisse* – à l'écran, du moins – et il me faudrait lutter bec et ongles pour remonter ne serait-ce qu'à la moitié de cette fichue échelle.

Ce fut à peu près à cette époque que je reçus une longue lettre de mon père me racontant la « vérité » sur le divorce de mes parents. D'après lui, il avait été calomnié et victimisé – il avait lavé mes couches, m'avait donné mon bain, nourrie –, il avait tout sacrifié à ma mère, dont la famille s'était liguée contre lui ; ce que j'étais aujourd'hui, c'était grâce à lui que je l'étais devenue. Il signait la lettre « ton père », suivi de son prénom et de son nom. La lettre était tapée à la machine – dictée sans aucun doute. Cette lettre mit ma mère dans tous ses états. Elle redoutait qu'il organise une conférence de presse, ou invente n'importe quoi pour faire parler de lui. Peut-être, après tout, était-ce de lui que j'avais hérité mon sens du drame.

Sa lettre fut classée et resta sans réponse. Je menais une vie équilibrée, je n'avais plus comme autrefois besoin d'un père, nous n'avions pas le moindre terrain d'entente et je n'avais aucune envie de le revoir. C'était triste en un sens, mais, quand un homme choisit d'oublier son enfant, il doit s'attendre à être oublié à son tour. Rien de délibéré ; cela arrive, tout simplement.

Bogie était un enfant de Noël, aussi décidai-je de lui offrir une surprise-partie le soir du 24 décembre. Il y avait à la maison une vaste baignoire en creux d'un mètre vingt sur deux mètres quarante et profonde d'environ un mètre cinquante. Je réunis Benchley, Butterworth, McCain, Nunnally, Hellinger, Delehanty, Sheekman, Pat O'Moore, Ray Massey, et quelques autres – une vingtaine en tout – et les fis descendre dans la baignoire. C'était désopilant de les voir tous tassés les uns contre les autres, un verre à la main.

Quand Bogie arriva, je l'accueillis en lui tendant son whisky habituel. L'arbre était allumé, le living-room décoré. L'ambiance était au romantisme : notre premier Noël de jeunes mariés. Bogie voulut m'entraîner vers la chambre, mais je lui déclarai qu'il y avait une fuite dans la baignoire ; pourrait-il d'abord aller y jeter un coup d'œil. Je le précédai jusqu'à la porte, l'ouvris, allumai... Il fut pris totalement à l'improviste par le spectacle ridicule de tous ses amis, hilares, plantés dans la baignoire et qui vociféraient : « Joyeux Noël ! » Bogie était comme un gosse – touché que je me sois donné tant de mal, touché d'être assez apprécié de ses amis pour qu'ils se réunissent chez lui. C'était la première surprise-partie donnée en son honneur. Il n'en revenait pas. Si étrange que cela pût paraître, cet homme de quarante-six ans, au faîte de sa carrière, n'avait jamais donné de soirées chez lui, n'avait jamais eu sa maison pleine d'amis, de gens qui l'aimaient sincèrement. J'avais tant à découvrir sur Bogie, et aux moments les plus inattendus. Quand je croyais enfin l'avoir compris, un nouveau trait de son caractère me prenait au dépourvu. Je le vois encore me tendant mon cadeau de Noël en disant : « J'en avais marre de voir ton sac toujours plein de brins de tabac. » Il était timide à sa façon. Son cadeau, c'était un merveilleux étui à cigarettes en or avec un fermoir en rubis et l'inscription suivante : « Pour Mme Moi qui n'aura jamais à siffler pour appeler Bogie. » Du coin de l'œil, il me regarda l'ouvrir. Nous nous aimions vraiment, d'un amour total, à la fois sentimental et profond. J'adorais faire des cadeaux et j'en offrais toujours beaucoup à Bogie, soit pour son anniversaire, soit pour Noël. Il ne m'achetait jamais plus de deux objets – en général somptueux. Je choisissais toujours pour lui quelque chose ayant trait au bateau, une breloque pour sa chaîne de montre en or, des vêtements. Jamais encore je n'avais acheté de cadeaux pour un homme. D'ailleurs, je n'avais jamais eu d'argent.

Bogie détestait le premier de l'An, c'était le seul soir où il refusait de se saouler, simplement parce que tout le monde se croyait obligé de boire à cette occasion. Tête de mule ! Notre cercle d'amis s'élargissait. Bogie m'avait emmenée chez Ira Gershwin ; sa femme Lee (diminutif d'Eleonor) et Bogie, voisins de rue à New York, avaient pratiquement grandi ensemble. La maison Gershwin faisait sur moi la plus vive impression. On y rencontrait Oscar Levant, Harold Arlen, Arthur Kober, Harry Kurnitz, Judy Garland, Lena Horn, Groucho Marx, Harry Ruby, Arthur Schwartz – la liste était inépuisable. Et je fis enfin la connaissance du mythique John Huston. Outre son extraordinaire talent, il possédait un véritable magnétisme personnel. Un mètre quatre-vingt-quinze, très mince, il s'exprimait avec recherche d'une voix dont la douceur nonchalante avait un effet berceur. Il adorait Bogie, qui le lui rendait bien. Il était à la fois très drôle et diabolique, et on ne pouvait jamais compter sur lui. Je ne m'en aperçus que petit à petit. Il m'accepta immédiatement parce que j'aimais son ami. De façon générale, il ne manifestait guère de sympathie à l'égard des femmes.

Les quelques années qui suivirent furent sans aucun doute les plus heureuses de mon existence. Ma vie tout entière gravitait autour de Bogie. Bogie et moi tournâmes notre troisième film ensemble – *Les Passagers de la nuit* – et allâmes tourner un mois à San Francisco en extérieur. C'était ma première visite à cette ville si belle. Nous menions là-bas la vie tranquille et retirée d'un jeune ménage. Vers la fin du tournage, de retour au studio, je pris conscience de la nervosité de Bogie – si le téléphone sonnait, il s'assombrissait, refusait de répondre, ne voulait parler à personne en dehors de ses amis les plus proches. Il avait remarqué sur sa joue une petite zone ronde où sa barbe ne poussait pas. Ces zones nues se multiplièrent. Le matin, en se réveillant, il trouvait des touffes de cheveux sur son oreiller. Il s'en inquiéta. Plus ses cheveux tombaient, plus il angoissait, et plus il angoissait, plus ses cheveux tombaient. Dans la dernière scène des *Passagers de la nuit*, il dut porter une perruque. Du coup, il fut pris de panique ; c'était son gagne-pain qui était en jeu. Il ne consultait jamais de médecins, mais cette fois, une visite s'imposait. Le docteur diagnostiqua une alopecia rata ; à savoir, pour le profane, une carence vitaminique entraînant la chute des cheveux. Il était tout simplement épuisé, après des années passées à traîner dans les bars et à manger n'importe quoi. Ses cheveux repousseraient, mais il lui fallait des piqûres de vitamine B_{12} deux fois par semaine, un traitement du cuir chevelu, un régime mieux équilibré ; une vie plus saine, en somme. Nous fûmes tous les deux soulagés. Son prochain film devait être *Le Trésor de la sierra Madre* avec John Huston, pour lequel de toute façon il mettrait une perruque.

George Hawkins et Louis Bromfield nous avaient offert un boxer en cadeau de mariage. Nous le baptisâmes aussitôt Harvey. Harvey était notre protecteur et celui de la maison. Si je me chamaillais avec Bogie, il allait de l'un à l'autre, grondait, essayait de nous arrêter. S'il nous voyait en train de faire une valise, il se couchait à la porte de notre chambre en nous tournant le dos ; il n'admettait pas d'être abandonné. Nous essayâmes de l'emmener sur le bateau, mais ce ne fut pas un succès. Debout sur la passerelle, je l'appelai pour le faire monter à bord, claquai des doigts en disant : « Allez, viens, Harvey. » Obéissant à mon geste, il prit son élan et tomba à l'eau. À bord, il se sentait désorienté, trop à l'étroit, et nous renonçâmes, après cette unique tentative, à le faire naviguer.

Nous avions également acheté une nouvelle maison. J'étais bien décidée à avoir un bébé et je ne souhaitais nullement élever des enfants à Hollywood Hills. Et puis j'avais maintenant envie d'un jardin, je voulais planter des fleurs. Je dénichai la maison de mes rêves en haut de Benedict Canyon. Elle appartenait à Hedy Lamarr, qui était prête à nous en faire cadeau si Bogie acceptait de tourner un film avec elle. Il préféra payer la maison... Entièrement de plain-pied, elle avait un charme particulier – huit chambres (dont l'une ferait une merveilleuse nursery), une piscine, un enclos derrière pour les canards, les poules et les dindes. Une version miniature de Malabar.

La même année, Bogie devint le fier propriétaire du *Santana*, un voilier aux lignes parfaites. Nous partîmes naviguer un dimanche avec Dick Powell et June Allyson, qui venaient de se marier. La mer avait sur Dick le même effet que sur Bogie. En pleine euphorie, il se mettait à rire, à chanter. Il n'avait pas envie de se séparer de son bateau. Mais Bogie en était tombé amoureux. Si jamais j'eus des raisons d'être jalouse, ce fut du *Santana*, avec ses lignes fuselées, sa façon de fendre les flots. Lorsqu'il acheta ce bateau, Bogie fut littéralement ensorcelé ; il possédait vraiment maintenant tout ce dont il avait rêvé. Au premier week-end de l'été, nous partîmes, seuls tous les deux, pour Catalina. J'étais à la barre, tandis que Bogie hissait les voiles. Mes notions de navigation ont toutes été glanées sur ce bateau. J'étais moins barbouillée sur le *Santana*, les voiliers sont plus stables. J'allais m'installer à l'avant pour regarder les dauphins jouer avec l'étrave, qui labourait la mer, guetter les poissons volants. Il n'y a qu'en Californie que les poissons volent, me disais-je.

Pour notre deuxième Noël de couple marié, je donnai une seconde fête d'anniversaire pour Bogie. Bogie m'avait donné une grande boîte en insistant pour que je l'ouvre, j'arrachai donc le papier d'emballage et, entourée de tous les amis déjà pas mal imbibés, retins une exclamation. C'était un vison. Il l'avait commandé chez Bergdorf Goodman et à côté de mes initiales sur la doublure était brodé un minuscule vison. Ce manteau était une splendeur. « Tu as déjà marché pieds nus sur du vison », demanda Mark. Grands Dieux non, c'était même la première fois que j'en voyais un de si près. Aussi le jetai-je à terre et, après avoir enlevé mes chaussures, fis mine de le piétiner. Harvey m'imita. Bogie, fou de rage, se baissa pour empoigner le manteau... Je me jetai à son cou, lui affirmai que j'adorais ce manteau, mais il ne voulait rien savoir. Pendant un moment, je me sentis vraiment sur la corde raide.

À cette époque de ma jeune existence, j'avais découvert l'aquavit. J'en aimais le goût et, dilué avec des glaçons, faisais durer un verre un certain temps. Bogie disait que c'était trop fort, le schnaps devait se siroter pur, accompagné d'amuse-gueules, en apéritif. Mais j'en buvais avant et après le dîner, et tout alla bien un certain temps, mais, ayant fini par me rendre malade, je m'arrêtai.

La vie restait pour nous sereine et bien remplie. Je fus suspendue plusieurs fois, Jack Warner voulant m'imposer des rôles dans des films dont je détestais le scénario. J'essayais non sans peine de le voir au studio pour lui expliquer que je ne demandais qu'à travailler, mais qu'il se trompait dans ses choix. Jack semblait toujours mal à l'aise, en particulier avec les acteurs. Il se répandait en commentaires à la projection des rushes ; en voyant pleurer Bette Davis, il s'exclamait : « Allez, vas-y, Bette... Ouvre les écluses... Ça fait rentrer le fric ! » Et quand il voyait Bogie, il devenait belliqueux : « Allez, vas-y, Bogart, rentre-leur dans le chou... Fous une trempe ! » Lorsque j'essayais de raisonner avec lui, Jack me conduisait jusqu'à la fenêtre de son bureau. « Est-ce que je posséderais tout ça, demandait-il en désignant du geste les studios, si je ne savais pas ce que je fais ? »

Les télégrammes d'avertissement commençaient alors à arriver, le premier de Jack me demandant de revenir sur ma décision. Le deuxième de Roy Obringer, l'avocat de la Warner, citant tel paragraphe du contrat type me conviant en termes juridiques à me présenter au studio pour travailler à tel film. Suivi d'une notice spécifiant que d'après la clause numéro tant, j'étais suspendue pour avoir refusé de travailler. Autrement dit, pas de salaire. Une fois le film commencé, avec une autre distribution, je pouvais à mon tour envoyer un télégramme spécifiant que j'étais désireuse de me mettre au travail, et ils étaient obligés de me verser de nouveau mon salaire. C'était un jeu stupide, mais inévitable. Une fois que Warner avait décidé qu'un acteur devait jouer dans tel ou tel film (bon ou mauvais), il n'y avait pas à discuter. L'acteur était sous contrat et pas question pour la compagnie de payer ce malheureux s'il ne travaillait pas.

Plus je m'imprégnais de mon rôle d'épouse – le plaisir de rencontrer des amis, de les recevoir à dîner, de cultiver mon jardin –, plus j'apprenais à connaître l'homme que j'avais épousé. Il détestait les fêtes officielles – fête des mères, Saint-Valentin, anniversaires, Noël même. Il ne supportait pas que les fleuristes ou les confiseurs le contraignent à faire des cadeaux à date fixe. Il préférait suivre son humeur, son inspiration. S'il s'était attardé chez Romanoff par exemple au cours d'un déjeuner, et ayant trop bu pendant la journée, il lui arrivait de m'acheter une babiole de luxe – une broche représentant un coucou suisse ou autre bijou en or. Tout retard, disait-il, est inexcusable, même au nom de l'ébriété. Un coup de fil prenait deux minutes. Et ces deux minutes, il les prenait toujours.

Par ailleurs, il poursuivait mon éducation à propos de Hollywood, notamment sur les rapports de la presse et de la vérité. Si l'on dit la vérité à un journaliste – ou à n'importe qui d'autre à Hollywood –, il est si déconcerté qu'il en reste coi, ne sait quel parti en tirer. Rien n'était plus exact. Il me disait également que tout au long de la vie – surtout dans notre métier – on risquait de rencontrer des gens séduisants. Les voir jour après jour, jouer avec eux des scènes d'amour, les suivre en extérieur pouvait vous inciter à l'aventure. Mais il fallait toujours peser le pour et le contre entre une brève rencontre et la vie qu'on avait choisi de mener. Le jeu n'en valait que rarement la chandelle. Et il me taquinait. « Tu te rappelleras ceci bien après que j'ai disparu et tu verras que j'avais raison. » Et bien après qu'il eut disparu, je me suis rappelé tout ce qu'il m'avait dit et j'ai compris qu'il avait eu raison. Sur le moment, cela pouvait être exaspérant, mais il avait assez vécu et observé pour savoir. Avec le recul, ayant à peu près atteint l'âge qu'il avait alors, je me rends compte à quel point il était avisé. Tout ce que j'ai pu apprendre sur mes semblables, je le dois à ces petites graines plantées, il y a si longtemps, et qui se sont épanouies au long des années, même si elles n'ont pas toujours poussé droit. « Ne perds jamais le respect de toi-même, me disait-il. Avoir une aventure casse quelque chose entre le mari et la femme – et, même si l'autre n'est pas au courant, les relations dans le couple s'altèrent irréparablement. Et c'est toi qui en pâtiras le plus. » Il me mettait en garde contre les tentations auxquelles m'exposaient ma jeunesse et mon manque d'expérience, tout en exprimant ses appréhensions.

Bogie avait décidé de participer avec le *Santana* à la course croisière d'Honolulu, la première depuis la guerre. Il recruta ses coéquipiers, qui tous avaient déjà navigué avec lui. Je prendrais, en compagnie des autres épouses des marins, l'avion pour Honolulu et nous serions là pour accueillir les bateaux quand ils doubleraient la pointe de Diamond Head. Bogie ne rêvait que de cette course et moi de découvrir Honolulu. Mais nous devions auparavant aller au Mexique pour *Le Trésor de la sierra Madre.* Le film, dans la plus pure tradition de Huston, devait être tourné en extérieur dans des lieux difficiles d'accès. *Le Trésor* était un merveilleux livre de B. Traven dont John avait tiré un très bon scénario ; outre Bogie, il avait engagé son père, Walter Huston, un homme terriblement séduisant et spirituel et, de surcroît, excellent comédien. Plus Tim Holt et Alfonso Bedoya, un grand acteur mexicain. Le film s'annonçait sous les meilleurs auspices. Bogie devait porter une perruque, bien que ses cheveux fussent en train de repousser, et John avait promis à Bogie qu'il en aurait terminé la dernière semaine de juin et qu'il pourrait donc prendre le départ de sa croisière. Ça ne faisait absolument aucun doute. Bogie avait engagé un coq, commandé à Kenny Watts des voiles extrêmement chères et il attendait le grand jour comme un gosse attend sa première rencontre avec le père Noël.

Nous avions nos quartiers généraux à San Jose de Purua, une charmante station thermale à quelques heures de Mexico. Les techniciens mexicains étaient charmants. Tous les soirs, en rentrant du travail, ils chantaient en chœur. Nous apprîmes à boire de la tequila et, presque tous les soirs, nous jouions aux boules. Seule la nourriture était un vrai désastre ; on nous servait par exemple un poisson entier aux yeux exorbités et à moitié cru, ou une dinde en pur caoutchouc. Pour finir, après en avoir discuté avec John, je décidai de commander des soupes en conserve, des jambons, des haricots et autres provisions du même genre pour être sûre qu'on nous serve quelques repas comestibles. Mon premier soir à la cuisine pour m'occuper du jambon fut un vrai gag ; j'avais demandé aux deux aides-cuisiniers mexicains d'enlever la peau du jambon et pendant que je m'occupais des haricots et du ragoût de pommes de terre, ils enlevèrent également tout le gras. Je le remis, à l'aide de cure-dents, et parfumai le jambon de clous de girofle. Le repas fut réussi et je devins l'héroïne du jour. De façon générale, l'atmosphère était plaisante, sauf quand John affichait son mépris pour les femmes, la sienne en particulier. La pauvre Evelyn émettait une réflexion quelconque et John lançait à la cantonade : « Quoi ? Qu'est-ce que tu dis... Attends, attends une seconde, il faut que tout le monde entende ça ! » et la pauvre Evelyn se retrouvait sur la sellette. Il faisait un sort à n'importe laquelle de ses remarques, proférées en toute innocence et parfois irréfléchies, et elle se sentait ridiculisée. C'était humiliant. Il disait : « Regarde donc Betty ; elle passe son temps à la cuisine à s'occuper de nos repas, et toi tu ne sais que te plaindre. » Son sort n'était guère enviable. Si drôle, si fascinant que pût être John, il valait mieux n'être que son amie ou même la femme d'un de ses amis.

Le tournage continuait, les techniciens chantaient de plus en plus et travaillaient de plus en plus lentement, et Bogie était de plus en plus inquiet à l'idée qu'il n'aurait pas fini à temps pour la course. Il asticotait John, lui rappelait sans cesse sa promesse. « Nom de Dieu, John, cette course est prévue depuis des mois, accélère un peu le mouvement ! » John faisait de son mieux, mais il adorait le Mexique et n'était pas pressé de partir.

Après Mexico, l'équipe alla s'installer pour deux semaines à Bakersfield, en Californie, en pleine canicule. En juin et juillet, il y règne une chaleur meurtrière. Ce fut là que John déclara à Bogie un soir : « L'ennui, avec moi, c'est que précisément, je passe mon temps à m'ennuyer. »

Durant l'automne de 1947 commença à Washington l'enquête menée par J. Parnell Thomas, qui présidait au Congrès la Commission des activités antiaméricaines. Il avait pris Hollywood pour cible, mais visait en fait essentiellement les gros titres dans les journaux. Un certain Richard Nixon faisait partie de cette Commission.

Des membres de la Commission siégèrent en Californie et convoquèrent Robert Taylor, Gary Cooper, Elia Kazan. Dans tout le pays et dans le monde entier, la Commission faisait la une des journaux. Persuadés d'être les seuls Américains authentiques, ces gens-là voyaient des communistes sous chaque lit et affirmaient que nous autres étions en train de contaminer le cinéma avec des théories antiaméricaines, des doctrines de pays étrangers. Il y avait maintenant une liste noire à Hollywood. Certains des plus talentueux et des plus créateurs parmi les scénaristes, les metteurs en scène et les acteurs se voyaient privés du droit de travailler, sans s'être rendus coupables du moindre délit. La terreur régnait dans les studios. Il devenait soudain risqué, et même dangereux, d'être démocrate. Plusieurs scénaristes avaient été cités à comparaître, parmi lesquels Albert Maltz, Dalton Trumbo, Alvah Bessie, et ils refusèrent de témoigner. Avec quelques autres, dont Adrian Scott, producteur, et Eddie Dmytryk, metteur en scène, ils furent baptisés les « Dix de Hollywood ».

Certains d'entre nous, démocrates, commencèrent à discuter de la situation. Il y eut, un soir, une grande réunion chez les Gershwin où se retrouvèrent la plupart des vedettes célèbres, metteurs en scène et acteurs de la profession – Judy Garland, Eddie Robinson, Burt Lancaster, Willie Wyler, Billie Wilder, John Huston, Philip Dunne, Harry Kurnitz, Danny Kaye, Gene Keelly, Bogie et moi, et bien d'autres. Ce fut la naissance du Comité pour le Premier Amendement. Plusieurs assistants ayant pris la parole, nous tombâmes d'accord pour rédiger officiellement une pétition et l'envoyer à Washington. Le texte était le suivant :

> *Nous, soussignés, citoyens américains, croyant à un gouvernement démocratique constitutionnel, exprimons notre indignation et notre écœurement devant les tentatives répétées de la Commission des activités antiaméricaines pour salir l'industrie cinématographique.*
>
> *Nous estimons ces auditions moralement inacceptables pour les raisons suivantes :*
>
> *Toute enquête sur les opinions politiques d'un individu est contraire aux principes fondamentaux de notre démocratie.*
>
> *Toute tentative visant à entraver la liberté d'expression et à imposer des critères arbitraires d'américanisme constitue en elle-même une trahison de l'esprit et de la lettre de notre Constitution.*

Il y avait cinq cents signatures. Et la presse prit conscience de notre existence. Un autre groupe à New York, dont le manifeste comportait une longue liste de signatures, protestait en même temps que nous ; parmi ses membres se trouvait Helen Hayes. Ce fut une période éprouvante, alarmante à Hollywood. Tout le monde était suspect, du moins, tous ceux qui se situaient à gauche du centre.

C'était la première fois que j'avais la révélation d'une cause à défendre et je prenais la situation très à cœur. Je réagissais avec fougue, avec ferveur. « Il faut y aller », dis-je à Bogie. Il était indigné lui aussi, mais, au début, c'était moi qui faisais montre de plus de véhémence. Qu'arrivait-il à notre pays ? Dans quel monde vivions-nous et quelles seraient les répercussions de ce déchaînement sur le monde du cinéma ? Nettement plus graves que nous ne le pensions à l'époque et avec des séquelles beaucoup plus prolongées que nous n'aurions pu l'imaginer.

Il fut donc décidé qu'un groupe d'entre nous se rendrait à Washington – John Huston, Phil Dunne, Ira Gerswin, Danny Kaye, Gene Kelly, Paul Henreid, John Garfield, Julie Havoc, Evelyn Keyes, Martha Hunt, Jane Wyatt, Sterling Hayden, Robert Ardrey, Jules Buck, Joseph Sistrom, Richard Conte, David Hopkins (un publiciste, fils de Harry Hopkins), Larry Adler, Bogie et moi. Huston et Dunne seraient nos porte-parole officiels. Howard Hughes nous fournit un avion pour le voyage.

Le soir précédant notre départ, une réunion eut lieu au restaurant de Dave Chasen, au cours de laquelle Willie Wyler nous expliqua que nous devions éviter à tout prix des tenues négligées. Nous représentions une fraction importante des responsables de l'industrie cinématographique et devions faire bonne impression – les femmes porteraient des jupes et non pas des pantalons ; les hommes des chemises et des cravates.

Bogie fit un communiqué à la presse concernant notre voyage :

« Notre initiative ne concerne en rien le communisme. Que tel ou tel soit communiste ou non ne me regarde pas. Nous disposons à Washington d'un organisme remarquable et très bien organisé appelé le FBI qui traite de ce genre de problèmes. Si je prends l'avion pour Washington, c'est parce que je suis un citoyen écœuré et furieux qui estime qu'on me retire mes libertés civiques, que les Dix Amendements sont bafoués et estime également que personne dans ce pays n'a le droit de malmener ainsi la Constitution des États-Unis, pas même la Commission des activités antiaméricaines. »

Une pétition pour obtenir réparation des torts subis fut adressée au président de la Chambre, Joseph Martin Jr. Nous devions marcher sur le Capitole pour la lui remettre en main propre.

L'avion fit une escale entre Los Angeles et Washington, et certains prononcèrent des discours devant la foule. Nous formions un groupe de gens sérieux, relativement bien informés, intelligents, et nous nous sentions tous concernés. La plupart des brèves allocutions furent prononcées par John, Bogie, Danny Kaye, Gene Kelly et moi. La foule qui nous attendait à l'aéroport était nombreuse, vociférante – des acclamations fusèrent. Seigneur, que c'était excitant ! Je brûlais d'impatience d'arriver à Washington. Ne serait-ce pas extraordinaire si nous pouvions effectivement retourner la situation, mettre un terme aux activités de cette Commission ? Mon innocence confinait à la naïveté. J'allais avoir une fameuse surprise.

La presse nous accueillit à l'aéroport et nous demanda de poser devant l'avion. Nous vîmes plus tard le nom inscrit sur l'avion. C'était l'*Étoile rouge*. Coïncidence ou choix délibéré ?

Nous devions au cours des trois jours suivants assister aux audiences de la Commission, donner des conférences de presse, présenter notre pétition au Capitole, rencontrer quelques sénateurs et représentants pour qu'ils nous conseillent dans notre lutte pour la liberté et, espérions-nous, être reçus par le président Truman.

Nous fûmes conduits dans la salle d'audience, où le dernier rang des fauteuils nous avait été réservé. Photographes et reporters nous suivaient en permanence. Au milieu d'une estrade surélevée était assis J. Parnell Thomas, son marteau à la main. Les témoins appelés tour à tour à la barre, et accusés d'être communistes, refusèrent de répondre. Quant à Thomas, c'était un véritable maniaque du marteau. Je n'en revenais pas de ce qui se passait ; cet abruti sur son estrade avait le pouvoir, grâce à son titre, d'envoyer ces hommes en prison ! Je me sentais submergée de bruit et de fureur, prête à exhaler mon indignation à la moindre provocation. Danny Kaye déclara : « C'est comme si on avançait sur la scène et qu'on se faisait conspuer avant même d'avoir ouvert la bouche. » Je me rappelle aussi May Craig, une dynamique journaliste du Maine, genre dure à cuire, déclarant : « Alors, vous n'aviez aucune idée de ce qui se passait à Washington ? Vous êtes d'une candeur... » Candides, nous l'étions, en effet. Certaines questions nous mirent sur la défensive. Mais nous ne défendions pas le communisme (qui de toute façon n'avait pas été mis hors-la-loi), nous défendions la liberté d'expression. Je m'enflammai tellement pour cette cause que j'écrivis à l'intention du *Daily News* de Washington un article qui parut en première page.

Exclusif : par Lauren Bacall

« POURQUOI JE SUIS VENUE À WASHINGTON »

Peut-être quelques Américains se souviennent-ils de la comédienne que je suis et qui, dans un certain film, lançait une certaine réplique.

Si c'est le cas et si vous me connaissez, n'y pensons plus pour le moment.

Je vous parle ici comme une personne qui partage les mêmes droits que vous, les droits accordés à tout citoyen américain.

Il est bien possible que dans toute cette agitation et cette confusion, le but de notre voyage à Washington ne soit pas apparu clairement ; mais j'aimerais saisir cette occasion de vous parler en tant qu'être distinct ; en tant qu'être exerçant un métier pour lequel il est rémunéré et qui tient à ce que ce métier soit protégé.

J'ai lu dans la presse et ailleurs tout ce qui concernait l'enquête menée par la Commission des activités antiaméricaines avec beaucoup d'intérêt et certaines craintes. J'ai quant à moi toujours cru au Premier Amendement de notre Constitution qui nous accorde à nous autres Américains le droit à la liberté d'expression et à la liberté d'opinion politique.

D'après ce que j'ai lu, il semble que ces libertés soient en péril. J'ai toujours estimé que ceux qui se voyaient attaqués ou dont le travail était menacé devaient réagir et se défendre.

Aussi, plusieurs membres de l'industrie cinématographique et moi-même avons décidé de nous rendre à Washington pour voir si nous pouvions faire quelque chose.

Et je tiens ici à le préciser : j'ai assisté à deux de ces auditions et j'ai été terrifiée. En quittant la salle d'audience, je ne pouvais m'empêcher de penser que tous les Américains qui se soucient de sauvegarder leurs idéaux nationaux devraient assister à certaines sessions de cette Commission d'enquête.

Vous pensez peut-être qu'il est bien facile pour moi de faire ce voyage à Washington, que mes moyens me le permettent. Eh bien, la question n'est pas là. Et croyez-moi lorsque je vous affirme que ce qui se passe ici pourrait vous arriver à vous tous.

Je ne veux pas vous alarmer, mais je pense que vous devriez prendre conscience des dangers qui émanent des enquêtes menées par cette Commission, selon de telles procédures.

Quand on commence à vous dire quels films vous pouvez tourner, quels sujets vous pouvez traiter, alors il est temps de vous rebeller et de lutter ! Nous sommes les premières victimes, mais je crains que nous ne soyons pas les dernières.

Si cette Commission réussit à inculper les gens sans leur laisser une chance de se défendre, alors elle pourra étendre son action et s'en prendre à toutes les industries dans l'ensemble des États-Unis.

Avant d'aller plus loin, je tiens à préciser que je ne défends ou n'attaque aucun des témoins qui ont été ou seront cités à comparaître. Et je ne conteste pas à cette Commission le droit de poser toutes les questions qu'elle juge pertinentes. Ce que je conteste, c'est son droit de poser des questions et de n'autoriser que des réponses monosyllabiques.

Comme vous le savez sans aucun doute, la réputation d'une personne est aussi précieuse et sacrée que sa vie. Lorsqu'un homme subit une attaque d'une telle envergure et que le monde entier se trouve informé de ses activités et de ses opinions, ses moyens d'existence mêmes sont menacés.

Comprenez-le, la plupart d'entre nous travaillant dans l'industrie cinématographique ne peuvent compter que sur une carrière assez brève. Dix ans peut-être, et puis d'autres viendront prendre notre place. Aussi attachons-nous beaucoup de valeur à ce temps limite qui nous est imparti. Si cette enquête se poursuit selon les méthodes qu'elle a jusqu'alors employées, nos foyers et nos familles risquent d'être anéantis.

Ce problème ne doit donc pas être pris à la légère. Le seul moyen qui me vient à l'esprit pour souligner la gravité de la situation, c'est de vous expliquer ce que vont devenir les films que vous allez voir deux ou trois fois par semaine.

Vous n'avez aucune idée de la peur qui s'est emparée de Hollywood.

Un producteur craindra de produire, un réalisateur de réaliser, un écrivain d'écrire, de peur de se voir accusé, au même titre que tous ces artistes qui ont été cités à comparaître. Ce qui signifie en langage familier que toute œuvre adulte de qualité sera reléguée au magasin des accessoires et que nous entrerons dans le règne de la médiocrité.

Nous quittâmes Washington, nous sentant toujours animés des mêmes convictions, mais notre enthousiasme était légèrement retombé. Nous n'avions pu voir Truman qui ne désirait pas se compromettre avec notre groupe. Le voyage dans son ensemble avait été stimulant, mais il entraîna des répercussions. Bogie se vit suggérer de faire une déclaration où il affirmerait ne pas être communiste et n'éprouver aucune sympathie à l'égard des communistes. Il refusa. Moins de deux ans plus tôt, ironie du sort, le monde entier avait chanté les louanges de la Russie, et les femmes américaines avaient tricoté des pull-overs pour la grande collecte organisée au profit de la Russie en guerre. Je suis toujours aussi stupéfiée de la rapidité avec laquelle s'opèrent les changements idéologiques.

Je ne sais pas si notre voyage à Washington, en fin de compte, aida qui que ce soit. Si ce n'est ceux d'entre nous à l'époque qui voulaient lutter pour défendre ce qu'ils estimaient juste et contre ce que nous savions inique. Les effets de cette enquête furent multiples et durables. Certains firent de la prison, beaucoup durent quitter le pays, puisqu'ils n'étaient plus autorisés à travailler – des familles, des couples se défirent – beaucoup paniquèrent pour sauver leur propre peau et perdirent le respect des deux camps. Ceux qui étaient en faveur de l'enquête étaient pétris de bonne conscience et proclamaient leur américanisme comme s'ils avaient été les seuls véritables patriotes des États-Unis. Pourquoi tant de républicains sont-ils persuadés d'être les seuls remparts protégeant l'Amérique de la destruction ? Les exagérations et les distorsions ne manquèrent pas et pendant un certain temps, bien des gens renoncèrent à leurs convictions politiques ou du moins s'abstinrent de les exprimer.

Mark Hellinger avait eu une crise cardiaque plus tôt dans l'année. Nous étions allés le voir à l'hôpital. Il était plus grisâtre que jamais, mais se déclarait en pleine forme. Il lui faudrait simplement boire un peu moins – une bouteille par jour au lieu de deux.

Ce fut au cours de cette année-là que Richard Brooks apparut dans notre vie. Il avait écrit un livre superbe, *The Brick Foxhole*, et, venu à Hollywood, s'était retrouvé scénariste chez Universal. C'était un type fantastique, aux opinions toujours extrêmes – jamais il ne posséderait de voiture étrangère, n'aurait de piscine, ne porterait de cravate –, pas question d'acheter une maison plus vaste, de tomber dans le piège de Hollywood. Bogie l'appelait l'« Écrivain en colère ». Nous devînmes très amis, allions régulièrement chez lui et réciproquement, et Bogie et Dick se téléphonaient souvent. Bogie était séduit par cet esprit de révolte de Dick, souhaitait qu'il le conserve intact, mais craignait que tôt ou tard, il ne succombât ; question de temps. D'abord la piscine, puis la voiture étrangère ne tarderaient pas à suivre. Dick niait avec véhémence l'éventualité d'un tel reniement. Nous nous amusions beaucoup durant cette période. Jusqu'au 21 décembre 1947, où Mark Hellinger mourut. Ce fut un choc terrible. Je me rappelle être allée à son enterrement en compagnie de Bogie et de John Huston. Dans la voiture, je ne cessais de parler, par nervosité sans doute, jusqu'au moment où John me lança : « Vous ne pourriez pas la boucler, non ? » Ce que je fis. Je n'arrivai pas à établir le moindre rapport entre la cérémonie des funérailles et Mark. C'était mon premier enterrement, un enterrement religieux, quand Mark l'était si peu. Le seul aspect positif fut l'éloge funèbre prononcé par Quentin Reynolds – ce qu'il dit et la façon dont il le dit. Le cercueil était ouvert et, stupidement, j'y jetai un coup d'œil. C'était affreux. L'homme étendu dans cette caisse avait le visage de Mark, bien que livide et tiré, mais ce n'était nullement le Mark que j'avais connu et aimé. « Ne recommence pas, me dit Bogie. Il vaut mieux se rappeler de lui comme il était. Quand on est mort, on est mort. J'ai horreur des enterrements – ils ne sont pas faits pour les morts, mais pour ceux qui restent et se complaisent à se lamenter. Quand j'y passerai, je ne veux pas d'enterrement. L'incinération, ça au moins, c'est propre et définitif – mes cendres dispersées sur le Pacifique. Mes amis pourront lever leur verre et se raconter des histoires sur moi s'ils veulent. Pas d'atmosphère de deuil, ça ne rime à rien. Ce sont les Irlandais qui sont dans le vrai. »

À cette époque, nos amis avaient pris l'habitude de compter sur notre réveillon de Noël et j'avais déjà tout organisé avant la mort de Mark. Notre patio en brique était couvert de toile plastifiée pour pouvoir recevoir nos invités – soixante-dix ou même davantage. Nous bûmes tous à la santé de Mark ; c'était notre premier Noël sans lui.

Le tournage de *Key Largo* commença début 1948. Dick Brooks avait collaboré au scénario avec Huston. Il observait toujours avec soin la façon dont John travaillait – c'était son modèle. Mais il n'était pas facile d'apprendre les secrets du talent de John ; il était né avec. C'était une bonne collaboration et la distribution était fantastique. Eddie Robinson, Lionel Barrymore, Claire Trevor. J'avais fait la connaissance d'Ethel Barrymore, devant qui j'étais en admiration béate. C'était une femme hors du commun – une grande vedette, une grande actrice, très belle et qui appartenait à une famille d'acteurs exceptionnelle. Pour ma plus grande joie, elle se prit de sympathie pour moi, m'autorisa à être son amie jusqu'à la fin de ses jours et nous l'invitâmes à dîner plusieurs fois. Un de nos amis nous avait envoyé quatre enregistrements de monologues de Shakespeare récités par John Barrymore. Un soir où Ethel venait dîner, Bogie se dit qu'elle serait ravie de les entendre. Je n'en étais pas tellement sûre, mais il insista. « On va lui faire la surprise. » Quand elle entra dans le living-room, Bogie mit un des monologues. Dès qu'elle entendit la voix de son frère, elle déclara : « Non, arrêtez-moi ça. » Une certaine gêne s'ensuivit. Ce fut une des rares fois où l'instinct de Bogie le trompa.

Bogie et moi n'avions dans *Key Largo*, que des rôles secondaires, mais, avec John à la barre, il n'était pas question de ne pas accepter. Je rêvais de travailler avec John ; ma carrière depuis quelque temps n'était guère florissante. Je me relevais tout juste d'une période de suspension de salaire que m'avait valu mon refus de jouer dans *Romance à Rio*, qui finalement avait donné à Doris Day sa première chance. Et *Stallion Road*, un autre succès que tourna pour finir Alexis Smith. Les temps étaient durs à la Warner pour la plupart d'entre nous.

Les répétitions de *Key Largo* durèrent trois semaines. Le cameraman était Jimmy Wang Howe, l'un des meilleurs. Lionel Barrymore jouait le rôle de mon père et ne sortait pas de son fauteuil roulant, que je devais pousser. Lionel jouait les bougons qui n'avaient besoin de personne. Il était condamné depuis déjà des années à l'immobilité et ses jambes le faisaient souffrir presque constamment. Plus d'une fois, je jetai des coups d'œil affolés à John en entendant geindre Lionel, mais celui-ci n'eut jamais un mot pour se plaindre ; il ne se rendait même pas compte qu'il laissait échapper un gémissement. Eddie Robinson était un prodigieux acteur, doublé d'un homme plein de charme et de drôlerie.

Sur le plateau comme à la ville, Claire Trevor était parfaite. Tous les après-midi, je servais du thé et des biscuits dans ma loge. Lionel attendait cet instant avec impatience et commençait même à s'inquiéter si j'étais en retard, craignant d'être privé de thé ce jour-là. Dans ma loge, il nous régalait d'histoires de théâtre. Eddie chantait *Molly Malone* avec l'accent yiddish et c'était irrésistible. J'écoutais de toutes mes oreilles, sous le charme. Dans le film, Lionel avait une scène au cours de laquelle il devait se lever de son fauteuil et défendre Franklin Roosevelt. Or, il se trouvait qu'il détestait Roosevelt. Et pourtant Lionel se surpassait dans cette séquence. *Key Largo* fut une de mes plus heureuses expériences au cinéma. Quel merveilleux métier, me disais-je une fois de plus, qui vous permet de rencontrer de tels gens, de devenir leur amie, de travailler avec eux. Ce fut pour moi une période bénéfique dans mon existence, où j'eus l'occasion de voir les meilleurs sous leur meilleur jour. On parle toujours de la vanité des acteurs, mais jamais il n'y eut la moindre friction, personne n'essaya de tirer la couverture à soi. Simplement parce qu'ils étaient tous de véritables comédiens et non pas des « vedettes ».

J'attendais avec impatience de tomber enceinte. J'allai consulter Red Krohn, le médecin de Carolyn, pour m'assurer que je n'avais pas de problèmes. Bogie lui rendit visite. J'étais farouchement décidée à faire de lui un père et, quand j'avais quelque chose dans la tête, n'est-ce pas... Pour finir, Red et Bogie tombèrent d'accord sur un point ; il fallait que je cesse d'y penser, que je me calme un peu et notre vœu se réaliserait. Tout en modérant un peu mon impatience, je continuais à surveiller le calendrier. Je finis par me résigner à ne rien dire à Bogie, qui m'avait fait clairement comprendre que le sexe était trop délectable pour y mêler des soucis d'ordre médical.

Nous avions fait notre voyage habituel à New York et célébré le troisième anniversaire de notre mariage. Je me rappelle m'être plainte que nous n'avions jamais eu de lune de miel, sur quoi Bogie avait répliqué à juste titre : « Tu as eu trois ans de lune de miel ; depuis le jour même où nous nous sommes mariés. » Là-dessus, j'eus du retard et me mis à compter les jours jusqu'à ce que j'eus de nouveau sauté un cycle. Déjà une fois, j'avais eu une fausse alerte.

Red Krohn me rappela. « Oui, madame, vous êtes enceinte. » Ce serait pour la fin décembre. La joie ! La joie qui s'empara de moi ! Il fallait que je prépare mon effet pour l'arrivée de Bogie ce soir-là, à la maison ; il allait s'évanouir quand il apprendrait la nouvelle ! Il ne s'évanouit pas. Je ne sais pas trop ce qui se passa, mais à peine fut-il prévenu qu'entre nous se déclencha une querelle sans précédent. Cet instant que j'avais tant espéré, tant attendu, tournait au désastre. J'aurais dû apprendre ce jour-là qu'il ne faut jamais imaginer à l'avance un moment dont on attend beaucoup. Bogie, furieux, vociférait qu'il ne m'avait pas épousée pour me perdre au profit d'un enfant. Qu'aucun enfant n'allait se mettre entre lui et moi. Le lendemain matin, il m'écrivit une longue lettre me priant d'excuser son attitude ; un enfant représentait pour lui l'inconnu. Il ne savait pas s'il ferait un bon père. Il craignait tellement que notre incroyable bonheur, notre étroite complicité soient compromis par la présence d'un enfant. Il avait passé quarante-huit ans sans enfant et n'avait jamais pensé à ce stade de sa vie qu'il pourrait vraiment devenir père.

Jack Warner voulait me faire jouer dans un film intitulé *Storm Warning*. Je ne trouvais pas le rôle bon pour moi, mais je voulais travailler. Je pensais qu'en discutant avec lui, je pourrais obtenir peut-être quelques modifications du scénario, aussi évitais-je de parler de maternité prochaine.

Hedda Hopper avait appris que j'étais allée consulter le docteur Krohn. Elle m'appela pour me demander si j'étais enceinte. Je lui affirmai que non, de toute façon, ça ne la regardait pas. « Vous n'êtes pas en train de mentir, n'est-ce pas, Betty ? » insista-t-elle. Ces dames s'enivraient de leur pouvoir durant ces années-là. « Non, pas du tout », lui dis-je et je raccrochai. J'étais toujours mal à l'aise quand j'avais affaire à ces bonnes femmes ; les studios les laissaient exercer leur pouvoir et elles se montraient impitoyables. Je parlai de ce coup de fil à Bogie. « Ne t'en fais donc pas », dit-il. Aucune modification ne fut apportée au film, je fus suspendue, la nouvelle de la venue du premier héritier Bogart fut annoncée et Hedda m'attaqua dans sa rubrique en disant que je faisais passer l'argent avant mon futur enfant. Nous restâmes un an sans nous parler après cet incident. Cette commère pouvait se montrer la pire des garces dans ses potins.

Maman avait passé un an en Angleterre, mais elle était maintenant de retour en Californie. Durant l'été 1948, elle fit un voyage à New York et revint en août. Pour je ne sais quelle raison, elle voulait que je lui trouve une chambre dans un petit hôtel à proximité. Ce que je fis, et j'allai l'aider à défaire ses bagages. Comme elle ouvrait une valise, je remarquai un petit diamant à son doigt.

« C'est quoi, ça ! », demandai-je.

Sans cesser de retirer ses vêtements de la valise, elle répondit :

« Oh, c'est une bague de fiançailles.

— Quoi ? Qui ? »

Elle eut son petit rire timide.

« Lee, dit-elle.

— Quand a-t-il réapparu dans ta vie ? »

Je savais qu'elle avait été amoureuse de lui mais qu'ils avaient rompu. Il était revenu maintenant et depuis des années elle l'avait aimé sans jamais dire un mot. Quelle femme ! Ainsi donc, Lee Goldberg, huissier auprès de la municipalité de New York, un homme généreux et séduisant, que je n'avais pas vu depuis des années, allait devenir mon beau-père. Voilà donc pourquoi elle voulait cette chambre, cette cachottière. Il devait venir en septembre. Bogie et moi décidâmes de fêter leur mariage à la maison.

Il se passa tant de choses en 1948. Bogie partit un week-end pour participer à des régates et je n'oublierai jamais à quel point il me manqua. J'étais si amoureuse de cet homme que lorsqu'il me quittait, je ressentais un pincement au cœur. Véritablement, il était toute ma vie et je ne pouvais penser à rien d'autre ; je retenais mon souffle quand il n'était pas là. Chaque fois que j'entends le mot « bonheur » maintenant, je pense à cette époque. J'en faisais pleinement l'expérience tous les jours. Depuis lors, c'est une notion qui est restée précaire.

Le 14 septembre 1948, le juge Edward Brand, officiant dans notre living-room, avec Bogie et moi comme garçon et demoiselle d'honneur, unit maman et Lee. Immobile à leur côté, avec le futur Bogart qui pointait un pied par-ci, un bras par-là, je pensais à toutes les années durant lesquelles ma mère avait attendu son preux chevalier, sans jamais laisser transparaître d'autre souci que celui de mon avenir. Enfin, son rêve se réalisait et lorsque le juge annonça : « Je vous déclare maintenant mari et femme », elle posa une main sur sa poitrine et exhala son souffle en un « Oh... » prolongé.

Il y eut du caviar arrosé de champagne et, après d'innombrables toasts, les nouveaux mariés partirent pour leur voyage de noces, un lent retour à New York, en voiture. Il semblait qu'enfin dans ce monde impossible chacun voyait ses vœux exaucés.

Bogie créa sa compagnie indépendante, les Santana Productions, et commença son premier film, *Les Ruelles du malheur*, avec Nick Ray comme réalisateur. Il avait travaillé dur et se réjouissait d'être son propre patron. Quant à moi, je savourais ma grossesse. Seigneur, que j'étais fière de moi, et, bien entendu, on ne m'aurait pas ôté de l'idée que toutes ces émotions m'étaient propres, que jamais personne d'autre ne les avait éprouvées. Je restai active durant toute ma grossesse, n'en fus pratiquement jamais incommodée, pris plaisir à voire mon ventre bouger. Je n'en revenais pas du miracle de cet être humain vivant à l'intérieur d'un autre être. Je persiste à trouver que c'est un miracle.

Le matin du 6 janvier 1949, je me réveillai tôt. Je me sentais bizarre, mais ne savais pas trop si je devais commencer à compter les minutes entre les douleurs. Elles ne correspondaient pas du tout à mes prévisions. Je surveillais négligemment la pendule et il me semblait qu'elles survenaient avec une certaine régularité. Je ne dis rien à Bogie, qui m'embrassa et partit travailler. Dès qu'il eut disparu, je me redressai sur mon séant et fixai mon regard sur la pendule. Lorsque les douleurs me parurent assez régulièrement espacées, j'appelai Red Krohn, qui me dit d'attendre un peu. « Quand elles viendront toutes les cinq minutes, rappelez-moi. Je ne bouge pas d'ici. » Le téléphone sonna ; May m'annonça que Sheila Graham voulait me parler. « Allô fis-je, et les yeux toujours fixés sur le réveil, j'entendis sa voix demander :

« Dites-moi, c'est vrai que Bogie a un enfant d'une autre femme ?

— Non », répondis-je et je raccrochai.

J'appelai de nouveau Red, qui me pria de venir à son cabinet. Je m'habillai, descendis l'allée prise d'une sorte d'engourdissement. De la main, je saluai May et lui criai que je serais vite de retour.

Dans la voiture, les douleurs me semblèrent plus rapprochées. Après m'avoir examinée, Red déclara : « Il vaut mieux appeler Bogie. Le moment est venu d'aller à l'hôpital. » J'étais encore assise lorsque la porte s'ouvrit brusquement et un Bogie paniqué, verdâtre, fit son apparition. À quoi s'attendait-il ? À me trouver pendue par les talons la tête en bas, peut-être ? Quant à moi, je n'éprouvais pas la moindre appréhension. Tandis qu'il m'emmenait à l'hôpital, je lui parlai du coup de fil de Sheila Graham. Je crus qu'il allait devenir fou, il la traita de tous les noms. « Attends un peu que je la voie, elle va le sentir passer, cette salope. » Il était extrêmement nerveux au volant, n'arrêtait pas de dire : « Ça va, Baby ? On est presque arrivé, Baby. » Il était blême. Red l'amena à la chambre de travail pour me tenir compagnie. On l'avait accoutré d'une blouse verte, assortie à son teint. Il prit une de mes mains dans les siennes, avec une telle douceur ; il était si charmant, si désemparé, si affolé. Comme j'écartais ma main pour agripper les barreaux du lit au-dessus de ma tête, il devint encore plus vert. Il ne savait pas quoi faire ; au bout de quelques minutes, il me demanda si ça ne m'ennuyait pas qu'il aille attendre dehors. Tout alla très vite ensuite. Deux heures plus tard, à 11 h 22, naissait Stephen (comme le Steve du *Port de l'angoisse)* Humphrey Bogart. Red me le montra dans la salle d'accouchement. Avec ses cinquante et un centimètres et ses trois kilos, il était superbe. Bogie m'attendait quand on me conduisit de la salle de repos à ma propre chambre. Tellement soulagé de me voir lui sourire, de m'entendre lui parler. J'étais encore « gaga » après l'anesthésie, mais je reconnus mon homme quand il se pencha sur moi, les larmes aux yeux, et dit : « Salut, Baby. » Ce fut le plus parfait moment de plénitude que j'ai connu de toute ma vie.

Après quarante-neuf années d'existence, Bogie avait un fils, il y avait un nouveau Bogart sur terre. J'étais prête à donner un frère ou une sœur à Stephen sur-le-champ, tant je me sentais en forme.

J'aurais pu escalader l'Everest ! Quand je tins pour la première fois le bébé dans mes bras, je me sentis transportée. J'examinai chacun des ongles de ce petit être si complet, essayai de compter ses cils... Son odeur... Ce contact. J'avais vingt-quatre ans et j'étais enfant unique, mais – je le sus tout de suite avec un instinct infaillible – j'étais faite pour être mère. Formule toute faite certes, mais les clichés sont des clichés parce qu'ils expriment la vérité.

Deux jours avant ma sortie de l'hôpital, Los Angeles connut sa première chute de neige en cinquante ans. Je me rappelle avoir regardé par la fenêtre, assise sur mon lit d'hôpital, et m'être demandée si je n'étais pas victime de mon imagination. Quelle merveille !

Le 11 janvier, l'ambulance nous ramena à la maison, Steve et moi. Comme on nous transportait vers la porte d'entrée, j'aperçus un énorme bonhomme de neige que Bogie avait passé la moitié de la nuit à construire. C'était drôle de voir les buissons de camélias blancs de neige. On m'emmena à notre chambre à coucher et Steve fut installé dans la sienne à l'autre bout de la maison. Nous avions fait poser un intercom pour que je puisse entendre le moindre bruit dans la nursery, parler à la nurse si je le désirais. Il restait branché en permanence. Harvey était fou de joie de mon retour. Le Dr Spivek nous conseilla de le laisser venir dans la chambre quand Steve était avec moi, de ne pas le tenir à l'écart, le rendre jaloux. Même le Dr Spivek traitait Harvey comme un humain.

Toutes les cinq minutes, je faisais irruption à la nursery. La nurse de Steve n'était pas particulièrement ravie, mais mieux valait qu'elle apprenne dès le début que je tenais à m'occuper le plus possible moi-même de l'enfant, que je n'avais nulle intention de l'abandonner à quelqu'un d'autre.

Le lendemain de mon retour, je prenais mon petit déjeuner au lit lorsque Bogie partit travailler. Au passage, il alla voir son fils ; j'avais branché l'intercom et soudain j'entendis une voix nouvelle, pleine de douceur : « Bonjour, fiston. Tu es un beau petit gars, pas vrai ? Moi, je suis papa. Bienvenue à la maison. » C'était si inattendu, si émouvant.

Bogie étant épiscopalien et moi juive, non pratiquants l'un et l'autre, nous n'avions rien prévu pour l'éducation religieuse de Steve.

Une semaine après la naissance de Stephen, Bogie envoya un chèque de vingt dollars au président Truman, accompagné d'un mot lui demandant de bien vouloir endosser le chèque et de le renvoyer à Steve à titre de souvenir. Deux mois plus tard, le chèque revint, avec la lettre suivante :

Cher M. Bogart,
Ci-joint le chèque que vous m'avez envoyé au nom de M. Bogart Junior.
J'espère que vous l'utiliserez pour un bon du Trésor que vous verserez avec mes compliments à son capital culturel.
Il est bien rare que je rencontre un homme qui se souvienne de ses engagements et les respecte à la lettre.
Harry S. Truman.

À l'automne 1948, Truman, au cours de sa campagne présidentielle, était venu en Californie pour une grande réunion de propagande. Au dîner qui l'avait précédée, où je me trouvais assise à côté de lui, lui et Bogie avait fait un pari sur le sexe du bébé à venir, Truman pour un garçon et Bogie pour une fille. Bogie avait donc perdu.

La réponse de Truman suscita une vive effervescence. Que c'était gentil à lui ! Lettre et chèque furent immédiatement encadrés et le sont encore à ce jour, entre les mains de leur propriétaire légitime, Steve.

Ma vie se mit alors à tourner presque exclusivement autour de mon fils. J'aurais voulu tout faire pour lui. Lorsque, au bout de trois semaines, la nurse prit une journée de congé, j'allai m'installer pour une nuit dans la nursery (ce qui n'enchanta guère Bogie), où je ne me lassai pas de contempler ce bel enfant.

Compte tenu du mauvais temps, il n'était pas question pour moi d'aller sur le bateau en hiver, mais finalement Bogie réussit à me persuader de faire une sortie de week-end. En dépit du regret que j'éprouvais d'abandonner Steve, je savourai la joie particulière de me retrouver en tête-à-tête avec Bogie. À cette occasion, je me rappelle avoir proféré une remarque que Bogie trouva inoubliable. Jetant un coup d'œil alentour sur la mer inondée de soleil, l'embarcadère blanc, la petite plage, l'eau translucide, je poussai un soupir de satisfaction et déclarai : « À quoi ça sert, l'argent, quand on peut vivre comme ça ? » Bogie faillit s'étouffer de rire.

Le problème posé par la possession d'un bateau comme le *Santana* était le coût excessif de son entretien. Il fallait donc naviguer dessus pour amortir les frais ! J'aurais bien aimé de temps à autre aller faire un tour dans le désert à l'est de Los Angeles, mais comment pouvait-on laisser à quai ce luxueux yawl inutilisé ? En vérité, j'aurais préféré une villa au bord de la plage à un bateau, mais le problème ne fut jamais abordé. J'entretenais trop d'ambitions difficiles à concilier : faire une carrière, vivre pleinement avec Bogie – et maintenant m'occuper de mon enfant. Le fait est que je voulais tout avoir, tout le temps. Dieu sait que j'ai essayé. Dieu sait que j'y suis presque arrivée.

J'allais de nouveau travailler, et il nous fallait donc trouver une nurse à demeure. Nous eûmes une chance exceptionnelle. Une femme extraordinaire nommée Alice Hartley, une Canadienne, se présenta. Elle était robuste, d'une nature calme et équilibrée. Ce qui convainquit Bogie de l'engager, ce fut la façon dont elle se débrouilla avec Harvey et Baby (la compagne que nous avions donnée à Harvey) lorsqu'ils lui sautèrent dessus quand elle essaya d'entrer dans la maison. Le film où je jouais était *La Femme aux chimères,* mis en scène par Mike Curtiz (qui traitait les acteurs de « vauriens » ; c'était un vrai numéro), avec comme partenaires Kirk Douglas et Doris Day. Je n'avais pas vu Kirk depuis des années. En 1946 Bogie et moi avions rencontré Hal Wallis à bord d'un train roulant vers la côte est. J'avais parlé à Hal de ce fantastique acteur qui jouait dans une pièce à New York ; il avait un talent fou et il fallait absolument qu'Hal aille le voir. Il faut dire au crédit de Hal qu'il suivit mon conseil et prit cet acteur sous contrat. Depuis lors Kirk était en Californie avec Diana et leurs deux garçons. Nous nous entendions bien sur le plateau, parlions du passé et du présent, flirtions un peu – en toute innocence. Malheureusement, le film fut loin d'être aussi bon qu'il aurait dû l'être. Bizarre, j'étais pourtant dirigée par l'homme qui avait mis en scène *Casablanca.* Il portait souvent des bottes d'équitation, piquant parfois de sombres colères, mais ne s'en prenait qu'aux personnes vulnérables.

Bogie tournait un autre film des productions Santana à la Columbia, et le soir nous échangions nos impressions, mais brièvement. À moins d'un ennui particulier ou d'une anecdote fascinante, Bogie préférait ne pas parler boutique à la maison. Ce qui me convenait très bien. Même quand nous tournions un film, nous invitions souvent quelques copains à dîner. Un soir, j'avais prévu un menu de gala pour un groupe de huit amis, dont John Huston. Les invités commencèrent à arriver vers 7 h 30 comme prévu. Nous prenions toujours le temps de boire un verre ou deux avant le repas. À 8 heures, tout le monde était là, sauf John. À 8 h 15, j'annonçai qu'il fallait passer à table, sinon les pigeonneaux sur canapé seraient fichus. John ne se manifesta pas du tout. J'étais furieuse. « Que ce soit ton ami ou pas, dis-je à Bogie, jamais je ne le réinviterai.

— Écoute, répliqua Bogie, il faut que tu apprennes à accepter les gens comme ils sont. John est un type marrant, plus sympathique que la plupart, mais il ne faut pas trop compter sur lui. Les mondanités ce n'est pas son fort. Prends-le comme il est. Il ne changera pas. »

Une semaine plus tard, nous nous rendions à un cocktail au Beverly Hills Hotel et John était là. Bogie alla le trouver. « Ma femme refuse de te parler, lui dit-il. Elle est vraiment furieuse. Tu ferais bien d'arranger ça. » John s'approcha de moi, me prit dans ses bras bien que je me tins raide comme un piquet. « Bonjour, mon petit chou. » Là-dessus il me fit un tel numéro de charme que je finis par me laisser attendrir. Levant les yeux sur lui, je songeai : « Bogie a raison : c'est un original, après tout. Il n'a pas son pareil. Il est un peu dingue, drôle, brillant, et mieux vaut l'avoir comme ami. » Je me mis donc à rire et Bogie fit chorus. John avait accompli sa mission. S'il vous croyait hostile à son égard, que vous soyez la femme d'un ami ou le barman, il mettait le paquet pour vous embobiner et vous désarmer. Puis, le résultat obtenu, il s'en allait. Il voulait simplement se prouver à lui-même qu'il pouvait réussir.

Les cheveux de Steve poussaient, ses dents aussi, et il était tous les jours plus adorable et plus attachant. J'avais toujours du mal à m'arracher à lui. Pas de demi-mesure pour moi, pas plus dans le domaine de la maternité que dans tous les autres. Il est bien évident que le travail prit la troisième place dans ma vie après la naissance de Steve. Je crains bien qu'il n'ait occupé la première, Bogie, la deuxième.

Je vivais tout naturellement et totalement cette nouvelle expérience. Ce qui est bien normal, je suppose. J'adorais entrer dans la nursery, respirer l'odeur du bébé. J'adorais le nourrir, le tenir. Quand je lui donnais son biberon, il prenait toujours à pleine main mon petit doigt et le tenait bien serré. Je me sentais fondre de tendresse quand Stephen me regardait, me souriait, s'endormait dans mes bras, la tête sur mon épaule. À ces moments-là, plus rien d'autre ne comptait. La présence de cet enfant, évidemment, changeait notre existence. Non seulement nous n'étions plus deux, mais quatre, car il nous fallait bien une nurse ; d'autant que Bogie admettait mal que nos relations en pâtissent sur le plan de l'intimité : il se sentait en fait un peu jaloux du bébé.

Pour la première fois de ma vie, je n'avais plus de problèmes financiers. La rapidité avec laquelle j'oubliai mes dix-neuf années de budget serré m'étonne encore. Si des chaussures me plaisaient, je n'en achetais pas une paire, mais six. Je voulais que rien ne manque dans notre nouvelle maison et commençais par acheter des cendriers, des boîtes à cigarettes, puis peu à peu m'intéressais aux antiquités. Chaque table se couvrait d'objets. Ma mère, spécialiste des ventes aux enchères, me ramena une fois une bible ancienne d'un format impressionnant que je disposais fièrement dans notre living-room. Cela fit rire Bogie. Je cherchais à acquérir une « tradition instantanée » me dit-il. La bible et tous ces vieux objets me donnaient un sentiment de sécurité, comme si je les avais collectionnés depuis des années et non des mois.

Nous étions à cette époque des gens heureux, riches et célèbres. Nous devenions un couple populaire, le bruit commençait à circuler qu'on s'amusait bien chez les Bogart. Tout le monde attendait notre réveillon de Noël et, l'année où naquit Steve, j'instaurai une nouvelle coutume en donnant une fête pour notre anniversaire de mariage. J'adorais organiser ces fêtes, essayant chaque fois de trouver un menu différent. Cela faisait partie de mon rôle d'hôtesse et d'épouse. Et, bien entendu, les invités avaient droit à une visite à la nursery.

Nos vies prenaient un peu leur rythme de croisière, s'orientaient dans un certain sens. Bogie buvait moins, ou de façon plus raisonnable en tout cas. Il avait renoncé aux cocktails et au mélange d'alcools. Quand il était ivre, ses crises de fureur étaient beaucoup moins violentes. Mais il ne s'agissait pas de s'endormir. Chaque fois que je croyais pouvoir me laisser aller et faire *tout* ce que je voulais, il mettait aussitôt le holà. J'avais beau bien le connaître, ses réactions étaient imprévisibles. Comme il l'avait dit avant notre mariage, il entendait être heureux en ménage, sans pour autant sombrer dans le genre popote. Il aimait entretenir chez autrui une certaine incertitude.

Nous fîmes notre premier voyage à New York depuis la naissance de Steve en septembre. Nous allâmes dîner un soir au 21 avec quelques amis, dont Billy Seaman, un vieux copain de beuveries de Bogie. Le dîner dura longtemps, l'alcool coula à flots et nous rentrâmes tous les trois à pied au Saint Regis Hotel. Là-dessus, Bogie voulut aller boire un verre quelque part. Je n'en avais quant à moi pas la moindre envie. J'essayai de le persuader de venir se coucher, mais il ne voulait rien savoir. Cette obstination d'ivrogne dont il pouvait être capable me mettait hors de moi ! En rage, je montai donc à notre chambre, tandis qu'il s'en allait avec Billy boire le coup de l'étrier. Vers quatre heures du matin, Bogie me réveilla, tenant de chaque côté de lui deux énormes pandas en peluche, et affublé de bretelles rouges du Stork Club, pour m'annoncer qu'il avait eu des petits ennuis et pensait qu'on en aurait des échos le lendemain. Quatre heures plus tard, en effet, autrement dit à 8 heures du matin – ces gens-là se lèvent tôt – on remit en main propre à M. Bogart une assignation devant le tribunal pour voies de fait.

Il décida de prendre l'oncle Charlie comme avocat. Charlie fut ravi. De tous les procès qu'il plaida, ce fut celui dont il conservait le meilleur souvenir. La presse s'en donna à cœur joie. Apparemment, Bogie et Billy avaient acheté deux pandas au Stork Club, les avaient emmenés au El Morocco et les avaient installés à leur table en guise de cavalières. L'agent publicitaire du El Morocco et un échotier qui cherchait toujours à semer la zizanie incitèrent Robin Roberts, une jeune personne qui faisait beaucoup parler d'elle, à essayer de prendre le panda de Bogie. Comme elle l'empoignait, Bogie la repoussa en disant : « Foutez-moi la paix ! Je suis marié et heureux en ménage ! » Elle tomba en arrière – et porta plainte. Quand on demanda à Bogie s'il avait bu, il répliqua : « À 4 heures du matin, tout le monde est saoul, non ? » D'une façon générale, il avait toujours l'impression que le monde entier était perpétuellement en retard de trois verres. Quand on lui demanda s'il avait frappé cette jeune femme, il répondit : « Je ne frappe jamais les dames – c'est bien trop dangereux. » S'il n'avait pas déjà été un héros, il le serait devenu après l'incident du panda.

Charlie plaida devant le tribunal que Bogie avait défendu son bien, que cette femme cherchait seulement à se faire de la publicité et avait essayé d'utiliser Bogart dans ce but. Elle avait fait une entrée spectaculaire dans la salle d'audience, avec deux marques d'un bleu noirâtre dessinées au fard sur la gorge. Charlie prit feu et flamme. Le juge donna ses conclusions. « M. Bogart protégeait son bien légitime, usant pour ce faire de la force nécessaire. Reste à savoir s'il en a trop usé. Les preuves ne sont pas suffisantes – la plainte est rejetée. » La foule devant le tribunal acclama Bogie. Bogie acclama le verdict et son avocat. Nous allâmes tous déjeuner au 21, et Steve et Scott Johnson héritèrent chacun d'un panda.

Nous étions de retour en Californie et à bord du *Santana* quand nous apprîmes par la radio la mort de Walter Huston. Nous regagnâmes la ville en toute hâte. Walter habitait au Beverly Hills Hotel ; nous y avions passé une soirée tous ensemble quelques jours auparavant. Cette mort si brusque nous attrista considérablement. Je pris plus que jamais conscience de l'amour profond que John éprouvait pour son père. Il y eut un court service religieux. Un buste de Walter était posé sur un piédestal et Spencer Tracy lut le 23e Psaume (mon préféré). C'était très beau et très émouvant. Vers le milieu environ, un profond sanglot à demi étouffé échappa à John. Un son déchirant. Je le regardai et, à partir de ce moment-là, je le vis sous un jour différent. J'étais très heureuse qu'il soit marié maintenant à la ravissante Riki Soma et qu'elle attende un bébé. La paternité était la seule expérience qui lui manquait, et il voulait quelqu'un à son image. C'était une des choses qu'il enviait à Bogie. Une vie se terminait, une autre commençait.

Je tournais en 1950, pour la Warner, *Le Roi du tabac* avec Gary Cooper et Patricia Neal, mis en scène une fois de plus par Mike Curtiz. « Coop » était un des hommes les plus séduisants que j'aie jamais vus, avec ses yeux de myosotis. C'était un vrai professionnel, mais il n'était pas toujours à l'heure. Un matin, comme il était une fois de plus en retard, Mike s'emporta au point de s'en prendre à moi avec violence. Je n'ai jamais su comment me conduire dans ce genre de situation. Je deviens inarticulée et en général me mets à pleurer. Ce jour-là, tandis qu'il hurlait et fulminait : « Ce propre à rien ! », je me retirai, en larmes, dans ma loge. Coop arriva enfin, avec un retard après tout négligeable. Mike se montra débordant d'affection : « Gary, mon chéri, comment vas-tu ?... » Coop savait que Mike était un faux jeton, mais il jouait le jeu.

Jack Warner ne cessait de me confier des scénarios désastreux et j'étais sans cesse suspendue. J'essayai d'obtenir de Charlie Feldman qu'il le persuade de me rendre ma liberté, mais il n'en était pas question. Je commençai également à éprouver une certaine impatience envers Charlie. J'étais Mme Bogart depuis quelques années, et tout le monde trouvait que j'avais une personnalité extraordinaire, mais on ne pensait plus à moi en tant qu'actrice. J'étais la femme de Bogie, donnais des dîners et des soirées formidables, mais il n'était plus question de travail pour moi. C'était vraiment frustrant. Je voulais poursuivre ma carrière. Dès le début, Bogie avait bien précisé qu'il n'interviendrait jamais en ma faveur, n'essaierait pas de me faire engager dans un de ses films, n'en ferait pas une condition pour accepter de tourner. Il me donnait des conseils si je lui en demandais, mais jamais il n'appela un producteur ou un metteur en scène pour essayer de me trouver du travail. Bien que ravie d'être Mme Bogart, je n'avais nulle intention de laisser Mlle Bacall sombrer dans l'oubli.

John avait parlé à Bogie d'*African Queen*. Je rêvais de faire ce voyage. Bogie aimait la vie qu'il menait ; ses petits voyages à New York lui suffisaient amplement. Pour finir, Sam Spiegel annonça à Katharine Hepburn qu'il avait Bogie et John ; à John qu'il avait Katie et Bogie ; à Bogie qu'il avait John et Katie – et le tournage d'*African Queen* fut décidé. J'étais au comble de l'excitation, mais Bogie savait que John s'arrangerait pour dénicher en Afrique les lieux de tournage les plus inaccessibles, et l'idée ne le réjouissait guère. Nous décidâmes de partir début mars par bateau, d'abord pour Paris, puis Londres, avant le début du film. La seule chose qui me désolait, c'était de quitter Steve, mais il viendrait nous rejoindre à Londres avec Mlle Hartley après l'Afrique.

Ma mère était venue en Californie plus tôt que d'habitude pour fêter le premier anniversaire de Steve. Un matin je reçus un coup de fil de Charlie m'annonçant que Jack était mort alors qu'il passait des vacances à la Jamaïque en compagnie de Vera. Je me rappelle avoir guetté depuis la fenêtre de ma chambre l'arrivée de ma mère et l'avoir vue se diriger vers la porte d'entrée, tout heureuse. Dès que je lui ouvris, elle comprit, comme toujours, qu'il s'était passé quelque chose. J'avais toujours été très proche de Jack, et je versai sur lui des larmes amères. J'avais aussi beaucoup d'affection pour Vera et me désolais pour elle. La présence de mon mari me fut très précieuse durant cette période.

Tous les vaccins, si douloureux, avaient été faits, les soirées d'adieu données ; les passeports étaient en règle, y compris celui de Steve et celui de Mlle Hartley.

J'ai encore un serrement de cœur quand je me rappelle le chagrin que j'éprouvais à quitter Steve. On se dit dans ces cas-là : « Mais pourquoi pars-tu, bon sang ? Qu'est-ce que tu fabriques ? » Puis, bien sûr, on réagit et on songe : « Tu pars avec ton mari, qui ne croit pas à la séparation dans un couple, et qui travaille. Ta vie avec lui ne peut pas s'arrêter pour ton fils. Et, reconnais-le, tu as envie de voir tous ces pays inconnus. » Alors la cervelle bourdonne, la gorge se serre, le cœur est douloureux. J'ai bien dû me retourner une centaine de fois pour regarder Steve, agiter la main et lui envoyer des baisers, les larmes aux yeux.

À cette époque, l'avion pour New York faisait escale à Chicago. Lorsque nous atterrîmes, un employé de la compagnie aérienne monta à bord et nous annonça qu'il y avait un message pour nous. Que s'était-il passé, pour l'amour du ciel ? Eh bien, au moment où notre avion décollait, Mlle Hartley, portant Steve dans les bras, avait eu une attaque et avait été emmenée immédiatement à l'hôpital. Steve allait bien, il était à la maison en compagnie de Lynn et de la mère de Carolyn. Pauvre Miss Hartley. Bogie et moi étions atterrés. Dès notre arrivée au Saint Regis, nous appelâmes : Mlle Hartley était morte sans avoir repris conscience. Le Dr Spivek trouva une nurse nantie d'excellentes références, avec laquelle j'eus une longue conversation depuis une cabine téléphonique du 21. Comme le disait le docteur : « Tout ira bien pour Steve. Peut-être pas pour vous, mais pour lui, si. »

Nous embarquâmes donc sur le *Liberté*. Quoi de plus romanesque qu'une traversée de l'Atlantique ! Votre univers, pendant tout le voyage, se résume à ce bateau, et rien de ce qui se passe à l'extérieur ne peut vous toucher. Bogie était dans son élément. Le français que j'avais appris en classe me revenait assez facilement, et j'en fus la première surprise. Bogie était très fier de moi. Je me faisais, en parlant français, l'effet d'une créature mystérieuse et excitante.

Nous débarquâmes au Havre, où une voiture et un chauffeur nous attendaient pour nous conduire à Paris, la plus belle, la plus romantique ville du monde. Nous nous arrêtâmes dans un café à Rouen pour prendre des sandwichs au jambon et au fromage. Jamais je n'avais goûté de pain aussi délicieux. La nourriture la plus simple était joliment présentée, les meubles, même rustiques, avaient du style. Je demandai au chauffeur de me prévenir un peu avant l'arrivée à Paris pour ne pas être prise au dépourvu. Je ne me tenais plus d'impatience. Soudain le chauffeur annonça : « On aperçoit la tour Eiffel. Dans dix minutes, vous serez au centre de Paris. » Je tenais la main de Bogie étroitement serrée dans la mienne. Peut-être ai-je été française dans une autre vie, sinon pourquoi une émotion si vive ? Et puis ce fut l'Arc de Triomphe, la place de la Concorde, la Seine, le Louvre, la Rive gauche, tant de beauté ! Je n'avais pas les yeux assez grands pour dévorer ce spectacle. Puis la place Vendôme et le Ritz, où nous allions habiter. Paris semblait si aéré : pas de rues encombrées, pas de gratte-ciel, le ciel était si bleu, notre appartement au Ritz si élégant. Une fois installés, nous retrouvâmes

Harry Kurnitz, qui vivait à Paris depuis qu'il figurait sur la liste noire. Nous partîmes à pied, nous arrêtant au fameux Café de la Paix, où il suffit de rester suffisamment longtemps, paraît-il, pour rencontrer tous les gens qu'on connaît. S'asseoir à une terrasse pour boire un café ou un verre, se laisser imprégner par l'atmosphère de la France... Les Champs-Élysées, avec leurs marronniers m'enchantèrent. Je voulais tout voir. Harry nous emmena dîner à la Tour d'Argent, avec Frank Capra et Art Buchwald. Et voilà la petite fille du Bronx, de Brooklyn et de Manhattan assise à Paris derrière une fenêtre de la Tour d'Argent, avec Notre-Dame illuminée, et à ses pieds la Seine et les chapelets de réverbères sur les ponts.

Pourtant, je ne pouvais rien avaler. Ma première soirée à Paris, et impossible d'avaler une bouchée. Mon estomac se rebellait. Bogie me ramena au Ritz, où je m'effondrai, en larmes. Après m'être ainsi défoulée, je pus me livrer chaque jour aux joies du tourisme. Nous visitâmes tous les musées, Versailles, Fontainebleau, allâmes aux courses, aux puces, chez Dior, suivis à la trace par les journalistes. Ce fut également à Paris que débuta notre amitié avec Anne et Art Buchwald. Mon français s'améliorait de jour en jour, et j'achetais tout ce qui me tombait sous la main. Nous avancions dans une rue, et des inconnus vociféraient soudain : « Humphrey Bogart » et débitaient des flots de paroles à la vitesse d'une mitrailleuse. Bogie lui-même, qui n'avait jamais eu envie de voyager, adorait Paris, en appréciait la beauté et tous les plaisirs qu'offrait cette ville. Le moment de repartir arriva trop vite. Je n'ai jamais pu quitter Paris sans un serrement de cœur. Je suis amoureuse de l'Arc de Triomphe ; le Lincoln Memorial mis à part, c'est le monument qui m'a le plus fait battre le cœur. Pour quelle raison, je n'en sais trop rien. Chaque fois que je le vois, jamais assez souvent à mon gré, je me sens étreinte par l'émotion. Sous n'importe quel angle, à n'importe quelle heure, par n'importe quel temps, il est symbole de puissance, de beauté, de vérité.

Nous gagnâmes Londres par le transbordeur, pour la première et la dernière fois pour moi. La traversée agitée de la Manche ne me réussit pas du tout. Après Paris, il fallait un certain temps pour s'habituer à Londres. Paris, c'était la fantaisie, l'imprévu. Londres semblait presque morne, désuet, pompeux, apprêté.

Dans l'un et l'autre pays, Bogie faisait sensation partout où il apparaissait, sa seule présence attirait la foule et les journalistes. En

Californie, on ne prête guère attention aux vedettes – il y en a partout – aussi ne m'attendais-je pas à la réaction que nous provoquions à l'étranger. Elle ne s'adressait pas à moi, mais uniquement à lui. Bogie a toujours dit qu'il fallait dix ans pour devenir une véritable vedette. Définition : partout où l'on va, n'importe où dans le monde, on vous reconnaît. C'était le cas pour lui, et j'étais impressionnée.

Sam Spiegel, John et Peter Viertel étaient à Londres, et le moment de s'atteler au travail semblait donc se rapprocher. Il y eut une conférence de presse au Claridge, et je me mis sur mon trente et un en tailleur de Balenciaga, mais fus éclipsée par Katharine Hepburn, en pantalon. Je la connaissais à peine, éprouvais la plus vive admiration pour elle et ne savais absolument pas de quoi lui parler. J'espérais simplement qu'elle me trouverait sympathique ; nous allions passer huit semaines ensemble en Afrique.

Rome fut notre étape suivante. Au premier coup d'œil, depuis l'avion même, Bogie en tomba amoureux. La coloration générale, la terre rouge, tous les tons de sépia le transportaient. On entend prononcer des noms – Paris, Londres, Rome – mais sans vraiment avoir conscience de l'existence de ces villes, jusqu'à ce qu'on les voie de ses propres yeux et qu'on en foule le sol.

Nous passâmes quatre jours à Venise. Dès l'atterrissage de l'avion, les journalistes se mirent à nos trousses, et nous traversâmes le Grand Canal suivis d'une armada de bateaux. C'était tellement drôle : ils nous prenaient en photo, nous les prenions en photo ; partout où nous allions, nous étions mitraillés. À notre première visite à la place Saint-Marc, nous nous retrouvâmes entourés d'une foule épaisse – fans et journalistes –, mais notre enchantement ne fut en rien entamé. Rien ne pouvait nous décevoir dans cette ville tout droit sortie d'un conte de fées.

Nous retournâmes à Rome pour notre audience avec le pape. Mon éducation juive me préparait mal à cette rencontre. De l'avis général, il me faudrait me conduire exactement comme les autres – au cours d'une audience « privée », le pape peut recevoir de dix à quarante personnes. Nous étions tous les deux très excités – non seulement à l'idée de rencontrer le pape, mais aussi de pénétrer dans l'enceinte sacrée du Vatican. Le concierge avait une collection de voiles noirs à prêter pour la circonstance – un petit commerce. Un envoyé de Monsignor Carroll-Abbing vint nous chercher à l'hôtel et, tenant des photos de Steve à la main, nous partîmes pour notre aventure. Nous dûmes remettre notre invitation à la porte, et, malgré mes supplications, le préposé refusa de nous la rendre. Nous fûmes conduits au musée du Vatican, puis, par une longue galerie pleine de trésors, jusqu'à la chapelle Sixtine, et de là dans une pièce gigantesque appelée la salle du Trône, dont le plafond est recouvert de plaques d'or provenant des États-Unis. Au bout d'un moment, un garde apparut, nous appela, en même temps que dix autres personnes, et nous fit traverser cinq pièces, chacune plus petite que la précédente. Nous arrivâmes enfin à une salle très exiguë pour attendre l'instant solennel. Il régnait un profond silence et je tenais étroitement la main de Bogie pour me calmer. Un cardinal entra et nous fit signe de nous reculer le long du mur. C'était très intimidant. Nous formions un demi-cercle. Un autre cardinal et un Monsignor apparurent, et, derrière eux, Sa Sainteté. Je m'étais attendu à voir son entrée annoncée par des trompettes, mais le silence continua à régner. Chacun s'agenouilla puis se releva, et il entreprit de saluer un par un tous les assistants. Il était plus petit que je l'avais imaginé, tout en blanc à l'exception de ses mules en velours rouge. Chacun à tour de rôle s'agenouillait et baisait son anneau. J'étais pétrifiée, et quand il arriva devant moi il me fixa d'un regard intense, me prenant la main, qu'il garda dans la sienne. Comme j'essayais de m'agenouiller, je m'aperçus que j'étais coincée contre une table et ne pouvais bouger. Il nous demanda à Bogie et à moi qui nous étions et d'où nous venions. Bogie lui montra les photos de Stephen, qu'il bénit. Il nous accorda également sa bénédiction et nous remit une médaille. J'étais hypnotisée par l'aura de paix qui semblait l'entourer. Et c'est vrai qu'il me fixa d'un long regard appuyé, brûlant, à tel point que ce soir-là, tandis que nous buvions un verre, Bogie plaisanta : « Ne t'étonne pas si le Vatican t'appelle pour te dire que le pape veut te revoir ! »

Partant pour l'Afrique, nous arrivâmes à l'aéroport pour tomber sur une nuée de journalistes et une batterie de projecteurs. Kathie Hepburn était introuvable – le bruit courait qu'elle était déjà dans l'avion, mais quelqu'un avait regardé et ne l'avait pas trouvée. Au bout d'un moment, Bogie, petit malin, me chuchota de monter à bord et d'aller jeter un coup d'œil dans les toilettes. J'ouvris la porte, et Katie était là, en effet, riant à gorge déployée à l'idée d'avoir blousé les journalistes. Nous bavardâmes un moment, puis, horrifiées, nous vîmes monter à bord un cameraman des actualités, armé d'un projecteur. Katie resta bouclée dans les toilettes, Bogie et moi nous laissâmes photographier pour calmer le cameraman ; puis, les portes fermées, Katie réapparut et nous nous envolâmes vers la sombre, la mystérieuse Afrique. Destination Léopoldville, la capitale du Congo belge. Je ne sais pas comment j'imaginais le Congo – huttes d'herbe sèche, tam-tam –, mais en tout cas je ne m'attendais pas à trouver la presse congolaise et le consul américain nous attendant à l'aéroport. Bogart et Hepburn étaient vraiment connus dans le monde entier ; si j'avais eu le moindre doute à ce sujet, il était maintenant dissipé. Nous traversâmes un village. Il y avait des huttes, mais pas en herbe sèche, une grande mosquée blanche avec un dôme vert, des femmes vêtues de cotonnades aux éclatantes couleurs, portant chacune quelque chose sur la tête et un enfant dans leur dos, le buste très droit.

Nous passâmes la nuit à l'hôtel. Avant le dîner, je pris un bain. Comme je m'asseyais dans la baignoire – une baignoire ordinaire – j'aperçus au-dessus de la porte, au ras du plafond, un scorpion. Ne voulant pas montrer ma terreur à Bogie, je sortis avec précaution de la baignoire – pour ne pas alerter la bête – et empoignai le caillebotis en bois qui tenait lieu de tapis de bain. Il me fallait écraser cette créature avant qu'elle ne descende jusqu'au sol. Je projetai le caillebotis ; en un éclair, le scorpion dévala le mur et franchit la porte. « Qu'est-ce qui se passe, bon sang », demanda Bogie, qui retrouva le monstre, le coinça et le tua. Bogie me fit la leçon : « Écoute, si tu dois avoir une attaque chaque fois que tu vois une bestiole, tu ferais mieux de reprendre l'avion et de rentrer. Tu es en Afrique, mon petit chou, il y a des insectes et des animaux partout ; il faut t'y habituer. » Jamais ! pensai-je, mais je répliquai : « Mais bien sûr, mon chéri, j'ai simplement été surprise. »

Finalement nous traversâmes le Congo et montâmes à bord d'un train pour Ponthierville. Nous dépassâmes de nombreux villages, de plus en plus primitifs à mesure que nous nous enfoncions dans le Congo. De Ponthierville, nous gagnâmes Biondo. Après une heure de trajet en voiture, nous arrivâmes à une petite rivière. La voiture fut hissée sur un radeau composé de quatre grandes pirogues, et quatre hommes, armés de gaffes, nous menèrent sur l'autre rive. Encore une heure de trajet et nous arrivâmes au camp, où John nous attendait (installé au bar). Nous veillâmes jusqu'à 1 heure du matin à écouter John nous parler de l'Afrique et de la chasse à l'éléphant. Il voulait m'emmener à un safari. « Il faut seulement ne pas oublier de rester sous le vent par rapport à eux ; si un de ces gros éléphants flaire une odeur inconnue dans l'air, vous êtes foutu. » Il adorait le pays, les animaux, la chasse, très macho à la Hemingway. Nous nous écroulâmes dans notre lit, épuisés, sous la moustiquaire.

Les bungalows étaient faits de bambou et de feuilles de palmier, avec des petites fenêtres protégées de treillis et des penderies fermées d'un rideau. Toilettes et douches en plein air. Les douches consistaient en un tonneau métallique rempli d'eau et accroché en l'air. Quand on tirait sur une chaîne, l'eau tombait par des trous conçus à cet usage.

Au début, Katie semblait nerveuse et parlait avec un débit saccadé. Elle et moi ne nous connaissions pas encore très bien – je ne pouvais à l'époque l'apprécier à sa juste valeur. J'en vins à la conclusion qu'elle s'étourdissait de paroles parce que c'était une femme seule, dans une partie inaccessible du monde, à la merci de Huston et de Bogart, sur qui elle avait entendu toutes sortes d'histoires, dont la moindre était qu'ils buvaient. Dans son appréhension pensais-je, elle s'efforçait de donner l'impression qu'elle pouvait se tirer de n'importe quelle situation. Et en fait c'était le cas. Elle me parla de sa famille, de sa carrière au théâtre et au cinéma. Il fallait vraiment avoir du cran pour voyager si loin sans la présence d'un ami ou d'un compagnon. Je n'avais aucune idée de son opinion sur nous. Notre sympathie réciproque ne s'affirma, ne s'épanouit qu'avec lenteur, mais elle se transforma en une amitié profonde, à toute épreuve, une des plus précieuses de toute mon existence, et qui ne s'est jamais démentie.

Pendant qu'ils partaient répéter tous les trois, j'essayais d'aménager notre bungalow. Nous avions de l'eau potable pour nous brosser les dents, une cuvette pour nous laver, et c'était tout. Il n'y avait rien d'autre à faire que lire, écrire et manger. Nous décidâmes dès le premier soir qu'il était plus sage de ne pas demander ce que nous étions en train de manger. Mieux valait ne pas savoir. J'avais une liste de cinquante mots usuels en swahili à étudier et des fléchettes pour me distraire après le dîner. Katie et moi commençâmes à comparer nos piqûres de fourmi – malgré les moustiquaires, ces petites bêtes trouvaient inexorablement leur chemin pour goûter à la chair humaine, où elles laissaient de grosses boursouflures rouges.

Nous eûmes deux jours de pluie torrentielle. Sam Spiegel, à 2 heures du matin, avait été coincé sur le radeau en traversant la rivière pour rejoindre le camp. Lorsque le ciel s'éclaircit, nous descendîmes le fleuve sur un grand remorqueur similaire à l'*African Queen*. Un indigène éventait chacun d'entre nous avec des roseaux pour écarter les mouches. Le premier jour de tournage, il plut, mais le temps finit par se lever suffisamment pour qu'on puisse s'embarquer sur le fleuve et gagner les lieux de tournage. Le chef local arriva en grande tenue, chapeau à plumes, pagne rouge, médailles, couteaux, bracelets, médaillons, une lance à la main. On lui avait laissé entendre qu'il figurerait dans le film. Du coup, il avait mis tous ses hommes au travail pour bâtir notre camp ; sans lui, rien n'aurait été possible, et il fournissait en outre la main-d'œuvre quotidienne pour les bateaux, le radeau de la caméra, le camp et ainsi de suite.

Quand le tournage commença réellement, le trajet sur le fleuve devint une véritable expédition. Outre l'*African Queen*, il y avait un autre bateau similaire pour remorquer et filmer, un radeau avec la caméra, les techniciens et la loge de Katie, assemblée avec des bambous. Elle emportait toujours un grand miroir pour pouvoir vérifier sa tenue, il se cassa en deux au début du tournage. En professionnelle qu'elle était, sachant cet objet indispensable, au lieu de jeter les morceaux, elle garda le plus grand et continua à s'en servir. Quand nous avions besoin de nous isoler, nous nous enfoncions dans les bois toutes les deux, et l'une de nous faisait le guet. Nous étions un sujet de stupeur permanent pour les indigènes. Lorsque nous craquions une allumette, faisant jaillir une flamme, ils se mettaient à marmonner en swahili. Ils ne voyaient pas à quoi pouvait servir une caméra. Je m'asseyais parfois en short derrière ma machine à écrire, et cette seule vision devait déjà leur paraître bizarre, mais quand, en plus, les touches crépitaient, ils échangeaient des regards et se mettaient à psalmodier dans leur langue. Ils croyaient sans doute que je me livrais à une pratique vaudou.

Le travail avançait très lentement. Il y eut une prise de bec une fois entre John et Bogie. Quand il pleuvait, John partait chasser, mais Bogie aurait voulu qu'il se soucie davantage du film. Bogie était bien différent de John ; il voulait regagner la civilisation. Il avait une vie qu'il avait construite et qu'il chérissait. Celle de John semblait se fixer là où il tournait un film. Il aimait changer d'endroit. Ils se complétaient donc très bien tous les deux et donnaient le meilleur d'eux-mêmes quand ils travaillaient ensemble. John, c'était la fantaisie ; Bogie, la réalité.

Je n'aime pas me sentir dépendante dans la vie, aussi, pour servir à quelque chose, j'entrepris de m'occuper des repas de midi, qui étaient parfaitement immangeables. Le tournage se poursuivit sans encombre pendant plusieurs jours, à part quelques légers retards provoqués par divers incidents mineurs : pas d'essence dans l'*African Queen* ou le canot, l'apparition d'un mamba vert qui, tout compte fait, n'était pas un mamba vert, ou la chute de deux ou trois techniciens dans le fleuve. On pouvait attraper toutes sortes de maladies au contact de l'eau, l'une des plus graves étant la bilharziose, provoquée par une larve qui s'infiltre sous la peau. Fort heureusement, aucun membre de la troupe ne fut contaminé.

Et tous les problèmes matériels ! Un matin nous étions remorqués sur le radeau tandis que la caméra et les techniciens étaient tirés par l'*African Queen*, sur lequel Katie et Bogie jouaient une scène. Je me rappelle John tournant soudain la tête vers le remorqueur en amorçant une courbe, le radeau s'était coincé contre des troncs d'arbre, entraînant le dais de la maquette. La chaudière faillit tomber sur Bogie et Hepburn ; Guy Hamilton, l'assistant de John, la retint de justesse et se brûla gravement. Les lampes faillirent tomber... C'était terrifiant, un vrai miracle que personne d'autre ne fût blessé. Dans la pure tradition anglaise, la caméra n'avait pas cessé de moudre de la pellicule.

Le lendemain de cet incident, John vint prendre le café avec nous dans notre bungalow avant de partir sur les lieux de tournage. Nous nous levions à 6 h 30, sept jours par semaine, pour essayer d'avoir toute une journée de travail devant nous. Guy Hamilton apparut et chuchota une phrase à l'oreille de John. John, un instant interloqué, répliqua : « Ce n'est pas possible. Tu veux bien répéter ça ? » Et Guy répéta : « L'*African Queen* a coulé. » On avait demandé aux indigènes de surveiller le bateau, et ils avaient respecté la consigne : ils ne l'avaient pas quitté des yeux pendant qu'il coulait. Nous nous précipitâmes au bord du fleuve, et, en effet, le pauvre *Africain Queen* était couché sur le flanc, envahi d'eau. Quelques prises purent être tournées avec la maquette pendant que Guy et cinquante hommes sortaient le vieux *Queen* de l'eau et que les mécaniciens se mettaient au travail. Nous attendîmes, les regardant faire, prenant des photos. Katie et moi quittâmes le radeau plus tôt pour aller visiter une plantation de café. À notre retour, l'hélice avait été démontée et l'on était en train de la remodeler à coups de masse. À l'aide de bois et de feuilles de palmier, les indigènes avaient fabriqué un ingénieux soufflet pour attiser les flammes. Les techniciens étaient épuisés, mais personne ne perdit jamais son sang-froid. Ils formaient vraiment une équipe fantastique, ne se plaignant pratiquement jamais, toujours patients, toujours prêts à donner un coup de main, que ce fût leur boulot ou pas, gardant leur bonne humeur malgré tous les obstacles et continuant à faire un travail impeccable.

L'*African Queen* était de nouveau à flot, alléluia ! Il n'y avait plus qu'à manœuvrer pour descendre ou remonter le fleuve et à contrôler le radeau en essayant d'éviter les troncs d'arbre flottants, qui pouvaient surgir à tout moment.

Katie et moi regagnâmes le camp ce soir-là et, à peine entrées dans nos bungalows respectifs, en ressortîmes en hurlant. Ils avaient été envahis par des milliers de fourmis. Il y en avait un épais tapis par terre, dans nos vêtements, c'était terrifiant. On dut placer les pieds de nos lits de camp dans des boîtes remplies de pétrole. Nos boys indigènes ne se couchèrent pas de la nuit afin d'alimenter des feux pour stopper une invasion générale. J'en frémis encore quand j'y pense. Ces fourmis d'Afrique sont énormes et leur progression est rapide et inexorable. Dès qu'elles pénètrent sur un territoire, il leur appartient. Rien n'aurait pu les arrêter. Même les éléphants s'écartent devant elles. Je n'avais rien d'un éléphant et étais bien décidée à ne pas m'attarder dans les parages.

Le chef organisa une fête d'adieu pour notre dernier jour, les indigènes dansèrent de nouveau, s'agitant frénétiquement dans toutes les directions. À un moment je me joignis à eux, mon bdingo à la main, et avec leurs tambours nous improvisâmes une jam-session.

Comme nous roulions vers Ponthierville, nous passâmes devant une forêt de bambous. « Arrêtez la voiture, dit Katie. J'ai toujours eu envie de m'asseoir au milieu d'une forêt de bambous. » Je crus que Bogie allait exploser. Nous étions tous en train d'essayer de filer de là, et Katie voulait s'asseoir au milieu d'une forêt de bambous ! Mais la voiture s'arrêta et Katie descendit – et moi avec. « Flûte, après tout, pendant que je suis ici, autant voir à quoi ressemble une forêt de bambous. Je n'en aurai peut-être plus jamais l'occasion. » La forêt était superbe et il y régnait un calme merveilleux.

Pendant toute cette période, Bogie eut souvent les nerfs à vif. Il avait l'impression que jamais plus on ne quitterait l'Afrique. John adorait ce pays, Katie également, et moi de même, sauf que je m'ennuyais de Steve. Pas étonnant que Bogie se soit rongé les sangs : il se voyait coincé encore pendant des mois en Afrique, à travailler avec John. Tout était possible.

Un des techniciens eut une crise d'appendicite. J'étais la seule, docteur compris, à avoir apporté des antibiotiques. Je les lui donnai, ce qui évita le pire à ce malheureux Anglais, qu'on emmena en toute hâte à Stanleyville pour y être opéré sur-le-champ. J'avais emporté de Californie tous les médicaments possibles pour les cas d'urgence, et presque tous furent utilisés !

Nous arrivâmes finalement au prochain lieu de tournage, Butabia, un ravissant petit village en huttes d'herbe sèche. Le jour de notre arrivée, on nous montra fièrement la peau d'un python de près de cinq mètres de long qui venait d'être tué d'un coup de fusil. Atroce. On nous mit également en garde contre une vipère de l'endroit, à tête plate et triangulaire, de la couleur de la terre et très difficile à repérer. Sa morsure entraînait une mort douloureuse et presque immédiate.

Nous allions habiter durant les quelques semaines à venir à bord d'un vapeur à roues à aubes, de trente-cinq mètres de long, appelé le *Lugard II.* Sur le pont principal s'alignait une rangée de cabines, petites mais plaisantes. En attendant que le matériel soit prêt, nous avions une journée de libre. Katie et John partirent à la chasse ; Bogie, Ted Moore, le cadreur, le capitaine et moi allâmes pêcher sur le lac Albert. J'attrapai une perche du Nil de cinq livres et la rejetai, mais quel plaisir de la sortir de l'eau !

Bogie était parti au travail à 7 heures. Je le rejoignis plus tard sur les lieux de tournage pour découvrir que tout était allé de travers et qu'on ne tournerait pas ce jour-là. En retournant au bateau, nous rencontrâmes un camion en panne sur lequel étaient chargés la chaudière de l'*African Queen* et autres pièces essentielles, et plus loin une Buick enlisée depuis plus d'une heure, entourée d'ingénieurs du son et de machinistes. Nous fîmes demi-tour et une scène violente éclata entre John et Sam Spiegel. Sam se plaignait de la lenteur du tournage. John explosa, disant à Sam qu'il n'y avait même pas d'eau potable à boire et que la nourriture était immangeable, ce sur quoi Sam se tourna vers moi et me demanda : « Vous ne pourriez pas vous en occuper un peu, non ? » John, l'écume aux lèvres, lui hurla : « Ne lui parle pas comme si elle était ta domestique ! Elle n'a pas cessé de se rendre utile depuis le début ! Si tu ne t'arranges pas pour que nous ayons de l'eau et une nourriture correcte, j'arrête le boulot complètement ! » Il était assez terrifiant dans sa fureur. L'Afrique était en train d'avoir le dessus. À part cinq techniciens, tout le reste de l'équipe se sentait mal-en-point. Même moi, qui avais eu de la chance jusqu'alors, je n'étais pas dans mon assiette. Vers 2 h 30 un après-midi s'éleva le cri tant attendu : « Brûlez le village ! » Ce fut le signal, les indigènes courant dans toutes les directions, les huttes qui flambaient comme des torches, des fragments de toit fusant en l'air. Puis vint la pluie et il nous fallut rester jusqu'au lendemain. Enfin le dernier jour de tournage à Butabia, et nous voilà partis à 5 h 30 du matin pour les chutes de Murchison. Après avoir remonté la rivière, nous arrivâmes au Nil Victoria et j'aperçus mes premiers crocodiles et hippopotames.

Après avoir pendant six semaines arboré une barbe hirsute, Bogie se rasa enfin. J'avais presque oublié son visage, ne l'ayant pas vu depuis si longtemps. Il avait une mine superbe, bien que le régime africain lui eût fait perdre quelques kilos.

Il y avait tant de techniciens cloués au lit – certains atteints de dysenterie, amibienne ou pas, d'autres de maladies inconnues, quelques-uns de paludisme – qu'il fallut interrompre le tournage pendant trois jours. Même Katie dut s'aliter – elle était mal-en-point, nauséeuse en permanence, mais ne se plaignait jamais et ne manqua pas un seul jour de travail. Dieu, que je l'admirais ! Elle avait des opinions et n'hésitait pas à les exprimer et à s'y tenir, et parfois elle rendait Bogie enragé – surtout, je pense, parce qu'ils se ressemblaient tellement et aussi parce qu'il la savait prête à rester en Afrique à jamais si c'était nécessaire.

Le travail reprit enfin, et du coup le moral général remonta. Je jouais les Florence Nightingale pour les techniciens encore confinés au lit, bavardais avec eux – ils me parlaient de leur femme, de leur petite amie et de l'Angleterre –, j'écrivais parfois des lettres pour eux. Ils avaient tellement envie de rentrer au pays. Moi je voulais tout simplement voir Steve – il avait deux ans et demi maintenant, j'avais manqué quatre mois de sa croissance. Je ne cessais de penser à lui, mais une crainte superstitieuse d'un nouveau retard m'empêchait de compter les jours. John restait persuadé que le 15 juillet serait le jour du départ. Je câblai à maman d'organiser l'arrivée de Steve à Londres pour le 20. Mais avec tous ces perpétuels changements, qui savait ce qui risquait d'arriver ?

Le courrier nous apporta une lettre de ma mère annonçant la mort de Mayo. Je prévins Bogie, qui, pour tout commentaire, déclara : « Dommage. Quel gâchis. » Je lui demandai pourquoi. Il me répondit qu'elle avait eu un réel talent, et qu'elle avait simplement gâché sa vie. Le lendemain arriva un télégramme annonçant la naissance d'Angelica Huston. Une grande excitation se mit à régner, on but le champagne, des télégrammes furent adressés à Riki, l'heureuse mère. John était au comble de la fierté. Une naissance et une mort.

John décida brusquement qu'il lui fallait trois jours de plus. Bogie se mit dans une telle fureur devant son manque de prévoyance – et également contre Katie, en qui il voyait une complice de John – que je crus qu'il allait exploser. John adressa un petit discours très convaincant et émouvant à tous les techniciens, se montra éloquent comme d'habitude il leur aurait, pour un peu, fait monter les larmes aux yeux. Je partis avec l'équipe le dimanche soir pour passer une journée à Entebbe, et y trouvai un télégramme de Londres nous disant que Steve arriverait là-bas le 21 juillet. Je pouvais commencer à compter les heures.

Lorsque nous arrivâmes à Londres, Steve n'était pas encore là. J'inspectai sa chambre pour m'assurer que tout était en ordre, disposai ici et là quelques-uns des petits animaux en peluche que j'avais achetés en Afrique et me rongeai d'impatience pendant les vingt-quatre heures qui suivirent. Bogie et moi fûmes interviewés, déjeunâmes au Caprice, notre restaurant favori, dînâmes aux Ambassadeurs avec Orson Welles et Sam Spiegel, veillâmes tard – j'étais bien trop excitée pour dormir, de toute façon, et ne pus penser qu'à une chose durant le dîner : « Demain à cette heure-ci, j'aurai mon bébé dans les bras ! »

Nous arrivâmes à l'aéroport à 10 heures pour dédouaner la malle de Steve. Le directeur de l'aéroport donna des instructions pour que l'avion de Steve roule jusqu'à l'entrée utilisée par la famille royale. « Bonnie Prince » Charlie y avait débarqué quelques jours auparavant. C'était maintenant le tour de « Bonnie Prince » Stephen. La passerelle déployée, la porte s'ouvrit et Steve apparut. Dès qu'il me vit, il me fit une petite grimace, celle qu'il me réservait toujours. Il descendit la passerelle, me sourit. Je le pris dans mes bras. J'étais au paradis. Bogie avait l'air très ému. Steve se souvenait de nous et n'arrêtait pas de babiller. Jamais encore nous ne l'avions entendu parler autant. Nous formions de nouveau une famille. L'aventure africaine était derrière nous, nous pouvions maintenant ne penser qu'à nous.

Durant les six semaines qui suivirent, nous apprîmes à connaître Londres et ce fut une expérience agréable. Lentement s'amorça mon roman d'amour avec cette ville. Et ce fut également pour nous le début d'amitiés durables. Avec les Olivier, tout d'abord, qui jouaient ensemble *Antoine et Cléopâtre* et *César et Cléopâtre.* Larry et Vivien nous mirent aussitôt à l'aise, comme si nous avions été liés depuis toujours. Notre affection mutuelle était née dès notre première rencontre en Californie, et elle ne se démentit jamais. Bogie et moi étions de nouveau décontractés, nous avions notre fils avec nous, les tensions subies pendant le tournage étaient oubliées, et nous nous sentions bien en compagnie des Olivier. Bogie admirait profondément les qualités d'acteur et de metteur en scène de Larry. Il disait que chaque fois qu'il voyait une pièce vraiment bonne à New York ou à Londres, il était terriblement tenté de retourner à la scène. Mais il songeait à tous les avantages de la Californie – le bateau, la mer, la vie en plein air – et ne voulait pas y renoncer. Il ne tenait pas à se déraciner. Son talent d'acteur était suffisamment grand, néanmoins, pour qu'il ait envie de se dépasser. J'ai toujours eu l'impression que si on lui avait proposé une bonne pièce à une période de creux de sa carrière cinématographique, il se serait jeté à l'eau. Mais précisément sa carrière cinématographique était florissante, s'améliorait d'année en année, et lui apportait donc des satisfactions artistiques. Tant qu'il pouvait tourner des films de qualité et travailler avec les meilleurs réalisateurs, il n'aspirait à aucun changement.

Je n'en reviens encore pas de tous les gens dont je fis la connaissance – depuis les amis que nous nous fîmes pour la vie, comme Margot Fonteyn, Robert Helpmann, Richard et Sybil Burton, Emlyn Williams, jusqu'à T. S. Eliot, que nous rencontrâmes un soir chez les Olivier, un homme tranquille, charmant, qui ne se prenait absolument pas au sérieux. Je suis encore émerveillée d'avoir rencontré, à l'âge de vingt-six ans, les plus grands artistes dans tous les domaines. Quelle chance inouïe. Je trouvais ça normal parce que j'étais mariée à Bogie, je pense, ou parce que je n'avais pas suffisamment de bon sens ou étais trop jeune pour m'en étonner. Ou peut-être parce que tous ces gens qui travaillaient si dur et étaient si absorbés et passionnés par leur métier avaient l'esprit ouvert et se montraient accueillants envers Bogie et moi. Leur dur travail était un choix qu'ils s'étaient imposé, c'étaient des professionnels et ils admiraient le travail bien fait chez autrui. Ce fut une grande leçon pour moi.

Bogie travailla sur l'*African Queen* jusqu'à deux heures de l'après-midi le jour où nous devions quitter Londres. Steve et moi allâmes déjeuner au studio et prendre congé de l'équipe. Nous avions subi pas mal d'épreuves ensemble et, sans avoir joué dans le film, j'avais été de tous les coups durs, ce qui avait créé un lien entre nous, et nous nous fîmes des adieux émus. J'avais vu un premier montage d'*African Queen*, et l'expérience avait été très excitante. Le film baignait à coup sûr dans une ambiance particulière, et Bogie et Katie y étaient parfaits d'un bout à l'autre. Je savais que Bogie avait donné son maximum. John et moi en avions discuté en Afrique. Il estimait que Bogie était meilleur dans ce film qu'il ne l'avait jamais été. La conjoncture, en l'occurrence, avait atteint la perfection dont rêvent tous les acteurs – scénario, réalisateur, partenaires. Nous fîmes nos adieux à John et à Katie – nous allions les revoir bientôt en Californie – et mîmes le cap sur Southampton et l'Île-de-France, un dernier regard à l'Angleterre pour un moment et mes cinq derniers jours à parler français. Maintenant que ce monde s'était ouvert à moi, il ferait toujours partie de ma vie et y jouerait un rôle important.

Il était donc temps de rentrer. Nous reprîmes notre routine californienne et je me sentis soulagée d'être rentrée chez moi. C'était là que je me sentais en sécurité. Nous donnâmes comme d'habitude notre réveillon de Noël, et cette fois je me surpassai vraiment. La sortie d'*African Queen* en Californie fut accueillie par un enthousiasme délirant et l'on parla beaucoup d'oscars pour tous les protagonistes.

Katie avait loué une admirable maison qui avait autrefois appartenu à Charles Boyer. Elle n'allait jamais dîner nulle part, mais aimait bien inviter deux ou trois bons amis à partager un repas. Un soir, elle réunit pour le dîner Spencer Tracy, James Cagney, Bogie et moi. Les trois acteurs étaient de la même génération, chacun avait laissé sa marque individuelle, et ils éprouvaient les uns pour les autres sympathie et admiration. Ils passèrent la soirée à raconter des histoires et à évoquer des souvenirs, tandis que Katie et moi écoutions, sous le charme. J'avais appris à connaître Spencer lentement. C'était un homme pétri d'humour, pétillant d'esprit, supérieurement intelligent et dévoreur de livres. Un professionnel exemplaire dénué de toute patience, de toute indulgence envers les cabots, les ringards de la profession. Tous les sentiments s'inscrivaient sur son visage, parmi les rides ou les sourires : amour, hostilité, sensibilité, sagesse. Chaque apparition de Spencer prenait la valeur d'une expérience.

Si nous nous croisions à l'improviste, sa présence me stimulait, me donnait chaud au cœur. Si la rencontre était prévue, la journée entière se parait d'une qualité particulière. Sous le charme, la douceur de Spencer qui ne se démentait jamais, se présentait un monde caché de tragédie et de tourment. Lui et Bogie partageaient bien des opinions, bien des prises de position. Ils se complétaient et passaient de longs moments ensemble.

Ce fut une soirée inoubliable. Katie et moi étions assises par terre – à leurs pieds, bien entendu. Je me rappelle avoir pensé que Katie était comme une petite fille – si ravie d'être en compagnie de ces trois hommes, de les connaître. Elle était suspendue à leurs lèvres, et son beau visage exprimait une admiration et une joie sans mélange. Je l'aurais cru maintenant habituée à fréquenter ce genre de personnages – mais pas du tout. J'eus vaguement conscience, pour la première fois, de la naïveté et de la vulnérabilité de Katie. Je savais même alors qu'elle et Spencer apportaient une note heureuse dans notre existence ; je découvrirais plus tard qu'ils apportaient bien davantage encore.

Stephen avait trois ans et nous ravissait de plus en plus chaque jour. C'était un beau petit garçon, un enfant plein de tendresse, qui adorait la compagnie de son papa et de sa maman. Bogie attendait avec impatience le jour où il pourrait l'emmener sur son bateau et chez Romanoff pour déjeuner. Un jour, Bogie et moi étions en train de prendre notre petit déjeuner, lorsque Steve entra, au bord des larmes, en disant : « Maman, je ne peux pas marcher ça me fait mal. » Ayant baissé son pantalon, je lui découvris une grosseur à l'aine. Paniquée, j'appelai le Dr Spivek. C'était probablement une hernie, me dit-il, il fallait le faire tenir tranquille ; il allait venir immédiatement. Lorsqu'il arriva, il examina Steve, après nous avoir dit : « Je vais peut-être lui faire un peu mal, tenez-lui les bras et les jambes. » Il lui fallait remettre la hernie en place pour voir si elle allait ressortir de nouveau. J'immobilisai les bras de Steve, Bogie ses jambes. Le pauvre bébé hurlait – Bogie ne pouvait pas le regarder, il était devenu vert comme dans la salle d'accouchement avec moi. Je crus qu'il allait être malade. La hernie ressortit en effet et le Dr Spivek nous annonça qu'il fallait opérer. Le Dr Spivek précisa qu'on ne pouvait pas attendre : ce genre de hernie risquait de s'étrangler. Le lendemain matin, nous emmenâmes Steve au Lebanon Hospital, où il était né, en essayant de lui donner des explications pour qu'il ne soit pas terrifié. Le genre de sornettes hystériques que débitent les parents affolés. Steve se montra très courageux, malgré sa peur. Quand on l'emmena sur un chariot dans la salle d'opération, je crus que mon cœur allait cesser de battre. Voir ce petit corps, sous un drap remontant jusqu'au menton... Ils avaient eu la prévenance d'attacher un gros ballon rouge au chariot pour le distraire. Après ce qui me parut une attente interminable mais qui ne dura qu'une heure, le Dr Spivek sortit de la salle d'opération pour nous dire que tout allait bien, que l'intervention avait bien réussi et s'était révélée nécessaire. Steve ouvrit les yeux et sourit : « Bonjour, maman, bonjour, papa », et nous nous dirigeâmes vers sa chambre. Soulagée, je fondis en larmes. Bogie se contrôlait mieux que moi, mais il arborait cette expression qui m'était devenue si familière : quand il était ému, il crispait bizarrement les mâchoires, presque comme s'il mâchait quelque chose – une façon pour lui de garder son sang-froid, je suppose.

Le jour où je devais ramener Steve à la maison, il tombait des trombes d'eau. Bogie était resté au Beverly Hills Hotel, mais il devait rentrer le soir. Louella Parsons donnait une soirée, et il y passerait un moment avant de revenir à la maison. Ha ! Il y passa en effet : deux heures plus tard, elle me téléphona pour me dire que Bogie était en pleine forme et que je ne devais pas m'inquiéter. Ensuite ce fut Bogie qui appela, pour me dire qu'il ne pouvait pas accéder au canyon. « C'est drôle, répliquai-je, Aurelio est bien passé, lui. » J'étais furieuse – mais Bogie était Bogie. Il savait que Steve et moi ne risquions rien, aussi s'offrait-il une petite fantaisie. On pouvait compter entièrement sur lui en temps ordinaire et durant une crise, mais, une fois la crise terminée, il éprouvait un tel soulagement qu'il lui fallait absolument boire un verre.

En fait, il buvait de moins en moins, mais il était toujours aussi imprévisible, et l'idée qu'on pût abuser de son indulgence le révoltait.

Il m'avait tellement gâtée, me donnant toute liberté de m'épanouir, de devenir adulte. Il savait beaucoup mieux que moi à quel point j'étais influençable et risquais d'évoluer à force de rencontrer perpétuellement de nouveaux visages, de m'imprégner de nouvelles atmosphères. Je traversai une période, par exemple, durant laquelle j'adorais les fêtes et les soirées. J'aimais me parer, ne cessais de m'acheter de nouveaux vêtements... Bon sang, il fallait bien que je les porte ! Un soir où nous nous rendions à une grande fête donnée par Sylvia et Danny Kaye, Bogie se mit en fureur contre moi et, lorsque nous arrivâmes, il serra le frein de la voiture, abattit le poing sur le tableau de bord et s'exclama : « Mais bon Dieu, je ne suis pas ton chaperon. Je ne suis pas sur terre uniquement pour te conduire à des soirées et te ramener ensuite à la maison. Je suis ton mari, n'oublie pas ! »

En 1952, je m'aperçus que j'étais enceinte de nouveau. Ce fut aussi l'année où Bogie, Katie, John et l'*African Queen* furent proposés pour les oscars. Marlon Brando et Vivien Leigh avaient été également sélectionnés avec *Un tramway nommé Désir.*

À mesure que la remise des prix approchait, les amis multipliaient les plaisanteries sur le discours que ferait Bogie une fois élu. Ils étaient sûrs qu'il allait gagner. Quant à lui, il était tout aussi sûr que ce serait Brando. Il avait déjà été proposé à trois reprises, mais cette fois c'était différent, semblait-il. Katie et moi avions fait fabriquer pour la circonstance une réplique du gouvernail de l'*African Queen* et fait inscrire dessus une des répliques de Katie dans le film : *Nous avons été mis au monde, M. Alnutt, pour nous élever au-dessus de la nature – Baby, Rosie.*

Le grand jour venu, nos amis étaient aussi énervés que nous. La conception qu'avait Bogie du métier d'acteur était diamétralement opposée à cette notion de distribution de prix. Il l'avait clamé haut et fort dans la presse : ce genre de consécration n'a aucun sens pour les acteurs, à moins qu'ils ne jouent tous le même rôle. Mais soyons lucides... On a quand même envie de gagner. Étant donné que c'est la plus haute récompense que la profession peut accorder, c'est un honneur, une façon d'être reconnu publiquement par ses pairs. J'en étais au quatrième mois de ma grossesse, mais j'avais réussi à m'introduire dans la seule robe de Christian Dior que j'ai jamais possédée. Greer Garson apparut enfin sur la scène pour annoncer l'oscar du meilleur acteur – *Un tramway nommé Désir* avait déjà gagné l'oscar des meilleurs seconds rôles masculin et féminin, Vivien avait obtenu l'oscar de la meilleure actrice. Pauvre Katie chérie, j'aurais tellement voulu que ce soit elle. Greer commença à annoncer les candidats : Marlon Brando, Humphrey Bogart, Fredrich March, Montgomery Clift, et le lauréat est... (Je serrai de toutes mes forces la main de Bogie en retenant mon souffle)... Humphrey Bogart, pour *African Queen.*

Un grand cri s'éleva dans le public. Je sautai en l'air, crus bien que j'allais accoucher sur-le-champ ! Bogie m'embrassa, monta sur la scène au milieu d'un concert délirant d'applaudissements et de hourras, et déclara : « Le chemin est long entre le Congo belge et la scène de ce théâtre. On est bien mieux ici. Je vous remercie infiniment. » Et il entreprit ensuite de remercier John, Katie, Sam, les techniciens, concluant : « Personne ne fait rien seul. Comme au tennis, on a besoin d'un bon adversaire ou partenaire pour donner le meilleur de soi-même. John et Katie m'ont aidé à arriver là où je suis en ce moment. » Il était visiblement ému, avec une sorte d'humilité. C'était important pour lui, tout compte fait, et il était stupéfait que sa victoire ait suscité un tel enthousiasme. Bogie avait maintenant tout ce qu'il pouvait désirer – une vie conjugale heureuse, un fils, un autre enfant en route, le *Santana*, le succès et la plus haute consécration possible dans son métier. Pour Bogie, c'était un soir de liesse.

Comme je l'avais déjà prouvé avec Steve, vivre avec moi enceinte n'étais pas de tout repos. Cette fois, je ne demandais pas des cornichons à 4 heures du matin, mais une nouvelle maison. Aussi, comme Bogie, résigné, levait les bras au ciel, je me mis en quête d'une maison et tombai amoureuse d'une merveille. Je n'en avais jamais vu d'aussi belle – style colonial français, murs blancs en crépis, vastes pièces, des balcons, des arbres et un court de tennis. Pas de piscine, mais toute la place nécessaire pour en aménager une. Beaucoup plus grandiose que tout ce que nous avions habité auparavant ou envisagé d'habiter et, après l'avoir vue, je ne pouvais plus penser à rien d'autre. Bogie la trouva très belle, lui aussi, mais beaucoup trop fastueuse pour nous. On n'imaginait pas des comédiens dans une demeure pareille. « Mais enfin, si tu la veux et si Morgan Maree est d'accord, alors allons-y. » Nous achetâmes la maison. Quand je dis que j'étais gâtée... Je n'aimais plus maintenant que les meubles anciens, français ou anglais. Seul le capitonnage pouvait être moderne. (Bogie insista pour que nous ayons quelques fauteuils confortables avec la bande que nous fréquentions, mieux valait ne pas avoir trop de sièges fragiles.) Je me mis au travail avec une énergie presque démoniaque.

Je me sentais moins en forme que lorsque j'attendais Steve, mes pieds et mes chevilles enflaient, et j'étais parfois prise de faiblesse, mais je n'avais pas de vrais ennuis et, avec ma nouvelle maison, je me sentais comblée. Bogie disait toujours qu'une seule pièce lui suffisait ; au-delà, franchement, ça le dépassait. Il avait débuté sa carrière théâtrale dans des chambres d'hôtel ; c'était ainsi qu'il avait pris l'habitude (il ne la perdit jamais) de coincer le bas de son pantalon dans le tiroir d'une commode pour qu'il pende bien droit et n'ait pas besoin d'être repassé. Cela m'amusait toujours. Il accomplissait ce rituel aussi naturellement qu'il se rasait le matin.

Je fus prise de douleurs en fin d'après-midi, le 22 août. Bogie était nerveux, mais moins que la première fois. Je serrai contre moi et embrassai mon Steve chéri et lui annonçai que la prochaine fois qu'il me verrait je lui amènerais un petit frère ou une petite sœur. Leslie Bogart arriva à minuit deux. Bogie et moi avions décidé, si c'était une fille, de l'appeler Leslie en l'honneur de Leslie Howard, son premier mentor et mon grand amour imaginaire. Nous gardâmes le prénom et éliminâmes le nom de famille. Nous avions donc maintenant une ravissante petite fille. Bogie était émerveillé une fois de plus par la magie d'une naissance. Il m'avait dit en guise de plaisanterie : « Fais donc comme les paysannes, accouche en plein champ, balance le môme sur ton épaule et continue à travailler. » Cette boutade était destinée à le rassurer lui-même, à calmer son anxiété. Par la suite, il déclara : « Et on vous appelle le sexe faible ! »

Bogie considérait Leslie comme une fleur fragile. Il avait presque peur de la toucher. Bogie n'avait jamais pensé avoir des enfants un jour, et moins encore une femme aimée et qui l'aimait. Et voilà qu'il avait un fils et une fille, et paraissait éprouver comme de la déférence devant un tel miracle. On était bien loin de son ancienne définition du mariage : « Je me demande quelquefois si ça vaut vraiment la peine de se faire baiser pour pouvoir baiser. » J'avais toujours eu envie de lui broder cette formule au petit point sur un oreiller. Sa progéniture lui donnait des raisons supplémentaires de vivre et de travailler : il avait tellement à leur apprendre, à leur montrer. Je lui avais donné la preuve que j'avais raison, qu'il n'était pas trop vieux pour avoir des enfants. On ne l'est jamais. Et ils avaient, eux, de la chance de l'avoir pour père.

Leslie et moi rentrâmes dans notre nouvelle maison, où Steve examina Leslie avec curiosité, mais sans s'y intéresser vraiment. Quand je nourrissais Leslie, il venait regarder, mais n'était pas particulièrement jaloux d'elle. Nous avions pris une nurse pour le bébé. J'ai toujours estimé qu'une mère devait s'occuper elle-même de ses enfants, et pourtant, si j'avais adopté cette politique, je n'aurais plus rien fait d'autre. Et peut-être aussi manquais-je de patience. Je passais beaucoup de temps avec eux, mais tous les jours et toute la journée... ? Je n'aurais pas pu. Mon désir d'épanouissement personnel l'emportait. Il y avait encore trop de zones inexplorées à découvrir...

Peu après mon retour à la maison avec Leslie, nous reçûmes la visite de Mildred et Sam Jaffe. On en vint à parler politique – c'était l'année de l'élection présidentielle. Les deux partis voulaient Dwight Eisenhower comme candidat, et Bogie et moi nous étions joints aux nombreux manifestants qui s'étaient rassemblés à Madison Square Garden afin de l'encourager à rentrer d'Europe, où il était commandant en chef de l'OTAN. Tout comme le reste de l'Amérique : « I liked Ike ! » Je le voulais dans notre camp, celui des démocrates. Mais cela n'arriva pas. Un nouvel homme apparut à l'horizon du parti démocrate, Adlai Stevenson, gouverneur de l'Illinois. Il avait été remarqué par Truman à un dîner du Jefferson-Jackson Day et harcelé de questions par les journalistes. « Allez-vous vous présenter comme candidat ? » « Le président Truman vous a-t-il demandé de vous présenter ? » Nous assistâmes à la convention du parti démocrate, où il fut désigné comme candidat, et l'entendîmes prononcer un discours. Cette voix qui s'élevait, je n'en avais pas entendu de semblable dans le monde de la politique depuis FDR, une voix cultivée, une diction parfaite. Adlai Stevenson avait de l'humour et semblait s'en servir aussi bien en politique que dans sa vie, un humour d'un niveau élevé.

Dore Schary, Don Hartman et Bill Gœtz donneraient une garden-party en septembre, date à laquelle Stevenson devait venir en Californie. Le but était de lui faire prendre contact avec les gens du cinéma et de voir qui le soutiendrait. J'acceptai l'invitation. Bogie refusa. À la garden-party, Stevenson était l'invité d'honneur. On nous conduisait vers lui un par un, la présentation avait lieu et les flashes crépitaient pour enregistrer ce moment historique. Mon tour venu, je prononçai quelques paroles banales, il eut une repartie spirituelle, nous éclatâmes de rire, et on nous prit en photo. Il était chaleureux, ouvert, amical ; c'était notre première rencontre.

Je me rappelle un producteur connu me disant cet après-midi-là : « Si vous étiez un peu futée, vous la boucleriez et éviteriez de prendre parti. » Avec la grande peur déclenchée par McCarthy, Hollywood semblait terrorisé. Je ne me suis jamais considérée comme particulièrement courageuse, mais je me rappelle avoir songé alors : « Où en sommes-nous arrivés si je ne peux même pas exprimer ma préférence pour Adlai Stevenson ? » C'était donc le candidat que j'allais soutenir, et tant pis pour le grand sourire d'Eisenhower.

Bogie, toujours partisan d'Ike, devait se rendre à Denver avec Daryl Zanuck pour un grand *rally* républicain.

C'était la première fois que je m'opposais ouvertement à mon mari sur un point important. Nous avions des discussions, nous nous disputions comme tous les gens qui vivent ensemble, mais jamais je n'avais adopté aussi catégoriquement une opinion divergente de la sienne sur un problème aussi public.

Depuis le jour même où nous nous rendîmes à San Francisco, ma vie fut transformée, et moi également. Je me laissai gagner par l'atmosphère d'excitation frénétique qui entourait la campagne électorale : déjeuners, réunions, défilés automobiles, programme politique, réunions sur le campus des collèges. Nous étions dans la troisième voiture derrière celle de Stevenson. La foule massée sur le parcours vociférait et gesticulait ; j'avais l'impression de me présenter moi-même aux élections ; je devenais revendicatrice : pas question de me laisser prendre ma place dans le défilé ! Nous regagnâmes Los Angeles par l'avion du gouverneur et je bavardai avec lui durant tout le déjeuner. Son attaché de presse, William McCormick Blair, demanda s'il nous était possible de faire campagne pour lui dans l'Est, et je répondis oui avant même que Bogie ait eu le temps de réagir. Nous passâmes une semaine à la maison avec Steve et le bébé, et je me lançai dans ma propre campagne électorale pour essayer d'entraîner les gens dans le camp de Stevenson. Je devins véhémente, j'étais obsédée, il *fallait* qu'il soit élu ! Je ne pouvais penser qu'à ça, ne parlais de rien d'autre.

Bogie déclara qu'il avait eu une bonne idée pour un dessin humoristique. Il se tenait debout sur le pas de la porte de notre maison, un enfant de chaque côté, il pleuvait à torrent et Stephen demandait : « Papa, où est maman ? » Et Bogie, regardant tristement dans le vide, répondait : « Avec Adlai. » C'était drôle et j'éclatai de rire, mais Bogie savait que Stevenson avait pris beaucoup d'importance pour moi et, du coup, pour lui.

À chaque arrêt du train de la campagne électorale, nous étions présentés à tour de rôle à la foule qui attendait – d'abord Bob Ryan, puis moi, enfin Bogie. Chacun de nous prononçait quelques paroles pertinentes et enthousiastes au sujet de notre candidat. Adlai était ensuite présenté et parlait environ dix minutes. Le rythme était épuisant, car la tournée commençait à 8 heures du matin et se prolongeait tard dans la nuit. Si je me souviens bien, Adlai avait rarement le temps de peaufiner un discours avant de le prononcer. Bien qu'il eût d'excellents écrivains pour les lui rédiger, il en écrivait la majeure partie lui-même. Je le voyais toujours armé d'un calepin jaune et d'un crayon, en train de griffonner furieusement jusqu'au moment même où il prenait la parole.

Bogie et moi allâmes à Chicago pour le dernier *rally*. Dans la voiture qui nous conduisait à la gare, Arthur Schlesinger nous expliqua ce qu'Adlai Stevenson avait l'intention de dire s'il perdait. « Comment peut-il penser à une chose pareille maintenant ? m'exclamai-je. Il ne perdra pas, c'est impossible, on a trop besoin de lui. Le pays tient avec lui la chance d'avoir un meilleur gouvernement, il ne la laissera pas passer ! » Comme disait Bogie : « Le peuple américain choisit toujours la bonne solution pour finir. Comme il l'a prouvé avec Truman. » Il *fallait* qu'il la choisisse cette fois encore.

Le gouverneur nous invita à Springfield, Illinois, pour attendre les résultats des élections. Bogie fut horrifié à cette idée, il voulait rentrer à la maison. Je lui expliquai que nous devions y aller, je ne pouvais pas ne pas être là, c'était tellement important pour moi. Je le suppliai, le cajolai, gagnai la partie, bien sûr. Mais d'abord il nous fallait voter. Nous fîmes alors une chose vraiment dingue. Nous prîmes l'avion pour la Californie, assistâmes à une autre réunion politique au Biltmore Hotel, nous effondrâmes à la maison en compagnie de nos bébés (mais je dois reconnaître que je ne leur prêtai pas grande attention), écoutâmes le discours d'Adlai qui clôturait sa campagne électorale à la veille du scrutin, nous levâmes le lendemain matin à 7 heures pour aller voter et prîmes ensuite l'avion pour Springfield. Nous descendîmes dans un vieil hôtel où tout le monde était réuni. Bogie se sentait mal fichu – il avait attrapé un virus, pensions-nous – et il alla se coucher.

Une soirée épouvantable qui se déroulait dans un silence annonciateur de catastrophe. Les résultats étaient de plus en plus désastreux et je me faisais du souci pour Adlai. J'avais le cœur en berne. Il y avait une foule de gens, de journalistes, tout le monde avait le visage tendu, tiré ; le brouhaha était considérable, mais c'était celui de la consternation. Le gouverneur apparut avec ses fils, sa sœur et son mari, les Dick, et Bill Blair. Pâle, le visage douloureux, fatigué, il me parut très courageux et très seul. « Pendant que je venais ici, quelqu'un dans la rue m'a demandé mes impressions. Et cela m'a rappelé une histoire que racontait un de nos concitoyens, Abraham Lincoln. On lui demandait un jour ce qu'il ressentait après avoir perdu des élections. Il déclara qu'il se sentait comme un petit garçon qui s'est cogné le pied dans le noir. Il était trop vieux pour pleurer, mais avait trop mal pour rire. » Du coup, je fondis en larmes, comme beaucoup d'autres. Ce fut un moment terrible, et pourtant les paroles qu'il prononça étaient parfaitement adaptées aux circonstances, comme c'était toujours le cas avec lui. Je remontai en sanglotant à notre chambre, où le pauvre Bogie, à court de piécettes pour la télévision, souffrait de son virus auquel s'ajoutait mon désespoir. Il était désolé – mais visiblement pas autant que moi – et soulagé d'atteindre le terme de l'aventure et de pouvoir rentrer chez lui. Je lui annonçai que le gouverneur nous avait invités à déjeuner. J'avais le cœur brisé – pour le monde et pour moi-même. J'adorais Adlai Stevenson, je le vénérais. Grâce à lui, mon horizon s'élargit ; il me fit prendre mieux conscience de la dignité de l'être humain et de l'ampleur que revêtait le problème de sa condition à travers le monde.

Bogie m'attendait à la résidence. L'atmosphère était un peu tendue ; de quoi pouvait-on parler, en fait ? La vie devait continuer. Le gouverneur s'efforça d'animer la conversation, bavarda avec Bogie, qui lui décrivit sa nuit de frustration avec la télé en panne de monnaie, et nous passâmes ensuite à table. Tout le monde était là, sauf le jeune Borden. Le seul indice de mauvaise humeur chez le gouverneur se manifesta lorsque Borden fit son apparition, alors que nous étions déjà tous assis. « En retard, comme d'habitude », dit le gouverneur. Nous parlâmes de la Californie, et Adlai s'enquit de l'Afrique. Il demanda également comment le monde du cinéma avait accueilli sa candidature. Conversation purement mondaine, bien sûr, mais c'était fascinant de le voir si maître de lui, capable de présider ce repas à peu près normal en cette journée qui l'était si peu. Lorsque le moment de notre départ arriva, il nous dit qu'il espérait venir en Californie, et nous l'invitâmes à habiter chez nous quand il voulait, espérant que ce serait dans un avenir proche. Nous étions en haut de l'escalier. Bogie passa devant, après avoir remercié le gouverneur et lui avoir souhaité bonne chance. Je pris congé de lui à mon tour et il me serra contre lui. Émue aux larmes, je m'engageai dans l'escalier. Arrivée en bas, je me retournai, lui souris et le saluai d'un grand geste de la main. Il me rendit mon sourire et lança : « Revenez un jour, et nous bavarderons tranquillement. » J'étais décidée à ne pas le laisser disparaître totalement de mon existence.

Pendant le voyage de retour, je me sentais bien loin de Bogie, mes pensées tournées vers l'homme que je venais de quitter. J'essayais d'imaginer sa vie. Je m'étais renseignée le plus possible sur lui auprès de ses amis et tous ceux qui l'avaient connu au cours des dernières années. Selon ma bonne habitude, j'échafaudais tout un roman. Il avait besoin d'une épouse, de toute évidence, et même si sa sœur, pour les rôles officiels, pouvait en tenir lieu, il lui fallait une femme pour partager sa vie. Je me voyais déjà en compagne lointaine, en correspondante assidue, en amie chère à qui il pourrait parler de tout librement. Il me fallut longtemps pour analyser mes sentiments, mais à ce moment-là je pratiquais le culte du héros et j'étais en même temps légèrement amoureuse. Cette campagne électorale avait bouleversé ma vie. J'étais flattée d'y avoir participé, flattée d'avoir été distinguée par Stevenson. Je n'avais après tout que vingt-huit ans ; mon second enfant venait de naître et depuis deux ans je ne m'étais occupée que de mon foyer. Ma carrière était en un sens au point mort. J'avais besoin de me dépenser, de me dépasser, d'utiliser toute l'énergie qui bouillonnait en moi. Je m'étais jusqu'alors consacrée uniquement à Bogie ou à mon travail ; mes pensées se tournaient maintenant également vers la politique, je rêvais d'améliorer le monde, ou du moins d'être associée à un grand homme capable d'obtenir des résultats dans ce domaine. Il suffit d'un être qui croit passionnément à sa mission pour déclencher chez vous de semblables aspirations. Mon amour pour Bogie n'était bien sûr en rien changé, mais Stevenson encore une fois avait ouvert pour moi des portes donnant sur des horizons nouveaux. Ce n'est pas facile de redescendre sur terre et d'affronter la réalité. Un virus que j'attrapai à mon tour m'y aida. Je dus garder le lit pendant deux jours. Et Noël approchait. Maman et Lee allaient venir pour voir le bébé, on allait célébrer les cinquante-trois ans de Bogie, les quatre de Steve.

George Cukor m'avait parlé d'une pièce de Zoë Akins intitulée *Les Grecs avaient un mot pour le dire*. Elle était d'une grande drôlerie, me dit-il, et il y avait un rôle en or pour moi. Comme j'avais un nouveau contrat avec la 20th Century Fox pour un film par an, j'en parlai à Daryl Zanuck. Il acheta les droits et demanda à Nunnally Johnson d'en tirer un scénario. Nunnally me téléphona chez moi un après-midi pour me dire qu'il me savait capable de jouer la comédie, mais que, n'ayant jamais tourné dans un film comique, il me demandait de bien vouloir tourner un bout d'essai assez long pour que Zanuck et lui puissent se faire une idée. On ne mettait pas en doute mon talent, et, bien entendu, on me confierait le rôle... Ce fut une conversation légèrement embarrassante : la perspective du bout d'essai ne m'enchantait guère, mais, parce que c'était Nunnally, j'acceptai. Je me rappelle avoir raccroché et tout raconté à

Bogie, et Bogie déclara : « Jamais tu n'auras un ami aussi fidèle que Nunnally. Arrange-toi pour ne jamais le perdre, surtout. »

Je tournai donc une courte scène sous la direction de Jean Negulesco et obtins le rôle. Le film s'appelait *Comment épouser un millionnaire*, et devait être tourné en Cinémascope, un nouveau procédé sur grand écran, propriété de la Fox, et avec lequel Zanuck avait l'intention de révolutionner le cinéma. Le tournage devait commencer vers février 1953 – et à cette époque Bogie serait en Italie pour tourner *Plus fort que le diable*. J'avais envie de l'accompagner, mais il fallait que je tourne *Comment épouser un millionnaire*, ou que je renonce définitivement à ma carrière. De toute façon, j'avais donné mon accord. Mais ce serait notre première séparation en huit ans de mariage. Pour finir, Bogie me conseilla de faire le film pour aller ensuite le rejoindre quand j'aurais terminé. Il se montra très compréhensif. Mon rôle dans *Comment épouser un millionnaire* était le meilleur qu'on m'eût proposé depuis des années.

Avant le départ de Bogie pour Rome, nous discutâmes de l'avenir religieux de nos enfants. Comme nous n'étions pratiquants ni l'un ni l'autre, nous n'avions pas jugé important de procéder à un choix. Néanmoins, notre décision d'envoyer Steve à l'école du dimanche de l'All Saints Episcopal Church parce que son ami Scott Johnson y allait s'avéra judicieuse. Steve était ravi. Mais il ne pouvait continuer à fréquenter cette école sans devenir membre de la congrégation. Bogie estimait qu'il valait mieux faire baptiser les enfants, car, étant donné l'intolérance qui sévissait encore partout dans le monde, ce serait toujours pour eux un obstacle de moins à sauter dans cette épreuve olympique qu'était la vie. Pour ma part, je n'étais pas d'accord. L'idée me paraissait par trop étrange. Certes, je n'allais pas à la synagogue, mais je me sentais totalement juive et me sentirais toujours juive. Je n'avais nulle intention de renier mes ancêtres et de me convertir à la doctrine épiscopalienne pour mes enfants. En même temps, je savais à quel point il était important pour eux d'avoir une identité religieuse. Nous décidâmes donc d'un commun accord de les faire baptiser, mais non sans expliquer clairement nos positions au révérend Smith de l'All Saints Church. Malheureusement, Bogie était en Europe pour la cérémonie du baptême. Tout se passa à merveille. Je tenais Leslie, âgée de six mois, dans mes bras et elle fut sage comme une image, parfaitement silencieuse, fascinée par les vitraux. Stephen, qui se tenait à mon côté, fut très drôle.

Quand le révérend Smith lui aspergea la tête d'eau bénite, il déclara « J'aime pas les gouttes », et vers la fin de la cérémonie, comme le révérend Smith déclarait « Il entrera dans la maison du Seigneur », Steve lança d'une voix claire et sonore : « S'il veut entrer, eh ben, qu'il entre. » Tout se termina donc sur cette note joyeuse, mais je me sentais quand même mal à l'aise, les rites religieux m'étant totalement étrangers. J'étais contente néanmoins d'avoir accepté pour Stephen et Leslie – et bien décidée également à ne jamais leur laisser oublier leur sang juif. À la lumière de l'épreuve que nous dûmes affronter quatre ans plus tard, je ne peux que remercier Dieu d'avoir pris cette décision.

Bogie partit pour New York et Rome une semaine après que nous eûmes fêté les quatre ans de Steve. Je l'accompagnai jusqu'à New York, où nous passâmes quelques jours dans une atmosphère de folie, comme d'habitude, au 21, au théâtre, avec les Reynolds, les Zuckerman, O'Hara, les Hart, Kaufman, à mener une vie joyeuse et trépidante. Et à voir ma famille, que Bogie aimait énormément. Avant le dîner, c'était dans notre appartement à l'hôtel un flot ininterrompu de parents et d'amis. Nous fûmes invités à un dîner précédé d'un cocktail offert par Ronnie et Marietta Tree en l'honneur d'Adlai Stevenson, mais qui devaient avoir lieu après le départ de Bogie. J'étais aux anges à l'idée de revoir si vite Adlai et pas du tout triste d'être le seul représentant de la famille Bogart. J'avais l'intention de toute façon de rester quelques jours de plus pour profiter encore un peu des parents et des amis et aller faire des courses chez Lœhmann. Notre séparation fut tendre et difficile, et nous nous promîmes de nous écrire. « Soigne-toi bien... Sois sage... Sois prudent... »

Le cocktail et le dîner donnés pour Adlai furent un grand succès. Il était en pleine forme, ravi d'être à New York parmi ses amis. Adlai nous exprima sa gratitude, expliqua les buts qu'il avait poursuivis, l'espoir qui l'avait animé de hausser un peu le niveau du dialogue politique, concluant qu'il pensait avoir réussi jusqu'à un certain degré. Tous ces propos furent échangés en toute simplicité, un verre à la main, et nous étions tous très émus. Il y eut aussi beaucoup de rires dans l'assistance, des plaisanteries échangées. Finalement, Bob, Madeline, Adlai et moi nous empilâmes dans un taxi et nous nous arrêtâmes chez les Sherwood pour boire un verre, puis Adlai me déposa à mon hôtel. Je le quittai sur la promesse de le voir en Californie le mois suivant. Je rentrai à la maison me préparer pour mon rôle de Schatze dans *Comment épouser un mil-*

lionnaire Monroe et Betty Grable jouaient également dans le film, racontant les péripéties de trois filles à la recherche de maris millionnaires. L'histoire était drôle, pleine d'esprit, parfois émouvante. Je ne connaissais pas vraiment mes deux partenaires et j'espérais que nous formerions une bonne équipe.

C'était étrange de me retrouver sans Bogie. J'étais égoïste, fonçais avec énergie quand je voulais quelque chose et me montrais pleine d'allant quand il était là pour me soutenir, mais en réalité je n'étais pas courageuse du tout. Du moins prenais-je plaisir à faire ce dont j'avais envie, dormir quand je voulais, étudier mon texte pour le lendemain sans avoir à songer au dîner de Bogie. C'était une diversion agréable, dans la mesure où elle restait temporaire.

Comme le Cinémascope était une expérience nouvelle pour tout le monde, le travail était difficile. Il fallait garder les acteurs en mouvement et pas trop proches les uns des autres, en raison des dimensions de l'écran. On tournait des scènes plus longues en Cinémascope, cinq ou six pages sans s'arrêter, et cette méthode me convenait tout à fait ; j'avais davantage l'impression de faire du théâtre. Betty Grable était une personne pleine de drôlerie, tout à fait extravertie, facile à vivre ; une vraie professionnelle. Marilyn était terrifiée, peu sûre d'elle ; elle ne faisait confiance qu'à son « coach » et était toujours en retard. Durant les scènes que nous tournions ensemble, elle regardait mon front et non pas mes yeux ; à la fin d'une prise, elle jetait un coup d'œil au « coach », qui se tenait derrière Jean Negulesco, quêtant son approbation. S'il secouait la tête en signe de dénégation, elle insistait pour une autre prise. Une scène était souvent tournée quinze fois ou même davantage, et je devais être bonne dans chacune d'elles, ne sachant pas laquelle serait retenue. Pas facile, souvent irritant. Et pourtant, je ne pouvais en vouloir à Marilyn. Il n'y avait pas l'ombre de méchanceté en elle. Grable et moi décidâmes de lui faciliter la tâche, et parvînmes non sans peine à lui faire comprendre qu'elle pouvait avoir confiance en nous. Elle entra un jour dans ma loge et m'expliqua que la seule chose dont elle avait vraiment envie, c'était de se retrouver à San Francisco avec Joe DiMaggio dans un bistrot italien pour y manger des spaghetti. Ils n'étaient pas encore mariés à l'époque. Elle m'interrogeait sur mes enfants, ma vie de famille... Étais-je heureuse ? Elle semblait envier cet aspect de ma vie, semblait espérer fonder un jour un foyer elle aussi. Steve vint un après-midi au studio et se mit à faire des sauts périlleux sur un matelas. Assise sur un tabouret, elle le regardait faire, et elle lui demanda :

« Quel âge as-tu ? – Quatre ans », répondit Steve. Elle : « Oh, mais tu es tellement *grand* pour quatre ans. Je croyais que tu avais deux ou trois ans. » Cette étrange réflexion nous déconcerta tous les trois, mais il continua à exécuter ses sauts périlleux. Il émanait de Marilyn une sorte de tristesse ; mal dans sa peau, elle retenait ses élans envers les autres, n'osant se fier à eux. Sans jamais faire aucun effort pour les autres, elle était parfaitement gentille. Je crois qu'elle finit par s'attacher un peu à moi, du moins dans la mesure où elle pouvait apprécier quelqu'un dont l'existence devait lui paraître si stable, si dénuée de problèmes.

Le dîner Stevenson eut lieu en février. Adlai devait ensuite partir avec Bill Blair à Palm Springs, où il se reposerait quelques jours et profiterait du soleil. J'avais deux jours de libres à cette période et décidai d'aller également à Palm Springs, chez Buddy et Carolyn. Stevenson était assis sur l'estrade avec Dore Schary et d'autres personnalités. Son regard, le mien, à moins que ce ne fût l'inverse, bref nos regards se croisèrent... Je montai sur l'estrade avant les discours pour saluer Dore, mais en fait pour parler à l'homme assis à côté de lui. Nous fûmes photographiés ensemble et, plus tard dans la soirée, bavardâmes un instant ; à ce genre de dîners, on ne peut guère espérer mieux. Je lui annonçai que je serais dans le désert, ce qui sembla l'enchanter, et il me dit que nous déjeunerions et dînerions ensemble. Je partis, nageant dans l'euphorie, mon imagination travaillant à plein-temps, et je mis le cap sur Palm Springs ce week-end-là.

C'était le moment idéal de l'année pour le désert. Le soir de mon arrivée, nous étions environ une huitaine pour le dîner. Adlai tenait une forme éblouissante, et après le dîner nous nous rendîmes tous en chœur à un petit club. La musique était nostalgique, tout à fait indiquée pour moi avec ma passion des romances sentimentales. Je me rappelle m'être tournée vers Adlai, assis à côté de moi, pour lui demander quelle était sa chanson favorite. « L'hymne américain », répondit-il. Avec lui, on riait toujours. Il devait aller déjeuner le dimanche avec quelques hommes politiques de Chicago, et cette perspective ne lui souriait guère. Il s'agissait de politicailleurs typiques pour lesquels il avait peu de sympathie, et il me déclara qu'il me fallait venir à ce déjeuner pour lui soutenir le moral. Selon certains de ses amis, ma présence lui était bénéfique. Je lui faisais oublier ses lourdes responsabilités. Aussi, sans pour autant déserter mon mari et mon foyer – ce que je n'avais nul désir ni nulle intention de faire –, j'étais résolue à le voir aussi souvent que possible et à ne pas lui laisser oublier mon existence. Je quittai Palm Springs à contrecœur. Ce week-end avait au moins servi à m'apporter la preuve que mon choix avait été judicieux, qu'Adlai Stevenson était digne que je me batte pour lui.

Je passai les deux mois qui suivirent à travailler et à préparer mon départ pour Ravello, où je devais rejoindre Bogie. Il m'avait écrit de longues lettres me décrivant les beautés de cette partie de l'Italie et les progrès du film. Un écrivain du nom de Truman Capote avait été engagé pour travailler au scénario. Bogie disait de lui : « Au début, quel drôle de zèbre, mais ensuite on a envie de l'emporter avec soi partout où l'on va. » Bogie n'avait pas vu quelqu'un travailler aussi dur depuis des siècles, et il était émerveillé. Il y avait le problème du scénario de Huston, s'ajoutant à divers autres – l'un d'eux étant que Bogie et George Sanders, alors qu'ils roulaient vers les lieux de tournage, avaient percuté un mur de pierre. Bogie s'était mordu la langue et il avait fallu lui faire plusieurs points de suture. J'étais très inquiète : jamais je n'avais imaginé qu'il put arriver quoi que ce soit à Bogie ; mais il me téléphona et, en dépit d'une communication inaudible, me rassura en m'affirmant que tout allait bien.

Leslie avait maintenant huit mois et devenait de plus en plus jolie. Elle était si différente de Steve. Elle adorait son frère, qui éprouvait la plus totale indifférence à son égard, sauf lorsqu'elle essayait de se lever ou de parler, et qui voulait seulement savoir quand il pourrait enfin jouer avec elle. Je les avais fait photographier ensemble et avait aussitôt envoyé les photos à Bogie pour qu'il puisse constater les changements chez sa progéniture.

Comment épouser un millionnaire se termina enfin – tout le monde trouvait le film bon – et je partis rejoindre Bogie. Malheureusement, à cause des retards que nous avions pris, je devais le retrouver à Londres, manquant complètement l'Italie. Dommage. J'étais tout excitée à l'idée de retrouver Bogie après trois mois et curieuse de voir quelles seraient nos réactions. Hélas nos retrouvailles auraient lieu en public.

À cette époque, on avait une couchette pour dormir dans l'avion, le vol pour Londres durant neuf ou dix heures. Une heure environ avant Londres, nous traversâmes une zone de mauvais temps. Quand nous pûmes enfin atterrir, avec un sensible retard, il ne restait plus assez de temps pour passer à l'hôtel avant le déjeuner. Un membre de l'équipe de *Plus fort que le diable* était là pour m'accueillir et m'emmena aussitôt au Savoy et dans la salle à manger où Bogie était assis sur une estrade. Quelqu'un prononçait un discours quelconque. On m'installa dans un fauteuil, également sur l'estrade... Même pas le droit d'embrasser mon mari. Il y avait deux personnes entre nous deux. Bogie me regarda, avec cet étrange frémissement des mâchoires qui le saisissait chaque fois qu'il était ému. Je lui souris, fascinée par ma propre nervosité ; je tremblais presque autant ce jour-là que sur le banc, devant le bungalow de Howard Hawks. La flamme était loin d'être éteinte. Après huit ans de mariage, la magie opérait toujours.

On avait proposé à Bogie le rôle du capitaine Queeg dans *Ouragan sur le Caine*, qui devait être produit par Stanley Kramer, avec Eddie Dmytryk comme réalisateur. Il avait envie de jouer ce rôle et son sens aigu des conflits psychologiques lui donnait une compréhension du personnage accessible à très peu d'acteurs. La Columbia tenait beaucoup à l'avoir, mais ne voulait pas lui payer son salaire habituel. Bogie se mit dans une telle fureur... « Ça n'arrive jamais à Cooper, à Grant ou à Gable, seulement à moi, disait-il. Pourquoi moi ? Nom de Dieu, Harry [Cohn] sait que je veux jouer ce rôle et baisserai mes prix plutôt que de le voir confier à quelqu'un d'autre. » Bizarrement, Bogie avait toujours dû se bagarrer, bien qu'il fût une des plus grandes vedettes de l'histoire du cinéma. Il n'était jamais en mesure d'imposer ses tarifs en déclarant que c'était à prendre ou à laisser, parce qu'il tenait à tourner de bons films et ne pouvait se résigner à refuser un scénario de qualité. Il y aurait trois semaines en extérieur à Honolulu, où nous n'étions jamais allés et où nous pourrions emmener Steve. La distribution était excellente – Fred MacMurray, Van Johnson, Jose Ferrer. Mais surtout, Bogie avait vraiment envie d'incarner Queeg. Il céda donc. En théorie, il ne faut jamais laisser voir à un producteur à quel point on tient à un rôle donné : il en profite. Situation sans issue pour un acteur qui aime son métier. Je m'étais heurtée au même problème dans ma propre carrière : j'avais toujours mis mes prétentions au placard quand je voulais vraiment un rôle. Réaction absurde : s'ils ont besoin de vous, ils paieront, mais nous autres comédiens, pour la plupart, doutons tellement de nous-mêmes que nous nous croyons toujours remplaçables. D'où notre vulnérabilité. Si sûr de lui qu'il était en tant qu'homme, Bogie avait tout aussi peur que Spencer, ou tous les autres bons acteurs et vedettes que j'ai connus, d'être évincé au profit d'un autre. Cette insécurité, d'ailleurs, était l'un de ses traits de caractère les plus attirants.

1953 fut une année faste pour nous. Bogie travailla continuellement et dans de très bons films ; après trois ans d'inaction, je me remis au travail en tournant un film qui eut un gros succès, et nous voyageâmes beaucoup, retrouvant de vieux amis, en découvrant de nouveaux. Nous nous trouvions en Angleterre pour le couronnement de la reine Elisabeth. Ce fut une semaine démente, palpitante, inoubliable. Je m'émerveille encore de l'endurance dont fit preuve la reine durant cette longue et magique cérémonie.

Nous étions en bonne santé, nous nous aimions, notre vie de famille était parfaite. Fleur Cowles, mariée à l'époque à Mike Cowles, de *Look*, m'avait demandé d'écrire un article pour le magazine. Le thème et le titre en étaient : « Je déteste les hommes jeunes. » Je fus payée une somme symbolique et écrivis l'article entièrement moi-même – c'était ma première aventure littéraire, et j'attachais une grande importance à la qualité de mon travail. J'énumérais les qualités que j'admirais et trouvais séduisantes chez les hommes, et nommai six hommes qui, en dépit du rythme frénétique et du stress de notre époque, avaient réussi à conserver leur esprit, leur personnalité, leur sens de l'humour et leur bon sens. Ces hommes étaient Adlai, Robert E. Sherwood, Nunnally Johnson, Alistair Cook, Louis Bromfield et John Huston. Leurs réactions à cet article furent très amusantes. Sherwood m'écrivit que depuis sa parution il avait été l'homme le plus haï et le plus terrifié qu'on ait pu rencontrer sur les boulevards ; si j'avais choisi les cinq autres, disait-il, c'était pour des raisons évidentes : « Stevenson parce qu'il est cultivé, Johnson parce qu'il est spirituel et sage, Cook parce qu'il est débonnaire, Huston parce qu'il porte de drôles de chapeaux et Bromfield parce qu'il est républicain (pour bien prouver votre éclectisme), mais je ne peux concevoir qu'un seul et unique motif à votre choix – mon magnétisme animal et pervers. Cette idée exaspère les mâles par ici et terrifie les bonnes femmes. » Adlai m'écrivit qu'il ne savait pas trop s'il convenait à un homme à la fois modeste et compliqué, simple et charmeur, sage et ironiste, de garder les paupières baissées et de rougir de confusion. « Que puis-je faire ? L'on voit trop bien mes pieds d'argile. Quelle tâche m'assignez-vous et vous assignez-vous à vous-même, car vous voilà condamnée, comme tant de malheureux avant vous, à écrire et toujours écrire. »

(Il n'avait pas tout à fait raison sur ce point.) Bromfield télégraphia : « Merci aimables remarques. Article *Look* excellent et professionnel, mais Bromfield sous-estimé. » Alistair : « Le plus jeune membre du club Bacall remercie avec humilité, dignité et humour. Mais d'où sort cette allusion au début de siècle ? » Je n'ai gardé aucune trace d'une réponse de Huston. Il se trouvait en Europe à l'époque. Les dernières phrases que j'avais écrites à son sujet étaient les suivantes : « Symboliquement parlant, il a éparpillé les corps de ses amis aux quatre coins du monde. Où que vous vous trouviez, il vous accorde sans réserve son attention et ses pensées, du moins jusqu'à ce que le besoin le prenne de s'en aller. Et vous voilà le bec dans l'eau. Et encore, ne vous plaignez pas. »

La sortie de *Comment épouser un millionnaire* était prévue pour novembre, et je devais me rendre à New York à cette occasion. N'étant pas du genre à refuser un voyage à New York, j'acceptai ; c'était pour moins d'une semaine, et Bogie travaillait, il n'y voyait donc pas d'inconvénient. La soirée fut très amusante. Je fus emmenée à travers Broadway d'un cinéma où le film se jouait jusqu'à un autre par la police new-yorkaise – beaucoup de projecteurs, une foule énorme. Maman et Lee étaient là et je me délectais d'être le point de mire de tous les regards : rien de tel que le succès pour rendre euphorique. Dutch et Ellen Smith m'avaient invitée à venir passer le week-end dans leur maison de Lake Forest, Illinois, sur le chemin du retour. Adlai serait là et viendrait dîner avec quelques amis. J'acceptai avec empressement, sûre que Bogie serait ravi. Nous nous téléphonions tous les jours et je lui parlai de l'invitation. Furieux, il s'exclama : « Il n'en est pas question ! » Il voulait que je rentre à la maison. J'insistai, en disant que c'était parfaitement inoffensif, que ça ne faisait jamais que deux jours de plus et que j'avais accepté. Fou de rage, il me raccrocha au nez. Je me rendis néanmoins à Lake Forest. Le dîner fut charmant et j'étais ravie de revoir Adlai. Quel que fût mon faible pour lui, rien d'illicite dans nos rapports. Je lui expliquai par quel hasard je me trouvais là ; il me demanda des nouvelles de Bogie, comme toujours. Mais cette fois, j'évoluais dans un monde différent ; je me sentais en marge. Le lendemain, il y eut un lunch donné en l'honneur d'Adlai et auquel je fus également invitée. Buffie Ives y assistait, comme d'habitude, manifestant ouvertement son déplaisir de me voir. D'un ton acide, elle me demanda des nouvelles de mon mari et de mes enfants. Je me sentais flattée qu'elle me considère comme une menace. Chaque fois que je la voyais, je m'en rendais un peu mieux compte : nombre de femmes de toutes sortes essayaient d'accaparer son temps et son attention. Cet homme, qui n'avait rien d'un don Juan, réussissait pourtant à faire tourner la tête de tant de femmes, dont il captivait l'intérêt et qui se croyaient plus ou moins chacune l'élue. Toutes ces femmes étaient mariées, et donc les risques courus moindres. Je me rappelle seulement l'une d'entre elles, assez envahissante : Marlene Dietrich. Elle s'amouracha de lui, comme nous toutes, lui écrivit, lui téléphona, en fit même une fois son cavalier lors d'une sortie publique. Elle vint sur le plateau de *Comment épouser un millionnaire* un jour pour me dire qu'il ne l'avait pas appelée, qu'elle ne comprenait pas pourquoi ; si je le voyais, pouvais-je lui demander de lui passer un coup de fil ? « Bien sûr », répondis-je, sachant que je n'en ferais rien. J'en parlai quand même à Adlai sur le ton de la plaisanterie. Et Adlai, sans un mot offensant pour elle, se contenta de rire.

1953 fut également l'année où je refusais d'imprimer la forme de mon pied dans le ciment au Grauman's Chinese Theatre. Ce rituel devait coïncider avec la sortie de *Comment épouser un millionnaire*. Le jour où l'on m'en parla, je déclarai à Bogie qu'à mon avis n'importe quel acteur, à la sortie d'un film où il jouait, pouvait prétendre à cette cérémonie, la qualité ayant tellement baissé. Bogie, trop heureux de cette occasion de crever la baudruche de la vanité hollywoodienne, répliqua : « Pourquoi ne pas refuser ? » Joe Hyams, flairant une histoire, m'encouragea. Quant à moi, enchantée de me battre pour une nouvelle cause, si dérisoire et éphémère fût-elle, j'écrivis : « Avant ma venue à Hollywood, le Grauman's Chinese Theatre revêtait pour moi une signification spéciale : c'était non seulement le symbole de la réussite, mais le sanctuaire de la gloire de l'industrie cinématographique, et ceux qui y figuraient étaient inoubliables et irremplaçables. Je ne pense pas être l'un ou l'autre ; j'estime que ma carrière est en train d'évoluer, et je veux avoir le sentiment que j'ai gagné le droit de me trouver parmi les meilleurs qu'ait produits la profession. » Cette déclaration parut dans les journaux du pays tout entier, au même titre que les autres actualités, et fut oubliée le lendemain. Le temps passa. On ne me sollicita pas une seconde fois, et ainsi, vingt-cinq ans plus tard, un touriste ou un acteur en herbe se rendant au Grauman's Chinese Theatre pour y voir les empreintes des pieds de vedettes légendaires ne verra point les miennes – à supposer qu'il les cherche.

Bogie avait signé son contrat pour tourner dans *La Comtesse aux pieds nus* de Joe Mankiewicz, début janvier 1954. Il partit donc pour Rome, et je gagnai New York quelques semaines plus tard. La veille de mon départ, Frank Sinatra me téléphona pour me demander si ça m'ennuierait de porter un gâteau à la noix de coco à Ava Gardner, qui jouait dans le film avec Bogie. (Apparemment, elle aimait les gâteaux à la noix de coco.) Le matin de mon départ de New York, on m'apporta le gâteau dans un grand carton blanc – impossible à caser dans une valise, bien entendu ; je partis donc, ne lâchant pas un instant ce précieux colis. Je passai la nuit à Londres. Bogie vint m'accueillir à l'aéroport de Rome. Il m'accabla d'attentions, toujours aussi ému, aussi impatient de me retrouver. Je m'émerveillai de ce don qu'il avait de conserver à nos rapports la fraîcheur, la vivacité des premiers jours.

Il m'emmena avec mon gâteau à l'hôtel Excelsior, et je lui demandai de prévenir Ava Gardner. Ce qu'il fit, sans qu'elle se manifestât pour autant, si bien que deux jours plus tard je décidai de lui porter le gâteau. Je ne la connaissais pas et j'étais très embarrassée par ma mission : comment savoir ce qui s'est passé entre un homme et une femme quand leur idylle a mal tourné ? Bogie m'avait dit que le film marchait bien et qu'Ava était entourée d'une foule de gens, parmi lesquels sa sœur et un torero appelé Luis Miguel Dominguin, dont elle était amoureuse. Je partis donc avec ce fichu gâteau pour le studio et frappai à la porte de sa loge. Ayant décliné mon nom, je vis la porte s'ouvrir. Je me faisais l'effet d'une gourde avec ma boîte à la main. Il y avait diverses personnes dans la pièce, et aucune ne me fut présentée. « Je vous ai apporté ce gâteau, commençai-je. Frank me l'a envoyé à New York, il pensait que ça vous ferait plaisir. » Elle s'en fichait éperdument. Elle me demanda de le poser sur une table qu'elle m'indiqua, pas un mot de remerciement, rien. Je ne racontai jamais à Frank l'histoire du gâteau à la noix de coco, il aurait été trop vexé. Bogie disait toujours que les comédiennes de la MGM étaient si adulées, encensées, qu'elles étaient impossibles à vivre. Mais, dans le travail, Ava était une vraie professionnelle, et pour Bogie c'était l'essentiel.

Notre séjour à Rome fut très plaisant. Howard Hawks, Harry Kurnitz et William Faulkner s'y trouvaient, en train de préparer *L'Égyptien*, et un groupe d'entre nous, dont Edmond O'Brien, qui travaillait aussi dans le film de Bogie, allions dîner au Harry's Bar, tout près de l'Excelsior. Invariablement, Bill Faulkner était assis tout seul à une table. Il était d'une telle timidité... Bogie et moi allions lui demander de se joindre à nous, et il était si heureux d'échapper à sa solitude qu'il restait avec nous jusqu'à notre départ. Un soir, avec mon tact habituel, je lui demandai : « Dites-moi, Bill, pourquoi buvez-vous ? » Bill, avec son traînant accent du Sud, répondit : « Eh bien, avec un Martini, je me sens plus fort, plus intelligent, plus grand ; avec deux, je passe au superlatif, je deviens le plus fort, le plus intelligent, le plus grand ; et avec trois, on ne peut plus me tenir ! » Peut-être avait-il toujours souffert de sa petite taille. C'était un homme charmant et plein de douceur, toujours très grave. Il nous fit part de ses projets lorsqu'il aurait fini le scénario. « Je pense que je vais visiter la vallée de la Loire, en goûtant les vins de pays au passage. » Kurnitz nous raconta, je me rappelle, qu'il avait fallu extirper Faulkner de l'avion à l'arrivée au Caire. Ne l'ayant pas vu pendant quelques jours, Harry décida, comme ils travaillaient ensemble au scénario, de passer à l'hôtel de Bill pour voir ce qu'il devenait. Il frappa à la porte de sa chambre. Une infirmière en sortit rapidement. Quelques bouteilles vides traînaient par terre. Bill était assis dans son lit. « Oh ! ça va, Harry, mais je n'arrive pas à me débarrasser de ce rhume. »

Je passai le plus clair de mon temps durant ces deux mois à arpenter les rues de Rome pour m'occuper pendant que Bogie travaillait. Quand il avait quelques jours de libres, nous nous rendions à Florence ou à Venise. Mais le meilleur moment de tous mes voyages, c'était celui où je poussais la porte de ma propre maison.

Dès notre retour, Lee et Ira Gershwin donnèrent une grande soirée en l'honneur de Léonard Bernstein, que nous ne connaissions pas. Il était incroyablement séduisant, d'une vitalité débordante, et d'une gaieté inaltérable. Bogie et moi en étions éblouis. Lenny se mettait au piano, je m'asseyais à ses pieds, tout le monde chantait ses vieilles chansons ou de nouvelles. J'étais dans mon élément ; je n'aimais rien tant que d'être assise près d'un piano, à écouter et à chanter des chansons. Chez les Gerswhin, quand un musicien avait composé une nouvelle musique, il était rituel qu'il se mît au piano pour la jouer, comme Harold Arlen et Ira le firent ce jour-là avec celle d'*Une étoile est née*. Judy Garland et Sid Luft avaient emménagé dans notre rue, à trois minutes de chez nous ; leur fille Lorna avait environ six mois de moins que Leslie, et les allées et venues continuelles entre les deux maisons avaient créé entre nous des liens solides. Judy venait de terminer *Une étoile est née*, produit par Sid, et nous attendions tous la sortie avec impatience, espérant que Judy, après les hauts et les bas qu'elle avait connus, tant dans sa vie professionnelle que dans sa vie privée, allait enfin réaliser son rêve et se voir décerner l'oscar pour son interprétation, prouvant ainsi aux cyniques qu'elle était toujours une grande artiste. Tout le monde ce soir-là était en pleine forme, et la soirée se prolongea jusqu'au petit jour. Lenny Bernstein était à Hollywood pour assister à une projection de *Sur les quais*, dont Sam Spiegel voulait lui faire écrire la musique. Nous étions très attirés l'un par l'autre, je ne sais pourquoi, étant tous les deux parfaitement heureux avec nos conjoints respectifs. Je me disais parfois que si nous avions été libres, Lenny et moi, nous nous serions peut-être enfuis ensemble. Encore un fantasme puéril. Comme disait Bogie : « Lenny a bien trop à faire dans sa vie pour s'occuper d'une femme. Tu passerais peut-être avec lui un week-end formidable, mais pas ta vie entière. » C'était dans ces moments-là que nos vingt-cinq ans de différence se manifestaient. Bogie connaissait mon innocence, savait que je n'avais jamais eu l'occasion de déployer mes ailes sur le plan de la sexualité, aussi fermait-il les yeux sur mes béguins passagers. Il m'avait appris très tôt que toute sa vie on rencontre des gens par qui l'on est attiré ; c'est très amusant, d'accord, mais un week-end vaut-il la peine de gâcher le reste. Je n'ai jamais osé. Non seulement j'étais retenue par le syndrome de la jeune-fille-juive-comme-il-faut, mais je savais que Bogie, malgré tout son amour, me quitterait si j'allais plus loin. Le respect de soi-même avait pour lui plus de prix que n'importe quel autre trait de caractère et il faisait confiance à mon sens moral. Je ne l'ignorais pas, et cela me servait de garde-fou.

Time décida qu'il était temps de consacrer un numéro à Bogie. Dans l'article, Bogie s'en donna à cœur joie sur ses sujets favoris :

« *Les femmes :* Elles nous ont eus. On n'aurait jamais dû les libérer. (Je suis du siècle dernier, n'oubliez pas.) ;

« *L'argent :* Le seul intérêt de l'argent, c'est qu'il vous permet d'envoyer aux pelotes tous les salauds, quels qu'ils soient ;

« *La paternité :* Elle est venue un peu tard dans ma vie. Je ne comprends pas les enfants et je ne pense pas qu'ils me comprennent. Tout ce que je peux dire, c'est que, Dieu merci, il y a Betty. (Peut-on s'étonner que je l'aie tant aimé ?) ;

« *Les bonnes manières :* J'ai d'assez bonnes manières. Cela tient à mon éducation, mais dans cet aquarium qu'est la vie on a parfois du mal à les conserver. Rien de tel qu'une boîte de nuit pour les oublier. »

En septembre, nous inaugurâmes la série d'émissions d'Edward R. Murrow, « Person to Person ». Grande excitation ; nous étions des fanatiques de Murrow et restions toujours à la maison le dimanche soir pour écouter l'émission « See it now ». Tous ceux qui ont vécu cette période avaient sûrement conscience de la ferveur de Murrow, de son intégrité morale et intellectuelle. Il changea le visage de la télé et contribua tout autant que n'importe quel membre du gouvernement à la chute de McCarthy. Pour l'émission « Person to Person », nous le promenâmes à travers toute la maison, évoquâmes le jour où j'avais été photographiée, assise sur le piano de Truman, l'enfance de Bogie, à l'époque où il était le bébé de Maud Humphrey, et le projet de Bogie : *L'homme qui voulut être roi.* Huston avait parlé à Bogie et à Gable de ce film qu'il voulait tourner dans l'Himalaya – encore un lieu de tournage inaccessible à la Huston et un rêve de plus qui ne se réalisa qu'en 1976, quand Huston réussit effectivement à le mettre à exécution, mais avec Sean Connery et Michael Caine. Stephen et Leslie, en tenue de nuit, firent une brève apparition à l'écran ; jusqu'à Harvey et sa famille qui furent vus d'une côte à l'autre. J'étais sur les nerfs comme d'habitude, mais, une fois l'épreuve terminée, j'avais envie de reprendre au début et de tout recommencer.

Ce fut durant cet été et cet automne-là que nos liens avec Sinatra se resserrèrent. Bogie avait toujours bien aimé Frank ; sa façon de « se battre contre des moulins à vent » lui plaisait, et Frank le faisait rire. Ce n'était pas une période faste dans la carrière de Frank, bien qu'elle se fût améliorée régulièrement depuis *Tant qu'il y aura des hommes.* Il se sentait esseulé depuis le départ d'Ava Gardner – je crois bien que c'était la première fois, et la seule, où ce n'était pas lui qui avait rompu. C'était un agité, absolument incapable de rester seul. Il ne s'animait vraiment que le soir, ayant passé toute sa vie à chanter dans des cabarets.

Une étoile est née sortit en octobre – une grande première hollywoodienne dans le style d'autrefois. Sid et Judy donnaient un gigantesque cocktail, et nous étions, bien entendu, invités, en tant qu'amis et voisins. Bogie et moi n'étions pas tellement portés sur les premières : trop de projecteurs, trop de gens et, pire que tout, trop de photographes ; en plus, se mettre sur son trente et un simplement pour aller s'asseoir dans une salle de cinéma paraissait idiot. Mais cette première-là n'était pas comme les autres grâce à Judy. C'était une femme compliquée, pétillante d'esprit, d'une vive intelligence, qui avait survécu à une enfance malheureuse et à des liaisons et des mariages tout aussi malheureux qui l'avaient profondément marquée. Elle et moi devînmes très amies. Quand nous passions tranquillement un après-midi ou une soirée ensemble, j'étais sûre de ne pas m'ennuyer une minute. *Une étoile est née* fut tourné malgré les prédictions des oiseaux de mauvais augure, et ce fut Sid qui l'aida à aller jusqu'au bout. Quelles qu'aient pu être ses erreurs, il fut un excellent père et s'occupa de Judy durant des périodes critiques. Le film était pour elle un véritable come-back (je déteste ce mot, mais n'en trouve pas d'autre), et elle semblait enfin heureuse.

Quatre films de Bogie sortirent cette année-là. Cary Grant passa à la maison un après-midi et remarqua : « Tu monopolises tous les meilleurs rôles maintenant, Bogie. Comment te débrouilles-tu ? – C'est parce que je n'arrête pas de travailler », répliqua Bogie. Il pensait que le travail engendre le travail et que l'on vous propose forcément des films intéressants si vous vous donnez du mal. À moins d'être sur son bateau, Bogie était quelque peu désorienté quand il ne travaillait pas.

Nous commençâmes tous les deux la nouvelle année en tournant – Bogie dans *Nous ne sommes pas des anges*, avec Peter Ustinov, et moi dans *La Toile d'araignée,* mon premier film à la légendaire MGM. Ce fut aussi l'année de la nouvelle Thunderbird, et Bogie, Cooper et Gable s'empressèrent d'en acheter chacun une.

Judy attendait de nouveau un bébé et était tout excitée, espérant cette fois avoir un garçon. Et elle avait été proposée pour un oscar pour *Une étoile est née*. Grace Kelly également, pour *Une fille de la province*, mais nous étions sûrs que Judy l'emporterait.

Frank passa chez nous boire un verre le soir où Judy fut emmenée à l'hôpital. Il avait pris l'habitude de venir presque tous les soirs – nous lui apportions une sorte de stabilité, manifestement – et où qu'il eût dîné et avec qui, il éprouvait quand même le besoin de faire étape chez nous. Bogie me dit un peu plus tard : « Tu ne t'imagines pas que c'est *moi* qu'il vient voir, non ? »

Le soir où naquit le bébé de Judy, Frank voulut passer à l'hôpital lui rendre visite, et il me demanda si je voulais l'accompagner. Bogie travaillait le lendemain, et nous partîmes donc sans lui. Frank avait apporté un animal en peluche pour Judy. Quand nous la vîmes, elle sortait de la salle de réveil, encore engourdie par l'anesthésie, ayant effectivement donné le jour à un fils. Nous l'embrassâmes, Frank lui offrit le jouet, et ce fut un moment très plaisant, un moment de douceur auquel la prévenance de Frank donna d'autant plus de prix pour Judy. Les oscars seraient distribués avant qu'elle ne sorte de l'hôpital, et les chaînes de télévision avaient envoyé des techniciens pour équiper sa chambre, installer des caméras ; des ouvriers travaillaient sur la façade au-dessous de ses fenêtres à poser des câbles, des projecteurs, Dieu sait quoi... Le grand soir arriva, et nous étions tous groupés devant nos petits écrans, pleins d'espoir – mais Judy perdit. Elle se comporta très crânement, déclarant que son fils Joey représentait davantage pour elle que n'importe quel oscar, mais elle était profondément déçue – et blessée. Cela la confirmait dans l'idée que le monde du cinéma était contre elle. Et, bien qu'elle eût fait incroyablement bonne figure, c'était une gifle de plus qu'elle recevait.

Cette année-là, je jouai dans *L'Allée sanglante* avec John Wayne – à ma grande surprise, je découvris en lui un homme chaleureux, gentil, toujours prêt à rendre service –, sous la direction musclée et dynamique de William Wellman.

Ce fut alors qu'on proposa à Bogie et à moi de jouer en direct pour la télé *La Forêt pétrifiée*, dans le cadre de Producer's Showcase – une dramatique de deux heures, avec Fred Coe comme producteur et réalisateur – et dans l'adaptation de Tad Mosel de la pièce de Robert Sherwood. Henri Fonda devait jouer le rôle de Leslie Howard, Bogie son rôle d'origine, celui de Mantee, et moi celui de la fille. C'était un rôle simple, romantique, très différent de tout ce que j'avais fait jusqu'alors, et en direct ! Nous acceptâmes. Je restai terrifiée pendant les trois semaines de répétition. David Selznick m'avait dit que j'étais folle de jouer une pièce en direct. « Si tu commets une erreur, tu la commets devant trois millions de spectateurs. » Mais j'avais décidé depuis longtemps de payer d'audace dans ma carrière. Je me souvenais de Bogie lançant à Judy, qui se vantait, assise dans notre salon, d'avoir plus de talent que n'importe qui dans cette foutue ville : « Le talent dans un salon, ça ne vaut rien. Ce qu'il faut, c'est payer de sa personne et le prouver. » Je savais qu'il me fallait prendre des risques, et tant pis si je faisais un bide. Auquel cas plus personne dans l'industrie cinématographique ne me proposerait quelque chose de nouveau. Nous nous jetâmes donc à l'eau. Je n'avais jamais eu l'occasion de beaucoup voir Fonda ; c'était un homme assez renfermé à l'époque, mal dans sa peau. Mais quel partenaire ! Un professionnel, au meilleur sens du terme, un être généreux ; mon admiration et mon affection pour lui datent de cette période.

Lorsque nous fûmes enfin prêts à passer sur l'antenne et que j'entendis le compte à rebours – 10, 9, 8, 7, 6, 5, 4, 3, 2, 1 –, mon cœur se mit à cogner si fort que le micro, pensais-je, devait enregistrer ses battements. Mais je m'en tirai haut la main, mes amis furent à la fois surpris et ravis, et, plus important encore, mon interprétation plut à Sherwood. J'éprouvais un sentiment de plénitude qui préfigurait la joie que pourrait maintenant m'apporter le théâtre. Après le spectacle, nous donnâmes une réception à la maison. Dans l'euphorie générale, tout le monde se saoula. Mon dernier souvenir, c'est qu'on dut me porter à notre chambre. Bogie était absolument furieux.

La Maison des otages devait être tournée par Willie Wyler. Bogie voulait jouer le rôle du tueur – le premier personnage à la Mantee à se présenter depuis des années. Le rêve de tout le monde, c'était d'avoir Bogie et Spencer dans le même film. Mais qui devait figurer en tête d'affiche ? « Je m'en fous, dit Bogie, qu'ils se débrouillent. » Le résultat fut un méli-mélo (les imprésarios en faisaient des gorges chaudes) : on lisait « Spencer Bogart » et « Humphrey Tracy ».

Noel Coward devait se produire à Las Vegas pour la première fois dans une boîte de nuit du Sands Hotel. C'était au Sands que jouait toujours Frank ; il y possédait des parts. Frank aimait faire venir ses amis par avion à Vegas, un endroit que la plupart de nous ne fréquentions guère. Il prenait vraiment plaisir à jouer les organisateurs sur son territoire. Enchantés d'aller applaudir Noel, nous prîmes tous l'avion pour Las Vegas, où, à l'aéroport, des employés de l'hôtel étaient là pour nous accueillir ; les bagages furent aussitôt embarqués vers nos appartements respectifs, généreusement approvisionnés en alcool. Ensuite, cocktail, dîner, le tout arrangé par Frank. Et une table en bordure de la piste pour la première, garnie de bouteilles de Jack Daniel's bien sûr (que je m'étais mise à boire quelques années auparavant et auquel Frank s'était converti). Frank avait pensé à tout.

Je n'oublierai jamais ma surprise en regardant Noel Coward avancer sur cette scène. Il tenait un micro à la main et, je n'en croyais pas mes yeux, tremblait d'appréhension. Après toutes ces années d'expérience et de réussite, il avait encore le trac. Il avait manifesté quelque anxiété à l'idée de se produire à Las Vegas. Il avait eu tort de s'inquiéter, car il remporta un succès triomphal. Nous allâmes tous en avion à Palm Springs dans la maison de Frank pour le week-end, et Noel vint y passer son jour de relâche, aux frais de Frank. Noel joua et chanta ses chansons, Frank chanta lui aussi, ils étaient tous deux dans une forme éblouissante. Imaginez la valeur de ce festival de chansons s'il avait été enregistré ! Frank nous prit en charge à Palm Springs comme il l'avait fait à Las Vegas. Frank était ainsi. Il y prenait plaisir, c'était sa façon de nous recevoir chez lui comme nous l'avions reçu chez nous. Et il avait de la compagnie, il n'était plus seul.

Cette atmosphère un peu folle de fête et de vacances perpétuelles amusa Bogie un certain temps, mais il n'était pas homme à laisser le temps filer. Si nous étions tous d'excellents amis, la vie à Vegas et Palm Springs était celle de Frank, pas la nôtre.

Nous emmenâmes Steve avec nous sur le bateau un week-end. Je ne vivais pas à l'idée qu'il pourrait basculer par-dessus bord ; à la suite de cette expérience, il fut convenu que la prochaine fois Bogie l'emmènerait seul pour un week-end entre hommes, laissant la pauvre mère angoissée à la maison avec sa fille. Bogie était stupéfiant avec Leslie. J'adorais les observer quand ils étaient ensemble. Il ne savait pas trop comment s'y prendre avec elle et la contemplait avec une sorte d'émerveillement. Bien que peu démonstratif, quand il regardait sa fille, je le voyais fondre de tendresse.

Finalement Bogie emmena Steve sur le bateau. À leur retour, il me raconta qu'une fois à Catalina, ils avaient pris le dinghy pour aller poser les casiers à langoustes, puis ils avaient regagné la berge pour que Steve puisse s'amuser sur la plage de galets un moment. Comme il voulait continuer à jouer, Bogie lui dit qu'il reviendrait le chercher et repartit à la rame. Au bout de quelques minutes, Steve lança : « Papa, attends-moi ! », puis, il se jeta à l'eau et se mit à nager vers le canot. Il n'avait que six ans et demi, mais il arriva bel et bien ! Cette prouesse fit une forte impression sur Bogie. « Il a du cran, ce petit ! » dit-il. Un climat d'étroite intimité s'établit entre eux durant ces quelques jours ensemble. Steve avait déjà l'amour de la voile et était à bord un mousse modèle.

Bogie et moi arrivâmes à temps à New York en septembre pour assister au combat de Rocky Marciano dans le championnat du monde. Je me réjouissais toujours de retrouver New York, mais cette année-là nous avions beaucoup circulé, et notre nouvelle maison me manquait. J'avais arrangé le jardin exactement comme je le voulais, la piscine et le petit pavillon attenant le rendaient plus agréable encore, et avec le tennis nous avions vraiment tout ce qu'il nous fallait. Nous n'avions aucune raison de partir. Mais Bogie avait signé un contrat pour tourner *Plus dure sera la chute*, et le studio lui avait pris des places en bordure du ring.

On m'avait offert un rôle dans un film appelé *Écrit sur du vent,* très bien payé pour trois semaines de travail. C'était le genre comédie sentimentale, avec Rock Hudson, une nouvelle vedette qui faisait fureur. Ma carrière, de nouveau, n'était pas des plus florissantes et, quand j'en parlai à Bogie, il me conseilla d'accepter si les conditions étaient normales. La distribution était bonne, le budget prévu, énorme. Je n'avais encore jamais tenté pareille expérience – un premier rôle tout à fait conventionnel, sans un clin d'œil – et j'acceptai. Mais je pus aller passer quelques jours à Chicago avec Bogie, qui tournait en extérieur, car je ne commencerais pas mon propre film avant novembre.

Le pauvre Bogie se sentait mal fichu pendant notre séjour à Chicago. À Chicago, il alla voir un médecin pour se faire faire une piqûre de vitamines afin de ne pas manquer une journée de travail. Il termina les extérieurs et se sentit vite égal à lui-même après que nous fûmes rentrés à la maison. Il continua à tourner son film tandis que je commençais le mien.

Noel m'avait télégraphié pour me demander si je voulais jouer Elvira, le fantôme de *L'esprit s'amuse* à la télévision avec lui. Bien que peu rassurée, j'acceptai. Pas question de manquer une occasion de travailler avec Noel Coward. Comme la télévision était encore un domaine relativement nouveau qui m'inspirait beaucoup d'appréhension, je n'aurais même pas songé à commencer les répétitions sans savoir mon texte. De toute façon, Noel insistait là-dessus. Ce ne fut pas facile de l'apprendre tout en tournant *Écrit sur du vent,* mais je fis de mon mieux. Claudette Colbert devait jouer la deuxième épouse, Ruth, et Mildred Natwick devait reprendre le rôle de Mme Arcati, qu'elle avait créé autrefois à Broadway. Noel jouait et assurait la mise en scène. Il avait eu quelques ennuis avec sa jambe, mais allait se bourrer de piqûres pour tenir le coup.

Le premier jour, tout le monde sauf Claudette connaissait son texte. C'était une grande dame et une excellente actrice, mais elle aimait travailler le scénario à la main. Cela ne faisait pas du tout l'affaire du Maître, qui avait bien précisé que nous devions savoir notre texte par cœur, et une certaine tension s'établit entre eux. Ils avaient raison tous les deux, mais quand on travaillait avec Noel il fallait se plier à sa méthode. La tension ne fit que croître. « Regarde Betty, disait-il. Elle est en train de tourner un film, et pourtant elle connaît son texte parfaitement. » Un jour, pendant une répétition, il se mit en colère – Claudette avait toujours sa brochure à la main – et s'exclama : « Tu te trompes de réplique ! – Tu me mets dans un tel état de nerfs, répliqua Claudette, que je prononce mes répliques à l'envers. – Et c'est exactement comme ça que tu joues ton rôle, à l'envers ! » conclut Noel.

Je m'efforçais de calmer Claudette, qui, à juste titre, était très déprimée et nerveuse. De toute façon, tout le monde avait le trac à l'idée de jouer en direct devant les caméras de télévision. Là-dessus, Noel décida qu'il nous fallait un public dans le studio et qu'il allait lancer des invitations. Autrement dit Hedda, Louella et toutes les grandes vedettes seraient là. Panique. « D'accord. J'en mourrai, mais d'accord », dis-je. Noel nous tenait la bride serrée.

L'esprit s'amuse fut donc jouée en direct devant un public d'une centaine d'invités, et – Dieu merci – tout se passa comme sur des roulettes. Les rapports entre Noel et Claudette étaient toujours tendus, mais la représentation fut un succès. Nos loges furent envahies de visiteurs : Quent Reynolds, qui était de passage, vint avec Bogie, Judy, Merle Oberon, Clifton Webb, Liz Taylor. Ce spectacle m'avait apporté beaucoup de satisfaction ; je raffolais de mon maquillage gris de fantôme, m'étais sentie moins nerveuse que dans *La Forêt pétrifiée*, tout en étant loin d'être calme ! Bogie était fier de moi. La chaleureuse approbation de Bogie était un événement pour moi. Il ne disait que ce qu'il pensait, ne me mentait jamais.

Clifton donna une grande soirée en l'honneur de Noel avant l'émission de télévision, et me prévint que Hedda y assisterait. Je ne lui avais plus jamais adressé la parole depuis qu'elle avait écrit sur moi des propos particulièrement fielleux et avait en plus essayé de dissuader John Wayne et Bill Wellman de m'engager pour *L'Allée sanglante*. Clifton avait décidé qu'il était temps pour nous de nous réconcilier et posa un bras sur les épaules de Hedda, l'autre sur les miennes. « Allons, allons, faites la paix toutes les deux, c'est ridicule. » J'exhalai ma fureur devant Hedda, l'accusai de s'être conduite comme une garce en essayant de m'empêcher de travailler. « Vous avez raison, dit-elle. J'ai été garce. Si vous me flanquiez un bon coup de pied ? » Là-dessus elle se retourna, et je lui bottai énergiquement les fesses – pour la distinction, zéro... Ce geste provoqua un éclat de rire général, et une trêve fut déclarée.

Nous allâmes tous chez Frank à Palm Springs pour le Nouvel An – façon charmante de commencer l'année, en compagnie d'amis très chers. Comme la fin du dîner approchait, Frank, l'air très abattu, nous supplia de rester, la mine triste, désolée. Je jetai un coup d'œil à Bogie, qui déclara : « Désolé, mon vieux, mais il faut qu'on rentre. » Dans la voiture qui nous emmenait, je dis à Bogie : « Tu sais, nous aurions dû rester. — Absolument pas, répliqua Bogie. Il a choisi de vivre comme il vit – seul. S'il se sent solitaire, c'est bien dommage, mais c'est un choix. Nous avons notre propre route à suivre ; nous ne pouvons pas vivre sa vie pour lui. » Comme d'habitude, Bogie avait parfaitement raison.

1956, l'année où Bogie et moi devions tourner notre premier film ensemble depuis *Key Largo*. La Warner Bros. avait acheté les droits de *Melville Goodwin, USA*, roman de John P. Marquant, une histoire d'amour entre un soldat et une femme genre Clare Booth-Luce. Nous nous réjouissions de cette perspective.

Un soir en rentrant, Bogie m'annonça qu'il était tombé sur Greer Garson au déjeuner. Greer lui avait dit qu'elle n'aimait pas du tout sa façon de tousser et qu'il devait aller voir son médecin, le Dr Maynard Brandsma. Elle l'y avait même traîné pour qu'il se fasse examiner. J'étais tellement habituée à la toux de Bogie que je n'avais remarqué aucun changement. Il manquait d'appétit depuis quelque temps, mais ça n'avait rien d'inquiétant ; il disait que parfois la gorge le brûlait quand il buvait du jus d'orange. Le docteur lui découvrit une inflammation de l'œsophage et lui demanda de revenir pour une radio et une analyse de crachats. Bogie fit faire les examens et le Dr Brandsma lui dit qu'il lui téléphonerait d'ici à quelques jours. Tout ce qui touchait à la médecine était territoire étranger aussi bien pour Bogie que pour moi, aussi n'y prêtâmes-nous guère attention.

La première de *La Maison des otages* fut un triomphe pour Willie Wyler. Bogie avait été enchanté de travailler de nouveau avec Willie. Willie vous donnait envie de vous dépasser, d'aller toujours plus loin. Ses méthodes différaient de celles de Huston, mais tous deux obtenaient toujours d'un véritable acteur le meilleur de lui-même. Je n'arrivais pas à croire que Bogie et moi allions nous retrouver sur le plateau. Nous connaissions tous les techniciens, et la Warner était un endroit si familier que nous nous y sentions chez nous. Notre goût du jeu, notre plaisir à nous donner la réplique étaient si grands que durant le bout d'essai nous avions l'impression de jouer vraiment une scène ; nous étions redevenus Slim et Steve. Le tournage commencerait fin février, et au printemps Bogie tournerait *Le Bon Berger* à la Columbia pour sa propre compagnie. C'était une histoire de mer de C. S. Forester, et Bogie était tout excité à cette idée.

Le Dr Brandsma appela Bogie pour lui faire passer une bronchoscopie. Puis nous suggéra d'aller nous reposer une semaine. Tout cela ne nous paraissait toujours pas inquiétant. Bogie pourtant perdait de plus en plus l'appétit. Il avait du mal à avaler. Il était déjà tellement mince – soixante-dix kilos tout mouillé, comme il disait – qu'il ne pouvait guère se permettre de jeuner. Frank nous proposa généreusement sa maison, et nous partîmes pour Palm Springs. La semaine écoulée, Bogie se rendit immédiatement chez le Dr Brandsma pour une analyse. De nouveau, on décela des anomalies. Les résultats de cette analyse, assura Brandsma, permettraient d'établir un diagnostic. Deux jours plus tard, il téléphona pour nous dire que Bogie devait être opéré, pouvions-nous passer tous les deux à son cabinet le lendemain matin ? Nous n'étions toujours pas inquiets – je ne sais pas pourquoi, notre ignorance en matière de médecine, sans doute... Le lendemain matin, le Dr Brandsma nous expliqua que la première analyse avait fait apparaître des cellules anormales qui avaient éveillé ses soupçons ; la biopsie révélant la présence de cellules malignes dans les tissus avait confirmé sa crainte, et, moins de deux semaines plus tard, la deuxième analyse avait révélé que le nombre des cellules malignes avait doublé dans l'intervalle. Une opération s'imposait. Bogie demanda si on ne pouvait attendre pour l'opérer que le film soit terminé. « Non, répondit le Dr Brandsma. Vous avez eu de la chance qu'on s'en aperçoive si tôt. »

J'écoutai le docteur, frappée de stupeur, mais je ne savais rigoureusement rien du cancer, et mon ignorance me permit de rester relativement calme. L'idée d'ajourner le film ne souriait guère à Bogie : « Ça va coûter une fortune au studio. » Et Brandsma : « Si vous ne vous faites pas opérer, ils pourront tous assister à votre enterrement. »

Nous rentrâmes à la maison, engourdis. Comme d'habitude, le point de vue de Bogie était simple : ce qu'il faut faire doit être fait ; inutile de dramatiser. Je calquai mon attitude sur la sienne.

Les médecins vinrent voir Bogie le lendemain après-midi. John Jones était un de ces rares docteurs dont on perçoit immédiatement la profonde humanité, la compétence, le dévouement à leur tâche. Il expliqua l'opération en termes assez simples, confirma que nous avions vraiment eu de la chance que la tumeur ait été détectée si tôt. Nous expliquâmes à Steve et à Leslie qu'il fallait enlever quelque chose dans la gorge de papa, que ce n'était pas grave, mais qu'il serait absent pendant une quinzaine de jours. Steve, naturellement, ne comprit pas. Leslie, qui avait trois ans et demi, encore moins. Comment auraient-ils pu, alors que nous-mêmes ne savions pas trop où nous en étions ?

Bogie était tendre et aimant comme d'habitude, un peu plus silencieux, peut-être. Maintenant que j'y repense, il semblait un peu lointain, comme enveloppé de cellophane, un matériau pas très solide mais suffisant pour l'isoler. La voiture vint nous chercher mercredi, en début d'après-midi. Bogie embrassa et serra contre lui les enfants et Harvey. La veille au soir, nous étions tous restés tout près les uns des autres – non pas en prélude à la tragédie, mais parce que nous nous sentions bien tous ensemble. C'était le 29 février 1956. Comme nous roulions vers l'hôpital, Bogie me prit la main avec douceur, presque timidement, et déclara : « C'est drôle, je n'ai jamais consacré beaucoup de temps aux médecins. Maintenant, je vais probablement passer le reste de mes jours avec eux. » Un petit sourire. Je lui souris à mon tour et répliquai : « Non, impossible ; ils deviendraient fous ! » Il nous fallait garder notre humour, l'essence même de nos personnalités et de notre couple.

Je me souviens qu'il fallut raser la poitrine de Bogie pour le préparer à l'intervention chirurgicale. Le Dr Jones et le Dr Brandsma avaient décidé l'ablation de l'œsophage, dont l'extrémité serait suturée à la partie supérieure de l'estomac. Ils pratiqueraient donc une thoracotomie, avec l'ablation d'une côte. Il faudrait aussi couper le pneumogastrique, qui contrôlait la digestion. Jusqu'à ce qu'il s'habitue à ce changement, peut-être ressentirait-il des nausées. Les deux spécialistes se montraient calmes, nous assurant que c'était une grande chance d'avoir dépisté à temps un cancer. Ils ne m'apprirent que beaucoup plus tard que le cancer de l'œsophage était un des plus graves.

L'opération devait avoir lieu le lendemain matin à 7 heures. Bogie et moi nous étions retrouvés seuls. Nous n'échangions que de rares paroles – qu'aurions-nous pu dire ? – mais tout pathétique fut évité. Bogie se garda de déclarer par exemple : « Au cas où les choses tourneraient mal... » ou de me confier ses « dernières volontés ». Qu'il n'y eût pas le choix, nous ne l'ignorions pas, mais l'idée ne nous effleurait pas que c'était le commencement de la fin. Je savais seulement que pour les trois semaines à venir le centre de mon existence se situerait dans cette chambre morne et impersonnelle. Je m'assis au bord du lit. Bogie était étendu dessus, mais hors des couvertures. Je lui pris la main. Et mon geste me parut presque insolite. Peut-être suscita-t-il chez lui un instant d'angoisse. Nous

ne fîmes aucune allusion à la gravité de son cas. Au bout d'un moment, il déclara : « Écoute, je crois qu'il vaut mieux que je dorme un peu. Veux-tu me donner ces comprimés qu'a laissés l'infirmière ?
— D'accord, mon chéri, répondis-je, je vais rentrer m'occuper des enfants. Je serai là avant qu'on t'emmène à la salle d'opération. » Nous nous embrassâmes. « Bonne nuit, Baby. — Bonne nuit, Baby. » Et je regagnai la maison. C'était dur de le laisser ainsi tout seul à l'hôpital, mais il fallait que je voie les petits, cela m'aiderait à tenir le coup. À peine arrivée, j'allai retrouver Steve dans sa chambre. « Papa va bien, lui dis-je. Ne t'inquiète pas. Je t'appellerai de l'hôpital demain », et nous nous serrâmes très fort l'un contre l'autre. Sur la pointe des pieds, j'entrai dans la chambre de Leslie, l'embrassai. Elle dormait paisiblement dans son berceau. Le 1er mars donc, levée à l'aube, je sortis, après avoir bu une tasse de café. Les journaux avaient annoncé que Bogie entrait à l'hôpital à la suite d'une inflammation de l'œsophage ; pas un mot à propos de cancer ni la moindre allusion alarmante.

J'étais habituée à cette heure matinale où la ville semblait encore en sommeil, mais elle était ce jour-là plus assoupie que jamais, et je me sentais très seule. J'entrai dans la chambre de Bogie au moment où on s'apprêtait à l'emmener en salle d'opération. Il était étendu dans son peignoir d'hôpital, ses draps étroitement bordés, environné d'infirmières. Brusquement, tout devenait terriblement réel et angoissant. Encore sous l'effet des comprimés, il paraissait groggy, mais il me reconnut et me sourit. Je lui rendis son sourire et, penchée sur lui, l'embrassai.

Je vins à bout de cette journée avec des dizaines de cafés, des dizaines de cigarettes. Le Dr Flynn entra. L'opération se déroulait de façon satisfaisante. L'œsophage avait été enlevé ainsi que deux ganglions lymphatiques, et des prélèvements étaient à l'analyse au service anatomo-pathologique. Ils seraient obligés d'ouvrir l'abdomen pour atteindre l'estomac. Deux opérations d'un coup. Enfin, entre 5 heures et 5 h 30, le Dr Jones apparut dans sa blouse verte. Bogie était dans la salle de réveil. Tout s'était bien passé. Bogie avait passé neuf heures et demie sur la table d'opération. On me donna un somnifère le plus léger possible ; je n'avais pas l'habitude d'en avaler. Mais je ne pouvais pas dormir et refusai de sortir pour aller manger avant d'avoir vu Bogie sain et sauf. Bien entendu, j'étais résolue à passer la nuit dans la chambre attenante. Il y eut encore des coups de fil – ma mère, Huston quelque part en Europe,

Swifty, Niven, Spencer, Frank, les Jaffe, Nunnally, les Gershwin. Tous si compréhensifs, si attentionnés, si affectueux.

Soudain, je perçus un cliquetis de roues, la porte s'ouvrit : des infirmiers, des flacons suspendus partout, des tubes, Bogie avec ce terrible appareil noir dans la bouche pour l'empêcher d'avaler sa langue, il était couché sur le côté, son bras et sa main gauche pendant au flanc relevé du lit avaient quadruplé de volume. Cet être inerte, encore inconscient, miséricordieusement, ressemblait si peu à Bogie. Pourquoi une pareille tuméfaction ? Parce qu'il était resté dans cette position pendant des heures. Il retrouverait son aspect normal d'ici un ou deux jours. Du moins il était là, devant moi, je pouvais le voir, il respirait. « Allez donc manger quelque chose, me conseillaient les docteurs. Il ne reviendra pas à lui avant des heures. — Mais je veux être là quand il se réveillera. — Ne vous inquiétez pas, vous serez là. Vous avez tout votre temps. »

Et je finis par sortir. Mais je ne pouvais m'absenter longtemps – j'avais trop peur qu'il ouvre les yeux et ne me trouve pas. De toute façon, j'étais complètement désorientée, épuisée, rongée par la peur de le voir dans cet état affreux, et ne pouvant en même temps supporter d'être éloignée de lui. Pourquoi donc n'avais-je été préparée à cette vision douloureuse ? Ils avaient l'habitude, eux. Cela faisait partie de leur métier. Je revins à l'hôpital, suivis à pas lents le couloir faiblement éclairé. L'infirmière me dit qu'il dormait toujours. J'entrai sur la pointe des pieds dans sa chambre et le regardai longuement. Le pauvre chéri... tous ces tubes, ces bouteilles... À quoi ressemblait ce corps allongé sous les couvertures ? N'aurait-il pas meilleur aspect en plein jour ? Il y avait tant de choses dont je ne savais rien. L'infirmière de garde me dit d'aller me coucher.

À un moment donné, au milieu de la nuit, j'entendis quelque chose, bondis à bas du lit, ouvris la porte de communication. L'infirmière se tenait au chevet de Bogie. Il était inconscient. Après être revenu à lui un instant, il avait sombré à nouveau dans le sommeil. « Comment va-t-il ? » Elle me conseilla d'essayer de me reposer. Pendant encore deux ou trois jours il resterait plus endormi qu'éveillé. Debout dans cette chambre plongée dans la pénombre, immobile, je regardais mon mari gisant sur ce lit. Il était comme muré dans un autre monde, protégé par les flancs relevés du lit, avec ces bouteilles, ces tubes qui le maintenaient en vie, l'infirmière qui s'efforçait de le soulager, vérifiait son pouls, sa tension, Dieu sait quoi, notait des indications sur cette fiche accrochée au pied du lit.

Enfin, les stores furent relevés. Bogie était réveillé, nous nous tenions par la main. On le redressa dans son lit ; il était maintenant presque assis. Le deuxième matin fut branché un aspirateur dont le but était de désencombrer les poumons, où les mucosités risquaient de déclencher une pneumonie. Quand je vis installer cet appareil, je sortis de la chambre. Bogie en eut tout de suite horreur. La seconde fois qu'on le fit fonctionner, je l'entendis demander d'un ton de prière : « Non, je vous en prie, ça suffit. » Pourquoi fallait-il encore lui faire subir ce supplice ? N'en avait-il pas supporté assez ? « Il a de la chance de disposer de cet appareil, rétorqua l'infirmière. Avant qu'il soit mis au point, les malades mouraient souvent après l'intervention. Avec cette machine, il va éviter la congestion pulmonaire, la pneumonie. Il ne peut pas s'en passer. »

Enfin l'aspirateur disparut pour de bon. Bogie se sentait beaucoup mieux, avait meilleure mine, tout en restant étroitement enveloppé de pansements. Sa main et son bras reprirent leur aspect normal. Il toussait moins. Un soir, comme j'étais auprès de lui, une semaine environ après l'intervention, il fut pris d'une quinte de toux. Je me levai pour lui demander s'il voulait de l'eau et vis soudain le sang qui s'étalait sur son pansement à hauteur de l'abdomen. Absolument terrifiée, je plaquai les deux mains sur le bandage comme pour le retenir en m'efforçant de ne pas montrer à Bogie mon affolement. Dieu merci, un interne pénétra alors dans la chambre, dut lire sur mon visage crispé l'appel au secours, puis j'entendis l'infirmière prononcer dans l'interphone le mot « STAT », action immédiate, urgence. Aussitôt Bogie fut transporté à l'étage supérieur. Par bonheur, John Jones se trouvait là. Bogie, en toussant, avait fait craquer ses agrafes. Son incision abdominale cicatrisait mieux à l'extérieur qu'à l'intérieur, et une ou deux de ses légendaires crises de toux suffisaient à rouvrir la plaie. Les points de suture nécessaires furent rapidement posés, et il ne se produisit plus d'autre drame de ce genre.

Je ne cessais de harceler les médecins de questions. Dans combien de temps se sentira-t-il tout à fait bien ? Avez-vous vraiment tout enlevé ? Le rapport anatomo-pathologique avait révélé que l'un des ganglions opérés était déjà envahi et, de l'avis général, une radiothérapie serait nécessaire. C'était une mesure préventive, une assurance de plus contre une rechute qui n'était plus à craindre. Pour l'instant, ils n'en parleraient pas à Bogie. Son courage, sa bonne volonté avaient forcé leur sympathie et leur admiration. Il avait des livres à lire, recevait une visite de temps en temps. Il voulait guérir, se remettre au travail. Après l'opération, il avait perdu pas mal de poids, mais il récupérerait une fois rentré chez lui.

Nos amis étaient merveilleux. Jamais je n'oublierai comment Swifty Lazar, qu'épouvantaient tant la maladie et les hôpitaux, insista pour venir me chercher un soir une fois Bogie endormi. Je le revois comme si c'était hier. Sortant de la chambre de Bogie, je l'aperçus à l'extrémité du couloir, debout, son chapeau à la main, vert d'appréhension, paraissant plus petit encore que son mètre soixante. Il avait accompli, par pure amitié, cet effort surhumain devant lequel il avait toujours jusque-là reculé.

John Huston, débarqué à Los Angeles, voulait absolument voir Bogie. John et moi décidâmes de lui faire une surprise. Pendant que Bogie s'enfermait aux toilettes, je ferais entrer Huston, qui attendait au-dehors. Bogie était assez solide maintenant pour apprécier ce genre de plaisanterie. Le moment venu, j'ouvris donc vivement la porte à John, qui, au retour de Bogie, s'était glissé dans son lit. Rire énorme, crépitant comme une mitrailleuse de John. Rire discret, silencieux de Bogie. Deux vrais amis sincèrement heureux de se retrouver. Un peu plus tard, accompagnant John à l'ascenseur, je lui dis tout ce que je pouvais savoir. Il n'était en Amérique que pour quelques jours. « Bogie va se remettre très bien, mon chou, me dit-il. Il va retrouver la grande forme et nous tournerons ensemble *L'homme qui voulut être roi.* »

Et puis vint le jour du retour à la maison. Je dus prévenir les enfants, surexcités par le retour de leur père, d'éviter de lui sauter dessus. Quel soulagement de tourner enfin le dos au Good Samaritan Hospital. Ce dernier jour était à marquer d'une pierre blanche. Bogie était si heureux de rentrer chez lui, de retrouver une vie normale, d'être avec ses enfants, de se préparer à travailler, de revoir son bateau. Nous fîmes un petit dîner euphorique ce soir-là dans sa chambre d'hôpital, puis je rentrai veiller aux derniers préparatifs. Bogie arriverait le jour suivant avec l'ambulance. « À demain matin, lui dis-je en l'embrassant. Et ne sois pas en retard. »

Je gardai Steve à la maison afin qu'il soit là pour accueillir son père. Tôt levée, je me mis à aller et venir, fébrile, vérifiant ma montre à chaque instant. Il devait être là à onze heures. Le lit était prêt, la chambre bien rangée, avec des livres, des revues, des verres à portée de main. J'entendis une portière claquer. Je me précipitai à la fenêtre. C'était lui. J'appelai Steve et Leslie. Comme on le transportait dans l'escalier, il leva la tête et me vit, encadrée par les deux enfants. Avec cette grimace familière qui trahissait chez lui l'émotion, il déclara : « Eh bien, voilà pourquoi ça vaut la peine d'être marié. » Je lui souris, au bord des larmes, et nous échangeâmes un long regard, chargé de tendresse et d'amour. Puis il redevint le vieux Bogie de toujours, plaisantant avec les infirmiers qui l'aidaient à gagner son lit sur le bonheur inégalable de posséder un foyer et d'y retrouver les siens après une longue absence.

Au cours des quelques semaines qui suivirent, Bogie se rétablit jour après jour, toussant moins, fumant, pour la première fois, des cigarettes à filtre. « Pas si mauvais que ça après tout. » Il se sentait bien, le pire était passé. Le seul problème, c'était la nourriture. Il mangeait un peu, mais le transit direct lui coupait l'appétit. Pourtant il se donnait du mal. S'il voulait regagner des forces et du poids, il fallait manger. Il avait un moral de fer, en dépit de cette épée de Damoclès suspendue au-dessus de lui : la radiothérapie. Le soir, Steve et Leslie nous rejoignaient dans la chambre pour regarder la télévision. Harvey était remarquable. Ne me demandez pas comment, mais il savait qu'il ne fallait pas sauter sur le lit et nous piétiner, Bogie et moi. Il restait assis au flanc du lit, du côté de Bogie, qui le caressait, ou couché devant la chambre, surveillant Bogie du coin de l'œil.

Un vendredi, trois semaines après le retour de l'hôpital, Bogie et moi nous rendîmes en ville avec la voiture pour aller voir à quoi ressemblait cette machine avant le début du traitement. On ne me permit pas d'entrer dans la pièce. Je dus me contenter de regarder à travers un épais vitrage carré. Au milieu d'une salle nue était installée une longue et étroite plaque de métal que surplombait un engin métallique circulaire braqué sur la plaque et comme sorti d'un film de science-fiction. Bogie me donna toutes les explications : de la machine émanait un rayon minuscule qui serait orienté sur un point très précis dans sa poitrine pendant qu'il serait allongé sur la plaque de métal. Pendant un instant très bref, l'action de la bombe au cobalt s'exercerait en ce point jugé le plus vulnérable par les médecins.

Un après-midi, peu avant le début du traitement au cobalt, le téléphone sonna chez nous. C'était Ellen Bromfield. Louis venait de mourir subitement. Mort à soixante ans. Je raccrochai et prévins Bogie. Il regarda droit devant lui sans rien dire.

Bogie voulait naviguer, sachant que ce serait impossible au cours des deux mois suivants. Ce bateau était pour lui la santé, la sécurité, et nous voulions vérifier s'il était bien entretenu. D'habitude, à peine était-il à bord qu'il était pris d'une activité fébrile, s'épanouissait, chantait, ne restait pas en place... mais ce jour-là sur le *Santana*, le ressort était cassé.

La première semaine de rayons X ne se passa pas trop mal. Le face-à-face avec cette machine infernale ne lui plaisait guère, mais les nausées lui furent tout d'abord épargnées. Au bout de quinze jours, il commença à se sentir mal. Il était très fatigué, d'autant que les nausées lui ôtaient maintenant tout appétit. Il réclamait brusquement un œuf à la coque ou un steak haché à la crème et, une fois servi, il ne pouvait en avaler qu'une ou deux bouchées. Il buvait encore avant le dîner – un whisky ou parfois une bière. May essayait de le tenter avec son steak tartare favori. Certains jours, il arrivait à se nourrir un peu mieux. Je demandais et redemandais aux docteurs comment il pourrait jamais reprendre des kilos de cette façon. Était-il possible de manger quand on avait en permanence envie de vomir ?

Bogie devait endurer ce tourment dans son corps, et moi je le regardais souffrir. La maladie d'un être lui appartient en propre, et quel que soit l'amour qu'il vous porte, la tendresse que vous partagez avec lui, vous restez toujours à l'extérieur. Vous êtes bien portant.

Parfois Bogie insistait pour que j'aille dîner chez des amis. Je le laissais donc seul de temps à autre, toujours contre mon gré.

Ma carrière était au point mort. Personne ne me faisait d'offre. Je m'occupais de Bogie. Finalement se présenta un film dans lequel j'avais envie de jouer. Il était produit par Dore Schary et réalisé par Vincente Minnelli, avec Greg Peck comme vedette. Il voulait Grace Kelly pour lui donner la réplique, mais elle se trouvait en Europe et sur le point de devenir princesse de Monaco. J'appelai donc Dore, lui annonçai que j'étais disponible et prête à tourner, et, lorsque j'eus rabattu la moitié de mon cachet, il finit par accepter. Il s'agissait de *La Femme modèle*. Le scénario était amusant, bien construit, le rôle fantastique, et j'étais heureuse de travailler. La perspective d'abandonner Bogie pour ce film me faisait hésiter, mais il tint à ce que j'accepte.

Bien qu'il fût en piètre condition physique, il ne renonçait pas lui-même à envisager l'avenir. Il se tracassait beaucoup à propos du *Bon Berger*. Harry Cohn retarderait-il le film pour lui ? Sam Jaffe et Morgan lui donnèrent toutes les assurances voulues. Bien entendu, Cohn attendrait l'automne. À ce moment-là, Bogie aurait complètement récupéré.

Vers la fin du mois de mai, Morgan m'annonça que Bogie devait rédiger un nouveau testament. Un frisson me parcourut à cette remarque. « Pourquoi ? — Écoutez, me dit Morgan, je suis son ami, je l'aime énormément, mais je suis aussi le gérant de ses biens. Il peut très bien s'en tirer, mais le contraire est possible. Son état est assez inquiétant, et il faut régler cette question pendant qu'il a toute sa tête pour en décider. Je trahirais ma profession si je n'insistais pas pour que les démarches soient faites dans l'immédiat. Il veut être certain que vous, Stephen et Leslie n'aient rien à craindre de l'avenir. »

Ainsi cette phrase avait été prononcée : « Son état est assez inquiétant. » Il était donc possible qu'il meure. Imaginer Bogie rayé du monde des vivants était une notion révoltante, inacceptable. Cette phrase que j'avais entendue, je voulais l'effacer de mon esprit. Tant qu'il subsisterait en mon mari une étincelle de vie, je maintiendrais à l'arrière-plan ces mots qui s'obstinaient à rôder dans ma tête. C'était la seule façon pour moi de ne pas abandonner la partie.

C'est au mois d'août, je crois, que son état commença à s'améliorer. Frank allait jouer au Sands à Las Vegas, et il avait projeté une soirée d'anniversaire pour moi. Ce fut également en août que je me préparai pour *La Femme modèle*. La santé de Bogie faisait de réels progrès. Les rayons X n'étaient plus qu'un mauvais souvenir. Il était prêt à passer un week-end sur le bateau. Il voulait aller jusqu'à Newport et emmènerait Steve. Deux de ses équipiers seraient de la traversée. Le temps était superbe, cela lui ferait du bien. Et Steve mourait d'envie de naviguer avec son père. Pour un enfant de sept ans, l'épreuve des derniers mois avait été très dure et en même temps incompréhensible. Bogie m'appela du bateau, comme il le faisait toujours « Salut, Baby ! », comme autrefois. Il se sentait tiré d'affaire. Je partageais son optimisme.

Lorsque Bogie rentra le dimanche soir, j'entendis sa voiture dans l'allée – son verre était prêt, comme d'habitude ; il entra, souriant, dans notre salon de noyer blond, me serra dans ses bras, m'embrassa et m'annonça qu'il avait pris 500 grammes ! C'était comme s'il m'avait offert une tranche de soleil. Le jour suivant, Bogie appela Morgan et Sam et leur dit qu'il commençait à se remplumer et qu'ils pouvaient sans doute prévoir le démarrage du film d'ici deux à trois mois. Pendant une quinzaine de jours, la vie reprit presque son rythme normal ; pas de déjeuner chez Romanoff, pas de dîner chez Chasen, pas de cocktails ou de fêtes, mais de bons amis réunis pour boire un verre ou partager un repas auprès du feu. Frank et Swifty étaient les plus fidèles ; presque chaque soir, s'ils voyaient la lumière allumée, ils sonnaient à la porte, mais Bogie se couchait tôt. Il voulait rassembler des forces pour se remettre au travail.

Le quatrième anniversaire de Leslie fut fêté dans le jardin avec une vingtaine d'enfants et tout se passa bien. Nous passâmes le week-end du Labour Day au début de septembre à bord du *Santana*. Deux journées paisibles et détendues sous le soleil de Catalina, et Bogie, comme toujours, plus heureux que partout ailleurs sur son bateau.

Mon anniversaire devait être célébré à Las Vegas. Cole Porter, Swifty, les Burt Allensburgh, Martha Hyer, les Romanoff, les Niven se rendraient là-bas en avion. Bogie avait décidé de s'abstenir. Il voulait passer un week-end prolongé sur le bateau avec Steve.

Je m'envolai pour Vegas avec le groupe. Je crois que cette fête coïncidait avec une première de Frank, mais je ne suis pas certaine. La salle était comble, nous étions installés à une longue table face à Frank et son micro. Il avait fait faire un gâteau à trois étages, et, après m'avoir offert un énorme cheval en peluche pour les enfants, me présenta au public et chanta à mon intention *Happy Birthday* depuis la scène. On me demanda au téléphone. C'était Bogie qui, lui aussi, m'offrait ses vœux. J'étais d'autant plus heureuse que je ne m'attendais pas à ce coup de fil. Jusqu'à son appel, j'avais plus ou moins échappé à la réalité ; sans doute avais-je besoin de ce bruit, de cette extravagance, de l'ambiance insensée de Las Vegas, de ces quelques heures d'irresponsabilité et d'insouciance. La soirée se prolongea très tard. Kim Novak était alors l'amie attitrée de Frank, et nous fûmes tous photographiés en train de découper mon gâteau. Je rentrai à la maison pour trouver Bogie qui m'attendait dans le salon. Il était un peu jaloux de Frank, me savait sensible à son charme et croyait Frank amoureux de moi, mais son humeur tenait surtout au fait que sa maladie avait considérablement amoindri notre vie physique, qui tenait une si grande place entre nous.

Je commençai le tournage de *La Femme modèle*. Les premières prises de vues avaient eu lieu à la piscine du Beverly Hills Hotel, et Bogie vint nous regarder un moment avec les enfants. Il voulut rester à l'écart, et le photographe de plateau fit poser Steve et Leslie avec moi. Certaines scènes entre Greg et moi se déroulaient sur un voilier. Bogie était là à bord du *Santana* et j'allais le retrouver pour le déjeuner. Ce film est un de ceux que j'ai tournés avec le plus de plaisir. Il comportait une des plus belles répliques – à mon sens – de ma carrière : « Ouvre les yeux, Maxie, et endors-toi... » Greg et moi incarnions des personnages très épris l'un de l'autre, travaillant dans des mondes totalement différents et aux prises avec de violents conflits. Dans une scène, je le quittais après une de ces disputes, me sauvais en courant dans une rue pavée en talons aiguilles et, naturellement, tombais, avec une entorse à la cheville. C'était une histoire très romantique tout au long de laquelle je ne cessais d'accourir vers Greg ou de le quitter, ce qui me permettait de me défouler de toutes mes émotions.

Un après-midi, je rentrai pour trouver Bogie écumant de rage. Dorothy Kilgallen (l'une des échotières les plus détestées – elle était d'une rare bassesse) avait raconté dans sa chronique que Bogie avait été transporté au huitième étage du Memorial Hospital, où il luttait contre la mort. Dans leur ensemble, les journaux s'étaient fait une règle de passer sous silence la santé de Bogie depuis son opération et se contentaient d'annoncer qu'il allait bientôt tourner le film *Le Bon Berger*. Le téléphone sonnait sans discontinuer. Qu'il n'existât pas de Memorial Hospital à Los Angeles n'était qu'une erreur sans conséquence ! Bogie envoya un télégramme à Kilgallen disant entre autres : « Si vous ne vérifiez pas un peu mieux vos sources d'information, vous risquez de vous retrouver au dix-neuvième étage de Bellevue. » À la presse, il fit parvenir cette dépêche : « L'absence de Memorial Hospital ne me dérange pas tellement, mais c'est d'être relégué au huitième étage que je n'encaisse pas. »

Le Bogie d'autrefois se réveillait, prêt à se battre contre les racontars, le mensonge, contre ces colporteuses de potins qu'il abhorrait, pour leur régler leur compte. Joe Hyams avait téléphoné pour vérifier cette histoire. Bogie, d'une voix lasse et affaiblie, lui dit : « Si tu veux me rendre un dernier service, rapplique en vitesse. » Joe, bien entendu, était arrivé tout de suite, pour trouver Bogie prostré dans son fauteuil, brandissant une lettre qu'il venait de rédiger. Joe promit de la publier mot pour mot, telle qu'elle était écrite. Comme Bogie commençait à lire à voix haute : « Lettre ouverte aux journalistes...

À titre de mise au point, comme on dit à Washington (et je possède exactement les mêmes droits que les habitants de Washington), une grande partie de ce qui a été dit dans la presse est sans le moindre rapport avec les faits. Peut-être même serait-il nécessaire d'affecter à chacun des représentants de la profession un détecteur de vérité.

J'ai lu qu'on m'avait enlevé les deux poumons, qu'il me restait une demi-heure à vivre, que je luttais contre la mort dans un hôpital qui n'existe pas, que mon cœur s'était arrêté et avait été remplacé par une vieille pompe à essence d'une station-service désaffectée de la Standard Oil. On m'a conduit dans tous les cimetières, ou peu s'en faut, entre ici et le Mississippi – y compris un bon nombre où, j'en ai la certitude, ne sont admis que les chiens. Toutes ces fausses nouvelles perturbent mes amis, sans parler des compagnies d'assurances. Donc, comme on dit encore à Washington, soumettons les faits au peuple américain. Les voici :

J'étais atteint d'une tumeur sans gravité à l'œsophage. Pour éviter à certains d'entre vous des recherches au service de documentation, précisons qu'il s'agit du tuyau qui relie le fond de la gorge à l'estomac. L'opération destinée à l'ablation de cette tumeur a été réussie, encore que pendant un certain temps la question s'est posée de savoir qui gagnerait la partie, cette tumeur ou moi.

Comme on dit une fois de plus à Washington, je ne me suis jamais si bien porté ; il ne me manque qu'une douzaine de kilos, que certains d'entre vous, à coup sûr, pourraient avantageusement me céder. Peut-être pourrions-nous créer une sorte de « banque de poids » pour Bogart, et, croyez-le bien, je ne ferai pas la fine bouche sur la partie de votre anatomie où sera opéré le prélèvement.

Pour conclure, chaque fois que vous envisagez de publier un bulletin de santé me concernant, décrochez le téléphone, et, comme on dit chez nous, je suis dans l'annuaire.

Joe se rendit compte qu'il avait été dupé. Bogie n'en était pas à son dernier soupir... Mais, tandis que Joe se dirigeait vers sa voiture, il lui rappela, l'index braqué sur lui : « Tu m'as promis... Tu m'as donné ta parole. » Et Joe fut bien obligé de publier la lettre.

Bogie, dès le début, n'avait jamais jugé utile de cacher la nature de son mal. « Et pourquoi diable ? C'est une maladie respectable, aucune raison d'en avoir honte, comme d'autres saletés que j'aurais pu attraper. À voir la réaction des gens, on pourrait croire que le cancer est aussi déshonorant que la syphilis. »

Ce fut vers cette époque que Bogie commença à se plaindre d'une douleur dans l'épaule gauche. Il fallait vraiment qu'il souffre beaucoup pour en parler. Le Dr Brandsma évoqua un coincement de nerf. Dans le processus de rétablissement, c'était un incident fréquent. Aucun mieux n'intervenant, les docteurs Brandsma et Flynn me confièrent qu'ils craignaient une récidive du cancer. Il ne restait plus qu'une solution : la moutarde à l'azote. Ce traitement très violent enrayait parfois la propagation du mal. Ils expliquèrent à Bogie qu'il s'agissait d'un traitement de la sclérose. Bogie s'inclina et ne posa pas de question, sinon celle qui s'imposait : « Ce traitement va-t-il réussir ? — Absolument. C'est un traitement très fort, mais nous avons déjà constaté son efficacité. » On annonça donc à la presse que M. Bogart était admis à Saint John « pour le traitement d'une compression nerveuse due à une sclérose entraînée par l'intervention chirurgicale. Les drogues administrées pour atténuer la douleur avaient pour effet de couper l'appétit. » Il était également indiqué qu'il entrait à l'hôpital avec son échiquier portatif et un traité d'échecs, quelques romans policiers et une bouteille de scotch.

Un soleil éclatant brillait à notre arrivée. Je portais sa valise. Il marchait seul, mais avec difficulté. Ce soir-là, il se sentait assez bien. Cela ne lui souriait guère de se retrouver à l'hôpital, mais l'atmosphère du Saint John était relativement détendue, et aucune intervention chirurgicale ne le menaçait. En fait, je crois qu'il éprouvait un soulagement secret à pouvoir rester couché, à ne pas se croire obligé de feindre que tout allait bien. On allait s'occuper de lui. Il ne craindrait pas de déranger. L'idée que sa présence pouvait peser lui était odieuse. Le Dr Flynn était à l'hôpital ce soir-là et, à mon départ, il m'accompagna à ma voiture. Il me dit qu'il y avait de fortes probabilités pour que la moutarde à l'azote agisse efficacement, et que, de toute façon, c'était la seule chance...

Je rentrai à la maison terriblement déprimée. Frank téléphonait et venait voir Bogie régulièrement – et ce n'était pas facile pour lui. Je crois qu'il ne supportait pas de voir Bogie dans cet état, d'envisager la possibilité de sa mort. Et pourtant, il plaisantait, le faisait rire pour lui soutenir le moral.

La veille du jour où je devais le ramener à la maison, les médecins me déclarèrent qu'il serait faible, mais autrement que son état resterait stationnaire, ils ne pourraient me donner de pronostic valable sur l'effet du traitement à la moutarde à l'azote avant une semaine.

Les jours suivants, je l'aidai à passer ses vêtements, dans lequel il flottait. Nous arrivâmes chez nous et très lentement montâmes l'escalier. Il resterait allongé jusqu'au dîner, puis descendrait au salon, où nous mangerions en regardant la télévision. Je l'aidai à passer son pyjama. Pendant qu'il se reposait, je fis ce que j'avais à faire, demandai aux enfants de ne pas déranger leur papa – sagement, ils se contentèrent de l'embrasser silencieusement, calmement. L'heure du dîner venue, Bogie descendit l'escalier avec moi. Nous bûmes un verre ensemble. On nous servit nos plateaux, mais

Bogie ne put rien avaler. Les enfants étaient allés se coucher. Assis sur le canapé, Bogie et moi prîmes notre café. Il se leva pour aller à la salle de bains. Il semblait éreinté. J'entendis la porte s'ouvrir après quelques minutes et, comme je tournai la tête de son côté, je le vis disparaître. Je me levai d'un bond et me précipitai vers lui ; il s'était évanoui. Je hurlai pour appeler le maître d'hôtel. Puis je me ruai sur le téléphone, à peine capable de former le numéro du Dr Brandsma tant ma main tremblait. Je criai dans l'appareil : « Il a perdu connaissance ! Pourquoi ne m'avez-vous pas dit qu'une chose pareille pouvait arriver ? » Je remontai à toute vitesse pour voir Bogie. Il était revenu à lui. Essayant de réprimer mon affolement, je lui dis : « C'est sans doute une réaction à tous ces traitements que tu as subis. Il ne faut pas t'inquiéter, mon chéri. » N'importe quoi pour essayer de l'apaiser. Je ne savais plus ce que je disais.

Peu après le Dr Brandsma arriva. J'attendis en bas pendant qu'il examinait Bogie. Bras et jambes coupés, je n'étais pas remise du choc, et cela devait se lire clairement sur mon visage, car Brandsma, une fois redescendu, me prit par le bras, me fit asseoir sur le canapé et se mit à me parler comme à une enfant. « Écoutez, Betty, je suis profondément désolé de ce qui s'est passé. C'était impossible à prévoir. Il lui faudrait une infirmière – un infirmier plutôt – qui pourrait le porter dans la maison, jusqu'à ce qu'il reprenne des forces. » Mon cœur se serra : Bogie serait révolté. « Essayons encore un jour ou deux comme ça, dis-je. George, le maître d'hôtel, peut le descendre ou le remonter. Si je n'y arrive pas, d'accord, mais il faudra expliquer clairement à Bogie pourquoi il a besoin d'un infirmier. »

Après cette alerte, nous fixâmes quelques règles strictes. Quiconque voulait rendre visite à Bogie devait téléphoner avant. Les amis, même les plus intimes, ne devaient pas se presser trop nombreux à son chevet. Le deuxième jour suivant son retour arrivèrent Sam et Mildred Jaffe. Mildred n'avait pas vu Bogie depuis quelque temps et, comme elle franchissait le seuil de la chambre, je l'entendis étouffer une exclamation de saisissement. Moi qui voyais Bogie tous les jours, je ne m'étais pas rendu compte de l'altération tragique de ses traits. Je foudroyai Mildred du regard et, la visite achevée, je lui déclarai, stupéfaite de ma propre virulence, que si elle n'était pas capable de se maîtriser, elle ferait mieux de ne pas revenir, que si des amis venaient voir Bogie, ce n'était pas pour s'apitoyer sur son sort, mais pour le distraire et tâcher de lui changer les idées. Naturellement, elle se confondit en excuses, me serra sur son cœur, m'embrassa. Elle était pour moi comme une mère. Je l'aimais énormément, mais j'étais fermement décidée à éviter toute répétition d'un incident comme celui qui venait de se produire.

J'avais fini *La Femme modèle*, et *Écrit sur du vent* venait de sortir dans l'Est. Comme je l'ai dit, c'était un mélo larmoyant – Rock Hudson et moi l'avions toujours su – mais il remplissait les salles. Je me souviens de Bogie, allongé sur sa chaise longue et lisant un compte rendu, tandis que je me tenais accroupie sur les talons près de lui. « À ta place, je tournerais le moins possible de ces navets. » Ses exigences étaient toujours aussi hautes.

Enfin, nous réussîmes à obtenir l'infirmière modèle qui avait soigné Bogie au Good Samaritan Hospital. Il se sentait en confiance avec elle. Elle faisait tout pour faciliter les choses à Bogie, lui éviter de se sentir trop impotent, et, Dieu merci, ne manquait pas d'esprit. Les docteurs venaient tous les jours, le Dr Brandsma pratiquement matin et soir. Nous essayions de faire monter dans sa chambre les visiteurs admis à le voir, mais Bogie voulait recevoir ses amis en bas dans le salon. Bogie détestait être porté. Nous nous aperçûmes alors qu'en l'aménageant un peu, le monte-charge – un modèle ancien de vastes dimensions – serait assez spacieux pour qu'on y loge un fauteuil roulant. Au rez-de-chaussée, Bogie sortant de cet ascenseur improvisé pouvait gagner son fauteuil orange et boire avec ses copains. Cette solution au problème du déplacement ne manquait pas d'inconvénients. Bogie semblait si fragile dans cette cage exiguë, et si le trajet était très court, il se faisait dans l'obscurité, mais il s'en arrangea, et l'heure du cocktail devint le centre de gravité de ses journées.

Les amis téléphonaient pour retenir leur place entre cinq et sept, et je m'efforçais de n'en laisser entrer que deux à la fois. Mais il y avait aussi ceux qui brillaient par leur absence. Dick Brooks, par exemple, redevable de tant de choses à Bogie, qui avait pratiquement inventé son personnage, n'avait pas donné signe de vie. J'étais furieuse et exhalai un jour ma fureur. « Ne t'acharne pas trop sur lui, me dit Bogie, il y a des gens qui ne supportent pas la proximité de la maladie. »

Noël approchait. Brandsma vint me rendre visite. « Je suis sûr que vous préférez savoir la vérité, n'est-ce pas ? Je suis même sûr que vous la savez déjà. Bogie ne peut plus tenir bien longtemps. Nous ne savons pas comment il a opposé une telle résistance au mal. La moutarde à l'azote n'a pas agi. En vérité nous ne nous attendions pas à ce qu'elle agisse. Nous nous contentions d'espérer. » Je n'acceptais pas, je ne pouvais pas accepter l'idée de la mort de Bogie. Je suppose qu'une des raisons de mon silence, c'était la crainte de précipiter les choses en en parlant. Tant que Bogie respirait, parlait, notre vie commune continuait. Je connaissais le mot « mort » ; je n'avais jamais vu de près ce que ce mot désignait.

Je savais que Bogie voulait être incinéré, mais cela aussi n'était qu'un mot. À quoi pouvait-on se préparer lorsqu'on était confronté non à des faits mais à des émotions ?

Il se rasait encore tous les matins, sur un plateau, devant un miroir, avec un rasoir électrique. Je ne sais ce qu'il voyait dans ce miroir, mais jamais il ne détournait les yeux. Comment les aurais-je, moi, détournés ?

Spencer et Katie venaient aux nouvelles presque tous les soirs, vers 8 h 30, quand tout le monde était parti et que Bogie était remonté au premier. Une sorte de rite présidait à cette visite. Spencer tirait une chaise au pied du lit, prenait un tabouret en guise de table pour son café, et Katie s'asseyait sur le sol. Spencer racontait des histoires, plaisantait, comme toujours, avec Bogie. Je ne sais pas comment il en trouvait la force. Beaucoup plus tard, Katie me dit qu'avant et après chacune de leurs visites il était complètement effondré. Tant qu'il se trouvait en notre compagnie, il n'en laissait rien paraître. Je les aimais tant tous les deux. Ils étaient si solides, si complets, si authentiques. Ils m'aidaient autant qu'ils aidaient Bogie.

Je me souviens de Carolyn venant me chercher pour aller faire les achats de Noël. Tandis que nous roulions, je lui dis : « S'il arrive quelque chose à Bogie, jamais je ne me remarierai, jamais. — Il ne faut jamais dire "jamais" », répliqua-t-elle. Elle avait raison. Mais en dépit des angoisses que m'inspirait l'avenir, jamais il ne m'arriva de songer : « Il va mourir. » Jamais je ne pensais que la journée commençante pouvait être pour lui la dernière ou que je me réveillerais un matin pour le trouver sans vie.

Il y avait alors deux infirmières à la maison. Quand les souffrances augmentaient, les docteurs prescrivaient quelque chose, je ne sais pas quoi – de la morphine, peut-être ? Bogie était si maigre que chaque fois qu'une aiguille pénétrait dans sa peau elle laissait une marque. Il n'avait presque plus de zone intacte sur le corps pour les piqûres. Un après-midi, il sortit du lit et, en veste de pyjama, poussa le fauteuil roulant jusqu'à la chaise longue. Sa volonté de vivre était telle qu'il obtenait de son corps des efforts qu'il ne pouvait fournir. À le voir ainsi marcher, lui qui n'avait plus que la peau sur les os et tenait debout par miracle, je me sentis déchirée.

Bogie savait qu'il fallait manger pour rester en vie, mais il ne pouvait pas. Deux fois par jour, on lui apportait des boissons vitaminées, du café, de l'eau, des aliments liquides essentiellement. Il était incapable d'avaler ; indéfiniment, il mâchait une bouchée de toast. Il exprimait toujours le même vœu : « Si seulement je pouvais travailler. » Et puis Bogie se mit à éprouver des difficultés pour respirer. Le docteur m'annonça qu'il faudrait avoir de l'oxygène à la maison. Il expliqua à Bogie qu'une bouffée de temps en temps l'aiderait considérablement à reprendre des forces. Même moi je devrais essayer. L'effet était spectaculaire... Mais non... Rien n'était spectaculaire... Deux énormes bouteilles vertes arrivèrent, une pour le rez-de-chaussée, une pour le premier. On me montra comment les utiliser. Ce n'était pas très compliqué. J'aspirai une bouffée d'oxygène, et le résultat était en effet étonnant. Bogie essaya à son tour ; encore une servitude qu'il fallait supporter. Il s'en trouva bien et, par la suite, y eut recours de temps en temps – chaque fois un peu plus. Un après-midi, Steve et Leslie jouaient dans notre chambre. Bogie, sur la chaise longue, les regardait. Lorsqu'ils partirent pour aller prendre leur bain, il me dit : « Ne les fais pas venir ici trop souvent, Baby. » Il ne voulait pas qu'ils voient ce qu'il était devenu ou qu'ils se souviennent de lui dans cet état si misérable. Peut-être aussi ne supportait-il pas lui-même de les voir, à la pensée que tout le reste de leur vie s'écoulerait sans lui.

Il est extraordinaire que pas une fois Bogie n'ait prononcé devant moi une phrase du genre : « Si quelque chose devait m'arriver... », ou bien : « Quand... », ou encore : « Je sais que... » Nous continuions à jouer le jeu comme s'il se fut agi simplement d'un mauvais virus. Bogie donnait le ton, et je n'avais pas d'autre choix que de calquer mon attitude sur la sienne. Il me déclara une fois : « Si tu vas bien, je vais bien. Si tu te sens mal, je me sens mal aussi. » Je ne pouvais donc qu'aller le mieux possible. À l'heure du cocktail, il présidait toujours la réunion. Il s'était remis à boire des Martini que je lui préparais avec du sherry sec. Sans doute leur trouvait-il plus de goût qu'au scotch. Deux ou trois personnes buvaient avec nous, je ne me souviens pas qui au juste – sûrement de bons amis. J'étais assise sur le canapé en face de Bogie, auquel je venais de tendre un verre. Tandis que la conversation se poursuivait, il buvait son Martini à petites gorgées, plaçant un mot de temps à autre. Il avait l'air si faible, si vulnérable, si stoïque que je me levai pour aller le prendre dans mes bras, sans dire un mot. C'était un geste spontané que je n'avais pu réprimer. Sa réaction fut immédiate. Me repoussant presque, il me dit : « Ne fais pas ça, Baby. Je suis comme ça, je n'y peux rien. » Voilà peut-être la réflexion la plus révélatrice qui lui ait échappé à propos de sa maladie.

Un jour, alors qu'il était installé en bas, Steve et Leslie se précipitèrent dans la chambre pour regarder la télé. Comme Leslie passait en courant, il l'arrêta au passage, l'assit près de lui, lui baisa les doigts et lui tint la main avec un geste d'une douceur, d'une tendresse – le plus émouvant dont j'ai jamais été témoin...

La période des fêtes s'acheva ; je ne me souviens pas comment, mais nous franchîmes ce cap difficile. J'offris à Bogie pour Noël une radio portative, un pyjama, un veston d'intérieur. Ce fut une journée sans réjouissances particulières. Steve et Leslie ouvrirent leurs innombrables cadeaux et s'en émerveillèrent comme tous les enfants. Bogie apprécia beaucoup les photos prises par Engstead. Nous en choisîmes une pour notre carte de vœux, Bogie entrait dans sa cinquante-huitième année ; pour le Nouvel An, tout irait bien et nous donnerions une fête. Le 31 décembre, nous bûmes du champagne avec du caviar, échangeant des vœux dans la chambre à coucher avec ma mère et Lee.

Huston, rentré en Californie, venait tous les jours, régalant Bogie d'histoires sur le tournage de *Moby Dick*. Chacun restait avec lui dix minutes, pas plus. Je leur avais dit à tous, en dépit des objections de Bogie, que dix minutes, c'était le maximum de ce qu'il pouvait supporter. Un jour, Sam Goldwyn et Willie Wyler vinrent boire un verre. Bogie était resté dans son fauteuil roulant, avec une infirmière prête à intervenir. Au milieu de la conversation, Bogie, brusquement, la fit venir d'un signe de la main, retroussa une jambe de son pyjama, découvrant un mollet d'une maigreur pathétique. Il avait besoin d'une piqûre. Goldwyn, devant ce spectacle, changea de couleur, puis détourna la tête. Bogie ne s'aperçut de rien. La discussion se poursuivit tant bien que mal tandis qu'on lui faisait sa piqûre. Il eut un bref mot d'excuse. Très sobrement, il expliqua que cette piqûre était nécessaire pour soulager sa souffrance ; déjà il allait mieux... Et parlons d'autre chose... Chaque fois que je pense à la discrétion, au courage dont il faisait preuve, j'en reste émerveillée. Avec sa volonté de vivre, il avait poussé son pauvre corps meurtri au-delà des limites de la résistance, mais il continuait à tenir. Une seule différence dans son attitude au cours de ces dernières semaines : il me voulait constamment auprès de lui. Si j'étais descendue recevoir une amie ou parler avec un docteur, l'interphone sonnait bientôt : « Tu peux monter un moment, Baby ? » me disait-il.

Un matin, Jack Warner appela pour savoir s'il pouvait venir rendre visite à Bogie. En dépit de ma surprise, je lui répondis : « Mais certainement, Jack. » À l'heure fixée, la sonnette retentit, et Jack apparut sur le seuil, en chapeau à bord roulé. Contraint, nerveux, gêné. Il ôta son chapeau et se mit à le tourner entre ses doigts. « Je ne resterai pas longtemps, me dit-il, je voulais voir Bogie. Je l'ai toujours apprécié, admiré. J'ai appris qu'il avait beaucoup souffert. » Je le conduisis au premier, où il resta avec Bogie environ un quart d'heure. Je leur tenais compagnie. Bogie dut le mettre à son aise, lui annonçant, bien sûr, que son premier film serait pour la Columbia. Une légère mise en boîte. Bogie restait fidèle à son personnage. Et Jack risqua je ne sais quelle plaisanterie douteuse. Je suis certaine qu'il souffrit mille morts durant cette visite, mais il était venu, et il fallait lui en savoir gré. Il me remercia de l'avoir reçu. Son initiative devait lui donner bonne conscience, et moi je lui en étais reconnaissante. « Jack n'est pas un mauvais bougre, remarqua Bogie, mais il a tellement de mal à établir le contact. Il faut toujours qu'il sorte des énormités pour se croire à la hauteur. »

Quel qu'ait été son motif, cette visite de Jack fut une de ses meilleures inspirations. Louella Parsons à son tour demanda si elle pouvait venir. Bogie accepta d'emblée. Sans être une amie véritable, elle s'était toujours montrée amicale dans ses chroniques. À l'exception de Kilgallen et de quelques autres commères new-yorkaises, les représentants de la presse avaient respecté la vie privée de Bogie pendant sa maladie. Une semaine avant sa mort environ circula dans l'Est le bruit qu'il était à la dernière extrémité, et lorsque les services rédactionnels téléphonèrent pour vérifier cette rumeur, Bogie demanda : « Et qu'est-ce qu'elles disent de moi, ces vampires femelles ? » Joe Hyams, toujours prêt à donner à Bogie l'occasion d'une mise au point, s'était dérangé pour savoir s'il luttait vraiment contre la mort, comme on l'avait prétendu. « Tu peux raconter, dit-il à Joe, que je sirote mes derniers Martini. Et si je lutte, c'est contre les flots de bobards qui risquent de me noyer. »

Notre programme quotidien n'avait pas varié depuis des mois. Je l'embrassais chaque soir avant d'aller me coucher dans la petite alcôve contiguë à notre chambre, me réveillais chaque matin pour lui dire bonjour, puis nous prenions ensemble le petit déjeuner. Le docteur arrivait, l'infirmière était là. Harvey montait du rez-de-chaussée et venait s'installer au pied du lit de Bogie, où il passait presque toute la journée. Les enfants étaient à l'école, les jours de congé excepté. Mes conversations avec les médecins restaient les mêmes. Bogie s'affaiblissait. J'avais remarqué que lorsqu'il aspirait un jus de pamplemousse avec un tube en verre, sa main tremblait, et, lorsqu'il reposait son verre sur la table, sa vision semblait se troubler. J'avais fait part de cette observation aux infirmières et aux docteurs. Ils m'avaient répondu que c'était un effet des analgésiques. Depuis le jour où, au Good Samaritan Hospital, il avait demandé sur un ton de prière qu'on arrêtât l'aspirateur, il n'avait pas émis une plainte.

Je ne sais pas comment nous sommes venus à bout de ces terribles journées. La routine quotidienne sans doute nous sauva. Entre-temps était survenu le huitième anniversaire de Steve, pour lequel j'organisai une petite fête avec ses meilleurs amis. Il y eut un gâteau, des cadeaux, et j'en profitai pour tourner un petit film en 16 mm. L'essentiel était de rester autant que possible dans la normalité. Steve et Leslie voyaient Bogie tous les soirs et l'embrassaient. Ils savaient qu'il était toujours là. Un jour, à l'arrivée du Dr Brandsma, Bogie lui déclara : « Vous savez, j'ai l'impression que ça ne va vraiment pas mieux. Je commence à me faire du souci. Est-ce que je vais plus mal, ou bien est-ce que mon état correspond à vos prévisions ? » Et il tendit son bras au docteur. « Disons qu'en effet il correspond à nos prévisions. »

En l'entendant poser des questions de ce genre, je ne savais plus que penser. Se doutait-il ou non que la mort approchait ? Bogie cependant ne posait jamais à ce sujet de questions directes, de questions qui auraient exigé des réponses définitives.

Le soir du samedi 12 janvier, Spencer et Katie vinrent nous rendre leur visite habituelle. Ils restèrent une quarantaine de minutes, peut-être plus. Bogie, comme toujours, était heureux de les voir ; simplement il avait plus de mal à concentrer son attention et ses yeux s'accommodaient plus difficilement. S'ils remarquèrent le tremblement de sa main, ils se gardèrent de le montrer. Je les accompagnai jusqu'à la porte et remontai rejoindre Bogie. Il voulait voir *Escale à Hollywood* à la télé, avec Gene Kelly et Frank. Je m'étais comme d'habitude allongée auprès de lui pour regarder le petit écran et, le programme achevé, il me demanda : « Si tu dormais ici avec moi, ce soir, Baby ? » C'était la première fois qu'il exprimait ce désir. « Mais bien sûr, répondis-je. Si je ne l'ai pas fait jusqu'ici, c'est que je croyais que tu étais plus à l'aise sans moi. »

Ce fut une nuit sans un instant de répit, et que je n'oublierai jamais. Constamment, Bogie, dans son sommeil, pressait les mains sur sa poitrine ou tentait de se lever, pour se rallonger l'instant d'après ; il était la proie d'une agitation incessante, et je restai éveillée la plus grande partie de la nuit. Il donnait l'impression de vouloir repousser de ses mains crispées un poids qui l'oppressait ou par instants de se redresser pour échapper à la suffocation qui le guettait.

Un détail insolite me frappa particulièrement cette nuit-là, une odeur inconnue que j'avais remarquée en l'embrassant. Tout d'abord, je l'avais crue de nature médicinale. Je compris plus tard que c'était un signe avant-coureur de décomposition. Ce fut par l'infirmière que je sus l'origine de cette odeur – une odeur insistante, presque comme celle d'un désinfectant. À pénétrer dans l'univers de la maladie, on accède à certains secrets de la dégradation du corps ; on découvre quantité d'obscures altérations, cachées, volontairement ignorées.

Le lendemain matin, le Dr Brandsma vint très tôt. Bogie déclara : « Docteur, la nuit dernière a été la pire de ma vie. Je ne veux surtout jamais repasser par là. » J'emmenai les enfants et revins avec le journal du matin. Bogie, assis dans son lit, passait d'une main tremblante son rasoir électrique sur son menton. Je m'assis près de lui, bus une tasse de café. Il était encore hanté par la nuit précédente. Je lui demandai s'il se sentait mieux. « Ça va toujours mieux en plein jour », me dit-il. Je partis chercher les enfants à l'école du dimanche, et l'embrassai comme d'habitude. Les journaux racontèrent par la suite qu'il avait dit : « Au revoir, mon petit » en donnant à cette phrase un accent fatidique. C'est absolument faux. Son « Au revoir, mon petit », il le prononça du ton le plus normal dans ces circonstances tragiques. « Dépêche-toi », me dit-il, et je lui répondis : « Je fais juste l'aller-retour. J'en ai pour dix minutes au plus. » J'arrivai à l'église et donnai un coup de klaxon ; les enfants accoururent vers la voiture. Nous rentrâmes rapidement, montâmes ensemble au premier, eux pour se laver les mains, moi pour retrouver Bogie. Je le regardai. Il semblait simplement somnoler, comme un homme qui tout à l'heure se réveillera. La maison était silencieuse.

Le docteur redescendit et nous entrâmes dans le salon. Bogie était, selon toute apparence, entré dans le coma. Peut-être en sortirait-il, mais le docteur n'y croyait guère. Après la nuit précédente, c'était normal. Je lui demandai des précisions. Quand je lui eus expliqué comment Bogie s'était agité durant toute la nuit, les mains sans cesse pressées contre la poitrine, il me dit : « C'est ce qui arrive au moment où l'on va mourir. Le malade est atteint de claustrophobie. Il a l'impression d'être écrasé de toutes parts. Et c'est vrai. En se débattant ainsi, il livre son dernier combat. » Un combat pour naître, pensai-je, un combat pour mourir...

« Mais, repris-je, m'accrochant à un fétu, il lui reste peut-être encore une chance... — Oui, mais je n'y crois guère, me dit-il. Il a lutté comme je n'ai vu personne lutter avant lui. Il a vécu plus longtemps qu'il n'était permis de l'espérer. Il aurait dû nous quitter il y a déjà quatre mois – médicalement, j'entends. Sa volonté de vivre était telle qu'il a repoussé les limites du possible. Mais cette volonté ne suffit plus maintenant. — Mon Dieu, je ne peux pas le croire. » Je me mis à trembler, sans une larme, à trembler simplement. Je n'arrivais pas à retrouver mon souffle. « Qu'est-ce que je vais faire, pour Steve ? Pouvez-vous lui dire quelques mots, pour le préparer ? » À ce moment précis, je l'aperçus et lui fis signe de nous rejoindre. « Viens, mon chéri. Assieds-toi près de maman. » Je me trouvais dans le fauteuil orange, assez large pour nous deux. « Le Dr Brandsma voudrait te parler un instant. » Ce petit garçon, ce si beau petit garçon qui venait d'avoir ses huit ans, s'assit tout au bord du fauteuil, légèrement ramassé sur lui-même, la tête un peu renversée en arrière comme pour éviter un coup. Il regardait le Dr Brandsma.

« Tu sais, Steve, ton papa a été très malade. » Steve hocha la tête. « Nous avons tout fait pour essayer de le guérir. Il a essayé lui aussi de guérir. Mais quelquefois, ça ne suffit pas. Sa maladie est très grave. » Steve inclina la tête. « Maintenant, il dort. Il va peut-être dormir plus profondément. Et son sommeil va peut-être devenir si profond qu'il ne se réveillera pas. » Steve hocha encore une fois la tête. « Sais-tu ce que j'essaie de te dire ? » Steve fit un nouveau signe affirmatif. Je le tenais par l'épaule, incapable de contenir mon tremblement. Steve ne pleurait pas, ne disait pas un mot. Il regardait le docteur, simplement, sans changer d'expression. « Comprends-tu ce que te dit le docteur, mon chéri ? » Nouveau signe de tête. Je le serrai contre moi et lui dis que je le retrouverais dans quelques minutes. Il sortit en courant de la pièce. Le Dr Brandsma était bouleversé. Être obligé de dire à un petit garçon que son père est en train de mourir... J'étais sur le point de m'effondrer, mais, grâce à cette sorte de frein intérieur qui m'empêche de me laisser aller devant qui que ce soit, je tins bon. Et je ne pouvais pas m'abandonner maintenant. Comment ma mère, Steve, Leslie s'en tireraient-ils s'ils me voyaient anéantie ? J'allumai simplement une autre cigarette et continuai à trembler. Je voulais que Steve revoie Bogie et qu'il n'ait pas peur. Qu'il se dise que Bogie faisait un somme. J'emmènerais aussi Leslie jusqu'à la chambre pour qu'elle voie son père endormi. Elle était trop petite pour s'asseoir et se tenir tranquille. Serait-il possible de lui parler, de lui tenir la main ? « Oui, vous pouvez lui parler, mais il ne vous entendra peut-être pas. Et vous n'obtiendrez de lui aucune réponse. Mais maintenant vous pouvez faire tout ce que vous estimez juste de faire. »

Encore une fois je regardai Bogie, de très près. Il dormait, toute l'ossature de son visage se dessinait avec précision ; il n'avait pas un frémissement de paupière. C'était le sommeil d'un vivant, très différent de celui dans lequel il entrerait un peu plus tard. J'allai trouver Steve et lui expliquai de nouveau que papa était plongé dans un profond sommeil, qu'il ne fallait pas avoir peur. J'étais certaine qu'il serait rassuré de voir son père dormant tranquillement, presque normalement.

Main dans la main, Steve et moi entrâmes dans la chambre. Il flotte comme un écho d'un autre monde dans une pièce où gît un être aux portes de la mort. L'on s'y déplace avec lenteur, sans bruit, saisi par la crainte de la terrible énigme. Avec précaution, je m'assis sur le lit, plus effrayée que Steve. Je pris la main de Bogie dans la mienne. Il parut réagir, serrer le bout de mes doigts. Je fis asseoir Steve près de moi, et nous restâmes un moment là à tenir à nous deux la main de Bogie. Je ne songeai pas : « Il est en train de mourir. » Il dormait simplement d'un sommeil qui l'entraînait en des lieux auxquels je n'avais pas accès. Je ne me dis pas : « Est-ce là l'aboutissement d'une existence ? Cet homme si vivant, si plein de fantaisie, va-t-il vraiment nous quitter pour toujours ? » J'éprouvais seulement une tristesse infinie et, tandis que je regardais mon petit garçon que j'aimais tant, je pensais à l'injustice du sort. Pourquoi fallait-il qu'il soit contraint si tôt dans la vie de porter un tel fardeau ? Leslie n'avait que quatre ans, trop jeune pour ressentir un vrai chagrin ; pour le moment, sa vie restait simple. Steve était juste assez grand pour connaître les premiers vrais problèmes ; ceux de Leslie viendraient plus tard. Au bout d'un quart d'heure, nous sortîmes. Steve se pencha pour embrasser son père sur la joue. Je fis de même.

Brandsma revint dans la soirée. Il me dit que Bogie pouvait rester dans le même état pendant des jours. Il n'y avait pour le moment plus rien à faire ; attendre, c'était tout. Je ne me souviens pas aujourd'hui des amis qui se présentèrent à la maison, un ou deux peut-être. J'appelai Katie pour lui dire à elle et Spencer de ne pas venir ce soir-là. Vers la fin de la journée, comme je cherchais Steve, je découvris qu'il était retourné dans notre chambre pour voir Bogie. Comme je lui demandais pourquoi, il me répondit : « Parce que j'en avais envie. » Je le remis dans son lit, le bordai, l'écoutai réciter sa prière, puis j'en fis autant avec Leslie après lui avoir expliqué que son papa avait dormi toute la journée. « Est-ce qu'il se réveillera demain ? demanda-t-elle. — Je n'en sais rien, ma chérie. »

Comment guider ses enfants quand on ne sait pas comment se guider soi-même ? Bogie gisait là, inerte, dans cet étrange sommeil. L'odeur de la mort imprégnait toute la pièce. En dépit de ma peur, je voulais rester sur le lit près de lui. « Non, il faut que vous alliez dormir un peu », me dirent les infirmières. Un peu après minuit donc, j'embrassai Bogie – pour la première fois, en onze ans de vie commune, sans réaction de sa part – et gagnai la petite alcôve. Je m'étendis sur le lit et – cela ne m'était pas arrivé depuis près d'un an – je me mis à sangloter, sangloter, sangloter, versant des mois de larmes refoulées. Je pleurais sans contrainte, ne cessant de me répéter au milieu des sanglots : « Faites qu'il ne meure pas, par pitié ! Faites qu'il ne lui arrive rien... Faites qu'il vive... » Et puis je finis par m'assoupir.

Soudain, je me réveillai. Avec douceur, une infirmière me secouait l'épaule : « Mme Bogart, c'est fini. M. Bogart est mort. » Il émanait de la chambre une lumière jaune particulière, cette lumière qui accompagne la mort aux premières heures de la matinée. « Quand ? — Il y a environ cinq minutes. Le Dr Brandsma est en route. Vous pouvez venir avec moi maintenant. » Je me levai, sans forces, comme engourdie, passai un peignoir – le peignoir que je portais dans *Les Passagers de la nuit*, le premier film que nous avions tourné ensemble après notre mariage. L'infirmière, me prenant par l'épaule, me guida vers la chambre. Je vis Bogie étendu sur le lit, la bouche légèrement entrouverte, les mains posées à l'extérieur sur les draps, tous les méplats de son visage, la forme de son crâne, si nettement dessinés. Je m'approchai de lui. Le bras toujours passé autour de moi, l'infirmière tentait de m'entraîner au-dehors. Je n'arrivais pas à le croire. J'avais peur de le toucher. Je l'embrassai sur la joue. Il n'était pas encore froid. « Venez, venez, il ne faut pas rester ici », me répétait l'infirmière. Bien plus tard, je compris que des choses terribles arrivaient au corps humain, des choses qu'il ne fallait pas voir. Je me laissais emmener hors de la chambre, regardant par-dessus mon épaule Bogie étendu dans le lit à cette place qui, jusqu'à sa maladie, avait toujours été la mienne. Il ne fallait pas que je réveille les enfants.

Je me rendis dans la cuisine pour y faire du café. Je rapportai deux tasses, une pour moi, une pour le docteur. Il redescendit et m'annonça que toutes les dispositions avaient été prises. Puis je téléphonai à Morgan. Il me dit qu'il venait tout de suite. Il fallait prévenir les journaux, mais je ne voulais pas voir la maison assiégée par les journalistes. Je téléphonai à Joe Hyams, qui me demanda si je souhaitais qu'il mette au courant les agences de presse. « Oui, si c'est possible. »

On sonna à la porte. Un homme vêtu du traditionnel complet noir se tenait à l'extérieur, et dans un coin de la cour était rangé le corbillard noir avec ses portes arrière ouvertes dans ma direction. Au bord de la plate-forme de la voiture était posé un grand sac blanc d'une forme bizarre. Tandis que le responsable de l'équipe me présentait ses condoléances, je regardai le sac. « Qu'est-ce que c'est que ça ? — C'est Mr. Bogart. Je suis absolument navré, Mme Bogart », répondit-il de cette voix aux intonations professionnellement consolatrices. Bogie dans un sac ! Quelle horreur ! Je croyais qu'on l'avait emmené étendu sur un brancard, comme s'il dormait, mais pas jeté dans un sac, à croire qu'il n'était plus rien. Mais il n'était plus rien, justement. Ce n'était pas Bogie. Son cœur et son esprit étaient Bogie, et lorsqu'ils s'en étaient allés il n'était plus resté que la chair et les os. Et ces hommes faisaient leur métier. Un métier qu'ils exerçaient tous les jours, plusieurs fois par jour. Et cependant, pourquoi n'avaient-ils pu attendre un peu ? Cette image-là ne m'a plus jamais quittée, ne me quittera jamais, et dans les cauchemars qui m'assaillirent ensuite pendant des mois le sac blanc se trouvait toujours mis en évidence.

Je me déplaçais comme une somnambule. J'étais plongée dans l'hébétude. Je n'analysais rien ; cela viendrait plus tard.

L'aube approchait. Je devais maintenant parler aux enfants. Steve, étendu dans son lit, ne dormait pas. Je m'assis près de lui et le serrai contre moi. « Oh, mon chéri, cela me fait un très grand chagrin de te le dire, mais papa est mort très tôt ce matin. Il ne s'est pas réveillé et n'a pas souffert. » Steve, les poings fermés, se frotta longuement les yeux. Ils étaient rouges et humides, mais il ne pleurait pas. « Il est au ciel ? demanda-t-il. — Bien sûr, mon chéri, et de là-haut il va nous regarder, alors il faut que tu sois très fort et très brave. Il était si fier de toi ! Ne l'oublie pas, et n'oublie pas non plus comme il t'aimait. » Que pouvais-je dire ? Comment expliquer à votre fils qu'à dater de ce jour sa vie ne sera jamais plus la même, qu'un vide vient de s'y creuser qui ne sera jamais comblé ? J'étais tellement angoissée par son avenir. Je ne savais rien que l'aimer. Je lui dis alors que j'allais chercher Leslie pour la ramener dans sa chambre quelques minutes. Cette si jolie petite fille qu'adorait tant son père. Je la pris dans son berceau, l'assis sur mes genoux et lui dis avec à peu près les mêmes mots, que papa était monté au ciel, que nous ne le reverrions pas, qu'il l'aimait infiniment. Je la portai dans la chambre de Steve, où nous restâmes un moment assis tous les trois. Leslie pleura à l'idée qu'elle ne reverrait pas son papa. Elle ne comprenait pas grand-chose d'autre. Je voulais qu'ils restent très proches l'un de l'autre, qu'ils soient inséparables et s'entraident toujours. C'était beaucoup demander. J'appelai ma mère, qui se levait – il était à peu près 7 h 30. Elle viendrait aussitôt prête.

Harvey monta au premier, entra dans la chambre, vint vers le lit, d'abord du côté de Bogie puis de l'autre, et gagna le dressing-room de Bogie. Il savait qu'il se passait quelque chose de gravement anormal. Il retourna vers le lit, me regarda comme s'il comprenait et se coucha.

Il y avait des gros titres dans les deux journaux du matin. Joe avait fait le nécessaire pour tenir les journalistes à l'écart.

Maman arriva. Je ne l'avais jamais vue si bouleversée.

Pat m'appela, en larmes. « Pauvre Bogie... Le meilleur des frères, des maris, des pères. Que vais-je faire sans lui ? Pourquoi fallait-il qu'il parte le premier ? » Elle était la seule qui restait de leur famille. Le téléphone se remit à sonner, des télégrammes, des fleurs arrivèrent, puis les premiers visiteurs. C'était le lundi 14 janvier 1957, trois semaines après le cinquante-septième anniversaire de Bogie. Il fallait que je pense à un service funèbre, à une allocution. Spencer accepterait-il de la prononcer ? J'en parlai à Katie dès son arrivée. Elle lui poserait la question, mais pensait qu'il ne trouverait pas les moyens physiques de le faire. Mike et Gloria Romanoff arrivèrent, James et Pamela Mason, Dorris Johnson. Nunnally était dans le Sud et devait tout de suite reprendre l'avion. Comme je le remerciais d'avoir fait ce long voyage, il me répondit : « Je serais venu à pied. » Leland Hayward, Slim Hawks, les Negulesco, John Huston, les

Jaffe, Swifty, Hjordis – la maison s'était remplie d'amis. Je me souviens d'un moment où nous étions assis dans la véranda devant la table basse à boire du café, essayant d'organiser le déroulement des obsèques. Jess Morgan (du bureau de Morgan Maree) s'était occupé de la cérémonie de l'incinération. Tandis que nous nous trouvions réunis, il revint et me dit qu'ils avaient essayé de lui vendre un cercueil de cinq mille dollars, ce qu'il avait trouvé scandaleux. Il avait donc choisi une bière très simple en bois de pin... À quoi bon les extravagances quand ce cercueil devait être consumé dans les flammes ? Le lendemain matin, il m'emmènerait là-bas choisir l'urne funéraire.

Spencer m'appela pour me dire sur un ton de prière : « Je ne peux vraiment pas prononcer d'oraison funèbre. Je n'arriverais jamais au bout. J'aimais trop ce vieux Bogie. Je pourrais le faire pour quelqu'un d'autre à qui j'étais moins lié, mais Bogie, non, c'est impossible. Essaie de comprendre, ma chérie. » Bien sûr je comprenais. Notre cher Spencer était trop proche de lui, trop touché par cette disparition.

Je décidai de demander à John Huston de prononcer l'éloge funèbre. Il accepta volontiers. Nous nous trouvions dans le hall lorsque Steve, allongé par terre au sommet de l'escalier, m'appela pour me demander à travers les barreaux de la rampe : « Nous sommes quel jour, maman ? » Je montai les marches et vis que dans son petit agenda il avait écrit : « 14 janvier : papa est mort. »

Le service devait avoir lieu le mercredi 17, et l'incinération aurait lieu en même temps. Je ne voulais pas de fleurs, simplement des dons pour la recherche contre le cancer. Bogie avait toujours dit qu'il voulait une incinération rapide et ses cendres jetées dans le Pacifique. Il avait toujours été séduit par la perspective de funérailles viking. Je déclarai donc à Morgan que je désirais beaucoup exaucer ce vœu, sortir en mer avec le *Santana* et disperser ses cendres sur l'océan, qui tenait tellement plus de place dans sa vie que la terre ferme. Morgan me répondit que c'était impossible, défendu par la loi. Cette loi, depuis, a changé, mais à l'époque il n'y fallait pas songer. De plus, aux yeux de Morgan, Bogie était un personnage public de trop d'envergure, et ce qui restait de lui devait être placé en un lieu où ses enfants pourraient venir se recueillir plus tard. Je me sentais désorientée, déchirée. Était-ce une obligation d'entretenir une sorte de mémorial en terre ferme ? Il me semblait que le legs de Bogie sur pellicule était autrement plus important que le plus imposant des monuments.

Vers la fin de cette première journée, la foule de nos amis commença à se clairsemer. Viendrait maintenant ma première nuit seule, ma première nuit sans Bogie sur terre. Ma mère me proposa de rester jusqu'au lendemain, et j'acceptai avec reconnaissance. « Tu pourras coucher dans l'alcôve, dis-je. — Et toi, où vas-tu dormir ? — Dans notre lit. Il faudra bien recommencer un jour. Alors pourquoi pas tout de suite ? »

Je m'assis avec les enfants pendant qu'ils mangeaient un dîner improvisé. Ils paraissaient absents, sans appétit. Je voulais qu'ils retournent à l'école le jour suivant. Cela me semblait mieux pour eux.

À la radio et à la télé, on ne parlait que de Bogie. Des émissions spéciales étaient annoncées. J'avais demandé à Kathy Sloan de prendre un abonnement à l'argus de la presse pour me permettre d'établir un album destiné aux enfants. J'avais mis Steve et Leslie au lit, écouté leurs prières, auxquelles ils avaient ajouté un appendice : « Mon Dieu, veillez s'il vous plaît sur papa et bénissez maman. » Ils étaient épuisés, mais toute cette agitation dans la maison les avait un peu surexcités. Ils mettraient longtemps à s'adapter à ce qui les attendait ; la vie entière, peut-être.

Enfin, ma mère et moi gagnâmes la chambre du premier. L'odeur flottait toujours dans l'air. C'était étrange, l'absence des infirmières, de tout visage familier, le silence, après tant de mois. Le lit me semblait plus grand, et plus vide. Chaque coin de la pièce était plus sombre. Le dressing-room de Bogie semblait abandonné avec ses placards, ses tiroirs remplis de vêtements, certains jamais portés. Je dormis, très mal, mais je dormis, singulièrement consciente d'avoir retrouvé mon côté du lit habituel. Cette odeur me poursuivait. Bogie était-il vraiment mort le matin même ? J'avais l'impression que des siècles s'étaient écoulés.

Je me réveillai très tôt et allai immédiatement trouver les enfants. Je m'inquiétais pour Steve. Il se leva, s'habilla, parlant très peu. Lui et Leslie prirent leur petit déjeuner. La nurse les emmena jusqu'à l'arrêt du bus scolaire et revint en annonçant qu'une foule de photographes les avaient mitraillés au-dehors ! Je n'en revenais pas – deux petits enfants se rendant à l'école le lendemain de la mort de leur père représentaient-ils une pâture pour des reporters ? Très affectée, j'appelai Joe Hyams, mon intermédiaire auprès de la presse, et lui demandai de tâcher de savoir à quels journaux nous avions affaire.

Jess et moi partîmes pour le cimetière. Je n'y étais jamais allée. La route qui y conduit tourne à droite juste devant les studios de la Warner Bros. C'était étrange de rencontrer d'abord l'enseigne des studios (où tout avait commencé pour nous), pour ensuite rouler vers l'enceinte de la mort. Avant d'entrer dans la zone construite, on traverse des hectares et des hectares de gazon verdoyant, de pierres tombales, de plaques de bronze. Nous entrâmes dans un petit bâtiment où nous fûmes reçus par un personnage à la politesse mielleuse – un homme habitué au chagrin des autres, et prêt à en profiter au maximum. Il nous conduisit dans une minuscule pièce sombre qu'éclairait une simple ampoule jaune. Il y avait quatre modèles différents d'urne funéraire exposés. L'homme, d'une voix lente, affable (même si sa sympathie n'avait pas été feinte, je n'y aurais pas cru), attristée, me précisa le prix de chaque modèle et prétendit me conseiller. Je choisis une urne au hasard – je n'avais qu'une envie : sortir au plus vite. Et pourrions-nous le suivre, je vous prie. Il pensait avoir trouvé l'emplacement idéal pour M. Bogart. Après avoir pris un trousseau de clefs, il me conduisit à un petit jardin fermé de hauts murs. Il l'appelait le « jardin du souvenir ». Il ouvrit un portail de fer. Je remarquai de petites portes de bronze de la taille de celles d'un coffre-fort. Les niches qu'elles protégeaient étaient assez profondes, et de dimensions suffisantes pour y placer plusieurs urnes. L'homme me montra le format de la plaque et me demanda ce que je désirais qu'on inscrive dessus. Je lui dis simplement : « Humphrey de Forest Bogart » et les dates de sa naissance et de sa mort. « Voulez-vous que je le fasse graver ici ? me demanda-t-il en désignant le haut de la plaque. Il y a de la place pour toute la famille. » Je faillis le gifler. N'y avait-il donc vraiment pas de limites ? Ah ! filer, filer de cet endroit tout de suite ! « Et voyez-vous, ajouta-t-il en montrant un petit vase de verre perché au-dessus des plaques et contenant une fleur pathétique, moyennant une somme très modique par an, nous pouvons vous assurer l'entretien permanent de la concession. » Pas question de me laisser prendre à tes pièges grossiers, crapule ! pensai-je. Ces escrocs faisaient intrusion dans votre tourment, votre affliction, pour vous vendre n'importe quoi aux prix les plus exorbitants. J'avais hérité de Bogie une partie de son cynisme, qui, joint au mien, me permettait de rester suffisamment sur le qui-vive pour dire non. Et j'en voulais tant au reste du monde. Le mot « Non », pour l'instant, était mon plus sûr allié. Enfin, ces formalités étaient remplies. Elles auraient pu s'accomplir dans des conditions moins choquantes...

Rentrée à la maison, j'y trouvai quelques autres amis qui m'attendaient. Frank avait téléphoné et devait rappeler. Tous mes amis estimaient que, passé le jeudi, je devrais m'éloigner quelque temps. J'étais restée confinée à la maison durant des mois, et le changement d'atmosphère serait bon pour les enfants. Lorsque Frank me rappela, il me proposa sa maison pour une quinzaine de jours. En ayant discuté avec ma mère et Lee, je pris le parti d'accepter. Ils resteraient l'un et l'autre avec moi.

Après un dernier entretien avec Morgan et K. C. sur le déroulement du service, je choisis une musique qui n'était pas trop funèbre. J'apporterais des branches de magnolia coupées à nos arbres et quelques roses blanches. De l'autre côté de l'autel, bien en vue, je voulais la maquette du *Santana.*

Les Dr Brandsma et Flynn vinrent me présenter eux aussi leurs condoléances, me dire quelques paroles consolatrices – qui ne pouvaient pas l'être – et parler de Bogie. Les gens ne savent jamais si les affligés désirent entendre prononcer le nom de ceux qu'ils ont perdu. Moi, j'étais dans ce cas et ne pouvais dire une phrase sans mentionner son nom ; il jouait un tel rôle dans mon existence, dans la vie de notre foyer. Et en parlant de lui constamment je pouvais presque me persuader qu'il s'était simplement absenté pour un tour de bateau...

Le mercredi, la veille du service, la radio devait diffuser une série d'interviews de Bogie. Fébrilement, je me mis à la recherche de toutes les émissions qui allaient lui être consacrées. Je ne voulais pas oublier, mais au contraire le garder près de moi. Je me souviens de m'être assise à la petite table près de la fenêtre de la salle à manger où nous déjeunions souvent. Il était entre 9 et 10 heures du soir et les enfants étaient couchés. L'émission commença et la voix de Bogie s'éleva dans l'appareil. Nous étions quelques-uns à l'écouter assis autour de la table – ces inflexions, ces petits rires brefs dont je me souvenais si bien. J'étais incapable de parler. Tout le monde, ma mère surtout, guettait mes réactions. Je ne laissai rien paraître. À la fin, je gagnai l'office, où je trouvai May qui venait d'écouter la même émission. Je me pressai de tout mon poids contre la chaleur de son corps, et dans mes sanglots convulsifs s'exhalèrent toutes les angoisses, les peines, les frustrations de l'année passée. Je n'aurais pu pleurer ainsi devant ma mère – elle se serait effondrée avec moi. Devant May, je pouvais m'abandonner sans réserve. Depuis onze mois, elle n'avait pas quitté la maison un seul jour ;

elle avait connu Bogie depuis plus longtemps que nous tous, et elle était May – la sagesse et la compréhension incarnées.

Les membres de la famille et John se rassemblèrent à la maison à 10 h 30. Le service était prévu pour 11 h 30 ; l'église se trouvait à cinq minutes. John, nerveusement, faisait les cent pas. Il m'avait montré la veille une partie de son allocution, mais je ne l'avais pas vue achevée. Les voitures attendaient. Nous descendîmes, embrassâmes nos amis groupés en bas. Il était temps de partir. Les enfants, John et moi montâmes dans la première voiture. Ma mère, Lee, Rosalie et Charlie dans la seconde. May, Kathy et Aurelio venaient ensuite.

Au moment d'entrer dans l'église, je remarquai la présence d'une foule considérable. Près de trois mille personnes, appris-je plus tard, s'étaient amassées dans la rue. À 12 h 30 devait être observée une minute de silence à la Warner Bros. et à la 20th Century Fox. L'église était bondée. Je reconnus quelques visages non loin de moi, m'efforçai de sourire tout en prenant ma place au premier rang. Je regardai l'autel avec la maquette du *Santana* bien en évidence, nette et élégante. Cette vision me touchait plus que n'importe quel cercueil. Katie me dit qu'elle était arrivée la première à l'église pour éviter la foule ; elle avait remplacé par une jupe son inévitable pantalon. Chère Katie, si dévouée ; en voyant le modèle réduit du bateau, elle ne put cacher son émotion. Le feuillage vert pâle de nos magnolias s'harmonisait avec les roses blanches. Le prêtre se leva et prononça quelques paroles sur Bogie et sur Dieu. Puis il récita les Dix Commandements parce que Bogie y avait cru et les avait respectés. Et il lut *Crossing the Bar*, de Tennyson. Vint ensuite John. Je me sens obligée de citer mot pour mot son allocution. Tout en le regardant et en l'écoutant, je songeai à l'ascendant qu'avait exercé Bogie sur sa vie, comment leurs carrières s'étaient poursuivies parallèlement, comment ils s'étaient marqués mutuellement de leur empreinte. J'avais toujours pensé que les deux êtres qui avaient infléchi et influencé l'orientation affective de John avaient été son père et Bogie. Comme cela avait dû être pénible pour lui d'assembler ces mots, ces phrases issues du fond du cœur et de les prononcer à voix haute. Ils ont d'autant plus de valeur pour moi que je sais à quel point John tenait à garder pour lui ses sentiments les plus profonds. Voici le texte de John :

Humphrey Bogart est mort lundi matin. Sa femme était à son chevet et ses enfants tout près de lui. Depuis un jour entier, il était dans le coma. Il n'a pas souffert et sa mort a été paisible. Pas un instant, au cours des longs mois qu'a duré sa maladie, il n'a cru qu'il allait mourir – non pas qu'il en refusait l'éventualité, simplement cette idée ne lui venait pas à l'esprit. Il aimait la vie. La vie pour lui, c'était sa famille, ses amis, son travail, son bateau. Il n'aurait pu concevoir de quitter l'un ou l'autre et, jusqu'au dernier instant, il n'a cessé de bâtir des projets pour le temps où il serait guéri. Son bateau avait été repeint. Stephen, son fils, atteignait l'âge où il pouvait apprendre à naviguer et à hériter de son père l'amour de la mer. Quelques semaines à la voile et Bogie aurait été prêt à retravailler. Il allait faire de grands films, rien que des grands films à dater de ce moment-là.

Avec les années, il était devenu singulièrement conscient de la dignité de sa profession. Acteur, non pas vedette, mais acteur. Il ne se prenait lui-même jamais au sérieux. Son travail, en revanche, il le prenait très au sérieux. Il considérait le personnage plutôt voyant de Bogart, la vedette, avec un cynisme amusé. Bogart l'acteur lui inspirait un authentique respect. Ceux qui ne le connaissaient pas bien, qui n'avaient jamais travaillé avec lui, qui n'appartenaient pas au cercle restreint de ses vrais amis, avaient de l'homme une idée totalement différente de celle de ces heureux privilégiés. Je suppose que ceux qui n'avaient avec lui que des contacts superficiels se trouvaient très désavantagés devant lui, surtout ceux qui avaient le malheur de se targuer plus ou moins de leur propre importance. Bien des gros bonnets se sont tenus à l'écart des plus brillantes réunions hollywoodiennes plutôt que d'exposer leurs nuques gonflées de suffisance aux banderilles de Bogie.

Dans chacun des bassins de Versailles nage un brochet qui maintient toutes les carpes en alerte, sinon elles deviendraient obèses et n'y survivraient pas. Bogie prenait un malin plaisir à jouer le même rôle dans les bassins de Hollywood. Et pourtant ses victimes ne lui en tenaient que rarement rigueur, et jamais pour longtemps. Ses traits ne visaient qu'à atteindre la zone épidermique de la vanité, non à causer de sérieuses blessures dans les profondeurs de la conscience.

Les grands palais de Beverly Hills et d'ailleurs, aussi bien du monde entier, étaient pour Bogie autant de stands de tir avec leurs pipes en terre. Sa propre maison était un sanctuaire. Entre ses murs, quiconque, si éminente fût sa position, pouvait respirer à l'aise. L'hospitalité de Bogie dépassait de beaucoup le boire et le manger. Il rassasiait son hôte de nourritures spirituelles aussi bien que terrestres, lui témoignait son bon vouloir jusqu'à le griser dans son cœur autant que dans son corps.

Bogie était heureux en amour et au jeu. Et tout d'abord, il possédait le don le plus précieux auquel puisse aspirer un homme : le talent. Et grâce à ce talent, il pouvait vivre à l'aise et assurer une existence sans soucis à sa femme et à ses enfants.

Mesurée en années, sa vie trop courte n'en a pas moins été riche et bien remplie. Entre tous les bienfaits dont elle l'a comblé, ses deux enfants, Stephen et Leslie, ont achevé de lui donner sa plus haute signification. Oui, Bogie a reçu de la vie tout ce qu'il pouvait en attendre. Ce n'est pas vers lui que doivent aller nos regrets, mais vers nous-mêmes qui l'avons perdu. Il est absolument irremplaçable. Jamais nous ne connaîtrons son égal.

Je serrais contre moi Steve et Leslie, et de temps à autre les regardais pour voir s'ils tenaient bon. Avaient-ils compris quelque chose à la cérémonie ? Ils pouvaient du moins constater que leur père était très aimé. Quand ils seraient plus grands, ils pourraient lire l'allocution de John et mieux comprendre. Une pensée me vint alors à l'esprit : « C'est le moment de l'incinération. »

C'était fini. Nous nous levâmes, gagnâmes une porte latérale et montâmes dans la voiture pour rentrer à la maison. J'eus l'impression que tous ceux qui avaient assisté au service se retrouvèrent chez nous. Romanoff avait envoyé du cassoulet, des salades, des fromages, de l'alcool et une troupe d'extras pour Bogie. On eût dit une fête – ou presque. Chacun vint me trouver, un verre à la main, avant de rejoindre les autres. Marlene Dietrich m'embrassa et m'assura de sa sympathie. Danny Kay vint vers moi et me dit : « Vous ne savez vraiment plus où vous en êtes. » Sans doute avait-il raison, mais je continuais à aller et venir comme si je savais ce que je faisais. Et Spencer était là, et Kate, les Johnson, les Gershwin, les Peck, Pete, le capitaine de Bogie, les Wyler, les Goldwyn, Bill Blair (qui représentait Adlai), le coiffeur de Bogie, les maquilleurs, les infirmières, les voisins, Betty et Adolph, qui, après un coup de fil, étaient arrivés la veille du service et voulaient être auprès de moi. Quels amis véritables ! La maison s'emplissait de l'écho des voix, des rires, du cliquetis de la vaisselle et des verres. J'allais de l'un à l'autre. Parmi les bribes de conversation, je surprenais des fragments d'histoires arrivées à Bogie, des moments pénibles, drôles ou risqués, qui avaient fait la trame de sa vie. Oui, il avait bien laissé son empreinte. Steve et Leslie entraient et sortaient en courant. Tant qu'il y aurait du monde, tant qu'il y aurait du bruit, nous pourrions résister. Au milieu de toute cette agitation, Frank téléphona de New York : il n'avait pu venir. Il me demanda comment j'allais... et les enfants... Il rappellerait plus tard pour savoir quand nous partirions pour Palm Springs.

Ce fut à l'American Floral Association que nous dûmes l'incident hautement comique de la journée. Les journaux avaient publié le texte où j'exprimais le désir que les envois de fleurs soient remplacés par des donations au nom de Bogie. Sur quoi l'association des fleuristes, dans tous ses états, avait jugé bon de m'adresser un télégramme. Et comme j'ouvrais ce que je croyais être un autre message de condoléances, je restai bouche bée. « Demandons-nous aux gens de ne pas aller voir les films de Lauren Bacall ? » Ce fut pour moi et pour tous ceux qui lurent ce télégramme le seul rire de la journée qui ne sonnait pas faux. Comme cela me faisait du bien de revoir cette maison pleine d'amis, de les entendre rire. Et tout cela au nom de Bogie, pour Bogie. Il n'aurait peut-être pas cru que tant de gens le tenaient en si haute estime. Il n'aurait pas cru non plus qu'il pouvait susciter l'envoi de plus de mille télégrammes de tous les points du monde.

J'emportai toutes les lettres personnelles à Palm Springs pour les lire quand j'aurais le temps. Je voulais répondre un mot personnel à tous ceux qui avaient écrit ou télégraphié. Et il faudrait classer toutes les coupures de journaux pour l'album des enfants. J'étais très organisée. Quand il y avait beaucoup à faire, je me sentais plus à l'aise. Buddy et Carolyn Morris habitaient Palm Springs, et Steve et Leslie pourraient jouer avec leurs enfants. Nous montions à cheval, nous nagions, mais je commençais à faire des cauchemars. Je me réveillais au milieu de la nuit avec l'impression d'entendre Bogie qui me parlait ; je voyais en haut de l'escalier sa silhouette émaciée, il m'appelait par-dessus la rampe ; puis je le voyais mort sur notre lit. Une nuit, inondée de sueurs froides, en larmes, j'entendis un choc sourd et vis en bas de l'escalier ce grand sac blanc informe au milieu du hall. Les docteurs m'avaient donné des somnifères, mais je restais terriblement déprimée. Je ne pouvais pas m'habituer à ne plus voir Bogie, à ne plus lui parler.

En surface, les enfants semblaient s'amuser. Le ressort dont ils faisaient preuve me confondait. Un jour, Leslie demanda à ma mère pendant que je faisais un tour à cheval avec Steve : « Pourquoi Dieu a-t-il emmené mon papa ? » Ma mère, déconcertée, trouva seulement à lui répondre : « Dieu avait besoin de lui. » Sur quoi Leslie répliqua : « Il pensait que c'était plus important pour lui de l'avoir que pour ses enfants ? » Ma mère resta sans voix. Dans cette jeune cervelle de quatre ans donc, toutes sortes de questions se posaient.

Un soir, alors que les Niven et moi dînions chez Cary et Betsy Grant, David me prit à part. Il avait perdu sa première femme très jeune, bien des années plus tôt, et savait ce que pouvait être le chagrin. Me passant un bras sur les épaules, il me dit : « Il n'y a pas de panacée pour une telle perte. Dis-toi simplement que chaque jour intervient un mieux presque imperceptible, jusqu'au moment où tu peux soudain envisager ta peine sous une perspective différente. Jamais tu n'oublieras Bogie – et comment pourrais-tu le vouloir ? Un jour, simplement, tu pourras lui donner une autre place dans ta vie. » Je n'ai jamais oublié non plus cette conversation avec David.

Les deux semaines s'achevèrent. Nous fîmes nos bagages et, avec les enfants, ma mère et Lee, prîmes le chemin du retour vers la réalité. Lee allait rentrer à New York, ma mère le suivrait bientôt. Je lui avais dit que je devais apprendre à lutter seule à partir de maintenant. Les enfants seraient à l'école, j'avais d'innombrables lettres à écrire et il faudrait que je songe à mon travail. Bien peu de producteurs sans doute me considéraient alors comme une véritable comédienne ; pendant un an, j'étais exclusivement restée la femme de Bogie, et *La Femme modèle* excepté, je ne m'étais pas même approché d'un studio. Et personne ne semblait vouloir forcer ma porte pour solliciter mes services. Je supportais mal cette perspective de stagnation qui se profilait à l'horizon.

J'avais décidé qu'à partir de maintenant les enfants et moi dînerions ensemble dans la salle à manger. Un soir, juste avant la Saint-Valentin tandis que nous étions à table, Steve déclara : « Je sais, maman, comment nous pourrions faire une surprise à papa. Nous n'avons qu'à nous tuer tous, et comme ça, nous nous retrouverons avec lui pour la Saint-Valentin. » Cette réflexion me désorienta. Quelles pensées pouvaient donc remuer cette jeune cervelle ? Je m'efforçais d'être très proche de Steve ; il ressentait, semblait-il, très profondément la perte de son père, mais qui peut vraiment dire ce que ressent tel ou tel et à quel âge ? Mon excès de sollicitude envers Steve me faisait sûrement négliger Leslie, et je commettais sans doute bien des erreurs, mais je ne pouvais guère vivre qu'au jour le jour. Nous avions tous les nerfs à vif, et ils le resteraient durant des mois, sinon des années. Nous étions marqués d'une cicatrice indélébile. Chaque fois que Steve se fâchait avec moi – c'était beaucoup plus fréquent qu'avant – il me disait : « Si seulement papa était là au lieu de toi ! » J'en parlai au Dr Spivek et à quelques autres. Ils me répondirent que c'était tout à fait naturel, que Steve était plein de ressentiment parce que son père l'avait quitté ; qu'il se sentait sans doute coupable d'un méfait quelconque qui avait provoqué le départ de son père et pensait que celui-ci avait cessé de l'aimer. J'essayais donc de compenser cette frustration en l'aimant trop.

Je continuais à vivre comme dans un état second. Je me levais le matin, parlais au téléphone, m'attablais pour les repas, accueillais des amis, jouais avec les enfants. Je faisais ce qui devait être fait. Je respirais, mais je sentais la vie éteinte en moi. J'étais incapable d'envisager l'avenir. Je ne pouvais penser qu'à l'homme que j'avais perdu. L'homme qui m'avait tout donné, qui m'avait appris à connaître et à apprécier les autres et la vie, en qui j'avais trouvé le compagnon de toute l'existence. Comment poursuivre la route seule ? Comment remplir les jours ? Dans quel but ? Il avait presque tout emporté avec lui...

Mes deux petits enfants devinrent ma seule raison de vivre. Sans eux, grâce auxquels je conservais un semblant de raison, Dieu sait ce qui me serait arrivé. En vérité, je ne parvenais à rien faire de valable. Pour Bogie, oui, j'aurais accompli un effort, mais pour moi-même, à quoi bon ? Et mes cauchemars continuaient à me harceler.

Je savais que je ne pourrais pas garder le *Santana*. Le *Santana* c'était Bogie, et il ne pouvait être mené que par un homme qui l'aimait autant que lui. Il faudrait cependant que j'aille là-bas rassembler toutes ses affaires. Un dimanche donc, je partis avec Steve et Leslie. Ce n'était pas une bonne journée pour naviguer, mais je voulais pourtant faire une sortie en mer, aussi fîmes-nous au moteur un tour de la baie. Ce serait ma dernière promenade à bord. Comme c'était étrange d'être sur le bateau sans Bogie. Tandis que nous glissions en cette journée froide et grise le long des yachts si familiers des amis, des images de journées heureuses et ensoleillées me défilaient devant les yeux. Lorsque nous fûmes revenus au mouillage et que j'eus trié toutes les affaires à bord, je jetai un dernier coup d'œil au fond de la cabine, un autre sur le pont, un troisième sur la passerelle donnant accès à l'appontement. Ce n'était pas seulement au *Santana* que je disais adieu, c'était aussi à tout un style de vie, une des facettes de Bogie qu'il m'avait révélée et que je ne connaîtrais jamais plus. C'était la dernière fois que je voyais ce rêve de navigateur, le yawl de dix-huit mètres, le *Santana.*

Il fallait aussi que je m'occupe du dressing-room de Bogie, tâche qui m'emplissait d'appréhension. Tout ce qui s'y trouvait rangé me rappelait tel ou tel moment de notre vie. Tous les prétextes m'étaient bons pour retarder l'épreuve, mais à quoi bon conserver ces affaires quand elles pouvaient servir à l'un ou l'autre ? Enfin, je me décidai – à un moment où les enfants étaient à l'école.

Je mis de côté tout ce qui, selon moi, pouvait aller à Lee, diverses choses à Aurelio, donnai à Kathy tout ce que pouvait porter son grand fils, mis de côté les mouchoirs pour Steve, gardai pour moi quelques chemises de soie. Il me fallut longtemps pour me remettre de cette journée-là.

Le décor même de la maison perdait sa signification – tous ces objets si assidûment collectionnés, avec tant d'amour, et destinés à durer éternellement, car nous devions éternellement rester ici. Pourquoi ces tables et ces chaises, ces tasses et ces soucoupes... Chacun d'eux symbolisait un instant de ma vie avec Bogie. Je n'avais rien apporté que moi-même à notre mariage et, à l'exception de quelques dessins originaux de Maud Humphrey qui appartenaient à Bogie, tous les éléments du décor dans lequel nous avions vécu, je les avais choisis depuis le 21 mai 1945.

Dore Schary m'avait demandé si je voulais faire une tournée de trois semaines à Boston, New York, Washington et la Floride pour le lancement de *La Femme modèle*. Elle devait commencer à la fin mars. Si j'acceptais, elle coïnciderait avec les vacances de Pâques, et je pourrais emmener Steve et Leslie avec moi. Je sautai sans hésiter sur l'occasion. C'était une forme de travail, une raison d'aller à New York, d'y voir la famille et de nombreux amis. Une raison aussi de quitter Mapleton Drive. Et peut-être en profiterais-je aussi pour tenter de regarder vers l'avenir.

J'arrivai à New York le 1er avril. C'était ma première apparition publique depuis la mort de Bogie, moins de trois mois auparavant. La presse se montra bienveillante et même chaleureuse. Le film fut reçu partout avec enthousiasme. On ne me posa aucune question sur Bogie et les enfants.

J'étais si heureuse de retrouver tous ceux de la famille – j'avais réellement besoin d'eux. Et je ne pouvais me plaindre d'être isolée. Tout le monde était aux petits soins. Pour la première fois dans ma vie professionnelle, j'intervenais en tant qu'actrice indépendante, en tant que femme à part entière. Et comme j'aimais beaucoup *La Femme modèle*, je me sentais particulièrement à l'aise vis-à-vis de mon métier. La grande ombre au tableau, c'est que Bogie n'était pas là pour partager ma fierté. J'avais tant désiré qu'il me voie dans ce film, qu'il me donne son approbation.

C'étaient les premières heures d'insouciance et de détente qui m'étaient accordées depuis plus d'un an. Tout ce séjour à New York ne fut qu'effervescence, sorties imprévues, soirées joyeuses. Outre la joie de retrouver parents et amis, les critiques encensèrent le film. J'étais, moi, heureuse d'en parler. Je fis ma visite habituelle avec ma mère chez Loehman pour acheter des tonnes de modèles de Norell. Si j'achetais des vêtements, peut-être des occasions de les porter se présenteraient-elles, peut-être aurais-je des gens à voir, une vie personnelle à mener. Du jour où j'en ai eu les moyens, j'ai toujours eu la folie du shopping. Comme le disait ma mère en contemplant mes centaines de paires de chaussures : « Comment diable peux-tu porter tout ça ? Tu n'as que deux pieds ! »

Brusquement vint le temps de partir pour Chicago et de rentrer à la maison. C'était toujours un arrachement de quitter ma mère, mais elle viendrait nous voir dans quelques mois. Bogie mis à part, elle m'offrait le refuge, l'asile le plus sûr où je pouvais venir chercher tendresse et réconfort, et, si je l'avais un peu déserté durant mes années de mariage, j'en retrouvais tout naturellement le chemin. Nous venions de prendre nos premières vacances sans Bogie.

Au retour, la maison me parut très belle. Ç'avait été une bonne chose de la quitter, et une bonne chose de la retrouver – jusqu'au moment où je montai au premier. Je m'attendais presque à trouver Bogie dans notre lit, et des effluves de cette odeur flottaient dans l'air. Mais je me sentais mieux qu'en partant.

Il y avait des fleurs pour m'accueillir, envoyées par Frank.

Peu après devait avoir lieu une grande rencontre de boxe retransmise par la télévision. Le championnat des poids moyens, Ray Sugar Robinson et Gene Fullmer. Frank avait loué une rangée de fauteuils dans je ne sais quelle salle et m'avait invitée à assister au match. La pensée d'être remarquée ne m'effleurait pas, mais, lorsque nous sortîmes du cinéma, une meute de photographes nous attendait, et leurs photos parurent dans tous les journaux du monde. C'était ma première sortie publique à Hollywood, la première fois que la presse faisait allusion à une aventure entre Frank et moi. Beaucoup plus tard, je me souviens d'avoir dit à un ami que je ne comprenais pas pourquoi les journalistes faisaient tellement de cas de Frank et moi. Cet ami posa sur moi un regard incrédule. « Ne sois pas stupide. Toi et Frank ne pouvez pas lever le petit doigt sans faire sensation. Individuellement, vous êtes le pain béni des journalistes ; mais ensemble, c'est le feu d'artifice ! » Les huit mois suivants devaient prouver qu'il n'avait pas tort. En vérité, au cours de ces huit mois ne cessèrent d'alterner les moments les plus intenses et les heures les plus difficiles.

Un après-midi, Harvey tomba malade ; l'écume à la bouche, il se coucha sans pouvoir se relever. Je le transportai dans la voiture, fis prévenir le vétérinaire et, le cœur serré, démarrai en trombe. Harvey, debout à l'arrière de la voiture avec cette écume blanche qui lui frangeait la bouche, ne semblait pas comprendre ce qui lui arrivait. Je ne cessais de le rassurer, la voix cassée. « Allons, couche-toi, Harvey, couche-toi, ça ne sera rien... » Après l'avoir examiné, le Dr Winston m'annonça qu'il avait eu une crise cardiaque et devrait rester au chenil durant deux jours, au repos complet. Je l'abandonnai, la mort dans l'âme. Une demi-heure après, le vétérinaire me téléphona. « Harvey vient de mourir, sans souffrances. Il vous a vu, il a mangé, s'est couché, et il est mort. Cela vaut mieux pour lui. » Mon Harvey... Je fondis en larmes. Encore un chapitre de ma vie de femme mariée qui se fermait.

Au mois d'août, Harry Kurnitz me proposa son appartement en terrasse à New York. Je n'avais jamais vécu en célibataire à New York l'été, à l'époque où la ville était vide. Je décidai de faire un essai. Steve était dans son camp de vacances, Leslie avec un groupe de filles de son âge. Je rentrerais à temps pour son anniversaire.

L'appartement de Harry était parfait – minuscule, avec une terrasse à l'angle de la 75e Rue et de Park Avenue. Dans la ville, où ne résidaient plus que les gens retenus par leur travail, j'avais mes petits flirts sans conséquence... et ma mère. Marcher la nuit dans des rues aussi désertes me donnait l'impression d'être propriétaire de la ville.

Ma mère et moi passions le plus clair de nos journées ensemble. Elle venait me retrouver à Manhattan et nous faisions du lèche-vitrines pendant des heures, visitant les antiquaires, achetant des affaires pour les enfants. Deux jours après notre dernière expédition d'achats, elle m'appela : « Peux-tu venir tout de suite ? Je suis au

Doctor's Hospital. » Sa voix semblait lointaine, altérée. Puis le silence. La panique me saisit. Je ne savais même pas où se trouvait cet hôpital. Je vérifiai dans l'annuaire, me précipitai et, après avoir questionné dans l'affolement toutes les infirmières que je croisais, je finis par la trouver – sous une tente à oxygène. Je n'oublierai jamais mon entrée dans cette pièce, la vision de ma mère, le visage de côté sous cet abri de plastique, une serviette sur le front. Inconsciente...

Je trouvai un téléphone. Les membres de la famille commencèrent à arriver – Lee, blanc comme un linge, Charlie et Rosalie, Renée. Debout au pied du lit, je regardais ma mère. Que s'était-il passé ? Pourquoi n'en savais-je pas plus ? S'en relèverait-elle ? J'étais aux cent coups. Je veillai avec Lee dans cet affreux hôpital pendant deux jours. Le mauvais éclairage, les couloirs remplis de murmures, les uniformes, l'attente... Elle allait s'en tirer. « Prends-en de la graine, Betty. » Elle me harcelait sans cesse pour m'empêcher de fumer.

Je restai quinze jours auprès d'elle jusqu'à ce qu'elle fût remise, mais elle voulait que je parte pour rejoindre les enfants. « Il ne faut pas les laisser trop longtemps. Steve va bientôt rentrer de son camp et Leslie est toute seule. » Et puis, j'allais retravailler, enfin. Non pas un chef-d'œuvre – un remake simplement, une histoire sentimentale –, mais le réalisateur était Negulesco, et nous nous appréciions mutuellement. Le premier tour de manivelle de *The Gift of Love* devait être donné à la fin septembre.

Dès que je fus rentrée à la maison, Frank et moi devînmes pratiquement inséparables. Nous nous rendîmes en avion à Las Vegas pour la première du *Pantin brisé*. Il m'emmena à la première de *La Blonde ou la Rousse*. Les gens nous regardaient avec intérêt. Chacun semblait croire – ses amis, les miens – que c'était le grand amour entre nous, que Frank était incapable de fidélité, de monogamie, mais que peut-être avec moi il s'amenderait. Mes amis craignaient que j'y laisse des plumes. Et pourtant, tout semblait se dérouler sans heurts entre nous. J'assistais à la plupart de ses séances d'enregistrement. J'étais, provisoirement, le centre de sa vie. Du moins, je me l'imaginais. Et j'étais heureuse. Heureuse en surface.

Je ne me rappelle pas bien comment tout avait commencé entre nous. Mais depuis longtemps un courant spécial avait passé entre Frank et moi. Au cours des derniers mois de la maladie de Bogie, il ne cessait d'aller et venir pour son travail. Quand il était en ville, il venait nous voir au moins deux fois par semaine. S'il ne venait pas, il téléphonait. Ayant vécu une année presque entière dans une atmosphère de maladie, je crois que non seulement je commençais à ressentir les bienfaits de sa présence – sa voix à l'autre bout du fil –, mais à la souhaiter. Il incarnait la santé physique, la vitalité. Bogie m'avait toujours accablée d'attentions ; il était d'une incroyable énergie, il était la vie. Je m'y étais habituée et en ressentais le manque.

Une partie de moi sans doute avait besoin d'un homme auquel s'adresser, et il se trouva que cet homme était Frank. Rien dans tout cela de prémédité. C'était arrivé, simplement.

Après la mort de Bogie, j'avais consacré ce qui me restait d'énergie à mes enfants, mais, dans cette maison silencieuse, je n'avais jamais connu un tel sentiment de solitude, surtout la nuit. J'avais un peu l'impression d'être mutilée. Je ne pouvais admettre que ma vie fût terminée à trente-deux ans.

Et puis Frank avait l'art de me mettre du baume au cœur. C'était un ami parfait ; il m'aidait, veillait sur moi. Swifty Lazare également était un solitaire qui depuis le début s'était fait une règle de passer chaque jour chez moi. Son dévouement et sa sollicitude dépassaient l'amitié au sens banal, et je lui pardonnerais tout faux pas dans les années à venir au nom de ce qu'il avait fait pour moi quand j'étais au fond du désespoir. Mais Frank répondait à un besoin à la fois plus spécifique et plus élémentaire. Quand j'étais à New York et qu'il multipliait les coups de fil, je pensais que quelque part il y avait un homme, un homme plein de vie et qui s'intéressait à moi en tant que femme. Et ces coups de fil me devenaient indispensables. Dans cette solitude que je surmontais mal, je les attendais chaque jour avec plus d'impatience.

Aujourd'hui, vingt ans après, je vois clairement comme cette aventure était vouée à l'échec dès le départ. J'étais alors incapable de penser lucidement, incapable de ressentir véritablement un sentiment positif, l'amour en particulier. Non, il n'y avait pas d'avenir stable et solide pour Frank et moi. J'accablais Frank de mes terreurs, de mes exigences informulées. Aurait-il été alors sûr de lui-même et de sa vie peut-être aurions-nous bâti quelque chose ensemble – mais ce n'était pas le cas.

Cette étroite intimité se prolongea durant plusieurs mois. Il était toujours plein d'attentions, et moi, constamment disponible. Puis, soudain, pendant plus d'une semaine, plus un coup de fil. Je ne comprenais pas. Je me perdais à nouveau dans la solitude. J'essayais de trouver des raisons à ce silence, je me gardai d'en parler à mes amis, mais je broyais du noir.

Je voulais une vie à moi. Je ne voulais pas simplement attendre à la maison le retour de l'école de Steve et Leslie, dîner avec eux dans cette salle à manger silencieuse, avec trois grandes pièces vides qui n'attendaient personne après le dîner. Quelques moments devant la télé avant le coucher des enfants, et puis moi, en tête-à-tête avec moi-même – seule – réduite à lire, à regarder par la fenêtre ou dans le vide, à pleurer. Le pire, c'était peut-être le face-à-face avec l'existence que je menais. Plantée au milieu de la pièce, j'aurais voulu hurler, hurler jusqu'à l'extinction de voix, mais je faisais tout, au contraire, pour refouler mes émotions.

Les gens vous demandent toujours quels changements vous apporteriez à votre vie si vous deviez recommencer. Je ne changerais pour ma part que peu de choses à mes heures d'affliction, car ce serait effacer en même temps des souvenirs trop chers, mais cette période-là, ma nervosité ou mes excès de tendresse avec Steve et Leslie, ma volonté d'éviter tout ce qui pouvait toucher de loin à Bogie, de nier le passé, ce besoin morbide de fuir la maison – je l'éliminerais sans hésiter.

Après une semaine de réflexion passée à justifier la disparition de Frank, meublée de conversations imaginaires, le téléphone sonna. Frank, au bout du fil, m'expliqua, comme si c'était tout naturel, où il m'emmènerait chaque soir au cours de la semaine suivante. J'étais si heureuse de le retrouver que je ne posai aucune question. Avec Frank, le « pourquoi » n'était pas de mise.

Je peux simplement supposer qu'il avait pris ces huit jours pour faire le point sur ses sentiments et décider si oui ou non il allait me garder dans sa vie. Ce fut alors que nos relations se modifièrent. Nul échange de promesses. Nous étions ensemble. Où on le conviait, je venais.

Cependant, je ne savais pas trop à quoi m'en tenir vis-à-vis de Frank. J'attendais ses coups de fil. Je croyais entrer à titre permanent dans son existence. Je n'ai jamais bien compris les jeux de l'amour ni su jouer les insaisissables. J'avais été mariée à un adulte. Bogie savait ce qu'il voulait et voulait savoir où il en était. Frankie lui, aimait se trouver sur la corde raide, balancer en porte-à-faux. Je n'étais guère douée pour ce funambulisme.

Mais il me laissait entendre que j'étais faite pour lui. Nous avions projeté de fêter de façon spectaculaire le 4 Juillet. Il allait louer un bateau et inviter trois autres couples à bord. Ce projet me séduisait beaucoup. Frank m'avait fait pénétrer dans un univers où les avions charters et les bateaux remplis d'amis étaient monnaie courante. Puis, quinze jours avant la fête nationale, il devint distant. Cela signifiait-il que la promenade en bateau était annulée ? Que je n'étais plus invitée ? Il fallait que je m'organise – j'étais responsable de deux autres vies. Devais-je essayer de le mettre au pied du mur, de lui demander des comptes ? Un de ses amis me conseilla : « Ne bougez pas. Ne faites rien. Soyez aimable et dites que ça n'a pas d'importance. La vie continuera. » Je suivis cette recommandation ; elle était judicieuse. Mais cela n'alla pas sans peine. Chaque fois que Frank se comportait ainsi, j'en étais malade d'appréhension, d'incertitude.

Avec Frank, adieu les précisions. Il gardait tant de cicatrices de tant d'expériences passées ; aigri par son échec avec Ava, il était décidé à ne plus rien passer à une femme. Tout cela semble ridicule maintenant. À l'époque, c'était douloureux. Cela me gênait terriblement d'être obligée de dire que je ne savais pas si je serais avec Frank tel ou tel soir quand tous les autres nous attendaient ensemble. Ils étaient déroutés. Nous étions-nous disputés ? Non. Alors pourquoi ? J'étais au désespoir. Naturellement, j'étais incapable de penser à autre chose. Ma mère disait toujours que c'était là le drame chez moi. Cette façon de m'obnubiler sur un problème donné. De ne pas en démordre. J'essayais de me changer. Sans succès. C'était un trait de caractère trop profondément ancré en moi.

Et là-dessus, brusquement, coup de téléphone. Le 4 Juillet était de nouveau au programme. Comme si rien ne s'était passé – pas d'explications. Je balayais tous les doutes sous le tapis, et le soleil se remettait à briller. J'aimais être avec lui. Je me sentais une femme au plein sens du terme. Aucun homme ne m'avait donné l'impression d'être autant désirée et rejetée – tout cela en l'espace de huit jours.

Cette fois, j'étais résolue à rester de glace. J'y réussis bien quelque temps. C'était une attitude efficace, mais vraiment trop loin de ma vraie nature. Dès que tout allait bien entre nous, je planais. Je vivais à cent à l'heure. Je refusais de me souvenir des creux de la vague. L'idée de s'engager le révulsait. Quelques-uns de mes amis étaient terrifiés à la pensée que je pourrais l'épouser. Je courais au désastre, assuraient-ils. Mais j'avais le mors aux dents, et rien n'aurait pu m'arrêter.

Je vendis ma maison, fit déterrer et repiquer dans le jardin de Frank tous mes pieds de clivia, l'orange était sa couleur préférée. Je savais que si je quittais cette maison je me sentirais mieux. Il n'y avait jamais fait allusion, mais je savais aussi que le fantôme de Bogie s'interposerait toujours entre nous. Il fallait échapper à cette obsession. L'avenir me resterait fermé tant que je ne changerais pas de décor. Je ne me rendais pas compte alors que votre vie et votre passé vous accompagnent partout où vous allez.

La maison où je m'installai était d'une neutralité agréable, sans plus. Je me débarrassai de la moitié de mes meubles, de mon argenterie. Je ne savais pas ce que je faisais. Avant de quitter Mapleton Drive, je donnai une grande fête pour Halloween : « le bal O'Bacall. » Frank se montra charmant ; venu très tôt, il joua les hôtes sans en être prié. Ce fut une soirée très réussie jusqu'au moment où Frank fut pris d'une subite envie de filer. Il se sentait piégé, sans doute. Heureusement, il ne restait plus alors à la maison que quelques indéracinables un peu trop imbibés.

Nous formions un couple particulièrement imprévisible. Chaque fois que nous entrions dans une pièce, les gens se demandaient visiblement : « Où en sont-ils ce soir ? » Pour un peu, quand nous étions tous les deux souriants et détendus, on aurait entendu un soupir de soulagement. Je connus un réel bonheur pendant plusieurs mois. J'ignorais ce que nous deviendrions. Je savais seulement que quand Frank n'était pas la proie de ses sautes d'humeur la vie était bonne. J'avais de nombreux moments de dépression lorsque le souvenir de Bogie me submergeait comme une vague, mais cela n'arrivait guère que lorsque j'étais seule. Sinon, je ne pouvais penser qu'à Frank. Et je pensais même trop à lui. Pour essayer de chasser l'image de Bogie.

Durant toute cette période, Steve et Leslie virent toujours Frank avec plaisir. Ils s'étaient habitués à ses visites fréquentes bien avant la mort de leur père ; il faisait partie du décor de leur existence. Noël, que nous fêtâmes chez lui, fut une réussite. Nous avions projeté d'aller à Palm Springs pour le Nouvel An. Il me fit la liste de toutes les victuailles à acheter. Plus de cinquante amis devaient se retrouver chez lui. J'étais tout excitée. Quelle naïveté !

Lors de ce mémorable week-end du Nouvel An, il était convenu que je recevrais un groupe d'amis au nouveau Romanoff de Palm Springs jusqu'à l'arrivée de Frank. Nous étions une dizaine, plongés dans l'euphorie. Je me souviens de l'arrivée de Frank, comme je me levai pour l'accueillir, et sa déclaration : « Elle est radieuse, non ? »

J'étais dans le bonheur. Le lendemain, il voulait que je reparte chez moi. Sans raison particulière, une fois de plus. Finalement, je décidai qu'il valait mieux rester et ne pas avoir plus tard à répondre à des questions gênantes. Je n'en reviens pas aujourd'hui de ma candeur.

Mais, ayant pris cette résolution contre le gré de Frank, j'étais au supplice. J'aurais dû comprendre ce soir-là qu'il n'y avait qu'une issue possible. Ce ne fut pas le cas. Je reçus les uns après les autres nos amis avec le plus gracieux sourire, mais ils sentirent bien que quelque chose clochait. Frank ne quitta pratiquement pas le bar de la soirée. Je n'osais pas aller vers lui. C'était le désastre, un climat explosif au milieu de la gaieté générale, avec mes amis les plus proches dont le regard, nerveusement, ne cessait d'aller de Frank à moi. Une expérience à vous glacer le sang. Je ne sais encore pas comment il s'y prenait, mais il arrivait à vous donner l'impression que vous aviez cessé d'exister. Quand il me ramena chez moi ce soir-là, je sus que c'était fini, du moins pour un temps indéterminé. Je devais aller faire une sorte de tournée de rattrapage à New York pour la publicité du film médiocre que je venais de tourner. Bien entendu, il ne me téléphona pas pour me dire au revoir. Je m'ingéniais à lui trouver des excuses, attribuant ses réactions à un passé agité.

Un après-midi à New York, en rentrant d'une interview à mon hôtel, je trouvai un message de Frank. Il avait appelé de Philadelphie et il rappellerait. Ce qu'il fit, m'annonçant, comme s'il ne s'était rien passé entre nous ou presque, qu'il allait passer par New York avant de se rendre en Californie et me demandant si je pouvais dîner avec lui. Calme, en apparence, je lui répondis que justement, après une série de démarches pour la publicité du film, je m'étais réservée une soirée tranquille pour moi seule.

Quand je descendis au bar du rez-de-chaussée, il m'attendait. Je me montrai aimable, sans excès. Nous parlions comme des amis entre lesquels circulaient d'incessants courants électriques. J'avais l'impression d'être plus forte à New York, loin du cadre hollywoodien. J'avais ma famille dans la ville. Et je travaillais, ce qui constitue toujours un atout.

Je me sentais alors en position de force vis-à-vis de Frank. Je me disais que je n'attendais rien, tout en sachant que je voulais tout. Si son comportement déroutant faisait partie intégrante de son personnage, je refusais résolument d'envisager les répercussions qu'il pourrait avoir sur notre avenir. Tout ce que je voulais, c'était que ma vie se poursuive comme par le passé. Ce en quoi je me faisais les plus grandes illusions. Vingt ans plus tard, je me rends compte que j'essayais de nier la mort de Bogie et même son rôle dans mon existence. Cette perte était si douloureuse. J'en refusais la réalité. Impossible, absurde, mais c'était ainsi. Si quelqu'un m'avait suggéré que mon but était d'éliminer Bogie de ma vie, je lui aurais arraché les yeux. Que de temps perdu, et comme il faut longtemps pour comprendre les choses...

Durant tout mon séjour à New York, Frank se manifesta tous les jours. Il semblait anxieux de me voir rentrer en Californie. Le soir de mon arrivée, il vint à la maison. Il ne savait comment s'excuser, mais il donnait l'impression d'être contrit – du moins pour lui. Il me déclara qu'il s'était senti coincé, qu'il avait eu la « trouille », mais que maintenant il faisait face. « Veux-tu m'épouser ? » Il prononça cette phrase avec conviction. Naturellement, toutes mes défenses tombèrent. Mon hésitation dura peut-être trente secondes. Oui, me dis-je, j'avais raison. Il ne pouvait pas l'admettre, il avait peur de lui-même, mais il avait compris qu'il m'aimait et que le mariage était la seule route à prendre. « Allons boire un verre pour fêter ça, dit-il. Appelons Swifty ; il pourra peut-être nous rejoindre. » Je ne fis aucune objection. C'était bien mon défaut – l'un de mes défauts. Heureusement, c'était la nuit, les enfants dormaient, et je n'eus pas à les prévenir. Nous devions retrouver Swifty aux Imperial Gardens, sur le Strip. Un restaurant japonais en face du Garden of Allah. Pendant le trajet, nous commençâmes à tirer des plans. Il faudrait ajouter des pièces à la maison de Frank pour Steve et Leslie. Cette maison au sommet d'une colline, qui n'avait jamais été prévue pour des enfants, j'essayais d'en imaginer les transformations. Il y avait comme une fausse note au tableau, mais je la chassai de mon esprit.

Nous tenant par la main, nous gagnâmes le bar et rejoignîmes Swifty. Lorsque Frank lui annonça que nous allions nous marier, je crois qu'il ne prît pas cette nouvelle au sérieux. « Une idée formidable », tel fut son commentaire, mais il n'y croyait pas – jusqu'au moment où Frank entreprit d'établir le programme de la cérémonie. « On se mariera à la maison, et ensuite, au lieu de s'en aller, ce sont les amis qui partiront. » Il savait exactement ce qu'il voulait, il ne me demandait pas mon avis : l'idée ne l'effleurait pas que je puisse désapprouver son projet. Je me gardai de le décevoir. J'étais trop heureuse et j'aimais cette autorité avec laquelle il prenait les choses en main. C'est un trait de caractère essentiel chez un homme pour moi. Une jeune fille vint nous demander des autographes. Frank me tendit la serviette en papier et un stylo. Comme je me mettais à écrire, il me dit « Mets ton nouveau nom. » « Lauren Bacall » fut donc suivi de « Betty Sinatra ». C'était bizarre, mais il l'avait voulu. Je me suis souvent demandé ce qu'était devenue cette serviette en papier.

Frank avait un contrat pour aller chanter à Miami ; nous ferions toutes les démarches à son retour. D'ici là, silence sur toute la ligne.

Je débordais de joie, j'avais envie de rire chaque fois que j'ouvrais la bouche. Le bonheur se lisait sur mon visage. Je ne dis rien à personne, mais maintenant, je le savais, ma vie allait continuer. Les enfants auraient un père, j'aurais un mari, nous aurions de nouveau un foyer. J'avais eu raison de quitter Mapleton Drive. Il faudrait que j'élimine encore pas mal de choses ; il était impossible de caser toutes mes affaires dans la maison de Frank. Le secret était difficile à garder, j'étais constamment sur le point d'exploser, je voulais que tout le monde sache. Mais je restai muette.

Emlyn Williams donna la première de sa soirée Dickens au Hartford Theatre de Huntington. Frank n'était pas là. Swifty m'y emmena. Tout Hollywood était là. À l'entracte, comme je me dirigeais vers les toilettes, Louella Parsons nous arrêta tous les deux et elle me demanda si Frank et moi allions nous marier. Piètre menteuse, je lui répondis : « Pourquoi ne lui posez-vous pas la question ? », et je poursuivis mon chemin. J'avais eu un coup au cœur. Pourquoi m'avait-elle demandé cela ? Louella donnait si souvent l'impression de flotter dans le vague. Comme je revenais, je vis Swifty en conversation avec elle et, au moment où je les rejoignais, elle s'éclipsa. Swifty ne fit aucun commentaire, et j'oubliai cet incident. Tandis que nous rentrions après avoir soupé en ville, nous nous arrêtâmes à un stand de journaux pour y prendre la première édition du matin. D'énormes lettres noires me sautèrent aux yeux sur la première page de l'*Examiner* : « SINATRA ÉPOUSE BACALL. » J'étouffai un cri. « Seigneur, Swifty, tu lui as dit ! Tu es fou... Frank va être fou de rage ! » Swifty se contenta de rire. « Bien sûr, je lui ai dit. Je ne pensais pas qu'elle ferait un coup pareil. J'ai simplement dit que je savais que Frank avait demandé à Betty de l'épouser. Bon, et alors ? C'est vrai ! Quel mal y a-t-il à le dire ? — Ce n'était pas à toi de le faire. Tu vas venir à la maison tout de suite et appeler Frank. Je ne veux pas qu'il s'imagine que c'est moi la responsable ! » J'étais plus morte que vive.

Lorsque nous réussîmes à obtenir Frank, Swifty lui annonça la nouvelle, mais sans indiquer clairement qu'il était le coupable. Swifty la trouvait bien bonne. « Ha, ha ! cette fois, mon vieux, le lapin est sorti du chapeau ! » Je lui pris l'appareil un court instant, dis à Frank que j'étais prête à tuer Swifty. Si je me souviens bien, Frank n'était guère ravi, mais du moins était-il préparé à l'offensive en règle de la presse. Sans aucune raison particulière de l'être, j'avais pris un ton désolé. En fait, j'avais surtout peur de faire des vagues. Attitude déplorable dans n'importe quel genre de relations, et plus encore devant des perspectives de mariage. Frank m'épargna donc ses reproches, mais ne dit pas un mot qui pût me préparer à la suivante et ultime étape de notre saga.

Le lendemain, bien entendu, les amis commencèrent à téléphoner. Je répondis à tous que je ne savais rien de précis, qu'aucune décision n'avait encore été prise. Donc, au fin fond de ma tête folle, j'admettais l'existence d'un obstacle majeur. Slim Hayward, appelant de New York, me dit : « Tu ne vas pas faire ça ? » Je répondis : « Peut-être que si ; je ne suis pas sûre. » Elle eut cette réplique bien sentie : « Enfin, tout le monde a le droit de commettre une erreur. »

Je dis à ma mère qu'il avait en effet parlé mariage, mais que la nouvelle était prématurée. Je ne fis aucune allusion devant les enfants, sinon pour leur dire qu'on racontait dans les journaux des histoires sur Frank et moi, mais que ce n'était pas vrai – protection contre les racontars éventuels à l'école.

Je ne marchais plus sur les nuages, je boitais plutôt. Frank n'avait pas appelé depuis plusieurs jours. Disons que j'étais en réalité paralysée d'appréhension.

Enfin un soir le téléphone sonna. C'était Frank. « Pourquoi as-tu fait ça ? » me dit-il. Moi : « Je n'ai rien fait », le cœur battant la chamade. Lui : « Je n'ai pas pu sortir de ma chambre depuis des jours. Il y a des journalistes partout. Il faut qu'on mette une sourdine quelque temps, qu'on cesse de se voir provisoirement. — Quoi ? m'écriai-je. Qu'est-ce que tu dis, Frank ? Comment ça ? » Sottement, j'implorais le pardon d'une faute que je n'avais pas commise. « Je vais de nouveau rester sans signe de toi ? » J'étais incrédule, mais l'importance capitale de cette conversation ne m'échappait pas. J'étais incapable de me montrer raisonnable, avec les nerfs encore à vif, sans défense, mais finalement contrainte d'admettre cette réalité.

Je n'avais plus rien à dire à Frank. Il se trouvait à cinq mille kilomètres, et son ton même était distant. C'était clair, il croyait que j'avais parlé. Il n'arrivait pas à se dépêtrer de la presse ; les journalistes le rendaient fou, et, dans sa situation, il subissait une tension trop forte. Il se sentait pris au piège. J'essayais d'analyser ses réactions, mais sans résultat. Enfin, il serait là dans quinze jours et nous pourrions sans doute faire le point. Je ne savais pas que ce coup de fil devait être le dernier que je recevrais jamais de Frank, qu'il mettait un point final à notre aventure palpitante, imparfaite, irréalisable.

Par un ami, je ne sais plus lequel, j'appris qu'il était rentré à Los Angeles ; Swifty dîna avec lui, Swifty, le responsable de la catastrophe. Frank parlait à Swifty, mais pas à moi ! J'étais blessée au vif, accablée.

Un mois après, Bill et Eddie Goetz nous invitèrent l'un et l'autre. Une personne nous séparait au dîner, mais Frank ne parut même pas s'apercevoir de mon existence. Il ne m'adressa pas une parole. Ses yeux erraient au-delà de moi, comme si ma chaise avait été inoccupée. J'étais au comble de l'embarras et de l'humiliation. J'aurais préféré que Frank me crache à la figure, au moins ç'aurait été une façon de me reconnaître. Je n'arrivais pas à encaisser cette gifle reçue en public. Adlai Stevenson avait déclaré un jour qu'il ne fallait jamais priver quelqu'un de sa dignité. Je comprenais maintenant ce qu'il avait voulu dire. Je passais nuit après nuit dans les larmes, informée de temps à autre des faits et gestes de Frank – les dîners, les filles, le travail.

Au cours des quelques mois qui suivirent, je fis tout pour essayer de reconstituer ma vie. Et d'abord, pourquoi diable habitais-je une maison louée où tout me restait étranger ? Je me sentais déracinée, je n'avais plus de place nulle part ni auprès de personne. Je ressentais de plus en plus vivement chaque jour la disparition de Bogie. C'était comme s'il était mort deux fois.

Frank et moi ne nous revîmes pas pendant six ans. Quand nous finîmes par nous croiser, c'était à une soirée donnée par Swifty. Frank arriva très tard d'un show télévisé, fulminant contre l'incompétence et les exigences des gens de la télé, d'humeur massacrante. Mia Farrow l'attendait. Ils n'étaient pas mariés alors. Nous échangeâmes quelques phrases superficielles. Il se mit à boire comme un trou, se déchaîna contre Swifty assis à une autre table et le couvrit d'insultes. Puis il tira d'un coup sec la nappe avec tous les verres et les assiettes et, au milieu du carnage, il hurla d'un ton furieux à Swifty : « Toi... toi... c'est toi qui es responsable de ce qui est arrivé entre elle et moi ! » Je faillis me mettre à rire. C'était bien la façon de Frank de reconnaître enfin qu'il savait que c'était Swifty et non pas moi qui avait craché le morceau. Et quel morceau !

Lorsque je me penche aujourd'hui sur ce passé, j'ai peine à croire qu'il se soit ainsi déroulé. En aucun cas cette aventure n'aurait pu aboutir. J'attendais plus de cet homme que quiconque n'attend de l'un de ses semblables. Je voulais l'accabler de responsabilités. Personne n'aurait pu résister à un tel régime.

En fait, Frank m'a rendu un grand service. Il m'a épargné le désastre qu'aurait été notre mariage. Mais il est vrai aussi qu'il s'est conduit comme un parfait salaud. Il était trop lâche pour avouer qu'il était dépassé par les événements, mais je lui garderai toujours une place à part dans mon cœur. Les bons moments que nous avons vécus ensemble étaient vraiment de bons moments.

Au milieu de cette année terrible, alors que ma mère se reposait en Californie après sa crise cardiaque, le téléphone sonna tôt un matin. Ma mère devait arriver à la maison dans une heure environ. C'était Rosalie. Charlie venait de mourir. Oh ! mon Dieu, ce n'était pas vrai, non, pas lui ! Elle était dans une détresse absolue. Tous deux avaient passé une délicieuse soirée ensemble, puis s'étaient mis au lit et, tandis qu'ils faisaient l'amour, Charlie était mort. Il était jeune, il n'avait que cinquante-trois ans. C'était une perte intolérable. Comment prévenir ma mère ? Quelle répétition des coups du destin... D'abord j'avais dû lui annoncer la mort de ma grand-mère, puis celle de Jack, puis celle de Bogie, et maintenant c'était Charlie. Et avec un cœur fragile comme le sien... J'appelai un merveilleux docteur de Beverly Hills, Rex Kennamer, qui connaissait son état. J'avais dû chercher quelqu'un à alerter en cas d'urgence depuis son attaque. Il me dit qu'il allait venir tout de suite ; il lui administrerait un calmant, lui ferait une piqûre. Je ne devais rien lui dire avant son arrivée. Par la fenêtre, je surveillais l'allée, attendant l'une ou l'autre voiture, tremblante d'inquiétude. Enfin, un bruit de moteur. Dieu merci, c'était le bon docteur. Sa seringue était prête. Je décidai de dire qu'étant dans le voisinage il passait voir simplement comment nous allions. Une autre voiture : ma mère. J'allai ouvrir, l'embrassai. Nous parlâmes de la pluie et du beau temps ; elle ne se doutait de rien, elle aimait bien le docteur, qui était si gentil. Je l'entraînai dans le salon, la fis asseoir sur le canapé à côté de lui. « J'ai quelque chose à te dire, maman. » Pour elle, pour Charlie, j'étais au désespoir. « Quoi ? », sachant qu'il s'agissait d'un désastre. Mais quel désastre ? Elle en avait tant vu. Le docteur lui fit sa piqûre. « C'est Charlie, maman. Rosalie a téléphoné. Il est mort. » Un cri étouffé, un gémissement, puis les larmes. « Il faut que nous partions, dit-elle. Je veux aller à New York ! » Ma pauvre mère. Elle était devenue le chef de famille après grand-mère, non en raison de son âge, mais parce que c'était elle qui croyait à la nécessité absolue de maintenir l'intégrité du groupe familial. Elle en oubliait même sa terreur de l'avion. Nous fîmes de rapides bagages et prîmes l'avion de nuit. Le jour suivant à New York, Rosalie ne cessa de me dire : « Mais, Betty, comment peut-on supporter cette douleur ? J'ai si mal, là (elle mettait la main sur son cœur), et ça ne veut pas passer. Ressens-tu la même chose ? Y a-t-il un remède ? »

L'enterrement était prévu pour le lendemain. Le cercueil resterait ouvert. Ma première réaction fut de rester à l'écart. Mais ce soir-là, avec la famille, les amis autour de moi, je me sentis comme irrésistiblement attirée par le cercueil disposé au bout de la pièce. Je voulais voir encore une fois mon cher Charlie, dont l'influence avait tant marqué ma jeunesse, qui emportait une si grande part de ma tendresse. Frémissante, je me dirigeai donc à pas lents vers le cercueil. Il gisait là, étrangement semblable à celui qu'il était dans la vie, comme endormi, sans rien de cireux sur les traits. Je restai là un moment à le contempler tandis que défilaient devant moi tant d'images du passé. La pensée de ne plus voir ce visage aimé m'était insupportable. J'avais maintenant perdu les deux guides spirituels, les deux conseillers dont je m'étais inspiré au cours de mes trente-trois ans d'existence.

Le jour suivant, comme nous roulions vers le cimetière, Rosalie, assise à l'arrière de la voiture, me demanda encore : « J'ai cette douleur, tu sais... Elle ne me quitte pas. Qu'est-ce que je peux faire ? » Charlie lui avait été arraché, elle souffrait comme d'une plaie vive. Je ne pus que lui répondre : « Il faut du temps, beaucoup de temps. Bogie est parti depuis un an... Cela prend très longtemps. » Je n'osais pas lui dire : « Peut-être que cette douleur ne s'efface jamais. »

Au mois d'avril, Rosalie devait passer par la Californie. Je me trouvais à Palm Springs avec Buddy et Carolyn. Elle s'arrêta à la maison pour voir les enfants, et de là me téléphona. Elle semblait en bonne forme, mais la douleur, me dit-elle, persistait toujours. J'allais bientôt me rendre à New York et je la verrais. J'aimais tendrement Rosalie, espérais qu'elle resterait jusqu'à mon retour, mais c'était impossible. « Très bien, ma chérie. On se retrouvera d'ici un mois. » Le lendemain, ma mère m'appela de New York. Deux avions s'étaient heurtés en plein vol au-dessus de Las Vegas. Rosalie était à bord de l'un d'eux. Il n'y avait pas de survivants. Trois mois exactement s'étaient écoulés depuis la mort de Charlie.

N'y avait-il donc pas de fin aux désastres ? Deux ans durant, ils s'étaient accumulés sans répit. Je n'en pouvais plus. Il fallait que je quitte la Californie, mais je ne parvenais pas encore à prendre une décision. Slim me téléphona qu'elle partait pour l'Europe avec Leland Hayward à l'automne. Leland devait négocier avec la baronne von Trapp les droits de ce qui deviendrait *La Mélodie du bonheur*. Elle m'avait beaucoup poussée à m'éloigner. « Ta place n'est plus là. » Elle avait raison, je le savais. L'Europe pouvait m'y arracher. Elle suggéra l'Espagne, et finalement il fut convenu que je les accompagnerais.

Slim était une personne extraordinaire. Elle savait que j'étais au bout du rouleau. Entre autres qualités précieuses, il y avait ce don d'une amitié sans réserve, un esprit original et curieux, un sens aigu de l'humour, la faculté d'accepter ceux qu'elle aimait en s'abstenant de les juger. Elle se contentait de dire ce qu'elle pensait. Elle était sincère, elle était drôle. Le voyage avec elle allait être le commencement de ma résurrection, le premier pas sur le chemin qui me conduirait à faire face à mon existence telle qu'elle était et non telle que je la souhaitais.

Plongée en pays inconnu, parmi des visages inconnus, avec une langue inconnue, je m'abandonnais au bonheur de la découverte. Nous faisions tout ce qui nous passait par la tête. Je buvais n'importe quel verre placé devant moi. Nous finissions parfois les nuits dansant à moitié au son de la musique flamenco que j'étais venue écouter ; j'allais de gueule de bois en gueule de bois. Un soir même, dans notre appartement l'hôtel, je fis un véritable numéro des Marx Brothers, avec Slim assise dans sa chambre en train de lire et moi poursuivie tout autour du salon par un Espagnol. Au passage, je m'arrêtais sur le seuil de la porte et lui criais : « Je tiens encore debout ! » Ce fut une période insensée, marquée par une gaieté neuve pour moi, délirante, et je ne pensais plus du tout à Frank. Pour la première fois depuis des siècles, j'avais le sentiment d'être une femme, de susciter l'admiration et le désir comme une femme, d'être douée d'une valeur propre.

Quinze jours après, nous étions à Paris, où Leland nous rejoignit. Puis à Munich. Lorsque Slim et Leland repartirent pour New York, je revins à Paris. J'avais reçu le scénario d'un film qui devait être tourné l'année suivante à Londres. J'annonçai que j'allais me rendre à Londres pour rencontrer le producteur et le metteur en scène. Pendant que j'étais à Paris, Vivien Leigh m'appela pour me dire qu'elle voulait donner une fête en mon honneur. Qui avais-je envie d'y rencontrer ? « Je ne veux voir que vous et Larry ; surtout n'organisez rien de spécial pour moi. » Mais elle insista et je lui laissai toute initiative.

En arrivant à Londres, j'appris qu'elle était menacée d'une nouvelle dépression nerveuse. Elle jouait toujours *Le Duel des anges* huit jours par semaine, mais elle avait pris beaucoup de poids. Il se trouva que la soirée qu'elle voulait donner réunit plus de cent personnes. Elle avait loué tout un night-club. Larry m'invita à déjeuner au restaurant The Ivy. Direct, sincère, il m'expliqua avec une extrême gentillesse que cette fête était l'idée de Vivien et qu'il n'y avait aucune part, qu'il y serait présent, naturellement, mais qu'il tenait à ce que je me fasse une idée claire de la situation. Il allait partir pour la Californie tourner un film et resterait absent longtemps, et lorsqu'il reviendrait en Angleterre ce ne serait pas vers Vivien. Les dix premières années de leur mariage avaient été paradisiaques, les dix suivantes un enfer. Maintenant tout était fini. Mais elle avait besoin de ses amis. Il souhaitait que je la soutienne de mon affection. Il souffrait profondément de cette rupture, s'angoissait à l'idée de ce qu'allait devenir Vivien. Mais il savait que s'il ne s'éloignait pas il n'y résisterait pas.

Il m'emmena voir sa pièce, où elle était merveilleuse, et très belle, qu'elle eut ou non pris du poids. Dans les coulisses, elle nous accueillit avec du champagne et un bavardage ininterrompu, puis nous partîmes vers la soirée, où une nuée de photographes nous environna, au rez-de-chaussée comme au premier, Je m'y retrouvai recevant les invités entre Larry et Vivien. Le Tout-Londres du théâtre était là – amis anciens, nouveaux, amis à venir. Danseurs de flamenco, orchestre, les réjouissances durèrent jusqu'à l'aube, où les retardataires, c'est-à-dire Brian Bedford (dans la catégorie des amis à venir), les Burton, les Kenneth More, Jack Hawkins et quelques autres furent entraînés par Vivien jusqu'au Connaught, je crois, pour y déguster des œufs brouillés, Vivien possédée d'une énergie démentielle. En les regardant, Larry et elle, ce soir-là, il était difficile de croire qu'il s'agissait de ces deux mêmes êtres dont la vie avait été autrefois idyllique. Ainsi se trouvait mise en pleine lumière la chance que nous avions connue, Bogie et moi, et le mariage à coup sûr calamiteux auquel j'avais échappé avec Frank !

J'acceptai avec joie de faire ce film, dont le tournage durerait plusieurs mois et aurait lieu en Inde et en Espagne, avec les scènes d'intérieur à Londres. Je pourrais mettre Steve et Leslie à l'école américaine. J'allai donc voir le directeur, qui me convainquit de la justesse de mon choix.

À partir de maintenant, le travail prendrait le pas sur tout le reste dans mon existence. Pour commencer, six mois en Angleterre (c'était la durée maximum du séjour autorisé par la loi).

Plus tard, à mon retour en Californie, je sus que j'allais m'en éloigner définitivement. Les dernières années que j'y avais passées avaient été marquées par le malheur et la détresse, et je n'avais plus rien à y faire. De plus, je venais de découvrir qu'un vaste monde s'ouvrait à moi, ce que je n'avais jamais soupçonné avant ce voyage. Bien sûr, après quinze ans de Californie, une certaine appréhension me tenaillait, mais pourquoi rester, au nom du ciel ? Sur la trentaine d'amis que je croyais fidèles, il y en avait peut-être huit d'authentiques : je devais sans plaisir me faire à cette idée. Et puis, ma seule *raison d'être*[1] avait-elle été Bogie ? N'étais-je rien par moi-même ? J'avais été protégée, choyée si longtemps, c'était presque devenu pour moi un mode de vie normal. Il était grand temps que je me réveille, que j'apprenne à ne compter que sur moi-même, à cesser d'être « la veuve de Bogart ».

Les enfants aussi avaient besoin de faire un nouveau départ. Je leur chantai les louanges de Londres, leur décrivis le palais, évoquai l'équitation dans le parc, le zoo. May viendrait avec nous et j'inscrirais Steve et Leslie aux établissements scolaires de New York pour le mois de septembre suivant au cas où nous déciderions de nous y installer. Et, le 9 janvier 1959, je partais pour Londres pour y commencer une vie nouvelle avec les deux êtres que j'aimais le plus au monde : mes enfants.

Nous fûmes reçus par un bataillon de journalistes. Steve avait horreur d'être photographié. Depuis la mort de Bogie, il s'était d'instinct détourné des appareils photo. On m'accueillait à bras ouvert comme la veuve de Bogie, parce que j'aimais profondément l'Angleterre et y comptais beaucoup d'amis. Nous n'avions qu'un

1. En français dans le texte.

jour pour nous familiariser avec notre nouvelle maison que ma vieille amie Joyce Buck m'avait dénichée. Puis, le lundi au petit jour, les enfants découvraient l'école américaine de Regent's Park. Une fois de plus, les photographes étaient à l'affût. Je demandai au directeur de ne pas les laisser entrer dans l'école, et il ne fut que trop heureux d'accéder à ce désir.

Nous voilà donc plongés dans nos nouvelles existences, et si brusquement qu'il nous fallait courir avant même de marcher. Et pourquoi pas ? Il neigeait, il faisait très froid, ce que May n'appréciait guère, mais elle s'emmitoufla, et ensemble nous allâmes reconnaître dans le quartier notre poissonnier, notre boucher, notre épicier, tous à proximité de la maison. May, qui n'avait quitté les États-Unis qu'une fois – pour aller à Honolulu – avait un gros effort à fournir pour s'adapter, mais jamais elle ne se plaignit. Je m'arrangeai pour que les enfants prennent des leçons de français et de piano. Le week-end, nous faisions les touristes : la relève de la garde – un régal pour Steve et Leslie –, le zoo, Porto Bello Road, les musées. C'était l'aventure permanente. Mes amis étaient merveilleux, comme toujours. Quand vous avez un ami en Angleterre, vous avez un ami pour la vie. Les More, Jack et Doreen Hawkins devinrent des intimes. Rex Harrison jouait *My Fair Lady* à Drury Lane, et Larry Olivier était en Californie. Vivien, Kay Randall et moi devînmes inséparables. Je m'attelai à la préparation de mon film : *Aux frontières des Indes*. Il y aurait huit jours de tournage à Londres, six semaines en Inde, six semaines en Espagne, puis retour à Londres. N'eût été la tristesse de quitter les enfants, je ne tenais pas en place à l'idée de découvrir l'Inde.

Ainsi la vie s'organisait. Je me sentais encore solitaire, il m'arrivait de regretter Frank, mais je me sentais chez moi en Angleterre et continuais à reprendre des forces. La moitié des problèmes qui vous harcèlent s'estompent quand vous avez la tête bien posée sur les épaules. Je rêvais parfois d'un être auquel me consacrer, mais sans mélancolie. Il y avait trop à faire et à voir.

On me demanda de faire une apparition à la Royal Command Performance. On devait y présenter le film d'Alec Guinness *De la bouche d'un cheval*. J'étais paniquée, encore qu'il s'agissait simplement d'être présentée et de se tenir sur la scène en compagnie de Maurice Chevalier, Richard Todd, Richard Attenborough et quelques autres, et de chanter une chanson dont j'espérais me souvenir à l'époque, et que j'ai totalement oubliée. Cole Lesley, secrétaire de Noel, me conduisit. Je me sentais si nerveuse, en attendant en ligne d'être présentée à la reine mère, que je lui demandai de m'apporter à boire. Il me tendit un verre – c'était de la vodka pure – qui faillit m'étouffer. Drôle de soirée. On peut bien se dire que ce n'est rien, de rencontrer les têtes couronnées – ce sont des gens semblables aux autres, comme notre président –, mais cela fait tout de même de l'effet. La tiare de diamants de la reine mère m'éblouit. Si ma mère avait pu me voir faire la révérence...

Après les essais de garde-robe, les premières prises de vues commencèrent au Pinewood Studios, de vieux bâtiments superbes. L'immense salle à manger pour les artistes et les techniciens était équipée d'un bar – chose inconnue à Hollywood. Oh ! la civilisation... En Angleterre, la profession d'acteur était jugée honorable. J'allais beaucoup aimer y travailler. De plus, le rythme britannique, moins trépidant, moins frénétique, était beaucoup plus dans mes cordes.

Kay Kendall était une femme très drôle et d'une rare beauté. Nous assistâmes toutes les deux à la dernière de *My Fair Lady*. Ce fut une soirée émouvante ; je me souviens encore du visage de Kay sillonné de larmes.

Ce fut quelques mois après, en rentrant de prises de vues, que j'appris qu'elle était atteinte de leucémie. Une révoltante injustice de plus. Pourquoi était-ce toujours les meilleurs qui partaient et les médiocres qui passaient au travers ?

Jack Whitman, notre ambassadeur en Grande-Bretagne, m'invita à dîner à l'ambassade. Fred Astaire, un de ses vieux amis, et sa sœur Adele étaient là. Fred, évoquant avec Jack ses films anciens, fit, en souvenir du passé, une magistrale démonstration improvisée de danse qui s'acheva en une pirouette sur l'un des canapés. Je m'amusais beaucoup jusqu'au moment où l'on me demanda au téléphone. C'était la nurse des enfants. J'avais été cambriolée. La soirée en resta là. Je me précipitai à la maison pour trouver Scotland Yard. Tous mes bijoux, y compris ceux que m'avait donnés Bogie, avaient disparu. Le voleur était entré par une fenêtre, la fenêtre de Steve, qui, endormi, par bonheur ne s'était pas réveillé, et avait tranquillement vidé mes tiroirs. May et la nurse, qui, à un autre étage, regardaient la télévision, n'avaient rien entendu. Les hommes du Yard m'assurèrent qu'ils connaissaient le coupable, surnommé « la Mouche », qui grimpait aux façades jusqu'à ce qu'il trouve une fenêtre ouverte. Ils récupérèrent une partie des bijoux, mais pas ceux auxquels je tenais le plus, et j'engageai un détective pour rester dans la maison chaque nuit. Comme j'allai m'absenter deux mois, je ne voulais pas me ronger d'anxiété à cause des enfants. Dieu n'en avait pas encore fini avec moi.

Mme Pandit, ambassadrice d'Inde en Grande-Bretagne, vint prendre le thé chez moi et me donna une liste des lieux à visiter, des choses à voir, des nourritures à goûter et un exemplaire de *A Passage to India*. Son garde sikh en turban rose était en faction un demi-étage en dessous. Je ne fus pas peu fière de snober Kenny More et Lee Thompson, notre réalisateur, en faisant étalage de ma science de l'Inde. Nous décidâmes de goûter dès notre premier soir à New Delhi le poulet tandoori (grillé dans le paprika) tant vanté par Mme Pandit. Lorsqu'une fois arrivés là-bas nous commandâmes les fameux poulets, nous vîmes arriver trois squelettes rouges sur un plat. Les poulets devaient s'être envolés ce soir-là. Ce fut un beau fou rire.

À Bombay, notre première étape, je ressentis aussitôt l'impact d'un monde entièrement nouveau : les femmes voilées en sari, avec un disque rouge au milieu du front, les hommes vêtus de blanc avec leurs turbans de couleurs, les vaches – sacrées, bien sûr – circulant dans les rues. Des rues grouillantes d'humanité. Il faut venir en Inde pour prendre pleinement conscience du nombre incalculable d'habitants qui peuplent la planète.

Jaipur, où nous devions passer presque tout notre temps, est un lieu enchanteur. Toutes les maisons y ont un peu la couleur du désert. On l'appelle la Ville Rose. Nous habitions dans un hôtel, ancien palais d'un maharadjah. Pour la première fois, des ventilateurs ronronnaient au plafond au-dessus de ma tête et des paons se pavanaient sur la pelouse devant mon balcon. Flânant le long de la rue principale du bazar de Jaipur, en chemise et pantalon Pucci imprimés de couleurs vives, l'appareil photo à l'épaule, les bras couverts de bracelets en plastique, je ne passais pas inaperçue. Cette espèce de folle ! Jamais ils n'avaient vu une femme en pantalon allant et venant si librement. Quand ils me voyaient arriver (et c'était fréquent, étant donné ma prédilection pour les marchés), ils me dévisageaient et se mettaient à rire. Cela ne me gênait pas. J'étais loin de tout ce que je connaissais, j'adorais ce parfum d'aventure, tout me fascinait. Au cours de la conversation, un jour, mon chauffeur me dit : « Vous savez, notre pays est très pauvre. — Alors, lui demandai-je, pourquoi avez-vous tellement d'enfants ? » Il haussa les épaules et répondit avec un sourire : « C'est la volonté de Dieu. » Inutile d'aller plus loin.

J'étais si dévorée de curiosité, si anxieuse de tout voir, que j'étais même insensible à la chaleur. J'allai voir à Delhi une femme qui me dit la bonne aventure. Elle était si convaincante que je la crus presque quand elle m'annonça que je deviendrais peut-être un brin d'herbe ou un papillon dans ma prochaine vie. Je fis la connaissance d'un vieux sage qui, assis sur une estrade devant sa maison, accueillait les visiteurs qui lui étaient envoyés ou qu'il avait connus dans un autre monde. À la fin du tournage, Kenny More et moi, disposant de quelques jours de liberté, nous rendîmes au Taj Mahal. On m'avait conseillé de le découvrir à l'aube, au crépuscule, au clair de lune. Pendant le trajet en voiture jusqu'à Agra, nous vîmes des paysans vannant du blé, un chameau tournant autour d'un puits pour en faire monter l'eau – spectacles d'un autre temps. Nous nous arrêtâmes pour assister à une fête avec un ours dansant ; et, tout le long de la route, les vautours postés comme des sentinelles semblaient discuter entre eux. On peut toujours craindre qu'une merveille du monde ne réponde pas à votre attente. Mais non, le Taj Mahal était d'une beauté à vous couper le souffle, plus prodigieux encore que je ne l'imaginais.

Je quittai l'Inde, assurée par une autre diseuse de bonne aventure que je reviendrais dans ce pays, et nous arrivâmes à Rome. Deux jours d'Italie, puis Londres pour y voir les enfants, avant d'aller tourner en Espagne. Ils semblaient très en forme, Dieu merci, et ma mère allait venir passer quelque temps avec eux.

En Espagne, Slim Hayward suggéra d'aller faire un tour à Malaga, où Ernest Hemingway et sa femme séjournaient chez Bill Davis. J'avais très envie de le rencontrer... enfin. Il fit un grand numéro de charme, m'appelant Miss Betty, disant qu'il avait beaucoup entendu parler de moi par Slim, qu'il admirait Bogie, et, par ailleurs, mon comportement durant la maladie de Bogie me valait ses suffrages. Naturellement, j'étais suspendue à ses lèvres, et naturellement, Mary Hemingway, le connaissant, n'était pas enchantée. Ils se mirent à parler chasse. Elle me demanda si j'étais bonne tireuse et, se penchant sur moi, ajouta : « Vous aimeriez peut-être nous accompagner un de ces jours », en plaçant une cartouche sur mon assiette. Je ne pouvais lui en vouloir ; manifestement, il avait dû lui en faire voir de toutes les couleurs dans le passé et, tout aussi manifestement, il cédait aux exigences de son ego. Une femme seule est toujours mal vue par les épouses des autres. C'est un problème qui m'a poursuivie tant que je suis restée célibataire, et il n'a pas de solution. Mais je n'ai jamais nourri de désirs précis sur les hommes mariés, et je représente certainement une bien légère menace par rapport à quantité d'autres femmes, ne serait-ce que parce que j'ignore comment ce genre d'intrigues peuvent se mener dans la sérénité. Seules sont concevables à mes yeux des relations sans contrainte et sans ambiguïté.

Slim partit pour Madrid, et je me rendis à Grenade. Quelques jours plus tard, Leland me téléphonait pour me demander si je voulais lire une nouvelle pièce de George Axelrod qu'il allait monter à l'automne. Il y avait un rôle en or pour moi. Son enthousiasme était persuasif, et j'acceptai sans hésiter. Il allait m'envoyer le texte immédiatement et m'appellerait de New York, où il serait le jour suivant. Cette dernière précision me stupéfia ; il venait juste d'arriver.

Je lus la pièce, *Goodbye, Charlie*, aussitôt reçue, et la trouvai très drôle. Je m'étais beaucoup interrogée sur mes prochains déplacements après les six mois à Londres. Je ne pouvais pas transbahuter Steve et Charlie tous les six mois d'école en école, de pays en pays. Il fallait que je me fixe quelque part. Le théâtre avait été ma première passion, un rêve inassouvi. J'en avais des sueurs froides à l'avance, mais j'avais le goût du risque et voulais savoir une bonne fois pour toutes si j'étais capable de réussir sur la scène. Et je ne pouvais trouver de meilleure raison pour retourner à New York. Ainsi, lorsque Leland m'appela, je lui répondis oui. Le thème de la pièce était le suivant : deux amis très intimes passent le plus clair de leur temps à s'envoyer les femmes des autres, mais, en vérité, ce qu'ils préfèrent à la compagnie de toute femme, quelle qu'elle soit, c'est être ensemble. L'un d'eux, Charlie, est abattu d'une balle en essayant de s'échapper par un hublot. Pour punition, il reviendra sur terre transformé en femme, et c'est là-dessus que reposait la pièce.

J'appelai Slim à Madrid et la trouvai plongée dans le marasme. Leland voulait divorcer. J'étais navrée. Je retournai à Londres pour y achever mon film, retrouver les enfants, ma mère, mes amis, prendre des dispositions pour l'été et songer à l'automne.

George Axelrod et Leland téléphonèrent de New York ; ils songeaient à Sydney Chaplin, qui vivait à Paris, pour le premier rôle de *Goodbye, Charlie*. George voulait nous voir ensemble, Sydney et moi. Ils viendraient tous les deux à Londres.

Quel réconfort c'était de ne pas avoir à s'interroger sur l'avenir. Je fis mes adieux à Cadogan Place, à tous les commerçants du quartier auxquels je m'étais attachée, à mes amis – et à Londres. J'aurais souhaité avoir une bonne raison de rester. Lorsqu'on a vécu dans cette ville, il est bien difficile de la quitter. Mais l'espoir me donnait des ailes, avec toutes ces perspectives qui s'ouvraient devant moi. J'étais seulement très triste de me séparer de mon amie Slim, que je voyais pour la première fois, après tant d'années d'amitié, désorientée, défaite, et sa fille Kitty – qu'elle adorait – mise à part, sans but dans l'existence. Nous connaissions bien, elle et moi, la vulnérabilité, et je ne comprenais que trop sa fragilité. Plus que jamais, je prenais conscience de la nécessité du travail, d'une activité précise dans l'existence. M'embarquer dans cette aventure inconnue sans sa présence et son soutien me donnait un sentiment de malaise. Elle avait joué un rôle si important tout au long de ma carrière, depuis mes premiers balbutiements, mais c'était ainsi. À l'aérodrome, nous nous embrassâmes, les larmes aux yeux, et je montai avec les miens dans l'avion.

À New York, nous fûmes accueillis par ma mère et Lee, George et Leland, et une foule de journalistes qui semblaient s'intéresser à ma décision de me fixer à New York et à mon « retour » sur les planches.

Après m'être installée dans l'appartement que m'avait trouvé Joan Axelrod, j'entrepris de me préparer à remonter sur scène. Leçons quotidiennes de diction avec Alfred Dixon, qui avait formé tous les gens du métier, de Mary Martin à Katharine Hepburn. J'apprenais à émettre les sons les plus étranges, à prendre une voix de fausset, à utiliser mon diaphragme pour parler... Tout d'abord, je me sentis affreusement gênée, stupide, mais cela m'était indispensable avant le début des répétitions si je voulais éviter de sérieux déboires. Leland avait prévu une tournée de deux mois, et, comme convenu, nous devions commencer par Pittsburgh, où pas un New-Yorkais ne serait présent. Viendraient ensuite Cleveland, Detroit, Baltimore, qui nous rapprocheraient peu à peu de New York. (Nous allions jouer au Nixon Theatre de Pittsburgh et au Ford Theatre de Baltimore – indices des temps à venir.) Nous passerions nos deux dernières semaines à Philadelphie, où, *cette fois*, viendraient les New-Yorkais, et débuterions à New York en décembre. Mainbocher, qui avait une solide expérience du théâtre, réaliserait les costumes, et George assurerait la mise en scène – pour lui une première. Leland m'avait convaincue que George remplirait ce rôle mieux que personne. La certitude de Leland m'inspirait confiance. Et George était un ami. Ils en savaient tous les deux beaucoup plus long que moi sur le théâtre, l'un et l'autre n'avaient obtenu que des succès, alors pourquoi objecter ? Mon instinct et mon goût personnel influeraient sur ma conception des personnages, mais je m'étonnais moi-même de me livrer à eux sans réserve. Peut-être cela tenait-il à un désir profond d'être conseillée, guidée, dirigée, comme avec Hawks.

George et Leland se mirent en quatre pour moi. Leland tint à ce que j'utilise son bureau autant qu'il me plairait et me fournit une secrétaire pour la durée des répétitions et de la tournée. Je passai le week-end à la campagne avec John et George. Mon assistante m'envoya des listes de tout ce dont je pouvais avoir besoin à la ville – où aller, à qui m'adresser –, me dénicha une nurse pour les enfants. Cette chaleureuse amitié me mettait du baume au cœur.

Les répétitions commencèrent. À mesure que nous avancions, Sydney et moi fûmes arrêtés par certains détails qui clochaient peut-être un peu. Sydney était d'une logique irréfutable dans son argumentation. Nous nous entendions très bien. Un soir, après une répétition, nous sortîmes ensemble boire un verre pour débattre du problème de la pièce. Sydney l'avait étudiée à fond et avait noté tous les remaniements qu'il jugeait nécessaires. Nous appelâmes George vers onze heures et lui demandâmes si nous pouvions venir discuter avec lui de la question. Il y consentit volontiers. Il nous prêta une oreille attentive, courtoise même ; nous échangeâmes certaines observations, mais c'était sa pièce. Pour lui, nous devions la jouer telle qu'il l'avait écrite avant d'envisager des changements, mais il promit de tenir compte de nos critiques.

Le temps des répétitions d'une pièce est une période unique. On s'identifie à son personnage, on vit l'intrigue, tout le reste devient secondaire. En fait, tout le reste se fait obstacle, contretemps, entrave. On répète huit heures par jour, on étudie ses répliques la nuit, on en rêve. La première semaine, on passe à douze heures de répétitions, les repas et tout ce qui est étranger au spectacle sont escamotés. Les acteurs et les responsables de la mise en scène deviennent plus proches que maris et femmes. Pour un comédien, c'est la phase la plus créative, la plus excitante, la plus enrichissante. Je n'avais pas à m'inquiéter pour les enfants. Ils allaient normalement à l'école, et maman et May étaient là pour s'occuper d'eux.

Pittsburgh, étape numéro un. Prendre pour la première fois la mesure de l'espace dans lequel on doit évoluer. En dépit de toutes les explications reçues jusque-là, on ne sait vraiment pas où on en est avant d'avoir mis le pied sur la scène du théâtre. Je me souviens de la voix de Leland s'élevant de tous les coins de la salle, sous tous les angles : « Plus fort, je ne t'entends pas ! » Il m'avait bien prévenu à l'avance qu'il m'interromprait, au besoin à chaque mot, pour que je n'oublie pas d'articuler.

Le jour de la première, George et Leland nous dirent de ne pas nous soucier des critiques dans la presse. Le public de Pittsburgh n'avait guère l'habitude du théâtre, en particulier du théâtre moderne. L'expérience était valable pour nous seuls, elle nous permettrait de vérifier ce qui allait et ce qui n'allait pas. Facile à dire, mais, avec ma nervosité, je ne cessai de trembler pendant toute la représentation. Les réactions du public étaient étranges – des rires s'élevaient, inattendus, à contretemps, mais enfin le rideau tomba. Il y eut des applaudissements nourris et mon moral remonta en flèche. À dater de cette soirée, je succombai définitivement à l'attrait du théâtre.

Rentrée dans ma loge, comme j'allais m'asseoir, ma vieille et plutôt distraite habilleuse tira la chaise en arrière, et, lorsque George, Leland et Pamela Churchill (qui venait d'arriver) entrèrent dans la pièce, ils trouvèrent leur vedette aplatie sur le sol en ciment, incapable de bouger. Ils m'aidèrent à me relever (je souffrais le martyre), déclarèrent que la pièce était formidable, que j'étais formidable, une « ampoule de mille watts », selon Leland. Les critiques locaux n'étaient pas emballés par la pièce, mais par les comédiens. Une radiographie révéla une fracture du coccyx et je fus condamnée à porter un corset durant trois semaines. Le seul avantage que je retirai de Pittsburgh fut un changement d'habilleuse.

Les deux mois suivants se passèrent en répétitions quotidiennes avec des modifications constantes dans le texte et les jeux de scène. Ce qui compliquait singulièrement notre tâche. Rien n'est plus difficile en effet pour un comédien que de « désapprendre » des gestes, des intonations, des répliques auxquels il s'est habitué.

Cependant, les journalistes de Baltimore comme ceux de Washington égratignèrent la pièce... tout en ménageant les acteurs. Il faut bien le reconnaître, George n'était, hélas, guère doué pour la mise en scène. C'est un homme brillant, sensible, spirituel, affable, mais, en tant qu'auteur dramatique, il ne s'exprime jamais aussi bien que sur du papier. Leland décida de prendre le large pendant quelques jours, histoire de revenir avec un œil neuf. À Philadelphie, notre dernier arrêt, Sarah Marshall, talentueuse fille de Herbert Marshall et d'Edna Best, remplaça Cara Williams dans le plus important des seconds rôles. Il ne nous restait plus que quinze jours avant de débuter à New York, au Lyceum Theatre, où j'avais passé une audition pour *Franklin Street* voilà bien longtemps. Nous devions bientôt « fixer » la pièce pour pouvoir la jouer sans autres changements et en fignoler les répliques. George nous assura qu'elle serait « au point » huit jours avant de nous produire à Broadway. Il alla passer quelques jours à New York : il avait trop travaillé et pas assez dormi.

Enfin George réapparut à Philadelphie avec une scène finale entièrement modifiée. Nous ne pourrions la roder que pendant quelques représentations avant New York. Elle me parut bonne, ainsi qu'à Leland. Sydney lui-même la croyait efficace. J'avais pour ma part deux pages de monologue à assimiler. Nous répétâmes toute la journée. Et le lendemain soir, sur la scène... Je ne protestai pas contre cette précipitation. Après tout, cela relevait des exigences de la création théâtrale. Le merveilleux décor d'Oliver Smith, où il était si agréable d'évoluer, contribuait largement à sa réussite.

Le lendemain soir, avant le lever du rideau, j'étais sur les nerfs. Je dois dire ici que ce fut probablement la meilleure interprétation que je donnais jamais de la pièce. C'était un de ces soirs où tout vous réussit. D'ailleurs la confiance régnait dans l'ensemble de la troupe. Sydney fut admirable, comme toujours. Comme il est rare de donner la réplique à un partenaire qui sait vous soutenir et pour lequel on éprouve une affection sincère. Oui, nous nous aimions beaucoup, nous nous respections, mais sans aller au-delà. Il avait déjà tâté de ce genre d'aventure, et jamais plus il ne récidiverait. Une liaison avec votre partenaire, homme ou femme, n'est pas une chose facile. S'il survient entre vous une bisbille quelconque en privé – et c'est inévitable –, la querelle prend des proportions démesurées, et pourtant vous êtes obligés de rester face à face huit soirées par semaine. Il ne se passa donc rien de ce genre entre nous. J'étais beaucoup trop préoccupée par la pièce, et Sydney était amoureux de Noëlle Adam, ravissante danseuse française.

Je me trouvai bientôt confrontée au problème de la répartition des fauteuils pour la première. Cela ne m'était jamais arrivé et je savais qu'il s'agissait d'un rite de la plus haute importance. Qui allait s'asseoir ici ou là ? Il fallait des rieurs près des critiques. Leland et George se penchèrent aussi sur ce délicat problème. Qui figurerait sur la liste de qui ? Heureusement, nous avions beaucoup d'amis communs. Adlai tenait à être présent, et je tenais, bien sûr, à sa présence. Alistair et Jane Cooke, David et Hjordis Niven, les Reynolds et les Zuckermann seraient aussi mes invités. Et puis ma mère et Lee, qui devaient avoir les meilleures places, sans parler de Stephen et Leslie.

Les soirées de première sont traditionnellement redoutables. Critiques « dissecteurs », amis dans l'angoisse, riant trop fort et trop souvent, professionnels des premières qui sont là non pour regarder la pièce mais pour se regarder entre eux. Dans mes moments les plus détendus (correspondant à la tension maximale de la plupart de mes semblables), je ne supporte pas de savoir qui est là, dans les premiers rangs. La présence d'un seul ami me rend malade. Or, ce public était presque entièrement composé d'amis – plus Adlai. Seigneur tout-puissant !

Le rideau se leva, la pièce commença bien, les rires fusaient au bon moment. Je fis mon entrée sous un tonnerre d'applaudissements qui redoubla mon trac. Je devais élever à mes lèvres une bouteille de Jack Daniels pour boire une gorgée, mais ma main tremblait tant que je faillis me casser les dents. Nous jouâmes notre première scène, dans laquelle Charlie (moi) s'efforçait de convaincre George (Sydney) de son identité, lui rappelait certains moments connus d'eux seuls et décrivait l'instant de vérité dans la cabine au lit avec la femme de son hôte, la tentative d'évasion par le hublot et la mort de Charlie abattu d'une balle. À la fin de la scène, je me tournais vers George et lui disais : « Regarde, regarde », et j'ouvrais mon trench-coat, le dos au public. On pouvait sentir dans la salle les hommes se figer. À partir de là, ça devint très dur. Ils essayaient d'aimer la pièce, mais ce point de départ les rebutait trop, et ils étaient incapables de réagir normalement au reste.

George et Leland vinrent nous encourager pendant l'entracte. « Ça marche très fort. Jouez la pièce simplement. » L'afflux d'adrénaline me donnait des ailes.

La chute du rideau fut le signal d'applaudissements nourris. Encore frémissants, Sydney et moi nous étreignîmes. Les photographes se pressaient à la porte de ma loge, tellement remplie de fleurs que pas un visiteur ne pouvait entrer. Télégrammes et cadeaux par centaines. Je me changeai rapidement pour les photographes, mais Adlai fut le premier que je vis en émergeant de mon antre. Il m'embrassa, me félicita, fit une réflexion spirituelle, bien sûr, mais tous ces appareils photo le gênaient. Niven, Betty, Adolph, Alistair, Jane se pressaient, débordants d'affection. J'étais transportée de bonheur. J'avais découvert un nouveau territoire. Je m'y sentais remplie de joie, et ils s'en félicitaient.

Au cours de la soirée qui suivit avant la parution des critiques, je passai un moment debout au bar avec Moss Hart. Il s'était bien rendu compte, je le sus plus tard, que la pièce ne marcherait pas. « Ne prenez rien de ce que vous pourrez lire contre vous, me dit-il, soyez satisfaite de cette représentation. Votre premier grand rôle au théâtre. Vous avez été très bonne. Vous avez l'étoffe d'une actrice et vous pouvez être fière de vous. » Je touchai donc au but, dix-huit ans après mes premiers pas sur cette longue route. Finalement, j'avais la vedette à Broadway, mon nom en lettres de feu, et cette réussite me ravissait autant que je l'avais rêvée. L'attente des critiques, en revanche, quel supplice.

Dès la sortie des journaux, Sydney ouvrit le *Tribune*, lut un paragraphe de l'article de Walter Kerr et lança, en se reportant à la page sport : « Voyons un peu ce que font les Knicks aujourd'hui. » S'ils avaient apprécié les comédiens, les critiques de théâtre n'aimaient décidément pas la pièce. J'étais saluée comme une vedette de cinéma capable de tenir sa place sur une scène – les stars d'Hollywood sont suspectes à Broadway, nous papillonnons et ne prenons pas le métier au sérieux ? Il faut longtemps pour être admis dans le monde du théâtre. Mais le moral restait bon. Cette pièce était un commencement.

George recevait une terrible volée de bois vert dont il ne se remit jamais. Il avait tant travaillé, avait tant investi dans *Goodbye, Charlie*. Lui que les critiques encensaient depuis *Sept ans de réflexion*. Les mots assassins l'avaient profondément blessé. Nos relations en furent altérées, jusqu'à ce que sa blessure cicatrisât.

Nous fîmes salle comble pendant trois mois, mais le public n'aimait pas la pièce. Puis, les rentrées baissant, nous arrêtâmes le spectacle.

À l'une des représentations, je compris qu'il se passait quelque chose à l'avant de la salle : quelqu'un était là, mais qui ? Mystère. Quelqu'un d'important en tout cas, à en juger par les rumeurs. Et puis au premier rang je distinguai une superbe chevelure neigeuse. Je n'osais penser que ce pouvaient être Spencer et Kate – jamais ils ne seraient venus ensemble, et, de toute façon, lui ne se serait pas dérangé pour ce spectacle. Mais une fois le rideau tombé, Katie, adorable, chaleureuse, souriante, me couvrant de compliments, entra dans ma loge. Puis la porte s'ouvrit de nouveau et Spencer entra... Je me jetai à son cou. Il avait assisté à toute la pièce. J'en étais muette d'émotion.

La veille du Nouvel An, Quent Reynolds vint me chercher au théâtre. Nous devions participer à une émission de télé de dernière partie de soirée, puis nous rendre à un réveillon chez Lee et Paula Strasberg où le Tout-New York du show-biz serait réuni. Comme j'étais heureuse dans cette ville. La Californie était loin. La cicatrice de Sinatra n'était pas absolument guérie (il m'avait un soir téléphoné dans les coulisses du théâtre pour prendre de mes nouvelles, mais je ne l'avais pas vu) ; en revanche, sur la scène, j'étais chez moi, je me sentais bien, je pensais avoir définitivement trouvé ma voie et je savais, pour la première fois peut-être avec certitude, que l'avenir s'ouvrait devant moi.

Quent et moi arrivâmes chez les Strasberg. C'était la cohue, les sardines en boîte. Et il y avait là un acteur que j'avais rencontré une fois avant mon voyage en Espagne. Leland, Slim, Jerry Robbins et moi étions allés voir *Les Désenchantés*, et, après le spectacle, ils m'avaient présentée à la vedette, Jason Robards. Audrey Hepburn m'avait assuré un jour qu'il me plairait. C'était donc la deuxième fois que je le voyais en cette veille de Nouvel An. Il baignait dans l'euphorie, et nous nous entendîmes sur-le-champ. Il ne me lâcha pas jusqu'à mon départ. Rex Harrison me téléphona le lendemain pour évoquer la dernière vision qu'il avait eue de moi. J'étais en train de parler à Jason pendant qu'il me brûlait involontairement l'épaule avec son cigare.

Jason répétait *Le Tumulte* au Hudson Theatre, à cent mètres du Lyceum. Il m'envoya un petit mot écrit au dos de l'enveloppe de son premier cachet de répétition – soixante-dix ou quatre-vingts dollars. Il était assez fascinant – et un peu dingue. Remarquable comme acteur et différent de tous ceux que j'avais connus. Beaucoup de gens trouvaient qu'il ressemblait à Bogie. Je n'étais pas et n'ai jamais été de cet avis. Nous commençâmes à flirter. Cela m'amusait beaucoup. Rien de plus divertissant, de plus excitant que l'inconnu, la possibilité de quelque chose...

Jason était un pur homme de théâtre, considéré par ses pairs comme une rareté, un grand talent, un artiste qui insufflait à chacun de ses personnages une dimension originale, indéfinissable.

Ce qui suivit n'eut rien de surprenant. Il vint me chercher un soir après le spectacle pour souper. C'était un mardi soir. Je venais d'apprendre ce vieil adage du théâtre : « Méfie-toi du mardi et du vendredi soir » – un piège naturel, parce que ces représentations précèdent des matinées. Ce soir-là, il était parfaitement sobre, plutôt timide, réservé, très séduisant. Il avait trois enfants, deux de l'âge de Stephen et de Leslie à un an près, un autre beaucoup plus jeune. Nous nous sentions incontestablement attirés l'un par l'autre. Je ne pouvais plus nier le besoin que j'éprouvais d'avoir un homme dans ma vie. Cette nuit-là, j'ai appris que ses trois enfants étaient le fruit d'un premier mariage. Il s'était remarié, mais ça ne marchait pas. Le rôle joué par les hommes mariés dans ma vie est un peu particulier, surtout avec l'éducation que j'ai reçue. J'ai toujours su qu'il fallait éviter de s'engager de quelque façon que ce soit avec un homme indisponible. S'il était mécontent de son sort, qu'il se débrouille pour y échapper et vienne ensuite vers moi. Avec tous ces bons principes solidement ancrés en moi, je devais constater que, Frank mis à part, tous ceux qui m'avaient attirée étaient en puissance d'épouse. Les meilleurs d'entre les hommes étaient-ils déjà tous pris ? Éprouvais-je un désir obscur, inconscient de briser les ménages ? Ou bien les quelques hommes qui me plaisaient et auxquels je plaisais s'étaient-ils simplement mariés trop jeunes ? Je suppose que Jason et moi aurions pu cesser de nous voir, mais nous n'en fîmes rien. Ce n'était pas des rencontres quotidiennes, il m'appelait à des heures impossibles du petit matin, relativement imbibé. Nous nous rencontrions au Palace Bar, au coin de la rue, après son spectacle – un lieu public rempli de phénomènes, avec un barman très sympathique. Jason buvait sec. Et s'il buvait, pensai-je, c'était parce qu'il était malheureux. Conclusion logique des expériences du passé.

Sa pièce étant donnée ensuite à Boston, il m'appelait souvent de là-bas, et très tard. Les liens qui s'étaient tissés entre nous ne cessaient de se resserrer. J'attendais ses coups de fil, je les espérais. J'éprouvais un immense besoin d'aimer, d'appartenir à quelqu'un. Avec l'expérience que j'ai acquise aujourd'hui, je me rends compte que j'ai toujours plus ou moins attribué aux hommes qui ont traversé ma vie les qualités que je leur souhaitais de posséder, infléchissant leurs mérites réels en sorte qu'ils ne contrarient pas mon penchant pour le romantisme.

Ayant quitté la Californie pour New York, j'avais un peu l'impression d'avoir perdu une partie de cette identité acquise auprès d'un homme exceptionnel doublé d'une immense star, et qui avait disparu avec lui. J'avais atteint la renommée, une fortune relative, lié ma vie à celle d'un homme, engendré deux enfants – et j'étais revenue à New York, les nerfs à vif, en quête de cette identité perdue.

Jason était non seulement séduisant et doué d'un talent fou, mais imprévisible, et, entre autres traits particuliers, présentait un élément de danger, notion qui a toujours mis tous mes sens en émoi. Enfin, il était nouveau. Ni mon nom ni ma réputation ne comptaient dans son sentiment. En outre, nous avions l'un et l'autre des enfants, ressentions le même besoin de former une famille, Steve et Jady pouvaient être comme des frères, Leslie et Sarah comme des sœurs, et David aurait un foyer.

La première du *Tumulte* fut donnée à New York à la fin février, et, à dater de ce jour-là, nous nous vîmes de plus en plus souvent. Nous échangions de petits mots par l'intermédiaire de nos habilleuses, des mots absurdes, sentimentaux, des cartes burlesques, une rose. Il m'appelait parfois tard dans la nuit et arrivait chez moi encore plus tard. Il ne repartait pas.

Charlie tira sa révérence le 19 mars. Ce fut pour nous tous une journée sans joie. Nos financiers étaient plus que rentrés dans leurs fonds, les droits avaient été vendus au cinéma, mais quel avantage y avait-il à investir des capitaux sur un perdant ? Leland se montrait philosophe ; George, complètement démonté, partit pour la Californie. Pour ma part, malgré l'insuccès relatif de la pièce, je ne songeai pas un instant à quitter New York.

Je m'attachais de plus en plus à Jason. Quelques amis firent allusion à son intempérance. Je refusais de considérer ce détail comme un problème. Deux ou trois fois, il avait un peu déraillé avec moi – oubliant un rendez-vous, m'appelant Mme Bogart. Je mettais ces impairs sur le compte d'une vie jalonnée d'aléas – la rupture de son premier mariage, l'alcoolisme de sa première femme, ses enfants parfois délaissés, son plus jeune fils, David, né presque aveugle, l'aide qu'il avait dû apporter à son père qu'il adorait, mais qui, avant même la cinquantaine, s'était laissé aller à la dérive, sa mère qui l'avait rejeté, bref une enfance et une adolescence très sombres. Toutes les raisons de boire. Comme tant d'autres femmes, j'étais persuadée que si sa vie était transformée il le serait aussi. Naïveté, ton nom est Bacall.

Un samedi ou un dimanche matin, Steve étant au lit, sa porte s'ouvrit et Jason pénétra dans la pièce. Un large sourire illumina alors le visage de mon fils, à croire qu'il revoyait son père. Je n'avais jamais vu ses traits s'éclairer vraiment depuis la mort de Bogie. Jason et moi désirions que nos enfants se voient, se fréquentent, deviennent amis. Le résultat combla nos espérances. De part et d'autre, les enfants éprouvaient un manque affectif.

J'étais très éprise de Jason. Il me lisait des poètes dont je n'avais jamais entendu parler. Nous allions souvent en voiture avec les enfants jusqu'à une plage de Long Island. Nous partîmes un jour pour passer le week-end à Stratford, Ontario ; nous y vîmes son ami Christopher Plummer et d'autres membres de la troupe. Tous les moments que nous passions ensemble avaient un parfum d'aventure, d'inattendu, qui me mettait en joie. Ainsi commençait ma deuxième existence – le chapitre du théâtre new-yorkais. Adieu, Hollywood ! Bonjour, Broadway ! Dans ma vie entrait un homme auquel j'allais pouvoir me consacrer – et, pour couronner le tout, l'une de « nos » chansons avait pour titre *All My Tomorrows*, « Tous mes lendemains », chantée par – le croiriez-vous ? – Frank Sinatra.

Sans doute réussis-je à persuader Jason que j'aplanirais toutes les difficultés, que je lui offrais, à lui et à ses enfants, le refuge le plus sûr. Après avoir résolu de refaire ma vie avec lui, je n'étais pas près d'abandonner. Ma ténacité était sans limites. Parfois, quand il avait trop bu, il m'agressait, me disait que je n'avais rien à faire dans sa vie ; il partait en pleine nuit. S'il ne s'était pas manifesté au bout d'un jour ou deux, j'allais à sa recherche.

Lors d'une réception donnée par Ginny Reynolds, Jason décida de s'en aller de manière impromptue. Ginny tenta de le retenir, mais il ne voulut pas en démordre. Ginny s'inquiétait pour moi ; elle avait une grande expérience des hommes. Elle m'avoua que Jason lui avait déclaré : « Elle ne m'inspire pas vraiment... pas assez ; au fond, ce n'est pas ça... » Devant une telle réaction, que faire sinon s'incliner ? Mais je ne voulais rien savoir. Je n'acceptais pas. Il était saoul, il ne pensait pas ce qu'il disait et ce n'était pas à moi qu'il s'était adressé.

Lorsque Jason buvait, il devenait quelqu'un d'autre. Non pas un homme agressif et violent, mais un chanteur, un diseur de poésie. Il se souciait peu de l'endroit, encore que d'instinct il préférât les bars de Greenwich Village – une survivance du temps de *The Iceman Cometh* et de sa vie au Village avec sa première femme et ses trois enfants. Il aimait aussi le Palace Bar et un certain nombre de bistrots hantés par les comédiens. Aux premiers temps de nos amours, c'était une sorte de jeu pour moi – tous ces lieux m'étaient inconnus et tous ceux qui s'y retrouvaient de même. J'avais beau boire suffisamment pour tenir toute une soirée et jusqu'aux premières heures du jour, jamais je n'ai été menacée par l'alcoolisme. Mon estomac ne me l'aurait pas permis, et je n'ai jamais eu envie de me couper du reste du monde. En dépit de toute l'aversion que m'inspirait l'ivrognerie, il me suffisait, pour surmonter ces moments d'éthylisme, de songer à ce qu'était Jason à jeun. À son ingénuité, à sa timidité, à son charme. C'était un être passionnant et passionné, capable d'un amour profond. De la rupture de son premier mariage lui restait un tel sentiment de culpabilité qu'il ne gardait presque rien de ce qu'il pouvait gagner. Souvent, il allait finir la nuit dans son ancien appartement, où il prenait le petit déjeuner avec ses enfants. Il ne s'agissait nullement d'un fond de romantisme qui le ramenait vers sa femme, mais du besoin de se retrouver avec les petits. Nous nous entendions assez bien, elle et moi, et je savais qu'elle était à la fois heureuse et soulagée quand les enfants étaient avec moi.

Certaines décisions, pour moi, se prenaient d'elles-mêmes. Quand on aime vraiment quelqu'un, on le suit où qu'il aille. Et quand un mariage ne marche plus, on se sépare. Pour Jason, en revanche, rien n'était jamais simple. En fait, c'est peut-être lui le premier qui me fit prendre conscience des clairs-obscurs, des grisailles, des peut-être de l'existence. J'étais certaine qu'il m'aimait, certaine que nous finirions par nous marier – mais quand ? Là était la question. Déjà j'imaginais une vie nouvelle, un autre bébé. Je voulais un enfant de lui. Je le voulais par amour et parce que je sentais que la vie – la sienne, la mienne, la nôtre – en serait transformée.

Au contact des plus talentueux comédiens et metteurs en scène de cette génération – entre autres, Maureen Stapleton, Irene Worth, Jose Quintero, Christopher Plummer, Anne Jackson, Eli Wallach et Thornton Wilder –, je m'abandonnai à l'amour du théâtre.

Au mois de juin, il y eut une grève parmi les acteurs, la première de mémoire d'homme. Un véritable professionnel n'aurait pas supporté l'idée de la fermeture d'un théâtre. Certaines pièces ne seraient pas reprises. Mais il fallait suivre le mouvement. Il existe une camaraderie parmi les comédiens – ce respect, cette affection que les meilleurs d'entre eux se portent mutuellement. Ils prennent tous les mêmes risques, ils ont en partage le même degré de vulnérabilité. Ils se protègent les uns les autres, et, en cas de crise, leur solidarité joue à plein. En dépit de mon passé hollywoodien, je fus admise à entrer dans leur confrérie. Je leur en ai gardé une inaltérable reconnaissance.

Un jour, May ne se sentit pas bien. Elle refusait de l'avouer, ne voulait pas se plaindre. Je me rendais bien compte que c'était sérieux. Je l'obligeai à s'étendre. Le médecin vint et décréta qu'il fallait la transporter à l'hôpital. C'était son cœur. Il lui faudrait des soins spéciaux, des examens. Elle ne voulait pas quitter la maison, mais elle accepta courageusement le verdict comme elle avait tout accepté au long de son existence. C'était une femme de forte corpulence, mais elle faisait peine à voir assise dans le fauteuil roulant en attendant l'ascenseur. Je la serrai dans mes bras et l'embrassai. Quand le médecin m'appela un peu plus tard, le diagnostic était mauvais. Le cœur de May ne tenait plus ; elle avait eu une nouvelle crise cardiaque. Vers 7 heures le lendemain matin, le téléphone sonna. May était morte et avec elle disparaissait le dernier témoin de ma vie partagée avec Bogie, le dernier lien avec ce cher passé. Je redoutais d'annoncer la nouvelle aux enfants. Lorsqu'ils rentrèrent à la maison dans l'après-midi et se dirigèrent vers la cuisine, je les arrêtai, les serrai contre moi et leur parlai de May. Steve fondit en larmes, se mit à sangloter sans pouvoir s'arrêter. La digue s'était rompue. C'était la première fois qu'il pleurait un être aimé. Pour son père, il avait refoulé en lui son chagrin, qui s'était exprimé d'autres façons ; pour May, il n'avait pas assez de larmes. Lorsque Leslie vit le désespoir de Steve, elle se mit à pleurer à son tour. Pour elle aussi, la perte était irréparable. Nous passâmes cette soirée-là ensemble, sans nous quitter, à parler de May. Elle laisserait un vide qui ne serait pas comblé. Je penserais toujours à elle ; elle ne cesserait jamais de me manquer. Nul être cher en ce monde n'est remplaçable.

Comme j'avais mis des locataires chez moi pour un an, il me fallait trouver un autre logis, puis faire venir mes meubles de Californie. Je découvris un appartement par hasard. Quelqu'un m'avait parlé du Dakota, immeuble vieillot et spacieux, haut de plafond, avec des pièces immenses, donnant sur Central Park West. Je fus emballée et m'engageai sur-le-champ. Jason était venu avec moi, et l'atmosphère de la maison lui plut beaucoup, bien que les dimensions des appartements fussent une nouveauté pour lui. Il me fallut quand même le convaincre que j'avais largement de quoi meubler un espace aussi vaste. Les tables et les chaises ne sont que des tables et des chaises. Ce sont les gens qui s'en servent qui leur donnent une personnalité. De plus, chaque enfant aurait sa chambre personnelle, ce qui donnait un point de chute à Jady, Sarah et David. Nous nous aimions tant, Jason et moi, qu'il nous semblait choisir un foyer pour l'éternité.

Restait le divorce qui traînait en longueur. Jason était accablé de culpabilité. Sa femme réclamait une pension extravagante. Elle débordait d'amertume, et je la comprenais. Lui avait du mal à s'arracher au passé. Sa femme avait introduit sa demande en divorce au mois d'octobre pour adultère en me désignant comme complice. Il me fallait réfléchir pour deux. Je refusais du travail – rien de sensationnel, mais du travail quand même. Ma mère me disait que j'étais stupide de tout repousser. À force, on finirait par ne plus rien me proposer. Mais je ne pouvais pas laisser Jason. J'étais amoureuse et je voulais être tout le temps avec lui. La peur me paralysait à l'idée de le quitter. Il me semblait qu'aussitôt se produirait une catastrophe. Les années ne m'avaient apporté aucune confiance en moi. Mes enfants avaient besoin de lui, il avait besoin de moi – nous avions tous besoin les uns des autres et d'un foyer commun. Aveuglée par l'émotion, en proie à une idée fixe, je luttais pour exorciser le fantôme de Bogie. À la surface de sa conscience, Jason n'avait pas l'impression d'être gêné par la légende de Bogie. Toutefois après quelques verres, les choses étaient parfois différentes. Jason n'avait pas le sens de la compétition. Il s'était fait une place au soleil du théâtre et n'en demandait pas plus. Mais sa vie privée avait toujours été un tel gâchis qu'il me demandait tout le temps de le rassurer.

J'allai le rejoindre en Californie, où il tournait un film. Il avait loué une petite maison où nous étions très tranquilles. Mais cela ne dura pas : il révéla à un journaliste que nous nous aimions et avions l'intention de nous marier aussitôt son divorce prononcé. L'information fut reprise rapidement. C'était fâcheux. D'abord parce que cela mit sa femme en fureur, ce qui était prévisible. La vérité c'est que Jason ne connaissait rien à la presse et avait parlé sans réfléchir. Sa vie privée n'avait jamais intéressé les journaux, mais avec moi ce n'était plus pareil. On m'appelait à longueur de journée : « Lauren Bacall – la veuve de Humphrey Bogart », avec des commentaires du genre de : « Un père pour ses enfants », ou encore : « Pourra-t-il chausser les pantoufles de Bogie ? »

Je rencontrai les parents de Jason. Son père, que tout le monde appelait Dad, papa, m'inspira tout de suite une vive sympathie. C'était un homme attirant, spirituel, fier à juste titre de sa contribution au théâtre des années 1920. Il se rendait parfaitement compte que le talent de son fils sortait de l'ordinaire et qu'on ne pouvait pas en dire autant du sien. Les deux hommes chantaient ensemble, buvaient ensemble, s'adoraient – cependant j'eus assez vite le sentiment que Dad se servait de son fils, ce qui ne nous empêcha pas de bien nous entendre. Il n'aimait pas avoir recours à son fils, mais l'appelait cependant à l'aide le cas échéant. Son histoire était banale. C'était celle d'un acteur malchanceux et un peu dans la lune. Avec Jason, il parlait théâtre, ce qui lui permettait de se replonger dans un monde auquel il avait jadis appartenu. Je représentais pour lui un auditoire neuf qui ne connaissait ni ses anecdotes ni ses chansons. Agnes, la seconde épouse de Dad, était une femme quelconque avec les préjugés de tout le monde. Sur les Juifs, par exemple.

Un soir, nous allâmes dîner tous les quatre au restaurant. Les Bobards père et fils, ayant un peu trop bu, devinrent bruyants et vulgaires. Voir Jason dans cet état m'horripilait, il ne ressemblait plus du tout à l'homme que j'aimais, et, si c'était une face cachée de sa personnalité, je ne tenais pas le moins du monde à la connaître. Aidée d'Agnes, je réussis vaille que vaille à ramener les deux hommes au bercail, où ils continuèrent à étancher leur soif. Dad n'aurait pas dû boire : il souffrait de l'estomac, et cela lui était défendu. La soirée plongea donc dans l'horreur. Il n'y eut qu'un moment comique, quand, tous ensemble à quatre pattes, nous cherchâmes fiévreusement par terre les verres de contact de Dad. L'alcool mettait en relief chez le père comme chez le fils ce qu'ils avaient de pire. Jason était impossible. De retour chez nous, il m'injuria. Je répondis vertement. La querelle dégénéra en pugilat. Brusquement, je pris peur. Je n'avais plus qu'une idée : fuir. Je profitai d'un moment où il téléphonait au loin pour m'échapper – quand Jason était ivre, il téléphonait à tout le monde, à ses ex-femmes, à des camarades de théâtre, à n'importe qui. Prenant la voiture, je partis pour la plage, comme autrefois. Pour la première fois, je me demandais sérieusement quel genre de vie je pouvais attendre avec Jason. Si des nuits pareilles devaient être fréquentes, c'était sans espoir.

À jeun, Jason était le compagnon rêvé, et avec quelques verres, tout allait encore bien. Mais venait ce moment imprévisible où il subissait une métamorphose... Pourtant, je m'efforçais encore de croire que ce n'était que temporaire, que cela était provoqué par une transition difficile, que quand tout serait définitivement réglé la situation se stabiliserait.

C'était la première fois que je retournais en Californie depuis la mort de Bogie et ma rupture avec Frank. Je voulais revoir mes amis et leur faire rencontrer Jason. Mais je voulais qu'il soit sobre, au meilleur de sa forme, comme je l'aimais et comme mes amis ne demandaient qu'à l'aimer. Je voulais... je voulais... Dans l'absolu, je me croyais prête à tout comprendre, à tout admettre, mais quand mes sentiments étaient en jeu, ce n'était plus vrai. Je me souvenais alors qu'Adlai m'avait dit : « Êtes-vous sûre ? Souvenez-vous que Bogie était un homme en pleine maturité. Rien ne s'arrangera après votre mariage, au contraire. » Mais je balayai toutes les recommandations. Je savais tout mieux que tout le monde.

Je soliloquais tout en roulant vers la plage. Puis, une fois arrivée, je me mis à marcher. Je n'arrivais pas à me faire à l'idée d'un échec sentimental. J'avais trop mis de moi dans ce projet pour l'abandonner. Je décidai de laisser à Jason le temps d'émerger de sa cuite et de réfléchir. Je téléphonai à Dad, m'invitai pour le petit déjeuner. Jason appela par deux fois, jusqu'à ce que j'accepte de le voir dans l'après-midi. Il se montra timide et doux, attendrissant. Nous eûmes un très long entretien. Il n'était pas homme à s'étendre volontiers sur ses crises d'alcoolisme ou sa mauvaise conduite, mais il savait reconnaître ses fautes, avançant pour seule excuse que cela s'expliquait par son passé. Nous nous sentions profondément unis, nous nous adorions, nous ne pouvions pas rompre.

De retour à New York, Jason commença de répéter *Big Fish, Little Fish*, une pièce de Hugh Wheeler avec John Gielgud comme metteur en scène, Hume Cronyn et Marty Gabel parmi les premiers rôles. John. Je me souviens d'avoir assisté, des fauteuils d'orchestre, à une répétition d'ensemble. Le profil de Gielgud, suivant le jeu de ses acteurs, se dessinait en ombre chinoise. C'était une pièce charmante et gaie qui n'amusa pas New York et ne tint pas l'affiche.

Vinrent des mois remplis seulement de projets d'avenir, puis John signa un contrat pour tourner *Tendre est la nuit*, avec Jennifer Jones. Cela nous condamnait à passer mai et juin Europe, suivis d'un retour en Californie. Steve et Leslie iraient en colonie de vacances. Je décidai d'accompagner Jason.

Le problème du divorce était réglé. Il abandonnait une fois de plus tout ce qu'il possédait. Toute sa vie, il avait travaillé pour les autres. Il est vrai qu'il ne lésinait jamais. Je sais bien aussi que la liberté se paie, mais, à ce prix-là, c'était cher payé. En tout cas, quand nous nous envolâmes pour l'Europe, les procédures touchaient à leur fin. Toutes les difficultés avaient été aplanies. La presse anglaise commentait largement cette séparation. Tous les journaux posaient plus ou moins la question : « Quel effet cela fait-il de succéder à Bogart ? » Ce harcèlement ne cesserait-il donc jamais ?

Juste avant le départ pour l'Europe et *Tendre est la nuit*, je m'avisai que j'étais enceinte. Jason en fut littéralement fou de joie.

Mais je ne pipai mot à ma mère, à mes enfants, ni à personne d'autre d'ailleurs. Enceinte avant son mariage ! Une jeune-fille-juive-comme-il-faut ne fait pas cela ! J'en connais pourtant une à qui c'est arrivé. Jason était en grande forme, et le resta pendant la durée de notre séjour à Paris et à Londres. Il y eut bien une ou deux nuits de beuverie avec Jack et Doreen Hawkins, et Kenny et Billy More. Jack et Benny aimaient boire, se laissaient parfois entraîner, mais ils avaient l'alcool aimable. Pas comme Jason. Mes amis ne s'en rendaient pas clairement compte, mais ils sentaient la différence, Doreen surtout. À Paris, nous vîmes Anne et Art Buchwald, Jim et Gloria Jones. Il n'y avait pas de temps mort.

Nous étions à Nice, en train d'attendre le début du tournage, quand Lee et maman passèrent nous voir. La veille, Jason avait bu plus que de raison, de sorte qu'il était en petite forme. Nous passâmes la journée ensemble, et le soir nous entraînâmes ma mère et Lee dans un drôle de restaurant très méditerranéen où, malheureusement, le vin coulait à flots.

Le lendemain, Jason était au trente-sixième dessous ; il profita donc du beau temps pour m'annoncer qu'en fin de compte il préférait ne pas se remarier. Un instant, je songeai à un avortement, mais cela me parut affreux, et d'ailleurs je voulais avoir ce bébé. Je lui répondis donc que je le comprenais, que deux divorces, des enfants, toutes ces responsabilités rongeant sa tranquillité ou sa liberté, c'était trop... et pendant ce temps j'étais assise à la fenêtre à regarder le soleil étinceler sur la mer et à me demander ce que je devais faire. M'en aller ? Et le bébé ? Quel imbroglio ! Et personne à qui parler ! Quelle situation pour une femme qui se croyait maîtresse de son destin, sûre d'elle et de sa personnalité, l'image même de la force de caractère ! Alors que j'étais là, à trente-six ans instable, insatisfaite, sans but ni avenir, sauf de me tirer d'affaire n'importe comment.

Jason devant se rendre en Suisse pour une partie du tournage, je m'en fus à Paris, où je pourrais réfléchir. Et puis j'y retrouverais des amis – entre autres les Buchwald, comme toujours affectueux et chaleureux. Mais ils avaient leurs propres problèmes, plus trois enfants. Tout le monde avait sa vie et ses problèmes. Il était temps que je fasse comme les autres. Je me sentais de trop partout, sans lien avec personne, sauf avec l'enfant qui épaississait ma taille. Jason m'appelait, me demandait de le rejoindre à Zurich pour décider enfin de notre avenir. Interminables pourparlers ! Il voulait que je garde l'enfant, il voulait en profiter, il ne voulait renoncer à rien, il aimait Steve et Leslie, il redoutait la solitude, se demandait ce qu'il ferait s'il était livré à lui-même. Je lui dis que c'était à lui de trancher, je refusais de prendre ses responsabilités à sa place. Là-dessus notre agent, Peter Witt, fit son apparition et nous suggéra de nous marier à Vienne : il se chargeait de tout arranger.

Jason connaissait Vienne, moi pas. Il se réjouissait à l'idée de me faire visiter cette ville. Le plus tôt serait le mieux. Nous décidâmes de nous y rendre aussitôt terminé le tournage en Suisse. Avant notre départ, Jennifer nous offrit un repas de noces. C'est une amie comme on n'en fait plus. Elle accepte tout sans jamais poser de questions. Je voulais épouser Jason ? Elle trouvait cela parfait. Elle avait d'ailleurs de la sympathie pour l'homme et de l'admiration pour l'acteur. Avait-elle quelques réserves ? Peut-être, mais elle les gardait pour elle.

Peter nous attendait à Vienne. Il nous mit au courant de ses démarches en nous accompagnant à notre hôtel. Nous avions rendez-vous avec un homme de loi le lendemain, et notre mariage devait être célébré le surlendemain.

La première entrevue se déroula dans une pièce vaste et sombre d'un édifice vaste et sombre. Nous étions assis en face d'un inconnu qui nous parut fort peu amical et nous rendit nerveux. Il nous posa d'étranges questions. « Religion ? » demanda-t-il. Je répondis : « Juive. » Il y avait un autre inconnu dans le bureau. Il le regarda, puis reporta ses yeux sur moi ; j'eus l'impression d'être soudain transportée en Allemagne nazie. Il poursuivit : « Et votre mari est mort ? — Oui. — Avez-vous un certificat de décès ? — Non, mais vous le savez bien, c'était dans tous les journaux. » Je me sentais mal à l'aise. Cet homme était odieux. Il insistait : « Nous ne pouvons pas vous croire sur parole, il nous faut une preuve. » Je n'en croyais pas mes oreilles ! Il n'ignorait quand même pas la mort de Bogie ? Puis il passa à Jason : « Et vous, monsieur Bobards, avez-vous une copie de votre jugement de divorce ? — Non, j'ai une lettre. »

Un vrai désastre ! Peter essayait de résoudre le problème en allemand. Il croyait toujours que cela s'arrangerait. Jason téléphona en Amérique pour réclamer une expédition de son jugement de divorce, et demanda si, à défaut, un câble suffirait. Nous avions nos alliances, j'avais ma robe, de plus, le temps pressait : Jason était attendu en Amérique pour la suite du film. Or il se révélait que son jugement de divorce et le certificat de décès de Bogie n'arriveraient jamais à temps. Et les autorités viennoises ne voulaient rien entendre. Je détestais Vienne. Je m'y sentais en danger. Les reporters nous attendaient à l'hôtel. Avec Peter comme interprète, nous fîmes de gros efforts pour présenter nos tribulations sous un jour comique. Nous étions résignés à nous marier à Las Vegas. Surtout, nous étions l'un et l'autre épuisés, à bout de forces.

Je restai quelques jours à New York avec les enfants qui se préparaient à partir camper, puis je suivis Jason en Californie. Nous avions décidé de passer le week-end à Las Vegas et d'y retenir la suite lune de miel du Sands. Drôle d'endroit pour se marier. Mon premier mariage avait été un événement tellement unique, tellement à part, que je n'imaginais pas que les choses pussent se dérouler d'une manière différente.

À l'époque, j'avais été trop snob pour me marier à Las Vegas. Mais j'avais changé. Je me disais : « Pourquoi pas ? Cela pourrait même être amusant. » Dad et Jennifer Jones étaient nos témoins. Ayant déposé nos bagages au Sands, nous partîmes à la recherche de quelqu'un qui voulût bien nous marier. Tout le monde refusa ! Je n'en croyais pas mes oreilles ! J'avais toujours entendu dire que le premier venu pouvait se marier à Las Vegas. Eh bien, pas du tout. On venait de voter une nouvelle loi sur le délai de viduité à respecter quand un divorce avait été prononcé au Mexique. Nous retournions donc au Sands, où Jack Entratter nous avait préparé l'appartement nuptial, avait convoqué l'officier d'état civil et commandé le gâteau de mariage. Quelle histoire ! Le monde entier se liguait contre moi. Je haïssais Las Vegas, j'oubliais les bons moments que j'y avais vécus. J'étais obnubilée par le ridicule du spectacle que nous donnions dans cet appartement pour jeunes mariés à prétendre que tout cela n'était qu'un contretemps, que nous nous en moquions, qu'il suffirait d'un bon mot et d'un verre pour que la soirée se déroule à la perfection. Mais Jason n'avait pas envie de boire. Il n'y avait rien à célébrer.

Nous regagnâmes en vaincus notre appartement de Westwood, résolus à nous marier la semaine suivante à Mexico. Mais nous nous promîmes au préalable de scruter la loi à la loupe pour bien nous assurer que notre union serait enfin possible. La presse de Californie nous mettait en boîte, et je finissais par croire que j'avais une guigne peu ordinaire. Toutefois, nous n'avions pas dit notre dernier mot. Le week-end suivant tombait le 4 juillet. Cela nous parut de bon augure : le pays entier serait en liesse le jour de notre mariage.

Nous partîmes donc pour Mexico où nous nous trouvâmes dans la chambre du conseil de je ne sais quelle juridiction, devant une sorte de magistrat. On nous fit signer un document, et la cérémonie commença... en espagnol. En bonne idiote sentimentale que je suis, je m'étais convaincue que j'aurais la larme à l'œil... mais pas en espagnol. Je ne comprenais pas une syllabe. Il fallut nous inciter par signe au moment où le juge ayant posé la question fatidique, nous dûmes, l'un après l'autre, répondre : « Oui. » Enfin, nous fûmes mariés, et bien contents de l'être.

Nous fîmes un repas de noces de tacos et de tequila, accompagné par des guitaristes, sous un soleil ardent.

Nous envoyâmes un câble triomphant à nos enfants ravis, et nous eûmes droit à une énorme réception, donnée en notre honneur par David et Jennifer Selznick, qui se termina en désastre. Jason but. À 7 heures du matin, personne n'était encore allé se coucher. Slim nous téléphona ses chaleureuses félicitations à l'occasion de notre premier dimanche de légitimité.

Notre séjour en Californie avait eu ses bons et ses mauvais moments, ma grossesse s'affirmait, je n'étais pas fâchée de regagner New York. Je me contemplais avec surprise : j'étais enceinte pour la première fois depuis neuf ans. Stephen et Leslie en avaient l'air contents. Leslie surtout, car Steve appréciait plus que tout la présence d'un homme dans notre foyer. Jason était parfait avec les enfants. Il aimait faire la cuisine. C'est un exercice pour lequel je ne suis pas spécialement douée ; j'entrepris cependant de le seconder dans cette tâche. Cela devint un peu comme un sport familial. Tout alla pour le mieux, sauf les nuits où Jason disparaissait. C'était une habitude ancrée chez lui depuis des années, et donc difficile à perdre. Cela se produisait par crises.

Le pauvre Jason n'était pratiquement jamais rentré directement du théâtre, et je n'étais plus en état de courir les bars tous les soirs. Quand il revenait, je lui servais son dîner. Quelquefois, je tentais en vain de retrouver sa trace par téléphone. J'avais beau attribuer ces rechutes à la force de l'habitude, à la longue elles m'éprouvaient, et je comptais toujours sur une amélioration.

Jason n'avait rien promis. Pourtant, j'espérais qu'il changerait. Cela peut être émoustillant, au début d'une liaison, un amant imprévisible, mais ce genre de facéties cesse d'être amusant quand il s'agit de votre mari.

Bogie avait été tellement différent ! Il avait l'esprit précis et savait toujours ce qu'il voulait, de sorte que je le savais aussi. Jason était trop incertain. Il tâtonnait encore dans l'existence. Son travail mis à part, qu'il tenait à accomplir le mieux possible, il était des plus vagues. À mon corps défendant, c'était moi qui étais obligée d'édicter des règles de vie. Naturellement, les déceptions étaient légion parce que Jason ne les respectait pas. J'étais nerveuse, inquiète, je fuyais la réalité. Je vivais dans un univers imaginaire, luxe qui allait promptement m'être rendu impossible.

Ma pauvre mère collectionnait tous les articles relatifs aux maladies de cœur. Elle surveillait son régime, suivait les conseils des médecins. Elle eut quand même une nouvelle crise. Pas très grave, mais accompagnée d'œdème, ce qui l'obligea de passer quelques semaines en clinique. Son médecin nous expliqua – à Lee et à moi – qu'elle était « souffrante », ajoutant : « Son cœur est très atteint et ira en s'affaiblissant. Il lui reste un an ou deux à vivre, tout au plus. » Je me pris à détester cet homme. Nous savions bien, Lee et moi, que son cœur était malade, mais nous ne pouvions admettre qu'elle fût si près de la mort. De plus, qui était ce médecin ? Ma mère l'avait découvert elle-même, elle avait confiance en lui – nous pas. Après quelques mois d'enfer, car il nous fallait garder le secret, nous réussîmes à la faire changer de médecin. Je me souviens d'un jour où nous étions chez moi, assises l'une près de l'autre, la main de ma mère serrée dans la mienne. Au milieu de ma grossesse, je ne pouvais concevoir de perdre ainsi cette mère que j'aimais tant ! D'ailleurs le nouveau cardiologue, tout en soulignant, lui aussi, qu'elle était très malade, se refusa à prédire l'époque de sa fin.

Je ressentis les premières contractions environ dix jours avant Noël, vers 4 heures du matin. Puis leur rythme se fit plus régulier. Ce ne pouvait quand même pas être le bébé. C'était trop tôt. Mais il est vrai que cette grossesse ne s'était pas déroulée exactement comme les précédentes. Jason était rentré tard, et ivre : « Couche-toi, chérie, je vais t'apporter un en-cas sur un plateau, me dit-il. Ne remue pas. » Pendant qu'il s'affairait à la cuisine, je téléphonai au médecin. « Chronométrez les douleurs pendant une heure, m'enjoignit-il, puis rappelez-moi. » Jason me revint chargé d'un plateau incroyable – du café, des œufs, un avocat ; si je n'avais pas été à la fois furieuse et affolée, j'en aurais ri. Il déposa le plateau sur mon lit si maladroitement que tout s'effondra en se mélangeant. Je rappelai le médecin, qui m'ordonna de prendre un taxi et de partir pour l'hôpital. Pendant ce temps, Jason essayait de remettre son plateau en état et de m'obliger à rester au lit. Je faisais des efforts héroïques pour m'habiller quand même et lui faire comprendre qu'il était temps de nous mettre en route. Nous prévînmes Steve et Leslie, qui étaient dans leur chambre. Je chargeai l'infirmière de mettre ma

Bogie et moi durant le tournage du *Grand Sommeil*.

Sur le plateau du *Grand Sommeil*,
avec John Ridgely et Howard Hawks.

Notre mariage, le 21 mai 1945, chez Louis et Mary Bromfield.

Entre deux scènes d'*African Queen* (1951), avec Katharine Hepburn.

Steve, Leslie et moi en visite sur le plateau de *La Maison des otages*, en 1955.

Leslie et moi, un an après la mort de Bogie.

Avec Frank Sinatra, en 1957.

Vacances en Espagne, avec Slim Hayward et Ernest Hemingway.

Des clowns par milliers, en 1965 : Jason, mon deuxième mari, avec notre fils Sam.

Rencontre avec Robert et Ethel Kennedy dans les coulisses de *Fleur de cactus*, 1967.

Yves Saint Laurent, le début d'une chaleureuse amitié.

Applause, 1970.

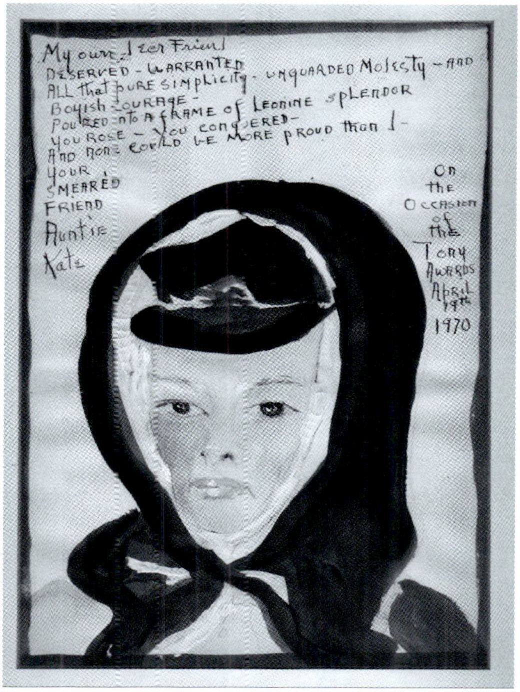

Le dessin de Katharine Hepburn qui me félicite pour mon Tony Award.

Avec Sam, au jardin d'Acclimatation.

Alain Delon me remet un César d'honneur en 1996.

Commandeur des Arts et des Lettres avec Dustin Hoffman, en 1995.

Nicole Kidman et moi, lors de la première de *Birth*.

Avec Lars von Trier, sur le plateau de *Dogville*.

mère au courant quand elle téléphonerait, dans la matinée. Un taxi, enfin trouvé, remonta la West Side Highway en direction de l'hôpital presbytérien Columbia. Jason divaguait à moitié et m'effrayait. Je perdis les eaux cinq minutes avant d'arriver à l'hôpital. Le chemin me parut interminable. J'étais aussi désemparée qu'à mon premier accouchement. C'est que rien ne se passait comme les fois précédentes. Je suppliai l'anesthésiste de m'administrer des calmants, à quoi il ne cessait de répondre qu'il n'était pas pressé. près quoi je m'endormis et ne revins à moi que pour apercevoir quatre paires d'yeux braqués sur les miens. J'étais dans la salle de réveil, et ma mâchoire me faisait souffrir. Elle s'était coincée, paraît-il, à un moment où l'on croyait que je sortais de l'anesthésie ; on m'avait donc retiré l'embout. Là-dessus je m'étais profondément rendormie. Quatre médecins s'étaient alors efforcés de m'ouvrir la bouche. Ils s'apprêtaient à me faire une trachéotomie, quand les muscles zygomatiques s'étaient enfin décontractés. Je me souviens vaguement du retour dans ma chambre, de Lee et ma mère croisés dans le couloir. Jason avait les traits tirés mais l'air heureux. J'avais donné la vie à un garçon de plus de trois kilos. C'était le 16 décembre 1961.

Nous avions choisi son prénom : Sam. Pas Samuel ni Sammy, juste Sam. Second prénom : Prideaux, parce que Tom Prideaux, le cousin de Jason, allait être le parrain de mon fils. J'avais demandé à Kate Hepburn et à Carolyn Morris d'être ses marraines. Kate m'avait rétorqué : « Pourquoi moi ? Juste ciel, je suis incapable de m'intéresser aux enfants. » Mais j'avais insisté : cinq minutes de son attention valaient cinq heures de celle de n'importe qui d'autre, et elle avait accepté. J'eus une crise de cafard pendant mes quelques jours d'hôpital. Jason venait un soir puis disparaissait le lendemain matin. La nurse que j'avais choisie me fit faux bond avant même d'être venue. Il me fallut donc en trouver une autre alors que j'étais encore à l'hôpital. Heureusement que Sam était un bébé merveilleux à tous points de vue et que ce changement de nurse fut une chance exceptionnelle : Hedy, la nouvelle, était calme et d'humeur égale, comprenant les problèmes des autres et de la vie. Elle allait demeurer avec nous un an et demi, et puis continuer à s'occuper de Sam, recroisant la barre en temps voulu, pendant dix ans et plus – une bénédiction pour nous tous.

Jason devait venir me chercher le matin du 23 décembre. Le 22, je lui avais téléphoné pour le lui rappeler. Je ne me sentais pas bien. Mon mariage ne ressemblait en rien à l'idée que je m'en étais faite. Il m'avait fallu changer mille habitudes, et j'avais eu plus de bas que de hauts. Le matin du 23, je dus appeler quatre ou cinq fois – d'abord pas de Jason, puis un Jason en train de boire. Il allait venir et me ménageait une grande surprise. Bravo ! me dis-je. Pour notre retour, nous allions avoir un Jason avec du vent dans les voiles. Il arriva plusieurs heures en retard. Sa surprise, c'était qu'il avait loué une grosse Rolls-Royce pour nous ramener à la maison. Ce dont je me fichais. J'aurais préféré un taxi et Jason tout à fait sobre. Mais les journalistes attendaient dans le hall, et je feignis d'éprouver devant eux un bonheur sans mélange. Je ne voulais pas laisser Jason porter le bébé, j'avais peur qu'il ne le laisse tomber. Mais il insistait. Je cédai pour éviter une scène publique, mais j'étais nerveuse et pas dans mon assiette – un état fâcheux pour une jeune mère. À la maison, à peine dans l'ascenseur, je commençai une hémorragie. Heureusement, Hedy nous attendait. Elle prit Sam tandis que je me précipitai pour me changer et me coucher. Rien ne marchait, c'était désolant. J'étais bien loin du bonheur. Pourquoi tout allait-il de travers ? J'étais trop troublée pour me comprendre moi-même. J'en savais quand même assez pour me rendre compte que mon ménage battait de l'aile. J'aimais profondément mon mari, mais rien ne marchait avec lui depuis plus de quarante-huit heures. Nous n'avions vraiment rien du jeune couple classique, à l'orée d'une vie nouvelle. Curieusement – je ne m'en rendais pas compte alors – j'ignorais complètement ce que Jason attendait de moi. Que je travaille ne le contrariait pas en soi, il ne me reprochait rien ; simplement, il vivait à sa guise, et, quand il avait du travail, je savais toujours où le trouver une demi-heure avant son entrée en scène. Il ne changea pas après la naissance de Sam. J'y étais simplement plus sensible. Combien de temps cela allait-il durer ?

Jason allait commencer de répéter *Des clowns par milliers*, œuvre d'un auteur inconnu : Herb Gardner. Je pensais que cela le maintiendrait dans le droit chemin. Nous avions parlé de ses beuveries. C'était un problème, Jason le reconnaissait, mais il ne voulait pas voir de médecin. Il m'aimait, aimait Sam, aimait les enfants et affirmait que « tout ça s'arrangerait tout seul ».

Je continuai d'espérer – heureuse quand il ne buvait pas, malheureuse quand il buvait. Et je lui en voulais. Parfois Jady, Sarah et David venaient pour le week-end et leur père n'était pas là. Je me retrouvais seule avec six enfants, et, un jour, je décidai de ne plus leur mentir. S'ils me demandaient où il était, je répondais que je n'en savais rien. « Sera-t-il de retour pour dîner ? » Je n'en savais rien non plus. J'étais furieuse, et ce ne fut que des années plus tard que je pus enfin regarder la vérité en face. Ce n'était ni cruauté ni méchanceté de la part de Jason : il n'avait ni la volonté ni la force de caractère suffisantes pour changer de cap.

La grande crise se produisit durant l'été 1963. Après deux jours de vadrouille, il revint en fort mauvais état. J'étais résolue à ce qu'il fasse un effort. L'existence devenait intenable. Le succès, les encouragements, l'amour, les enfants, rien ne servait à rien. Et la femme que je devenais ne me plaisait guère. Je mentais continuellement à ma mère – je l'empêchais de venir nous voir sans lui dire pourquoi. Pour le quarantième anniversaire de Jason, j'organisai une surprise-partie. Je l'avais simplement averti que deux ou trois amis viendraient prendre un verre après le spectacle. J'avais un beau gâteau d'anniversaire. Quand la pendule sonna 2 heures, il fut évident qu'il avait eu d'autres projets et que Dieu seul savait quand il rentrerait. Quelques anciens amis décidèrent de l'attendre, les autres partirent. Quand il arriva enfin, très éméché, j'étais dans un tel état d'exaspération que je saisis une bouteille de vodka par le goulot et l'abattit sur la pièce montée en criant : « Tiens, le voilà, ton foutu gâteau ! » Je compris alors que j'aurais voulu lui fracasser le crâne, que j'étais capable de telles violences, et je pris peur. Il était urgent de prendre des mesures.

Heureusement, le lendemain, il eut une telle gueule de bois qu'il reconnut la nécessité de consulter un médecin. Le ciel s'éclaircissait un peu. Il finit en effet par trouver un psychiatre qui acceptât de s'occuper de lui, et je repris espoir.

Au printemps suivant, il perdit son père : le seul membre de sa famille qu'il aimât vraiment et avec qui il pût communiquer. Triste semaine. Les funérailles eurent quelque chose de pathétique, malgré nos efforts pour leur donner de la dignité. La mère de Jason et son mari quittèrent leur désert pour y assister. Jason n'avait eu que des rapports épisodiques avec elle depuis des années, mais ils n'allaient pas tarder à se rapprocher. Il paya tous les frais. Il était le bailleur de fonds, le garçon doué de talent qui s'était élevé au-dessus du commun.

Quelques semaines plus tard, mon aîné, Steve, termina ses études à Buckley. Comme c'était émouvant de voir ce fils presque adolescent franchir une étape de sa jeunesse. Étape suivante, la Milton Academy. Quatre ans d'existence loin de chez nous, dont nous attendions grand bien et de nombreuses satisfactions pour lui. La cérémonie de remise des diplômes évoquait pour moi mille souvenirs, me reportait quatorze ans en arrière, avec les espoirs et les rêves de ces années. Espoirs et rêves ternis par tant de déceptions.

Jason signa un contrat avec une jeune compagnie – le Lincoln Center Repertory Theatre – faisant un gros sacrifice pécuniaire. Robert Whitehead, Elia Kazan et Arthur Miller s'étaient associés pour lancer cette troupe à New York. C'était une entreprise en laquelle Jason avait foi et qui ne pouvait réussir qu'avec, dans la troupe, un acteur de son calibre et de sa renommée. La première pièce qu'ils montèrent était d'Arthur Miller : *Après la chute,* mise en scène par Elia Kazan. Ils devaient débuter au Washington Square Theatre et y rester jusqu'à la construction d'une nouvelle salle au Lincoln Center. Nous avions longuement parlé de l'entreprise, Jason et moi. Les profits seraient minces, mais en l'espèce nous pensions tous deux que l'argent ne comptait pas. Ni Miller ni Kazan ne gagneraient lourd non plus. Les répétitions devaient commencer le 1er octobre, ce qui laissait à Jason un été de repos. Nous louâmes donc une maison à Malibu.

Pour moi, il était temps que je reprenne ma carrière. Les producteurs ne semblaient s'intéresser à moi que pour des feuilletons télévisés, ce que je refusais.

Au cinéma, j'avais le sentiment de ne rien valoir ; je me trouvais superflue, sans intérêt – très décourageant. J'avais tourné le dos aux studios quatre ans plus tôt, il allait maintenant falloir en rabattre. Je ne pouvais cependant pas aller jusqu'à mendier du travail. Je fis une apparition dans *Dr Kildare*, pièce très populaire dont Richard Chamberlain était la vedette, grand favori partout, jusque dans le cœur de Leslie.

Je ravalai ma fierté dans ma poche et j'acceptai un rôle dans un film au-dessous du médiocre, *Traitement de choc*, qui n'avait rien pour lui sauf que j'allais y retrouver un ami, Roddy McDowell, et que nous pourrions souffrir ensemble. En théorie, ce faisant, je montrerais ma ferme intention de me remettre au travail, ce qui susciterait des offres plus intéressantes.

Nous eûmes un bon été Jason et moi, Jason surtout, et je supportai quelques accrocs parce qu'il continuait de prendre conseil de son médecin, par téléphone. Cela prouvait sa bonne volonté. Sam grandissait en charme et en drôlerie. Depuis sa naissance, il savait me faire rire. Il avait des réactions comiques et beaucoup d'humour (tous les enfants n'en ont pas). Ma mère l'adorait, et c'était mutuel. Ils étaient étonnamment proches l'un de l'autre.

Steve et Leslie retournèrent en classe à la mi-septembre. À la fin du même mois, Jason commençait à répéter *Après la chute*. Mi-novembre, je retournais en Californie pour tourner *Une vierge sur canapé*. Une excellente distribution – Natalie Wood, Henry Fonda, Tony Curtis – mais un film médiocre. Nous nous demandions alors, Jason et moi, si nous ne nous installerions pas dans l'Ouest, puisque c'était là que j'avais trouvé du travail. Vint mon premier Noël sans Stephen, Leslie et Sam. J'en eus le cœur gros, mais je ne pouvais pas les rejoindre pour vingt-quatre heures pour raison de tournage. En revanche, je réussis à faire un saut dans l'Est pour la première d'*Après la chute*. Adlai devait m'y emmener. Au dernier moment, il m'expliqua que Mme Johnson, la femme du président, lui avait demandé de l'accompagner. Si je n'y voyais pas d'objection, il nous servirait donc de cavalier à toutes les deux. Parfait !

Cette première était une date importante de la saison. Jason se montra brillant. Et le 26 janvier de la même année, nous reçûmes, Jason et moi, le prix de l'American Academy, remis par Adlai – cet établissement même où, vingt ans plus tôt, j'avais suivi un an de cours. Nous avions donc bien commencé 1964, mais les animateurs du Lincoln Center, eux, trahirent leur engagement. Miller vendit ses droits sur la pièce à un périodique, à la télévision et au cinéma, ce qui lui rapporta une fortune. Jason s'était échiné, pratiquement sans rien gagner, par respect pour un idéal qui se trouvait foulé aux pieds. Sam Behrman proposa une nouvelle pièce, *But for whom Charlie...*, qui fut inscrite au répertoire, mais elle tomba très vite, et la compagnie se rabattit sur *Après la chute*. Le théâtre était exploité comme ceux de Broadway – résultat décevant. Jason termina son année, mais il partit avec le sentiment d'avoir été floué.

Jason rêvait depuis toujours de jouer une pièce en un acte d'Eugene O'Neill, *Hughie*, expérience que je redoutais pour lui, bien qu'il fût à mon sens le meilleur interprète possible. Hélas ! il avait une fâcheuse tendance à s'identifier dans la vie au personnage qu'il incarnait sur scène. Entre la déception que lui valut le Lincoln Center et le héros d'O'Neill, ses visites au médecin s'espacèrent, il se remit à boire de plus en plus, et du coup je me transformai en mégère. Il y avait sans cesse des histoires d'enfants, et je me trouvai plus d'une fois avec six gosses sur les bras sans préavis. Il y eut aussi des problèmes d'argent, bien que ce ne fût pas la faute de Jason. Il travaillait comme un forcené, tournait des émissions de télévision pour arrondir ses fins de mois. Il gagnait une fortune qui s'en allait toujours en pensions alimentaires. Il était ulcéré de nous voir dans le besoin, mais ne pouvait pas remédier à cette situation.

Arriva mon quarantième anniversaire, ce qui me fit un choc. Je passai ma soirée chez Phyllis et Adolph Green, sans Jason.

Hughie n'avait duré que cinq semaines, mais Jason devait reprendre la pièce à partir de février en Californie. Nous avions retenu une chambre au Bel-Air Hôtel, mais j'étais plus lasse que je n'en avais conscience. À peine arrivée je me sentis flancher. J'étais prise de nausées, je pouvais à peine m'asseoir. Jason me conduisit en voiture chez le médecin, qui m'imposa du repos, car ma tension ne cessait de varier dans des proportions alarmantes. Je dus garder le lit, par simple épuisement. Jason allait jouer tous les soirs. De toute façon, il détestait les malades. Sam avait un rhume, et devait lui aussi rester couché. C'en était trop pour Jason, qui se mit à boire et se volatilisa.

Katie vint me voir un après-midi, me dévisagea et déclara que j'étais idiote : « Tu es trop maigre – une ruine ; tu devrais être sur la plage. Ce mariage ne te vaut rien. Prends le large, laisse tomber, pense d'abord à toi. Réapprends à vivre. » Elle avait mis dans le mille. Je compris que j'avais voulu vaincre la faiblesse de Jason à coup de raisonnement ou en menaçant de m'en aller. « Personne ne s'est jamais arrêté de boire parce qu'on le lui demandait, m'assura Spencer. Tu n'y peux rien. Il s'arrêtera, mais seulement quand il le voudra, quand il n'aura pas le choix. Je le sais. » Je me doutais bien qu'un jour je devrais quitter Jason. J'aimais en Jason un certain homme qu'il était parfois, mais c'était trop souvent l'autre qui prenait le dessus. On ne bâtit pas une vie sur de telles fondations. Ma dépression m'obligeait à toucher du doigt la réalité, à sortir de mes rêves.

Quand Steve et Leslie arrivèrent en Californie, je recommençai à sortir quelques heures. Un jour où je les conduisais en voiture, je leur demandai ce qu'ils penseraient si Jason et moi nous séparions. Ils voulurent savoir pourquoi. Je répondis que nous avions des problèmes, qu'il buvait trop, que cela ne marchait pas entre nous. Ils ne l'avaient jamais vu boire vraiment. Quand il dormait le jour, je disais que c'était à cause des retours tardifs que lui imposait le théâtre. Quand il apparaissait au milieu d'un dimanche après-midi, ils ne lui demandaient jamais où il avait été, ils étaient simplement heureux de le voir. Je ne voulais pas le noircir à leurs yeux, ni dramatiser la situation, simplement connaître leurs réactions. Et c'était la première fois que je réussissais à parler normalement de nos difficultés.

Je louai une maison à Trancas jusqu'à la fin de l'été. Sam adorait la plage, Jason aussi, mais j'avais surtout pensé à moi, à ma propre santé. Notre famille s'augmenta d'une certaine Nanny, une jeune Danoise qui allait consacrer onze ans de sa vie à Sam. J'étais entichée de mon petit garçon. Pour lui, pour tous mes enfants, il fallait que je me garde en bonne forme. Je ne pris aucune décision hâtive, mais j'avais tourné une page. J'avais repris pied sur terre, je voyais clairement l'ordre de mes priorités. J'en avais soupé de la vie que je venais de mener. Et, au cours des mois suivants, deux morts dans mon entourage allaient me contraindre à mettre les choses en perspective : celle de Quent Reynolds en mars, et celle de David Selznick en juin. Deux hommes que j'avais aimés et admirés ; deux veuves qui m'inspiraient tendresse et sympathie. Ces décès allaient l'un et l'autre resserrer mes liens avec les vivants, me rappeler qu'il fallait toujours rester attentif vis-à-vis des êtres chers, ne jamais les négliger. Qui savait lequel d'entre nous serait encore là demain ?

Je savais aussi maintenant que tout retour à ces jours sombres de mes débuts avec Jason était exclu. J'y avais perdu le sens de la valeur du temps, réduite à vivre entre minuit et l'aube, au détriment de ma santé physique et mentale.

Il me fallait admettre un certain nombre de faits, j'avais une certaine valeur en tant qu'être humain, l'alcoolisme, destructeur des familles, était inacceptable, je ne me laisserais pas anéantir, je ne laisserais pas davantage détruire mes enfants ; je refuserais toute indulgence envers ceux qui gâchaient leur propre vie – et je ne laisserais pas gâcher la mienne. Un certain ordre des valeurs se trouvait ainsi rétabli. De tous les échecs qui jalonnent l'existence on peut tirer des leçons.

Pour commencer, il me fallait songer à ma carrière. On m'offrait un rôle dans *Détective privé*, avec Paul Newman – une sorte de film noir comme *Le Grand Sommeil*. Je connaissais Paul, je l'appréciais comme acteur et comme ami, j'étais ravie d'avoir une occasion de travailler avec lui. Cela occuperait un des mois d'été.

Joe Hyams écrivait un livre sur Bogie. Il voulait ma bénédiction, il voulait aussi que j'écrive une préface. Sachant combien Joe avait été attaché à Bogie, je donnai mon accord. Le culte de Bogie avait commencé vers le début de l'année au Harvard Brattle Theatre. Il s'y déroule d'ailleurs encore un festival Bogart, et les étudiants remplissent la salle pour voir leur vedette. C'est extraordinaire à quel point Bogie franchit les générations, à quel point les jeunes s'identifient à lui, reconnaissent en lui certains traits qu'ils admirent et souhaitent acquérir.

On commençait à me demander ce que je pensais de cette sorte de vénération. Elle suscitait en moi des émotions contradictoires. J'étais très fière. Il me semblait incroyable que Bogie, parmi tant d'autres vedettes de l'écran, ait été choisi par la jeunesse pour modèle. Lui-même ne l'aurait jamais imaginé. Par ailleurs, à cause de Jason, je me sentais gênée. On n'entendait plus parler que de Bogart, et cette renaissance lui conférait une nouvelle présence démesurée. Aussi m'efforçai-je d'introduire Jason dans la conversation, parlant du brio de son jeu, tâchant de le mettre lui aussi sur son piédestal, toutes proportions gardées. Mais il y avait aussi Steve et Leslie, je voulais qu'ils soient fiers de Bogie, qu'ils prennent clairement conscience du prestige, de l'admiration ressentie par tant de jeunes gens, leurs aînés de bien peu après tout, pour leur père. Je ne comprenais pas que cela ne simplifiait pas l'existence de Steve – être le fils de Bogart. « C'était vraiment ton père ? Comment était-il ? Parlait-il à la ville comme à l'écran ? Portait-il un revolver ? » Steve se sentait isolé des autres – être différent des autres parce qu'il avait eu un père célèbre. Je suis certaine qu'il eut plus d'une fois envie de troquer son nom contre Smith ou Brown.

Peter Witt nous téléphona de New York. David Merrick avait une pièce qu'il voulait me faire lire. Répétitions débutant en septembre. Jason allait jouer *Les Diables* avec Anne Bancroft pour le début septembre. J'allais avoir un mois toute seule à la plage avec mon bébé. Je lus la pièce *Fleur de Cactus*, une comédie française, adaptée et mise en scène par Abe Burrows. Je donnai mon accord. Cinq ans s'étaient écoulés depuis *Good-bye, Charlie*. Il était grand temps pour moi de me risquer à nouveau sur les planches. Je ne voulais m'engager que pour un an. Merrick voulait me faire signer pour deux. John Frankenheimer me demandait de garder ma liberté pour participer à son prochain film – il m'y réservait un bon rôle ; je finis donc par signer pour deux ans, étant entendu que Merrick me laisserait le temps de faire un film. Je croyais encore aux promesses.

Le 14 juillet, dans l'après-midi, alors que je rentrais par le Pacific Coast Highway sous un soleil ardent, avec la radio en marche, le programme s'arrêta soudain pour un flash : Adlai Stevenson était mort subitement dans une rue de Londres. Je freinai brutalement, au risque de provoquer une série de télescopages, repris mes esprits et me rangeai sur un bas-côté. Non, pas Adlai ! Mes yeux s'emplirent de larmes tandis que je tentais de comprendre. Pauvre Adlai – il ne s'était jamais accompli, on ne l'avait pas apprécié, il avait été si souvent frustré, avait rêvé tant de choses. Il n'avait que soixante-cinq ans. Au moins il ne s'était pas vu mourir. Il traversait Grosvenor Square avec Marietta Tree – pauvre Marietta, quelle affreuse tragédie pour elle. Un avion allait le ramener à Washington pour les obsèques. Je ressentis un grand vide. Un peu tard pour lui rendre hommage, pensai-je. Je ne le verrais plus, je ne recevrais plus ses cartes postales si amusantes ; son regard, ses traits d'esprit – finis à jamais ! Et son amitié. Trop de pertes – et trop de pertes irréparables. Aucun de ceux que j'aimais, semblait-il, ne vivait assez longtemps.

J'appelai Art Buchwald à Washington pour lui demander des détails. Savait-il où se trouvait Arthur Schlesinger ? Je reçus un télégramme – de Bill Blair, si je me souviens bien – me demandant de venir. Arthur appela, me proposant de passer la nuit chez lui. Jason comprit mon émotion. En arrivant chez Arthur, à Washington, je trouvai un petit mot me demandant de me rendre dans une certaine pièce. J'y trouvai Marietta et Jane Gunther. Bizarre : trois femmes qui avaient aimé Adlai, chacune à sa façon, ainsi réunies. Il possédait ce don mystérieux qui le gardait présent dans nos pensées – et dans celles de beaucoup d'autres. Aucune de nous n'avait jamais discuté la place qu'il lui réservait. Le lendemain matin, nous nous embrassâmes, nous partagions notre chagrin, un même chagrin. Assises autour d'une table, buvant notre café, nous évoquâmes nos souvenirs d'Adlai, rapportant des entretiens, chacune cherchant un peu à se mettre en vedette. Je me disais : « Je sais des choses qu'elles ignorent, je suis allée dans des endroits qu'elles n'ont pas connus, j'ai partagé des moments dont elles ignorent tout... » Et visiblement elles remuaient les mêmes pensées. Les femmes sont de drôles de créatures ! (Et les hommes, donc !)

Au Capitole, devant son cercueil entouré d'une garde d'honneur, je regardais Buffie, qui avait perdu l'homme de sa vie, le jeune Adlai, Borden, John Fell, le président et Mme Johnson, le vice-président et Mme Humphrey, le Sénat, la Chambre, je songeais que je venais de perdre l'un des trois hommes qui avaient changé ma vie. Bogie, Charlie et Adlai – les trois hommes qui avaient le plus contribué à mon épanouissement. Il n'y en aurait jamais plus d'autres comme cela à aimer, capables de modifier radicalement mes pensées et mes sentiments. Je les prendrais à témoin, chacun d'entre eux, pour le reste de mes jours.

À mon retour à New York, je trouvai Jason en pleines répétitions, Steve repartait pour Milton, Leslie pour le lycée, Sam pour Central Park. Abe Burrows et moi nous rencontrions régulièrement pour préparer *Fleur de Cactus* : distribution, choix des costumes... Vint le premier jour de répétition. La troupe était bonne. Nous avions un nouveau avec nous, Joe Campanella, qui n'avait jamais été tête d'affiche à Broadway, ni même dans une comédie quelconque, à ma connaissance. D'après la théorie de Merrick, Joe serait soit génial, soit désastreux. C'était le seul risque de la pièce. Une nouvelle, Branda Vaccaro, tenait le second rôle féminin, et Burt Brickerhoff, le second rôle masculin. Robert Moore avait un emploi plus effacé. Mais tous étaient bons acteurs. J'étais, comme d'habitude, frappée de paralysie spasmodique, mais j'y prenais plaisir. J'avais l'impression d'apporter un élément positif à la pièce, d'être appréciée par le metteur en scène et le producteur, alors qu'en général, sur un plateau de cinéma, ces deux mêmes personnages me faisaient toujours l'effet de m'accorder l'aumône. La pièce emplit ma vie, comme toujours – il fallait étudier le rôle, subir les essayages... (J'avais convaincu Norman Norell de m'habiller ; c'était la première fois qu'il travaillait pour le théâtre... Quel chemin parcouru depuis les robes de chez Loehmann !) Par moments, j'apercevais Leslie ou Sam. Je faisais de mon mieux pour eux, mais au stade des répétitions une comédienne ne peut guère s'arracher à un travail aussi accaparant. J'étais résignée à ce déchirement. Nous devions jouer d'abord à Washington, ensuite à Philadelphie pour deux semaines. Il n'y avait pas à se plaindre, ce n'était même pas très loin. Jason allait jouer *Les Diables* à Boston pendant que je répéterais encore à New York, et il donnerait sa première à New York quand je serais à Philadelphie. Je ne pensais qu'à mon métier et à ma vie personnelle. Tels seraient dorénavant mes principaux soucis, et on verrait bien ce qu'apporterait l'avenir. Je ne faisais aucun plan, ayant décidé que le succès ou l'échec de notre mariage dépendait de Jason – je ne ferais rien pour entraver ses efforts, encore faudrait-il que de toute évidence ces efforts fussent réels. Je le lui dis sans détour et, pour la première fois, je le pensais vraiment. Je souhaitais que nous restions ensemble, mais sur des bases nouvelles. À lui de jouer. Il était ridicule de formuler un ultimatum dans une situation où ni la raison ni la logique ne comptaient. Je ne savais qu'une chose : ayant tout essayé, mes émotions au point mort, je ne trouvais plus en moi la force d'une menace ou d'un compromis. Je découvrais cette force en moi – aidée par une atmosphère de travail et parce que je faisais de nouveau partie d'un ensemble qui me tenait à cœur.

Je partis donc pour Washington, sachant que notre pièce aurait du succès. Je me sentais, comme tout le monde, très nerveuse le soir de la première. Tout se passa bien, à ceci près qu'il y avait un fléchissement sensible dans ma grande scène avec Joe. Le public avait cependant beaucoup ri, et le rideau tomba sur un tonnerre d'applaudissements. J'étais dans ma loge, sur le point de me démaquiller, quand David Merrick entra et me dit : « Tu as été parfaite, mais je vais remplacer Campanella. » David ne dit rien à Joe, ne lui fit aucun reproche, et je fus peinée. On ne peut pas juger sur une seule représentation. Je crois que, en l'occurrence, il avait raison. Cette rapidité de jugement avait quelque chose de fascinant, comme cet esprit de décision. En dépit de ces qualités, il avait auprès des acteurs une réputation détestable, et d'ailleurs il ne les aimait pas. J'étais à peu près la seule à pouvoir dialoguer avec lui. Nous nous respections mutuellement.

A quelques soirs de là, quittant l'hôtel pour le théâtre, j'allai jeter un coup d'œil au restaurant pour voir si Abe était là. Je le trouvai en compagnie de David et de Barry Nelson, un bon acteur, rompu à la comédie, venu voir la pièce. Elle lui plut, et il accepta de remplacer Joe. Il voulait avoir comme moi son nom en tête d'affiche, au-dessus du titre, et j'acceptai tout de suite. Je ne serais plus seule en vedette, mais cela m'était égal. Toutefois, Merrick refusa de retirer ma photographie de la page de couverture du programme pour que nous soyons tous les deux sur le même pied. Il avait surtout des idées très arrêtées.

Au théâtre, quand un acteur est remplacé, la troupe fait une crise de paranoïa. À qui le tour ? Tout le monde est sur la brèche et s'efforce de se dépasser. Mais nous n'en étions pas moins enchantés des répétitions, parce que Barry avait un sens très juste du comique – son jeu réagissait sur le nôtre, et cela pour le mieux. Mais c'était épuisant. Rien de plus fatigant que les tournées : répétitions toute la journée, représentations le soir, modifications quotidiennes, manque de sommeil...

Un soir, après le spectacle, Abe m'emmena souper. « Je ne sais trop comment vous expliquer ça, c'est un peu gênant... mais un dénommé William Perske a téléphoné. Il prétend être votre père. » Je me sentis pâlir. C'est toujours au mauvais moment que le squelette sort du placard. Encore qu'il n'y ait jamais de bon moment pour ce genre d'apparition. « Qu'est-ce qu'il voulait ? Pourquoi a-t-il appelé ? » J'étais stupéfaite. « C'est ce que je n'ai pas compris. Il voulait douze places pour la pièce. Je ferai le nécessaire si vous le voulez, mais cela m'a semblé tellement bizarre que je ne voulais rien décider sans vous en parler.

— Merci, Abe. La vérité, c'est que j'avais huit ans la dernière fois que mes yeux se sont posés sur lui ! Il a un sacré culot de vous appeler ! Et de demander douze places, c'est ridicule ! »

J'étais aussi furieuse qu'embarrassée. Ce qui m'irritait le plus, c'était l'idée qu'au fond je lui devais peut-être quelque chose. Parce qu'il était mon père – un accident. Il ne m'avait rien apporté que des soucis. Pourquoi aurais-je eu des obligations envers lui ?

Un soir, je crus distinguer dans le public une silhouette qui était peut-être la sienne. Je n'en fus jamais certaine. Je n'avais nulle envie de le rencontrer. Je n'aurais su que lui dire ni même quel sentiment éprouver.

Jason avait téléphoné plusieurs fois pour savoir comment marchait la pièce. Il n'était pas ravi de sa propre expérience. Il appréciait sa partenaire, Annie Bancroft, mais il ne débordait pas de confiance dans l'avenir de la production. Il me dit qu'il essaierait de venir à Philadelphie. Je n'y tenais pas. Je voulais me consacrer uniquement à mon travail.

La première à Philadelphie fut bien accueillie par la presse. Nous continuâmes de répéter le jour et de jouer le soir. Barry avait quatre semaines de retard sur nous dans la mise au point de son rôle. Jason téléphona pour dire qu'il allait avoir un jour de congé à leur départ de Boston et qu'il en profiterait pour venir. Je lui répondis que je préférerais qu'il s'abstienne, mais, avec son esprit de contradiction, il répliqua qu'il m'envoyait sur les roses et viendrait de toute façon. C'était bien de lui. Toujours est-il que je ne souhaitais nullement sa présence.

Le samedi soir, après le spectacle, comme je regagnais ma chambre, j'y trouvai Jason. Il était venu en train, se montrait empressé, plein de sollicitude. Je n'étais guère au diapason, peut-être même assez froide. Je tenais encore à lui, mais j'avais cessé de m'effacer et songeais aussi à mon existence personnelle. Cela faisait une grande différence.

Première au Royale Theatre le 8 décembre 1965, dans cette salle où j'avais si brillamment servi d'ouvreuse. Leslie était venue avec ma mère et Lee (Steve était à Milton, et Sam encore trop petit). Une fois mise en route, je sentis que tout irait bien. J'étais contente, le public aussi. Mais il y avait encore la presse. Je reçus tous mes amis dans les coulisses après la représentation. Abe était ravi, et Merrick me dit : « Vous savez vous cramponner. Les soirs importants, comme aujourd'hui, vous vous surpassez... La marque distinctive de la vedette. » J'étais aux anges. Ma mère n'avait que louanges pour la pièce et pour moi. Je bénéficiais du préjugé familial ! Merrick avait retenu une petite table chez Sardi, juste pour Abe, Carin Burrows, Barry, l'auteur français de la pièce et moi. Jason était venu me chercher après le spectacle, mais il se sentait de trop. Je fus accueillie chez Sardi par les bravos et les acclamations d'usage. Cela ne tient ni au succès ni à la valeur de la pièce, mais c'est excitant pour les acteurs. Sardi a toujours les journaux du matin le premier, humides à la sortie des presses. J'attendais, j'étais sur des charbons ardents. Vincent Sardi vint à notre table avec les quotidiens, nous sautâmes dessus, à la recherche de notre nom, des adjectifs. Pourquoi ce besoin de se faire dire ce que nous valons par les autres, je l'ignore, mais c'est un besoin, sans nul doute. La pièce était un succès. Kerr était dans l'extase : j'étais éblouissante. Je faisais un tabac. Taubman, du *Times*, me trouvait désopilante – moi, désopilante !

J'étais folle de joie – je marchais sur les nuages. Tout le monde embrassait tout le monde – une troupe, dans ces moments-là, forme un petit monde clos. Jason en était exclu. Il n'était pas de notre univers. *Les Diables*, en outre, avaient écopé d'une presse médiocre. C'était ma soirée, mon premier grand succès, et je la savourais pleinement. Le lendemain, on faisait queue aux guichets. On retenait des mois d'avance. Quand on remporte ce genre de succès, dès que le rideau se lève, on sent déferler vers soi des vagues d'approbations. En Amérique, le public fait confiance aux critiques. Si l'on dit au spectateur qu'une pièce est drôle, irrésistible, il sourit déjà en entrant dans la salle.

Pendant les premiers mois, il y eut réception tous les soirs. Jason partit pour la Californie tourner un film (*Les Diables* avaient quitté l'affiche en janvier), je demeurais libre de vivre mon succès. Décidément, la scène me réussissait mieux que le cinéma. Cependant *Fleur de Cactus* était pour moi une pièce épuisante. Je me faisais l'effet d'un jongleur qui maintient un ballon en équilibre pendant trois heures. Cette comédie mousseuse et légère usait une quantité incroyable d'énergie. Elle exigeait une attention de tous les instants.

En outre, j'avais plusieurs changements de costume censés se faire à un train d'enfer. Mon habilleuse, Eloise White, travaillait dur

– d'autant que les changements de scène dans *Fleur de Cactus* s'opéraient au rythme de la comédie musicale. D'après mon contrat, Merrick payait mon habilleuse, au salaire syndical. J'ajoutais quelque chose. Mais il me semblait que je devais lui obtenir une augmentation. C'était l'anniversaire de David, et Abe m'avait invitée à le célébrer après le spectacle. David me rejoignit dans ma loge – une occasion en or, pensai-je – et je posai la question du salaire de l'habilleuse. Il éclata comme une bombe. L'homme que je ne connaissais pas encore, mais contre qui tout le monde m'avait mise en garde, faisait son apparition. « Vous êtes comme tous ces emmerdeurs d'acteurs. Rien ne vous satisfait. Vous ne pouvez pas vous en tenir aux termes du contrat. Je vous croyais différente, mais je me trompais. » Il sortit en claquant la porte. Je me dis qu'il était un fou dangereux et que le souper était dans le lac. Il était tellement furieux qu'on ne le vit plus en coulisse. Je fis les frais de l'augmentation d'Eloise. David et moi ne nous adressâmes plus la parole. Tous ceux qui le connaissaient me disaient : « Il est toujours ainsi... Nous savions que ça arriverait un jour ou l'autre... Nous vous l'avions bien dit... Il déteste les acteurs... » Je n'y comprenais rien, d'autant plus qu'il faisait de l'or avec cette pièce.

Comme souvent avec les comédies, au bout d'un certain temps elles vous échappent. Un acteur qui fait rire a tendance à prolonger la scène et à entretenir l'hilarité du public. Cela ne marche jamais, le tempo s'en trouve rompu et la pièce change de visage. Pourtant, Brenda et Barry tombaient dans le piège. Moi, au contraire, je m'impose une discipline sévère, je me donne un mal fou pour que la pièce garde sa cadence. Cependant, à ces quotidiens efforts, s'ajoutait une lassitude croissante aggravée de cinq ans de perpétuelle tension. Pour couronner le tout, John Frankenheimer commença le tournage de son film sans m'en souffler un mot. Je l'aurais volontiers tué. J'étais liée *à Fleur de Cactus* pour deux ans à cause de ses promesses et de ma sottise. Je ne fis aucune réflexion à John durant des années, mais je n'étais pas près d'oublier le tour qu'il m'avait joué – non par méchanceté, mais par simple négligence.

Ma semaine de congé approchait – il était temps. Jason avait loué une maison sur la plage. Je me rendis donc en Californie pour m'y écrouler. À force de dormir, je commençai à me détendre. Le clou de la semaine fut la réception donnée par Rock Hudson dans la nouvelle maison qu'il avait achetée à Sam et Mildred Jaffe, partis pour l'Angleterre. C'était une demeure pleine de vieux souvenirs et de nouveaux visages. Tout le monde était charmant, mais je me sentais étrangère à ce groupe. Si j'aimais encore la Californie, c'était pour ses plages, rien de plus.

On était en pleine période Bogart. Six ouvrages différents avaient paru sur lui, dont celui de Joe Hyams. Je lui avais écrit ce que je pensais être une préface très vivante, mais le livre lui-même me déçut. D'ailleurs personne n'avait rendu justice à Bogie. Je pensais, comme Bud Schulberg, que John O'Hara serait l'homme de ce livre. Ou Nunnally. Mais ils ne l'ont jamais écrit ni l'un ni l'autre. Trop accaparés par leurs propres existences, sans doute. J'ai moi-même été souvent sollicitée par les éditeurs ; j'ai toujours décliné leurs offres. Toujours imprégnée de la présence de Bogie des décennies plus tard, je me rends compte que je n'y échapperai jamais ; je n'en ai d'ailleurs nulle envie.

La seconde année de *Fleur de Cactus* fut pénible. J'étais physiquement fatiguée et j'avais besoin de vraies vacances, mais il n'en était pas question, et c'était un plaisir toujours renouvelé.

La leçon essentielle que je retirai de cette expérience, c'est que j étais définitivement faite pour les planches. J'étais, selon les journaux, « la coqueluche de la ville », mais cela ne me montait pas à la tête. Je me souvenais trop bien de l'histoire que me racontait Bogie à propos de Helen Menken, baptisée elle aussi « la coqueluche de la ville » pour sa création dans *Le Septième Ciel*, jusqu'à ce qu'elle soit détrônée par Jeanne Eagels avec *Rain*. Ainsi vont les fluctuations du succès, nul ne l'ignore. Mais ces deux ans étaient à moi. Personne ne me retirera jamais le plaisir que je ressentis le soir où j'aperçus au troisième rang d'orchestre Robert Kennedy riant de bon cœur, ou celui que me fit Jack Benny en vantant la perfection du rythme. John Huston lui-même parut sincèrement apprécier mon jeu.

Jason fit plusieurs séjours en Californie pour y tourner des films, et quand il revenait à la maison il s'évertuait à prouver ses bonnes dispositions – à jouer les pères et les maris modèles. Sam était inscrit à la Collegiate School, tout près de chez nous. Leslie continuait de se débattre avec le lycée. Steve ne nous retrouvait qu'aux vacances. Sarah, Jady et David venaient à intervalles réguliers, et nous faisions tout notre possible pour rester en famille. Quand Jason le voulait, il était parfait. Il s'en tirait beaucoup mieux au cinéma – du moins en Californie – qu'au théâtre à New York. Certes, il buvait là-bas, mais les horaires n'étaient pas les mêmes.

Bien sûr, dans la vie des gens de théâtre, les tentations ne manquent pas. Prenons un verre ensemble après le spectacle... Passez à la maison pour boire un verre, etc. Et tous ces bars où les familiers se retrouvent. Mais je ne voulais ni ne pouvais me conduire en gendarme. Si Jason voulait boire, qu'il le fasse ailleurs qu'à la maison. J'avais caché presque tous les alcools, peu m'importait de boire ou pas. J'étais inflexible : pas question qu'il s'enivre à la maison et que Sam ou Leslie le voient dans ce triste état.

Spencer et Katie avaient commencé *Devine qui vient dîner*. C'était le premier film de Spencer depuis cinq ans. Souffrant d'ulcères et passant son temps à avaler une affreuse mixture crayeuse, il avait été hospitalisé en 1966. Katie lui apportait de la soupe, restait auprès de lui jusqu'à ce qu'il s'endorme, empruntant une entrée dérobée. Seuls quelques intimes étaient au courant. Jamais elle ne changea de cap. Et si Spencer accepta de faire ce film, je crois que c'est parce que Stanley Kramer lui était dévoué et avait promis qu'il ferait tout son possible pour ne pas le fatiguer. Katie ne le quittait pas des yeux, toujours prête s'il avait besoin de quelque chose. Il ne risquait pas de manquer de quoi que ce soit tant qu'elle serait dans le circuit. Il s'était inquiété au début, le pur professionnel n'admettant pas d'être inférieur à lui-même : connaître son texte et en tirer le maximum.

Steve devait sortir de Milton en juin 1967 – un samedi, jour de matinée. Longtemps d'avance, je demandai à mon agent, Peter Witt, d'en parler à David Merrick. Pour rien au monde je n'aurais voulu manquer la remise des diplômes de Steve. Que David me fasse un procès s'il le voulait ! Peter s'en ouvrit auprès de David. David refusa. Je jurai, tempêtai, déclarai que j'irais de toute façon. Le temps passant, je devins de plus en plus tendue et priai Peter de préparer David à mon absence. Pourquoi, mais pourquoi diable se montrer si déplaisant ? Seigneur ! Cela faisait dix-huit mois que je jouais *Fleur de Cactus* sans manquer une représentation. Pourquoi ne pas régler la question raisonnablement, en adultes ? Cette attitude me dépassait ; elle me dépasse toujours. Les comédiens ne sont pourtant pas des robots !

Finalement, Peter m'expliqua qu'il me faudrait plaider moi-même ma cause auprès de David. Il voulait jouer Dieu tout-puissant. Moi, je serais la servante du Seigneur. Très bien. Je me pris en main et au jour dit j'allai voir David dans son bureau. Je n'avais pas l'intention de m'humilier. Je lui dis que je ne *pouvais* pas manquer cette cérémonie, que j'espérais qu'il le comprendrait et n'en ferait pas une nouvelle affaire Dreyfus. David joua les innocents : « Mais pourquoi ne pas me l'avoir demandé tout de suite, directement ? »

Plus tard dans la journée, il vint me dire qu'il avait commandé une voiture qui me conduirait à l'aéroport et viendrait m'y rechercher pour que je ne manque pas la représentation du soir. J'étais rentrée en grâce.

Au début de cette semaine-là, Spencer et Katie m'avaient annoncé que le film était fini. Spencer y avait débité un monologue de dix minutes sans se tromper d'une ligne. Il en était soulagé. Il me dit que Stanley avait été formidable. Grâce à Dieu, il n'était pas tombé raide mort avant la fin du film, alors que Stanley n'était pas assuré !

Au matin du 10 juin, Jason, Leslie, Sam et moi partîmes pour Boston en avion. Je n'arrivais pas à croire que les années se soient écoulées tellement vite. Steve était devenu un jeune homme. Il avait grandi, forci. C'était un garçon de valeur, à l'esprit droit. Il avait souffert de la mort de son père et du lourd fardeau représenté par le nom qu'il portait, mais il s'en tirait bien. Finalement, il avait apprécié Milton, en dépit de quelques frictions entre nous. Dans mon esprit se succédaient les images : sa naissance, son enfance, Bogie. Tant de choses inachevées dans nos vies. C'était une journée d'épreuve à cet égard qui m'attendait, mais quel bonheur de retrouver mon fils. Puis vint l'heure de prendre mon vol.

Nous avions décollé depuis une vingtaine de minutes quand Jason, assis derrière moi, me posa une main sur l'épaule : « Un type derrière moi a entendu à la radio que Spencer était mort. » Mais je venais de lui parler, il allait bien ! Oh, mon Dieu ! Et Katie ? Apprendre une telle nouvelle en avion, sans téléphone, sans aucun détail. Mais à quoi bon les détails... J'étais déchirée... Spencer si content de ne pas mourir avant la fin du film... Il avait dû se douter de quelque chose. Je m'angoissais, surtout pour Katie. Trente ans de sa vie brutalement interrompus de cette façon... Comment allait-elle supporter cette épreuve ? Je ne pouvais penser à rien d'autre. Et pourtant, quelques heures plus tard, je réussis à me gonfler d'orgueil au spectacle de Steve recevant son diplôme. Une vie commence, une autre s'achève. Cette remise de diplôme était grosse de tant de promesses, d'espoir dans l'avenir. Et à six mille kilomètres de là, ma chère, chère Katie avait perdu son plus cher compagnon.

La pièce poursuivit sa carrière, m'usant chaque jour davantage. Barry nous quitta pour un feuilleton télévisé. Kevin McCarthy le remplaça un moment, puis Lloyd Bridges. Et puis Brenda s'en alla à son tour. Ce qui se traduisit par une reprise des répétitions en plus des représentations. Le 18 novembre, je jouai mon rôle dans *Fleur de Cactus* pour la dernière fois. La troupe me fit cadeau d'un délicieux miroir monté sur argent. Jason m'envoya tendrement des fleurs et des cadeaux. Il était fier de moi et plein d'attentions douces. Il y avait des mois que je ne pensais plus à rien d'autre qu'à en finir avec cette pièce. Après les huit premiers mois, les réactions du public se modifient, et il faut dépenser de plus en plus d'énergie. Deux ans, c'est un calvaire. Pourtant, c'était moi qui avais créé le personnage, et je ne sautais pas de joie à l'idée que quelqu'un d'autre me le ravirait. Il m'avait valu une place dans le monde du théâtre. Je partis avec l'espoir – incertain – de remonter bientôt sur scène avec un rôle neuf. Du moins les enfants seraient-ils contents de me voir à la maison pour Noël. Les périodes de vacances et de fêtes coïncident toujours avec les moments où les comédiens travaillent le plus. Le seul soir où je préfère être en scène plutôt que n'importe où ailleurs, c'est le 31 décembre. Je hais cette nuit-là – la vieille année ouvrant la porte à la nouvelle. Tout le monde s'aime avec énergie quand sonne minuit, et à une heure du matin les antagonismes ont retrouvé toute leur virulence.

Jason devait faire un film en Italie au début du printemps 1968. Ce voyage tombait à pic. L'anniversaire de ma mère étant en mars, et, pour la première et la seule fois de sa vie, elle me dit qu'elle aimerait que j'organise un dîner à cette occasion. Je ne savais jamais quel cadeau lui offrir, parce qu'elle ne voulait jamais que cela me coûte cher. Pour une fois que je pouvais lui faire plaisir, j'étais aux anges. Un dîner, ce serait amusant. J'invitai toute la famille, et la tradition fut scrupuleusement respectée : toasts humoristiques, gâteau d'anniversaire, bougies en nombre réduit, cadeaux. Elle s'amusa beaucoup. C'était la première fois que je donnais une vraie fête en son honneur – étrange, quand j'y songe. Même pour son mariage avec Lee, il n'y avait pas eu de réception. J'étais d'autant plus heureuse de réparer un tel oubli.

Robert Kennedy était notre sénateur. Je connaissais Jean, Eunice, Pat depuis des années, et les aimais de plus en plus. J'avais œuvré pour Bobby pendant sa campagne sénatoriale. C'était un être exceptionnel, mon instinct ne me trompait pas. Il avait l'âme si généreuse, l'esprit si ouvert. Je ne pouvais oublier son arrivée à Atlanta après l'assassinat de Martin Luther King, alors que, froissant nerveusement un feuillet de papier, il avait lancé : « Je sais ce que c'est que de perdre de cette façon quelqu'un qu'on aime. » Eugene McCarthy avait marqué des points auprès des jeunes pour les primaires, et Bobby hésitait à se présenter à la présidence. Je le soutenais à fond. Et tous ses partisans souhaitaient qu'il se déclare.

J'avais applaudi à l'élection de John Kennedy, pour lequel j'avais fait campagne, mais Bobby, c'était autre chose. Il me touchait davantage. J'avais le sentiment que c'était l'homme dont le pays avait besoin. Celui qui ferait toute la différence. Certains de ceux qui l'avaient connu au temps de Joseph McCarthy et sous le mandat de Jack ne lui faisaient pas confiance. Moi, si : il avait su changer, avait trouvé le courage de changer. Je fis ce que je pus, ce qu'on me demandait de faire pour Bobby avant mon départ pour l'Europe. Il devait y avoir un rassemblement à Madison Square Garden le 17 juin, et je serais de retour pour y assister.

Mon voyage en Europe s'annonçait pour le mieux en ce printemps 1968. Mais entre Jason et moi, les choses n'allaient plus du tout. J'étais pressée de mettre de la distance entre nous deux. Il était retourné à New York alors que j'étais encore à Paris en train de tourner un documentaire sur la mode pour la télévision avec Milton Greene et Joe Eula. Je n'avais rien fait depuis *Fleur de Cactus*, et l'idée de travailler cinq ou six semaines à Paris n'avait rien de désagréable. Nous fîmes nos préparatifs, on tourna quelques scènes, puis la révolte étudiante éclata. Pas moyen de poursuivre le tournage. Tout le monde se promenait avec un transistor collé à l'oreille. J'étais descendue au Lancaster Hotel, que les touristes désertaient les uns après les autres. Je téléphonai aux États-Unis pour rassurer Jason et les enfants. Ils n'avaient pas réussi à m'avoir de leur côté. Le courrier marchait mal. À l'hôtel, on me conseilla de partir. Les banques allaient fermer. Ce n'était pas le moment de séjourner à Paris. Heureusement, notre ambassadeur à l'époque était Sargent Shriver. Il finit par trouver un break qui nous conduirait, Milton et moi, à Bruxelles, d'où nous pourrions prendre l'avion. Je partis pour New York le 5 juin – largement à temps pour préparer la manifestation en faveur de Bobby. Je réussis à téléphoner à ma mère et à lui donner mon numéro de vol. Elle venait toujours m'attendre à l'aéroport, toujours impatiente de me retrouver. Elle était la seule personne au monde pour qui je comptais plus que tout. Ce soir-là, je fus retenu un certain temps en douane, aussi lui fis-je dire de partir, que je la rejoindrais chez moi. J'y trouvai Lee et ma mère qui m'attendaient. Leslie et Sam dormaient. J'étais épuisée par le décalage horaire. Pour la même raison, je m'éveillai à six heures le lendemain matin. J'entrai sur la pointe des pieds dans la chambre de Sam, pour l'embrasser. Il était assis sur son lit, son transistor sur les genoux. Il eut un regard de bonheur en m'apercevant. Il dit : « Maman, on a tiré sur Kennedy. » Je ne comprenais pas pourquoi il pensait à John Kennedy justement ce matin-là, et je dis : « Je sais, chéri, mais il y a longtemps de cela. » Il insista : « Non, maman. Le sénateur Kennedy a été tué. » Je mis sa radio en route, totalement incrédule, et entendis des allusions à l'assassinat de Bobby. Je parcourus alors la maison en réveillant tout le monde, Leslie, Nanny – et nous nous retrouvâmes dans ma chambre, où j'avais mis la télévision en marche. Et toute l'atroce histoire nous fut révélée.

Nous passâmes la journée groupé autour du poste. Jason téléphona d'Espagne, n'y croyant pas encore, me disant de quitter les États-Unis avec les enfants, de gagner un pays ou surnageait encore la raison. Partout, des gens qui avaient foi en l'Amérique et en ses idéaux s'interrogeaient. Je regardai Sam. Il avait six ans, il était beau, il avait les cheveux blonds et les yeux bleus. Je me rendis compte soudain que toute sa vie était jalonnée de crimes de cet ordre : John Kennedy, Martin Luther King, et maintenant Bobby. Il avait vu, à maintes reprises, à la télévision, des cortèges funèbres de veuves et d'orphelins. Même à six ans, il devait se demander quel sens avait la vie dans notre pays. D'autant que Sam était hypersensible, réceptif à toutes les émotions. Comment pourrais-je lui expliquer que nous étions les citoyens d'un grand pays ? Qu'il avait de la chance d'être américain ?

Dick Cavett me téléphona pour me demander si je voulais participer le soir même à une émission. Juste quatre ou cinq personnes, pour évoquer Bobby. Je dis : « Maintenant ? Si vite ? » Mais il avait raison. Il fallait intervenir tout de suite, essayer d'y voir clair, dire ce que l'on ressentait pendant que la plaie était encore ouverte, la peine intolérable. Je donnai libre cours à ma colère, au chagrin que me causait cette perte d'un ami. La cérémonie devait avoir lieu à la cathédrale Saint-Patrick. Je reçus un télégramme me demandant de venir, puis de continuer par train jusqu'à Washington. Art et Anne Buchwald et moi nous arrangeâmes pour nous rendre ensemble aux funérailles. Je devais passer la nuit suivante chez eux à Washington.

Pour tous les gens présents dans cette cathédrale bondée, semblait intervenir comme une identification affective avec le mort. Nous étions là, épaule contre épaule, en étroite communion, le cœur mis à nu dans l'émotion qui nous étreignait. L'éloge funèbre prononcé par Ted Kennedy fut bouleversant. Quand sa voix se brisa, nous sentîmes combien la perte était pour lui plus cruelle, le fardeau plus lourd à porter, la solitude plus accablante. Alors, dans le silence, s'éleva, clair et pur, *The Battle Hymn of the Republic*, entonné par Andy Williams. Hommes et femmes sanglotaient. Puis Ethel et les enfants, toute la famille Kennedy passa lentement dans l'allée centrale. Je n'arrivais pas à croire au courage et à l'endurance des Kennedy, j'admirais la profondeur de leur foi.

Le parcours en train jusqu'à Washington fut émouvant au plus haut point. Tout le long du chemin, des gens attendaient, portant des pancartes, rendant hommage à ce jeune homme qui avait incarné leurs espérances.

Ethel parcourut le train, s'arrêtant pour remercier chacun d'être venu. Quelle femme ! quel courage ! Comment pouvait-elle penser à autre chose qu'à sa propre peine ? La proche famille était dans le wagon de queue, la plupart du temps avec Bobby. Eunice et Jean vinrent un moment vers nous, et j'échangeai quelques mots avec elles. Nous ne prononçâmes pas le nom de Bobby, simplement je voulais parler à ces deux femmes si durement frappées et qui étaient mes amies. Eunice était tendue, mais elle pouvait parler – j'étais éblouie d'admiration. Eunice avait été la plus proche de Jack, comme Pat avait été la plus proche de Bobby, et Jean de Teddy. J'étais fière de les connaître, fière d'avoir partagé un moment de la vie de leur frère. Je me souviens qu'Arthur Schlesinger me dit : « Nous avons perdu les trois seuls hommes politiques qui comptaient pour nous. »

À Washington, attendait une garde d'honneur qui allait nous accompagner jusqu'à Arlington, où devait avoir lieu l'inhumation. Je vis le cercueil glisser dans le corbillard sans arriver à croire qu'il contenait vraiment ce corps jeune et viril.

Le monde entier semblait s'être donné rendez-vous à Arlington. Chacun de nous portait un cierge allumé, et ce long ruban de flammes dessinant les méandres du sentier était plus poignant qu'on ne peut le dire. Vers la fin de la cérémonie, Ted Kennedy quitta sa place pour se recueillir devant la tombe de John Kennedy. De la sépulture d'un frère à celle de l'autre. C'était plus éloquent qu'un millier de mots. La vie de Ted s'inscrivait ici, sur cette colline d'Arlington. Et son fardeau allait s'appesantir encore.

Une cinquantaine d'amis s'étaient arrêtés à Hickory Hill pour un sandwich et un verre. Les enfants formaient une longue ligne, chacun s'occupant d'un plus jeune que lui. Sur cette pelouse, en cette chaude soirée de juin, je songeais qu'à l'occasion de ma dernière visite Bobby m'avait fait faire le tour du propriétaire, de la piscine à la salle de jeux en passant par toutes les chambres d'enfants. Devant Douglas, le bébé, j'avais dit : « Naître à une époque pareille ! » Et Bobby avait ajouté, ironique : « Et dans un monde pareil ! »

Après Bobby, je me sentis comme détachée de la vie, sans but défini, déracinée. Ma carrière était au point mort. Situation classique après une pièce à succès. Les droits de film de *Fleur de Cactus* avaient été vendus. Mike Frankovich allait produire le film avec Walter Matthau dans le premier rôle et Gene Saks comme réalisateur. Freddie Fields, mon agent pour le cinéma, était convaincu que je pouvais obtenir le rôle que j'avais joué à Broadway. Pourtant, à Hollywood, ce n'est pas obligatoirement, ni même fréquemment, le créateur du rôle sur les planches qui le joue devant les caméras. Nouvel exemple de la pensée créatrice de Hollywood. Comment aurais-je pu être la femme du rôle, moi qui l'avais créé ?

Il me fallut passer la majeure partie de l'été à Paris pour terminer le film de mode que Mai 68 avait interrompu. Jason allait retourner aux États-Unis, s'installer à Malibu, où je le rejoindrais en août. Steve devait rester à Philadelphie. Il s'était assez mal tiré de sa première année à l'université de Pennsylvanie, mais était cependant admis à poursuivre ses études. J'avais eu l'esprit tellement occupé par mon mariage, mes voyages, le manque de travail, Leslie et Sam, que je n'avais pas remarqué les ennuis de Steve. De plus, nous ne nous entendions pas très bien, tous les deux. J'attribuais ce désaccord à une revendication d'indépendance jointe à cette hostilité naturelle d'un fils pour sa mère qui ne s'efface qu'avec la découverte de la compagne qui partagera sa vie. C'était une phase, cela passerait. Je lui avais téléphoné, puis je n'avais plus eu de ses nouvelles. Je ne savais donc pas au juste où il en était. Il ne m'était pas venu à l'esprit qu'il avait de sérieux problèmes. Ma mère trois fois bénie, pendant que j'étais en Europe, se chargea de le retrouver. Elle était tellement plus intelligente que moi. Elle l'appela, le persuada de la retrouver au coin d'une rue à Philadelphie, de me donner son adresse et de ne jamais perdre le contact. Elle me mit au courant et me fit sentir mon erreur : « Comment as-tu pu laisser passer tout ce temps sans même t'inquiéter de son adresse ? Il a besoin de savoir que tu t'intéresses à lui. »

Bien entendu, elle avait raison. Et une fois de plus elle avait su intervenir juste à temps pour sauver une situation compromise.

Le film que nous tournions à Paris ne manquait pas d'attrait. Leslie apparaissait dans quelques scènes. Elle avait seize ans, était très belle, aurait pu devenir mannequin en un clin d'œil si cela l'avait intéressée. Ses années de lycée lui rendaient grand service à Paris. Elle était extraordinaire avec Sam, qui d'ailleurs était fou de sa sœur (il l'est resté). Sam passait tout son temps chez les Shriver ou au Jardin d'acclimatation. L'atmosphère parisienne me convenait. Je nouai de nouvelles amitiés : Saint Laurent, Marc Bohan, Ungaro et Cardin. Mon français s'améliorait, et je me trouvais au milieu de toutes ces collections ! Ces huit semaines m'ouvrirent des perspectives nouvelles, et j'en profitai au maximum.

J'arrivai avec les enfants en Californie à la mi-août. Nous comptions passer un mois sur la plage. Jason était là. Nous nous étions progressivement éloignés l'un de l'autre – parce qu'il buvait certes, mais pas seulement pour cela. Il semblait que nous ayons de moins en moins d'intérêts en commun, à l'exception, capitale, de Sam, qui adorait son père et que Jason adorait.

Freddie Fields avait arrangé une rencontre entre moi et Mike Frankovich, dans le bureau de Mike, à la Columbia ; Freddie était certain que j'obtiendrais mon ancien rôle dans le film tiré de *Fleur de Cactus*. J'en étais beaucoup moins sûre. De fait, Mike me dit qu'il souhaitait me donner le rôle, mais que Saks et Matthau se posaient des questions. Je n'en crus rien, ces deux hommes venant du théâtre. Et de plus, nous étions amis. Pour moi, Gene se rallierait à l'avis de la majorité et Walter imposerait sa volonté. Quelques soirs plus tard, à un dîner chez Kirk et Ann Douglas, Freddie se leva pour annoncer que le rôle m'était dévolu. Tout le monde applaudit. Je demandai à Freddie s'il était sûr. Il me répondit que oui, bien sûr, il était sûr. J'étais heureuse – peut-être le retour au cinéma dans un bon film, après tant d'années, marquerait-il une date dans ma carrière. Jouant le jeu de Hollywood, je répugnais à quémander un rôle qui « m'appartenait » ou du moins que j'avais créé. Mais je m'y résignai. Inutilement. Ce fut Ingrid Bergman qui décrocha le rôle. J'avais peine à croire à cet échec, à l'énorme erreur de Freddie. Je me sentais ridicule, négligeable. Décidément, en Californie, mon succès à New York comptait pour moins que rien. Pour ces gens de cinéma, la bible, c'était le *Hollywood Reporter* et les résultats du box-office. Il restait à me ressaisir, sans aide extérieure, à garder foi en mon talent, à ne pas perdre le moral, à conserver le sens de l'humour.

Entre-temps, mon mariage se désintégrait. J'étais désorientée, furieuse, dégoûtée – du moins je savais ce que j'attendais de la vie, ce qui me permettait de tenir bon. Inutile de nous menacer. Nous nous l'étions souvent dit, Jason et moi, un jour il s'en irait, et ce serait la fin. Il disparut pendant deux jours. La vie est bizarre. Comme je cherchais une enveloppe ou un timbre, pendant cette absence, en fouillant dans un tiroir de son bureau, j'y trouvai une lettre de son comptable concernant de l'argent qu'il avait prêté à une fille. Je soulevai ce bout de papier, et dessous, découvris une lettre sans équivoque de cette même fille à Jason. Ce que je n'avais jamais sérieusement imaginé s'était donc produit. Voilà qui réglait la question. Il n'y avait plus qu'à tirer un trait sur notre couple. Rien de plus mort qu'un mariage à l'agonie. Pas de raison de l'embaumer.

Jason revint un beau matin ensoleillé. Je me tus. Il prit sa douche, et, quand il émergea de la salle de bains, je lui demandai comment allait cette fille (j'avais lu son nom sur la lettre). Il fut stupéfait – il s'y attendait si peu. Comme il devait repartir trois jours plus tard pour New York commencer à répéter une pièce de Joseph Heller, *Nous avons bombardé New Haven*, les choses pouvaient être assez simples. J'exigeai seulement que ce soit lui qui annonce aux enfants qu'il partait pour ne plus revenir. Pas à Sam, pas tout de suite, il n'avait que sept ans. Je voulais que Jason, en retournant à New York, déménage de notre appartement pour que le choc ne se produise pas à notre retour. Je voulais que tout se fasse clairement et proprement – ce qui serait le mieux pour Sam. Nous devions rester encore quinze jours en Californie, ce serait donc facile. Mais les fins ne sont jamais faciles.

Ces trois dernières journées furent mélancoliques. Le jour, encore, cela allait – l'océan aidant – mais la nuit venue... quel gâchis. Jason était en plein marasme. Il mit Leslie au courant un après-midi – embarrassé mais avec ménagement. Leslie n'en fut pas trop affectée : elle aimait bien Jason, mais ne dépendait en rien de lui. Le soir, nous nous installions tous les deux, après dîner, au salon, à nous regarder sans rien dire. Il me prenait la main, ou je prenais la sienne. Je sentais qu'il m'appartenait de le soutenir, de lui donner de l'espoir pour l'avenir. Nous étions tristes ; huit ans, cela compte. Je lui demandai de ne pas venir nous chercher à l'aéroport, Sam et moi, qu'il valait mieux, pour Sam, se retrouver dans un appartement sans traces de son père. Cela me permettrait d'expliquer la situation à Sam, et Jason pourrait lui parler ensuite. Nous lui dirions tous les deux clairement que ce n'était la faute de personne et que nous l'aimions toujours autant. Ce serait dur – ce le fut en effet – mais il fallait en passer par là. Je n'avais pas beaucoup de certitudes à cette époque, mais de cela j'étais sûre.

Ces trois interminables journées enfin écoulées, Jason s'en alla. Il n'avait pas bu une goutte d'alcool – quand il était à jeun, je me plaisais en sa compagnie, je l'aimais sincèrement. Mais entre nous c'était fini. Je passai en revue notre vie commune. Il était clair que j'avais toujours tenu plus que lui à ce mariage ; que je m'étais embarquée dans cette aventure à l'aveuglette ; que nous avions eu de bons jours et des mauvais ; que j'étais plus triste pour Sam que pour moi ; et que, si j'avais écouté Katie, j'aurais eu cinq ans de plus au soleil. Je fus soulagée par le départ de Jason. J'étais libre de faire ce qui me plaisait, d'aller où je voulais, sans avoir à fournir des excuses. J'appelai notre appartement avant de quitter la côte pour m'assurer que Jason était parti. Il ne l'était pas, n'avait pas trouvé d'appartement. J'insistai avec énergie – il devait déménager avant notre retour. Je ne voulais pas exposer Sam à de pareilles émotions. Une fois la décision prise, il fallait aller jusqu'au bout. J'aurais dû me douter que Jason ne serait pas prêt à mettre le point final.

Pendant le voyage de retour, je dis à Sam que papa ne serait peut-être pas là. Que papa l'aimait très fort, mais que les grandes personnes ont quelquefois du mal à vivre ensemble. Papa et moi avions donc décidé d'habiter dans des appartements différents. Il pourrait toujours voir son père et lui téléphoner quand il voudrait – comme Jady, David et Sarah. Je tenais tellement à garder Sam à l'abri de la peine ou de l'insécurité. Jason et moi étions au moins d'accord sur ce point : Sam, petit garçon ouvert, aimant, confiant, était le seul de nos enfants auquel avaient été épargnés des chocs affectifs graves, et il fallait à tout prix continuer à l'en préserver.

Sam écouta ce que je lui disais, mais il ne l'accepta pas.

Je mis la clé dans la serrure, ouvris la porte sur ce qui devait être un appartement vide... pour voir Jason s'avancer vers moi. J'étais furieuse, mais n'osai rien dire en présence de Sam, qui, tout joyeux, se précipitait vers son papa.

Les dernières semaines du séjour de Jason à la maison furent très particulières. Nous avions décidé d'en finir, mais comme il n'était pas parti nous partagions notre chambre à coucher. Courtoisie de rigueur. Je sortais tous les soirs, non avec des hommes, mais avec des amis. Jason rentrait aussi tous les soirs. Il restait la contradiction incarnée – comme toujours. Quand je le souhaitais à la maison, il n'y était pas ; maintenant que je ne me souciais plus de ses allées et venues, il ne découchait plus. Cette situation absurde n'avait que trop duré. Je revins donc à la charge. Il céda, puis il essaya d'expliquer à Sam, comme je l'avais fait, le motif de notre décision. Il allait jouer à Broadway, il serait donc facile à joindre.

Il me fallait préparer les responsables de l'école de Sam à quelques difficultés avec lui. Je m'en ouvris au pédiatre (homme sage et compréhensif). Il me dit que si Sam avait des problèmes, il ne serait pas mauvais qu'il en parle avec un médecin. Mieux valait intervenir tout de suite que lorsqu'il aurait dix-sept ans.

Ma mère se montra pleine de compréhension. Sans ignorer mon désenchantement, elle aimait bien Jason. Comme elle, je connaissais ses bons et ses mauvais côtés. Mais je m'étais si souvent retrouvée seule devant les décisions à prendre que je préférais de beaucoup la séparation définitive.

Sam était heureux à la Collegiate, mais il manifesta bientôt des signes de rébellion. Je tentai de le décider à voir un médecin, pour parler de n'importe quoi, à sa guise. Il était remarquable pour ses sept ans – très résolu. On ne pouvait le contraindre à rien. Ni menaces ni punitions n'avaient pris sur lui. Il était lui-même, et je l'en admirais. Enfin, il consentit à m'accompagner chez le médecin. Je fus autorisée à assister à la première séance. Fascinant de voir le psychiatre au travail. L'enfant est livré à lui-même dans une pièce pleine de jouets, et pendant qu'il s'amuse le médecin pose avec une fausse nonchalance les questions les plus importantes.

À notre premier Noël sans Jason, j'avais fait le nécessaire pour qu'il vienne dans la journée voir Sam. Il arriva, les mains vides. Sam avait un cadeau pour son père, Leslie aussi, mais Jason n'avait rien. Je n'oublierai jamais le dimanche où Jason nous rejoignit, Sam et moi, dans un restaurant chinois et où Sam lui demanda : « Pourquoi, papa ? Pourquoi tu ne m'as pas apporté de cadeau pour Noël ? » Jason répondit comme il put, mais Sam ne l'en tint pas quitte pour autant. Je n'avais jamais vu un enfant mettre aussi ouvertement un adulte sur la sellette, le pousser dans ses retranchements – bref se montrer plus mûr que son père.

Ma mère et Lee prirent l'habitude de venir nous voir le dimanche, et souvent, dans la semaine, ils dînaient avec nous. Sam disait toujours : « Ne t'en va pas, grand-mère ! Pourquoi tu ne peux pas rester ? Tu ne dînes pas avec nous ? – Il a du cœur, ce petit ! », disait-elle.

Je commençai l'année en me cherchant un avocat pour régler mon divorce. C'était l'inconnu pour moi. Une impasse dans laquelle je ne m'étais jamais imaginée. Je n'avais pas de très grandes exigences, je voulais surtout que les choses se passent simplement et sans drame. Mon amie Joan Axelrod me trouva un avocat. Finalement, je pris mon courage à deux mains et lui téléphonai – pas facile, mais il fut charmant, sensé, agréable. Si nous avions pu toujours nous entendre aussi bien, il n'y aurait jamais eu de divorce. Cette conversation réveilla mes doutes. Je me demandais presque si je n'allais pas tout laisser tomber. Puis, avec ma tendance au romantisme, je songeai que peut-être le divorce allait nous rapprocher. Même en ayant pris la décision la première, ce n'était pas facile de se séparer. Cela faisait mal. Comment oublier les bons moments, les promesses d'une vie partagée ?

En tout cas la situation se dénouerait de façon honorable. Jason aurait, pour la première fois de sa vie, l'occasion de se sentir libre. Je mettais en pratique une leçon que m'avait apprise Bogie : devant l'inévitable, devant les désastres, mieux vaut s'attacher à sa propre intégrité et faire souffrir le moins possible. La route la plus droite.

L'année s'annonçait dure. Jason travaillait dans le Nevada et devrait ensuite partir pour Rome. Il y avait des mois qu'il n'avait pas appelé Sam, et j'étais à bout d'arguments. Je continuai cependant à lui répéter que, dès que son père serait rentré à New York, il le verrait. Sam avait toujours paru s'incliner devant les séparations imposées par le travail. Là-dessus j'appris que Jason était passé à New York sans donner signe de vie à son fils. Outrée, j'appelai mon avocat, qui alerta celui de Jason. Ce dernier aussi ignorait sa présence à New York. Cependant, Jason avait demandé à son comptable de poursuivre les démarches nécessaires pour le règlement financier du divorce. Sam, apparemment, échappait aux contrecoups de la situation, mais il n'avait pas encore compris la gravité de cette rupture. J'espérais, pour lui, que Jason ne sauterait pas d'un mariage dans un autre, suivant son habitude. Espoir absurde, certes, mais j'appartiens à l'espèce de ceux qui ne désespèrent jamais. Pour ma part, je serais singulièrement prudente avant de me lancer dans une autre aventure. Des erreurs aussi cuisantes, me disais-je, jamais plus. Et puis, à la suite de beaucoup d'autres, j'ai découvert cette vieille vérité : les faux pas que l'on peut commettre ne vous apprennent jamais rien. Par sottise, ou par romantisme, je persistais à penser : « Sait-on jamais ce que l'avenir vous réserve ? » J'étais donc prête pour un nouveau départ, bien décidée à ne pas perdre une seconde. Je n'avais pas encore appris la patience.

Ma mère fut hospitalisée pour un œdème du poumon. Elle avait déjà dû l'être une fois pour la même raison. Trois semaines après être rentrée chez elle, elle fit une rechute. Chaque fois, l'alerte survint au milieu de la nuit. Chaque fois, elle était prise d'angoisse. Heureusement, le médecin avait toujours été là, et l'hôpital était à cinq minutes de chez elle.

Malgré tout, on lui conseilla d'avoir à la maison, à titre de précaution, une tente à oxygène. C'était une mesure de sécurité. Je passais beaucoup de temps au volant pour me retrouver auprès d'elle. Ma mère, les enfants, le divorce : je n'avais guère le temps de souffler – mais, hélas ! nul travail en vue.

Puis, sans crier gare, on m'offrit de jouer dans une version musicale *d'Ève*, que devaient produire Joe Kipness et Lawrence Kasha, sur un livret de Charles Strouse et Lee Adams. Tout cela était en préparation, rien n'avait encore été arrêté.

J'ai toujours aimé la musique – un de mes éternels regrets étant de ne pas savoir chanter. Si j'acceptais, je ne danserais pas avec Fred Astaire, mais j'aurais un rôle dans une comédie musicale. En étais-je capable ? Comment prévoir si l'on peut réussir dans un domaine qui vous est inconnu ? J'ai toujours pris des risques dans ma carrière, mais celui-là ne dépassait-il pas la normale ? On me proposait de jouer Margo Channing, personnage superbement incarné par Bette Davis dans le film de Mankiewicz. Ce serait amusant – au bon sens du terme, j'espérais – de reprendre le rôle tenu jadis par l'héroïne de mon enfance. J'écoutai la musique – qui me plut beaucoup. Il me sembla que l'expérience relevait de la corde raide, et je n'en menais pas large à l'avance. Mais après tout le trac et moi étions de vieux amis. Je ruminai et ruminai, et finis par accepter. Et flûte ! Toute ma vie était bouleversée, autant aller jusqu'au bout. Moss Hart, je m'en souviens, prétendait toujours qu'il fallait transformer sa vie tous les sept ans : le délai n'était pas encore expiré, mais le changement était nécessaire quand même. Après avoir dit oui, nouvelle inquiétude : qui serait le metteur en scène ? J'aurais besoin de toute l'aide possible.

Je commençais par reprendre des leçons de diction avec Keith Davis, qui m'avait aidé pour *Fleur de Cactus*. Je résolus également d'aller dans une bonne salle de culture physique jusqu'à environ deux mois avant le début des répétitions ; je devrais passer alors à des exercices plus spécialisés. D'après tous mes amis, si je réussissais, ce serait à coup d'endurance. En tout cas, maintenant, j'avais un but, une raison précise de me lever le matin, de m'imposer une discipline. Je me fis expliquer par Angela Lansbury comment elle s'était préparée pour *Mame*. Angela – grande actrice et véritable « pro » – m'expliqua en détail tous les impératifs de la comédie musicale : un véritable esclavage. Il n'y aurait place dans ma vie pour rien d'autre. Précisément, je n'avais jamais été aussi disponible. J'aimais cette existence de célibataire. En dépit des retards successifs apportés à la conclusion de mon divorce, Jason était en Europe. Impossible de le joindre. De plus, il paraissait bien peu pressé, quand je l'étais tellement, moi, de posséder ce bout de papier juridique, cette déclaration publique. Pourquoi y accorder tant d'importance ? Vieilles coutumes. J'avais été élevée dans le respect des actes de mariage, de divorce – la preuve officielle de son état-civil.

Sur le plan financier, j'étais dans les basses eaux : je n'avais pas travaillé depuis un an et demi. Si le spectacle marchait, ce serait le pactole, mais jusque-là il me fallait jouer serré. Je n'avais pas l'habitude de penser à l'argent. Du temps de Bogie, nous n'en avions jamais manqué. Avec Jason, bien qu'il fût toujours débordé de travail, l'essentiel de ses rentrées allait à ses anciennes épouses ou à des enfants qui grandissaient. La plupart des gens me prenaient pour une riche veuve. Erreur ! Après la mort de Bogie, les journaux avaient publié des extraits de son testament : il laissait plus d'un million de dollars – une fortune ! Oui, mais ils oubliaient de dire que le gouvernement en avait prélevé la moitié. Pourquoi paie-t-on pour mourir ? Je ne comprends pas, et personne ne me fera jamais comprendre pourquoi ce qu'on a gagné durant sa vie ne vous appartient pas, et pourquoi l'on ne peut en disposer à son gré. Dieu sait que le fisc vous harcèle suffisamment de votre vivant. En tout cas, ce qui restait était à moi pour moitié en fidéicommis, l'autre moitié se divisant par parts égales entre Stephen et Leslie. Une poire pour la soif, mais pas de quoi vivre. Douze ans plus tard, en outre, le coût de la vie avait considérablement augmenté, alors que mes responsabilités ne s'étaient pas allégées. J'avais envie de passer cinq à six semaines en Europe avant de commencer à travailler la pièce. Les Niven m'invitèrent pour deux semaines dans leur magnifique villa de Saint-Jean-Cap-Ferrat avec Sam et Leslie. Sam Spiegel m'offrait l'usage de son appartement londonien pour une durée indéterminée. Donc pas de notes d'hôtel, juste les billets d'avion en classe touriste – mi-tarif pour Sam – j'y arriverais juste : bref arrêt à Paris, puis le train pour le Midi.

Jusqu'à notre départ, le 1er juillet, je travaillai ma voix avec Keith trois fois par semaine, et la musique de la pièce avec Peter Howard, notre chef d'orchestre. Cela durait depuis quelques semaines quand Peter et Charles Strouse, le compositeur, vinrent m'entendre. Mes nerfs se mirent aussitôt à me jouer des tours. « Pense à ta respiration, pense à la chanson... Oublie ton spectateur. » Mais comment oublier l'auteur, qui est en train de vous juger ? *Pourquoi ne suis-je pas née avec une voix ?* Je chantai et j'eus l'impression que cela pouvait aller. Peter, au piano, me faisait des petits sourires d'approbation. Je ne connaissais pas bien Strouse, et il me parut extrêmement sérieux. Je terminai et il dit à Peter : « Telle note était fausse. » Excellent pour mon moral ! Je me sentais stupide, dépassée, et, me rebiffant, déclarai : « Si vous vouliez Streisand, il fallait le lui demander. » Peter me défendait, affirmait que je ne m'en tirais pas si mal. Je demandai à Charles, à titre de faveur insigne, de ne plus venir m'entendre – c'était trop tôt. Des mois plus tard, je lui rappelai cet épisode – mais je m'étais méprise sur le sens de sa réflexion. Il savait que je m'en tirerais avec honneur. Il avait simplement voulu attirer l'attention de Peter sur un point faible. Nous étions alors devenus amis, mais au commencement j'étais trop peu sûre de moi pour prendre ce genre de critique en bonne part. Je n'étais pas une chanteuse, tout le monde le savait – mais à coup de travail, de persévérance et d'encouragements, j'étais certaine de me tirer d'affaire. Je pouvais jouer le rôle ; avec un peu de temps, je saurais le chanter.

Plus tard au cours du printemps, ma mère retourna à l'hôpital, toujours pour son œdème pulmonaire. Une fois encore la crise se déclencha en pleine nuit, une fois encore elle demanda au médecin : « Est-ce la fin ? » Cette fois encore, elle ne resta que peu de temps, mais, chose étrange, je ne m'étais jamais demandé ce que signifiait cet œdème à répétition. J'en avais pris l'habitude – il fallait y veiller. Elle se remettait. Cela faisait partie de notre routine.

Lee avait projeté un week-end de golf pour le Memorial Day. Ma mère ne voulait pas l'accompagner, il ne voulait pas la laisser. Elle suggéra de venir chez moi, et je ne sautai pas de joie. Je ne cherche pas des excuses, mais je craignais un accident, et la perspective d'être seule pour manipuler la tente à oxygène me paniquait. Mon manque de générosité l'agaça. Mais je l'aimais tant que j'avais peur de perdre la tête dans l'épreuve. C'est la seule fois de ma vie où je me sois vraiment sentie lâche.

« Lee n'a pas eu un instant de tranquillité depuis treize ans, me dit-elle. Il travaille dur, il a besoin de changement et de repos. Comment peux-tu être aussi égoïste ? » Elle avait raison. Je n'étais pas fière de moi ce jour-là. Bien sûr, Lee pouvait partir ; bien sûr, elle pouvait venir – j'adorerais l'avoir auprès de moi. Le week-end approchant, Lee l'amena en voiture avec sa tente à oxygène portative et me montra comment l'utiliser. Il fallait tout prévoir, ne rien laisser au hasard.

Depuis mon enfance, ma mère avait l'habitude de se lever à sept heures, de prendre un bain et de s'habiller aussitôt. Elle était toujours prête à partir au travail quand elle m'éveillait pour le petit déjeuner. Quelque vingt-cinq ans plus tard, elle n'avait pas changé. Ce genre de stabilité est très rassurant. Je l'installai dans ma chambre. J'avais un lit immense et je voulais être là si elle se levait la nuit.

J'avais un peu oublié le plaisir d'être auprès d'elle. Le premier matin, je m'éveillai pour la trouver tout habillée, une tasse de café dans les mains, ayant présidé au départ en classe de Sam et de Leslie. Ils adoraient l'avoir à la maison, et elle était folle de joie d'être autant avec eux. J'étais de nouveau sa fille, et cela me semblait bon. J'avais été seule bien longtemps. La seconde nuit, elle s'éveilla vers trois heures du matin – j'ouvris les yeux pour la trouver assise au bord du lit. Je me levai, allai m'asseoir à côté d'elle et passai un bras autour de ses épaules en lui demandant si tout allait bien. Voulait-elle quelque chose ? De l'oxygène ? Non, elle se sentait juste un peu faible, cela allait passer. Elle posa sa tête sur mon épaule, et nous restâmes ainsi – une mère et sa fille – pendant environ un quart d'heure. Je caressais ses cheveux, ses bras, je me sentais très protectrice, pleine de tendresse... et je repassais dans ma tête le fonctionnement de la tente à oxygène pour le cas où j'en aurais besoin. Elle ne s'était jamais appuyée sur moi. Nous avons été très proches, pendant ces quelques jours. J'étais si heureuse de sa présence : je me désolais à l'idée de la reperdre si vite. Le jour où Lee devait venir la chercher, je lui demandai de rester, mais elle ne voulut pas en entendre parler – sa place était près de son mari. Quelle idiote j'étais – j'aurais pu l'avoir à la maison souvent pendant le week-end. Si j'avais été moins préoccupée par ma propre vie, j'aurais pu y penser.

Steve revint de l'université de Boston, où il avait fait transférer son dossier, en nous annonçant qu'il était amoureux. Elle s'appelait

Dale, elle était originaire du Connecticut. Il en était fou – il voulait passer l'été chez ses parents. Il trouverait un travail. Il était au désespoir de ne pas être avec elle. Je ne l'avais pas rencontrée, mais jamais je n'avais vu mon fils dans cet état. De nouveau ses études étaient au point mort. Dans sa confession amoureuse, il laissa échapper cette inquiétante indication : il avait usé de drogues en Pennsylvanie – marijuana, LSD – mais y avait totalement renoncé depuis sa rencontre avec Dale. Je n'en savais rien, et je fus profondément choquée. Stupidement, je n'avais pas pensé que sa période de silence prolongé pouvait s'expliquer par la drogue. Quelle naïveté de ma part vis-à-vis de cet enfant des années 60. Pourquoi aurait-il été épargné quand le mal était si répandu ? Dieu merci, il semblait s'en sortir sain et sauf. Et si Dale avait réussi à l'en détourner, il devait vraiment beaucoup l'aimer. Il me paraissait si jeune – il *était* si jeune : vingt ans. Je m'avisai que je ne le connaissais pas aussi bien que je le croyais. Je ne savais rien de la façon dont il avait passé ses jours, à l'université, ces deux dernières années.

Les études ne lui avaient pas réussi. Il ne trouvait pas sa voie, ne savait que faire de sa vie. Pour l'instant, une seule chose comptait : Dale. Il me fustigea d'un ressentiment qu'il devait nourrir depuis Dieu sait quand : « Tu n'as jamais correspondu à l'idée que je me faisais d'une mère. Jamais à la cuisine, jamais à préparer le dîner – toujours au travail ! » J'avais cru qu'il comprenait Son jugement, fondé sur les apparences, manquait terriblement de maturité. Était-ce un besoin démesuré d'affection qui le motivait ? Me tenait-il vraiment pour une mauvaise mère ? À coup sûr, il n'avait jamais rien compris à mon existence – ni moi à la sienne. Peut-être faut-il toute une vie pour comprendre ses parents. « Plus tard, me disais-je, quand il sera moins à vif, nous pourrons parler, trouver un terrain d'entente. »

Je n'ignorais pas quel handicap cela avait toujours été pour lui d'être le fils de son père. Jamais il ne parlait de Bogie, ne cherchait à s'informer. Je m'étais efforcée à l'occasion de lui en parler, calmement, sans passion. Il écoutait, mais ne posait jamais de questions, et je m'étais gardée d'insister. « Plus tard », pensais-je toujours. Je me demandais maintenant s'il y aurait jamais un « plus tard ». Sur un seul point il n'a jamais varié : son film favori est *African Queen* et il veut avoir l'Oscar de Bogie. Ainsi, même si depuis l'enfance il s'est interdit de penser à son père, même s'il a voulu tourner le dos à sa peine, il tient à être son fils.

Ma mère reprit le chemin de l'hôpital le 26 juin, cette fois avec de l'arythmie cardiaque. Je la voyais tous les jours. Elle espérait quitter l'hôpital le 1er juillet, mais à mesure que la date approchait, il devenait évident qu'il n'en serait rien. Il n'était pas question pour moi de partir pour l'Europe avant qu'elle soit de retour chez elle. Je remis donc notre départ au 5. Tous les jours on me disait qu'elle sortirait le lendemain. Je ne savais que faire. Elle semblait détendue, souriante, je décidai donc de m'en aller, puis je repoussai de nouveau la date. J'avais amené Sam et Leslie devant l'hôpital pour qu'ils puissent lui faire des signes de la main. Les visites d'enfants ne lui étaient pas permises, mais comme sa chambre était en façade nous nous étions arrangés.

Vint enfin le jour du départ. Ma mère rentra chez elle ce matin-là. Je terminai les bagages, surveillai ceux des enfants et allai passer quelques heures avec elle. Nous nous installâmes sur la terrasse. Elle voulait me faire du thé – elle détestait qu'on la serve –, mais cette fois c'est moi qui le fis. Je voulais qu'elle me donne sa parole d'éviter tout effort. Je lui donnai notre itinéraire, lui promis de trouver ces jolies chemises de nuit en coton qu'elle aimait, d'écrire régulièrement. Elle dit : « Pas de téléphone – ne gâche pas ton argent. » Je l'embrassai pour lui dire au revoir et l'assurai que je serais de retour avant qu'elle n'ait eu le temps de se rendre compte de mon absence. Pendant que j'attendais l'ascenseur, sa porte s'ouvrit. Je fus saisie par ce geste inhabituel de sa part. Elle dit qu'elle avait juste voulu me voir encore – me dire au revoir une fois de plus. Je revins vers elle, la pris dans mes bras et lui demandai si elle se sentait bien. Oui, bien sûr, elle avait juste eu envie de voir encore une fois ma drôle de bille... En vérité, je m'en rends compte aujourd'hui, elle ne voulait pas que je parte, mais jamais elle ne m'aurait demandé de rester. Je lui souris, l'étreignis une dernière fois, et entrai dans la cabine.

Paris était superbe, comme toujours, et après une semaine environ nous prîmes le train pour Cap-Ferrat. Les Niven nous attendaient. C'était merveilleux de les retrouver – ils m'avaient tant manqué, ces deux vrais amis. Et leur villa était d'une rare beauté, avec d'eau de mer, un jardin, un belvédère au bord de la Méditerranée. J'infligeai mes vocalises à David et Hjordis, jouai les enregistrements de la partition, passai des heures tous les jours au bord de la piscine face à la mer pendant que j'aboyais mes exercices et tentais de chanter mes chansons. Pauvre Méditerranée. Les couples innocents se dorant au soleil ou sur leurs pédalos, les petits avions traînant leurs banderoles publicitaires, les fanas du ski nautique – tous étaient soumis à cette épreuve. J'étais à l'abri de tout complexe, rien ne pouvait m'arrêter ! Ce fut un séjour parfait – détendu, plein de rires et de plaisirs sains. Que c'était bon de savoir que des gens aimés étaient en vie et heureux dans leur coin du monde.

Nous retournâmes à Paris pour quelques jours. Chez Chanel, un après-midi, on m'annonça que Katie Hepburn était là. Je poussai un hurlement, partis à l'assaut de son salon d'essayage où, en riant, nous nous serrâmes dans les bras l'une de l'autre. Elle essayait ses robes pour *Coco*, sa première comédie musicale, qui devait être mise à l'affiche en novembre. Nous décidâmes que nous étions folles, toutes les deux, de nous lancer dans ce genre de spectacles. Mais découvrîmes avec joie que les dates de création concordaient presque et que je pourrais assister à sa première.

Nous trouvâmes à Londres tous nos amis sur le pied de guerre pour nous accueillir. Ils avaient fait des plans pour montrer toute la ville à Sam – le palais, la relève de la garde, la Tamise, le zoo, Piccadilly Circus, les parcs. Le premier soupirant de Leslie, Tom Logan – le fils de Josh et Nedda –, se trouvait à Londres, elle était donc au septième ciel.

À leur première rencontre – elle avait seize ans –, ils s'étaient sentis attirés l'un vers l'autre. Aussitôt, elle se montra plus indépendante à mon égard, plus affirmée. C'était la vieille crise d'identité qui se déclarait, la rupture du cordon ombilical. Des heurts alors survinrent entre nous. Elle voulait passer son dix-septième anniversaire à Londres avec Tom, ce qui signifiait que nous y resterions une bonne semaine de plus que prévu. Par bonheur j'ai toujours adoré Londres – j'y ai beaucoup d'amis que je n'ai jamais le temps de voir. Et de toute façon je ne pourrais pas revenir avant au moins un an et demi.

J'écrivais plus souvent à ma mère que je ne l'avais jamais fait. De longues lettres, pleines de nouvelles. Elle répondait toujours. Je me souviens qu'un soir, j'eus envie de lui téléphoner. Puis je me dis qu'elle passerait la moitié de notre conversation à me dire qu'il était ridicule de dépenser de l'argent que je n'avais pas. L'une de ses lettres, répondant à ma décision de rester à Londres pour l'anniversaire de Leslie, me pressait plus ou moins directement de rentrer. Son écriture s'affaissait vers la fin, révélatrice de sa fatigue. Elle était constamment présente à ma pensée. Je lui cherchais des petits cadeaux, j'avais envie de communiquer avec elle tous les jours – une lettre, une carte postale, un paquet.

Je fus trop heureuse de prendre l'avion vers la fin d'août pour la retrouver. J'arrivai à la maison, et la femme de ménage me dit : « Votre mère est à l'hôpital. » Je composai le numéro et eus la chance de lui parler juste avant l'extinction des feux. Elle était entrée le jour même, semblait fatiguée, mais contente de m'entendre. Les enfants lui parlèrent, et je lui dis que je viendrais le matin passer la journée avec elle. Plus tard, Lee me mit au courant. Elle avait été hospitalisée fin juillet – trois semaines environ après mon départ – pour plus d'une semaine. Elle n'était rentrée chez elle que onze jours avant mon retour, et déjà elle se retrouvait là-bas. Il me dit qu'il avait failli me prier de rentrer. « Pourquoi ne l'avez-vous pas fait ? » Elle avait été formelle, me répondit-il, n'admettant pas qu'il m'appelle. Il s'était donc abstenu, de peur de la contrarier. Mais j'aurais dû m'en douter. Pas sa faute à lui. Si j'avais appelé ce soir-là, de Londres, j'aurais tout su. Lee projetait d'aller jouer au golf pour le week-end du Labor Day, il voulait y renoncer. Je lui dis de n'en rien faire, que je serais auprès d'elle tous les jours. J'étais certaine qu'il avait besoin de changement.

Le lendemain matin je rassemblai les cadeaux choisis pour elle en Europe et pris le chemin de Brooklyn et de l'hôpital. Elle m'attendait, assise dans son lit, très amaigrie. Je l'embrassai tendrement, lui montrai ce que j'avais acheté et l'aidai à passer une des chemises de nuit de Paris. On devait lui faire, ce matin-là, un nouvel examen cardiaque. Quand l'infirmière vint la chercher, elle demanda à me garder auprès d'elle.

Son médecin vint la voir dans l'après-midi. Il ne me plut guère. Pendant qu'une infirmière s'affairait auprès de ma mère, je sortis dans le couloir avec lui. Il me dit que son cœur s'était affaibli peu à peu, que pendant le week-end l'hôpital serait à court de personnel, qu'elle serait mieux en soins intensifs. Je répondis : « Il faut trouver une autre solution, elle a ce service en horreur. » Il répondit qu'il tâcherait de l'éviter, mais sans rien promettre.

Je restai avec ma mère. Elle me dit que la nourriture était infecte, qu'elle avait envie de thon. J'étais inquiète, je ne voulais pas la quitter, mais elle avait besoin de repos, et les enfants étaient seuls à la maison. Je la verrais le lendemain. Je la pris dans mes bras et l'embrassai de nouveau, mais sans effusion : elle n'aimait pas qu'on soit démonstratif.

Le lendemain matin, son état me parut stationnaire. L'atmosphère de l'hôpital était particulièrement lugubre. Ma mère avait avalé un déjeuner infâme avant mon arrivée – le thon que je lui apportais attendrait le lendemain. Je lui dis que Sam était en bonnes mains, que je pouvais donc sans problème rester auprès d'elle. Elle se faisait toujours du souci pour quelque chose. Sam était seul, et Leslie, et Steve, que faisaient-ils ? Quel genre de fille était Dale ? Qu'est-ce que je faisais, moi ? Est-ce que je mangeais ? Étais-je bien certaine de vouloir divorcer ? Je restais au premier plan de ses soucis, et elle était fière de moi, en dépit de mes si nombreuses déficiences.

Le médecin revint dans l'après-midi et me répéta que ma mère devait passer le week-end en soins intensifs. C'était indispensable. Je lui dis que je serais là tout le temps, que je rentrerais chez moi pour une heure, puis que je reviendrais, que je l'accompagnerais en soins intensifs en fin d'après-midi. Il l'avait auscultée, son cœur battait irrégulièrement, il faisait très chaud, elle pouvait avoir besoin d'oxygène pour faciliter sa respiration.

Lee vint l'après-midi, hésitant à partir. Ma mère insista pour qu'il ne change rien à ses plans. Il avait subi une telle tension nerveuse : jamais une nuit tranquille, s'éveillant au moindre mouvement – et toutes les crises s'étaient produites en pleine nuit.

L'heure était venue de descendre en soins intensifs. On sentait déjà le manque de personnel à l'étage – l'ambiance d'un long week-end.

L'infirmière aida maman à s'installer dans un fauteuil roulant et nous nous mîmes en route. En arrivant devant la porte d'entrée du service, elle leva les mains : « Oh non ! » Presque un gémissement. Je l'entourai de mes bras. Nous l'installâmes dans un lit, avec les paravents de chaque côté comme d'habitude, pour qu'elle se sente un peu moins exposée aux regards des autres malades. Le service des soins intensifs est un lieu d'effroi. Bien des années plus tôt, quand elle y avait été placée, le soir tous les lits étaient pris ; le lendemain matin, il y en avait toujours un ou deux de libres. Mourir la nuit... On m'autorisa à rester auprès d'elle davantage que les habituelles périodes de cinq minutes toutes les heures, de sorte que cela lui donnait l'impression d'être moins malade qu'elle ne le craignait. Elle acceptait tout. Je restais là, assise sur la vieille banquette du couloir, en attendant qu'on me permette de me rendre auprès d'elle. C'était éprouvant. Elle me demanda : « Pourquoi ne mets-tu pas une robe ? Tu es toujours en pantalon. Tu es plus jolie en robe. » Elle voulait toujours me voir à mon avantage. « Demain... je mettrai une robe demain. » Quand je l'embrassai pour lui dire bonsoir, je dis : « À demain. – N'oublie pas, répondit-elle. Viens de bonne heure. »

Une fois rentrée, j'appelai le médecin, lui demandant de vérifier sans faute que ma mère avait bien tout le nécessaire. J'avais une expérience assez longue des médecins, des infirmières, des hôpitaux pour ne faire confiance à personne. Il y en avait moins de bons que de mauvais, et au regard de leurs tarifs exorbitants on a bien le droit de se montrer exigeant.

Le lendemain il fit très chaud. Un temps typique de fin d'août à New York. J'enfilai une robe et embrassai mes enfants – je ne les avais pas vus ces deux derniers jours. Ma mère était assise dans son lit, elle lisait le journal. Elle sourit en me voyant : « C'est mieux. Voilà comment tu devrais toujours t'habiller. » Ma robe... Je m'assis sur le côté de son lit.

Le petit écran sur lequel s'inscrivait une mince ligne blanche qui représentait les battements de son cœur était accroché au-dessus de nos têtes.

Je passai les heures qui suivirent à entrer et sortir de cette chambre. Le médecin vint l'examiner vers six heures et me fit attendre au-dehors. Il me rejoignit pour me dire que son cœur était très faible. On lui introduisait un tube à oxygène dans le nez pour qu'elle ne fasse pas le moindre effort en respirant. Maman cherchait une position assise dans son lit, avec ce tube vert hideux dans le nez. Elle me fixa de ce regard que je connaissais si bien et qui signifiait : « Fais ce que je dis, ne me contredis pas. Je vais me reposer, retourne chez toi – J'aimerais rester un moment. – Je veux que tu rentres, que tu rejoignes les enfants. Je te verrai demain. » Je fis un signe affirmatif, la serrai contre moi malgré le tube et sortis avec le médecin. Nous nous dirigeâmes vers le parking, et je commençai mes éternelles questions. Il me répondit comme d'habitude. Il avoua qu'elle déclinait et ne pouvait se prononcer sur l'avenir. « Je fais tout ce qui est possible, dit-il. On peut me joindre n'importe quand, jour et nuit, j'habite à deux minutes d'ici. » Enfin je demandai : « Est-ce que je devrais rester ? Il répondit : « Non. Elle veut vous savoir avec vos enfants. Elle va dormir. Mieux vaut faire ce qu'elle demande. »

Sur le chemin du retour, je me mis à pleurer, à prier à voix haute : « Mon Dieu, faites qu'elle guérisse, épargnez-la ! » J'aurais dû me souvenir comme j'avais pleuré et parlé toute seule, douze ans plus tôt, la veille de la mort de Bogie.

Je trouvai les enfants à table, dans la cuisine, en train de dîner, et je m'assis avec eux. Sam, qui avait sept ans, vint s'asseoir sur mes genoux, mit ses bras autour de mon cou et me regarda dans les yeux. « Pourquoi tu es si triste, maman ? Jamais je n'ai vu tes yeux si tristes. – Je me fais du souci pour grand-mère, chéri, répondis-je, elle est très malade. » J'avais parlé à Leslie, mais j'avais voulu épargner Sam. En vain.

J'enlevai ma robe. Il faisait très chaud. Et je couchai Sam. Vers neuf heures, le téléphone sonna, Leslie m'appela : « C'est le médecin. » Je me ruai sur le téléphone. « Je suis à l'hôpital. Votre mère a eu une nouvelle attaque – il serait préférable que vous veniez tout de suite. Passez par l'entrée des ambulances, ils vous conduiront directement. » J'étais affolée. Il me fallait appeler Lee. Leslie demanda le numéro pendant que je me rhabillais. Je saisis l'appareil, répétai à Lee ce que venait de me dire le médecin. J'étais en route pour l'hôpital – je pensais qu'il vaudrait mieux qu'il revienne. Il me dit qu'il n'avait rien déballé, qu'il avait l'intention de rentrer de toute façon, qu'il se mettait en route immédiatement.

À l'hôpital, on m'attendait. Je courus jusqu'à la porte du service de soins intensifs. À l'exception d'une petite lumière au-dessus du lit de ma mère, tout était dans l'ombre. Elle était allongée, avait encore le tube d'oxygène, plus une bande de tissu sur le front, des plaques de métal aux bras et aux jambes – pour l'électrocardiogramme, pensais-je. Le médecin et une infirmière étaient d'un côté du lit, je me précipitai de l'autre côté. J'avais tellement peur. Je pris sa main dans la mienne : elle était chaude. Elle était inconsciente, dans le coma ? Sous le choc ? Je ne savais pas. La ligne blanche continuait à osciller. Je ne la quittai pas des yeux, tenant sa main. Puis je jetai un coup d'œil sur le graphique : la ligne était droite, maintenant ; les écarts vers le haut et le bas avaient cessé. Je regardai le médecin. Il hocha la tête : « C'est fini. » Ce n'était pas possible. Je me penchai et l'embrassai dans le cou. Je perçus comme un souffle venant de sa bouche. Je dis : « J'ai entendu un bruit... Qu'est-ce que ce bruit ? – Non, c'est normal », répondit-il. Je repris sa main, l'embrassai de nouveau. Était-ce vraiment la mort ? Sans erreur ? Je ne voulais pas la quitter, mais j'avais peur de la prendre dans mes bras, peur de l'inconnu. Je restais plantée là, tremblante, muette. Une infirmière me fit sortir de la pièce. Il y avait un petit bureau tout près. Je m'assis sur une chaise et me mis à pleurer, appuyée contre une infirmière dont je ne vis jamais le visage.

Finalement, j'appelai Leslie, la prévins et lui demandai de téléphoner à Steve, lui dis que j'attendrais l'arrivée de Lee et que je rentrerais. J'étais comme insensibilisée. J'étais en train d'indiquer à l'infirmière un autre numéro à appeler, puis un chariot passa près de nous, un drap recouvrant une forme qui était ma mère. « Comme ils vont vite », songeai-je. Que c'était étrange, une fille voyant mourir sa mère, à qui elle devait la vie. J'appelai Renée, sa sœur unique et chérie. Elle eut une sorte de soupir : « Pourquoi faut-il que ce soit elle, pourquoi pas moi ? »

Le médecin sortit de la chambre et me proposa d'aile attendre Lee chez lui. « Mais il ne saura pas où aller ! protestai-je. – Je donnerai des instructions à l'entrée. » Je voulais être certaine que personne d'autre que moi ne le préviendrait. Je suivis le médecin dans un appartement inconnu et impersonnel pour y attendre Lee entre le médecin et sa femme. Je ne comprenais pas encore l'étendue de ce malheur. Il semble que ma mère avait dit à une infirmière qu'elle se sentait nerveuse et voulait voir le médecin. Nerveuse... Mes pensées refluèrent vers Bogie – avait-elle eu le même geste que lui pour tirer sur ses draps ?

Mais pourquoi ne m'avait-on pas appelée plus tôt ? Et pourquoi ce médecin, s'il se doutait de cette issue fatale, ne m'avait-il pas dit de rester ? Pourquoi m'avait-il conseillé de rentrer ? Peut-être aurais-je eu le temps de lui parler, de lui montrer qu'elle n'était pas seule ? Avait-elle eu le temps d'avoir peur ? Tout le monde dit que nous sommes seuls – nous naissons seuls et nous mourons seuls. Sans doute est-ce vrai.

La sonnette tinta. Je me levai : Lee... « Pourquoi es-tu là ? Comment va ta maman ? – C'est fini. » Il se détourna, le visage crispé. Je passai un bras autour de ses épaules : « Allons chez moi. Venez passer la nuit avec nous. »

Leslie était éveillée quand nous arrivâmes. Elle affectait le calme et pleurait en secret. Quelle extravagante famille nous formions... Lee et Leslie répétaient tous les deux que ma mère avait résisté pour m'attendre. Elle voulait me revoir encore une fois avant de quitter ce monde. Pourquoi n'étais-je pas rentrée plus tôt d'Europe ? Mais peut-être alors serait-elle morte plus tôt ? Il était plus de minuit quand nous allâmes au lit. Trois heures plus tôt, ma mère était encore en vie. Un laps de temps si bref, pour un tel bouleversement...

Je téléphonai à Steve, qui me répondit que Dale et lui seraient avec nous le lendemain dans l'après-midi. Ma première réaction fut : « Pourquoi Dale ? Elle ne connaissait pas ma mère. » Mais j'étais contente que Steve l'ait près de lui.

Je ne dormis guère, m'interrogeant sur la façon d'apprendre la nouvelle à Sam, qui aimait si tendrement sa grand-mère.

Tôt le matin, j'allai dans sa chambre. Je le pris sur mes genoux et dis simplement : « Granny nous a quittés. Elle est au ciel. Son cœur s'est arrêté. » Il se blottit contre moi, s'efforçant de me consoler. Il avait un tel don d'amour. Je songeais à l'emmener à l'enterrement, puis je me demandai pourquoi. Il ne fallait pas que la dernière image qui s'imprime sur sa rétine soit celle d'un cercueil – je voulais qu'il se souvienne de sa grand-mère vivante, rieuse et gaie.

Nous prîmes les mesures nécessaires ; j'avais décidé de parler au rabbin. Je voulais qu'il prononce quelques mots, mais je préférais écrire moi-même ce qu'il dirait. Et puis revenaient les détails macabres, inévitables, le choix d'un cercueil comment fait-on ses courses mortifères ? Lee et moi allâmes chez eux choisir les vêtements que ma mère porterait. Qui a inventé cette tradition : s'habiller pour ne jamais plus être vu ? C'était affreux de pénétrer dans son appartement, qu'elle avait quitté à jamais. De fouiller dans ses affaires, de trouver une robe qu'elle aimait. Nous allâmes ensuite voir le salon mortuaire, ce lieu sans âme où se déroulerait le service religieux.

Tante Renée vint chez moi. Le chagrin partagé, l'évocation des souvenirs lointains de l'enfance resserraient les liens entre nous. J'étais orpheline – je ressentis un choc en y pensant. Plus de mère, jamais de père. Nul ne m'aimerait jamais plus sans aucune réserve. L'enfant de personne... Avec le temps, cette notion se ferait de plus en plus obsédante.

Nous étions assis ensemble dans la bibliothèque, parlant, épuisés, vidés, quand le téléphone sonna. Jason, ivre, appelait d'Espagne. Je n'étais pas d'humeur à le supporter. Je voulais que le divorce soit liquidé, rien d'autre. Je lui coupai la parole : « Écoute, je ne suis pas en état d'écouter des propos d'ivrogne. Ma mère vient de mourir. Je ne peux pas te parler davantage. » Il reprit immédiatement ses esprits : « Quoi ? quand ? » Je lui répondis. Il voulait savoir quand était l'enterrement, ajouta qu'il serait là. « Non. Je ne veux pas de toi. Ne viens pas. » Il insista : « Je viendrai quand même. » J'étais sûre qu'il n'en ferait rien – ne voyant pas comment il pourrait arriver à temps.

Je m'assis à mon bureau pour écrire quelques mots sur ma mère. Elle avait une aura particulière. Voilà pourquoi elle et Bogie avaient éprouvé l'un pour l'autre amour et respect. Tous deux étaient des êtres exceptionnels. Sans trace d'égoïsme, sans nul instinct de propriété, sans aucune âpreté, elle n'attendait jamais qu'on la remerciât des services rendus. Elle avait pour elle l'intégrité, la vitalité, l'altruisme ; avec, dominant tout le reste, le souci de l'unité, de la protection de la famille. Sa vie n'avait pas été facile. Mais à travers toutes les déceptions, tous les rêves brisés, elle avait gardé un inaltérable sens de l'humour. J'étais un peu un amalgame d'elle et de Bogie. Ce que je lui devais depuis ma naissance m'avait sauvé jusqu'à maintenant. Elle m'avait laissée avec tous mes souvenirs, mais elle m'avait laissée, et cette peine ne s'éteindrait jamais en moi.

Le lendemain, Steve arriva avec Dale, que je voyais pour la première fois. Elle était jolie, calme et douce. Le moment était bien mal choisi pour rencontrer l'élue du cœur de mon fils. Terrible pour elle, toute cette famille d'un coup, dans les pires circonstances.

Ce soir-là, nous allâmes au salon funéraire. La pièce était mal éclairée. Le cercueil dans lequel reposait ma mère était poussé contre un mur. On m'avait offert cette occasion de la voir... Naturellement, je ne voulais pas la voir. Des amis vinrent qui l'avaient aimée. Mes douces cousines, Judy et Joan. Oncle Bill – si fort, vulnérable, solitaire. L'oncle Al, son dernier frère, qui m'embrassa, le visage ruisselant de larmes. Ils étaient bien différents les uns des autres, mais les liens du sang sont indestructibles... surtout le sang roumain.

Soudain, Jason entra. J'étais stupéfaite, mais après tout je ne pouvais lui en vouloir. Maman l'avait aimé, et, apparemment, ce sentiment avait été réciproque. Il avait fait un long voyage. Je me levai et le pris dans mes bras – cela me semblait naturel. Avec Jason à jeun, je m'étais toujours bien entendu. Finalement, je lui étais reconnaissante d'être venu.

Tout le monde sortit alors. Je demandai à Steve et à Leslie d'aller attendre au-dehors. Lee et moi nous plaçâmes près du cercueil, que je me pris à effleurer des doigts comme pour transmettre cette caresse à ma mère. Puis je m'effondrai en sanglots. J'aurais voulu ouvrir le cercueil et m'y étendre près d'elle. Ce fut l'un des pires moments de ma vie. Le pauvre Lee ne savait que faire, il ne m'avait jamais vue dans un tel état. Je ne pouvais penser qu'à elle. Qu'elle sente ma présence, mon amour sans mesure, mes regrets de n'avoir pas fait pour elle tout ce que je pouvais. Perdre un être aimé, la vie n'apporte pas de plus dure leçon, car elle vous fait toucher du doigt, impitoyablement, l'irréversible.

La nuit précédente m'avait tant épuisée que je suivis le service funèbre dans un état second. Les paroles prononcées par le rabbin ne traduisaient que bien imparfaitement mes sentiments. Je gardai Steve et Leslie près de moi, et me demandai ce qu'allait devenir Lee maintenant. Vingt ans de vie commune, c'était presque une éternité, surtout pour un être qui avait tant attendu avant de s'engager. Et tous deux s'entendaient, se complétaient si bien...

Jason repartit pour l'Espagne après les obsèques. Je le remerciai d'être venu, et il me promit de signer les papiers du divorce.

Pour la première fois, Lee allait passer la nuit seul, privé de la présence de ma mère. Je voulais qu'il comprenne qu'il trouverait toujours chez moi un refuge à tout moment. Moi et les miens, nous étions davantage sa famille que ses sœurs ou neveux et nièces. Il était davantage le grand-père de Steve, Leslie et Sam que mon père biologique.

Je repris le lendemain les démarches en vue de régler les derniers détails de mon divorce. J'avais l'intention de partir pour Juarez, au Mexique, le mardi 19 septembre, obtenir mon jugement de divorce le mercredi, puisque le dossier était enfin constitué. Après tout, le divorce est une des industries du pays. Au moment de partir, je reçus le manuscrit de *Applause* et décidai de l'emporter.

Le vol fut sans histoire, ne me laissant que trop de temps pour songer. Une secrétaire du cabinet de mon avocat m'attendait à mon arrivée au Texas, pour me conduire au-delà de la frontière, jusqu'à Juarez. Elle m'indiqua le programme du lendemain. Tout serait fini à cinq heures, ce qui me laisserait le temps d'apaiser une fringale de tacos qui m'avait prise au souvenir du menu de mon mariage. Au lit, ce soir-là, je ne pensais qu'à ma mère. En larmes, je m'adressai à elle : « Maman, j'espère que tu seras contente, je fais ce que tu voulais. Je vais de nouveau mener une vie libre et nette et je tâcherai d'en faire bon usage. » Savoir que je n'entendrais jamais plus sa voix était insupportable. Elle me manquait tant. Les années ont passé, et elle me manque toujours autant. Savoir que la mort appartient au cycle de la vie n'atténuera jamais le désespoir.

À cause des enfants, à cause de la pièce aussi, je me forçais à penser à l'avenir. *Applause* serait mon premier travail important sans ma mère pour me soutenir et m'encourager. Cela aussi me laissait inconsolable.

L'épuisement me terrassa. Je m'éveillai sous un beau ciel mexicain – un ciel bleu et des *huevos rancheros*. Je fis le tour du jardin de l'hôtel, entrai dans quelques boutiques pour rapporter des souvenirs à mes enfants. Tout était prêt, comme convenu. L'avocat chez lequel me conduisit la secrétaire qui m'avait accueillie à l'aéroport me fit aussitôt penser au *Trésor de la sierra Madre*. Il ressemblait étonnamment à Gold Hat. Complet vert, chaussures jaunes, cheveux noirs et brillants, dents d'or scintillantes. Très efficace, il prit aussitôt la direction des opérations. Combien de divorces allait-il ainsi conclure dans sa journée ? Il me dit ce qu'il allait faire, me remit les pièces à signer dans le cabinet du juge. Tout fut terminé en une demi-heure – rapide, impersonnel. Les papiers officiels en main, on me conduisit au restaurant pour un repas de tacos, puis on me mit dans l'avion.

Huit ans de mariage liquidés et mis au rebut en une demi-heure. Même si je l'avais voulu, c'était un cap dur à franchir. Sans m'en rendre compte, déjà j'avais changé. Mon attitude envers les hommes allait s'en ressentir. Et tout cela pour une signature sur un bout de papier timbré. Qui donc avait établi les règles du jeu ? Bogie disait toujours : « Il devrait être facile de se marier, facile de divorcer. » Dans notre société, c'est tout le contraire. En deux minutes, on vous lie, mais il faut des mois et parfois des années pour dénouer ces liens.

Ce samedi-là, j'écrivis à ma mère.

« Ce soir, il y aura deux semaines que tu n'es plus... Morte. Dieu, c'est trop insupportable. Je ne peux pas l'accepter, je ne peux pas y croire, je refuse de m'incliner. Je t'aime tant. Mais le savais-tu ? Je te le montrais si mal, la plupart du temps. Est-ce ainsi que l'on témoigne son amour à ses parents dans la vie ? Mais je t'ai toujours aimée si profondément. J'ai toujours eu tellement besoin de toi. Je me sens tellement vide, maintenant. Je ne peux pas laisser passer un quart d'heure de mon temps sans penser à toi. J'ai constamment envie de pleurer. Et je pleure sur toi autant que sur moi. C'est trop révoltant, trop injuste que tu aies été privée d'années de joie, d'action, de découverte. Maman chérie, tu étais si bonne et si courageuse. Tu m'aimais tant. Je suis si fière d'être ta fille. J'ai eu tant de chance de t'avoir. J'espère seulement que je saurai conduire ma vie comme tu l'aurais voulu. Je jouerai pour toi le soir de la première. Oh, maman, la vie sera-t-elle jamais bonne de nouveau sans toi ? Est-ce possible ? »

J'éprouvais un tel besoin de communiquer, de m'appuyer contre une épaule amie, d'être rassurée. J'avais l'impression d'avoir été amputée d'un membre.

Il y avait mille décisions à prendre pour l'organisation du spectacle. Le metteur en scène, Ron Field, avait été désigné. C'étaient ses débuts dans le métier, bien qu'il fût un chorégraphe expérimenté. Joe Kipness m'invita à déjeuner pour me parler de Ron. Comme c'était aussi mes débuts dans la comédie musicale, j'aurais préféré un metteur en scène rompu à toutes les disciplines de la profession, capable de me soutenir en cas de défaillance. Mais je n'avais pas besoin de me faire de soucis.

Le cas du premier parolier devait être réglé. On avait décidé de le remplacer. Nos grands manitous me demandèrent ce que je pensais de Betty Comden et d'Adolph Green ? C'étaient de proches amis, et je crois toujours dangereux de mêler l'amitié au travail, mais cela me semblait quand même une bonne idée – ils avaient tant d'esprit, de talent, de gaieté. Betty m'appela la première, puis Adolph, pour me demander si j'approuvais leur participation à *Applause*. Le travail sur le texte commença aussitôt. Les répétitions étaient prévues pour novembre.

Je me mis à la danse sous la férule de l'assistant de Ron, Tommy Rolla. C'était un monde entièrement nouveau pour moi – développer certains muscles qui n'avaient jamais été utilisés. Entraîner son corps à l'endurance, au mouvement. Je souhaitais m'épuiser de travail, m'épuiser jusqu'à l'hébétude. Et puis je ressentis l'irrésistible besoin d'écrire une autre lettre à ma mère :

« Voici quatre semaines que je suis rentrée. Quatre semaines depuis que tu m'as été enlevée – un événement que je continue à ne pouvoir accepter – quatre semaines que mon divorce a été prononcé et que je peux recommencer à donner une forme à ma vie, avec plus de soin, plus de bon sens, plus de réalisme. Et quatre semaines que Steve et Dale m'ont annoncé leur intention de se marier. Cela t'aurait fait hurler. Mais tu aurais été fière de Steve (dois-je vraiment t'écrire au passé ?) Il paraît vraiment désireux d'assumer les responsabilités qui l'attendent, et elle est simple et charmante. Ils semblent s'aimer. Mais, plus important, Steve est en train de devenir un véritable adulte. Il veut que Lee soit son témoin, ce qui t'aurait plu et rendue fière. Nous irons donc tous, Lee, Leslie, Sam et moi – et tu nous manqueras terriblement. Depuis que tu nous as quittés, Steve semble s'être rapproché de sa famille. Ainsi, ces chagrins et ces deuils auront servi à quelqu'un. C'est d'ailleurs ce que tu as toujours voulu. Ce qu'il y avait de plus important à tes yeux et que tu as obtenu.

« Depuis que tu nous as quittés, je suis complètement désorientée. Je ne peux ni rire ni plaisanter – je me demande si ma gaieté reviendra. Je me sens si vulnérable, maintenant, si mal préparée à faire face aux aléas. J'ai quarante-cinq ans et j'ai peur. Peut-être qu'à mon tour je vais aussi grandir. Je sais en tout cas que tout ce que je ferai – souffrant de ton absence – je le ferai mieux. Tu m'as tant laissé.

« Je vais travailler pour toi et pour tout ce que tu croyais que j'étais capable de réussir. Je le ferai pour toi plus que je ne l'ai jamais fait pour moi-même. Tu as toujours été mon guide. J'avais plus besoin de toi que tu n'avais besoin de moi. La vie est à la fois étrange et funeste. La compréhension de tant de choses me vient si tard. Les leçons sont trop amères. Toutes ces peines pour quelques moments de beauté, de joie, de découverte...

« Tu n'as plus de raison d'avoir peur, maman chérie ; ton cœur si riche, si grand t'a enfin accordé le repos. Je voudrais pouvoir croire à l'au-delà. Ce serait si réconfortant de savoir que tu as retrouvé ceux que tu aimais – grand-mère, Jack, Charlie, Bogie. Et quelle récompense de penser que nous pourrions un jour être réunies, toi et moi, comme nous l'étions au commencement. Repose en paix, mon amour. Tu as tant donné de toi sur cette terre, tu nous as tous enrichis. Si j'arrive à mi-chemin de ta perfection, je n'aurai pas manqué ma vie. Curieux tellement – je viens juste d'y penser – la vie est un mot de trois lettres ; la mort, de quatre. Est-il concevable que le second état soit le meilleur ? »

J'ai certainement écrit cela dans un moment de dépression, car jamais, pas une seconde, je n'ai cru que ce monde inconnu puisse être meilleur que le nôtre.

En tout cas, c'est la dernière fois que j'écrivis à ma mère. Je conserve toujours près de mon lit une petite photo d'elle, de sorte que, quand je me tourne vers la gauche pour tendre la main vers le téléphone ou une cigarette, ou simplement quand je me tourne de ce côté, je peux voir son visage. Il m'arrive parfois de lui parler, et je me sens mieux de pouvoir la contempler telle qu'elle était. Malgré ma tristesse, cela me fait du bien...

Il y avait eu tant de changements pendant ces premières semaines, tant de dispositions à prendre. Steve et Dale allaient bel et bien se marier, et la veille de cet événement je m'apitoyai un moment sur moi-même – comme si j'étais abandonnée de tous ceux que j'aimais. Je ne m'en sentais guère plus vieille pour autant, mais un grand sentiment de solitude s'appesantissait sur moi. Ni Bogie ni ma mère pour le partager. Des images se bousculaient sur ma rétine, sorties de tous les films que j'avais pu voir – bénédiction nuptiale, jeunes époux, parents au premier rang de l'assistance. Au mariage de Steve, je serais seule. Et je me posais des questions. Que m'apporterait la vie ? Du travail, des amis, des problèmes, rien d'autre. Steve avait-il peur ? J'adorais ce garçon – depuis son premier souffle je l'avais placé sur un piédestal. Je savais qu'il était profondément bon, avec l'âme droite, le sens d'une certaine tradition de son père. Il y avait bien plus de Bogie en lui qu'il ne s'en doutait. Je priai pour qu'il trouve sa voie – il avait dû soutenir une lutte bien longue pour un être aussi jeune.

Nous partîmes tous pour le Connecticut. C'était par un beau jour d'octobre ; le soleil brillait dans les yeux de la jeune fiancée. La cérémonie fut brève et très simple. Pendant une bonne partie de cette journée, je me retrouvai bien loin – à mon propre mariage, à la naissance de Steve, récapitulant les événements de sa vie. Il paraissait si jeune, et pourtant si certain de ce qu'il voulait. Le moment venu, Steve et Dale s'en furent dans leur voiture avec les boîtes de conserve rituelles accrochées au pare-chocs arrière.

Je regardai Leslie et Sam en me disant : « Un de parti, deux autres à partir. Ou peut-être pas. Les filles maintiennent les relations plus longtemps avec leur mère. » Mais bientôt, elle aussi s'envolerait. Elle était tellement en beauté, ce jour-là – elle *est* si belle, et sans doute très absorbée par ses propres problèmes sentimentaux. Elle ne me parlait pas beaucoup de Tom ; elle était secrète ; souvent, je ne devinais même pas ce qu'elle pensait.

Et Sam – sept ans et demi et plus éveillé qu'à son tour – préparant son propre départ, quel numéro !

À partir de maintenant, j'allais me consacrer à mon travail. Il fallait à tout prix que je me surpasse. Après une leçon de diction avec Keith Davis, je travaillerais les couplets avec Peter Howard, les figures en salle de danse, et enfin j'étudierais la chanson avec un pianiste. Chaque jour, je devrais m'astreindre à ce dur entraînement physique. Une chose est d'être douée pour la musique – et je crois l'être – et une tout autre chose d'apprendre à chanter, à jouer et mimer une chanson sur scène. Sans parler de mon affreuse timidité qui reprenait toujours le dessus.

Betty et Adolph travaillaient vite, mais ils savaient mieux que moi que la mise en place se poursuivrait pendant notre tournée de rodage. Charlie Strouse et Lee Adams remaniaient certaines chansons, en abandonnaient d'autres. Au fur et à mesure que de nouvelles scènes étaient écrites, on les lisait à Charlie et à Lee, de sorte que tout le monde puisse participer aux transformations.

Les auditions commencèrent. En dehors de Margo (moi), il y avait cinq rôles clés dans la distribution : Eve, Bill Sampson (l'amant de Margo), ma coiffeuse et confidente, le producteur, le meilleur ami de Bill et de Margo. J'assistai à un grand nombre d'auditions. À ce stade, le choix est difficile. Certains acteurs lisent superbement et ne s'améliorent jamais ; d'autres lisent mal et deviennent remarquables. À coup sûr, si ma propre carrière avait dépendu de mes auditions, j'aurais mieux fait de me résigner à vendre des cravates.

Une fois le nombre des candidats à chaque rôle réduit à trois, s'ouvrirait une conférence entre Ron, les auteurs, les metteurs en scène et moi. Je me dissimulais toujours dans l'ombre pour ne pas être vue. Ron avait beaucoup de considération pour les acteurs. Il veillait à ne pas les garder trop longtemps sous les feux de la rampe. C'était de bon augure pour son avenir de metteur en scène et pour nos relations au cours des mois à venir.

Trouver une actrice pour jouer Eve ne fut pas facile. Notre choix se porta en fin de compte sur une inconnue, Diane Macafee, ravissante et douée d'une très jolie voix. Enfin se posa le problème du premier rôle masculin. Deux acteurs se le disputaient, que je ne connaissais pas. En dernière minute, Ron voulut me voir en scène avec ces deux hommes pour juger – disait-il – de l'effet d'ensemble. Je sus plus tard ce qui le préoccupait. Étant donné ma présence particulière en scène, il voulait s'assurer que je n'éclipsais pas mon partenaire. Celui qui surmonta l'épreuve obtint le rôle !

Le temps des répétitions approchant, je me sentais pleine d'impatience. Je me préparais sans arrêt depuis trois mois, sans compter l'entraînement préliminaire d'avant l'été. Ron fixa la première lecture complète du texte un soir chez lui. Les répétitions officielles débuteraient la semaine suivante.

J'avais déjà commencé de travailler avec les danseurs – pour me familiariser avec eux et le climat musical d'ensemble. Les *gipsies* (c'est le nom qu'on donne aux petits rats du corps de ballet) connaissent leur métier sur le bout du doigt, et Ron avait choisi les meilleurs – tous très jeunes, certains ridiculement. C'était fascinant de les voir étudier leurs figures, s'étirer, se détendre, ployer tout en se surveillant dans les hautes glaces murales. J'étais tout d'abord assez intimidée, me sachant observée. Sans doute voulaient-ils savoir de quoi j'étais capable. Tous les mois d'efforts et d'exercices auxquels je m'étais livrée se révélaient payants. Après quelques tâtonnements, je réussis à m'en tirer sans rougir.

Notre première répétition eut lieu le 22 décembre, trois jours avant Noël. Il y avait un tas de préparatifs à faire pour Sam, Leslie et Lee. Steve et Dale devaient venir. Elle était enceinte.

Les photographes de presse étaient invités. Ron et moi esquissâmes quelques pas de notre grand numéro et échangeâmes quelques répliques sous le crépitement des flashs, puis les journalistes s'éclipsèrent. Maintenant, nous pouvions nous mettre au travail.

On m'avait donné quelques renseignements sur les principaux acteurs. Tous les hommes étaient mariés, sauf le premier rôle, Len Cariou, depuis longtemps en ménage avec une comédienne. « Dieu soit loué ! » me dis-je. Ainsi les risques de complications semblaient-ils écartés, ce qui rendait l'atmosphère plus propice au travail. Après avoir connu tant d'aléas depuis 1956, les vents redevenaient favorables, l'horizon s'éclairait enfin.

Tous les jours, il me semblait que j'arrivais plus tôt et partais plus tard que tout le monde, Ron excepté. Il n'y avait que deux scènes du spectacle où je n'intervenais pas, et pendant ces courts répits, je révisais mes chansons ou mes pas, à moins que je ne fusse en essayage de costumes. Je n'avais pas un instant pour souffler, mais c'était vivifiant. Quand je plonge, je plonge. Je ne fais rien à demi. Je m'engage entièrement ou pas du tout.

Au fil des jours, je me pénétrais du personnage de Margo Channing. Certaines de ses faiblesses avaient toujours été les miennes, d'autres le devenaient. Sans me prendre pour elle, je vivais de plus en plus intensément mon rôle, et tout le reste se trouvait relégué au second plan. Les enfants mêmes subissaient cette éclipse.

J'avais prévenu Ron que je m'étais abîmé un ménisque il y avait des années. Il était donc convenu pour le final que le plus léger des *gipsies*, Sammy Williams, me sauterait dans les bras. Je pensais que rien ne pouvait arriver, dans ce cas, à ce malheureux genou. Mais je ne voulais pas prendre de risque. Ron voulait que je danse, que j'aie un véritable numéro. J'étais bien d'accord. Nous fîmes quelques tentatives, juchés sur un juke-box, puis nous y renonçâmes. L'appareil glissait sur ses roulettes, et ses câbles encombraient le plateau. Ron avait prévu une répétition de l'ensemble des *gipsies* le dimanche d'avant notre départ pour Baltimore. Je ne savais pas ce que c'était qu'une répétition du corps de ballet..., j'allais le savoir.

On fila le spectacle en entier – sans costume, ni décor, ni orchestre, avec juste un piano – devant une salle pleine des troupes et des *gipsies* des autres shows à l'affiche à Broadway. Ainsi aurions-nous un aperçu des réactions du public, tandis que ces spectateurs professionnels pourraient juger d'un spectacle dépouillé de tous ses artifices. Cette perspective me terrifiait.

La date fixée était le 18 janvier, la salle, celle du Lunt-Fontanne Theatre. J'étais vêtue d'un pantalon et d'un pull à col roulé. La salle commença à se remplir. Pas de rideau. Les comédiens grelottaient en coulisse, les *gipsies* se réchauffaient dans un coin en utilisant les tuyaux en guise de barre. Je venais de prendre une leçon de diction avec Keith et d'exécuter mes exercices préliminaires avec Tommy. Finalement, ce fut l'heure. Ron, comme c'est l'usage, passa en scène pour préciser l'aspect des décors, l'époque et le lieu de la pièce. Des écrans de télévision devaient être disposés de chaque côté du proscénium. Peter Ustinov était notre invité pour la remise des Tony Awards, cette séquence avait été filmée d'avance ; je lui souhaitais la bienvenue, et je présentai à Eve son trophée. Une innovation dont nous attendions beaucoup.

Quand j'entendis dire : « Margo Channing », je fis ma première entrée. Les applaudissements crépitèrent : pour trouver un public aussi enthousiaste que les *gipsies* et les camarades de métier, il faut aller loin.

Devant cette salle pleine à craquer, je réalisais un de mes rêves – être la vedette d'une comédie musicale dans un théâtre de Broadway. J'avais attendu des années ce bonheur. Nous étions tous certains du succès du spectacle. Rien d'aussi palpitant que cette forme de répétition. Rien n'égale l'émotion d'un pareil moment. Sans le support des décors, de l'éclairage, des costumes, l'auditoire doit tout inventer, compter sur son imagination. Il est témoin d'une naissance, voit se lever le voile sur une création. Au dernier rappel, la scène disparut sous une marée de metteurs en scène, producteurs, écrivains et acteurs. Je marchais sur les nuages.

Je partis pour Baltimore un jour avant les autres pour ma première répétition avec l'orchestre. Toute la troupe se retrouva. Nous ne nous étions pas vus depuis deux jours ; lors de la naissance incestueuse d'une pièce, cela paraît long. Je ne voulais rien manquer, je tenais à participer à tout.

Au cours des huit semaines qui suivirent, de quatorze à seize heures par jour, nous vécûmes – conduits par Ron – dans une sorte d'intimité égale à celle de parents avec leurs enfants, ou bien d'amants entre eux. Dans ce dédale de transformations perpétuelles, nous étions comme inséparables. Les comédies musicales, je devais l'apprendre plus tard, sont connues pour engendrer des histoires d'amour. Tout le monde perd un peu la tête, les *gipsies* surtout. Huit ou neuf semaines ensemble, on commence à se chercher un partenaire. Pas moi. J'étais entièrement prise par mon travail. J'y consacrais tout mon cœur, toute mon énergie. Après les répétitions, nous rentrions à pied à l'hôtel, prenions un verre au bar, et hop ! au lit.

Notre premier soir à Baltimore, j'étais avec Len à la recherche d'un verre, justement, quand, en levant la tête, nous vîmes que son nom était mal orthographié sur les enseignes lumineuses. « Len Cariou » était devenu « Ben Cariou », et désormais, pour moi, il est resté Ben.

Le lundi, c'était la couturière. Pour la première fois en costumes. Elizabeth White, mon habilleuse, et Jerry Masserone me calmèrent et me permirent de supporter l'épreuve, mais j'étais bien trop paniquée pour juger de la qualité de la représentation. Le lendemain soir, pour la première, les journaux de Baltimore étaient en grève et nous ne savions pas si ceux de Washington enverraient des pigistes. Les critiques furent médiocres. Mais le public était transporté, et nous faisions salle comble. Nous savions que la pièce n'était pas encore complètement rodée, mais je me sentais remontée à bloc.

Pendant toute cette période je me tins à l'écart de Len. Il était séduisant et brillant, remarquable acteur ; travailler avec lui était une joie. Je n'avais nulle intention d'amorcer le moindre flirt avec lui. Mais étant donné nos rôles c'était inévitable. À force de les étudier ensemble, on finit par perdre de vue la frontière entre la réalité et la fiction. Je savais que nous en avions pour un an à nous rencontrer six jours par semaine – une aventure entre nous, ne pourrait mener qu'au désastre, pour moi en tout cas. D'autant que Len avait sa vie de son côté, heureuse et sans problème. Résolue donc à maintenir nos relations sur le plan de l'amitié, je restai sur mes gardes quelque temps. La situation se modifia après la première. Nous étions déprimés devant des critiques plutôt tièdes, mais nous avions deux mois devant nous, délai largement suffisant pour tirer du spectacle son maximum.

Nous répétions tous les jours et jouions tous les soirs. Avant la matinée du samedi, Ron vint me voir dans ma loge. J'avais entendu dire qu'on remplaçait Diane Macafee. Je lui demandai si c'était vrai, et il me répondit que c'était à son avis nécessaire. « Vous ne croyez pas que c'est un peu précipité ? lui dis-je. Cette façon d'éliminer un acteur au moindre accroc. » J'étais très troublée. Ron me demanda : « Vous aimez Diane ? – Oui, dis-je. – Eh bien, vous ne devriez pas, tout est là, répliqua-t-il. Elle devrait représenter une menace à vos yeux. Voilà pourquoi le spectacle cloche. Elle ne remplit pas son rôle, elle n'est pas du tout Ève Harrington. » Je lui fis remarquer que je trouvais cela injuste. Il répliqua : « Peut-être. C'est ma faute. Mais tant que je ne l'avais pas vue en scène, je ne pouvais pas être certain. Faites-moi confiance. » Je n'avais pas le choix. Je l'avais toujours cru jusque-là, et j'avais eu en effet confiance en lui, mais je n'en étais pas moins désolée pour Diane.

Nous restions sous pression en permanence. Répétitions des journées entières – scènes, chansons, danse, texte. Le soir, représentation, un verre à l'hôtel, dormir, petit déjeuner, et le cycle reprenait. Rude épreuve pour la troupe, mais l'influx nerveux, l'espérance, le souci de la création permanente permettent de tenir. De temps à autre je téléphonais aux enfants pour m'assurer que tout allait bien, mais je me sentais, et j'étais bien loin d'eux. Je savais pouvoir compter sur un week-end à la maison avant Detroit, pour qu'ils ne se sentent pas totalement abandonnés. Le premier soir où nous inaugurâmes la nouvelle scène d'ouverture, tout alla de travers – les éclairages étaient devenus fous, les décors ne marchaient pas, le son était mauvais, tout le monde déraillait. Un vrai désastre.

Ron vint dans ma loge juste avant la matinée du samedi, regardant fixement le plancher. Notre amitié réciproque m'avait rendue très réceptive à ses états d'âme. Il savait que je regrettais toujours l'exclusion de Diane. Il la regrettait aussi. Je lui dis qu'on devrait trouver une solution permettant d'éviter son remplacement. « Vous croyez ? Eh bien, regardez cet après-midi le quatrième rang, au centre. Vous y verrez Gower Champion. – Et alors ? – Eh bien, c'est moi qu'on remplace. – Quoi ? m'exclamai-je. On me passera d'abord sur le corps. » Il avait prévu d'aller à New York pendant la matinée. Je lui fis promettre de rester, de venir dans ma loge après le spectacle, et nous aviserions alors. Cinq jours plus tôt nous avions eu un vrai succès. Une série de mauvaises critiques, et c'est la panique. Mais j'étais décidée à ne pas continuer avec un autre metteur en scène. Remplacer Diane était assez moche ; remplacer Ron, c'était aller trop loin.

Après la matinée, comme je me trouvais en compagnie de Ron dans ma loge, la porte s'ouvrit pour livrer passage à Alex Cohen, un des meilleurs producteurs de Broadway. Il nous serra dans ses bras avec enthousiasme : « Vous allez décrocher tous les Tony ! C'est sensationnel, ce que j'ai vu de mieux depuis des siècles ! Vous jouez comme des anges ! » Ron lui expliqua qu'on était en train de le remplacer. Là-dessus Alex, après quelques jurons bien sentis, se précipita pour déclarer à Joe Kipnes qu'il commettait l'erreur de sa carrière. J'emmenai Ron à mon hôtel, récoltant Len en cours de route qui sentait que quelque chose clochait et venait aux nouvelles. Nous l'installâmes, lui offrîmes un verre. Je commandai quelque chose de solide pour moi et fis le numéro de Kippy. Puis, fulminante, je lui déclarai : « Si le bateau lève l'ancre sans lui, il lève l'ancre sans moi. » Je brodai sur ce thème. Ce jour-là, je jouais en soirée, et Ron était aux cent coups à l'idée qu'à force de crier je pourrais m'enrouer. Finalement, Joe dit : « Gower est simplement venu me voir, il passait par là, et nous sommes de vieux amis – en fait, nous avons rendez-vous au bar dans un moment. – Ah, ah ! » me dis-je. La situation était claire. J'appelai mon agent et lui racontai toute l'histoire. « Si Ron s'en va, je pars aussi, dites-le clairement à Kippy. » J'étais livide de rage. Le théâtre – mon Dieu ! tant d'insécurité, tous ces trublions qui se croient obligés de tout chambouler !

Ridicule ! Comment peut-on être pétri de talent un jour, et, le lendemain, bon à jeter aux chiens parce qu'un critique n'a pas aimé ce qu'on fait ?

Je raccrochai et dis à Ron : « Allons donc au bar serrer quelques mains. » Il pâlit. Nous étions tous un peu nerveux. Nous fîmes notre entrée au bar en nous tenant par le bras, Ron au milieu, Len et moi chacun d'un côté. Larges sourires à l'adresse de Kippy et de Gower.

Quand Gower nous dit : « Beau spectacle », je tapotai l'épaule de Ron : « C'est grâce à lui ; je me demande ce que je ferais sans lui. » Numéro de charme. Tout le grand jeu, battements de cils en moins. L'incident était clos.

Le remplacement de Ron aurait certainement sonné le glas du spectacle, alors que, une fois rassuré, il redoubla d'efforts. Autres changements, autres colloques avec Comden et Green, avec Strouse et Adams. Des modifications surtout dans les scènes de foule où toute la troupe était ensemble sur le plateau. Enfin, je fus prévenue : Penny Fuller allait remplacer Diane. Le jour de son arrivée, Ron me la présenta dans son bureau. La sympathie entre nous fut immédiate. Elle se savait en situation délicate, comme prise entre deux feux, mais c'était une joie de travailler avec elle. Si adroite. Elle donnait à nos scènes une autre dimension. Pas de doute. Ses imperfections mêmes étaient riches de promesses.

Après Baltimore, Len et moi fîmes un détour par New York pour voir nos familles. Nous arrivâmes tard le soir, mais ne pûmes quand même nous retenir de passer devant le théâtre. Une énorme pancarte dominait l'auvent, avec mon nom en caractères démesurés. Je me sentis enfant devant ce théâtre qui avait vu défiler les meilleurs artistes de variétés, je me sentis émerveillée comme un enfant. Allais-je donc écrire une page de l'histoire de Broadway ?

Après une journée – bonne, quoique passablement agitée – avec mes enfants, je pris la route de Detroit. Je ne pensais qu'au spectacle. Je n'aurais jamais cru qu'un jour Detroit aurait tant d'attraits pour moi.

Nous ouvrîmes le 19 février, et Ron me lut les critiques. Après la première fut donné à l'usage interne un petit cocktail bien arrosé dans une atmosphère de gaieté fiévreuse et non dénuée d'une certaine tension. Le personnage de Margo Channing commençait à me contaminer. L'instabilité de Margo devenait la mienne et s'ajoutait à mon trac. Les critiques étaient excellentes, quoique peut-être pas aussi laudatrices que je l'aurais souhaité. Des doutes me vinrent. Absurde de tenir aussi aux éloges d'inconnus, mais j'avais soif de superlatifs ! Besoin d'affection remontant à l'enfance ou besoin d'approbation ? Je continuais à me sentir si seule, si vulnérable.

Au bout de quatre semaines, nous avions apporté d'importants changements au spectacle, répétant le jour et jouant le soir. Une fois, je m'aperçus en scène que j'avais perdu la voix. On m'emmena chez le spécialiste. Surmenage. Quand la vedette tombe malade, tout le monde est nerveux... y compris la vedette elle-même. Je continuais de jouer, mais je m'abstins de répéter un jour ou deux. Une semaine après, tout était rentré dans l'ordre. Je n'avais pas manqué une représentation.

L'optimisme me revint. Avec tous ces changements – une réplique, un couplet, un mouvement – un aménagement de la loge divisée par des bandes de papier jaune selon les actes et les scènes pour les changements de costumes accélérés, c'était un miracle de ne pas perdre la tête. Il existait six versions de la scène de la réception. Dix jours avant la dernière représentation à Baltimore, Len inaugura une nouvelle chanson. Il y avait aussi une nouvelle version d'un numéro d'ensemble. Et ma chanson finale s'achevait sur un mot d'auteur supplémentaire, cinq jours avant la clôture à Detroit. Enfin le spectacle atteignit sa forme définitive.

Entre-temps, s'intercalèrent une série d'interviews, les unes bonnes pour New York, d'autres discutables. Un pisse-copie minable fit état d'une conversation avec moi où Bogie intervenait comme s'il avait été présent. J'avais précisément refusé de parler de lui. J'avais fait clairement comprendre à chaque journaliste que je parlerais exclusivement d'*Applause* et de moi. Bogie était mort depuis treize ans, j'avais été remariée, divorcée, j'avais choisi une voie nouvelle, je n'allais pas passer mon temps à regarder en arrière... Je n'allais surtout pas laisser les autres le faire pour moi !

Lors de notre dernière semaine à Detroit, tout était au point, il ne restait pas une lacune dans tout le spectacle. Je ne m'étais jamais sentie autant dans la peau d'un personnage ; je faisais littéralement corps avec Margo Channing. New York, mes enfants, mon foyer, la vie personnelle de Len chez lui – tout cela continuait d'exister en filigrane, mais pour la durée du spectacle je ne voulais pas quitter l'univers de fiction dans lequel je baignais.

Combien de fois m'avait-on mise en garde contre une confusion possible entre le réel et l'imaginaire ? Mais pourquoi ne pas profiter sans réserve de ces moments de plénitude ? D'ailleurs, quand ai-je jamais tenu compte d'une mise en garde ? Personne d'autre ne souffrirait de mon imprudence que moi. Ajoutons qu'à l'époque je n'étais pas certaine de devoir en souffrir moi-même. Nous avons beau faire, nos vies répètent toujours le même dessin. Avant Bogie, ma vie sentimentale avait été presque inexistante. Après, elle n'avait guère valu mieux. Je n'en conservais pas moins l'espoir intact de donner et de recevoir un jour du bonheur. J'exigeais toujours le droit d'accéder à des relations humaines harmonieuses avant qu'il ne soit trop tard. Ayant goûté d'un fruit précieux, je refusais formellement de m'en priver.

À ce moment de ma vie, juste avant les débuts d'*Applause*, je crois pouvoir dire que sur le plan physique et moral j'avais atteint un point culminant, décidée à donner le meilleur de moi-même. New York approchait – répétitions finales, répétitions techniques ; nous nous mettions en condition pour les quatre représentations que nous devions donner avant la première. Que d'exaltation, que d'angoisses ! Et puis, la première, samedi 30 mars. Je n'avais jamais vu tant de fleurs, tant de télégrammes : une avalanche.

Sur la cloison d'une loge, Larry Kasha avait épinglé *Life*, dont je faisais la couverture pour la seconde fois de ma vie. Une surprise... Partout des amis pensaient à moi.

Quelques profondes inspirations... souviens-toi des conseils de Keith... Rester en coulisse. L'ouverture. Si particulière à la comédie musicale, qui vous donne des ailes et vous expédie en même temps un coup à l'estomac. Le bruissement du public, la salle pleine. Le spectacle commence. Cela va être mon tour – « Margo Channing. » Entrée en scène – tonnerre d'applaudissements. Le spectacle progresse de scène en scène. Entre Len et moi, l'accord est parfait. Toute la troupe est sensationnelle. J'ai peur, mais quel délice... Et ce soir ce sera pour ma mère... À l'entracte, Ron se montra ravi. J'étais bonne, meilleure que jamais. Deuxième acte : même performance, tout marchait, tout était en place, rien ne clochait, même dans les décors. Puis l'apothéose. Ovations. Toute la troupe en scène, elle recule, se disperse, et je suis là, au fond du plateau, le dos tourné au public. Un signe, je pirouette, les bras levés, et je marche vers la rampe pour saluer. Rappels sans nombre. C'était bien sûr l'emballement de la première, mais le spectacle était bon, et nous le savions. Puis, en coulisse, les photographes ; nos loges pleines de monde pendant que nous nous changeons pour l'étape traditionnelle chez Sardi – je n'allais pas manquer cela, pour un empire, et puis réception donnée par Kippy et Kasha pour la première à la Tavern on the Green.

Sardi et la Tavern étaient des succursales du Palace. Nous sommes survoltés. Les premiers articles. Clive Barnes chante mes louanges. Un succès. Leslie et Lee près de moi, pour partager ma joie. Tous mes amis de New York. Ron lit les critiques à haute voix. Elles sont si élogieuses que nous aurions pu les écrire nous-mêmes ! Et soudain, assise devant ma table, me voilà au bord des larmes.

Excès de tension, de joie, de si haut la chute est inévitable. Qui le sait ? Ma mère à coup sûr. J'ai réalisé mon rêve, j'ai obtenu un triomphe, mais un vide subsiste, un vide immense, qui jamais ne sera comblé. La plupart du temps j'avais pu oublier. Mais ce soir, sur la scène et après le spectacle, comme je suis restée vulnérable...

Pourtant c'était bien mon heure. Pas une critique ne faisait de réserves. Je ne pouvais espérer plus de compliments. Le panégyrique de Walter Kerr m'aurait fait rougir pour un peu... Je buvais tous ces compliments comme du petit-lait. J'avais l'impression d'être découverte pour la première fois. Len et moi étions toujours très absorbés par notre aventure, et, avec mon irréalisme romantique, je ne voyais pas de raison d'y mettre un terme. Mais ce n'était pas possible. Certes, huit fois par semaine nous redevenions Margo et Bill, et notre liaison durerait aussi longtemps que le spectacle. Il était beaucoup plus jeune que moi. Comme dans la pièce. Tout s'emboîtait parfaitement. Mais il avait organisé sa vie, savait exactement ce qu'il voulait et combattrait tout ce qui risquerait de menacer ses projets. Notre rencontre l'avait mis en porte à faux, et il n'aimait pas cela. Je me souviens lui avoir montré la première phrase du chapitre 13 du livre de John Fowles, *Sarah et le lieutenant français* : « Une vie planifiée est une vie morte. » Il n'avait pas apprécié. Je n'ai jamais compris comment un être aussi jeune pouvait être à ce point hostile à tout changement, quand une femme comme moi, après avoir tant vécu, conservait sa disponibilité et restait tournée vers l'avenir. Chaque semaine, je me sermonnais consciencieusement. « Oublie-le, sauf en scène. Les amours à mi-temps ne sont pas ton lot, ne l'ont jamais été, ne le seront jamais. Un jour, il suivra son chemin. Il le faut. Profite de l'instant qui passe. Ne fais pas de projets. » Parfois, cela marchait, mais la plupart du temps, non... Cependant, il ne mentait jamais. En vérité, j'ai connu bien peu d'hommes aussi droits et aussi honnêtes que lui, c'est pourquoi je lui restai si attachée. C'est pourquoi nous sommes toujours heureux de nous retrouver.

Durant le premier mois du spectacle, les nominations pour les Tony furent annoncées. Ron, Len et moi étions sélectionnés, ainsi que l'un de nos seconds rôles, Brandon Maggart. Je n'arrivais pas à le croire. Pour la première fois de ma vie, une récompense possible... Katie était citée, elle aussi, pour *Coco*. Bien sûr, je voulais gagner. Mais Katie, mon amie, une des femmes que j'admire le plus, et une actrice tellement merveilleuse... Je l'aimais tant – c'était ridicule, des comédiennes en compétition pour un titre. Mais quel titre ! Cela ne devrait pas être aussi important – mais, reconnaissons-le, c'est ainsi. Tant que l'on couronne quelqu'un, pourquoi pas soi ? Katie et moi en plaisantions ensemble. Elle ne voulait pas aller à la cérémonie. Jamais elle n'avait assisté à ce genre de réjouissance. « Si j'ai un prix, me disait-elle en riant, tu accepteras bien de le recevoir pour moi ? » Et comment ! J'étais sûre qu'elle serait élue. Et pourquoi pas nous deux ?

Jason s'était remarié. Je n'étais pas dans les meilleurs termes avec lui : il s'était montré d'une négligence choquante vis-à-vis de Sam. J'insistai pour qu'il prévienne personnellement son petit garçon de ce remariage. Je savais bien que depuis le début Sam avait espéré que nous reprendrions un jour la vie commune. Maintenant, il semblait se résigner à cette nouvelle situation. J'avais clairement fait comprendre à Jason que quand il verrait Sam il fallait qu'ils restent en tête à tête. Sam adorait son père et avait besoin d'être seul avec lui de temps à autre. Steve parti, Jason restait le seul homme dans sa vie. J'étais parfois à la maison quand Jason venait le chercher pour l'après-midi, mais je m'éclipsais. Je tenais à les laisser entre eux Sam continuait de me stupéfier. Un jour, il était venu dans ma loge, après la matinée, ayant suivi le spectacle dans les coulisses. Et il me demanda : « Qui c'est, ton nouveau copain, maman ? » Il n'avait alors rencontré Len qu'une ou deux fois.

La remise des Tony Awards fut un événement. Ma loge, au Palace, était pleine à craquer d'amis venus pour boire un verre. Je les laissai pour aller prendre ma place dans la salle. Dieu, que j'étais nerveuse. Cecil Beaton reçut le prix des costumes pour *Coco*. Rien pour nous, jusqu'à ce que fût mentionné le nom de Ron, couronné pour la chorégraphie et pour la mise en scène. Je poussai un grand cri. Toute la salle hurlait. Ma voix était fichue et j'avais encore mon numéro à faire ! Puis Walther Matthau annonça le prix de la meilleure actrice de comédie musicale. Suivirent les noms des sélectionnées. Mon cœur cognait dans ma poitrine. Ouverture de l'enveloppe. Et j'entendis : « Lauren Bacall pour *Applause*. » Je hurlai de nouveau, jaillis de mon siège et courus vers l'estrade. Mes amis, debout, tapaient des pieds en cadence. Dans mon émotion, j'émettais des bruits de corne de brume ! Je n'avais jamais obtenu aucune récompense. Certaines comédiennes les collectionnent tout au long de leur carrière, pas moi. Je me ressaisis finalement assez pour remercier Ron et toute la troupe, ainsi que les auteurs. Le temps que je clôture la cérémonie en chantant *Welcome to the Theater* (extrait du spectacle, naturellement), je n'avais presque plus de voix. Ce fut une soirée inoubliable pour moi. Une telle récompense... Elle me laissa épuisée et heureuse.

Depuis l'âge de dix-neuf ans, l'on m'avait mise en garde contre le danger des honneurs. Et, tout au long d'une carrière en dents-de-scie, je n'avais jamais espéré la moindre récompense. Je persiste d'ailleurs à croire qu'acteurs, metteurs en scène, tous les artistes créateurs ne devraient pas être dressés ainsi les uns contre les autres.

L'exaltation du triomphe, l'amertume de l'échec, le ressentiment du vaincu à l'égard du vainqueur entraînent un gaspillage bien inutile d'énergie. Car le véritable enjeu du théâtre se situe bien plus haut ; c'est l'enjeu de la vie. C'est ce que j'aime dans ce métier. On joue sa vie, et c'est ce qui lui donne son prix.

Pour en revenir à cette soirée : j'avais gagné, mais j'étais seule. C'était une évidence. Ce point de vue était-il extravagant ? Bien sûr, je suis extravagante... et seule – indubitablement seule. Le travail est pour moi essentiel – le don de soi, la mise en valeur de tous les dons du corps et de l'esprit. Mais les exigences affectives n'en sont qu'accrues et nullement amoindries.

La représentation qui suivit la distribution des Tony fut délirante. Les spectateurs savaient que j'avais gagné, et la première scène d'ouverture était précisément consacrée à cette cérémonie, de sorte que mon entrée fut doublement applaudie. Ce courant qui passe entre l'acteur et son public s'accompagne d'une sensation unique et indescriptible, d'une émotion qui se confond avec l'amour, mais, dès le rideau tombé, elle tombe avec lui. Je me souviens qu'après avoir vu notre spectacle, Johnny Negulesco me disait : « Vous n'avez pas besoin d'homme, il n'en existe pas un seul au monde qui puisse vous combler comme vous comble votre public. »

Erreur !

Il *existe* un homme, j'en suis certaine, qui pourrait m'apporter la même forme de bonheur. Une seule question se pose : le trouverai-je un jour ?

Cependant, sur le plan du travail, *Applause* restait l'expérience la plus enrichissante de ma carrière. Simplement, une fois de plus, je voulais tout avoir.

Survint alors la terrible soirée du vendredi 31 juillet. Au début du numéro « disco », comme je lançais la jambe droite en l'air, mon autre jambe fléchit brusquement. Cela me fit l'effet d'un coup de tonnerre. Les gosses crurent que j'avais glissé, puis, s'apercevant qu'il y avait autre chose, se précipitèrent pour me soutenir avant que je m'écroule. J'avais tout de suite compris que c'était grave, mais Dieu sait comment je continuai de jouer. J'étais terrorisée. À nouveau, deux ou trois fois, cette jambe gauché céda sous moi, sans avertissement. À l'entracte, le médecin m'attendait dans ma loge. Mon genou avait commencé à enfler, je fondis en larmes. Je ne pensais qu'à une chose : mon heure de gloire avait été bien brève. J'en aurais peut-être pour des semaines d'immobilité ; Len vint à la rescousse et s'employa à maquiller l'affreux bandage qui me comprimait l'articulation. Un des jeunes médecins de service me dit d'appeler le Dr James Nicholas dès le lundi matin, pour qu'il puisse examiner mon genou et me donner son diagnostic. C'est ainsi que débuta l'une de mes plus fructueuses amitiés médicales.

Je continuai à jouer, mais nous sautâmes la scène du « disco » qui m'avait valu mon accident, en attendant le verdict du Dr Nicholas. Il me prévint que j'avais déchiré le seul ménisque resté intact dans ce genou, prescrivit un traitement, insista sur la nécessité de renforcer les muscles entourant l'articulation, ce qui nécessitait des séances de traction avec des poids. La scène fatale devrait être supprimée pour trois semaines, et je devrais conserver un bandage compressif jusqu'à disparition de l'enflure.

Je devais apprendre par la suite que le Dr Nicholas soignait une dizaine d'autres athlètes qui avaient des ennuis avec leurs genoux, leurs coudes ou leurs pieds. Il devait par la suite soigner Noureiev, Barichnikov... Il réussit à m'éviter une opération et à me permettre de continuer de jouer sans manquer un seul jour ; je n'ai pas de mots pour lui exprimer ma reconnaissance.

La première fois où je repris la scène fatidique, j'étais très nerveuse. J'étais obligée de penser constamment à mon genou, de m'ingénier à soulager ma jambe blessée sans que le public s'en aperçoive. En outre, je poursuivais ma musculation avec des poids, et je n'ai jamais cessé jusqu'à maintenant.

Un soir, à l'entracte, on m'apprit que Bette Davis était dans le public. Elle n'avait accepté de venir qu'à deux conditions : on ne la mettrait pas au premier rang d'orchestre, et il n'y aurait pas de photographes. Je crus mourir. Seigneur ! La créatrice du personnage de Margo Channing dans *Ève*, l'idole de mon enfance, était dans la salle et me regardait jouer *son* rôle.

Je ne l'avais guère connue au temps de la Warner Bros., ne la croisai que deux ou trois fois, et j'étais pleine d'appréhension à l'idée de la rencontrer maintenant. Qu'allait-elle penser du spectacle et de moi ? Elle frappa à la porte de ma loge. Elle était là... La grande star de mes rêves de jeunesse... Tous les rôles qu'elle avait joués – je l'avais aimée dans tous – défilèrent rapidement devant mes yeux.

Je lui offris un verre, qu'elle refusa. Elle était pressée. Elle prit une chaise et non pas le petit canapé rembourré qui aurait indiqué une assez longue visite. Je bafouillai quelque chose qui signifiait qu'il était ridicule que je prétende jouer un rôle qui avait été le sien.

Elle dit : « C'est drôle, je n'avais jamais pensé que ce texte pourrait faire une comédie musicale. » Elle se montra réservée, polie, plutôt renfermée. Je gardais pour elle toute mon admiration mais elle me mit mal à l'aise. Quelques phrases encore, et elle se leva pour partir. Ses derniers mots furent : « Personne d'autre que vous n'aurez pu jouer ce rôle. Et je le pense vraiment. » Je la remerciai, elle partit. J'aurais voulu lui dire encore mille choses, mais j'étais intimidée, et sa réserve n'incitait pas au bavardage. En un quart d'heure, j'aurais pu me dégeler, lui faire comprendre tout ce que sa visite avait représenté pour moi.

Cette femme qui avait été la plus grande vedette du parlant dans les années 30 et 40, Garbo mise à part, mit un jour une annonce dans les périodiques de Hollywood, disant qu'elle cherchait du travail... Qu'une telle disgrâce soit possible est une des horreurs du métier.

Aujourd'hui, elle est appréciée comme elle le mérite, acclamée par ses pairs ; son apport exceptionnel dans le domaine du cinéma est salué par tous. Cela, c'est la rançon de la gloire.

Les mois passèrent, le Palace était toujours plein à craquer, des célébrités de tous les milieux apparaissaient en coulisse sans crier gare. C'était toujours une joie, un encouragement. Un soir mémorable, que je n'oublierai jamais, environ six semaines après la première, Noel Coward amena les Lunt. Ils restèrent dans ma loge – je refusais de les laisser partir. Len était aux pieds de Lynn Fontaine ; moi, je buvais chaque syllabe tombée des lèvres d'Alfred Lunt. Noel était ravi. Trois personnes dont la contribution avait été durable et incommensurable. Un soir, vint Paul Lukas – vieilli, les cheveux blancs, mais toujours séduisant. Mon mentor d'il y a trente ans. Fier de moi. « Alors, me dit-il, tu as finalement réussi ce que tu voulais faire. » Assise dans ma loge, je revivais la même scène, mais en sens contraire, au Martin Beck Theatre, et toutes nos conversations. Je n'avais rien oublié, et c'était bon de se souvenir.

Un grand succès théâtral pose un problème aigu ; plus il se prolonge, plus il est difficile à jouer. Il faut être du métier pour le comprendre. Conserver sa spontanéité, donner chaque fois l'impression qu'on joue pour la première fois, c'est la discipline du théâtre ; il faut savoir se l'imposer. Qu'on soit malade ou malheureux, il faut tout oublier, entrer en scène et jouer son rôle. Voilà le point crucial.

J'avais décidé au début d'*Applause* de renoncer à tout plan précis pour ma vie personnelle. Si quelqu'un m'invitait à dîner plusieurs jours, une semaine à l'avance et avait besoin d'une réponse ferme, je disais : « Alors ne comptez pas sur moi. » Comment savoir si l'on aura envie de sortir ? Ou si l'on ne va pas manquer une occasion plus intéressante ? J'entends non sur le plan social, mais sur le plan affectif. Évidemment, cela créait des problèmes avec certains de mes amis, mais je n'hésitais pas : « Au diable les convenances ! Soyons égoïstes, je ne ferai que ce que j'ai envie de faire. » L'heure avait largement sonné pour moi de prendre position. J'avais durant tant d'années vécues pour les autres – maris, enfants – qu'il me semblait urgent de vivre pour moi-même.

Ma journée entière était dominée par le théâtre. Le moins de temps possible au téléphone – mauvais pour la voix. Beaucoup de repos, sieste de quatre à cinq ; sur un plateau, de légers repas à base de viande rouge, mais sans excès. Leçon de diction à six heures. Au théâtre à sept heures pour me mettre en forme et faire mes exercices avec des poids. Maquillage à huit heures pour une entrée en scène à huit heures et demie. Programme bien entendu avancé d'une heure pendant la période d'essai de lever du rideau à sept heures et demie.

Les seuls moments de liberté dont je disposais après le spectacle, j'étais bien décidée à me les réserver. Je n'ai jamais regretté d'avoir fait ce choix, et je m'y suis toujours tenue depuis. Tels sont les privilèges que je m'accorde. J'en ai payé le prix, car bien souvent j'ai passé mes soirées seule. On n'imagine pas le nombre de gens que l'on connaît et qui, venus voir le spectacle, évitent de vous rendre visite, persuadés que dans votre loge l'on se bouscule et que vous n'aurez pas un instant à leur consacrer. Ainsi ai-je plus d'une fois attendu en vain qu'on vienne frapper à ma porte.

Un soir, je reçus la visite du duc et de la duchesse de Windsor, qui, après m'avoir accablée de compliments, me firent porter des fleurs le lendemain. Je n'osais pas lui avouer que j'avais pleuré comme une enfant en écoutant sur mon vieux poste Atwater Kent son discours d'abdication. Je demeurais impressionnable. Un ex-roi d'Angleterre dans ma loge, me congratulant. Preuve certaine que ce métier de comédienne vous permet de rencontrer plus de gens, de tous les coins du monde, personnalités fascinantes, sommités diverses, que n'importe quelle autre profession. Ainsi ont traversé mon existence Adlai Stevenson, John Kennedy, Robert Kennedy. Je n'arrive pas encore à croire à la chance que j'ai eue de connaître de tels hommes.

Vers la fin de l'été, je dus me rendre à l'évidence. Leslie tenait à voler de ses propres ailes. Elle avait fait toutes ses études dans une école française ; maintenant, elle voulait tâter d'une université américaine. J'aurais cru qu'elle choisirait la Sorbonne ou l'Italie. Mais non. Elle voulait passer un an à l'Art School de Boston, puis, si elle n'y trouvait pas sa voie, s'inscrirait, comme Steve avant elle, à la faculté de Boston. À dix-huit ans, elle était à la recherche de son identité. D'où la nécessité logique de s'éloigner de moi. Nous nous entendions depuis quelque temps beaucoup mieux – je m'étais plusieurs fois confiée à elle. Je lui avais parlé de mes problèmes. Elle savait écouter et faisait preuve d'une grande maturité d'esprit. Bref, elle était en train de devenir ma meilleure amie.

Entre Jason et moi, il y avait toujours des étincelles. Il était incapable de prendre Sam en charge comme je l'aurais voulu, ne l'appelait pas assez souvent. D'autant que Sam, qui continuait à mal démêler ses fantasmes de la réalité, persistait à croire qu'un jour nous serions de nouveau réunis.

Et son pédiatre voulait qu'il aille voir un pédopsychiatre. Mais Sam n'obéissait jamais les yeux fermés, et je dus lui expliquer ce qu'était ce nouveau médecin, qu'il pourrait lui dire n'importe quoi sans crainte que cela soit répété. Il consentit à se rendre chez ce spécialiste une fois par semaine, à condition de cesser les visites s'il le voulait. Cette série de séances lui fit beaucoup de bien, à tel point que l'été venant, il m'annonça qu'il voulait aller camper et qu'il reverrait son psychiatre à l'automne si cela lui semblait nécessaire. Le médecin et moi acceptâmes sa décision. On verrait alors s'il était devenu capable de surmonter ses émotions.

Le premier anniversaire d'*Applause* fut célébré avec un énorme gâteau cérémonieusement coupé devant les photographes de Broadway. Un an déjà, et quelle année !

Affectivement, je me sentais à bout de nerfs. Je payais mon inaptitude à prendre avec détachement les fluctuations de mon aventure avec Len. Bien qu'amincie, je restais en bonne forme physique, mais un climat constant d'instabilité m'avait marqué les traits.

Un soir, pendant l'entracte, on frappa à la porte de ma loge. Elizabeth, mon habilleuse, alla ouvrir... C'était Ethel Merman. Elle se précipita dans la pièce en lançant : « Où sont les chiottes ? » Merman est une grande star de la comédie musicale – à mon avis la plus grande. Elle vous arrache littéralement à votre fauteuil avec son dynamisme et son talent. « Il ne faut pas faire ça ! » me dit-elle tout de go en se frappant la poitrine du poing. Dans « Bienvenue au théâtre », le dernier numéro du premier acte, j'avais en effet ce geste à plusieurs reprises, et elle m'assura que chaque fois, sous le choc, le micro émettait un rugissement sonore. Personne, jusque-là, ne s'était avisé de me prévenir. N'empêche qu'à la fin du spectacle elle me déclara qu'elle me trouvait bonne. J'espère qu'elle était sincère.

Le soir où Joe Mankiewicz vint voir le spectacle, je soupai avec lui et sa femme. *Ève* était son enfant. Il avait écrit le scénario et mit le film en scène, et tenait beaucoup à son œuvre. Il avait constaté avec plaisir que nous en avions respecté l'esprit et était agréablement surpris par le résultat. Quel soulagement pour moi !

Un mois environ après l'anniversaire du spectacle, Len m'invita à souper. C'était un samedi, ce qui devait me laisser un dimanche de repos. Nous partîmes, heureux comme des collégiens. Il me reconduisit chez moi, monta prendre un verre... et largua sa bombe. Il allait quitter la troupe dans trois semaines ! Il avait un engagement au Guthrie Theatre de Minneapolis. Il avait le sentiment qu'il était temps pour lui de changer de genre, et il n'avait pas voulu que j'apprenne son départ de quelqu'un d'autre que lui. Abasourdie, éperdue, je fondis en larmes. Je m'avisai alors à quel point je dépendais de lui, sentimentalement. Encore une histoire qui tombait en miettes, avec tout cet univers *d'Applause* qui avait fini par prendre pour moi plus de réalité que la vie.

J'étais là, pensais-je, perchée sur ma grand-roue, suspendue dans l'espace sans filet, avec des nausées d'angoisse...

Nous passâmes le reste de la nuit dans ma bibliothèque, à discuter. Lui non plus n'avait jamais pris notre liaison à la légère. Bien sûr, je savais qu'il avait raison et que, pour un jeune acteur, il avait pris une sage détermination. Mais la compréhension n'est pas tout. Je ne pouvais ni le suivre ni abandonner le spectacle avant plusieurs mois. J'avais accepté de jouer *Applause* à Saint Louis, au Municipal Opera, la semaine du 4 Juillet : un théâtre de plein air qui pouvait contenir douze mille personnes. Mais comment jouer avec un autre partenaire ? Bill Sampson, pour moi, c'était Len. Aucun remplaçant n'était concevable. C'est en cela que je diffère des autres vedettes. Je ne souhaite pas être soutenue par un faire-valoir et ramasser tous les bravos. Ce que je veux, c'est partager les peines, les efforts et les récompenses avec mes camarades. Bien sûr, j'aime les rappels qui ne s'adressent qu'à moi. Mais pour moi, le théâtre est avant tout un travail d'équipe.

Aussi, quel coup me porta cette révélation ! *Applause* avait lancé Len à Broadway, et nous en avions fait l'un et l'autre un succès.

Rien, sans lui, ne serait pareil, sur scène d'ailleurs comme à la ville. Il m'avait tant aidée, il me connaissait si bien, n'ignorait aucune de mes faiblesses... Ainsi, même après le triomphe d'*Applause*, il me fallait me battre avec mon passé. L'idée qu'on peut se faire de moi, à travers mes films et mon union avec Bogie, me coupent du présent. Les gens s'accrochent à leurs souvenirs et à leurs mythes. Ils ne s'intéressent pas à la femme que je suis vraiment. Tout homme tient à son identité. Il ne peut s'accepter comme le reflet d'une comédienne. Et bien que je ne me sois jamais inspirée de ce principe dans ma vie privée, je n'ai cependant pas trouvé d'homme assez solide – assez adulte si l'on veut – pour associer son destin au mien, parce qu'il me connaît bien et sait ce que je veux.

Bon, le passé est le passé. Il m'a formée, m'a appris beaucoup de choses, mais le présent m'importe davantage. Je lutte toujours pour acquérir le droit à mon identité propre ; je ne veux pas que l'on m'identifie pour l'éternité avec un rôle joué à dix-neuf ans. Jusqu'à présent, j'ai toujours plus ou moins perdu cette bataille. Peut-être ne la gagnerai-je jamais. Mais je ne cesserai jamais le combat.

Applause s'acheva à Broadway après seize mois de représentations. Len était parti. Il y avait un nouveau Bill Sampson, un bon professionnel. Je partis ensuite pour un mois en Europe, histoire de faire le point et de m'éclaircir les idées. Mais comment deux années d'un travail écrasant, incessant, plus la mort de ma mère, plus mon divorce – comment tout cela aurait-il pu être effacé en un mois ?

Rentrée en Amérique, je repris les répétitions d'*Applause* en prévision d'une grande tournée nationale. Avec émotion je vis venir le moment de jouer à Los Angeles. « Enfin, pensais-je, je vais leur montrer – dix ans plus tard – que j'ai du talent, que je suis une vraie comédienne, qu'ils ont eu tort de me reléguer sur la touche. »

Pour la première, jamais je ne m'étais sentie aussi nerveuse dans mon rôle de Margo. Une fois de plus je prenais conscience de l'importance que j'attachais à prouver mon talent devant cette colonie. À quoi m'attendais-je ? À voir tous ces gens qui m'avaient rejetée implorer leur pardon à mes pieds ? Ils s'en moquaient éperdument. Mes amis – les vrais – vinrent. Les autres ne se dérangèrent même pas. Le théâtre était trop loin – leurs esprits sont rivés sur les recettes, les échos des canards de la profession, les empreintes dans le ciment... Les miennes, qu'on s'en souvienne, n'y sont pas ! Le spectacle émigra ensuite à Londres, où je me retrouvais dans cette ville que j'avais lentement appris à aimer, pleine d'amis si chers depuis longtemps. Mais cette fois je monterais sur les planches, non seulement autorisée à respirer le même air qu'Oliver, Richardson, Gielgud, Scofield et tant d'autres, mais accueillie par eux comme une égale. Je pris donc un nouveau départ dans une petite maison confortable et parfaite – parfaite pour Sam, Nanny et moi – avec la meilleure raison d'être là.

Je m'épanouissais dans ce pays de royauté, de distinction, de créativité et d'amitié. *Applause* débuta. Les critiques n'aimaient pas tous le spectacle, mais ils me couvrirent de fleurs sans exception. Comment n'aurais-je pas été sensible à leurs louanges ? Je me sentais aimée – pour moi-même et pour mon personnage de Margo Channing – appréciée sans réserve pour mon travail. La salle s'emplissait, les spectateurs avec leurs applaudissements me remerciaient d'avoir parcouru six mille kilomètres pour les divertir. C'est alors que je tombai amoureuse d'un Anglais marié. Une passion soudaine mais sans réserve. Après six mois de bonheur, notre liaison capota par la faute des circonstances, de la malchance. Pendant un temps je détestai l'Angleterre, me sentis trahie, m'en pris au pays et non pas à quelques responsables précis. Depuis cinq ans, je travaillais sans trêve, effort trop dur et trop prolongé. Margo Channing avait été mon grand succès, et Margo Channing m'avait épuisée. Par bonheur, apparut alors Sidney Lumet pour m'offrir de jouer *Le Crime de l'Orient-Express* avec une galaxie de vedettes. Mon année anglaise, du coup, s'allongea ; le tournage de ce film m'apporta non seulement de nouvelles amitiés, mais l'expérience la plus gratifiante de ma carrière dans le domaine du cinéma. Et mes peines s'estompèrent...

Steve et Dale vinrent à deux reprises pour le week-end. J'achetai pour Sam un chien merveilleux, Blenheim. Je ne me lassais pas de vivre dans ce qui était pour moi une ville enchantée. Une ville propre, avec des parcs verdoyants, un rythme beaucoup plus humain. Et surtout il y avait Sidney et Sandra Bernstein avec leurs enfants pour Sam, et ma famille anglaise qui m'aimait et m'entourait.

En Amérique, pendant ce temps, c'était le Watergate. Je n'en savais que ce qu'en disaient la télévision et les journaux. Je voulais des détails. Ayant toujours été violemment hostile à Nixon, j'éprouvais un irrésistible besoin de rentrer en Amérique, d'être sur place. Je voulais être certaine que cet homme serait définitivement abattu. Et je tenais à le voir déboulonné, de mes yeux. Pourtant, chaque fois que j'entendais un Anglais critiquer les lenteurs de l'affaire, je ne pouvais m'empêcher de répliquer et de défendre mon pays. D'ailleurs, il était temps de repartir. Il y avait Steve et Leslie – et un petit-fils de Bogart que je n'avais pas vu depuis deux ans. Et puis le père de Sam était en Amérique – Sam avait besoin de son père.

Finalement, je n'avais plus de raison valable de rester. Le film était fini et j'avais quitté depuis trop longtemps le monde férocement compétitif de mon pays.

Je n'étais vraiment chez moi que dans une ville au monde : New York. Nous rentrâmes donc, avec des masses de bagages, des caisses d'objets, Sam... et Blenheim. Je ne savais pas ce qui m'attendait, mais je n'avais pas le choix. Il me fallait me battre sur mon propre territoire... qui n'était pas l'Angleterre. Pourtant, même après plusieurs mois de New York, j'étais dans le marasme. Le contrecoup d'ordre culturel de mon retour n'en finissait pas de se répercuter. La suie, le bruit, la crasse de Central Park, la bousculade, les coups de coude. Bien sûr, j'étais heureuse de retrouver mes enfants et mes amis, comme ils étaient heureux de me voir, mais je rêvais de l'Angleterre et me désolais d'en être partie. Sam s'acclimatait aussi difficilement que moi. Ses deux ans loin de la Collegiate School l'avaient terriblement déphasé. Le travail était trop dur ; il ne s'y faisait pas. Il demanda de lui-même à revoir le médecin. Comme je le questionnais, il me répondit : « Je crois que j'ai besoin d'aide. »

Nous nous sentions déséquilibrés, désorientés, déracinés. Pas une offre de travail valable ; je vivais sur le souvenir d'*Orient-Express*, qui me retransportait en Angleterre...

Jason jouait dans *A Moon for the Misbegotten*. J'emmenai Sam voir son père. Il était brillant. J'en étais heureuse pour lui. Il avait reçu une terrible leçon. Il ne buvait plus. Son mariage allait bien. Il avait une nouvelle petite fille et attendait un autre bébé. Cela lui ferait six enfants. Nous devenions enfin bons amis. Nous parlions de notre métier, de la vie. C'était un type bien, un type merveilleux. Je l'aimais bien, je l'aimais beaucoup. Mon premier instinct ne m'avait pas trompée. Il était devenu parfait avec Sam, savait lui parler, le comprendre, lui témoigner sa tendresse. Sam de son côté était heureux de cette harmonie retrouvée entre nous, même sur un plan différent. Certaines récompenses se font longtemps attendre.

Ce premier été de New York, Sam au loin dans son camp de vacances, j'errais toujours sans but précis, je me sentais esseulée, inconsolable d'être rentrée. C'est alors que je décidai d'écrire ce livre. J'avais toujours aimé les mots, j'ai toujours eu plus d'amis parmi les écrivains que mes camarades. J'espérais être capable d'écrire. L'heure était venue. Peut-être cela m'aiderait-il à voir clair en moi, à découvrir qui j'étais, le pourquoi, le comment...

Sur le plan des statistiques, je fais partie des « foyers désunis ». Élevée par ma mère seule. Par pure chance – celle d'être favorisée par la nature dans mon visage et ma silhouette, et remarquée par quelques-uns au bon moment –, l'occasion m'avait été donnée de grimper en flèche au sommet à dix-neuf ans. Howard Hawks m'avait forgé un personnage sur l'écran correspondant à mon physique et à ma voix, mais cette créature experte sur le plan sexuel, d'une totale indépendance, capable de faire face en toutes circonstances, m'était et me reste totalement étrangère. J'avais en outre connu une vie personnelle d'une richesse dépassant de loin tous mes rêves, et que, il faut le dire, je n'ai jamais retrouvé. À vingt ans, j'atteignais les étoiles ! Je croyais naïvement que tout cela durerait. Lorsque j'eus tout perdu avec une carrière très compromise, où trouvai-je la force de persévérer ? Pourquoi ne suis-je pas tombée dans tous ces pièges que tend la vie : alcool, drogue, refus de tout ? L'amour sans égoïsme de deux êtres y est pour beaucoup. Ma mère ne cessa jamais de me soutenir ; ses encouragements, son appui, la force collective de notre famille, mon énergie personnelle, mon aptitude de rire de moi-même, tout cela m'a permis de faire ma vie avec Bogie, de partager l'existence d'un homme déjà trois fois marié et de vingt-cinq ans plus âgé que moi.

Bogie, riche d'amour et de tendresse, compréhensif, sa rigueur morale, guide précieux pour moi avec sa rectitude morale ; Bogie qui me fit découvrir la qualité de la vie et le vrai sens du travail. Mieux valait être intègre que riche. Mieux valait être juste que de posséder voitures et maisons. Mieux valait avoir le respect du travail bien fait que de devenir star, ne pas vendre son âme, garder l'estime de soi, être sincère. J'ai tant appris de lui...

De lui, de ma mère, de Charlie...

Si je me penche sur ma vie, aujourd'hui, je la vois profondément imprégnée de l'esprit de ma famille juive, et je peux dire enfin que je suis heureuse d'en être issue. Je ne voudrais pour rien au monde renoncer à ces racines, à cette identité. J'ai appris que je possédais une valeur personnelle. J'ai commis des erreurs, d'innombrables erreurs. Et j'en commettrai d'autres. Mais je les paie et je les revendique. Ce qui était artificiel dans ce portrait irréaliste que Howard Hawks avait tracé de moi n'est pas plus réel aujourd'hui. Je suis demeurée vulnérable, romantique, idéaliste autant qu'à quinze ans, lorsque, assise dans un cinéma, je me prenais pour Bette Davis.

Je n'ai pas honte de moi – ni de ma vie. Ce que je suis m'a donné la force d'agir. Dans mes plus graves moments de détresse, jamais je n'ai songé au suicide. J'attache bien trop de prix à l'existence. Je crois avoir une tâche à accomplir. Je ne suis pas un simple objet. Je peux apporter ma contribution aux autres. Il y a des aspects de moi que je n'aime pas ; jamais je ne serai satisfaite, mais nul n'est parfait. J'ignore dans quelle direction l'avenir va m'entraîner, ce qu'il me réserve, mais je suis prête à accueillir toutes les suggestions.

Lorsque vous avez vécu aussi longtemps, plus longtemps que je ne m'y attendais – c'est de mon père que je tiens ma longévité –, il vous arrive des choses diverses et variées. Peut-être pas autant de hauts que dans les cinquante premières années, mais il y a eu de la variété, de la joie, et de la tristesse aussi, inévitablement. Et beaucoup de rire. C'est parce qu'à ma façon décalée, je crois que la vie est une blague. J'écris les chiffres – vingt-cinq, cinquante – mais la vérité, c'est que nous ne sommes ici qu'une minute. Mais quelle minute !

Quand vous atteignez vos soixante-dix ans, la vie commence à changer. D'abord, vous recevez un choc : mon Dieu, ai-je vraiment soixante-dix ans ? Je ne me sens pas tellement différente. Mais je suis sûre et certaine que je le suis. Toute ma vie, j'ai juste continué à avancer, sans jamais penser aux années, à leur nombre. Enchaînant un job après l'autre. Brusquement... vlan ! Le corps fonctionne encore assez bien, malgré quelques à-coups de temps à autre sur la route. Mais il s'est un peu épaissi... Quelle horreur ! Quand cela vous tombe dessus, la gymnastique n'est-elle pas inévitable ? Entendu, j'accepte de devoir faire régulièrement de l'exercice. Dire que j'ai conservé mes soixante centimètres de tour de taille jusqu'à cinquante ans ! Ne te tourmente pas, me dis-je tout bas, n'y pense pas. Jette le mètre ruban, la maturité a pris le dessus. Je n'ai jamais été quelqu'un de sédentaire de toute façon, j'ai toujours beaucoup bougé, mais maintenant je dois le faire sous surveillance. Je m'entraîne. Bien que j'aie toujours été active – au théâtre, il faut être en forme –, à présent je dois prévoir du temps et consacrer au moins une demi-journée par semaine à la gym et au kiné. Des problèmes de genoux datant de l'époque d'*Applause* – le dos qui fait des siennes par intermittence, la coiffe d'un rotateur déchirée dans l'épaule (je ne lancerai plus jamais la balle au base-ball), et ainsi de suite. Je vous laisse imaginer. Mon corps réclame de l'attention. Ennuyeux, oui. Nécessaire, oui. Je chante toujours cette chanson : *My « body » lies over the ocean, my « body » lies over the sea. My « body » lies over the ocean, oh bring back my « body » to me...* [1] Ça m'aide à garder le moral. J'ai toujours besoin de jouer, que ce soit au cinéma, au théâtre, à la télévision, peu m'importe au fond. Tant que ce qu'on me propose est bon, intéressant, nouveau – j'adore la nouveauté – cela me permettra de sortir de moi-même et d'entrer dans la peau d'un personnage. Le plaisir est toujours là.

Le travail occupe toujours une place primordiale dans ma vie. De temps à autre, l'un de mes fils – Steve ou Sam – me demande pourquoi je ne me laisse pas un peu vivre pour passer plus de temps à Paris, Londres ou quelque part en Italie, tous ces endroits que j'adore. On croirait que je n'ai jamais assez de temps pour tout faire, pour aller partout où je veux aller. Ma réponse est simple. Pour moi, mon travail est ma vie. Je ne supporterais pas de n'avoir qu'à me promener. Alors je cherche et j'espère le prochain contrat. D'une certaine façon, je suppose, cela me permet de penser à l'avenir.

D'accord, pour le lecteur, le plus intéressant paraît être la première partie de ma vie avec la famille, les espérances, les aspirations, le premier amour, le premier emploi, le premier enfant, le premier de tout, et la prise de conscience de cela. Voir comment quelqu'un accomplit ses rêves et parvient à ses fins fascine tout le monde. Mais je me rends compte aujourd'hui, ayant dépassé ce stade, qu'il y a quelque chose à dire sur ce qui arrive une fois qu'on a atteint son but – professionnel et personnel. Si tant est qu'on l'atteigne jamais vraiment.

Mon centre d'intérêt a évolué il y a vingt-sept ans, au cours d'une tournée de signatures trépidante, qui m'a conduite partout dans le monde où mon autobiographie [2] avait été publiée. J'étais aux anges – et le suis toujours –, surtout quand les villes et les pays sont pour moi un territoire inexploré, autrement dit lors d'un premier contact.

---

1. Jeu de mots entre « body », corps, et « bonnie », bien-aimé. Folklore écossais. *(N.d.T.)*

2. *Par moi-même*, éditions Stock.

Ils étaient tellement différents, exigeant toute ma concentration, une adaptation linguistique – croirez-vous que j'ai réussi à parler japonais ? Même l'Australie, l'Irlande, l'Écosse, dont les inflexions sont différentes même si les cadences sont les mêmes. Je devais m'arrêter à l'extrémité d'un pays et reculer d'un pas pour essayer d'absorber la vue et les sons du prochain. Reprendre pied quand le succès et la popularité vous ont tourné la tête. Une expérience, du reste, que je n'avais encore jamais connue. Et surtout, je me déplaçai seule, m'ouvrant totalement, que les questions soient bienveillantes ou non, de vieilles rancœurs de journalistes, les unes d'ordre général, les autres vraiment intéressantes. Et certaines m'ont fait vraiment plaisir.

Après avoir vidé les valises pour la dernière fois et mis fin au rythme infernal des tournées de signatures, je voyageai pour le plaisir, retardant ainsi le moment de retrouver mon train-train. Mais il m'arriva alors une merveilleuse surprise. Mon ami, le dramaturge Peter Stone, me demanda si j'avais envisagé de jouer à nouveau dans un spectacle musical, son idée étant *La Femme de l'année*. Non, je n'y avais pas songé. Comme il voulait réécrire le film pour moi, j'allai chez lui un soir, il installa le projecteur, y introduisit la pellicule, et nous voilà partis retrouver Spencer Tracy et Katharine Hepburn, avec le monde de la politique et du sport, et les conflits qui s'ensuivirent. Peter me dit qu'il avait parlé à John Kander et à Fred Ebb pour le livret. Qu'est-ce que j'en pensais ? Avec sans doute Robert Moore pour la réalisation – qu'est-ce que j'en pensais ? Tony Sharmdi pour la chorégraphie... de nouveau, qu'en pensais-je ? J'en pensais le plus grand bien mais, comme nous ne nous connaissions pas vraiment les uns les autres, il nous sembla qu'une rencontre s'imposait. De toute façon, j'avais vraiment envie de faire leur connaissance, surtout celle de Kander et Ebb, dont j'admirais le travail – que j'admire encore et admirerai toujours. Ces deux-là, je les adore. Cependant je trouvais assez étrange qu'après avoir interprété Margo Channing, le rôle de Bette Davis, dans *Applause*, je me trouvais à présent à jouer celui que ma grande amie Katherine Hepburn avait tenu dans *La Femme de l'année.* Mon Dieu ! Comment avais-je le toupet de m'attaquer à cela ? Même si *Applause* avait fait un vrai tabac, m'apportant de bonnes critiques et mon premier Tony, je savais au fond de moi qu'en fait – réellement – le public verrait toujours Bette Davis en pensant à Margo Channing, de même qu'il verrait Kate dans *La Femme de l'année*. Parce que, aussi bon que soit le spectacle, et il était fantastique, aussi bonne que je sois, le film existerait toujours pour les générations à venir. Le théâtre se joue en direct, sous vos yeux. On voit le spectacle, on l'adore, on ne l'oublie jamais. Mais les futures générations ne le verront pas.

Malgré les obstacles supplémentaires que je m'imposais – le souvenir de Kate, d'une part, et mon manque d'assurance – je me plongeais dans l'expérience jusqu'au cou. Je repris mon rythme habituel, leçons de chant, danse, élongations, apprendre les répliques – des mois de casting, beaucoup moins pour les répétitions. J'étais emballée à l'idée de remonter sur les planches, emballée par les gens impliqués et j'adorai participer au casting. Ce fut une expérience exaltante – rester assis dans la salle obscure assez loin des acteurs qui auditionnent pour ne pas être vu mais pouvoir voir. Peter, Kander et Ebb étaient là, Comden et Green – mes très proches amis qui écrivaient le livret du spectacle – étaient là, Bob Moore, notre metteur en scène, était là aussi. Se concerter après chaque audition pour décider de ceux qu'on pouvait envisager de rappeler, écartant rapidement les autres. Je ressentais toujours un pincement au cœur quand un acteur était rejeté, ayant moi-même vécu trop souvent cette pénible expérience.

J'ai toujours eu scrupule à siéger pour juger mes camarades. Je ne sais que trop combien les auditions peuvent être difficiles et éprouvantes. Peu importe la foi que nous avons en nous, nous sommes la proie du trac et des doutes, et la peur d'être rejeté domine tout – la peur du rejet reste omniprésente dans la vie de l'acteur. Et cela ne passe jamais. Peu importe vos années d'expérience, à quel point vous êtes un artiste accompli, la vie de l'acteur reste précaire. Alors pourquoi choisissons-nous cette vie de saltimbanque ? Parce que nous nous sentons obligés de le faire, que c'est tout ce que nous avons appris et tout ce que nous aimons. Alors nous persévérons en dépit des multiples déceptions et des chagrins. Pourquoi ? Parce qu'il y a toujours l'espoir que la prochaine fois, ce sera différent. Ça va marcher ! Et parfois, c'est le cas, quand la chance est au rendez-vous. Mais le plus souvent, non. Je n'ai jamais réussi à comprendre. Suis-je masochiste ? Non. Mais j'en avais suffisamment envie pour m'accrocher en dépit de tout et continuer à y croire. Et, quand ça marche, ça dépasse tout ce qu'on peut imaginer. Tout ce qu'on a enduré, les déboires, les échecs disparaissent. Ça en vaut la peine au-delà des mots. Après tout, ce sont vos prières et vos rêves d'enfance qui se réalisent enfin.

Et quand vous êtes atteint, votre compte est bon. Même après une longue tournée durant laquelle on comptait les jours, les cochant à mesure sur le calendrier comme je le faisais à la fin de la tournée de *La Femme de l'année*. Même alors, après un bref répit, en achetant un billet pour une nouvelle pièce, assise dans une salle obscure devant la scène au lieu d'être dessus, même alors, je ressentais un pincement, l'envie d'être de nouveau là-bas, de faire partie de la pièce. Parce que la scène est partie intégrante de l'acteur, elle lui appartient. Pas le film. Le film appartient au réalisateur. Quel que soit votre talent, peu importe à quel point votre interprétation est fabuleuse, le film ne dépend pas de vous : le réalisateur décide et, avec ses ciseaux, il peut couper votre scène préférée. C'est lui qui décide. Bien sûr, si c'est un bon metteur en scène, il voudra une bonne interprétation de la part de ses acteurs, mais son but n'est pas de les servir, son but est de servir le film tout entier. Personne n'est en cause, vous comprenez. Cependant, c'est amusant de tourner un film – à condition qu'il soit bon, bien sûr, il faut qu'il soit bon – malgré les attentes interminables. On pourrait appeler ça le syndrome du « hâte-toi d'attendre ». Vous vous dépêchez de faire une dernière retouche avant la prochaine scène, puis foncez vers le plateau, prête, un assistant réalisateur à vos côtés... Et que se passe-t-il ? C'est la caméra qui n'est pas tout à fait prête pour une raison quelconque. Souvent le réalisateur est en train de changer les marques, ce qui veut dire qu'ensuite, il faut modifier l'éclairage. Donc on attend encore. Mais, qu'importe... au cinéma, on utilise différentes parties de soi et on apprend à transiger avec l'attente.

Quelque chose de nouveau s'est ajouté au train-train quotidien et je dois reconnaître que je trouve cela assez humiliant. Dès que vous arrivez dans les studios, la portière vous est ouverte par un deuxième ou troisième assistant réalisateur qui a un morceau de plastique dans l'oreille relié à un cordon (censé être invisible, mais ne l'est pas), lequel est connecté à quelque chose qu'il tient dans la main et qui ressemble à un téléphone – que ça n'est pas. « Elle est là, » murmure-t-il dans le pseudotéléphone. Et dès lors, chacun de vos pas est relevé – « on se dirige vers sa loge », « le coiffeur et la maquilleuse sont là » – comme si le FBI ou la CIA signalait mes faits et gestes. Puis : « Combien de temps vous faut-il pour vous préparer ? Il [le réalisateur] peut vouloir que vous répétiez. Alors commencez à la maquiller et à la coiffer, et on vous préviendra quand il est prêt sur le plateau. » Ça me rend folle. S'il y a une chose dont je suis sûre, c'est que je suis une vraie pro. Je suis là pour travailler et je suis généralement à l'heure. Mais je déteste me sentir espionnée. Je ne sais pas d'où vient cette manie, mais celui qui l'a eu n'aimait pas les acteurs. Surtout, cela n'a rien à voir avec le travail, tout juste avec les horaires. L'argent. Tout se résume en fin de compte à l'argent. C'est désolant.

Les années 1990 ont été curieusement bonnes et fructueuses pour moi. Ma vie professionnelle a gagné en diversité après *Un certain jour de juin* en 1993. J'ai séjourné quatre mois et demi rue du Cherche-Midi à Paris pendant qu'on tournait *Prêt-à-Porter*, de Robert Altman. Vivre à Paris fut un vrai bonheur. Y travailler me donna l'impression d'y habiter. La rue du Cherche-Midi est une rue merveilleuse sur la rive gauche, un quartier que je fréquente depuis des années. Me réveiller le matin et m'arrêter au café Alexandre pour boire un chocolat chaud en attendant que la voiture du studio vienne me prendre fut l'un des grands plaisirs de ma vie. Paris m'émeut comme aucune autre ville au monde. J'ai le souffle coupé quand je vois Paris la nuit, tout illuminé avec la tour Eiffel, la place de la Concorde, l'Arc de Triomphe, Notre-Dame, le Sacré-Cœur... Le pavé luisant après la pluie... Ça me laisse sans voix. Ça a toujours déclenché chez moi une réaction viscérale. Depuis la première fois où j'ai aperçu l'Arc de Triomphe en 1951, j'éprouve la même impression. J'ai le cœur qui bat plus vite à chaque fois que je retrouve la ville. C'est la Ville lumière, d'une beauté inimaginable. Détail amusant et révélateur du mode de vie des Français comparé à celui des Américains : peu importe le temps, qu'il pleuve, qu'il neige, qu'il y ait la canicule et pas d'air conditionné, à toute heure du jour ou de la nuit, au déjeuner comme à l'heure de l'apéritif, pendant ou après le dîner... les bistros sont bourrés de gens de tous âges qui parlent, fument, boivent, rient, partagent leur vie. Qu'y a-t-il de mieux dans la vie ? Rien de chichiteux, juste de la chaleur humaine. Il y a des années de cela, je me souviens de mon étonnement lorsque ma chère amie Vivien Leigh me dit qu'elle ne supportait pas de rester un an sans aller en France. À présent, je connais aussi ce sentiment.

Il y a deux ans, j'ai failli passer toute une année sans aller à Paris. J'ai décidé que c'était un besoin pour moi. Paris est bon pour mon moral. J'y ai beaucoup d'amis et je connais très bien la ville, surtout la rive gauche. Je m'y sens vraiment bien, j'ai l'impression d'y être à ma place. On peut croire que c'est une façon de s'évader, si l'on veut, mais ce n'est pas vrai. Je suis attachée à Paris, pour ce qu'il a de bon, de mauvais, pour sa beauté. Et au fil des ans, les jours, les semaines et les mois que j'y ai passé par tous les temps, la ville ne m'a jamais fait faux bond. Je n'ai jamais été déçue, elle a toujours été à la hauteur de mes espérances, de mes souvenirs du temps passé (comme on dit). Rien ne saurait égaler la nouvelle illumination des monuments et des bâtiments anciens ces dernières années, son talent artistique, et la fierté que les Parisiens tirent de leur ville. Et pourtant, malgré ma connaissance des rues et des squares de Paris, je continue de découvrir des coins, des petits cafés, des jardins. Paris arrive encore à me surprendre, il arrive encore à faire battre mon cœur.

Au printemps de 1995, à peine arrivée à Paris, j'étais douillettement assise dans mon lit, heureuse de passer enfin deux semaines dans ma ville préférée, quand je reçus un coup de fil de mon agent. Un scénario était parti – *From the Mixed Up Files of Mrs. Basil E. Frankweiler*, un téléfilm, dont le tournage débutait deux jours plus tard. Je devais répondre immédiatement, dire oui, sinon ils allaient chercher quelqu'un d'autre. C'est typique. Rien de commode dans ce métier. Donc je lus le scénario et il me plut. Mon fils Sam me signala que *From the Mixed Up Files of Mrs. Basil E. Frankweiler* était son livre de jeunesse préféré. Donc je dis « oui » et commençai à remballer mes affaires à peine déballées pour remettre le cap sur Los Angeles. Ils devaient boucler le tournage pour une date précise et tout devait être prêt, cela fait partie du métier. D'après mon défunt ami John Schlesinger, Hollywood est « un lieu provisoire, des bâtiments disparaissent comme les fortunes et les réputations, tous ceux qui travaillent dans le cinéma étant remplaçables sur-le-champ. Sous la façade des promesses se trouvent toutes les frustrations. Au studio, les gens s'habillent pour représenter l'imaginaire, mais on les traite comme des produits. » C'était en fin de compte une analyse profonde et désabusée du monde du cinéma. John était un réalisateur brillant, extrêmement intelligent, sensible et intéressant, un autre ami fidèle et plein d'esprit.

Le plaisir du film résidait dans la découverte progressive de l'histoire. Dans la version télévisée, les deux jeunes acteurs étaient particulièrement bons. Il est souvent difficile de travailler avec des enfants acteurs pour diverses raisons. Généralement, les parents leur tournent autour pendant les heures de travail, les font répéter, les poussent. Peu de parents dirigent la carrière de leurs enfants comme le fit la mère de Shirley Temple. Tout en étant la plus grande star au firmament d'Hollywood dès l'âge de quatre ou cinq ans jusqu'à l'âge ingrat où elle a commencé à prendre ses distances, Shirley réussit à avoir une enfance saine, à l'abri des regards, loin de Hollywood. J'ai travaillé à plusieurs occasions avec des enfants acteurs. Observer le comportement des parents sur le plateau m'a appris deux ou trois choses qui m'ont servi pour mes scènes dans ce film. Certains gamins sont très gâtés, ce qui n'est pas de leur faute, mais pas les petits « Frankweiler ». Même si, dès que j'eus posé le pied à LA, je fus sous la douche à 4 heures du matin pour me laver la tête avant de foncer pour mon premier jour de tournage, j'eus énormément de plaisir. Une expérience formidable, durant laquelle j'eus sans cesse à l'esprit le rapport avec Sam, ce qui fut un atout auprès de nombreux enfants. Et n'allait pas manquer de plaire à mes petits-enfants.

Paris reviendrait plus tard. Après LA, je me rendis à New York – chez moi – pour une chose quasiment impossible. J'avais envie de remonter sur les planches, mais dans quoi ? Dans quelle pièce ? Quel ne fut pas mon bonheur quand mon vieil ami, Duncan Weldon, m'appela pour m'inviter à Chichester sur la côte sud de l'Angleterre pour le festival d'été de 1995. Il me proposait un rôle dans *La Visite de la vieille dame*, une pièce de Dürrenmatt, que j'avais vu interprétée, il y avait des lustres de cela, par le grand Alfred Lunt et Lynn Fontanne. Avec eux, la pièce la plus faiblarde tournait au chef d'œuvre. *La Visite* est loin d'être un texte faiblard, mais c'est une pièce très difficile que beaucoup d'acteurs n'aiment pas. Pas parce qu'elle leur pose un défi, mais parce qu'elle est sombre, diabolique, intéressante bien que légèrement déprimante. Toutefois je m'y jetai à pieds joints. Malheureusement, ce ne fut pas ma meilleure expérience de la scène.

Bogie m'avait présenté les Lunt lors d'un voyage à Londres au début des années 1950. J'étais pleine de respect pour chacune des pièces dans lesquelles je les avais vus jouer, c'était un pur enchantement. À cause de l'aura dont je les enveloppais, j'aurais aimé avoir Paul Scofield (le grand acteur de sa génération, et peut-être de celles qui suivirent) pour interpréter le rôle d'Alfred Lunt. Mais il refusa avec grâce, disant qu'il n'avait jamais aimé la pièce. Cela me refroidit quelque peu. Un de mes gros défauts, c'est que je suis capable de parer la pièce, au moment où je la lis, de qualités qui n'y sont pas toujours une fois que j'ai dit oui. J'ai tendance parfois à me fier aux mauvaises personnes et je perds toute intuition.

Étant dans un nouvel environnement théâtral, malgré de grandes facultés d'adaptation, je devais apprendre à jouer dans un théâtre en rond. La plupart des scènes sont surélevées par rapport au public dont elles sont séparées par un rideau, de sorte que les comédiens sont à l'intérieur de leur propre univers. Dans le théâtre en rond, la scène est dépourvue de rideaux, elle s'avance dans le public, créant une impression de contact immédiat avec les comédiens et la pièce. Dans le cas de Chichester, l'espace était vaste avec de nombreuses places, ce qui fonctionne bien en général avec un public de cette taille. Ayant vu de nombreux spectacles à Chichester, je crois que j'avais seulement l'idée que c'était un théâtre réel, magnifique. Je crois aussi que, sous certains aspects, comme c'était très nouveau pour moi, j'étais paralysée par le passé, par les comédiens anglais que j'admirais plus que nombre d'acteurs américains. J'avais eu le privilège de voir les classiques, comme Shakespeare, interprétés par Olivier, Richardson, Gielgud, Guinness, Scofield. Je ne pourrais jamais me mesurer à eux ni aux femmes – Vivien Leigh, Maggie Smith, Joan Plowright, Edith Evans. Sautant par-dessus ces obstacles, sans nécessairement les écarter, je m'accrochai.

La distribution était bonne, tous les comédiens avaient l'expérience de ce type de scène, de même que le metteur en scène. Malheureusement, nous avions du mal à communiquer. Je pense qu'à ses yeux j'étais d'abord et avant tout une star de cinéma et il ne me dirigea pas suffisamment. Pour ma part, j'étais un poisson hors de l'eau. Je finis par me sentir découragée, sans savoir vers qui me tourner. Le metteur en scène tient un rôle clé dans le jeu de l'acteur qu'il dirige, auquel il donne confiance, qu'il soutient. Faute de quoi, je me replie sur moi-même et refuse de prendre des risques. Ce qui n'est jamais une bonne chose, que ce soit pour un spectacle ou dans le domaine des émotions. Finalement, mon jeu fut, je pense, très inégal. Bon dans certaines scènes, pas vraiment dans d'autres. Mais une fois que vous vous êtes engagé dans ce genre d'aventure, impossible de revenir en arrière. De sorte que, malheureusement, le plaisir (car même dans une pièce aussi sombre que *La Visite*, il peut y avoir des moments drôles) ne fut pas au rendez-vous. Dieu merci, il y avait Johan Engels, un créateur de costumes et décorateur brillant qui occupe une place de premier plan dans le monde de l'opéra, du ballet et du théâtre. Il est devenu un ami et ma citadelle.

Je n'ai pas été emballée et cela resta ma seule et unique expérience dans le genre. Habituellement, il y a une sorte de grâce dans le théâtre, qui est le propre du théâtre. Le simple fait d'en être suffit. Manquant de confiance en moi, une bonne partie du chemin représenta pour moi un effort laborieux. De telles expériences me font regretter de ne pas être aussi coriace que certains l'imaginent. La troupe était amusante. Même si nous n'avions pas vraiment d'affinités, il y avait une ambiance de camaraderie générale. J'éprouve presque toujours des réactions positives à l'égard des autres comédiens dans les pièces que je joue, et celle-ci n'a pas fait exception à la règle. C'était différent, mais cela n'enlève rien au travail que nous avons tous fait pour représenter la pièce et nous montrer à la hauteur des attentes du public. Avec le recul, les angles s'arrondissent dans une certaine mesure. En fait, bien que Chichester ne marque pas un tournant dans ma carrière, c'était du théâtre, et le festival qui s'y tient est célèbre en Angleterre, où j'adore vivre et travailler. En fin de compte, je dois reconnaître que je suis heureuse de l'avoir fait. J'ai appris une ou deux choses et j'y étais. Et, si je n'ai pas donné le meilleur de moi-même, je l'ai fait. J'y étais. J'ai travaillé.

Le bon côté, c'est qu'à peu près à la même époque, Harold Pinter se produisait dans un autre théâtre du festival, de sorte que je pus passer un peu de temps avec lui et sa femme, Antonia Fraser, deux personnes auxquelles je suis fort attachée depuis 1985, où nous avons passé un certain temps ensemble pour *Doux oiseau de jeunesse*. Cette pièce a été un moment particulier pour moi. D'abord parce que je pus dire un texte de Tennessee Williams, un grand poète et auteur dramatique, mais aussi parce que je jouai sous la direction d'Harold Pinter, un autre grand auteur dramatique. Étant lui-même un magnifique comédien, Harold était un metteur en scène merveilleux qui savait s'y prendre avec les acteurs. Nous avons aussitôt sympathisé. L'ensemble de l'aventure fut un vrai bonheur, depuis les six semaines en province – en Angleterre, cela veut dire Bath, Brighton, Plymouth, rien que des salles qui m'étaient inconnues, un public enthousiaste, pour finir par Londres au Royal Haymarket Theatre, en occupant la loge de Gielgud, Olivier, Ralph Richardson, Alec Guinness, les grands noms de la scène... La pièce fut bien reçue, de même que la troupe. Nous jouâmes à guichets fermés pendant plus de six mois en Angleterre et cela se poursuivit, cette fois avec une distribution australienne et un séjour de quatre mois et demi dans ce pays. Bien que ce fût un rôle difficile, différent de tout ce que j'avais interprété jusque-là, ce fut un plaisir du début à la fin. Ce fut aussi le début d'une longue amitié entre Harold, Antonia et moi, et j'en suis plus qu'heureuse. Des moments de bonheur toujours renouvelés.

En rentrant à New York, ma carrière prit une tournure inattendue. Barbra Streisand allait réaliser un film intitulé *Leçons de séduction*, dont elle serait la vedette. On me demanda de venir à son appartement pour lire une scène avec elle, dans laquelle je devais jouer le rôle de sa mère. En effet, pour les acteurs, les auditions ne s'arrêtent jamais. On doit toujours faire ses preuves. Peu importe le nom qu'on lui donne, je continuai d'être mise à l'épreuve, jugée. Et le moment était venu pour moi de jouer des rôles de composition, ce que j'ai toujours fait, du reste, n'ayant jamais joué les jeunes premières. Enfin, tant qu'on me proposait des rôles aussi bons que dans *Leçons de séduction*, j'étais d'accord ! J'étais transportée à l'idée de travailler avec Barbra et d'être dirigée par elle – c'était la première fois que j'étais dirigée par une femme. Je connaissais Barbra depuis la première de *Funny Girl*, où elle m'avait coupé le souffle par sa personnalité émouvante, drôle, sa façon magique de chanter, de jouer. Je me rendis donc chez elle le jour dit, à l'heure dite, aussi nerveuse qu'à l'époque de mes dix-sept ans où j'avais passé ma première audition.

En me rendant chez elle, je ne savais pas du tout à quoi m'attendre. Comme Barbra est une perfectionniste, je savais que son appartement serait rempli de choses ravissantes, bien rangé, impeccable. Et c'était le cas, avec principalement des meubles anglais capitonnés de blanc. Son goût pour les poupées et les dînettes me frappa – en général des objets de collection très coûteux. Elle était vêtue de blanc, très à l'aise, une sorte de vêtement d'intérieur, en pantalon avec un foulard sur les épaules. Elle me fit visiter l'appartement, arrangé de façon attrayante, arrangé à son goût et, somme toute, un peu plus classique que je ne m'y attendais. Après la visite, pendant laquelle je restai sur mes gardes – quand allions-nous commencer à parler du film ? Combien d'actrices avait-elle reçues pour le rôle ? – elle dit enfin : « Allons dans la bibliothèque pour lire deux ou trois scènes. » Elle voulait juste se rendre compte comment nos voix se posaient l'une par rapport à l'autre. Je n'ai jamais été au meilleur de ma forme pendant une lecture. À ses yeux, ce n'était peut-être pas une audition, mais pour moi, si. Donc nous lûmes et je n'avais pas la moindre idée de ce que cela donnait. Je compris seulement, en revenant dans la salle de séjour, que ce n'était plus une simple conversation de salon. Je parlais avec une réalisatrice et une productrice. Le ton était devenu professionnel.

Je savais que les auditions n'étaient pas mon fort. Certains acteurs y excellent. Pas moi. Barbra me demanda d'attendre quelques minutes pendant qu'elle discutait avec son associé et producteur, Cis Corman. J'étais anéantie, bien sûr. On me fit enfin revenir dans la salle de séjour. Je n'oublierai jamais le cadre. Barbra et Cis étaient assis sur un petit sofa, Barbra le doigt pointé sur une de ses magnifiques et précieuses antiquités. « Vous avez été très bonne, me dit-elle. Nous vous rappellerons. » Le moment était venu pour moi de m'en aller. « Merci, j'étais contente de vous revoir. » Comme je me dirigeais vers la porte, Barbra me lança : « Alors, vous pensez pouvoir jouer le rôle de ma mère ? — Oui, tout à fait. » (Encore que, réflexion faite, j'aurais dû être enceinte à l'âge de l'adolescence pour remplir les conditions.) Puis je franchis la porte et dans l'ascenseur qui me ramenait dans l'entrée et au grand air. Que voulait-elle dire ? Pensais-je être trop jeune pour être sa mère ? Ou pensait-elle que j'étais trop jeune pour jouer le rôle ? Avais-je lu la scène comme une vieille femme ? Ces questions-là sont faites pour vous torturer l'esprit. Tremblante, je me demandais, une fois encore, pourquoi après toutes ces années de succès à l'écran et sur les planches, pourquoi je manquais à ce point de confiance en moi ? Les angoisses de l'enfance, les peurs ne disparaissent jamais tout à fait. Elles s'estompent, mais ne s'en vont pas.

Après une semaine à me ronger les ongles et à harceler mon agent, je reçus enfin une réponse. J'avais décroché le rôle. Quelle joie ! J'étais vraiment aux anges, transportée par cette nouvelle perspective. Un très bon rôle, un personnage drôle, le meilleur que j'aie eu depuis des années. J'avais vu des films réalisés par Barbra et je savais qu'elle connaissait le métier. Comme le film devait se tourner à New York, c'était l'idéal à mes yeux puisque cela me permettrait de rentrer chez moi et de dormir dans mon lit. Jeff Bridges, un acteur merveilleux et un type adorable, interprétait le principal rôle masculin et c'était la première fois que je jouais avec lui. Chacun avait été trié sur le volet par Barbra, comme c'est la coutume pour les réalisateurs. C'était une bonne équipe.

Quand nous commençâmes à tourner, je compris immédiatement comment Barbra fonctionnait. C'était très curieux au début parce qu'elle dirigeait la scène derrière la caméra, puis elle venait se placer devant et jouait dans la scène. J'ignore comment elle s'y prenait, mais elle l'a fait, elle le fait, et elle y arrive. Elle est méticuleuse dans la mise en scène, visuellement et pour l'interprétation des acteurs. Chaque détail est aussi important pour elle que les mots. Elle m'a raconté un jour qu'elle s'était réveillée à 4 heures du matin et avait dessiné un croquis précis de la cape que je devais porter. Ensuite elle s'était rendormie.

Elle était tellement concentrée que, souvent, les journées n'en finissaient pas. Elle avait l'acharnement indispensable pour faire un bon réalisateur, elle savait ce qu'elle voulait dans une scène et ne renonçait pas tant qu'elle ne l'avait pas obtenu. Bien des jours, nous travaillâmes quatorze ou seize heures, et de temps à autre, nous étions si épuisés que le film s'en ressentait, mais sans prendre le dessus. Barbra était si absorbée, si obnubilée qu'elle perdait toute notion du temps. Elle contrôlait chacun des aspects du film, garde-robe, couleurs, le moindre détail. Cependant, quel que soit le nombre d'heures qu'elle avait passé à travailler la veille, elle se trouvait sur le plateau le lendemain aux aurores. Une énergie stupéfiante. J'étais émerveillée par son talent et même si je me sentais parfois frustrée, je me disais que c'était son film et qu'elle avait le droit d'exiger que le moindre détail soit exactement tel qu'elle le souhaitait.

Certes, son attention pour le détail était parfois rageante, mais, après tout, c'était son film, c'était sa démarche et elle était le boss. Comme je l'ai dit, le cinéma est le moyen d'expression d'un réalisateur, pas d'un acteur. Nous nous entendions bien. Elle ne fait pas de tralala sur le plateau. C'est une vraie professionnelle et j'aime ça. Je suis une professionnelle, moi aussi. Entre les prises, j'ai envie de me détendre, je blague. Entre les prises, Barbra réfléchissait à la prise de vue suivante et à la précédente, au nombre de plans qu'il lui faudrait pour chaque scène. Et, par-dessus le marché, elle prenait son temps quand on la filmait en gros plan. L'éclairage n'avait aucun secret pour elle, elle savait où le placer et l'effet qu'il devait produire. Je n'ai jamais réussi à apprendre tout ça. Je m'en suis toujours remis au cameraman et au réalisateur, souvent à mon détriment. Son profil gauche est le meilleur. Il se trouve que c'est aussi le mien. Devinez qui gagnait la partie ? Il faut le reconnaître : sans elle, il n'y aurait pas eu de film, c'est sûr et certain.

Barbra a plusieurs cordes à son arc. Réaliser un film n'est pas une tâche facile. Il faut être capable de s'engager à fond, de se concentrer totalement, décider de renoncer à tout autre vie jusqu'à ce que le film soit bouclé. Barbra aime tout cela et elle le fait. Je l'admire de pouvoir le faire et je respecte ses choix même quand je ne les partage pas. J'adore son talent, un talent inné et époustouflant. C'est une belle femme et elle me fait rire. Et je reconnais ses points faibles et son égocentrisme qui lui a permis de faire la carrière incroyable qui fut la sienne. J'ai entendu courir toutes sortes de potins sur elle, généralement critiques et généralement faux. On dit qu'elle est difficile, coriace, etc. On le dit de moi aussi. Elle ne veut qu'une chose : quel que soit le travail qu'elle entreprend, elle veut qu'il soit meilleur qu'il ne l'était sur le papier. Je suis exactement pareille. Ce qu'on entend dire le plus souvent vient de gens qui ne la connaissent pas, ajouté à ce sentiment vieux comme le monde : la jalousie. Barbra a bon cœur et elle est extrêmement futée. En d'autres termes, je la trouve formidable. Elle m'impressionne et je suis pleine d'admiration et d'affection pour elle. Longue vie ! En fin de compte, nous avons dépassé le calendrier de quelques semaines. Et puis un jour, nous avons terminé.

J'ai beaucoup aimé mon personnage dans *Leçons de séduction*. J'avais quelques répliques très drôles et quelques très bonnes scènes. J'ai beaucoup aimé mon rôle. Barbra était satisfaite, de même que le studio. Ils n'arrêtaient pas de dire que je serais nominée pour les oscars. Comme je n'avais jamais été proposée et avais encore moins reçu de prix au cours de mes nombreuses années de travail, je ne fis pas grand cas de leurs propos. Il y a des actrices qui sont toujours nominées et certaines qui gagnent systématiquement. Cela n'a jamais été mon cas. Aussi imaginez ma stupéfaction quand j'appris qu'on me proposait pour le Screen Actors Guild Award, le Golden Globe, le Broadcasters'Award en plus du prix de l'Académie du cinéma pour le meilleur second rôle féminin. Même si c'était incroyable, je ne me faisais aucune illusion.

La saison des oscars à Hollywood tient de la folie furieuse. Les attachés de presse sont sur le pied de guerre vingt-quatre heures sur vingt-quatre, placent des publicités dans tous les médias, poussant leurs poulains sans relâche. C'est une compétition acharnée, et l'ambiance est très éprouvante. La pression était terrible et j'étais dans l'œil du cyclone. Je n'avais pas – et n'ai toujours pas – d'équipe de relations publiques concentrant son attention sur moi. J'ai essayé une fois brièvement et me suis trouvée mal à l'aise. En outre, il faut assister à chaque manifestation, à chaque déjeuner, il faut parler interminablement à la presse et répondre à des questions stupides du genre : « Qu'est-ce que ça vous fait d'être nominée ? », « Où étiez-vous quand vous avez appris la nouvelle ? », « Est-ce que ça vous a plu de travailler avec Barbra Streisand et d'être dirigée par elle ? » et ainsi de suite, et cela devient de plus en plus idiot. Le bruit courait que j'étais en tête pour les quatre. Tous mes amis étaient convaincus que c'était dans la poche. Pour finir, j'emportai le prix du second meilleur rôle féminin, le Golden Globe et le Broadcasters'Award. Ce fut un moment excitant. J'étais sur des charbons ardents. Hormis les divers prix pour l'ensemble de l'œuvre, que je trouve extrêmement flatteurs et éprouvants à leur manière, et mes deux Tony pour le théâtre, c'était une expérience nouvelle pour moi. Et le monde du cinéma est différent. Après tout, j'avais commencé ma carrière à l'écran. Mais les oscars sont beaucoup plus grand public, ce qui implique davantage de stress. En outre, c'était l'année du *Patient anglais*, distribué par Miramax, et il était bien connu qu'Harvey Weinstein savait se bagarrer pour ses films.

Il y avait un dîner la veille de la cérémonie des oscars. Bien entendu, j'y assistai avec mes enfants et leurs conjoints. Steve et sa femme Barbara étaient venus de Californie pour l'occasion, Sam et sa femme Sidsel, de même que Leslie et son mari Erich Schiffman m'escortaient. Kevin Spacey s'assit avec nous pour le dîner. Il était sûr que j'allais gagner l'oscar. Mon vieux béguin et grand ami Kirk Douglas et sa femme, Anne, étaient présents. Kirk porta un toast extrêmement flatteur et touchant à ma santé. Ils disaient tous que c'était gagné d'avance. Je n'arrêtais pas de répéter : « Ne vendez pas la peau de l'ours. C'est le meilleur moyen de perdre. » Mais ils ne voulaient rien entendre. « Tu le mérites... depuis le temps ! » On ne cessait de me répéter ces paroles. « Tu ne peux pas perdre ! » Mes amis new-yorkais, ceux de la ville comme de la banlieue, se rassemblèrent, également convaincus de mon succès.

Le lendemain, on commence à se préparer pour la grande soirée dès 3 heures de l'après-midi. On vous conduit downtown vers 5 heures pour remonter le tapis rouge avant d'entrer dans le grand auditorium. Mes enfants arrivèrent dans ma suite au Bel Air Hotel avec Johnnie Planco, mon agent de l'époque devenu mon manager, et nous montâmes en voiture. Il faisait chaud. Ma coiffure tiendra-t-elle ? Et mon maquillage ? Ils étaient surexcités, tous convaincus qu'on allait célébrer mon succès à la soirée qui suit la remise des oscars. À l'arrivée, quand on descend de voiture, la longue marche sur le tapis rouge commence. D'abord mon vieil ami Army Archerd, lui aussi convaincu que j'allais gagner. Il est toujours là le premier, un micro et une caméra à portée de main. Nous avons commencé, lui et moi, à Hollywood plus ou moins à la même époque. Dès l'instant où vous posez le pied hors de la voiture, vous êtes sous l'œil d'une batterie de caméras du monde entier avec des centaines de fans qui crient. Votre visage vous tiraille à force de sourire, vous agitez la main. Chaque fois qu'une autre actrice ou qu'un acteur connu – une star – apparaît, le rugissement grossit et c'est tout juste si vous arrivez à saisir les questions qu'on vous pose. Certains des journalistes sont très affairés pendant qu'ils vous parlent, ils regardent dans votre dos qui vous suit. Si c'est une méga-star, vous avez l'impression d'être congédié. Leur attention est très fugitive. Cette prestation est une véritable épreuve et la journée paraît interminable.

Comme j'étais la favorite à leurs yeux, on m'arrêta et je dus parler à chacun des représentants de la presse. Toujours les mêmes questions : « Quelles sont vos impressions ? » « Comment avez-vous appris que vous étiez nominée ? » Après quoi, je fus complètement stressée, les nerfs à bout. On nous conduisit finalement à nos places, tous les sept en rang d'oignon. Moi près de l'allée, Steve assis à côté de moi et me tenant la main. La soirée commença avec Billy Crystal en maître de cérémonie. Je m'efforçais de prendre l'air détendu et de faire comme si je m'amusais. La vérité, c'était que je voulais gagner. Vous avez beau rationaliser, c'est formidable d'être nominé, choisi par vos pairs, etc. Mais gagner, c'est mieux. Dans tout concours, c'est le but.

L'oscar – ça y est ! – du meilleur second rôle féminin. Kevin Spacey arriva avec l'enveloppe dans la main, cita le nom des candidates, me regarda et sourit, ouvrit l'enveloppe. « Et la gagnante est... », il était si sûr de lui, mon cœur cognait tellement fort que j'ai cru que j'allais m'évanouir, Steve me pressa la main. Il baissa la voix : « La gagnante est Juliette Binoche, *Le Patient anglais*. » En effet, *Le Patient anglais* gagna à tous les niveaux. Harvey Weinstein avait encore frappé. Je me sentais malheureuse pour mes enfants. Ils étaient bouleversés pour moi. Steve blêmit. Il ne pouvait le croire. Sam et Leslie étaient hébétés.

Nous tînmes le coup jusqu'au bout de la cérémonie et nous rendîmes au dîner de gala, avec des oscars en chocolat partout. Je me sentais très seule. Peu importe comment on le considère, c'est le bal des gagnants. Kevin Spacey était là. Il vint me trouver et m'invita à danser, Dieu merci. Ce n'est pas bon d'être donné gagnant.

Cependant je reçus un césar, une superbe statuette du célèbre sculpteur. C'est une œuvre assez grande, en cuivre, très caractéristique de l'artiste. Elle est exposée dans mon appartement et cela me remonte toujours le moral quand j'y repense. Non seulement c'était la même année que les oscars, mais c'était la deuxième fois que la France me rendait hommage. La première, ce fut deux ans plus tôt quand je fus nommée commandeur des Arts et Lettres.

Je devais cet honneur au ministre de la Culture de l'époque, Jacques Toubon. Au cours de la même cérémonie, Dustin Hoffman fut fait officier, de sorte que pour la première fois de ma vie ou de ma carrière, je me trouvai un poil au-dessus de Dustin ! La médaille est accrochée sur un ruban bleu et blanc ravissant, et il y a une minuscule rosette bleue et blanche à fixer à la boutonnière. Dustin avait trouvé un poème de François Villon qu'il me dédicaça. J'étais terriblement émue. C'est pour moi une chance fabuleuse de connaître Dustin Hoffman – pas très bien, mais nous avons passé suffisamment de temps ensemble au fil des ans pour que j'éprouve une grande affection à son égard. Je n'ai jamais travaillé avec lui et, malheureusement, j'imagine que cela n'arrivera jamais. Mais j'adore sa compagnie et je suis toujours heureuse de le voir.

C'est Alain Delon qui m'a remis le césar. J'ai remercié en français en me débrouillant très bien, même si j'étais très émue. Le public m'a acclamée et c'était formidable, encore que je ne me sois jamais sentie très à l'aise dans ce genre de cérémonie. La presse était omniprésente, mais je ne me souviens pas qu'il y ait eu de tapis rouge.

Le tapis rouge est une drôle de chose, il a une place et une vie à soi. Il y en a un à chaque remise de prix en Californie, le Screen Actors Guild, le Golden Globe, etc. Il est d'une longueur variable selon l'endroit. En pensant au nombreuses années où j'ai arpenté cette allée, je me rends compte qu'à chaque occasion, mes hanches s'élargissent. Jusqu'au jour où elles dépasseront la largeur du tapis qui tend à se rétrécir avec les restrictions budgétaires. D'ailleurs, il est devenu très court et carrément rose au dernier festival du film de Tribeca. Mince alors ! Qu'est-il arrivé au monde qui était le mien ? Ne pouvons-nous pas sauvegarder ces traditions ? Mais voyons, c'est une question d'économie, ma pauvre dame !

Sans doute.

Donc la soirée des oscars arriva, se passa et je survécus. Puis, un jour, dans le courant de la même année, me voilà en train d'ouvrir mon courrier. Je dois dire que je reçois quantité de lettres sans intérêt, des invitations à toutes sortes d'inaugurations, des gens du monde entier qui me demandent du temps ou de l'argent. Comme je n'espère jamais grand-chose quand j'ouvre le courrier, je le fais promptement à l'aide d'un coupe-papier. Il m'arrive parfois de décacheter l'enveloppe en laissant la lettre à l'intérieur. Bref, ce matin-là, j'étais sur le point d'en finir avec ma fournée quotidienne, il ne restait plus que quelques enveloppes. On pousse le coupe-papier, on vide l'enveloppe. Et voilà ce que je lis.

Le 27 août 1997,

Chère Mme Bacall,

En décembre, nous allons célébrer le vingtième anniversaire des Kennedy Center Honors.

Au nom des membres du Conseil d'administration du Kennedy Center et de notre Comité artistique national, je vous écris pour vous inviter à recevoir les Honors du Kennedy Center en reconnaissance de votre contribution extraordinaire à la vie de notre pays. Les Honors sont remis chaque année à des personnes ayant enrichi la vie américaine par leur réalisation dans le domaine des arts du spectacle. Notre premier critère est l'excellence.

La lettre apportait des précisions sur la manifestation du week-end, qui avait lieu les 6 et 7 décembre. On me demandait la confidentialité jusqu'à ce que George Stevens Jr. officialise le nom des primés. La lettre était signée : « Jim Johnson, président du Kennedy Center pour les arts du spectacle. »

J'étais si bouleversée qu'il me fallut du temps pour m'en remettre. Je ne pouvais y croire. Jamais, dans mes rêves les plus fous, je n'aurais imaginé qu'on pourrait m'envoyer de pareilles fleurs. Je n'arrivais pas à comprendre. Je vérifiai l'enveloppe – Kennedy Center, Washington – relus le message. Je n'y croyais toujours pas. Mince, c'était totalement inattendu ! Mais si palpitant. Il me manquait quelqu'un avec qui partager la nouvelle. Bien entendu, je commençai par appeler mes enfants. Mon amie, Jean Kennedy Smith, qui était au courant mais ne m'en avait pas soufflé mot, était très heureuse quand je l'appelai. C'était un moment de grand bonheur et de vraie surprise. Et pour cette soirée, je n'aurais rien à faire. Juste rester assise et écouter les éloges.

Le dîner officiel du samedi soir fut très plaisant. Une personne est chargée de dire un toast pour chacun des gagnants. Dans mon cas, ce fut le merveilleux Peter Stone, dramaturge et ami de longue date. Il brillait de tous ses feux ce soir-là. Ce fut un merveilleux week-end : réception à la Maison-Blanche, remise de la médaille par le président. Peu importe de quel bord politique on est, entrer à la Maison-Blanche, voir les portraits des présidents sur les murs, gravir l'escalier au son de l'US Marine Band Combo, rencontrer des sénateurs qu'on n'aime guère sur le plan politique mais les trouver plutôt aimables – c'était un week-end absolument apolitique –, ce fut très impressionnant et vraiment palpitant. Et quel trac !

Bob Dylan faisait également partie des nominés. Il déteste la foule et se sent très mal dans ce genre de cérémonies. Nous nous étions rencontrés à Sydney en 1986, alors que je jouais dans *Doux oiseau de jeunesse* et qu'il donnait quelques concerts. Il m'avait offert des billets pour que je vienne à son spectacle et je lui en avais donné pour qu'il assiste au mien. J'étais transportée de le rencontrer, et Colin Friels, qui jouait le premier rôle dans *Doux oiseau*, était au septième ciel. Assister à un concert et, plus encore, s'asseoir avec Dylan après le concert, était quelque chose dont il n'avait pas osé rêver. Ce qui ne fit qu'augmenter mon propre plaisir. Je m'entendais très bien avec Dylan, nous soupions ensemble après le spectacle et passions de bons moments. À part une exception à l'occasion d'un autre de ses concerts, nous ne nous étions pas revus depuis cette époque. Je fus enchantée de le retrouver dans ces circonstances. Je l'étreignis, le présentai à mes enfants, qui furent ravis. Ce fut un week-end mémorable.

Les Kennedy Center Honors doivent faire partie des plus hautes distinctions dans le domaine de l'art aux États-Unis. Ce fut un plaisir pour moi de me trouver en compagnie de Bob Dylan, Edward Villela et Jessye Norman et, lors de la soirée de gala, d'être sur la scène du Kennedy Center Opera House et de voir une fois encore l'incroyable contribution de chacun au cours des années et de partager cet honneur avec la famille Kennedy, venue assister à l'événement. Le sénateur Edward Kennedy, qui ne manque jamais de me manifester son amitié à chaque occasion importante de ma vie professionnelle, mon amie Jean Kennedy Smith, Eunice K. Sarge Shriver et Pat Lawford... autant de gens que j'adore. Ce sont des êtres d'exception et depuis cinquante ans que dure notre amitié, notre affection réciproque reste la même, que nous vivions dans la même ville ou non, que nous nous voyions souvent ou non. Mon visage s'éclaire toujours quand je les aperçois.

Ainsi, avec une gratitude énorme, je continuai à travailler. J'ai appris des choses au cours de l'année 1996-1997. Ainsi, tout comme quand j'ai commencé le théâtre à dix-sept ans, il était primordial pour moi de réaliser mon rêve et de me prouver que j'étais une actrice, et une bonne. Et je voulais l'approbation de mes pairs. Je reste et resterai toujours quelqu'un de vulnérable. Tant que je continuerai à jouer et à m'améliorer, on continuera de me proposer de bons rôles avec des gens de talents. Il m'est arrivé de prendre des risques, comme jouer en français dans un film français, rien de moins. C'était quelque chose. Surtout pour mes pauvres nerfs !

Le film français s'intitulait *Le Jour et la Nuit*. Écrit et réalisé par Bernard-Henri Lévy, un écrivain, journaliste et philosophe brillant. C'était son premier long-métrage. Il vint à New York pour me convaincre d'y participer. Je lui dis que je parlais assez bien le français pour me conduire en société, mais jouer en France avec Alain Delon, la très ravissante Arielle Dombasle, la femme de Bernard, et d'autres, c'était différent. Je serais terrifiée. J'ai passé suffisamment de temps avec mes amis français pour savoir que quand ils discutent ensemble, les mots sortent si vite que je suis perdue. De sorte qu'en français, je ne saisirais pas toutes les nuances.

Par ailleurs, en francophile convaincue, j'avais toujours voulu tourner dans un film français. Et l'idée de tourner à Paris... c'était le rêve ! En outre, Bernard-Henri Lévy me promit un coach qui m'aiderait à répéter les dialogues, les scènes, etc., et il s'assurerait personnellement que je comprenais la scène avant le tournage. Il sut se montrer convaincant. J'acceptai donc. Et que se passa-t-il ? La garde-robe fut faite à Paris – mais le tournage eut lieu au Mexique. Ainsi non seulement je devais jouer en français, mais en plus, je devais m'exprimer en espagnol. Un vrai cauchemar. Cependant les techniciens étaient adorables. Ils me rappelaient les techniciens mexicains du *Trésor de la sierra Madre*, pour lequel Bogie et moi avions passé huit semaines sur place. Ce sont les gens les plus gentils du monde, souriants, heureux – mais pas très vifs. Alain, Arielle et le reste de la distribution étaient charmants. Nous avions tous des villas à Gueravaca et des suites à Ziwataneyhu au bord de la mer. Bernard-Henri Lévy et son équipe étaient excellents, mais ceci étant sa première incursion dans le monde du cinéma, il n'avait guère de temps à consacrer à mon français. Nous parvînmes miraculeusement au bout. Si ce ne fut pas le meilleur film, ce fut loin d'être le pire.

Là encore, il y eut les gens, des expériences, mais en tant qu'actrice, mieux vaut que je m'en tienne à l'anglais.

Vivant seule depuis plus de vingt ans, j'ai la chance d'avoir quantité d'amis de tous âges. C'est le splendide cortège de mes amitiés diverses et variées des deux côtés de l'Atlantique qui me maintient sur les rails. Ce sont les gens qui vous font évoluer, qui remplissent et enrichissent votre vie. Je ferais presque n'importe quoi pour préserver une amitié. Actuellement, mes amitiés de par le monde, vieilles de vingt à cinquante ans, se portent bien. Il peut y avoir de temps à autre un dérapage ou deux, mais rien de grave, et ces dernières années, j'ai eu la chance de me faire de nouveaux amis appartenant à une autre tranche d'âge. Je compte sur le mélange pour me maintenir en forme tant que je respire.

Comme l'amitié a été le sel de ma vie – après mes enfants –, le facteur le plus essentiel à mon bien-être, la disparition de mes amis, et surtout de mes proches amis, a été dévastatrice. Le plus inattendu, la perte qui m'a anéantie, fut celle de Roddy McDowall en 1998.

Roddy possédait plus que quiconque le don de l'amitié. Il accordait de l'attention – et plus que cela – aux centaines d'amis qu'il avait de par le monde. Et chacun se sentait le plus proche de lui et, d'une certaine façon, je suppose que chacun l'était. Il ne se passait pas une semaine sans que je reçoive un signe de lui, par téléphone, fax, carte postale s'il était en voyage – à moins qu'on ne se retrouve quelque part. Il était extraordinaire. Il n'oubliait personne. Il m'appelait pour savoir si je comptais venir en Californie ou parce qu'il avait appris que j'allais venir, et nous fixions une date pour dîner ensemble. Bien sûr, nous nous parlions avant et nous nous rencontrions, seul à seul, mais il fallait établir la date du dîner. Il n'était pas de la Vierge pour rien. C'était l'homme le plus organisé du monde. Il avait un système de classement pour son immense collection de films qui débutait avec le muet, sans cesser de se tenir au courant de l'endroit où nous étions tous et de ce que nous faisions, cela en plus de son propre travail de comédien – un très bon comédien – au théâtre, au cinéma, à la télévision, ses lectures. Il remuait ciel et terre. Et tout cela en riant. Il avait tant à donner et il donna tout.

Notre amitié se consolida quand je retournai m'installer à New York en 1959. Il y habitait alors, lui jouant dans *Camelot* avec Richard Burton, et moi dans *Au revoir Charlie* avec Sydney Chaplin.

Nous avions beaucoup d'amis en commun, mais surtout nous partagions nos vies d'acteurs, de célibataires – en quête constante, selon ses mots, d'un « emploi rémunéré ». Quand il partit vivre en Californie, notre attachement demeura inchangé. J'attendais avec impatience de le revoir, d'avoir de ses nouvelles. Il était toujours là quand je jouais à Broadway ou quand j'allais en tournée, me couvrant d'éloges et disant à tous ceux qui voulaient bien l'entendre qu'il fallait absolument aller me voir dans ceci ou cela.

Et puis il y avait les dîners. Ah, ces dîners ! La distribution était toujours formidable, rassemblant généralement une douzaine de convives ou plus, avec une carte pour vous indiquer votre place, des chandeliers en argent, des bougies, la salle à manger pleine de rires et de discussions animées. La nourriture arrivait, des plateaux de viandes et de légumes. Il avait un ami qui se faisait passer pour le chef ou voulait en être un. Il n'y parvint jamais. Mais bien sûr, tout le monde vantait les qualités du dîner. Après tout le mal que s'était donné Roddy, personne n'aurait songé à critiquer le moindre détail. Bref, on n'allait pas aux soirées de Roddy pour la gastronomie. Je ne sais pas qui établissait le menu, mais cela n'aurait rien changé. Les produits étaient toujours choisis avec soin, souvent trop cuits mais néanmoins mangeables, pas un centimètre sur le plateau qui ne fût plein. Mais nous plaisantions et riions, et nous adorions être là, avec lui.

Sonner à sa porte avant d'entrer dans la maison pour rejoindre le groupe d'invités généralement inattendu, mais toujours intéressant. La porte d'entrée s'ouvre lentement sur son doux visage espiègle qui glisse un œil interrogateur pour voir qui arrive. Vous reconnaissant, il ouvre grand la porte avec un gloussement – « Bagel ! » était le surnom qu'il me donnait volontiers. Puis il me faisait entrer dans la salle de séjour. Là, assis autour de la table basse face à une belle flambée se trouvaient Robert Wagner et Jill St John, les Axelrod, ma première rencontre avec Emma Thompson et Kenneth Branagh, David Hockney – très spécial. Roddy étant toujours fiers de ses amis et de les avoir réunis. Des gens qui, sinon, auraient pu ne jamais se croiser.

Un autre soir, Bette Davis vint. Ce fut pour moi un événement hors du commun. Je n'avais pas eu l'occasion de faire vraiment sa connaissance chez Warner. Mais je me souviens parfaitement de cette soirée chez Roddy : à l'écart dans un coin du living, Bette Davis dissertant sur l'époque des studios, m'adressant en aparté : « Vous vous rappelez comment c'était... » Ses premières paroles indiquant qu'elle m'avait remarquée et reconnue. Elle avait toujours été mon idole à l'écran, c'était mon modèle, je l'adorais sans jamais avoir eu un véritable échange avec elle, contrairement à Katherine Hepburn.

Impossible de trouver deux tempéraments plus différents. La froideur inaccessible de Bette Davis. La personnalité directe de Kate, qui, bien que très indépendante, avait une nature chaleureuse, sensible. Et tout cela nous ramenait à Roddy qui admirait, aimait tant ce gens, était fidèle à tous. Encore qu'il fût davantage lié avec certains, notamment Sybil Burton Christopher, Kate Burton et Amy Christopher. Et Elizabeth Taylor, bien sûr. J'ai justement revu l'autre soir sur Turner Classic Movies *Les Blanches Falaises de Douvres*. Elizabeth et lui étaient amis depuis l'enfance et avaient travaillé ensemble à la MGM. Étonnant... Puis leur amitié grandit avec le temps pour ne s'achever qu'avec la maladie et la mort de Roddy.

La loyauté était un aspect essentiel du tempérament de Roddy. Chaque rencontre était une célébration. Nous nous asseyions autour de la cheminée du salon dès que nous franchissions le seuil de sa maison, des banquettes, des fauteuils et des tabourets étant rassemblés autour de la table basse qui avait l'air d'un chariot sur lequel reposaient des boites de M&M's, des mélanges de noix, des chocolats, toutes sortes de friandises. C'est là que nous prenions l'apéritif et parfois le digestif et le café. Après quoi, s'il n'était pas trop tard, Roddy nous passait un film, de préférence un vieux film. L'un dans l'autre, c'était une soirée exceptionnelle – exceptionnelle en raison de la présence de Roddy.

Notre dernier rendez-vous eut lieu cinq ou six semaines avant sa mort. Nous devions dîner ensemble, d'abord chez lui, puis dans un restaurant (cela lui ressemblait si peu), puis il m'appela pour me dire qu'il avait mal au dos. Cela faisait des années qu'il souffrait du dos, depuis qu'il avait joué dans *Un conte de Noël* et qu'il avait dû soulever « Tiny Tim », le « petit Tim » n'étant pas si petit que ça. Nous optâmes finalement pour un déjeuner au Bel Air Hotel où j'étais descendue et qu'il préférait. Il avait consulté son médecin, qui lui avait donné des calmants.

Quand je le retrouvai pour déjeuner, il marchait avec une canne, ce qu'il n'avait jamais fait auparavant. Il ne savait pas ce qui avait pu déclencher la douleur. Bref, nous déjeunâmes. Roddy dut abréger le repas parce qu'il n'était pas capable de tenir assis longtemps. Je le reconduisis à sa décapotable rouge, le serrai dans mes bras, nous

nous embrassâmes plusieurs fois et il s'en alla. Il ne m'était pas venu à l'esprit qu'il pouvait être gravement malade. Je l'appelai avant de reprendre l'avion pour voir comment il allait et comment il réagissait au traitement. Toujours la même réponse : « Mieux, je vais bien. » Je le crus sur parole.

Deux ou trois semaines après mon retour, il appela pour me demander si je comptais revenir à Los Angeles. Il avait entendu dire que oui. Je compris immédiatement que quelque chose n'allait pas. J'avais été en contact avec ma chère amie Joan Axelrod, qui m'avait tenue au courant. J'avais projeté de retourner à LA pour des raisons professionnelles, mais Roddy, ce cher Roddy, était grièvement malade. Je voulais passer avec lui quelques précieux moments, compte tenu de son état. Entre-temps, Sybil Christopher, une de ses amies qu'il chérissait le plus, partit à son chevet. Sybil et moi étions amies depuis mon premier voyage en Angleterre en 1951. Elle s'appelait alors Sybil Burton, elle était mariée avec Richard. Elle apporta aussitôt quelque chose dans ma vie et cela reste vrai à ce jour. Elle occupait une place essentielle dans la vie de Roddy, dont elle était sans doute l'amie la plus proche et la plus dévouée. Elle resta à ses côtés, veilla sur lui et lui permit de garder le moral. Elle l'aimait. Ils s'aimaient.

Il fallait que je le voie. Aussi je le rappelai pour lui dire que je sautais dans le premier avion, sur quoi son assistant me rappela pour me dire que Roddy voulait avoir un dîner tranquille le samedi soir de mon arrivée. Juste lui, Elizabeth Taylor, son amie d'enfance, et moi. Évidemment, cela allait de soi, je serais là. Je trouvais incroyable que malgré la maladie, il puisse organiser un dîner. Je n'avais pas imaginé non plus que, des semaines auparavant, quand Roddy avait appris qu'il était en phase terminale, il avait commencé à dresser des listes.

Il avait loué (je pense) les services d'une de ses jeunes relations pour l'aider à mettre ses affaires en ordre. Et Roddy énuméra ce qu'il voulait laisser à chacun de ses amis. Il fut, comme toujours, méticuleux et précis. Par exemple, il avait une vaste collection de foulards Hermès. Il mit chacun dans une enveloppe et écrivit nos noms dessus, dans le coin en haut à gauche. Aussi lorsque nous reçûmes enveloppe, il était évident que Roddy avait lui-même choisi le foulard et il nous fut d'autant plus cher. Combien de centaines en avait-il, je l'ignore, mais pour un homme dont le temps était compté, cela dut représenter des heures. En outre, il y avait la répartition du reste de ses biens matériels dont il y avait pléthore. Il s'occupa de tout, un à un, dans l'ordre de ses priorités. C'était cela, Roddy. Il n'avait pas son pareil.

Quand j'arrivai à Los Angeles, je reçus un appel m'annonçant que le dîner était annulé. Roddy n'était pas en état. Je parlai avec Sybil, qui me dit de venir chez Roddy le plus tôt possible. Elle croyait savoir qu'Elizabeth s'était annoncée pour le lendemain. J'appelai aussitôt Elizabeth, demandai à son assistante si elles pouvaient passer me prendre à mon hôtel pour que nous y allions ensemble. Naturellement. Ce qui fut décidé et c'est ainsi que nous allâmes chez Roddy, anxieuses à l'idée de ce que nous allions trouver et tristes au-delà des mots.

Le lendemain, Elizabeth et moi, avec sa secrétaire au volant, nous rendîmes chez Roddy dans la Vallée. Ce fut le début du jour le plus triste. Cela faisait un choc d'entrer dans la maison. Roddy n'était plus là pour vous accueillir. Pas de lumières dans le salon. La maison était sombre. Ce qui subsistait de vie dans cette maison qui avait été pleine de rires et d'amitiés se cantonnait dans la chambre de Roddy, à l'étage, et elle déclinait. La porte d'entrée fut ouverte par son secrétaire qui nous dit d'attendre pendant qu'il prévenait Sybil de notre arrivée. Elizabeth s'assit dans un fauteuil du salon désert. « Elle doit me haïr. J'en suis sûre. » « Ne vous inquiétez pas, Sybil va tout arranger. C'est de Roddy qu'il s'agit, de rien d'autre. » Je me rendis dans l'entrée et je vis Sybil descendre l'escalier. Je lui dis que Liz était dans le salon, qu'elle était très tendue. Comme je me tenais derrière Sybil, je la vis entrer dans la salle et regarder Elizabeth en tendant les bras pour lui souhaiter la bienvenue. Elles s'étreignirent, liées dans l'amour mutuel de Roddy. Après les années de souffrance qu'avait endurées Sybil, c'était un geste remarquable de sa part. En fait, ce geste de bienvenue ne concernait pas Elizabeth, mais Roddy. Une façon de reconnaître l'importance que ce lien qui les unissait aux yeux de Roddy, de reconnaître leurs années d'enfants acteurs, le fait qu'ils avaient grandi ensemble et partagé les bons moments et les moins bons. Et, par-dessus tout, il s'agissait de Roddy, qui était en train de mourir. Il s'agissait de chacun de nous venu faire ses adieux à un ami qui représentait beaucoup de choses. Aussi, une à une, nous gravîmes les marches et passâmes un moment en tête-à-tête avec Roddy. Il était couché dans son lit avec la musique d'opéra qui lui était si chère (Puccini, je crois), qui retentissait, haut et fort. Je m'approchai et le serrai contre moi. Nous nous embrassâmes et je m'assis à son chevet en lui tenant la main.

On lui avait visiblement administré un analgésique pour calmer la douleur, de sorte qu'il me sourit. Je lui dis combien je l'aimais, écoutai la musique avec lui et la voix superbe de Renata Tebaldi (qu'il adorait). C'était la musique qui l'emportait vers un heureux ailleurs. J'avais tellement d'images dans ma tête, des images qui remontaient à des temps antérieurs au *Camelot*, où il jouait aux côtés de Richard Burton, époque à laquelle s'était nouée son amitié avec Sybil. Toutes ces soirées merveilleuses dans son appartement sur Central Park West, il y a quarante ans... Brusquement, Elizabeth entra dans la chambre. Elle me tira de ma rêverie, je me penchai pour embrasser Roddy encore une fois sur les joues et la main qui reposait sur la mienne. Ce fut la dernière fois que je vis cet homme extraordinaire, cet ami, ce talent.

Le lendemain, il partit et avec lui s'en alla cette partie de moi qui n'était liée qu'à lui, cet être chaleureux, totalement dévoué à ses amis, son affection généreuse qui ne demandait rien en retour. C'était vraiment un homme hors du commun qui connaissait une mort prématurée. Nous étions Vierge, lui et moi, et nous partagions notre impression de solitude. Pour moi, c'était la première fois que je perdais un de mes contemporains. Je pris alors conscience de ma propre mortalité et aussi du vide béant que Roddy laissait dans ma vie. Tout s'était passé tellement vite, en un clin d'œil. Il n'y avait eu aucun moyen de s'y préparer. Il était jeune, trop jeune. Ce sont les meilleurs qui partent les premiers, dit-on. Les méchants semblent durer éternellement. Et je réalisai alors la chance que j'avais eu de posséder un pareil ami. Je devais donc prendre soin de ceux qui restaient et que je priais très fort.

J'avais tourné avec Kirk Douglas dans les années 1950 dans *La Femme aux chimères*. Il avait été le grand amour de mes seize ans quand nous fréquentions l'Académie américaine d'art dramatique. À présent en 1998, j'avais l'occasion de travailler une fois de plus avec cet acteur remarquable – devenu un ami de plus de vingt ans – dans un film intitulé *Diamonds*. Quelle veine ! Il avait eu quelques accidents de santé, mais les avait surmontés. Le film que nous avons tourné ensemble était le premier depuis qu'il avait fait son attaque. Il était étonnant. Dans le rôle du macho, c'était un acteur étonnant, en pleine possession de ses moyens, qui avait dépassé ses propres objectifs, ce qui était en soi plus qu'admirable. Désormais, il continue en donnant plus que jamais de lui-même, apprenant et accomplissant toujours davantage. Travailler avec lui fut une expérience merveilleuse et enrichissante, de même que d'apprendre à les redécouvrir, lui et sa femme.

Après *Diamonds*, je participai à deux films qui n'ont pas révolutionné le monde. Les gens étaient merveilleux, les lieux du tournage fabuleux – Majorque, que j'ai découvert à cette occasion et qui reste inoubliable, et Venise, que j'adore depuis toujours. Mais les films, pour des raisons indépendantes de ma volonté et de ma compréhension, n'ont jamais été terminés. Pas parce qu'ils étaient mauvais, mais parce qu'ils furent apparemment pris en main par des financiers qui ne comprenaient rien à l'histoire et qui, de ce fait, en firent un méli-mélo incompréhensible.

Puis, en 1999, comme j'en rêvais depuis des années, on me proposa de tourner dans une mini-série. Une première pour moi, et ce fut un vrai plaisir. Il m'avait fallu cinquante ans pour apparaître enfin dans une mini-série – pas moins, et peut-être pas plus, car on semble avoir arrêté d'en tourner. Celle-ci racontait la vie et la mort de l'héritière Doris Duke. Elle avait été une femme intéressante, captivante. Cela s'intitulait *Trop riche* – sa fortune ayant causé sa perte. Je l'avais rencontrée deux ou trois fois et l'avais trouvée plutôt sympathique.

Contrairement aux sitcoms, la mini-série forme un tout. Cela consiste en deux projections de deux heures, autrement dit quatre heures consacrées à la personne ou au sujet en question. Comme au théâtre, il y a un début, un milieu et une fin. Et, à tort ou à raison, la mini-série est traitée par les chaînes hertziennes et les producteurs comme un événement. Quant à interpréter le rôle de Doris Duke, il m'incombait de représenter ses multiples facettes durant les dix ou quinze dernières années de sa vie.

Le fait d'interpréter son personnage me mit dans un état d'esprit très particulier. Il y avait une aura autour de Doris Duke pour des raisons évidentes. Une pareille fortune ! L'argent, qui paraît être ce à quoi tout le monde aspire. Nous en avons tous besoin, certes, mais y en a-t-il jamais assez ? L'argent cause des ravages et le malheur plus souvent qu'à son tour. Il peut vous apporter le confort, il ne vous apportera sûrement pas la paix de l'esprit. Et, dans le cas de Doris Duke, il ne lui apporta ni la chance, ni la santé, ni la satisfaction personnelle. Elle était utilisée par tellement de gens. Je l'ai toujours trouvée terriblement triste. Quand je l'ai rencontrée, quoique brièvement, elle s'est montrée aimable, m'a fait un signe de la main, m'a dit combien elle avait aimé ma mère. Ma mère était une secrétaire extraordinairement brillante. Elle pouvait tout faire, y compris la sténo et la dactylographie, et elle avait travaillé pour Louis Bromfield qui connaissait Doris Duke. Exactement quand et où cela s'est passé, je n'en sais rien. Je sais seulement que c'était ainsi et de ce fait, ma mère a dû faire quelques travaux pour Doris Duke. Quoi qu'il en soit, les deux femmes s'entendaient bien. Doris Duke se souvenait de ma mère et en parlait toujours avec beaucoup d'affection, ce qui la rendait radieuse à mes yeux. Elle gagnait donc à tous les coups.

Bien que sa vie connût une fin tragique, cette femme, victime des gens avides et sinistres qui l'entouraient, était quelqu'un de bien, de généreux. Elle fit quelques bonnes actions avec sa fortune. Sa chute fut causée par un besoin d'amour désespéré, en raison duquel elle se fia aux mauvaises personnes. En tant qu'actrice jouant son rôle, non seulement j'en appris davantage sur le personnage – les côtés clairs et les côtés sombres –, mais cela me fit regretter de ne pas l'avoir mieux connue. Peut-être aurais-je pu l'aider.

Les extérieurs comprenaient plusieurs semaines à Montréal, deux semaines dans la splendeur de Hawaï et quelque temps à Los Angeles. Je travaillai à nouveau avec Richard Chamberlain, que j'avais à peine revu depuis l'époque de *Dr Kildare*, où il m'avait reçue dans un des épisodes. Et je travaillai pour la première fois avec John Erman, un réalisateur de grande classe et un nouvel ami. Nous passâmes du bon temps, et la série fut bien reçue. C'était une bonne histoire, une vie intéressante et triste, parfois effrayante. En fin de compte, on avait usé et abusé d'elle.

Cet été-là, Alexander Cohen, un vieil ami producteur, m'envoya un scénario pour le théâtre, une pièce méconnue de Noel Coward qu'on devait donner pour célébrer son centième anniversaire. La pièce avait déjà été montée une fois en Angleterre, il y avait des années de ça, mais sans grand succès. Je n'étais pas franchement emballée. Noel avait été un ami adorable et j'avais beaucoup d'affection pour lui. Alex était un excellent vendeur, œuvrant sans répit, me donnant tous les pourquoi et les comment nécessaires. Il m'assurait que la pièce serait formidable pour moi et moi pour elle. Il l'emporta. Il avait choisi le metteur en scène, Michael Langham, quelqu'un que je ne connaissais pas. Alex était capable de vous vendre n'importe quoi, de vous convaincre de tout. Il avait retenu Rosemary Harris pour l'autre rôle principal, ce qui m'allait très bien car je l'avais toujours admirée. Vint l'automne, et les répétitions commencèrent.

Je restais réticente, sans raison apparente sauf que ma dernière apparition sur scène – à Chichester tout de même – avec *La Visite* en 1995, avait été décevante. C'était le contraire de l'expérience fabuleuse et difficilement égalisable qu'avait représenté pour moi *Doux oiseau de jeunesse*, la pièce de Tennessee Williams, quelques années auparavant. Dans le cas de *Waiting in the Wings*, je ne connaissais personne. Je pesai le pour et le contre – le pour dépassait de loin le contre et la distribution joua en sa faveur. En effet, tous les membres de la troupe appartenaient au théâtre, tous étaient des acteurs de premier plan. C'était une œuvre de groupe, une forme qui m'a toujours séduite. J'avais des réticences, surtout le fait que le metteur en scène m'était totalement inconnu. En tant qu'actrice, que ce soit au cinéma, au théâtre ou à la télévision, ma démarche a toujours été de travailler en tandem avec le metteur en scène. Je n'entre jamais dans la salle de répétition en me prenant pour une star. En fait, les répétitions constituent mon moment préféré. On avance en tâtonnant, les acteurs se découvrent, c'est un travail que j'aime et j'y prends plaisir. Malheureusement, mon problème en l'occurrence fut le metteur en scène, la dernière personne avec qui je suis censée être en difficulté. Il avait une espèce d'a priori à mon sujet qui concernait le vedettariat, la célébrité de mon nom, toutes sortes d'idées qui m'échappaient. Aussi, dès le départ, il y eut un désaccord tacite. Il attendait de chacun qu'il fasse les choses à sa façon. C'était un metteur en scène chevronné, ayant derrière lui de nombreuses années dans le théâtre anglais et le répertoire américain. Le point de vue des comédiens ne l'intéressait pas.

Souvent, quand j'aborde un nouveau rôle au cinéma ou au théâtre, à vrai dire, certains ont la conviction que je suis redoutable, difficile et têtue. Oui, c'est vrai, je suis têtue, je l'avoue. Les autres attributs plus discutables tiennent, je pense, au registre grave de ma voix et à la rumeur, à l'idée qu'on se fait de ma vie avec Humphrey Bogart, me transformant en quelqu'un de coriace. Si je devais faire mon introspection, ce que je ne me permets que rarement, je dirais que je suis ce que je suis. Je cherche surtout à plaire. Je manque d'assurance. J'aime faire partie d'une troupe avec laquelle je travaille. Je ne peux pas travailler sous tension, et je refuse de me battre à moins d'être le dos au mur. D'ailleurs, ce n'est pas pour cela que je suis devenue actrice. Ce n'est pas censé être une ambiance ou une profession basée sur la compétition. Malgré des rapports difficiles avec le metteur en scène et le fait que j'ai été massacrée personnellement et professionnellement par le critique du *New York Times*, la pièce fut un succès et je passai du bon temps avec les autres comédiens, dont beaucoup, tels Barney Hughes et Helen Stenborg, Dana Ivey, Trish Connolly, Simon Jones, sont devenus des amis. Nous avons conservé des contacts qui me sont précieux. J'aurais aimé que mon ami Noel Coward soit là. Il aurait ajouté du piquant et n'aurait pas supporté que quelqu'un se prenne trop au sérieux.

En outre, je devais chanter une chanson (*I'm Old-Fashioned*) d'Harold Arlen dans une scène du deuxième acte au cours duquel nous (toutes les femmes à l'exception de Barney Hughes et de Simon Jones) nous réjouissions d'être en vie. Bref, je devais interpréter cette chanson plus ou moins seule avec, pour seul accompagnement, Trish Connolly au piano (charmante, drôle, un des bons côtés de ce numéro). Elle devait apprendre la chanson dans mon ton et la jouer sur le piano légèrement désaccordé se trouvant sur la scène. Sans John Kander, qui vint au théâtre plusieurs fois pour me coacher et donner à Trish mon ton qui se situait entre si dièse mineur et Dieu sait quoi, je n'y aurais jamais réussi. N'étant pas chanteuse, il me fallait tout un orchestre derrière moi, ce qui était impossible. Si ce n'est pas vivre dangereusement ! Chaque représentation était une gageure. Trish essayait de me donner la première note. J'essayais de l'entendre et d'attaquer puis, comme si cela ne suffisait pas, je devais interpréter la chanson. Pendant ce temps, tout le monde sur la scène savait ce qui se passait, chacun espérant que j'arriverais jusqu'au bout sans encombre ou sans m'écrouler de rire. C'est ce que j'aime au théâtre, nous possédons notre propre espace sur scène, nous savons à quoi nous attendre et nous aspirons à la perfection. En l'occurrence, dans cet intermède musical, ce ne fut ni ce qui était prévu ni la perfection, mais nous nous amusâmes beaucoup. Pendant ce temps, le public était absorbé par la pièce (espérons) et les personnages (si Dieu le veut). Car nous n'aspirons qu'à une chose : lui donner du plaisir. Je préfère penser que nous y avons réussi, au moins la plupart du temps. Ce sont les petites choses qui vous restent, ces petites choses qui font que le métier de comédien est merveilleux. Lorsque ça marche.

Et la pièce en valait la peine. C'était Noel Coward, bon sang, et même si ce n'était pas une pièce très connue ni la plus réussie, c'était son idée, son écriture, ce qui pour moi est amplement suffisant, et vaut mieux que beaucoup d'autres. Tout ce qu'il a écrit mérite qu'on s'y intéresse, qu'on veuille en faire partie. Et Noel faisait partie intégrante de l'anglophile qui est en moi. De même que John Gielgud – ils vont de paire pour moi – ainsi que tous les acteurs qui sont devenus mes amis.

Brusquement ce fut le nouveau millénaire. Et tout aussi brusquement, ce millénaire amorça une série de disparitions qui rendirent l'Angleterre plus triste pour moi, la première étant celle de John Gielgud. J'avais fait la connaissance de John à Londres avant que Bogie et moi entamions notre voyage en Afrique. Comme nous avions plusieurs amis en commun, nous nous rencontrions à chacun de nos passages dans la capitale britannique et je ne ratais jamais l'occasion de le voir dans un nouveau rôle au théâtre. Après la mort de Bogie, je retournai à Londres avant de partir pour l'Inde tourner *Aux frontières des Indes*. Au bout de deux mois, nous revînmes à Londres pour filmer les dernières scènes au Pinewood Studio. C'est alors que je commençai à voir John plus souvent, et nos chemins se croisèrent également quand il vint à New York. J'étais pleine de respect pour lui et pour son talent, et lui racontai que je l'avais vu, enfant, dans *Hamlet* à Broadway et que j'avais été si hypnotisée, si émue par son interprétation qu'ensuite je me cognais dans toutes les portes et les colonnes en quittant le théâtre. Cette représentation avait joué un rôle déterminant dans ma vie : je deviendrai comédienne. Il faut comprendre que l'histoire de John Gielgud avec le théâtre est incomparable. Si je ne me trompe pas, c'est lui qui a donné le premier sa chance à Alec Guinness quand celui-ci avait dix-sept ou dix-huit ans. La tante de Gielgud, Ellen Terry, était considérée comme la grande comédienne de son temps. Aussi le théâtre était-il une entreprise naturelle pour lui, il l'avait dans le sang, il s'y sentait chez lui.

John Gielgud était un homme extraordinaire. Lecteur insatiable, il voyait toutes les représentations possibles dans tous les théâtres, grands et petits, et il était plein d'esprit. C'était un ami sûr, un être que tout le monde adorait. Avec les années, j'appris à mieux le connaître, je lui devins plus proche. En 1962, il dirigea Jason dans une pièce intitulée *Big Fish, Little Fish*, avec Hume Cronyn parmi les premiers rôles. Je n'oublierai jamais la vision de John assis parmi les fauteuils d'orchestre pour assister à une répétition d'ensemble. Sa tête magnifique et son profil, la main sur le menton dans une pose shakespearienne, totalement absorbé par le jeu des acteurs. Il leur disait souvent : « Allez-y, faites à votre idée, vous en savez tellement plus que moi. » Tiens, sûrement !

Il apporta à New York son one man show *Ages of Man*, interprétant les hommes de Shakespeare, de Hamlet à Othello en passant par Macbeth et Lear, enchaînant avec un sonnet ou deux. Un spectacle brillant. Et pour une fois, tous les prix les plus convoités allèrent à celui qui les méritait : lui. Puis, durant les deux ans où je passai à Londres – pour jouer *Applause* pendant un an, en 1972-1973, puis tourner *Le Crime de l'Orient-Express* en 1974 – nous nous vîmes de plus en plus. Chaque jour, sur le plateau de l'*Orient-Express*, les fauteuils de metteur en scène étaient alignés en rang d'oignon, nos noms clairement imprimés dessus : John Gielgud, Albert Finney, Ingrid Bergman, Wendy Hiller, Sean Connery, Rachel Roberts, Richard Widmark, Vanessa Redgrave, Jacqueline Bisset, Michael York et moi. Quelle affiche ! Tous assis, nous écoutions, enchantés, John nous régaler à l'infini d'histoires merveilleuses, d'anecdotes sur le théâtre et les grands de la scène. Une expérience comme il n'en arrive qu'une fois dans votre vie. Et ce fut John qui m'emmena avec lui pour une visite privée au National Theatre avant qu'il soit terminé et ouvert au public. Quand on nous conduisit en coulisses vers les loges, John remarqua : « Des loges minuscules, comme toujours, pour les comédiens. »

Chaque fois que je jouais dans une pièce ou une comédie musicale, il ne manquait pas de venir m'applaudir. Lorsqu'il me vit dans *Applause*, il revint et me demanda pendant combien de temps je comptais jouer. Je lui dis un an à Londres après un an et demi à Broadway et une tournée d'un an. « Oh, vous faites partie de ces comédiennes qui restent longtemps dans la même pièce, » remarqua-t-il. En fait, en Angleterre, cela ne se fait pas généralement. Ils ont là-bas des théâtres pour le répertoire classique. Les comédiens ont l'énorme privilège de jouer deux pièces différentes par semaine ; Il y a beaucoup plus de variété, plus de formation pour les classiques et pour Shakespeare en Angleterre qu'en Amérique.

Tant de déjeuners mémorables, de dîners, d'heures passées ensemble. Quand j'arrivai à Londres, il y avait des fleurs avec un message de John écrit à la main. On riait sans arrêt. Il était la joie même. Toujours avec une histoire ou deux. Je me souviens que nous sommes allés ensemble en Israël pour tourner un film d'Agatha Christie. Pendant que nous attendions que la caméra soit prête, John faisait à l'encre les mots croisés du *Times*, pas moins. Quand nous commencions à discuter, il levait les yeux, se rappelant quelque chose, et je l'entendais réciter un limerick drôle et paillard. Les épigrammes, les souvenirs, les gens, les anecdotes jaillissaient ainsi. Il avait une telle richesse intérieure. Il était unique. Le théâtre était sa vie. Qu'il n'y ait pas assez de rôles pour lui l'inquiétait. Il me dit un jour que quelqu'un qui écrivait un livre sur les pièces préférées de chacun lui avait demandé laquelle il préférait. « Je voulais dire ma chambre à coucher, mais j'ai changé d'avis parce que je me suis rendu compte qu'un jour je serai mort quand je m'y réveillerai. » C'était le vrai gentleman anglais, tiré à quatre épingles, la chevalière en or ornée de ses armoiries au petit doigt, l'étui à cigarettes à portée de main. Quand il était en ville, on pouvait le voir descendre Picadilly en direction de Fortnum and Masum. Il portait sans doute deux ou trois livres à la main comme il quittait Hatchard, la meilleure librairie du monde, qui se trouvait juste un peu plus haut. Jamais désœuvré, toujours curieux, intéressé, actif, l'esprit jamais en repos. C'était John.

Son compagnon, Martin – un très bel homme – lui était entièrement dévoué : il s'occupait du jardin merveilleux et avait peint à la feuille d'or les moulures de la salle de séjour. Il n'assistait jamais à une première ou à une réception, et restait toujours dans l'ombre. J'aimais beaucoup sa compagnie. Il était extrêmement cultivé (forcément, avec John qui était d'une érudition extraordinaire) et drôle. Plus jeune que John, aussi. Alors imaginez le choc quand il tomba brusquement malade et mourut. John fut accablé de chagrin. Il dépendait tellement de lui, après une cinquantaine d'années passées ensemble, je crois. À quatre-vingt-quatre ans, John se retrouva désespéré, perdu dans cette grande et magnifique demeure. Une femme de ménage et un jardinier-chauffeur étaient là, certes, mais cela ne lui était d'aucun réconfort. Je l'appelais de New York, d'abord pour bavarder, voir comment il allait, lui raconter les potins. J'ai oublié combien de temps se passa avant que la voix de John commence à me paraître fragile, quand il lui devint de plus en plus difficile de répondre au téléphone. Jusqu'au jour où je lui dis que je venais à Londres pour une émission de télévision et que je lui tomberai dessus dès mon arrivée. Cela parut lui faire plaisir, il était trop poli pour me refuser le privilège de le voir. J'embarquai mon ami John Erman et nous partîmes.

Ce fut la dernière fois. Je m'aperçus qu'il bougeait plus lentement, parlait avec moins de verve, mais du thé et un cake nous attendaient. Je le régalai d'une foule d'informations que j'avais pu glaner sur ce qui se produisait aux États-Unis et principalement au théâtre. Il manifesta plus d'intérêt, de vivacité, fut réellement content de me voir. Mais il était seul dans cette grande maison qui avait toujours été pleine de gens et de vie. C'était très déprimant, et ce fut à contrecœur que je le quittai.

Peu après ma visite, le 21 mai, il mourut. La date de mon mariage avec Bogie. Quelques semaines plus tard, je reçus un appel de son notaire qui m'annonçait que John m'avait laissé une bague et me demandait quand il pouvait me la faire porter. Je ne saurais dire à quel point je fus surprise et émue par ce geste et l'idée que John avait pensé à moi. La jolie bague arriva quelques jours plus tard, un ovale de jade serti dans l'or. Ravissante – tout John –, d'une immense valeur affective. J'éprouve les mêmes sentiments aujourd'hui que lorsque nous nous sommes connus : j'ai eu de la chance de le connaître, d'être intégrée à sa vie, de le voir si souvent sur scène. Je l'ai entendu me parler de son amitié avec Ralph Richardson quand nous quittions le domicile de celui-ci après un déjeuner de Pâques. « C'est un si grand ami pour moi. Je n'aurais jamais cru que quelqu'un comme Ralph pourrait m'apprécier. » Il n'y a rien d'autre à savoir sur cet homme délicieux, modeste, ce grand acteur.

Comme si la disparition de John Gielgud ne suffisait pas, moins de trois mois plus tard, ce fut le tour d'Alec Guinness, un autre brillant acteur qui était entré dans ma vie et m'avait permis de pénétrer dans la sienne. Nous nous étions vraiment bien entendu quand nous nous étions rencontrés à Londres en 1959 lors d'une projection spéciale de son film, *De la bouche du cheval*. Mais il nous fallut longtemps avant de devenir vraiment amis. J'assistais toujours à ses représentations théâtrales et allai le voir et le féliciter en coulisse après le spectacle. Il était merveilleux sur scène, très riche, la voix sonore. Quand il venait à New York, je le voyais, mais ce n'est qu'en 1972, au début de mes deux années de séjour en Angleterre, que notre amitié s'installa et devint vraiment solide.

En Angleterre, des acteurs tels que John ou Alex ont de charmants rendez-vous à déjeuner, à quatre maximum. C'est une habitude qui me plaît quand je voyage. Les Européens prennent le temps de vivre. Je ne le fais presque jamais sauf quand des amis très chers viennent à New York. Vraiment très chers. Ces deux êtres exceptionnels tombaient dans cette catégorie. Ils étaient exceptionnels en tant qu'hommes et en tant qu'acteurs. Ils étaient captivants, extrêmement intelligents, pleins d'humour, débordant de talent.

Alec faisait tout de façon correcte et méticuleuse lorsqu'il vous offrait à déjeuner ou à dîner. Quand je jouais *Applause* à Londres,

Il m'invita à dîner le jour de relâche dans un délicieux restaurant. J'ai toujours été impatiente de le revoir. Sa femme Marella, qui est absolument adorable, était présente et je crois, Keith Baxter. Alec avait commandé un vin précis et quand arriva le moment de le servir... il n'y en avait pas. Alec se mit en colère. « J'ai pris la peine de venir aujourd'hui exprès pour commander notre dîner et les vins qui devaient l'accompagner. Maintenant vous me dîtes que vous n'en avez pas ? C'est scandaleux. » Bien sûr, le garçon et le maître d'hôtel étaient dans tous leurs états et se confondaient en excuses, mais Alec refusa de les entendre. Néanmoins, il commanda deux autres vins et le reste du repas se passa sans accroc. Mais je fus absolument sidérée d'apprendre qu'il s'était donné le mal de venir sur place à l'avance pour s'assurer que le dîner serait parfait et, ayant tout vérifié, était contrarié qu'il ne le fût pas. Il avait raison, bien sûr. Il ne fit pas de scène, cela ne faisait pas partie de son caractère. Mais il fit savoir clairement qu'il était mécontent.

Au cours des vingt années et plus qui suivirent, notre amitié se consolida. À mesure que nous apprîmes à mieux nous connaître, nous devînmes plus ouverts et je fus plus détendue. Le fait est que j'ai toujours été impressionnée par John Gielgud et Alec, de même que, au premier abord, par la plupart des comédiens anglais. Quand après les formules de politesse, on en venait à échanger nos numéros de téléphone, envoyer des bouquets de fleurs, déjeuner ensemble, l'amitié s'épanouissait. Parvenue à ce stade de ma vie, je suis heureuse d'avoir connu ces amitiés pour tous les plaisirs de la vie qu'elles m'ont apporté à mon insu. Entre autres, le fait que le savoir-vivre n'est pas une chose du passé, que le rire n'est pas nécessairement aux dépens de quelqu'un, que l'intelligence, la lecture des livres dans ce monde informatisé, robotisé, comptent toujours, que la qualité et le tempérament peuvent l'emporter, et que le standing et la richesse ne sont pas et ne doivent pas être un but dans la vie. Alec adorait se réveiller dans sa simple maison de campagne, entendre et observer les oiseaux, avoir un petit déjeuner tranquille, une promenade sur un chemin de campagne, un bon livre, un verre de vin et un bon repas.

En 1993, j'ai eu la chance inouïe de travailler avec Alec pour la BBC. Charles Sturridge, un jeune metteur en scène anglais de talent, était venu à New York pour me parler de *Un certain jour de juin*, un texte merveilleux qui se situe en Normandie et à Omaha Beach après la Seconde Guerre mondiale. Jeanne Moreau faisait partie de la distribution ainsi que Leo McKern. Jouer avec Alec Guinness et

Jeanne Moreau sur un texte vraiment intéressant et de première qualité, et un rôle excellent pour moi, quelle aubaine ! J'étais carrément au septième ciel. Cela voulait dire séjourner un mois en Normandie, logés dans un château magnifique, dîner le soir tous ensemble. Alec m'attendait toujours pour descendre dans la salle à manger. Impeccablement vêtu d'un blazer avec un gilet en dessous, le pli du pantalon impeccable, le parfait gentleman anglais. Aimerais-je un cocktail ? Ma foi... une petite vodka *on the rocks*, peut-être ? Même si je n'en avais pas envie, je ne voulais pas décevoir Alec. Nous prenions donc notre « cocktail » avant d'entamer le dîner. Alec était le genre d'homme qui se levait quand vous entriez dans la pièce et tirait votre chaise (pas sous vos fesses, bien sûr !) pour vous inviter à prendre place en face de lui.

Mon premier jour de tournage se passait avec Alec. J'avais un trac épouvantable. C'était une scène courte, un bref échange entre nous à la porte de sa chambre : lui à l'intérieur, moi à l'extérieur. Quand Charles Sturridge annonça « on tourne », je marchai jusqu'à la porte d'Alec, frappai, il ouvrit et entra dans la peau du personnage au point que le gentleman anglais disparut totalement. Et je commençai à trembler, comme la gamine que j'étais à mes débuts. Je crois que, me rendant compte brusquement que c'était un film pour la BBC avec le brillant Alec Guinness, je me demandais si je serais à la hauteur. Cet affreux sentiment d'insécurité relevait sa sale tête après toutes ces années.

Apparemment, la confiance en soi ne fera jamais partie de mes qualités. Du moins pas dans certaines situations particulières. C'est une autre forme de trac, pas comme celui qui vous prend lors de la générale au théâtre. Je suppose que cette façon de perdre ainsi mes moyens devant une star doit me ramener inconsciemment à mes premiers rêves de comédienne. Après avoir observé pendant tant d'années Laurence Olivier, Ralph Richardson, Vivien Leigh, John Gielgud, Alec Guinness et d'autres, me retrouver face à eux, être acceptée par eux comme l'un des leurs, pas moins, c'était incroyable pour moi. Quant à travailler avec eux...

En fin de compte, le travail avec Alec et Jeanne Moreau, ainsi qu'avec les autres, se passa merveilleusement. L'œuvre en tant que telle était un téléfilm de qualité et toute l'expérience fut une merveille, un grand moment pour moi. Et, bien sûr, cela nous rapprocha, Alec et moi. Dès lors, nous restâmes toujours en contact, surtout quand j'allais à Londres, à Noël. Je l'appelais quand je me rendais en Angleterre, et il venait toujours en ville pour que nous puissions avoir un déjeuner prolongé ou un dîner ensemble. La dernière fois que j'allai à Londres, je l'appelai et, pour la première fois, il me dit qu'il ne croyait pas pouvoir venir. Marella avait été malade et les médecins venaient la voir. J'en fus très attristée, mais je compris. Environ deux jours après notre conversation, je sortais de l'ascenseur du Connaught Hotel. Je remettais ma clé au concierge quand, en regardant vers l'entrée de l'hôtel, j'aperçus un homme ressemblant à Alec monter précipitamment dans un taxi. Je courus dehors et demandai au portier s'il s'agissait bien de lui. Imaginez ma surprise quand celui-ci me confirma que c'était bien lui, mais qu'il n'avait pas l'air dans son assiette. Je n'y comprenais rien, ne savais qui appeler, ignorant qui étaient ses amis proches. Je pensai sans doute que je finirais par avoir de ses nouvelles. Je ne restais pas longtemps à Londres, je devais rentrer bientôt à New York. Je partis sans en savoir plus et, une semaine plus tard, j'appris la mort d'Alec.

Ce n'était pas possible. Comme cela avait-il pu arriver si vite ? C'était manifestement pour cela qu'il était venu à Londres et que je l'avais vu s'engouffrer précipitamment dans un taxi. Aucun avertissement. Finalement mon ami Keith Baxter, qui avait été un proche d'Alec et Marella, vint à New York et me dit qu'en effet le mal avait été fulgurant. Le généraliste d'Alec avait découvert qu'il avait un cancer et devait aller à Londres pour être hospitalisé. Il était manifestement en phase terminale puisque ce fut fini en moins d'une semaine. Keith me raconta qu'avec Marella à son chevet Alec dit que ce qu'il détestait le plus, c'était de la laisser seule. Dans son inquiétude pour Marella, il s'oubliait lui-même. C'est tellement triste et tellement touchant. Elle le suivit trois mois plus tard.

Perdre ces deux êtres importants en si peu de temps fut terriblement douloureux. Mon monde se rapetissait. Il se rétrécissait trop vite. Et je ne pensais pas que le nouveau millénaire marquerait le début de plusieurs autres disparitions. Ce grignotage de ces parcelles de votre vie qui étaient là depuis tant d'années, intégrés dans votre vie professionnelle et personnelle. Juste quand vous croyez pouvoir reprendre votre souffle, une autre secousse survient. Puis je me mis à penser que j'avais appris ce qu'était la perte d'un être cher et à y faire face quand j'avais dix-huit, dix-neuf ans, avec la disparition de ma grand-mère, suivie de celle de mon oncle Jack et de mon père de substitution, oncle Charles. On ne pense jamais à la mort à cet âge-là, cela paraît si loin. Ensuite, alors que j'avançais vers la trentaine, quand un ami tombait malade – gravement malade – d'autres amis se faisaient fort de me rappeler que je fréquentais des gens qui avaient vingt-cinq ans de plus que moi, comme Bogie ! J'imagine que c'était vrai alors. Ça ne l'est plus aujourd'hui. Mais j'ai eu une chance inouïe d'être dotée d'une solide santé, avec des interruptions de temps à autre pour des blessures sans gravité, généralement liées au travail. Et la vraie chance est de connaître et d'avoir des amis tels que ceux que j'ai eu et les gens extraordinaires que j'ai connus qui ont illuminé ma vie et l'ont enrichie. J'en éprouve une reconnaissance infinie.

Ainsi la vie continue, il le faut. Heureusement, j'avais mes enfants, mon métier. Et j'ai toujours des amis que je chéris.

Le moral passablement en berne, je fus remise en selle de façon inattendue. Une nouvelle relation surgit indirectement de ma participation à *Waiting in the Wings*. Celui qui devint le compagnon de ma vie arriva sous la forme d'un magnifique papillon tricolore à quatre pattes pesant trois livres. Pendant les répétitions de la pièce, Alexandre Cohen m'avait dit qu'il voulait me faire cadeau d'un chien pour mon anniversaire. Au milieu des années 1990, j'avais pris l'habitude d'aller au Westminster Dog Show, à Madison Square Garden. Pas tant pour m'asseoir et regarder le spectacle que pour marcher en coulisses là où on préparait les chiens pour le concours. Après la mort de mon épagneul cavalier King Charles en 1984, j'avais été si malheureuse que je n'arrivais pas à me décider à m'attacher à un autre animal. Manifestement, mes visites à l'exposition étaient le signe que le besoin d'un autre compagnon à quatre pattes commençait à se faire sentir. Greg et Veronique Peck me poussaient depuis des années à prendre un bichon maltais. Ils en avaient deux et les emportaient dans tous leurs déplacements. Quand j'observai attentivement les différentes races présentes à Westminster, je vis des groupes de bichons maltais, avec un nœud rose sur leur petite tête et des bigoudis partout en vue du grand événement. Ils sont dressés pour le spectacle, pour faire des cabrioles autour de la piste, se tenir parfaitement immobiles et en position réglementaire sous l'œil des juges. Ils étaient si petits. Bref, j'ai toujours eu un faible pour les pékinois.

Peu avant de commencer *Waiting in the Wings*, j'étais allée à Westminster avec Judy Green qui avait des places au premier rang. Tous les animaux étaient superbes. Si je vivais dans une ferme, Dieu sait combien j'aurais de chiens. Elle connaissait certains des éleveurs présents. Le moment allait venir de juger les chiens miniatures. Elle me présenta à John Oulton qui élevait les papillons, une race que je n'avais encore jamais vue. Ils étaient de toutes les couleurs, noir et blanc, marron et blanc, tricolores. John tenait Kirby, un papillon noir et blanc qui avait emporté toutes les épreuves de tous les concours partout. Il était très séduisant, mais j'hésitais. Je ne m'étais pas imaginée avec un petit chien et pourtant, si je devais en avoir un, cela semblait un choix raisonnable étant donné tous mes déplacements pour le travail et le plaisir. Le chien que je choisirais devrait voyager avec moi dans l'avion, pas dans la soute. Je pris la carte de John et lui demandai quand il attendait une nouvelle portée. Dans l'intervalle, on appela les chiens miniatures. Kirby remporta l'épreuve haut la main. Quand l'épreuve suivante commença, il caracola en tournant en rond, l'air si heureux, si sûr de lui, il adorait ça. C'était un chien formidable, irrésistible et il gagna. Il n'aurait pu en être autrement. Et, bien sûr, je songeai à acquérir un papillon.

J'oscillai interminablement entre le bichon maltais et le papillon, puis je reçus le coup de fil attendu : la nouvelle portée était arrivée. Je devais choisir. Je voulais une femelle, mais comme j'étais sur le point de commencer les répétitions pour la pièce, je ne me sentais pas prête à dresser un chiot à l'époque. Quoiqu'il en fût, j'avais décidé de ne pas prendre de chiot de moins de six mois. John était d'accord. Je dis à Alexander Cohen que je lui dirai quand je pourrai prendre le chien – cela devrait attendre après la générale et que j'aie pris mes marques. D'accord ! Quelques mois plus tard, le jour vint et j'appelai John Oulton pour lui dire que j'étais prête. Sur quoi il m'annonça qu'il avait déjà donné à Alex le chien que j'avais choisi des mois auparavant. Il pensait évidemment que, comme Alex avait payé le chien, il allait me l'offrir. Erreur ! Il y avait manifestement un jeune homme qui venait voir Alex à l'époque et Alex lui avait donné le chiot. Sachant qu'il n'était pas en bonne santé, je ne dis rien. J'étais mortifiée, blessée et furieuse. Bien entendu, je ne pouvais rien reprocher à John, il n'y était pour rien. Comme Alex avait acheté le chien, John n'avait pas le choix. La saga se poursuivit et je dus attendre la portée suivante. Le moment arriva, ils vinrent me voir. Je défie quiconque de choisir entre deux sœurs adorables. Comment savoir laquelle est faite pour vous ? Bien sûr, c'est impossible. Elles jouèrent dans la cuisine un moment, je les soulevai, les scrutai soigneusement dans l'espoir de trouver un signe. Aucun. Puis le destin frappa à la porte, l'une des deux me lécha le nez quand je la ramassai et je me dis que je lui plaisais. C'est donc elle que je choisis et, au bout de quelques mois de plus et de nombreux coups de téléphone pour les recommandations d'usage – nourriture, comportement, ses habitudes, etc., etc. –, le jour de la livraison arriva.

J'étais anxieuse comme une mère. Tellement anxieuse de faire ce qu'il fallait pour cette minuscule créature à quatre pattes que j'avais introduite dans ma vie. Enfin, il ne me fallut pas longtemps pour succomber. Je l'emmenai chez mon vieux vétérinaire qui déclara que c'était une beauté. J'avais eu de la veine. Elle avait les marques parfaites, elle était de loin le plus joli des papillons que j'aie vus à Westminster – à part le champion Kirby. C'est une grande voyageuse, une compagne épatante, qui me fait toujours la fête quand je rentre et ne répond jamais. Elle est très indépendante et dotée d'une merveilleuse personnalité – c'est vrai, et j'en suis folle. J'avais oublié l'amour inconditionnel qu'un chien vous donne. Pour couronner le tout, elle adore la campagne. Maintenant que j'ai vendu ma maison, je l'emmène chez des amis où elle s'en donne à cœur joie. Elle court en rond, heureuse d'être libre, chasse les écureuils et les tamias. Si je décide un jour de racheter une maison, ce sera pour Sophie. Car c'est son nom, celui de ma grand-mère chérie.

Sophie et moi avons eu la chance inouïe de rencontrer Kerry Stevens, une promeneuse de chiens adorable, la fille du gardien de mon immeuble. Elle promène Sophie le matin de bonne heure et le soir. En fait, toute la famille Stevens joue un rôle essentiel dans la vie de Sophie. Que je sois chez moi ou non, elle est toujours en terrain familier. Comment mieux dire ?

Ma mission, c'est la promenade de l'après-midi ; c'est notre moment privilégié. J'assure l'essentiel de la conversation, ce qui est un gros progrès pour moi car j'avais l'habitude de me parler toute seule ou de parler aux murs, pendant que Sophie flaire et chasse les écureuils. Je me retrouve même à lui parler quand nous sommes dans la rue ou au parc. Je n'ose imaginer ce que pensent les passants en nous voyant. Ces temps-ci, s'ils nous ont remarquées, ils doivent me prendre pour une timbrée, ce que je suis, et fière de l'être. Sophie est le point fort de ma vie. Qu'il pleuve, qu'il neige, qu'il vente, et quelle que soit ma paresse, c'est elle qui me fait sourire à mon réveil et elle est pour moi un réconfort perpétuel. Je n'aurais jamais imaginé qu'un chien de trois kilos douze pourrait prendre possession de ma vie. Mais c'est ainsi, et je suis heureuse d'avoir quelqu'un de qui m'occuper et avec qui partager mes humeurs.

Après les deuils de l'an 2000, un grand scintillement de lumière et de rire jaillit. Cette fois, il s'agissait de partager la scène avec Dame Edna Everage, irrésistible, insurpassable, d'une drôlerie libre de toute entrave, à l'occasion du gala des Dramatists Guild Awards. Des années avant cet événement, j'étais apparue à la télévision britannique avec Dame Edna dans sa propre émission. Je me souviens d'avoir lu le scénario avec nos scènes communes clairement détaillées. Barry Humphries m'appela à mon hôtel londonien pour voir si j'étais contente de l'hôtel et si j'allais bien. Tout était parfait sauf un point : « Dites-moi, Barry, cette scène que nous jouons ensemble avec vous dans le rôle de Dame Edna, est-il possible de modifier quelques mots ? » « Je ne sais pas, me répondit-il. Je vais lui en parler. » Après cela, je ne posai plus de questions.

Ce fut très drôle de participer au spectacle. Je m'adressai à elle devant le public en l'appelant Dame Edna. Elle était très convaincante. Tom Jones figurait également dans le spectacle, et nous interprétâmes une chanson tous les trois. Je m'amusai beaucoup et Dame Edna – Barry Humphries – enfin, les deux, sont brillants et excessivement drôles.

Je participe rarement à des remises de prix, mais la Dramatists Guild est une manifestation très importante pour le théâtre, et Dame Edna me fait franchement rire. Les gagnants de cette année-là étaient particulièrement illustres. Steve Sondheim, que je connaissais et appréciais depuis des années, et Arthur Miller, qui m'a toujours beaucoup impressionnée, étaient deux bonnes raisons d'apparaître sur la scène. J'imagine que je dois être un peu snob. J'adore me trouver ne serait-ce que de la façon la plus modeste en présence de gens dotés d'un énorme talent et j'ai toute ma vie été impressionnée par eux.

On me demanda d'animer un hommage à Leonard Bernstein à Paris en duo avec Marlon Brando. Lenny, un cher vieil ami, et Paris auraient suffi à me décider. Mais monter sur scène avec Brando, c'était comme gagner le gros lot, et mieux encore. Bien sûr, cela tomba à l'eau. Brando annula. Mais il me restait Paris. Ce voyage fut suivi peu après par un passage à la télévision de Milan, qui me permit d'assouvir mon envie de shopping, de manger italien avec des gens nouveaux et de bien m'amuser. De Milan, j'allai à Stockholm où j'étais invitée au festival du film pour recevoir le Cheval de bronze pour l'ensemble de mon œuvre. Le grand atout du cinéma revenait en force : l'ensemble de l'œuvre semble être une notion reconnue dans le monde entier. C'est ainsi que nous visitons de nouveaux pays, faisons de nouvelles rencontres, devenant le point de mire pendant quelques jours. Après quoi nos egos négligés (brillant par leur absence) se sentent suffisamment réconfortés – à peine – pour avoir l'impression que, somme toute, nos efforts n'ont pas été vains.

À la fin des représentations de *Waiting in the Wings*, j'eus besoin d'une pause. J'étais épuisée. Le théâtre, aussi grisant soit-il, est très exigeant sur le plan physique et émotionnel. Énormément. J'avais besoin de quitter New York et d'arrêter les huit représentations par semaine. Quand je suis dans cet état, tout mon être aspire à retrouver Paris, la ville qui parvient presque à me régénérer. Ne serait-ce qu'en raison de la langue, je me sens immédiatement plus légère. C'est drôle, Paris fait tellement partie de mes fantasmes de jeunesse. La beauté saisissante de Paris est presque impossible à expliquer. Elle alimente mon besoin de beauté esthétique. Le temps que je m'y trouve, je deviens française. J'assiste aux concerts avec ma chère amie Nicole Salinger. Je traîne généralement dans les mêmes cafés, je parcours souvent les mêmes rues.

J'ai la chance d'être capable de m'adapter non seulement à la France, mais à l'Angleterre et à l'Italie aussi. Loin d'être une spécialiste, je connais une centaine de mots en italien et en espagnol. Je parle plus couramment le français, bien que je sois loin de m'en satisfaire. Même si je me sens fondamentalement très à l'aise en France, soyons clair, tôt ou tard, je redeviens une étrangère. Peu importe combien d'amis (et j'en compte pas mal dans chaque pays qui, au total, sont plus nombreux que ceux que j'ai en Amérique) ou combien de temps j'y passe, il faut se rendre à l'évidence : vous n'êtes pas l'un des leurs. Peut-être par l'esprit, mais pas dans la réalité. Néanmoins, j'en repars toujours ressourcée, me sentant plus en paix avec moi-même et prête à foncer pour affronter le marché du travail. J'ai l'impression que, pendant plus d'un an après la fin de *Waiting in the Wings*, j'ai passé mon temps à voyager.

Si voyager est un moyen merveilleux pour s'évader loin des tensions – autrement dit du stress – du monde réel, je suis toujours ravie de rentrer chez moi. Être à la maison, cela veut dire avoir mes affaires personnelles autour de moi, faire disparaître les valises. Ouf, ça y est ! Faire les valises étant le pire aspect du voyage. Ainsi, de retour chez moi, je reprends mon train-train habituel, je regarde les informations en continu, devant un plateau-repas, les pieds relevés et Sophie à côté de moi. J'aime cette routine que j'ai adoptée. Je ne me souviens pas vraiment comment c'est arrivé, mais cela fait partie de mes journées. Vers 18 heures, 18 h 30, la maison se vide, le téléphone s'arrête de sonner et je déambule tranquillement et librement dans l'appartement, qui est mon chez-moi depuis plus de quarante ans. Étant donné le bruit qui règne dans ma ville, ce silence est un vrai bonheur.

Au moment où j'allais commencer à souffler, je reçus un coup monumental. La maladie de Jason Robards, ce grand acteur qui fut mon mari pendant huit ans et demi, le père de notre grand fils, Sam. La vie est drôle. Même si notre mariage n'a pas marché, nous avions de l'affection l'un pour l'autre. Nous partagions le même métier et le même humour, nous étions toujours contents de nous voir et avons passé de bons moments ensemble. Je n'avais jamais pensé qu'il était malade. Il avait eu une enfance et une adolescence assez difficiles. Il se reprochait sa fatigue pendant ses premières années sur la scène, mais il n'avait jamais été malade durant cette période. Et puis, brusquement, il se trouva atteint d'une tumeur. Il résista deux ans avec quelques hauts et des bas terribles. Dans l'ensemble, ce furent deux années épouvantables pour lui et pour ceux qui l'aimaient. Peu avant sa mort, Sam put quitter sa propre famille en Californie pour passer quelques instants précieux avec son père. Comme Jason avait reconstruit sa vie, je ne fus pas en mesure de le voir souvent, mais nous parlâmes au téléphone de temps à autre, et c'était nettement mieux que rien. Cela compte beaucoup à mes yeux que nous ayons pu avoir des échanges. Et reconnaître, en dépit d'un divorce qui ne fut pas particulièrement plaisant, que nous nous aimions et que nous resterions liés l'un à l'autre toute notre vie.

Même si nous savions qu'il perdait le combat contre cette odieuse maladie, sa mort nous causa un choc terrible. Plus de Jason. Heureusement, il y avait les souvenirs, les moments drôles, formidables, que nous avions partagés, même ceux qui n'étaient pas si drôles semblaient avoir été de bons moments. Jason, qui n'avait pas toujours été très présent, reconnaissait le talent d'acteur de son fils et l'être humain merveilleux qu'il était, et ce fut un grand réconfort pour moi. Jason est toujours dans mes pensées et je me souviens avec bonheur des pièces dans lesquelles il a joué, du brillant comédien qu'il fut toujours, et de ces représentations. Surtout à l'époque où nous étions ensemble, malgré tous ceux qui cherchaient à nous séparer. Heureusement, ils n'y réussirent pas et, malgré leurs efforts, personne ne pourra nous enlever ces années-là.

L'année suivante, j'allai à Los Angeles pour passer deux semaines à voir mes enfants, petits-enfants, amis, et régler quelques affaires. Sam et Sidsel étaient venus à l'hôtel pour prendre un brunch et piquer une tête dans l'eau avec leurs garçons, Calvin et Sebastian. C'était la veille de mon départ. Je ne sortis pas ce soir-là, ayant prévu de boucler mes valises en me faisant monter mon repas dans ma chambre. Je demandai qu'on me réveille à 9 heures. Cela me laisserait le temps de déjeuner et de faire quelques dernières brasses avant de partir pour l'aéroport. Je me couchai tard comme d'habitude – c'est toujours comme ça quand je fais mes bagages. Le téléphone sonna, me tirant d'un profond sommeil, ce qui est rare pour moi. Encore dans les vapes et croyant à une bévue du personnel, je demandai à la standardiste : « Quelle heure est-il ? J'ai demandé qu'on me réveille à 9 heures. » « 7 heures, répondit-elle. Allumez la télévision. » C'était le 11 septembre et la télévision s'éclaira au moment où un avion fonçait et s'écrasait contre l'une des Twin Towers. D'énormes nuages de fumée noire, des flammes, le chaos, la voix des présentateurs. Je me réveillai précipitamment, ahurie comme le reste du pays et du monde. Bouche bée, bouleversée et horrifiée, je ne pouvais quitter des yeux la télévision (ni la Californie, d'ailleurs) pendant les cinq jours suivants. En raisons des mesures de sécurité draconiennes, les aéroports furent fermés. Même quand je pus partir cinq jours plus tard, je dus louer une voiture particulière avec chauffeur, ce qui rappelait plutôt un film de série B. Je fus pendue au téléphone presque toute la journée avec ceux qui m'étaient proches et chers. Je reçus des appels de toute l'Europe et de New York. Au milieu de l'horreur, je n'arrivais pas à décoller les yeux de l'écran. Qui d'entre nous pourra oublier la vision et les bruits, les visages, les gens courant dans la fumée pour essayer de s'échapper. Encore et encore, les images des avions, un d'abord, puis le deuxième venant d'une autre direction et s'écrasant contre l'autre tour, des images prises à l'aide d'une caméra vidéo par un homme qui se trouvait sur place et eut le réflexe de filmer. Bien que je ne saurais jamais comment il a pu le faire.

Ce fut une journée de cauchemar avec un côté surréaliste. Des femmes cherchant leur mari, des maris cherchant leur femme, une photo à la main, dans l'espoir que quelqu'un les avait vus, une femme parlant à son mari qui était dans l'avion qui allait se crasher dans un champ en Pennsylvanie. Elle n'arrêtait pas de lui répéter : « Ne joue pas les héros, reste en arrière. » Et lui n'arrêtait pas de dire : « On va s'écraser de toute façon. Les pirates sont ici avec des armes. Il faut que je fasse quelque chose. » Elle lui dit qu'il faisait toujours ça, qu'il essayait toujours d'empêcher les gens de se battre. De sauver quelqu'un. Il était comme ça. Ses dernières paroles, je me souviens : « Je t'aime, lui disait-il. Prends soin de toi et des enfants. » Ça vous brisait le cœur et la femme était étonnante.

Puis il y avait l'interview de Howard Lutnick, le P-DG de la société financière Cantor Fitzgerald. Étant installés au trois derniers étages de la première tour, ils avaient perdu plus de soixante pour cent de leur personnel. Le frère de Lutnick était là quand l'avion s'était écrasé et Howard Lutnick ou quelqu'un d'autre avait réussi à enregistrer une conversation entre son frère et sa femme. Si Howard n'était pas sur place, lui non plus, c'était parce qu'il avait déposé son enfant à l'école. C'était une interview incroyablement émouvante. L'homme n'arrêtait pas de craquer. Il essayait de parler, prononçait quelques mots ou pensait à quelque chose et il s'effondrait en larmes. Ce n'était pas une très grosse entreprise, évidemment, il connaissait tous les employés et leurs familles, et continuait de mentionner leur nom d'une voix brisée, le visage inondé de larmes. Et son frère... son unique frère. On lui a reproché par la suite d'essayer de rebâtir sa société. Que diable était-il censé faire ? Mourir avec les membres survivants de sa famille ? Cela aurait-il fait taire les critiques ?

L'onde de choc se fit ressentir pendant des mois. Une de mes amies, Berry Berenson, se trouvait dans l'avion qui décollait de Boston pour LA, une femme jeune, belle, pleine de vitalité et de talent, qui avait embarqué à Boston, impatiente d'assister au premier concert de son plus jeune fils à Los Angeles. Je n'arrêtais pas de penser – et j'y pense encore – à elle dans l'avion, heureuse, assise à sa place, impatiente de voir son fils sur scène, et lui, attendant sa mère qu'il ne reverrait jamais. Pendant ce temps, la télévision vous montrait le visage de ceux qui attendaient toujours, refusant d'abandonner tout espoir de retrouver la personne qu'ils chérissaient...

Le chagrin accablant qui traversait l'écran. La simplicité des gens qui avaient l'air perdu sans leur conjoint. Cette vision de destruction. Les avions s'écrasant contre les tours, les gens courant désespérément, ceux qui réussirent à sortir en descendant trente, quarante étages, allez savoir combien, guidés par un pompier équipé d'une seule torche et de son seul bras pour leur sauver la vie. Ceux qui étaient en retard au travail ce jour-là, ou au fond de leur lit avec un virus, ou avaient oublié des documents chez eux et avaient dû rentrer in extremis et, de ce fait, échappé aux attentats. Ces coups de théâtre, quelques minutes ou quelques secondes qui font la différence entre la vie et la mort. Et vous pensez à tous les si et les si seulement de votre propre vie. Comment, au milieu de ces horreurs et de ces disparitions, comment ne pas faire le bilan de votre propre existence. Sa brièveté, son dénouement soudain, la valeur du temps... Je songe souvent à ces aspects de la vie. Je dois vivre chaque jour pleinement, utilement, encourager mon besoin de donner à ceux que je connais et à ceux que je ne connais pas. Je dois faire en sorte que le monde qui m'entoure soit meilleur pour ceux que j'aime, mes amis, mes relations. Cette attitude, ce sentiment d'espérance dure un certain temps, puis s'éteint progressivement. Cela compte juste autant pour moi, je suis tout aussi admirative, c'est la ferveur qui s'estompe ou paraît s'estomper.

Environ un mois après le 11 septembre, je m'envolai pour Paris. J'avais besoin d'être au milieu de la ville de mon cœur, de marcher dans ces rues, voir mes amis, être assise au Flore tout mon soûl avec la compagne de ma vie, Sophie, à mes côtés. Les Français étaient choqués par ce qui s'était passé et compatissaient pleinement. Tous disaient qu'ils avaient l'impression que ça leur était arrivé à eux. Quand j'étais rentrée de Californie, j'avais senti leur émotion dans leurs appels et leurs fax. C'était surprenant et merveilleux. Leurs paroles, leur inquiétude, comment j'allais ? Et la ville ? Et le pays ? Les Américains se seraient-ils sentis aussi concernés si la France avait été touchée par la même épreuve ? me demandais-je. Malgré les circonstances sinistres, c'était réconfortant d'être assis au milieu d'amis et même de relations pour notre brunch du dimanche et de les entendre formuler leurs inquiétudes et leurs peurs, et la conscience qu'ils avaient de chaque détail de ce jour affreux.

Durant mon séjour à Paris, Marisa Berenson, organisa un office pour son frère Berry dans une petite église de la rive gauche. Charmant, affectueux. D'une grande tristesse. J'étais heureuse d'être à Paris à ce moment-là et de pouvoir assister à la cérémonie qui eut lieu par un jour ensoleillé très en accord avec la personnalité de Berry. Ainsi, ce voyage me remonta provisoirement le moral, j'étais pleine de reconnaissance à l'égard de mes amis français – et heureuse de vivre. J'étais capable de regarder autour de moi et même si je continuais de voir dans ma tête les Twin Towers s'effondrer dans le feu et les flammes, l'Arc de Triomphe se dressait clair et net au premier plan de mon esprit.

Plus tard, la même année, ma copine de classe, en fait ma plus vieille amie, Joan Axelrod, après s'être battue vaillamment pendant des mois, perdit sa lutte contre le cancer. Elle avait joué un grand rôle dans ma vie depuis l'époque d'*Au revoir Charlie* – mon premier rôle à Broadway – la pièce écrite et mise en scène par son mari George. Nous avions coutume de nous voir bien des années avant cela, quand elle et George habitaient New York et même quand ils étaient en Californie pour le travail de George. Elle était très avisée, me prodiguant toujours des conseils sur ma façon de m'y prendre avec des amis communs et des événements dans le monde du théâtre et du cinéma. Elle et George m'invitaient toujours à dîner. Nous déjeunions, puis allions chiner en célibataires – des trucs de filles. Leur porte, que ce soit à New York, en Californie ou à Londres, toujours accueillante, m'était toujours ouverte.

Joan en savait davantage que moi sur davantage de gens. Elle savait des choses que je ne savais pas. Le ciel sait d'où elle tenait ses informations. Elle devenait une partie, une partie importante, de la culture dans laquelle elle s'immergeait. C'était un vrai caméléon, qui changeait selon les besoins, toujours aux côtés de George quand il sentait qu'il devait changer d'air. Quand je m'apprêtai à monter sur scène pour *Applause* à Londres, c'est Joan qui me dénicha un endroit pour vivre, Joan qui me mena chez les meilleurs antiquaires, me montra les meilleures boutiques pour acheter à manger et à boire. C'était une personne remarquable, toujours au service de ses amies. Quand elle habitait en Californie, l'absence de ses meilleures amies lui pesait. Mais elle y remédia en devenant une décoratrice d'intérieur de talent, ce qu'elle faisait déjà mais pas avec la même énergie. Elle obtint un succès énorme et se fit davantage d'amies.

On lui avait remplacé deux valvules auriculo-ventriculaires sans que ça ralentisse son activité. Je n'avais jamais cru que ses plaintes discrètes étaient suffisamment graves, représentaient une vraie menace. Erreur. Brusquement, lors de mon avant-dernière visite en Californie, la gravité de son état devint visible. Elle avait du mal à marcher. On venait la masser et elle avait quelqu'un pour faire la cuisine. Nous devions nous retrouver dans son restaurant préféré quand elle appela pour me demander si cela ne me dérangeait pas de dîner chez elle, juste George, elle et moi. Nous l'avions fait souvent dans le passé et, en fait, je préférais cela. Je me plaisais beaucoup chez eux. Cette fois, elle se servit d'une chaise roulante pour se rendre de la chambre à coucher à la cuisine afin d'économiser ses forces. Je fis de mon mieux pour ne pas montrer mon inquiétude, et crois y avoir réussi. Cet équipement et Joan n'allaient pas ensemble. Malgré tout, à la fin d'un dîner intime, Joan dût aller se coucher. Bien sûr, je lui dis : « Ne t'inquiète pas, je vais m'asseoir un peu avec George et je viendrai t'embrasser avant de partir. » George et moi restâmes dans le séjour dont l'aura n'était déjà plus la même en l'absence de Joan. Nous bavardâmes comme deux vieux amis le font, sans dire un mot de ce qui était flagrant. Puis j'assurai à George que je n'allais pas fatiguer Joan, mais voulais lui apporter un peu de joie, et je montai la voir.

Comme nous étions si proches et avions connu tant de périodes difficiles dans la vie, les paroles vinrent toutes seules. Avait-elle toute l'aide nécessaire ? Pouvais-je lui être utile ? Puis elle me dit : « Ça m'est égal de mourir, mais je ne veux pas souffrir. » Je ne sais pas ce que j'ai répondu, sans doute une banalité sans aucun rapport et peu convaincante, du genre : « Mais on en est loin, inutile d'y penser maintenant. » Je devais rentrer à New York deux jours plus tard, mais je dis à Joan que je serais sans doute de retour bientôt pour le mariage de Cecilia Peck. Je l'appellerai de New York pour lui donner la date exacte.

Je ne pouvais y croire. Comment cela avait-il pu arriver si vite ? Elle allait bien et, brusquement, elle en était là. De retour chez moi, je décidai brusquement que je devais retourner en Californie le plus tôt possible, et forcément, aller au mariage. Se pouvait-il que je revienne un jour en Californie sans que Joan soit là pour organiser notre journée entre filles ? C'était ma seule amie mariée avec laquelle je pouvais passer du temps en célibataire, on pouvait se raconter nos vies, nos problèmes, déjeuner dans des endroits bizarres, rigoler ensemble. Oui, c'était possible. Et cela arriva. Je l'appelai dès que j'eus décidé de mes dates et entendit une chose qui me laissa ébahie. « Des gens des soins palliatifs sont venus, ils sont formidables. Maintenant je me sens bien mieux, ils m'ont tout expliqué. Je n'ai plus besoin de me faire du souci. Et ils sont très gentils. Ça change tout. » Je savais de quoi elle voulait parler. On était en plein dans la réalité. Autrement dit, c'était ce qui allait se produire. Quand j'entendis son soulagement et sa satisfaction, je fus heureuse pour elle et je le lui dis.

Ainsi, en prenant l'avion deux semaines plus tard, j'étais déchirée entre la joie pour Cecilia et la tristesse pour Joan. Dès mon arrivée à l'hôtel, mon premier appel fut pour Joan. Comment se sentait-elle, comment allait-elle, quand pouvais-je la voir ? Le lendemain, bien sûr. J'y fonçai, pleine d'appréhension.

George me fit entrer en me demandant de ne pas la fatiguer. J'entrai dans la chambre avec un large sourire. Je me dirigeai vers le lit où elle était assise, l'air nettement mieux (mis à part les sondes dans son nez) que je ne le redoutais : maquillée, impeccable, portant l'une de ses chemises de nuit en coton préférées. Je tirai un fauteuil à son chevet pour que nous passions un moment ensemble. George s'éclipsa discrètement. Elle me donna des nouvelles de sa santé, sans entrer dans les détails du monde terrible du cancer. Comme c'était une femme solidement charpentée, elle n'eut jamais l'apparence décharnée des autres victimes de cette maladie. Elle me vanta à nouveau les mérites des gens qui étaient venus la voir, combien ils étaient attentionnés. Puis elle prit un flacon sur sa table de chevet avec un compte-gouttes. « Ils m'ont laissé ça, dit-elle en l'agitant. Comme ça, si je souffre, j'ai ce qu'il me faut. » Je fus bouleversée de voir ce flacon, manifestement de la morphine ou une autre potion magique à base de morphine pour soulager la douleur inhérente à ce type de maladie. Le flacon représentait pour moi la fin de la vie ; Joan était encore capable d'en parler, même si les autres médicaments qu'on lui avait donnés lui obscurcissaient l'esprit dans une certaine mesure. Cependant, elle était résolue à assister au mariage de Cecilia Peck quelques jours plus tard et c'était le genre de femme qui ne renonçait pas facilement quand sa décision était prise. Une bonne poussée d'adrénaline lui permettrait d'y arriver. Je la suppliai de se ménager, mais promis d'être là pour lui tenir la main si elle en avait besoin. À ce moment, George entra dans la chambre pour me dire qu'il était temps que Joan se repose. Elle était fatiguée, ce qu'elle ne reconnut qu'à moitié alors qu'elle l'était visiblement. Je la serrai contre moi, lui dis que je l'aimais et que je la verrai au mariage ; Elle me tendit un petit paquet-cadeau en me disant de regarder à l'intérieur. C'était quelque chose qu'elle tenait à me donner : un petit cadre double en or de la première d'*Au revoir Charlie*, dans lequel je pourrai glisser des photos d'eux ou de quelqu'un d'autre. Aussitôt, les larmes me montèrent aux yeux et je pris congé rapidement en lui envoyant un baiser.

Vint le jour du mariage et, nom de nom, Joan fut présente. Elle resta pendant toute la cérémonie et environ une demi-heure de plus puis elle s'éclipsa. Je l'embrassai avant son départ et lui dis que je l'appellerai le lendemain. Quand j'appelai, George décrocha et me dit que Joan était trop fatiguée pour parler. Curieux comme la voix change à ces moments-là. Manifestement, Joan allait très mal, et je l'avais vue pour la dernière fois. Quelques jours plus tard, il m'apprit qu'elle n'était plus. Elle avait une telle force en elle que je ne pouvais imaginer qu'elle partirait si vite. Malgré la maladie, on ne peut y croire. On n'est jamais prêt pour le désastre.

Elle m'avait dit qu'elle voulait que ses amis se réunissent autour de la piscine, lèvent un verre de vin, grignotent les amuse-gueules qu'elle avait dûment énumérés dans son testament avec ses dernières volontés, mais je dus y renoncer. Malheureusement, je ne pus me trouver au bord de la piscine car j'avais du travail qui m'attendait à New York. Cependant, nous nous rassemblâmes dans mon appartement à peu près à l'heure où se situait la réunion en Californie. Des adieux affectueux pour une femme extraordinaire et une amie merveilleuse.

Après le chagrin, brusquement, fin 2001, il m'arriva une surprise formidable : on me proposa un rôle dans *Dogville*, le film de Lars von Trier. J'étais aux anges. Lars avait tourné un film formidable, *Breaking the Waves*. C'était un metteur en scène original, imprévisible. Aussi, même si je n'avais qu'un rôle modeste, je donnai mon accord.

Là encore, c'était un travail de groupe, bien que la star fût Nicole Kidman. Outre que j'avais envie de travailler avec Lars, j'étais séduite par le fait que c'était une distribution internationale avec Nicole en tête. Ben Garrara et James Caan, que je connaissais et appréciais déjà, Blair Brown, une fille formidable, adorable et bourrée de talent, Stellan Skaargard, que j'avais vu jouer dans *Breaking the Waves* et que j'appris à mieux connaître, et Siobhan Fallon, une femme très drôle qui allaitait un nouveau-né et prenait soin de ses deux autres enfants en bas âge avant le tournage. Je ne saurais jamais comment elle y arrivait. Ce petit rôle eut des retombées formidables. Je devins amie avec Nicole. Non seulement elle est d'une beauté étonnante, mais elle est très fine, très professionnelle et c'est une actrice extraordinaire au large registre.

J'étais fascinée par la démarche de Lars. J'avais imaginé un homme imposant, une armoire à glace, approchant de la soixantaine. J'avais tout faux. Comme j'avais pris le même vol que Blair Brown à New York, nous fûmes accueillies par Vibeke Windelov, la productrice, à notre descente d'avion. Elle fut d'un grand secours dès le premier jour, tout au long du tournage – et après. C'est une femme formidable, intelligente, originale et drôle, pour laquelle j'ai une affection énorme. Il est rare que les producteurs soient drôles. Elle, si. On nous conduisit dans ce qui serait notre pied-à-terre durant les six semaines à venir et plus à Trollhattan, puis dans la salle à manger pour déjeuner. Au bout d'un moment, un homme apparut dans la chambre, le sourire large et un petit élan en peluche. De taille moyenne et à peine plus de la quarantaine, c'était Lars von Trier. Tout le contraire de ce que j'avais imaginé. Il me tendit l'animal, baptisé Oliver (Dieu sait pourquoi) et le posa sur la télévision dans ma chambre. Il se trouve toujours sur le poste dans ma chambre de sorte que je le vois tous les jours et que Lars reste présent dans mes pensées.

Travailler avec l'inconnu est amusant, surprenant et angoissant. Du moins pour moi. Et la méthode de Lars consiste plus ou moins à faire oublier à l'acteur ce qu'il a appris pendant sa carrière. Avec Lars, inutile de s'inquiéter de rester dans ses marques, on peut modifier le dialogue et, en l'occurrence, le décor n'était pas un décor mais un sol avec *Dogville* dessinée dessus. On nous montra où se situaient les portes et les fenêtres de nos espaces individuels. Ainsi nous ne risquions pas de passer à travers un mur qui n'était pas là ou de sauter par la fenêtre, ce que je n'étais pas loin de faire tant j'étais furieuse d'avoir oublié la présence d'une fenêtre. Mon personnage avait un petit magasin, dans lequel je vendais des pommes de terre, des pommes et quelques produits d'entretien, et j'étais célèbre pour mes tourtes aux groseilles à maquereau. En principe (même si j'étais loin d'en avoir l'impression dans différentes scènes), je représentais l'autorité locale de *Dogville* et j'avais la mainmise sur tous ses habitants. C'était ainsi que cela m'avait été présenté. J'étais la seule à avoir une porte pour entrer ou sortir du magasin. J'avais une collection de figurines venant de je ne sais quel pays ni comment je les avais récupérées. Le personnage de Kidman s'entichait d'elles et ces minuscules poupées devenaient l'élément clé de l'histoire.

Lars portait son énorme caméra qui pesait plus lourd que lui à l'aide d'un harnais fixé sur son dos et ses épaules quand il filmait les scènes. Il maîtrisait tout et tous. De mon point de vue, comme il n'y avait pas de murs, quand la caméra filmait à un bout du plateau, mon magasin, qui se trouvait directement à l'autre extrémité, pouvait se trouver dans le champ. Autrement dit, il y avait toutes les chances pour que je sois, moi aussi, dans l'angle. Donc je devais jouer mon rôle tout le temps dans l'éventualité où mon ombre pouvait être visible.

Comme vous pouvez l'imaginer, cela demande un temps de rodage. Je ne suis pas sûre de m'y être jamais vraiment habituée, mais je m'y suis efforcée. Je voulais de l'aventure, une expérience nouvelle, et j'ai été servie. Je voulais voir comment un réalisateur superdoué travaillait à l'époque moderne, et j'ai été servie. J'avais tourné avec le réalisateur que je considérais comme proche du génie, John Huston. Ce qu'il avait de formidable, c'est qu'il écoutait toujours vos doutes, vos idées, tout, et on pouvait toujours lui parler. Lars était un tout autre numéro. Il parlait très bien l'anglais, mais il n'était pas facile d'avoir des échanges avec lui pendant les heures de tournage. Il était totalement absorbé par son travail et les problèmes techniques qui se posaient pendant qu'il préparait une scène avec, sur le dos, l'énorme harnais trimballant la caméra.

Ce séjour en Suède me fut difficile car ma petite Sophie me manquait. Je m'étais beaucoup attachée à elle, comme cela m'arrive toujours avec les chiens. C'était encore pire avec elle parce qu'elle était toute petite et se blottissait contre moi. Et j'adorais ça. Un gros toutou ne pourrait pas se pelotonner comme ça. J'appelai sa gardienne, qui la gardait en mon absence, pour voir comment elle allait. Est-ce que je lui manquais. Non, me dit la femme, elle était très heureuse. Ma voix faiblit. Elle poursuivit : « Vous ne voulez tout de même pas qu'elle soit triste, n'est-ce pas ? » Sur quoi, je répliquai : « Si, un peu. Pourquoi je serais la seule à être triste ? » Je sais, c'est fou. Et pourtant...

Le temps passant, les interprètes devinrent plus proches, comme au pensionnat, en un sens ; Se retrouvant tous les soirs pour dîner, parfois le matin à 6 heures et à déjeuner sur le plateau à côté du décor. Le groupe avait la chance de s'entendre vraiment bien. C'est souvent le cas dans les tournages en extérieur. Réflexion faite, la plupart des extérieurs quand ils sont isolés se ressemblent beaucoup. Si le tournage se fait en milieu urbain, c'est une chance, on peut mener sa vie par ailleurs. Les gens forment des groupes, de deux à quatre en général. Il y a presque toujours une ou deux idylles, ou davantage, plus ou moins visibles. Certaines relations s'achèvent avec la dernière prise de vue ou lors de la soirée de clôture. Curieusement, certaines vont plus loin et s'installent dans la stabilité. J'ai appris avec Bogie (tant de choses dans ma vie me viennent de lui) à ne jamais mélanger le travail avec le plaisir. Faites comprendre dès le départ votre position : non disponible. À moins, bien sûr, qu'il en soit autrement. Il m'est arrivé d'être impliquée avec d'autres membres de la distribution et cela m'a toujours paru être une erreur. En tout cas, la question ne s'est jamais posée. Différentes générations, différentes langues, différentes façons de s'exprimer. Et un sens de l'humour incontestablement différent (ou carrément absent).

Dans le cas de *Dogville*, habitant dans le village de Trolhattan en Suède, au cœur de l'hiver, avec très peu de soleil et des journées courtes, l'atmosphère n'était pas très gaie. Sans oublier que le film était très sombre, ce qui ne poussait pas à la rigolade.

Malgré tous les points noirs, je n'aurais pas voulu le rater. Le résultat fut controversé – Lars est toujours controversé, ce qui est bien, et il n'a jamais cédé, ce qui est bien aussi. Mais c'est un film intéressant et qui en vaut la peine. À l'époque, sans avoir vu la moindre séquence, j'étais très anxieuse, inquiète de savoir ce que donnerait le montage définitif.

Un an et quelque plus tard, *Dogville* devait inaugurer le New York Film Festival. J'y assistai avec la même inquiétude. Je découvris enfin la vision de Lars dans son entier et aperçus le personnage que j'interprétais dans cette ville. Après avoir descendu le tapis rouge avec mon fidèle directeur, Johnnie Planco, à mes côtés, nous fûmes acheminés jusqu'aux places qui nous étaient réservées dans la salle. Assise dans le noir, je me tortillais d'abord, ne sachant pas trop à quoi m'attendre. En voyant le plateau, notre ville avec les rues bien dessinées, je me détendis un peu, me laissant porter par l'histoire, les personnages. À part un pincement de temps à autre quand je m'apercevais, cela me plut beaucoup. Énormément, alors que je ne m'y attendais pas. C'est un des aspects les plus captivants du cinéma. Même en regardant un film achevé, les souvenirs du tournage vous reviennent à l'esprit. Des images de moments partagés avec les membres de la distribution, des visions de Lars avec son attirail étonnant, la présence de la partition musicale, la narration, des fragments de film, sans heurt, exactement comme Lars l'envisageait. Le tout venant compléter le film.

Quand les lumières revinrent, je me sentais très bien. Toujours un peu nerveuse lors de ce genre de manifestations, mais soulagée d'avoir une bonne impression générale. Les gens me félicitèrent pour mon interprétation, accordant une importance excessive à ma toute petite contribution. Néanmoins, j'étais contente d'être de la partie. Mes sept semaines en Suède et les nouvelles amitiés qui s'y étaient nouées en valaient la peine. En outre, j'étais émerveillée d'avoir eu le privilège, après avoir œuvré soixante ans dans le cinéma, non seulement de visionner mais de participer à une nouvelle démarche cinématographique. Me confirmant encore à quel point j'avais eu raison dès l'âge de dix ou douze ans, de vouloir devenir actrice.

Il n'y a pas longtemps, je suis retournée dans les mêmes lieux en Suède pour jouer dans le deuxième film de la trilogie : *Manderlay*. C'était un petit rôle, mais je pus travailler de nouveau avec Lars et le voir sur un autre plateau, autour d'un autre thème, de nouveau pour un travail de groupe, ce qui me plaît toujours. Curieusement, c'était les mêmes caravanes que dans *Dogville*, le même studio, aussi à Trollhattan, mais dans une suite entièrement rénovée, peinte en blanc et bleu – mon bleu préféré. J'eus envie de rester plus longtemps. Une étrange nostalgie.

Dogville fut très bien reçu. Des critiques inégales, mais marquant toujours de l'intérêt et du respect pour Lars. Malheureusement, rien ne pouvait effacer ou arrêter la litanie des amis disparus amorcée en 2002. Je vais commencer par Adolph Green, l'homme qui a surgi dans ma vie lors d'une soirée musicale (cela va de soi) chez Ira Gershwin.

L'énergie d'Adolph, son extravagance incroyable, ses dents étincelantes... On ne voyait qu'elles. Notre amitié avait commencé cinquante ans plus tôt. C'était un original, un parfait excentrique. Il avait une personnalité si forte, si contagieuse, si attachante qu'on devait s'intéresser à lui. Quand il s'ingérait dans votre vie – ce qu'il ne manquait pas de faire –, il n'était pas question de vous y opposer. Vous saviez qu'une force vitale venait de surgir dans votre existence et que vous n'y échapperiez pas. Il connaissait le titre et la distribution de chaque film qui avait vu le jour, depuis l'époque des muets jusqu'à nos jours. Il connaissait chaque morceau de musique classique. Il le chantait – ta-ta-ti-ta, etc. Il connaissait tous les airs des comédies musicales et leurs paroles. Il connaissait des livres de tout genre et leurs auteurs. Il était époustouflant. Il ne se montrait jamais cuistre ni condescendant sur ce qu'il savait. Il était le rire personnifié et, parfois, d'un entêtement exaspérant tout en étant le mari, le père, l'ami le plus gentil et le plus aimant. J'avais eu l'occasion de voir le mari et le père, et j'étais très proche de sa femme, Phyllis Newman. Je me sentais presque de la famille et l'on m'appelait la « deuxième femme ». C'était une blague, bien sûr. Les deux dernières années de sa vie furent loin d'être une sinécure, il avait perdu en grande partie la vue et l'ouïe. Mais cela ne l'empêchait pas de prendre part à la vie et de la vivre à fond. Nous participâmes à une fête à Long Island, c'était plein de tables rondes remplies d'amis et chargées de mets. Adolph était assis à côté de moi. Je parlais à quelqu'un assis de l'autre côté de la table quand j'entendis Adolph dire d'une voix claire et nette : « Ce n'est pas parce que je suis sourd et aveugle qu'il ne faut pas me parler. » Ce fut la seule fois où je l'entendis formuler quelque chose qui ressemblait à une plainte. Nous parlons toujours beaucoup de lui, entre amis et membres de sa famille, nous remémorant des scènes qui nous font rire et font renaître Adolph dans notre mémoire. J'ai souvent l'impression que je vais le croiser au coin de la rue et reprendre la conversation là où nous l'avons interrompue.

Je commençais à peine à être capable de vivre sans la présence d'Adolph quand survint, en 2003, la mort du dramaturge Peter Stone. Peter était solide comme un roc, jamais malade, et à soixante-treize ans, il portait son âge de façon juvénile. Encore une amitié de plus de quarante ans ; Nous avions travaillé ensemble deux fois, une fois avec Robert Preston dans une nouvelle écrite par Peter pour la télévision puis, une deuxième fois à une plus grande échelle, dans *La Femme de l'année*, à Broadway. Deux heureuses expériences. Il savait porter des toasts comme personne. Toujours drôle, toujours les mots justes au bon endroit et au bon moment. Il me porta un toast à l'occasion de chacun des principaux hommages que je reçus à New York et à Washington. Je me sentais toujours en sécurité avec lui. Il ne frappait jamais au point faible. S'il avait de l'affection pour vous, vous pouviez toujours compter sur lui. Il avait des idées claires et nettes sur le théâtre et les comédiens. Il n'était pas du genre à tergiverser. Je n'étais pas toujours d'accord avec lui, nous nous heurtions un peu, mais cela n'entamait jamais notre affection et notre amitié.

J'étais un week-end dans sa maison de campagne avec lui et sa femme Mary. Peter apparut, vêtu de pied en cap, casquette, gants, walkman Sony vissé sur la tête avec les écouteurs, chaussures de randonnée, etc. Durant les années et les week-ends que j'avais passés chez eux, je n'avais jamais vu Peter accomplir une activité physique à part le tennis, qu'il adorait. Comme je lui demandai : « Où vas-tu ? », il me répondit que son médecin lui avait recommandé une heure de marche par jour. Il semblait quelque peu ennuyé que cette promenade l'éloigne de ses lectures et de ses coups de téléphone, interrompe notre déjeuner à Amagansett. Néanmoins résigné, il ajouta : « Je n'en ai pas très envie, mais il le faut. Aucun problème pour descendre la côte, c'est la remontée qui est duraille. » Et voilà. Je ne posai pas plus de questions. Il ne m'en dit pas davantage, bien qu'en lisant les journaux du dimanche le lendemain matin, lui dans son fauteuil et moi sur la banquette de leur douillet salon, je me rendis compte brusquement qu'il téléphonait à son médecin. Chose inhabituelle, mais je ne dis rien. Cependant comme je m'apprêtais à rentrer à New York le jour suivant, ayant pris congé de Mary, je me tournais vers Peter et sentis en lui une fragilité qui m'amena à lui caresser la joue. « Fais bien attention à toi. » « Promis. » Et je partis. Je n'oublierai jamais cette image de nous trois près de la porte moustiquaire. Je me rends compte brusquement que c'est la dernière fois que je l'ai vu.

Je lui ai parlé quelques fois pendant qu'il était hospitalisé. Nos derniers échanges furent ceux-ci : « Je crois que le plus dur est derrière moi. » Moi : « Super ! Alors je vais pouvoir te rendre visite. » Peter : « C'est ça, et merci pour ton coup de fil. Ça m'a fait très plaisir. » Ainsi, ses légers problèmes respiratoires – rien de sérieux – étaient à présent des problèmes vitaux. En un mois, sa respiration était devenue sifflante et, avant que je comprenne ce qui se passait, il était mort. Mort ? Pas possible, pas Peter, pas si vite. C'était si injuste.

Et l'épidémie de 2003 continua.

Moins de deux mois plus tard, ce fut le tour de mon très cher ami Gregory Peck. Il égalait Atticus Finch[1] et plus encore. Parce qu'il était plus jeune, et vivant, et exerçait une profession très en vue parmi des acteurs qui ne partageaient pas ses idées, ne les exprimaient pas comme lui, et des directeurs de studio qui préféraient ne pas savoir ce qu'il pensait. Il n'existe pas de mot pour décrire Greg. Aucun mot qui l'englobe tout entier. Bien sûr, notre amitié remontait à 1956, année où nous avons tourné *La Femme modèle*, un de mes films préférés. C'était l'année de l'opération de Bogie et de sa lutte

1. Héros de *Du silence et des ombres*, 1962. Un avocat américain défend un noir accusé d'avoir violé une jeune blanche. *(N.d.T.)*

ultérieure contre le cancer. Ce fut l'une des pires années de ma vie. Le film était une comédie romantique, avec un scénario merveilleux qui eut sur moi un effet thérapeutique. J'étais obligée de garder le moral et l'esprit léger les jours de tournage. Greg me demandait des nouvelles de Bogie, je lui racontais, mais sans m'étendre sur le sujet. Greg était trop gentleman pour se montrer indiscret et j'étais trop dans le déni pour vouloir en parler. J'essayais de me concentrer sur le film. *La Femme modèle* et Greg furent une grande chance. Ils m'empêchèrent de perdre la tête.

Greg et moi fonctionnions très bien ensemble, nous étions toujours sur la même longueur d'onde. C'est un vrai plaisir de se trouver avec un acteur qui ne joue pas les stars, s'intéresse simplement à la scène qu'on tourne, cherchant à en tirer le meilleur parti. C'est le summum de l'art du comédien, et cela compense tous les moments difficiles. Travailler la scène sans entrer en compétition. À partir de *La Femme modèle*, l'amitié qui m'unissait à lui et sa délicieuse femme, Véronique, grandit naturellement. Peu importe où nous étions, nous restions toujours en contact, ne serait-ce qu'au moyen d'une simple carte postale. Quand je jouais à Broadway, ils ne manquaient jamais de faire le déplacement jusqu'à New York. Et chaque fois que je recevais une distinction, il était là pour me remettre un prix, me présenter au public ou à la télévision. Jamais la demande n'émanait de moi, toujours des autres. Je n'aurais pas voulu qu'il se sente acculé. Quand je reçus le Kennedy Center Honor, Greg ne put être présent – ce fut le seul événement majeur de ma carrière qu'il rata. Il m'envoya un fax :

Chère Lauréate,
Je vous envoie le pain, le vin et la musique pour Noël.
Que voulez-vous de plus ?
Ne répondez pas à cela.
(Signé :) *Toujours vôtre,*
G.P.

Il me récita un jour une prière – irlandaise, je crois – que j'adore. Je lui demandai de me l'écrire et la reçus immédiatement.

Mon Dieu,

Je veux te remercier, Seigneur, d'être demeuré à mon côté jusqu'à ce jour.

Je n'ai pas manifesté d'impatience, ni perdu mon calme, je n'ai pas été grincheux, ne me suis pas octroyé le droit de juger mon prochain et n'ai pas éprouvé de jalousie envers lui.

Mais dans une minute je vais sortir du lit et là, je crois que je vais vraiment avoir besoin de toi.
Amen.

Je regrette de ne pas savoir d'où est tiré ce texte, mais peu importe. Pour moi, il vient de Gregory Peck et cela me convient. Le fax et ça témoignent de son esprit. Il n'en manquait nullement. Il semble impossible à un homme de posséder tous ces dons, mais la simplicité, l'humilité, l'intégrité, l'honneur, le cœur et l'âme, Greg avait tout cela. Il défiait les dieux, les défaitistes, ceux qui dénigraient les acteurs. Certes, quand un ami disparaît, on a tendance à chanter ses louanges et à le parer peut-être de plus de qualités qu'il n'en avait. Ce n'est certainement pas le cas avec Greg. Au contraire, on ne saurait en dire assez. Ce n'était pas un saint, mais un homme avec des dons extraordinaires. Bien sûr, c'était un beau brun au charme ténébreux, mais en outre, il était éblouissant. Il était intelligent, n'avait pas peur de faire preuve d'affection et, pour couronner le tout, il avait de l'humour. N'ayant jamais été comblée de louanges dans ma carrière au cinéma, le fait que Greg aimait me voir comptait énormément pour moi. Quand je devais le voir ainsi que Véronique, cela me remontait le moral. Ce fut une chance inouïe pour moi d'avoir Greg Peck pour ami, cet homme en qui j'avais une confiance totale.

Quand je repense à *La Femme modèle*, ce rôle marque le point de départ d'une amitié de près de cinquante ans. Nous n'avons jamais perdu contact. Même au cours de mes huit ans de vie commune agitée avec Jason. Si nous avions parfois moins d'échanges, c'était parce que nous travaillions sur des côtes différentes, dans des pays différents, et vivions de part et d'autre des États-Unis. J'ai toujours ressenti, entre Greg, Véronique et moi, une affection sans faille. Peu importait où et quand, Greg était ferme et constant dans ses affections. Nous avons remporté ensemble le prix Rudolf Valentino en or massif, qui couronnait notre contribution au septième art. Nous formions une sorte d'équipe.

Puis, un jour, on m'offrit l'occasion de donner la réplique à Greg dans *Le Portrait*, sur la chaîne câblée de Ted Turner. Je devais jouer la femme de ce merveilleux professeur – Cecilia, l'adorable fille de Greg, jouant le rôle de notre fille dans la pièce. Dans l'histoire, Greg et moi étions proches comme les pages d'un livre, de sorte que notre fille se sentait exclue. Nous voilà donc en Caroline du Nord, Véronique, Greg, Cecilia et moi, vivant et nous comportant comme une grande famille – Cecilia m'appelant « maman », preuve s'il en fallait de l'affection qui nous unissait. Jamais je ne me suis sentie de trop. J'étais accueillie à bras ouverts dans une famille unie. Grâce à Véronique, on se sentait chez soi même en location. Bien que Greg eût dix ans de plus que moi, nous étions en parfait accord. Nous aimions tourner ensemble. À l'écran, nous formions un couple, les scènes et l'action venaient facilement. Nous étions à l'aise, je me sentais en sécurité avec lui.

Pendant *Le Portrait*, il y eut une grande occasion – pour l'anniversaire de Greg, ou celui de Véronique, ou leur anniversaire de mariage, bref, il y avait une fête et Véronique s'était arrangée, avec toujours autant de soin et d'attention, pour faire venir sa cuisinière Carmen pour préparer un dîner mexicain. Je ne saurais jamais comment elle s'y est prise, mais tout fut cuisiné, emballé et expédié en Caroline du Nord. Un festin, et c'est une de mes cuisines préférées. Il y avait un grand vin, et on porta des toasts simples et affectueux. C'était une célébration familiale et j'étais invitée. Ils étaient merveilleux. Nous avons continué de nous revoir durant toutes ces années, jusqu'à la fin de sa vie. À part voir mes enfants, un voyage en Californie était incomplet sans au moins un dîner chez les Peck. Un grand moment pour moi.

Je donne des conférences de temps à autre, et les lieux changent avec le temps. J'aime modifier mes propos selon le public et l'endroit. Comme Greg avec commencé ses « Soirées avec Gregory Peck », je lui demandai quelle présentation il avait adoptée. Il m'en donna une idée générale et me demanda si je voulais en voir une. Oui, bien sûr. Quand je rentrai chez moi, une vidéo d'une soirée avec Greg m'attendait. Elle fourmillait d'anecdotes, d'histoires irlandaises, sur sa vie d'acteur, le tout plein de chaleur et de rire. Je fus frappée par sa façon de répondre à une des questions : quelqu'un lui demandait quel souvenir il aimerait qu'on garde de lui. Après réflexion, il répondit qu'il désirait surtout qu'on garde l'image d'un bon époux, d'un bon père et d'un bon grand-père. J'en fus très émue.

Cela montre à quel point il était tourné ves sa famille, combien il tenait à sa femme, à ses enfants et ses petits-enfants, à son foyer, la fierté qu'il en tirait. Et je pense à tout ce que j'ai raté. Ayant vécu seule pendant tant d'années, je n'ai jamais eu une vie de famille accomplie. Mes enfants et mes petits-enfants sont ma famille, mais nous n'habitons pas dans la même ville, de sorte que nous ne passons pas beaucoup de temps ensemble. Et je travaille si souvent que le travail même devient provisoirement ma famille. J'adore mes enfants et mes petits-enfants, mais chacun a ses propres centres d'intérêt et ses priorités. De sorte que nous faisons ce que nous pouvons quand nous le pouvons.

Moins de deux semaines après la mort de Greg, George Axelrod, un autre ami de cinquante ans, disparut à son tour. Bien sûr, c'était sa pièce, *Au revoir Charlie*, qui m'avait ramenée à Broadway et avait permis à mon rêve d'enfant de se réaliser. C'était un homme de grande classe avec des idées originales et très intelligent. « Le succès, c'est mon business, Baby, » me disait-il, et c'était vrai, jusqu'à *Au revoir Charlie*, qui, malheureusement, ne reçut pas un accueil favorable. Moi si, mais pas la pièce, même si nous avons joué à guichets fermés pendant trois mois. George ne supporta pas cette rebuffade. Il sentit qu'on avait cessé de le considérer comme l'enfant prodige. Aussi quand Hollywood lui fit signe, il quitta New York et alla s'installer à Los Angeles. Il travailla avec Billy Wilder, Josh Logan et John Frankenheimer. *Sept ans de réflexion* qui fit un triomphe sur scène, fut adapté à l'écran avant d'être suivi d'un tas d'autres. C'était un homme adorable, vulnérable et même hypersensible. Après *Un crime dans la tête,* un classique qui deviendra un film-culte, il écrivit et dirigea quelques autres films, bien reçus mais sans commune mesure avec le succès d'*Un crime dans la tête*. Il ne se sentait pas apprécié à sa juste valeur, et nous avions tous cette impression. C'est ainsi, dans le monde du cinéma. Vous commencez par être la révélation du jour puis vous dégringolez jusqu'à l'oubli, pour ne pas dire le rejet. Si vous avez plus de vingt-cinq ans et ne rapportez pas des paquets de dollars, on vous tient pour quantité négligeable. L'image n'est pas très jolie, mais elle est assez exacte. C'est arrivé à George comme à moi-même et à d'innombrables autres.

Bref, quand il partit pour Londres avec Joan, ils furent accueillis à bras ouverts. On respectait son talent. Il mena en Angleterre une vie agréable pendant des années. Cependant, au bout d'un certain temps, comme cela se produit souvent, il finit par se sentir étranger, pas à sa place, et le travail se fit plus rare. George était un écrivain, et un bon. Il avait besoin d'écrire. Aussi, comme Joan avait un sens magique de la vie, ils retournèrent en Californie et s'y établirent avec bonheur. Ils y restèrent jusqu'à la fin. Le départ de George fut une des raisons pour lesquelles je retournai vivre en Amérique. Et, durant cinquante ans, nous sommes restés de grands amis. Ainsi, à nouveau, un pan de ma vie se déchirait. Vieillir, même si c'est inévitable, laisse beaucoup à désirer.

Katharine Hepburn partit huit jours plus tard, et sa mort me porta un dernier coup en cette année 2003. Ce n'était pas une surprise – elle avait quatre-vingt-seize ans et sa vie n'était plus ce qu'elle aurait voulu. Mais elle était là, et je ne pouvais concevoir de vivre sans elle. Elle était Miss Hepburn, Tante Kat, Katie, Kate, Kathy (pour Spencer Tracy) Elle était tout cela selon les rapports que vous aviez avec elle. Et elle était aussi Katharine.

C'était un être droit, exigeant, pur et purement exigeant, ouvert, réservé, simple avec cérémonie, fier, intimidant, exaspérant, drôle, touchant. C'était une travailleuse, une lève-tôt avant toute chose, aimante, sentimentale, qui adorait la beauté, la nature. On pouvait toujours compter sur elle, elle ne vous laissait jamais tomber. Elle était surtout et merveilleusement unique. Pour tous ceux qui l'ont approché, à qui elle a donné à tous les niveaux, en public et en privé, elle a amélioré leur vie.

Elle reçut plus d'hommages que quiconque à la télévision, dans les journaux, les revues qui lui consacrèrent de multiples numéros. Cela continua pendant des mois après son décès. En tant que femme, elle avait eu une grande influence sur celles qui ne l'avaient pas connue. Elle était indépendante. Elle avait choisi son mode de vie sans faire de mal à quiconque, et sans solliciter d'approbation. Elle m'a laissé tant d'images d'elle en tant de lieux différents à des moments différents. Sans le vouloir, elle m'a fait concevoir des modes de vie et de comportement qui étaient nouveaux pour moi. Aussi, bien qu'elle ait laissé un grand vide dans ma vie, il me reste le souvenir de ce passé. Elle pouvait faire énormément de choses, elle s'appliquait. Combien de fois a-t-elle cuisiné des repas étonnants quand je passais la soirée avec Spencer et elle ?

Elle peignait. Elle nous croqua, Bogie et moi, fit une aquarelle d'un autoportrait, laquelle m'arriva le lendemain du jour où je reçus le Tony pour mon interprétation dans *Applause* – alors qu'elle concourait avec *Coco*. Quand je relis les éloges qu'elle fit de moi il y a plus de trente ans, je suis pleine de nostalgie, d'amour pour cette femme étonnante et sidérée par ses propos flatteurs. Pour le meilleur ou le pire, voici ce qu'elle écrivit :

Mon amie très chère
MÉRITÉ, JUSTIFIÉ.
Avec cette pure simplicité,
cette modestie spontanée et
ce courage puéril
le tout dans un cadre de splendeur léonine
vous vous êtes LEVÉE, vous avez CONQUIS
et nul ne saurait être plus heureux que moi,
Votre amie toute barbouillée [allusion au bord de la feuille]
Tatie Kate
À L'OCCASION DES TONY AWARDS
19 avril 1970

Je rougis quand je le lus la première fois. Je rougis en l'écrivant aujourd'hui. C'était tellement flatteur et adorable ! Penser qu'elle avait une aussi haute idée de moi ! Elle n'aurait pu le dire, pas plus que moi, mais elle a pu l'écrire, comme moi. Je me souviens de moi, à quinze ans, assise au balcon pour voir *Indiscrétions,* figée d'admiration avant de la rencontrer, d'apprendre à la connaître lors du tournage d'*African Queen* au fin fond du Congo belge et près des chutes Victoria. J'ai vu des aspects de sa personnalité que peu de gens ont vus. J'ai été reçue en amie malgré notre différence d'âge, notre relation se trouvant renforcée par la maladie et la mort de Bogie. Puis, dans les années qui suivirent, nous avons voyagé ensemble pour le travail et le plaisir jusqu'à la mort de Spencer. Avoir pu parler de nos vies de façon personnelle, son arrivée dans mon appartement avec un petit bouquet à la main quelques heures après mon retour de la maternité avec mon nouveau-né, Sam, la première de mes amis à poser les yeux sur lui. Sa marraine. C'était tout Kate. Comment s'étonner que je l'adorais et que pour moi, dix minutes avec elle valaient vingt-quatre heures avec quelqu'un d'autre ? Sentimentale malgré elle. Quand j'étais éreintée au Bel Air Hotel avec Sam âgé de deux ans et Jason se prenant pour Hughie, le personnage d'Eugene O'Neill, et disparaissant, ce fut Kate qui me secoua en me disant : « Il faut que tu t'arrêtes. Tu as oublié à quoi ressembles un arbre, le ciel. Tu dois venir dans la maison du bord de mer que je loue à Trancas et respirer l'air de l'océan. » Ce que je fis. Et je m'y plus tellement que, par la suite, je louai la maison pendant plusieurs années, avec ou sans Jason.

Des années de plateaux-repas à Turtle Bay, cuisinés par la dévouée Nora. Katie ne sortait jamais, elle mangeait toujours chez elle, qu'elle jouât ou non. Le dîner était à 18 heures et vous étiez censé être ponctuel. Je l'étais. C'était une lève-tôt, j'étais une couche-tard. Sauf quand elle tournait, bien sûr, elle se réveillait à 6 heures du matin en pleine forme. J'ai toujours adapté mon rythme à celui de Kate. Si vous vouliez passer du temps avec elle, c'était la règle. À 8 h 30 vous étiez dehors et elle montait l'escalier conduisant à sa chambre. C'était un personnage, mais un personnage fascinant. Je me souviens de l'avoir vue à Paris avec Spencer et les Garson Kanin. Elle portait une robe. Spencer n'acceptait de sortir avec elle qu'à cette condition. Elle portait l'une des deux robes qu'elle devait posséder et elle était éblouissante, débordante de joie. Les années passant, au fil des bons et des mauvais moments, jusqu'à la fin, Kate conserva son aura.

Elle était gâtée, je suppose. Gâtée au sens où elle pouvait imposer les règles qu'elle s'était données et quiconque pénétrant dans son univers devait s'y soumettre. Concernant les invitations à dîner, Kate établissait le menu. Posséder une merveilleuse cuisinière comme Nora était d'un grand secours. Je ne m'inquiétais jamais pour le repas. Je savais que Katie était plus amateur de viande et pommes de terre que de poisson. C'était épatant pour moi. Nora gravissait les marches en portant les plateaux ornés d'agneau impeccablement cuit, de pommes de terre rôties, de panais (que Kate adorait et qu'en fin de compte, je n'ai jamais mangés que chez elle). Les haricots verts étaient souvent au menu, de même que les betteraves, les haricots de Lima, une salade verte et le dessert favori de Katie : glace au chocolat et café surmontée par ses brownies préférés et des gaufrettes de Nora. J'ai encore la recette des brownies. Et je ne la donnerai pas.

Ces dîners rappelaient ceux que Katie préparait pour Spencer. Elle avait peut-être toujours su cuisiner, mais pour lui, elle avait appris à faire preuve d'imagination. Et, quand je dînais chez eux, c'était toujours elle qui servait, avec soin et précision. Son unique but était de lui plaire, et elle y parvenait immanquablement. La principale différence dans les soirées avec Kate après la mort de Spencer, ce fut que nous prenions toujours un verre avant le dîner. Katie prenait un scotch whisky et moi, une vodka ou un Jack Daniel's. Auparavant, je l'avais rarement vue boire, seulement de temps à autre en Afrique pendant le tournage d'*African Queen*, et encore. Elle savait que Bogie et John Huston aimaient boire. Elle ne voulait pas les y pousser, mais il lui arrivait parfois de leur tenir compagnie.

Kate avait un côté imprévisible. Quand je regarde en arrière, je m'en rends compte. J'étais dans le secret de Kate, la femme. Sans être véhémente, elle avait des opinions arrêtées, mais était toujours disposée à écouter John et Bogie. Sachant, bien sûr, qu'ils l'adoraient. Je la revois, assise par terre pour servir du café à Spencer, l'écoutant, non, suspendue à ses lèvres, levant les yeux vers lui avec une adoration totale. C'était une femme amoureuse, aveuglément, éperdument. De son côté, Spencer était toujours charmant avec elle, affectueux, sans se montrer très démonstratif. Mais il n'y avait aucun doute dans mon esprit ni dans celui des autres quand on les voyait ensemble : ils étaient totalement attachés l'un à l'autre, formant un couple équilibré et inséparable. J'ai passé beaucoup de temps avec eux après la disparition de Bogie. Avec eux, Dieu sait pourquoi, j'avais l'impression que Bogie faisait le quatrième. Il surgissait toujours à un moment donné de la conversation. Katie et Spencer avaient cette qualité rare, c'était deux acteurs qui se sentaient authentiquement proches l'un de l'autre, avec respect et amour. Plus le rire.

Jusqu'au jour où elle tira sa révérence, je n'ai jamais pensé à Kate sans y associer Spencer et Bogie. Après tout, notre amitié avait vraiment commencé et s'était fortifiée pendant le tournage d'*African Queen* en 1951. Penser qu'elle avait duré plus de cinquante ans était une sorte de record. Et cela créait un lien particulier entre nous, moi sans Bogie, puis elle sans Spencer. Ces années de souvenirs entre nous quatre, puis nous trois, et enfin, nous deux. Et aujourd'hui, rien qu'une.

Depuis ma première rencontre avec Kate où j'étais pleine d'appréhension devant les multiples facettes de son personnage, une seule fois elle se montra désagréable avec moi. Et même là, ce ne fut pas vraiment sa faute. Quelques années avant sa mort, elle me dit un jour : « Je veux plus dépenser d'argent. » Et une autre fois : « Ne me pose pas de questions. Je ne me souviens de rien. » C'était sans doute un signe avant-coureur de la maladie qui allait la transformer. La réflexion désagréable survint un soir où nous dînions chez elle, à Turtle Bay. Comme d'habitude, juste nous deux. Nora avait préparé un délicieux repas. La conversation ne coulait pas facilement. Je parlais de mes activités, de celles de Sam, c'était assez à sens unique. Un silence suivit, puis elle leva les yeux et dit : « Qu'est-ce que tu me veux ? » et de nouveau, un profond soupir agacé. Cela me rendit nerveuse, j'étais perdue. Après avoir dit : « Je ne veux rien, Kate », ce qui sonna faux, car elle me fixait toujours, je me sentis mal à l'aise. Au bout d'un moment, j'ajoutai : « Il faut que j'y aille. Merci pour le délicieux repas. Je reviendrai bientôt. » Puis j'allai dans la cuisine, où Nora faisait la vaisselle. Je lui dis ce qui s'était passé. « Vous savez, dit Nora, ce n'est pas ce qu'elle voulait dire, Mlle Bacall. » Je répondis que je l'espérais bien, mais que j'étais perdue et très contrariée. En fait, cela annonçait le changement radical qui allait intervenir en Kate.

Peu après, elle partit pour sa maison du Connecticut, où elle allait passer ses dernières années. Je ne suis jamais retournée à Turtle Bay. Je suis allée la voir dans le Connecticut. Mes visites étaient moins fréquentes qu'à New York. Il fallait bien deux heures et demie pour aller chez elle. Aussi, après avoir passé deux heures avec elle plus le trajet de retour, la journée était terminée. J'appelais souvent et allais la voir quand je pouvais. À cette époque, elle n'était plus toujours en mesure de vous reconnaître. J'entrais au salon. Elle était assise dans son fauteuil préféré. Au début, elle m'adressait un regard vide qui changeait tout à coup quand elle se rendait compte qu'elle me connaissait. Quand je lui parlais de Bogie et de l'Afrique, de Spencer, de notre voyage à Paris, de nos amis communs – Olivier, Vivien Leigh, George Cukor, Ethel Barrymore – elle semblait établir un rapport entre moi, eux et elle. Elle ne l'exprimait pas. Nora disait qu'elle savait. « Veux-tu sortir ? » demandais-je. Elle répondait avec force : « Non ! » Elle restait assise dans son fauteuil, perdue dans ses pensées. Je restais assise avec elle. Finalement, quand venait l'heure du départ, je la serrais dans mes bras. Elle disait « Reste » ou autre chose : ne pouvais-je rester plus longtemps, pour le dîner, par exemple ? Je répondais : « La prochaine fois... » C'était triste de la voir dans cet état, même si elle n'avait pas l'air malheureuse, et c'était triste de la quitter. Elle avait quatre-vingt-treize ou quatorze ans et avait eu une vie bien remplie, la vie qu'elle avait choisie. Malgré tout, j'aurais aimé qu'elle ne meure jamais.

La toute dernière fois que je l'ai vue, j'ai marché droit vers elle dans son fauteuil, me suis assise à côté d'elle et l'ai embrassée. Elle a paru me reconnaître un peu. Il y avait deux grands albums photo, un avec une photo de Bogie dans *African Queen*, l'autre de Spencer. Comme je les lui montrais et lui parlais de ces deux hommes qui avaient tant compté pour elle, elle parut miraculeusement comprendre. Cynthia McFadden, la journaliste de télévision qui m'avait conduite dans sa voiture, m'assura que Katie avait fait le rapport. Cynthia et Katie étaient devenues amies des années auparavant. Il me semble que Katie la considérait comme sa fille. Bref, elles étaient proches et Cynthia avait suffisamment vu Kate pour savoir quand elle réagissait ou non. Ce jour-là, comme je m'apprêtais à partir, elle dit : « Reste, s'il te plaît. » Après être restée une demi-heure de plus, je me penchais en avant et l'embrassais plusieurs fois sur les joues après quoi elle me regarda et chuchota : « Merci ». C'était émouvant. Je me demandais ce qu'elle savait. Peu importe. Elle savait quelque chose.

Ils ont été tellement nombreux à peupler les rubriques nécrologiques en 2004, mais il y en a un qui représentait beaucoup pour moi personnellement : Alistair Cooke. Notre amitié datait de 1952 avec Adlai Stevenson. Alistair préparait un reportage sur lui, Bogie et moi apparaissions à côté de lui à l'occasion de meetings et dans des coins perdus. C'était très excitant, on s'amusait beaucoup. Bogie et moi avions sympathisé immédiatement avec Alistair et Jane Cooke. Alistair semblait en savoir un rayon sur un tas de choses, il écrivait des textes pour le *Manchester Guardian* et diffusait à la radio une « Lettre d'Amérique ». Pas un Américain ni un Anglais qui ne fût à l'écoute le dimanche matin pour écouter Alistair se livrer à son exercice hebdomadaire. Il avait pris la nationalité américaine et voyageait à travers le pays, filmant et écrivant un livre sur l'Amérique d'Alistair Cooke. On le voyait énormément à la télévision, intéressant et inventif, bel homme, charmant, séduisant, plein d'esprit et d'une intelligence époustouflante. Nous passâmes des moments merveilleux tous les quatre sur la côte est et la côte ouest. Ces deux êtres comptèrent énormément dans ma vie après la mort de Bogie. Ils savaient vous remonter le moral et vous expliquer des choses qui vous échappent. Et nous nous retrouvions en divers endroits car nous avions beaucoup d'amis communs : moi à Londres quand il s'y trouvait, lui à San Francisco quand je jouais dans *La Femme de l'année* et qu'il faisait une tournée de signatures pour son livre, *Alistair Cooke's America*. Et lui aussi en Californie alors que Bogie était entouré de gens qui lui disaient comment rédiger son testament – une expérience effroyable alors que j'étais dans le déni le plus total. Tant de souvenirs durant toutes ces années, cela vous donne une base solide, fondée sur des échanges, des conversations instructives et pleines d'esprit tandis qu'il jouait sur le piano des musiques de comédies musicales. Il me reste au moins cela après leur départ. Tous ces amis ont enrichi ma vie, m'ont permis de faire une pause, ils m'ont poussée à réfléchir et ils m'ont ouvert les yeux.

En un sens, mes amis étaient ma famille. J'ai eu une chance inouïe d'avoir un tel éventail d'amis, tous différents, talentueux, intelligents, compliqués, spirituels. Et j'ai de la chance qu'il m'en reste toujours pour rire avec moi.

Travailler restait pour moi un besoin et une priorité. Sans crier gare, un scénario arriva avec une proposition pour un film intitulé *The Birth* qui devait se tourner entièrement à New York. Youpi ! Je vais pouvoir dormir dans mon lit ! Pas de valises à faire et à défaire, d'adieux déchirants à Sophie. Que demander de plus ? Le metteur en scène devait être Jonathan Glazer, qui avait sorti en premier un film merveilleux intitulé *Sexy Beast*. Et, comme si cela n'était pas suffisant, Nicole Kidman devait y tenir le premier rôle et je devais jouer celui de sa mère. J'étais au septième ciel. Non seulement parce que j'adore Nicole et admire son talent, mais aussi parce que c'était un très bon rôle dans un scénario formidable, original, écrit par Jonathan. Me voilà donc embarquée dans une nouvelle aventure, le deuxième film d'un réalisateur anglais. Et, à une époque où les rôles pour les femmes d'un certain âge ne sont pas légion, c'était une chance inouïe d'être demandée par un jeune homme plein de talent.

C'était un rôle épatant. Je me dis : mon Dieu, à ce moment de ma vie et de ma carrière, jouer dans un film pareil, avec un metteur en scène important, dans un film indépendant à petit budget bien sûr, mais c'est ainsi que les choses se passent dans le monde du cinéma de nos jours. Quand ce n'est pas un film de studio, les salaires sont modestes, et le mot est faible. Toutefois, je préfère travailler avec des gens nouveaux qui ont du talent que figurer dans de grosses productions médiocres qui vous paient grassement comme c'est souvent le cas à Los Angeles. Je n'ai rien contre un bon salaire, remarquez. J'adorerais être bien payée pour tourner dans un bon film de studio. C'est toujours mieux de pouvoir payer son loyer. Malheureusement, je n'ai pas été choisie par Steven Spielberg, Martin Scorsese ou Woody Allen pour figurer dans un de leurs films. J'ai tenté un jour de convaincre Martin Scorsese que je serais parfaite comme membre de la mafia. Pourquoi faut-il toujours que ce soit des hommes ? Il a souri gentiment : « Ouais, super ! » C'est un metteur en scène formidable, mais je sais que cela n'arrivera jamais.

Je ne savais pas à quoi ressemblait Jonathan. Il m'appela de Londres pour fixer un rendez-vous à dîner dès son arrivée. On ne devrait jamais se faire d'idées préconçues, elles sont presque toujours fausses. Premièrement, il est jeune – la quarantaine – deuxièmement, séduisant, troisièmement, il est intelligent. Il sait exactement ce qu'il veut. Pas de grands airs. Nous avons eu un dîner merveilleux dans un de mes restaurants préférés. À peine débarqué de Londres, il n'a cessé de s'excuser pour sa mise, jeans et chemise. (On a vu régulièrement les jeans, d'ailleurs, pendant le tournage.) Il me parla de sa vie. Mise à part la fatigue due au voyage et au décalage horaire, tout se passa bien. Nous parlâmes du film, il expliqua clairement son idée et me dit qui figurait dans la distribution – le plus important étant Danny, le fils de John Huston, qui m'avait dirigée en 1988 dans un film intitulé *Mr. North*. Depuis lors, il était devenu acteur et un acteur génial. Preuve s'il en fallait que nos vies forment un tout et que nous sommes tous liés, comme John Guare déclarait dans sa pièce. Danny devait donner la réplique à Nicole. Et Zoe Caldwell devait tenir le rôle de ma meilleure amie. Que demander de plus ? J'étais ravie de jouer avec Zoe et Danny, lequel faisait un peu partie de ma famille. J'étais folle de joie et je trépignais d'impatience.

En un sens, *The Birth* fut une expérience diamétralement opposée à celle de *Dogville*. Pas de déplacements, par exemple. Je pus rester chez moi durant tout le film. Cela n'arrive pas souvent. On venait me prendre chaque matin à 6 heures – 6 h 30 environ pour me conduire au studio dans le Queens – là d'où vient Silvercup, le fameux pain blanc qu'on trouvait dans tous les supermarchés de mon enfance. À l'arrivée, j'étais accueillie par le régisseur et par Michael O'Connor, un assistant qui m'était réservé et qui était formidable. Puis on me conduisait dans ma loge, qui était située à côté de la salle de tournage, ce qui me rappelait le système des studios de mes jeunes années. De la sorte, la journée commençait de façon beaucoup plus confortable, tous les acteurs se trouvant tous les jours dans le même bâtiment, enregistrant dans le même studio, recevant le même café dans les mêmes gobelets en carton, puis retrouvant le même décor où le metteur en scène, les techniciens et le cameraman étaient prêts à se mettre au travail. En fin de compte, ce système crée une impression d'intimité. Encore que, dans le cas de *Birth*, comme la plupart des comédiens faisaient partie d'une même famille, le sentiment d'intimité fût presque inné.

Mon rôle dans *Birth* m'a offert plus d'espace, sur le plan émotionnel et psychique, que je n'en ai eu dans *Dogville*. Étant liée à Nicole par une immense affection, ce sentiment réciproque apporta une dimension supplémentaire à nos scènes communes. Mais ne sachant pas comment Jonathan a monté le film, quelles scènes il a conservées ou supprimées et n'ayant pas vu les rushes, je ne puis être sûre du résultat. Enfin, l'impression était formidable et j'espère que cela se sent. Ce qui compte, c'est de tourner. C'est vraiment ce que j'aime. Je ne vais pas voir les rushes pendant le tournage. J'ai appris très tôt dans ma carrière que je n'aimais pas me voir à l'écran. Je suis excessivement critique et je ne vois chez moi que les points négatifs, les maladresses, les mauvaises poses. Cela dit, je ne réfléchis pas consciemment à mon apparence quand je joue, la vanité ne faisant pas partie de mes plus gros défauts. Je n'ai jamais passé beaucoup de temps à me regarder dans la glace, n'ai jamais été séduite par mon visage, qui est évidemment plusieurs fois grossi à l'écran. Vraiment, c'est le travail d'acteur qui passe en premier, qui m'apporte mes premières satisfactions, l'impression d'exercer tout ce que j'ai appris depuis le début. Des années d'étude, de pratique, des années à me souvenir du premier enseignement de Bogie sur la nécessité de réfléchir et de se concentrer. De se préparer. Comme sa carrière avait commencé au théâtre, sa formation de comédien lui permettait d'entrer automatiquement dans la peau du personnage qu'il interprétait, sur scène comme à l'écran. Les nécessités sont fondamentalement identiques, même si la manière et le résultat ne le sont pas toujours.

Jouer avec Nicole, et non seulement figurer dans le même film qu'elle comme dans *Dogville*, fut une expérience très particulière. C'est une actrice merveilleuse, absorbée par son rôle et généreuse envers moi quand nous tournions ensemble. Notre amitié se cimenta durant cette période au point que nous nous sentions presque de la même famille. Le film est compliqué mais captivant, et j'étais heureuse d'en être. C'est difficile à décrire, mais découvrir, après avoir travaillé dans le cinéma pendant près de soixante ans (à peine croyable, même pour moi), que certains (un ou deux peut-être) ont encore envie de moi dans leurs films, est extrêmement gratifiant. Comme c'est le travail qui me pousse, qui donne un sens et un but à ma vie malgré les années qui s'accumulent, cela continue de me stimuler et l'idée qu'il existe de nouvelles possibilités m'apporte le coup de pouce nécessaire pour me lever le matin.

Pour *Birth*, chaque matin, j'attendais avec impatience de reprendre le travail. Jonathan fourmillait d'idées au point qu'en arrivant sur le plateau je savais qu'il y aurait une ou deux surprises en perspective. Même si je n'étais pas toujours d'accord avec certaines de ses modifications, il avait son idée et il savait ce qu'il voulait. Cependant, il ne manquait jamais de répondre à mes questions et écoutait mes doutes (raisonnables, me semblait-il). Je ne me suis pas ennuyée une minute. Sa façon de procéder était nouvelle pour moi en tant qu'actrice, de sorte que j'avançais sur la pointe des pieds, toujours sur le qui-vive. Cela, ajouté au fait que nos journées faisaient souvent quatorze à seize heures, rendait indispensable la sieste après le déjeuner. C'est surprenant le bien que peuvent vous procurer vingt minutes de repos. Bien que je ne la pratique pas quotidiennement, je recommande fortement la méthode.

Peu importe le résultat, ce fut une heureuse expérience pour moi – et pour Sophie, qui adora le tournage, depuis le départ matinal en voiture jusqu'à l'arrivée dans les studios de Silvercup. Elle trottinait dans le couloir, faisant une pause pour dire bonjour à la costumière et à la maquilleuse avant de s'arrêter net à la porte de ma loge. Elle était chez elle. Elle laisse sa marque partout où elle passe. Je m'émerveille sans cesse de son comportement en me demandant ce qui se passe dans sa petite cervelle.

Au fil des années, j'ai compris que l'inactivité ne me seyait pas. J'ai besoin d'avoir un objectif, que ce soit aller à la banque, au marché, à la gym, peu importe, il me faut un but. C'est dans mon inconscient, depuis toujours. Cela tient au fait d'habiter dans une ville qui bouillonne d'activité. C'est un des principaux atouts de New York. Quand j'y réfléchis sincèrement après avoir vécu une soixantaine d'années dans cette ville, cela semble être la réponse. « Je vais m'en tirer, » comme on dit. J'ai toujours adoré cette ville. On pourrait dire qu'elle coule dans mon sang à travers toute ma famille, nous en faisons partie intégrante. Même durant les quinze ans où j'ai aimé Bogie et vécu avec lui en Californie, je désirais posséder un pied-à-terre à New York, où nous avions tant d'amis, où j'avais ma famille et où il y avait la vie – les théâtres, les restaurants, les night-clubs, les cafés, une diversité infinie. C'est une ville pour flâner, jour et nuit.

Quand j'étais adolescente, j'adorais faire du lèche-vitrine, rêver devant les magasins remplis de vêtements ravissants que je ne pouvais m'offrir. Des années plus tard, je continuais à faire du lèche-vitrine sur Madison Avenue, Broadway, de nombreuses rues de l'East et du West Side, mais cette fois, je pouvais entrer dans les boutiques pour m'acheter ce qui me faisait envie. Avant et après, New York restait une ville survoltée remplie de rêves qui pouvaient se réaliser. Tant de choses étaient possibles que vous soyiez riches, pauvres ou entre les deux. J'étais entre les deux. Mais cela ne m'a jamais empêchée de rêver. Même si la ville a beaucoup changé, j'espère qu'il y a encore des gens qui espèrent en l'avenir, qui sentent battre le pouls de la ville. En un sens, il est toujours là, mais il faut le chercher.

En 2003, alors que pour la première fois depuis quinze ans, je n'avais pas vu Paris de l'année sauf dans les tout derniers jours, je marchais dans les rues de New York avec ma Sophie et je me rendis compte à quel point la ville de mon enfance et de mes rêves d'enfant avait changé. De façon radicale. C'était toujours une ville épatante pour ce qu'elle pouvait apporter sur le plan de l'éducation, de l'histoire, des divertissements et de la diversité de ses quartiers, mais les rues étaient devenues la propriété d'énormes camions et de bus (presque vides) roulant à deux ou trois de front. Des vélos vous esquivaient sur les trottoirs (au mépris de la loi) sans que, le plus souvent, on puisse les voir ou les entendre, des passages pour piétons à moitié encombrés par les voitures, les taxis et les vans qui s'arrêtent dessus. En fin de compte, c'est devenu infernal de marcher dans cette ville. Il semble presque impossible de traverser la rue sans être renversé ou bousculé par une voiture ou un taxi.

Malgré tout, je reste. Si j'avais dix ans de moins, je déménagerais sans doute. Mais j'ai vécu au même endroit pendant plus de quarante ans, c'est mon foyer. Mes racines sont ici, j'y ai beaucoup d'amis, le théâtre est ici. Même quand je suis dans ma cuisine et que je regarde la multitude des tasses et des soucoupes, je sais que je ne pourrai jamais déménager. Je déplore le fait qu'on n'ait plus de savoir-vivre. Est-ce l'époque qui veut ça ? Les téléphones portables, le vacarme assourdissant de la rue, des voitures – un véritable tir de mine –, les gens qui marchent vers vous sans vous voir, sans vous céder le chemin, qui vous bousculent sans vous laisser sortir de l'ascenseur. Cela ne fait qu'empirer chaque année. Si c'est de la colère, pourquoi à ce point ? Il n'y a plus autant de sourires. Où est passé l'humour, y en a-t-il jamais eu ? Était-ce moi qui le voyais là où il n'était pas ?

Heureusement, certains des hauts lieux d'autrefois existent toujours. Rien ne saurait surpasser Zabar's, l'épicerie fine new-yorkaise de mon enfance où je fais mes provisions aujourd'hui encore, j'adore y aller et choisir mon fromage frais aux échalotes, mon saumon fumé. Ils ont un choix extraordinaire de spécialités, salade de chou cru, d'œufs durs, du hareng, du foie de poulet haché, de la charcuterie et ainsi de suite. Jamais je ne suis déçue. Et ce qui existe aussi à New

York et qu'il est plus difficile de se procurer à Los Angeles ou ailleurs, ce sont des traiteurs qui proposent des plats frais et délicieux. Comme je vis seule, je ne cuisine pas souvent. J'adore aller chez William Poll, par exemple, avec leurs plats du jour et leurs diverses soupes, leurs sauces, leurs chips, le tout fait maison et livré à domicile. Sans oublier les marchés, les petits et les grands. Tout cela me manque quand je m'absente trop longtemps. Donc, en fin de compte, je suis coincée. Le bruit, la circulation, tous les autres obstacles ne disparaîtront pas, mais je me sens en sûreté dans mon superbe appartement qui surplombe Central Park au milieu de mes affaires, soixante ans de ma vie autour de moi. Rien n'est parfait, mais j'ai mes amis, mon papillon, mes livres, ma musique... j'ai de la chance. Un coup de fil aux enfants, et du travail qui m'attend encore.

Quand je contemple Central Park par ma fenêtre sous le soleil de cette fin d'après-midi, je vois les arbres de toutes tailles couverts de feuilles (une telle diversité de tons) cernés par de hauts immeubles, trop hauts, le ciment arrêtant la lumière.

Aux États-Unis, le but ultime est la réussite, ce qui va de pair, bien sûr, avec le fait de gagner de l'argent, lequel vous permettra de vous offrir la plus grosse maison du quartier, la voiture la plus chère, l'accès à l'Amérique des entreprises, les rendez-vous de golf, les jets privés et que sais-je encore. Malheureusement, la qualité n'est pas une priorité, parce qu'avec l'accent mis sur la matérialité, la créativité et l'imagination sont rejetés au bas de l'échelle. J'ai peine à croire que ce pays, pour lequel ce qui comptait jadis, c'était l'idéal, les gens, la terre, l'enrichissement de l'esprit, l'accomplissement de soi parce qu'on aimait ce qu'on faisait – que ce pays est devenu l'Amérique des entreprises, une histoire d'argent, de pouvoir d'achat, d'avidité. C'est froid, c'est lamentable, c'est mort.

Je sais ce que vous pensez. Certes, c'est l'argent qui m'a permis d'acheter mon appartement, mais j'ai gagné cet argent par des années de travail, de dur labeur, en faisant ce que j'aime, et pas pour le seul plaisir de posséder. J'aime l'argent comme tout le monde, surtout parce qu'il me donne mon indépendance et, tant que je travaille, je peux rester chez moi et aller où bon me semble. J'adore l'Amérique de Franklin Roosevelt, de John et Robert Kennedy, j'ai grandi avec ça, j'en étais fière. Mais je n'aime pas notre gouvernement actuel. Aujourd'hui, il ne s'agit plus de gens, d'idéaux ou d'idées, il s'agit de P-DG, des copains de Bush, du Texas, des secrets du pétrole, du lobby des armes, des sociétés anti-immigration, le tout emballé dans le drapeau américain pour en faire un pays bien aryen (ça ne vous rappelle pas quelque chose ?), un pays chrétien. Pourquoi les gens ne voient-ils pas que ce pays a été bâti par des immigrants ? C'était un des points forts des États-Unis : quiconque pouvait venir ici de n'importe où dans le monde, s'établir et prospérer dans la liberté. Nous sommes tous des immigrants. Je suis une immigrante, ma mère est née en Roumanie. La gloire s'est éteinte et, ce qui est pire, l'esprit, le rire aussi.

Tant que j'y suis, voici un autre exemple de situations dysfonctionnelles. Pendant que j'écrivais ce passage, les lumières se sont éteintes. J'ai cru d'abord que c'était un fusible, avant de me rendre compte que tout mon appartement était plongé dans le noir, puis qu'il n'y avait plus de lumière nulle part. Je décrochai le téléphone pour voir s'il y avait une panne dans l'immeuble. Pas de tonalité. J'essayai d'appeler mes enfants sur mon portable, impossible. Tout New York en faisait autant. C'était le black-out total. C'était impressionnant de regarder Central Park et de ne voir que l'ombre noire des immeubles de différentes tailles sans une lumière. Sur Central Park West, on ne voyait pas un réverbère, pas un feu, pas même une torche. De temps à autre, une voiture de patrouille passait, tous feux allumés et le gyrophare rouge et bleu tourbillonnant sur le toit. Il y avait des gens, restés en rade pour la plupart et qui espéraient qu'un bus allait venir. Il s'en présenta un, inondé de lumières au-dedans et au-dehors, formant une image éblouissante dans la nuit noire. Heureusement, j'avais des lampes de poche et des bougies, dont l'emploi fut moins romantique qu'il ne l'était d'ordinaire.

Ce qui m'a rendu le plus malheureuse, ce fut l'incapacité de joindre quiconque et en particulier mes enfants, mais aussi mes amis. Je ne pouvais appeler aucune ville ni aucun État. Que se passerait-il si quelqu'un avait une urgence ? Tant pis. La radio, sur laquelle je réussis à capter CBS et ABC, répétait : composez le 911 si vous avez besoin d'aide. Mais quand le téléphone ne marche pas, on fait quoi ? À quoi pensaient-ils ? Le maire prodiguait des conseils – « restez chez vous » – ce qui tombait mal si vous étiez justement dans le métro. Les écervelés assuraient que ce n'était pas un acte terroriste – quelle idée ! Quelqu'un l'avait-il cru ? – que des gens traversaient à pied Brooklyn Bridge, que tout était éteint à Times Square, les théâtres plongés dans l'ombre. Ils continuaient de répéter les mêmes informations à l'infini. Puis le président, de Crawford, Texas, ou d'une collecte de fond en Californie, fit un discours guindé sur la sécurité du pays, affirmant qu'il allait tirer au clair le problème du réseau national, etc. Pas franchement rassurant et pas une once d'humour ou d'humanité. Encore une fois : où est passé l'humour ?

En voiture, la circulation est surencombrée, pare-choc contre pare-choc. Dans le lointain, une sirène hurle. Quand elle devient plus forte, je vois qu'il y a une ambulance prise dans les bouchons, incapable d'avancer. Que faire ? Si vous êtes le malheureux qui avait besoin de l'ambulance, vous êtes fichu. C'est la vie en ville, comme dit mon fils Sam.

J'ai l'air sombre et je m'en excuse. C'est peut-être un mauvais jour. C'est ce que je me dis avant de mettre le pied dans la rue. Le temps est magnifique, il y a encore des feuilles aux arbres, aucun signe d'Isabel (un ouragan au nom très féminin) et pourtant, « on » (les médias) dit qu'elle arrive. C'est la nature qui nous garde en éveil. Et c'est la nature finalement qui permet de supporter le reste, les mauvais côtés. Je déteste critiquer la ville où j'ai vécu presque toute ma vie, mais, quand on y habite, il est difficile de ne pas enrager. Si je pouvais la retrouver telle qu'elle était, je le ferais immédiatement. Les détritus dans les rues ne peuvent être un signe de progrès. Je continue d'apprécier et de savourer les moments de tranquillité, le matin de bonne heure, le crépuscule. Pour ma part, outre le travail et les amis, je pense que ce sont les souvenirs qui me font rester. Bien que je ne sois pas quelqu'un qui ressasse le passé ou se complaît à voir les mauvais côtés, les images de mon enfance me reviennent à l'esprit et ma mère est toujours avec moi. Il suffit que je traverse telle ou telle rue, ou au détour d'une conversation.

J'aime toujours voyager en Europe. Encore qu'avec les problèmes de sécurité et la forte antipathie à l'égard des Américains, voyager soit devenu plus difficile. Alors que durant la plus grande partie de ma vie, un passeport américain était la valeur la plus sûre dans le monde, plus sûre qu'un diamant Tiffany, aujourd'hui c'est le passeport européen qui a pris sa place en termes de popularité. Il m'est pénible de voir que les rôles se sont renversés aux dépens de mon pays natal. Nous voici au milieu de 2004, le monde est sens dessus dessous et cela, à mon avis, en grande partie à cause de l'administration Bush. Les Américains sont devenus le peuple le plus haï de la terre, nous ne pouvons plus visiter aucun pays. Je ne comprends pas que nous ayons pu déclarer la guerre à l'Irak ou à quelque autre pays sans avoir été attaqués. Pendant que j'écris, les élections de novembre se profilent à l'horizon. Il y a donc quelque espoir de voir disparaître l'administration actuelle. (Je t'en supplie, mon Dieu !)

Un autre gouvernement donnera au reste du monde une impression d'ouverture, d'honnêteté ou, du moins, une nouvelle approche. Les spécialistes ont dit que l'image de l'Amérique n'a jamais été aussi mauvaise. Avec nos bombes qui détruisent la moitié de l'Irak et ses hommes, ses femmes et ses enfants, et nos jeunes gens, hommes et femmes, qui y laissent leur vie comme nous pouvons le voir aux informations chaque jour, il semble n'y avoir rien que des tueries. Et dans quel but ? Ce n'est pas là le pays dans lequel nous avons grandi, moi et mes enfants. Ayant appris à m'intéresser aux agissements de notre gouvernement et de nos élus, c'est terrible pour moi de devoir m'expliquer ou m'excuser au nom des pouvoirs en place. J'étais si fière de nos dirigeants. Même si je n'étais pas d'accord et si bon nombre m'ont fortement déplu au fil du temps, on trouvait toujours une petite lueur d'espoir à laquelle s'accrocher. Maintenant il y a de la futilité, et je ne comprends pas comment cela a pu changer si vite.

Dans mon enfance, Franklin D. Roosevelt était mon idole. Il représentait pour moi tout ce qu'il y avait de bon : l'attention pour ceux qui étaient dans le besoin, l'intelligence, l'esprit, le courage. Même enfant, je me souviens de l'admiration qu'il m'inspirait, respectant son courage malgré sa paralysie. Quand j'écoutais ses causeries au coin du feu, il était le grand-père que je n'avais pas connu, le père qui n'était jamais là, l'ami, le maître. Il était chaleureux et réconfortant, même quand j'avais huit, neuf, dix ans et davantage – même si l'on admet que j'étais privée d'affection et que je le voyais avec un œil romantique. Mais il le méritait. C'était un grand homme et un grand leader. Aujourd'hui encore, mon opinion n'a pas changé. Quant à Eleanor, sa femme, que j'ai eu la chance de rencontrer quand j'avais entre vingt et trente ans, elle fut la première femme dans la vie publique qui me fit comprendre ou du moins m'ouvrit les yeux sur l'influence énorme qu'une femme pouvait avoir, le rôle que pouvait jouer une femme et, finalement, le pouvoir qu'elle pouvait avoir de rendre meilleur le monde qui l'entourait et le monde en général – un monde d'hommes à l'époque. Ils n'ont pas leur pareil. Roosevelt, Truman, John Kennedy et Robert Kennedy... Adlai Stevenson... C'est à ce niveau-là que j'aspire, et je continuerai à chercher chez nos politiques une étincelle de ces hommes et de cette femme.

Tant de choses dans la vie paraissent relever du compromis. Pourquoi ne pas exiger le top ? Pourquoi ne pouvons-nous pas être meilleurs que nous le sommes ? Pourquoi ne pouvons-nous enrichir notre vie par la fréquentation de l'art, des livres ? Pourquoi cela ne peut-il être aussi important que de faire de l'argent, de posséder une grande maison, une voiture neuve ? Pourquoi nous laisser submerger par le mercantilisme ? Pourquoi démolir plutôt que préserver est-il signe de progrès ? Et ainsi de suite. Et en ce qui concerne l'Amérique, pourquoi ne prenons-nous pas le temps de regarder autour de nous : la terre, la mer, le ciel ? Sommes-nous si occupés à courir derrière le temps pour boire ce Martini ? Moi aussi, je plaide coupable pour le temps que j'ai perdu. Cependant, ces dernières années, je suis devenue consciente du temps qui passe. Du temps perdu.

Songeant aux événements les plus marquants de ces vingt-cinq dernières années, je me rappelle les vies que j'ai menées. Le nombre remarquable de gens que j'ai connus. Les divers lieux où une amitié mémorable s'est formée, où des possibilités de travail m'ont permis de déployer mes ailes dans de nouvelles directions. J'ai du mal à croire que, depuis l'âge de dix-huit ans, partant seule vers l'inconnu en Californie, mon destin a changé à jamais. Des visions nouvelles et des sons nouveaux, des nouveaux visages et de nouvelles expériences que, même dans mes rêves, je n'aurais cru voir arriver si vite. En quittant les bras protecteurs de ma mère, de ma grand-mère, de mon oncle Charlie et le reste de ma famille new-yorkaise, j'étais livrée à moi-même.

Dès ma première rencontre avec Howard Hawks, à qui j'appartenais, et Charlie Feldman, qui me représentait et me possédait aussi, un monde nouveau commença à se révéler. Avec mon premier film survint mon premier amour, un amour qui m'a galvanisée. Les rouages de la publicité de la Warner et Hawks m'ont tirée de l'anonymat en me dotant d'une identité nouvelle et m'ont fait tourner si vite que je n'avais guère le temps de savoir ce qui m'arrivait... Puis je me suis mariée, j'ai vécu dans une maison pour la première fois, avec une piscine, une cuisinière et un maître d'hôtel, j'ai conduit une voiture – la mienne – j'avais mes chiens, mes fleurs et mes arbres. J'ai rencontré Robert Benchley, Nunally Johnson, John Huston, Richard Brooks, Ira Gershwin, Dorothy Parker, Harold Arlen, Johnny Mercer, Hoagy Carmichael, John O'Hara, Cole Porter, David Niven, Clifton Webb, Cary Grant, Oscar Levant et beaucoup, beaucoup d'autres... La tête me tourne quand j'y songe à présent. Et à vingt-quatre ans, j'avais déjà un enfant. Tout cela en moins de cinq ans. Ahurissant. Je ne comprends pas comment j'ai pu prendre tout cela aussi naturellement. Je n'étais qu'une petite ouvreuse habitant Greenwich Village et partageant le lit de sa mère dans l'entrée de notre petit appartement à l'époque où Howard Hawks me proposa ce bout d'essai qui me propulsa en Californie et écrivit le premier chapitre de ce conte de fées.

Les images de ces premières années sont restées gravées dans ma tête. Moi sur Beverly Drive à Beverly Hills, courant les bras grands ouverts, le manteau trois-quarts vert flottant autour de moi, en direction de Bogie qui m'attendait au coin avec James Gleason à 4 heures du matin. Bogie remontant la nationale 101 en espadrilles, un énorme tournesol à la boutonnière à 6 heures du matin quand je le retrouve dans ma Plymouth 1940. L'idylle la plus enivrante qu'on puisse imaginer. Les diverses photographies prises sur le plateau du *Port de l'angoisse* et du *Grand Sommeil* dans les studios de la Warner. Je sais que c'est moi – si jeune – j'ai du mal à le croire. Les vingt-quatre ans qui nous séparaient ne se voient pas. Nous allions bien ensemble, toujours. Peut-être que je paraissais plus que mon âge et qu'il faisait plus jeune que le sien. De toute façon, nous étions faits l'un pour l'autre.

Les chapitres de ma vie se déclinent avec la naissance de Steve d'abord puis, deux ans et demi plus tard, celle de Leslie. Notre déménagement à l'arrivée de chaque enfant. Les moments inoubliables de notre premier voyage en Europe, puis en Afrique. Les oscars. Les amis, le début de mon amitié avec Katherine Hepburn et Spencer Tracy. La mer, qui m'était si étrangère mais si essentielle à Bogie. Le mariage de ma mère avec l'homme le plus adorable, Lee Goldberg, qui fut son prince sur un cheval blanc dès l'instant où elle avait posé les yeux sur lui, quelques années plus tôt. Un célibataire endurci, qui lui fit connaître enfin la vie dont elle avait toujours rêvé.

Je pense à la solidité des amitiés qui se sont consolidées chaque année, même si la vie de studio changeait et si la télévision occupait une place croissante dans nos vies. Et malgré le fait que certains devaient partir pour l'Europe pour leur travail, nous éloignant les uns des autres. Ma carrière cinématographique a connu des hauts et pas mal de bas, auxquels j'ai résisté grâce à une maison heureuse, mes enfants, mes chiens et mes voyages avec Bogie. Noel Coward, un de ses vieux amis, entra dans nos vies quand il vint en Californie et m'offrit un rôle dans *L'esprit s'amuse* en direct à la télévision. Bien sûr, Noel avait invité Hedda Hopper, Louella Parsons et toutes les stars du coin à s'asseoir sur le plateau du studio d'enregistrement bien en vue des comédiens, morts de trac. Ce fut une expérience inoubliable et Noel compta toujours pour moi jusqu'à sa mort. Un homme extraordinaire au talent extraordinaire, un homme de la Renaissance. Et, quand nous étions dans la même ville ou le même pays, surgissaient des gens tels que Robert Sherwood, un homme et un écrivain merveilleux, drôle, brillant, qui avait beaucoup compté à l'époque où Bogie jouait dans *La Forêt pétrifiée*, qui a marqué un tournant dans sa carrière. Et il y eut l'arrivée de Laurence Olivier et Vivien Leigh à Los Angeles, qui sont immédiatement devenus nos meilleurs amis. Comme nous avons séjourné à Londres avant et après le tournage en extérieur d'*African Queen*, nos amis anglais prirent une grande importance pour nous – pour moi, par la suite, quand ces géants du théâtre anglais ont rendu ma vie plus riche et plus heureuse à un moment où j'en avais tellement besoin. Ces deux êtres exceptionnels étaient de vrais amis, des amis pour la vie. Ainsi, David Niven, Larry et Vivien, Noel, John Gielgud, Richard et Sybil Burton, Jack et Doreen Hawkins firent partie intégrante de notre vie. Puis de la mienne.

Les jours et les nuits chez Ira Gershwin... La musique, la diversité des compositeurs, acteurs, écrivains me sautent souvent aux yeux – nos années musique. Frank Sinatra, Jimmy van Heusen, Roger Eden, Judy Garland étaient des piliers, qui pouvaient venir nous voir tous les jours à Mapleton Drive, où se situait notre dernière maison. Ces souvenirs, la silhouette de May Smith, notre cuisinière extraordinaire qui était aussi une femme extraordinaire, montant les plateaux du petit déjeuner à l'étage avec son style inimitable : une rose rouge à l'oreille droite et un large sourire sur son adorable visage. Ai-je vraiment vécu ainsi ? Ai-je vraiment connu et serré dans mes bras tous ces gens ? Ai-je vraiment fait partie de leur vie et eux de la mienne ? J'ai du mal à le croire.

Tout cela entrecoupé par les moments forts de nos voyages à New York où nos amis comédiens devinrent notre principal centre d'intérêt. Nous allions au théâtre tous les soirs, et Moss et Kitty Hart, George Kaufman, Leland et Slim Hayward, George et Joan Axelrod, Comden et Green, et Leonard et Felicia Bernstein remplissaient la maison de rires et de chansons. Je n'oublierai jamais combien j'aimais m'asseoir à côté de Lenny pendant qu'il interprétait ses chansons au piano, les premières comme les dernières, convaincue que j'aurais dû vivre au temps des bars clandestins où j'aurais pu m'asseoir sur le piano et chanter. Je connaissais presque chaque parole écrite par Gershwin, Harold Arlen, Rodgers et Hammerstein et Hart, Jule Styne, Van Heusen, Kern. Je n'aurais pas imaginé alors que cela me préparait – m'ouvrait la voie – à jouer dans une comédie musicale à Broadway.

On peut n'y voir que de la nostalgie. En général, je ne m'appesantis pas sur le passé, mais de temps à autre, ces moments – cette tranche de ma vie –, qui ont eu un tel impact sur moi, ressurgissent. Ils résonnent haut et clair. Tous les événements, les grands et les petits, tous ceux qui m'ont été proches et qui m'ont façonnée. Chaque représentation à laquelle j'ai assisté à New York a eu un effet durable sur moi. *Un tramway nommé Désir*, où j'ai vu Marlon Brando pour la première fois, *La Ménagerie de verre*, avec la grande Laurette Taylor dans le premier rôle, *Long voyage vers la nuit*, dans lequel Jason Robards donnait sa mesure de comédien – vous en aviez des frissons. Pourtant qui aurait cru, lors de notre première rencontre en coulisse, une poignée de mains et une banale formule de politesse, que nous nous reverrions et, qui plus est, nous marierions ? Chacune de ces représentations devint partie intégrante de mon être. Geraldine Page dans *Doux oiseau de jeunesse*, Maureen Stapleton et Eli Wallach dans *La Rose tatouée,* Margot Fonteyn dans *Ondine*, *La Belle au bois dormant, Gisèle...* tout Margot. Je n'ai pas raté une seule de ses représentations, à Londres d'abord, quand nous nous rencontrions régulièrement chez Larry et Vivien, chez John Gielgud et les autres, avant Noureïev. Zero Mostel dans *Un violon sur le toit*, Ethel Merman dans *Gypsy* et chacun des spectacles auxquels elle a participé durant mes séjours dans la Grosse Pomme, *South Pacific* avec Pinza, *My Fair Lady* et l'interprétation parfaite de Rex Harrison, Richard Burton et Julie Andrews dans *Camelot*. Chacun m'a transportée de joie, m'a appris quelque chose en me confirmant, s'il en était besoin, que je voulais devenir actrice.

Il y eut aussi mon éveil à la vie politique avec l'arrivée d'Adlai Stevenson et mon profond attachement à l'homme. Depuis Roosevelt, je n'avais entendu personne tenir ce langage dans la vie publique. Même si j'étais une grande admiratrice d'Harry Truman et si j'avais grandi dans une famille démocrate, je ne me suis jamais autant démenée que pour Adlai Stevenson. Mon amitié pour Arthur Schlesinger et Alistair Cooke date de cette époque. Avec sa droiture, son intelligence brillante et, qualité primordiale à mes yeux, un humour inépuisable dans les mauvais moments, Stevenson m'ouvrit l'esprit dans des domaines que je ne soupçonnais pas. C'est sans doute lui qui a fait de moi une militante.

Ensuite, il y eut la maladie de Bogie et la lutte prolongée contre le cancer. Je me souviens de chaque instant depuis le premier diagnostic jusqu'à l'opération et chacun des hauts et des bas durant cette lente progression d'un an – un pas en avant, trois pas en arrière. Je n'ai jamais vraiment affronté le fait que sa maladie était mortelle. J'avançai au jour le jour, m'occupant de la maison, jouant avec les enfants, accueillant les amis, comme si cela devait continuer à jamais. Il voulait qu'il en soit ainsi. Ces journées-là, cette année-là m'accompagneront pour le reste de ma vie. Bien que je ne m'appesantisse pas sur le passé, j'ai vécu avec eux et ils sont partie intégrante de mon être.

J'ai appris jeune (si c'est possible) à côtoyer la mort en commençant à dix-neuf ans avec celle de ma grand-mère. Puis suivirent celles, prématurées, de mon oncle Charlie adoré, de ma tante Rosalie et de l'oncle Jack, sur une période de dix ou douze ans. La famille s'est progressivement réduite. Toutes ces images me reviennent à l'esprit. La douleur de la disparition de ma mère bien-aimée ne me quitte pas un jour. Je la porterai en moi jusqu'à la fin. Quand on est jeune, on ne pense pas à la mort – pas moi, du moins. Puis on reçoit un petit coup ici, un autre là. Et brusquement un ami est à l'hôpital avec une crise cardiaque. C'est Mark Hellinger, un vieil ami de Bogie et moi. Nous sommes allés le voir, bien sûr. Soudain, il n'était plus là et nous allâmes avec John Huston à ses funérailles. Il avait quarante-quatre ans.

Ces disparitions s'insinuent progressivement dans votre esprit. Une façon, j'imagine, de vous préparer à ce qui vous attend. Jusque-là, je n'étais pas du genre à voir les choses en noir. Cela, je le dois à ces morts. J'ai eu la chance d'avoir mes deux enfants quand j'étais jeune. Je leur ai consacré toute mon attention. Ils étaient ma raison d'être. Ils m'ont aidée à rire. Mais ils étaient couchés à 20 heures. Et les nuits étaient dures. C'est alors qu'on a besoin de toute sa force. Ces nuits tranquilles, sombres, vides, quand vous êtes face à vous-même, quand les cauchemars deviennent rituels. Je n'étais pas et ne suis pas morbide. Mais je suis plus angoissée la nuit ou le matin de bonne heure. Encore que ce soit probablement le cas de tous ceux et celles qui traversent des épreuves, j'imagine. La vie ne vous laisse pas indemne.

Durant les périodes difficiles, le travail m'a permis de tenir, de ne pas m'effondrer. Au travail, j'étais quelqu'un d'autre et m'en délectais inconsciemment. Je ne pouvais être moi au sens littéral du terme, j'étais de nouveau l'enfant qui lisait des contes de fées, la tête sous la couverture. Les contes étaient ma réalité, surtout durant les derniers mois de Bogie, depuis 6 heures du matin jusqu'au retour chez moi, à 18 heures. Je croyais faire face avec intelligence – j'avais des discussions normales, m'occupais des enfants, mais j'étais hors du coup. Nous jouions la partie contre la Faucheuse.

Les gens demandent toujours : « Vous êtes heureuse ? » Ou, si je travaille : « Vous devez être heureuse. » J'aimerais savoir ce que veut dire être « heureux ». J'étais heureuse à dix-neuf ans et vingt ans, quand j'ai débuté dans la vie. J'étais heureuse même s'il y avait toujours quelque chose pour me secouer dans les moments joyeux. J'ai donc eu une vie en dents-de-scie.

C'est drôle de voir comment vont les choses. Hal et Judy Price, des gens que j'ai connus pendant des années sans passer beaucoup de temps avec eux – sans raison sauf le fait que nos métiers nous conduisaient dans des directions différentes à des moments différents – m'invitèrent en croisière, à la fin de l'été 1999. J'avais toujours pu compter sur eux depuis que j'avais fait le filage d'*Applause* en 1969, mais c'est seulement alors, après ces huit ou dix jours passés ensemble, que j'ai senti que nous étions définitivement attachés les uns aux autres. Bref, je les adore et je ne me lasse pas de leur compagnie. La preuve, s'il en était besoin, que la joie peut entrer dans votre vie à des périodes plus tardives.

Vivre seule comme je le fais depuis vingt-cinq ans vous pèse parfois, mais je suis une solitaire, en fin de compte, sans que je puisse expliquer pourquoi. Cela tient peut-être au fait d'avoir été élevée par une mère divorcée. Je ne m'imaginais pas partageant ma vie avec un homme. J'avais plutôt l'impression que je voyagerais seule pour atteindre mon objectif et ne pensais pas à la stabilité. Et c'est la tournure que ma vie a prise. Ma seule relation, celle avec Bogie, dont je croyais qu'elle durerait toute ma vie, fut brusquement interrompue par la maladie et la mort. Je me suis retrouvée seule avec deux jeunes enfants dont je devais prendre soin. Ma seconde relation importante, celle avec Jason, dont j'espérais qu'elle durerait, a été malheureusement interrompue par la malchance et l'alcool. Ainsi va la vie parfois, et je dois dire qu'aujourd'hui, je ne me sens pas seule. J'ai Sophie dont je m'occupe et qui m'attend chez moi. Vous pouvez rire, mais si vous étiez à ma place, vous verriez que j'ai raison. Vous conviendrez qu'il n'y a rien de tel qu'un compagnon ou une compagne qui ne vous pose jamais de question, vous donne un amour inconditionnel et est toujours content de vous voir.

Bien sûr, il arrive qu'elle ait envie de jouer quand cela ne me dit rien, mais nul n'est parfait. Pas même Sophie.

Le fait que je puisse continuer à travailler me permet de garder le moral et la forme, même si j'ai dû mettre la pédale douce. Je veux retourner en Inde encore une fois. Je ne suis jamais allée en Grèce, en Turquie ni en Russie, et j'en ai terriblement envie, et je ne connais pas l'Amérique du Sud, Rio où on danse dans les rues. Il y a vingt-cinq ans, j'en aurais fait autant. Encore aujourd'hui, si j'en ai l'occasion, j'irai danser avec la foule. Ce n'est pas parce que je crois pouvoir bouger à fond de train, mais aussi longtemps que je peux marcher et parler, je veux essayer presque tout. J'ai bien dit « presque », parce que la corde raide, c'est fini. Mais je suis toujours curieuse. Et j'ai de la chance, le travail se profile toujours à l'horizon. Je veux rester en forme. Jusqu'ici, je résiste bien. Quand je passe en revue ce quart de siècle, je me rends compte que j'ai vécu longtemps, mais pas assez à mon gré. J'ai commis bien des erreurs et si j'en ai tiré des leçons, cela ne m'empêchera de recommencer. Je vois combien j'ai été naïve en croyant, par exemple, que certains des agents que j'avais il y a des années se donneraient beaucoup de mal pour moi, en prenant pour argent comptant des conseils qui étaient aléatoires et se révélèrent franchement mauvais. Mais en fin de compte, l'important, c'est que je crois en moi. Ma confiance en moi, même si elle reste un peu chancelante, est beaucoup plus forte qu'elle ne l'était autrefois. Il y a eu des progrès sur bien des fronts. J'assume enfin mon âge, bien que j'aie encore du mal à le croire. Comment cela a-t-il pu arriver si vite ? Comment mes enfants ont-ils atteint l'âge que j'avais ?

À l'évidence, on ne me proposera plus les rôles que je voulais, ceux dont je rêvais quand j'étais plus jeune, ni de temps à autre, un rôle que j'aimerais qu'on m'offre aujourd'hui. La côte a été rude, et je continue de grimper. Ma vie a été un mélange de chance et de malchance, elle a été heureuse parfois. Et chacun, s'il le mérite, porte son fardeau sur ses épaules.

Mais ma vie a eu un sens avec des amitiés précieuses qui me sont essentielles. Mes enfants, Steve, Leslie et Sam, sont très différents les uns des autres, mais ce sont êtres de qualité, que j'adore totalement et sans réserve. Je ne suis pas toujours d'accord avec eux, mais je les admire et les respecte. Ils ont de l'esprit. Et, Dieu merci, j'ai conservé le mien.

Remerciements

Jamais je ne serais parvenue à conclure ce livre sans le soutien des personnes suivantes : mon infatigable et omniprésent agent, Alan Nevins, et son assistante Mindy Stone ; ma dévouée et fantastique assistante Maeve Fiona Butler ; Val Hudson, le magistral éditeur anglais ; et tout HarperCollins, en particulier Maureen O'Brien, qui a conservé son enthousiasme tout au long de la rédaction.

Composition PCA
44400 – Rezé

Impression réalisée sur VARIQUIK par
SAGIM-CANALE
Courtry

pour le compte des éditions Michel Lafon

Imprimé en France
Dépôt légal : mai 2005
N° d'impression : 8461
ISBN : 2-7499-0304-1
LAF 718